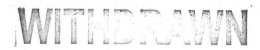

ARDENAS 1944

MEMORIA CRÍTICA

ANTONY BEEVOR

ARDENAS 1944

La última apuesta de Hitler

Traducción castellana de
Teófilo de Lozoya y
Juan Rabasseda

CRÍTICA

Obra editada en colaboración con Editorial Planeta – España

Título original: *Ardennes 1944*

Diseño de portada: Planeta Arte & Diseño
Fotografía de portada: © Tony Vaccaro/Archive Photos/Getty Images
Fotografía del autor: John E. Fry

Antony Beevor
© 2015, Ocito
© 2015, Mapas: Jeff Edwards
© 2015, Traducción: Teófilo de Lozoya y Juan Rabasseda
Revisión técnica: Hugo A. Cañete, 2015

© 2015, Editorial Planeta S. A. – Barcelona, España

Derechos reservados

© 2018, Ediciones Culturales Paidós, S.A. de C.V.
Bajo el sello editorial CRÍTICA M.R.
Avenida Presidente Masarik núm. 111, Piso 2
Colonia Polanco V Sección
Delegación Miguel Hidalgo
C.P. 11560, Ciudad de México
www.planetadelibros.com.mx
www.paidos.com.mx

Primera edición impresa en España: mayo de 2015
ISBN: 978-84-9892-838-9

Primera edición impresa en México: junio de 2018
ISBN: 978-607-747-527-9

Impreso en los talleres de Litográfica Ingramex, S.A. de C.V.
Centeno núm. 162-1, colonia Granjas Esmeralda, Ciudad de México
Impreso en México –*Printed in Mexico*

Para Adam Beevor

Glosario

Abatis	Barreras en carreteras y caminos creadas con árboles derribados. A menudo minadas o sembradas de trampas cazabobos.
COMZ	La Zona de Comunicaciones a las órdenes del general Lee, responsable de todos los suministros y de los soldados de reemplazo.
Cuerpo de Contraespionaje	En el ejército estadounidense, el equivalente de la sección de la Policía Militar británica destinada a los servicios de inteligencia (British Field Security).
CSDIC	Centro de Interrogatorio de Prisioneros de los Servicios Conjuntos se encontraban en lugares con celdas de retención o campos de prisioneros, como, por ejemplo, Trent Park en Inglaterra, donde las conversaciones entre prisioneros alemanes eran grabadas en secreto principalmente por voluntarios judíos de origen alemán.
Dogface	En el ejército estadounidense, término coloquial para indicar un soldado de infantería.
Doughboy	Término utilizado en la primera guerra mundial para indicar un soldado raso estadounidense.

G-2	Oficial Superior del estado mayor o personal de inteligencia.
G-3	Oficial Superior del estado mayor o personal de operaciones.
Jabo	En alemán, forma abreviada para indicar un cazabombardero o *Jagdbomber*.
Kübelwagen	El *jeep* del ejército alemán fabricado por Volkswagen. Era ligeramente más grande y pesado que el vehículo aliado.
Meatchopper	Literalmente, «picadora de carne». Término coloquial en el ejército estadounidense para indicar el semioruga antiaéreo con montaje cuádruple de ametralladoras de calibre 50 cuando era utilizado contra la infantería enemiga.
Mosa, río	El río Meuse en francés e inglés, y Maas en alemán, holandés y flamenco.
Pie de trinchera	El *trench foot* en inglés, llamado *immersion foot* («pie de inmersión») en el ejército estadounidense, era un tipo de putrefacción del pie que se producía debido a la humedad, al calzado inapropiado, a los calcetines constantemente mojados y a la falta de movilidad. Podía dar lugar a una gangrena.
Pozit fuse	Espoleta de proximidad para proyectiles de artillería, utilizada por primera vez en las Ardenas, que provocaba una detonación sobre las cabezas de los enemigos con efectos devastadores por la fuerte onda expansiva.
PX	El *Post Exchange* era una especie de economato militar en el que se vendían diversos tipos de artículos, como, por ejemplo, cigarrillos, al personal del ejército de Estados Unidos.
Rur, río	No confundir con el río Ruhr.

SA	Abreviación de *Sturmabteilung*, la fuerza paramilitar nazi de los «Camisas Pardas».
Schloss	Castillo, o gran mansión rural, en lengua alemana.
Screaming meemies	Término coloquial que utilizaban los soldados estadounidenses para referirse al lanzacohetes *Nebelwerfer* de seis tubos alemán, cuyo sonido al disparar resultaba espantoso.
SHAEF	Cuartel General Supremo de la Fuerza Expedicionaria Aliada.
Ultra	Los mensajes alemanes interceptados, transmitidos con máquinas Enigma, que eran descifrados en Bletchley Park.
Volksgrenadier	División de infantería alemana reconstituida en el otoño de 1944 con un número más reducido de efectivos y pertrechos.
Wehrmachtführungsstab	El estado mayor de operaciones de la Wehrmacht dirigido por el *Generaloberst* Jodl.
Westwall	Término alemán para indicar el Muro Occidental, la línea defensiva de la frontera del oeste del Tercer Reich, la llamada línea Siegfried por británicos y estadounidenses, esto es, la Línea Sigfrido.

Tabla de graduaciones

Español	Ejército alemán	Waffen SS
soldado raso (fusilero / tirador / cazador)	Schütze / Kanonier / Jäger	Schütze
soldado de primera	Oberschütze	Oberschütze
cabo primero	Gefreiter	Sturmmann
cabo	Obergefreiter	Rottenführer
sargento	Feldwebel / Wachtmeister	Oberscharführer
sargento primero	Oberfeldwebel	Hauptscharführer
brigada	Stabsfeldwebel	Sturmscharführer
alférez	Leutnant	Untersturmführer
teniente	Oberleutnant	Obersturmführer
capitán	Hauptmann / Rittmeister	Hauptsturmführer
comandante	Major	Sturmbannführer
teniente coronel	Oberstleutnant	Obersturmbannführer
coronel	Oberst	Standartenführer

Español	Ejército alemán	Waffen SS
general de brigada *	Generalmajor	Oberführer Brigadeführer
general de división **	Generalleutnant	Gruppenführer
teniente general ***	General der Infanterie Artillerie / Panzertruppe	Obergruppenführer General der Waffen SS
general del ejército ****	Generaloberst	Obergruppenführer
capitán general *****	Generalfeldmarschall	

Esta tabla solo pretende ser una pequeña guía para conocer las equivalencias aproximadas las distintas graduaciones, pues cada país tiene sus propias variaciones. Algunas graduaciones han sido omitidas para facilitar la comprensión de la tabla. En el ejército británico y estadounidense, las siguientes graduaciones están al frente de las siguientes subunidades (inferiores al batallón), unidades (batallón o regimiento) y formaciones (brigada, división o cuerpo).

Graduación	Ejércitos británico, canadiense y estadounidense	Número máximo de hombres (aprox.)
cabo	pelotón	8
alférez / teniente	sección	30
capitán-comandante	compañía	120
teniente coronel	batallón o regimiento acorazado	700
coronel	regimiento	2.400
general de brigada	agrupación de combate	2.400

Graduación	Ejércitos británico, canadiense y estadounidense	Número máximo de hombres (aprox.)
general de división	división	10.000
teniente general	cuerpo	30.000-40.000
general	ejército	70.000-150.000
capitán general	grupo de ejércitos	200.000-350.000

1

Fiebre de victoria

A primera hora del día 27 de agosto de 1944, el general Dwight D. Eisenhower salía de Chartres para visitar París, que acababa de ser liberada. «Es domingo —dijo el comandante supremo aliado al general Omar Bradley, que lo acompañaba—. Todo el mundo dormirá hasta tarde. Podremos hacerlo sin levantar revuelo.»[1] Pero los dos generales difícilmente pasaban inadvertidos cuando se dirigían a toda velocidad hacia la capital francesa para efectuar su supuesta «visita informal».[2] El Cadillac verde oliva del comandante supremo se desplazaba escoltado por dos vehículos blindados, y un *jeep* en el que viajaba un general de brigada que abría paso a la comitiva.

Cuando llegaron a la Porte d'Orléans, una escolta todavía más numerosa formada por miembros del 38.º Escuadrón de Reconocimiento de Caballería los esperaba en orden de revista, con el general de división Gerow a la cabeza. Leonard Gerow, viejo amigo de Eisenhower, aún estaba furioso y lleno de resentimiento por culpa del general Philippe Leclerc, de la 2.ª División Acorazada francesa, quien había desobedecido continuamente todas sus órdenes durante el avance sobre París. El día anterior, Gerow, que se consideraba gobernador militar de París, había prohibido que Leclerc y su división participaran en el desfile del general De Gaulle desde el Arco del Triunfo a Notre Dame. Había dicho al francés que «siguiera con la misión encomendada de limpiar de enemigos París y sus alrededores».[3] Leclerc había hecho caso omiso de las órdenes de Gerow durante todo el proceso de liberación de la capital, pero aquella mañana había enviado parte de su división al norte de la ciudad para atacar las posiciones alemanas existentes en las inmediaciones de Saint-Denis.

Las calles de París estaban vacías porque los alemanes en retirada habían confiscado prácticamente todos los vehículos que podían moverse. Incluso el metro era impredecible debido a la escasez del suministro eléctrico. De hecho, la llamada «Ciudad de la Luz» se iluminaba con velas adquiridas en el mercado negro. Sus hermosos edificios parecían apagados y exhaustos, aunque afortunadamente intactos. La orden de Hitler de reducir París a «un campo de escombros» no había sido acatada.[4] En medio del júbilo reinante inmediatamente después de la liberación, la gente en las calles seguía saludando con alegría cada vez que veía pasar a un soldado o un vehículo estadounidense. Pero los parisinos no tardarían mucho en empezar a murmurar *Pire que les boches* («Peor que los Boches»).[5]

A pesar del comentario de Eisenhower sobre el hecho de visitar París «sin levantar revuelo», su viaje tenía un propósito claro y definido: iban a reunirse con el general Charles de Gaulle, el líder del gobierno provisional francés que el presidente Roosevelt se negaba a reconocer. Eisenhower, hombre pragmático, estaba dispuesto a ignorar las enérgicas directrices de su presidente en el sentido de que las fuerzas de Estados Unidos no estaban en Francia para instalar en el poder al general De Gaulle. El comandante supremo necesitaba estabilidad en la retaguardia de su frente, y como De Gaulle parecía el único individuo capaz de proporcionársela, estaba decidido a apoyarlo.

Ni De Gaulle ni Eisenhower querían que el peligroso caos reinante tras la liberación se les fuera de las manos, especialmente en un momento de rumores desenfrenados, pánicos repentinos, teorías de la conspiración y delicadas denuncias de supuesto colaboracionismo. En el curso de una acción, con la ayuda de un compañero, el escritor J. D. Salinger, sargento del Cuerpo de Contraespionaje de la 4.ª División de Infantería, había detenido a un sospechoso cerca del Hôtel de Ville (Ayuntamiento) solo para ver cómo una multitud enfurecida se apoderaba del desdichado, se lo llevaba a rastras y empezaba a golpearlo hasta acabar con su vida. El día anterior, el desfile triunfante de De Gaulle desde el Arco del Triunfo hasta Notre Dame había acabado con un tiroteo salvaje dentro de la mismísima catedral. El incidente sirvió para convencer a De Gaulle de que debía desarmar a la Resistencia y reclutar a sus miembros para crear un ejército regular francés. Aquella misma tarde, el Cuartel General Supremo de la Fuerza Expedicionaria Aliada (SHAEF, por sus siglas en inglés)* recibió una petición de quince mil uniformes. Por desgracia, no había un número suficiente de tallas pequeñas, pues el hombre francés se caracterizaba por ser, por término medio, más bajo que sus coetáneos estadounidenses.

La reunión de De Gaulle con los dos generales norteamericanos tuvo lugar en el Ministerio de la Guerra, en la rue Saint-Dominique. Era el mismo lugar en el que durante el trágico verano de 1940 había comenzado su breve carrera ministerial, y había decidido regresar allí para hacer más viva la impresión de continuidad. Su fórmula para borrar la vergonzosa etapa del régimen de Vichy fue majestuosamente sencilla: «La República nunca ha dejado de existir». De Gaulle quería que Eisenhower mantuviera la división de Leclerc en París para garantizar la ley y el orden, pero como algunas unidades de Leclerc ya habían empezado a abandonar la ciudad, propuso que los estadounidenses tal vez pudieran impresionar a la población con una «demostración de fuerza» que sirviera para tranquilizarla y asegurarle que los alemanes no iban a volver. ¿Por qué no hacer marchar a una división entera, o quizá dos, por las calles de París de camino al frente? Eisenhower, pensando que resultaba bastante irónico que el general francés solicitara una actuación de tropas estadounidenses «para establecer firmemente su posición»,[6] miró a Bradley y le pidió su opinión. Bradley dijo que era perfectamente posible organizarlo todo en menos de dos días. Así pues, Eisenhower invitó a De Gaulle a presidir el desfile y responder al saludo en compañía del general Bradley. Él, por su parte, no podría asistir.

A su regreso a Chartres, Eisenhower invitó al general sir Bernard Montgomery a unirse a De Gaulle y a Bradley para la celebración del desfile, pero el británico prefirió no ir a París. Este detalle, aparentemente insignificante pero pertinente, no impidió que ciertos periódicos ingleses acusaran a los estadounidenses de querer llevarse toda la glo-

* Véase glosario.

ria. Las relaciones interaliadas se verían gravemente perjudicadas por la compulsión que había en Fleet Street de ver en prácticamente todas las decisiones del SHAEF un desaire continuo a Montgomery, y por lo tanto a los británicos. Ello era el reflejo de un resentimiento generalizado de los británicos, que se veían relegados a un segundo plano. En aquellos momentos los estadounidenses dirigían el espectáculo, y reivindicarían la victoria. El ayudante británico de Eisenhower, el mariscal del Aire sir Arthur Tedder, estaba alarmado por los prejuicios de la prensa británica: «Por lo que oí en el SHAEF, no pude evitar que me asaltara el temor de que ese proceso acabaría sembrando la semilla de la discordia entre los Aliados».[7]

Al día siguiente, a última hora de la tarde, la 28.ª División de Infantería, a las órdenes de su comandante, el general Norman D. Cota, se trasladó de Versalles a París bajo una intensa lluvia. «Dutch» Cota, que había demostrado un arrojo y liderazgo extraordinarios en la playa Omaha, había asumido el mando de la unidad hacía menos de dos semanas, después de que un francotirador alemán acabara con la vida de su predecesor. Los combates en los campos repletos de setos y arbustos de la región normanda habían sido largos y atroces en los meses de junio y julio, pero la embestida efectuada por el III Ejército del general George C. Patton a comienzos de agosto había supuesto una recarga de optimismo durante los ataques a orillas del Sena y el avance hacia París.

En el Bois de Boulogne habían sido instaladas varias duchas para que los hombres de Cota pudieran asearse debidamente antes del desfile. A la mañana siguiente, 29 de agosto, la división recorrió la avenida Foch hasta el Arco del Triunfo para luego tomar la larguísima y espectacular avenida de los Campos Elíseos. Soldados de infantería con el casco puesto y el fusil al hombro con la bayoneta calada, marcharon con todo el equipo de combate. La masa de uniformes de color verde oliva desfilando en columna de veinticuatro en fondo se extendió de un lado al otro de la amplia avenida. Todos los soldados llevaban en el hombro el distintivo de su división, la «piedra angular» roja, símbolo del estado de Pensilvania, que los alemanes llamaban «cubo de sangre» por su forma.[8]

Los franceses contemplaron el desfile llenos de asombro, tanto por la informalidad de los uniformes estadounidenses como por aquella gran cantidad de material que parecía ilimitada. «Une armée de mécanos», escribió en su diario Jean Galtier-Boissière.[9] Aquella mañana, en los Campos Elíseos, la multitud de franceses allí congregada no podía creer que una sola división pudiera disponer de tantísimos vehículos: un sinfín de *jeeps*, algunos con ametralladoras de calibre .50 montadas en su parte posterior; vehículos de exploración; la artillería, con su obuses «Long Tom» de 155 mm remolcados por cabezas tractoras sobre orugas; los zapadores; las unidades de intendencia/servicios, con pequeños camiones y vehículos de diez toneladas de peso; los carros de combate Sherman M-4; y los cazacarros. Esta exhibición hacía que, curiosamente, la Wehrmacht —el ejército considerado invencible que en 1940 había conquistado Francia— pareciera una fuerza desfasada con sus vehículos de transporte tirados por caballos.

El estrado de las autoridades militares estaba en la Place de la Concorde. Los ingenieros del ejército lo habían hecho con botes de asalto puestos boca abajo y ocultos por una larga bandera tricolor a modo de paramento. Un número importante de banderas estadounidenses ondeaba al viento. Delante, la banda de cincuenta y seis músicos que había encabezado el desfile tocaba la marcha de la división, «Khaki Bill». La multitud de franceses que contemplaba el espectáculo probablemente lo ignorara, pero lo cierto es que todos los soldados sabían que la 28.ª División se dirigía hacia el norte de la ciudad para atacar las posiciones alemanas que seguían en la zona. «Fue una de las órdenes de ataque más curiosa que se haya dado —comentaría Bradley más tarde a su ayudante—. No creo que hubiera mucha gente que se diera cuenta de que los hombres desfilaban para entrar directamente en combate.»[10]

En la costa del canal de la Mancha, el I Ejército canadiense tenía que capturar el importante puerto de El Havre mientras el II Ejército británico se abría camino hasta el paso de Calais para dirigirse a algunos de los emplazamientos en los que los alemanes tenían sus armas de represalia, las plataformas de lanzamiento de sus diversos cohetes «V». A pesar del agotamiento de los conductores de los carros de combate y de la horrible tormenta de la noche del 30 al 31 de agosto, la División Acorazada de la Guardia ocupó Amiens y dos puentes sobre el Somme con la ayuda de la Resistencia francesa. El general

Heinrich Eberbach, comandante del V Ejército Panzer, fue pillado desprevenido a la mañana siguiente. En su avance, los británicos consiguieron abrir una brecha entre lo que quedaba del V Ejército Panzer y el XV Ejército, que había defendido el paso de Calais. Los canadienses, encabezados por el Regimiento Real de Canadá, el Regimiento de Infantería Ligera «Royal Hamilton» y el «Essex Scottish», marcharon hacia Dieppe, donde en el curso de una desastrosa incursión efectuada dos años antes habían sufrido gravísimas pérdidas.

La euforia de la victoria no habría podido ser mayor entre los Aliados. El atentado con bomba que aquel verano había sufrido Hitler en el mes de julio había fomentado la idea de que el enemigo empezaba a desintegrarse, de manera parecida a lo ocurrido en 1918, pero lo cierto es que el intento fallido de asesinato había reforzado inmensamente la dominación nazi. El departamento de inteligencia del G-2 en el SHAEF afirmaba alegremente: «Las batallas de agosto lo han conseguido, y en el oeste el enemigo está al límite».[11] En Londres, el gabinete de guerra creía que en Navidad todo habría acabado, y para su programa de planificación situó el final de la guerra el día 31 de diciembre. Solo Churchill se mostraría más cauteloso, pues no tenía la certeza de que los alemanes no siguieran luchando con determinación. En Washington, un convencimiento similar hizo que la atención se centrara cada vez más en la lucha desesperada contra Japón en el Pacífico. La Junta de Producción de Guerra de Estados Unidos empezó a cancelar contratos militares, incluidos los de adquisición de proyectiles de artillería.

Muchos alemanes también creían que había llegado el final. En Utrecht, el *Oberstleutnant* Fritz Fullriede escribiría en su diario: «El Frente Occidental está acabado, el enemigo ya ha llegado a Bélgica y a la frontera alemana; Rumanía, Bulgaria, Eslovaquia y Finlandia suplican la paz. Es exactamente lo que ocurrió en 1918».[12] En una estación ferroviaria de Berlín un grupo de manifestantes se había atrevido a colocar un cartel que decía: «Queremos la paz al precio que sea».[13] En el Frente Oriental, el Ejército Rojo había aplastado al Grupo de Ejércitos Centro en el curso de la Operación Bagration, ofensiva que le había permitido efectuar un avance de quinientos kilómetros, llevándolo literalmente hasta las puertas de Varsovia y el río Vístula. En tres meses la Wehrmacht había perdido 589.425 hombres en el Frente Oriental, y 156.726 en el Frente Occidental.[14]

El rápido avance hacia el Vístula había animado a los valerosos, pero desdichados, insurgentes de la *Armija Krajowa* en Varsovia. Stalin, que no quería una Polonia independiente, hizo alarde de su crueldad, permitiendo que los alemanes aplastaran a los sublevados. Prusia Oriental, con el cuartel general de Hitler en la Guarida del Lobo (*Wolfsschanze*), cerca de Rastenburg, también se veía amenazada mientras los ejércitos alemanes caían en los Balcanes. Exactamente dos días antes de la liberación de París, Rumanía rompió con el Eje cuando tropas soviéticas empezaron a cruzar sus fronteras. El 30 de agosto, el Ejército Rojo entró en Bucarest y ocupó los importantísimos campos petrolíferos de Ploesti. El camino que se abrió a la llanura húngara y el río Danubio se prolongó hasta Austria y la propia Alemania.

A mediados de agosto, el III Ejército del general George Patton atacó el Sena desde Normandía. Este episodio coincidió con el éxito de los desembarcos entre Cannes y Toulon, en la costa mediterránea, previstos por la Operación Dragoon. El peligro de quedar aislados provocó una retirada masiva de los alemanes a través del país. Numerosos miembros de la *Milice* de Vichy, conscientes de lo que les esperaba si caían en manos de la Resistencia, no dudaron en cruzar territorio hostil, recorriendo en algunos casos hasta mil kilómetros, para ponerse a salvo en Alemania. «Grupos de marcha» improvisados, una mezcla de soldados del ejército de tierra, de la Luftwaffe y de la Kriegsmarine junto con personal no combatiente destinados todos en la costa atlántica, recibieron la orden de huir al este intentando evitar a la Resistencia francesa en el camino. La Wehrmacht comenzó a reforzar un saliente alrededor de Dijon para recibir a casi un cuarto de millón de alemanes. Unos cincuenta y un mil soldados quedaron atrapados en la costa atlántica y el Mediterráneo. Los puertos importantes fueron calificados de «fortalezas» por el *Führer*, aunque no había ninguna esperanza de poder algún día acudir en su ayuda.[15] Un general alemán describió esta negación de la realidad comparándola con un sacerdote católico que el Viernes Santo salpica agua bendita sobre su plato de cerdo y dice: «Eres pescado».[16]

A raíz del atentado frustrado del 20 de julio, la paranoia de Hitler había aumentado, alcanzando unos niveles hasta entonces desconocidos. En su Guarida del Lobo de Prusia Oriental, ya no se dedicaba a clavar aquellas típicas pullas comparando el estado mayor general alemán con «un club de intelectuales».[17] «Ahora sé por qué fracasaron mis grandes planes en Rusia estos últimos años —decía—. ¡Todo era una traición! Si no fuera por esos traidores, habríamos alcanzado la victoria hace tiempo.»[18] Hitler odiaba a los que habían conspirado contra él en julio, pero no solo por su traición, sino también por el daño que habían hecho a la imagen de unidad que daba Alemania, y el efecto que esto había tenido en los aliados del Tercer Reich y en los países neutrales.

Durante la reunión celebrada el 31 de agosto para estudiar la situación, Hitler declaró: «Habrá momentos en los que la tensión entre los Aliados será tan grande que se producirá una ruptura. A lo largo de la historia, siempre ha llegado un punto en el que las coaliciones han terminado por deshacerse».[19] Poco tiempo después, el ministro de Propaganda, Josef Goebbels, recogió rápidamente la línea de pensamiento del *Führer* en una conferencia de ministros en Berlín. «Es evidente que los conflictos políticos aumentarán con la aparente proximidad de una victoria aliada, y que un día provocarán grietas irreparables en la casa de nuestros enemigos.»[20]

El jefe del estado mayor de la Luftwaffe, el *General der Flieger* Werner Kreipe, anotaría en su diario el último día de agosto: «Por la tarde han llegado informes de colapso en el oeste». Durante buena parte de la noche siguió habiendo una actividad frenética con «órdenes, instrucciones, conversaciones telefónicas».[21] A la mañana siguiente, el *Generalfeldmarschall* Wilhelm Keitel, jefe del Oberkommando der Wehrmacht (OKW), pidió a la Luftwaffe que cediera otros cincuenta mil hombres a las fuerzas terrestres. El 2 de septiembre, Kreipe escribía: «Aparente desintegración en el oeste, Jodl [jefe de Operaciones del estado mayor de la Wehrmacht] sorprendentemente tranquilo. Los finlandeses nos han abandonado». Durante la conferencia celebrada ese día, Hitler empezó a proferir insultos contra el líder finés, el mariscal Mannerheim. También se puso hecho una furia porque el *Reichsmarschall* Hermann Göring ni siquiera se dignó a hacer acto de presencia en un momento tan crítico e incluso sugirió disolver los escuadrones de la Luftwaffe y destinar a los miembros de las tripulaciones de los aviones a las unidades de artillería antiaérea.

Como el Ejército Rojo ya se encontraba en la frontera de Prusia Oriental, Hitler temía que los soviéticos organizaran una operación paracaidista para capturarlo. La Guarida del Lobo había sido transformada en una verdadera fortaleza. «En aquellos momentos había una cantidad enorme de dispositivos —escribiría Traudl Junge, su secretaria—. Había barreras de control y nuevos puestos de vigilancia por todas partes, minas, alambradas de espino, torres de vigilancia.»[22]

Hitler quería que un oficial de su confianza estuviera al frente de las tropas encargadas de protegerlo. El *Oberst* Otto Remer, al mando del batallón de la guardia *Grossdeutschland*, había frustrado la conspiración del 20 de julio en Berlín, de modo que Hitler, al enterarse de la solicitud de Remer de ser trasladado de nuevo al frente, lo mandó llamar para que creara una brigada encargada de proteger la Guarida del Lobo. Formada en un principio con integrantes del batallón de Berlín y del Regimiento de Artillería Antiaérea «Hermann Göring» con ocho baterías, la nueva brigada de Remer no paró de crecer. La *Führer Begleit Brigade*, o Brigada de Escolta del *Führer*, se creó en septiembre para defender la Guarida del Lobo del «aterrizaje de dos o tres divisiones aerotransportadas». Lo que el mismísimo Remer definía como «inusual formación»[23] de varias armas tuvo prioridad absoluta en armamento, equipos y «soldados de primera línea con experiencia», principalmente de la División *Grossdeutschland*.

En la Guarida del Lobo se respiraba un ambiente de profundo abatimiento. Durante unos días, Hitler permaneció en su dormitorio, echado en la cama, apático, mientras sus secretarios «mecanografiaban montones de informes que hablaban de pérdidas» tanto en el Frente Oriental como en el Occidental.[24] Por su parte, Göring, presa del mal humor, seguiría en Rominten, alojado en la finca de caza de los Hohenzollern en Prusia Oriental de la que se había apropiado. Tras el fracaso de su Luftwaffe en Normandía, sabía perfectamente que había sido superado por sus rivales en la corte del *Führer*, especialmente por Martin Bormann, todo un manipulador que al final se convertiría en su justo castigo. Su otro adversario, el *Reichsführer-SS*

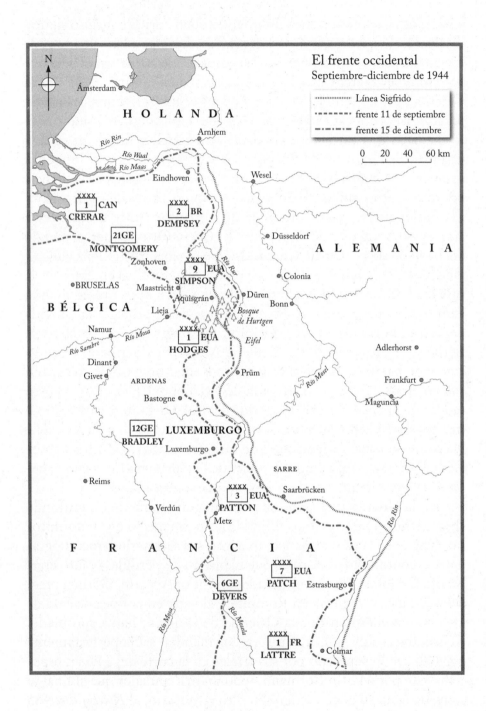

Heinrich Himmler, había sido puesto al mando del Ersatzheer —el ejército de reserva—, en cuyo cuartel general se había fraguado la conspiración para acabar con la vida de Hitler con una bomba. Y parecía que Goebbels tenía el control absoluto del frente interno, pues había sido nombrado plenipotenciario del Reich para la Guerra Total. Pero Bormann y los *Gauleiter* seguían conservando el control de sus feudos, frustrando prácticamente cualquier intento de hacerse con él.

Aunque la mayoría de los alemanes había vivido con conmoción el atentado sufrido por Hitler, con el avance de los soviéticos hasta las fronteras de Prusia Oriental la moral del pueblo germano comenzó a venirse abajo. Las mujeres, principalmente, querían que la guerra acabara de una vez por todas, y como informaban los servicios de seguridad de las SS, mucha gente había perdido su fe en el *Führer*. Los más perceptivos, sin embargo, creían que la guerra no iba a terminar mientras Hitler siguiera vivo.[25]

A pesar de haber conseguido numerosos triunfos aquel verano, o tal vez precisamente por esta razón, las rivalidades eran cada vez más acusadas en los escalafones más altos del mando aliado. Eisenhower, «un estadista militar en vez de un señor de la guerra» como comentaría un observador,[26] buscaba siempre el consenso, pero para resentimiento de Omar Bradley y para desdén y enojo del general George Patton, parecía más proclive a apaciguar a Montgomery y a los británicos. El debate, que iba a exacerbar los ánimos durante el resto de 1944 y parte de 1945, había empezado el 19 de agosto.

Montgomery había solicitado que prácticamente todas las fuerzas aliadas avanzaran a sus órdenes a través de Bélgica y Holanda para llegar a la región industrial del Ruhr. Cuando su propuesta fue rechazada, quiso que su propio XXI Grupo de Ejércitos, con el apoyo del I Ejército del general Courtney Hodges, tomara esa ruta. Ello permitiría a los Aliados capturar las plataformas de lanzamiento de los cohetes «V» desde las que se bombardeaba Londres y reconquistar Amberes con su puerto de aguas profundas, un elemento considerado esencial para el suministro de las tropas en futuros avances. Bradley y los dos comandantes de sus ejércitos, Patton y Hodges, también eran de la opinión de que era necesario asegurar Amberes, pero querían dirigirse hacia el este, al río Sarre, pues se trataba del camino más corto para llegar a Alemania. Los generales estadounidenses consideraban que los logros obtenidos en el curso de la Operación Cobra y el rápido avance hasta el Sena encabezado por el III Ejército de Patton debía proporcionarles la prioridad. Eisenhower, sin embargo, era perfectamente consciente de que una sola ofensiva, ya fuera en el norte por parte de los británicos, ya fuera en el centro del frente por parte de los estadounidenses, corría el peligro de acabar en un verdadero desastre político, más peligroso incluso que un desastre militar. El comandante supremo tendría a la prensa y a los políticos tanto de Estados Unidos como de Gran Bretaña hechos una furia si estos veían cómo su ejército recibía la orden de detenerse debido a problemas de suministro, mientras que el otro seguía avanzando.

El 1 de septiembre, fue anunciado un plan preparado hacía tiempo para Bradley, que desde el punto de vista técnico había sido un subordinado de Montgomery: la cesión al general estadounidense del mando del XII Grupo de Ejércitos estadounidense. La noticia provocó que la prensa inglesa volviera a sentirse agraviada. Fleet Street vio en el nuevo nombramiento una degradación de Montgomery porque, como Eisenhower tenía en aquellos momentos su base en Francia, el británico había dejado de ser comandante de las fuerzas de tierra. Este problema ya había sido previsto por Londres, de modo que para calmar las cosas Montgomery fue ascendido a mariscal de campo (lo que, en teoría, hacía que superara en graduación a Eisenhower, que solo tenía cuatro estrellas). Mientras escuchaba la radio aquella mañana, Patton se sintió asqueado cuando «Ike dijo que Monty era el mejor soldado viviente y ahora es mariscal de campo». No se hizo ninguna mención de lo que otros habían conseguido. Y, tras una reunión celebrada en el cuartel general de Bradley al día siguiente, Patton, que había encabezado el avance a través de Francia, comentó: «Ike no ha dado las gracias ni ha felicitado a ninguno de nosotros por lo que hemos hecho».[27] Al cabo de dos días su III Ejército llegaba al río Mosa.

En cualquier caso, el avance precipitado del I Ejército estadounidense y el II Ejército británico a través de Bélgica sería uno de los más veloces de toda la guerra. Habría podido ser más rápido si las fuerzas aliadas no se hubieran visto obligadas a detenerse en cada aldea y en cada ciudad belga porque la población local les daba la bienvenida extasiada de júbilo. El teniente general Brian Horrocks, comandante del XXX Cuerpo, comentaría que «con champán, flores, tanto gentío y las muchachas subidas en lo alto de los camiones, resultaba difícil seguir con la guerra».[28] Los estadounidenses también percibieron que la acogida dispensada por los belgas era mucho más cálida y entusiasta que la que les habían dispensado los franceses. El 3 de septiembre, la División Acorazada de la Guardia entraba en Bruselas en medio de las más apasionadas escenas de júbilo.

Al día siguiente, en lo que cabría calificar de notable golpe de mano, la 11.ª División Acorazada del general «Pip» Roberts entraba en Amberes. Con la ayuda de la resistencia belga, tomó el puerto antes de que los alemanes pudieran destruir sus instalaciones. La 159.ª Brigada de Infantería atacó el cuartel general alemán situado en el parque, y a las ocho de la tarde el comandante de la guarnición germana ya se había rendido. Sus seis mil hombres desfilaron para ser encerrados en jaulas vacías del jardín zoológico, pues los animales habían servido para alimentar a los famélicos habitantes de la ciudad. «Los prisioneros estaban sentados sobre montones de paja —observaría Martha Gellhorn—, mirando por los barrotes.» La caída de Amberes provocó una gran conmoción en el cuartel general del *Führer*.[29] «Apenas habíais cruzado el Somme —reconocería al año siguiente el *General der Artillerie* Walter Warlimont a sus interrogadores—, cuando de repente una o dos de vuestras divisiones acorazadas ya estaban a las puertas de Amberes. No nos imaginábamos que pudiera producirse un avance tan rápido, por lo que no había nada preparado. Cuando llegó la noticia, la sorpresa fue tremenda.»[30]

El I Ejército estadounidense también se movió rápidamente para dar caza a los alemanes en retirada. El batallón de reconocimiento de la 2.ª División Acorazada adelantó a los demás soldados, identificó el camino que seguía el enemigo y luego tomó posiciones de emboscada colocando sus carros ligeros al anochecer en una aldea. «Antes de abrir fuego, dejábamos que los distintos convoyes estuvieran perfectamente al alcance de nuestras armas. Utilizábamos un carro ligero para remolcar los vehículos inutilizados [del enemigo] hasta un lugar oculto entre las casas del pueblo con el fin de impedir que los elementos sucesivos nos descubrieran. Estas operaciones se prolongaron durante toda la noche.»[31] El comandante de un blindado norteamericano calcularía que entre el 18 de agosto y el 5 de septiembre su carro de combate recorrió unos novecientos kilómetros «sin prácticamente mantenimiento alguno».[32]

En la frontera franco-belga, las fuerzas de Bradley tuvieron aún más éxito que las inglesas con un movimiento en pinza cerca de Mons. Las unidades motorizadas de tres divisiones *panzer* consiguieron salir de aquella trampa antes de que la 1.ª División de Infantería estadounidense lograra cerrar el círculo. Los paracaidistas de la 3.ª División *Fallschirmjäger* y la 6.ª División *Fallschirmjäger* vieron con amargura cómo las Waffen SS habían vuelto a salvar el pellejo, dejando desamparados a todos los demás. Los estadounidenses habían atrapado a los últimos hombres de seis divisiones de Normandía, en total más de veinticinco mil efectivos, que fueron un blanco fácil hasta su rendición. La artillería de la 9.ª División de Infantería emitiría el siguiente informe: «Utilizamos nuestros cañones de 155 mm para abrir fuego directo contra las columnas enemigas, provocando importantes pérdidas y contribuyendo a la captura de 6.100 prisioneros, incluidos tres generales».[33]

Los ataques emprendidos por la resistencia belga en la bolsa de Mons desataron la primera de una serie de operaciones de represalia, en la que perdieron la vida sesenta civiles y muchas casas fueron pasto de las llamas. Grupos de la *Armée Secrète* del *Mouvement National Belge*, el *Front de l'Independence* y la *Armée Blanche*, colaboraron estrechamente con los estadounidenses durante la fase de barrida.* El mando militar alemán se puso hecho una furia, y empezó a temer que se produjera una sublevación masiva mientras se retiraban a través de

---

* El apelativo de *Armée Blanche* no guardaba ninguna relación con los ejércitos blancos de la guerra civil rusa. Tenía su origen en el nombre que recibió la red secreta de espionaje belga creada durante la ocupación alemana en el curso de la primera guerra mundial, la llamada *Dame Blanche*, por una leyenda que contaba que la dinastía Hohenzollern del káiser caería cuando apareciera el espectro de una dama blanca.

Bélgica a la seguridad del Muro del Oeste, o Línea Sigfrido como lo llamaban los Aliados. Acudieron en tropel jóvenes belgas para unirse a los ataques, con espantosas consecuencias tanto entonces como más tarde, ya en diciembre, cuando la ofensiva de las Ardenas provocó el regreso de fuerzas alemanas sedientas de venganza.

El 1 de septiembre, en Jemelle, cerca de la ciudad de Rochefort, en el norte de las Ardenas, Maurice Delvenne contemplaba con sumo deleite cómo los alemanes se retiraban de Bélgica. «El ritmo de la retirada de los ejércitos alemanes se acelera y parece cada vez más desorganizado —escribiría en su diario—. En un mismo camión viajan ingenieros, soldados de infantería y de marina, hombres de la Luftwaffe y artilleros. Es evidente que todos ellos acaban de estar en zona de combate. Su aspecto es sucio y demacrado. Su mayor preocupación es saber cuántos kilómetros los separan aún de su patria, y, naturalmente, nuestro rencor hace que disfrutemos exagerando esa distancia.»[34]

Dos días después, soldados de las SS, algunos con la cabeza vendada, pasaron por Jemelle: «Hay frialdad en sus ojos, y miran a la gente con odio».[35] En su camino dejaron un rastro de destrucción, quemando edificios y destruyendo líneas telegráficas. Los precedía un montón de ovejas y reses que habían robado a los lugareños. Los campesinos de los cantones orientales de habla germana de las Ardenas recibieron la orden de trasladarse con sus familias y su ganado al otro lado de la Línea Sigfrido y al Reich. Las noticias que hablaban de bombardeos aliados bastaron para disuadirles, pero la mayoría simplemente no quiso abandonar sus granjas y prefirió ocultarse con su ganado en los bosques hasta que los alemanes se hubieran ido.

El 5 de septiembre, las proezas de los jóvenes *résistants* provocaron que los alemanes en retirada prendieran fuego a 35 casas junto a la carretera N4, entre Marche-en-Famenne y Bastogne, cerca de la localidad de Bande. Cosas mucho peores ocurrirían el día de Nochebuena, cuando los alemanes regresaran para frenar la ofensiva de las Ardenas. La población civil estaba aterrorizada por las represalias que se producían tras un ataque de la resistencia. El 6 de septiembre, en Buissonville, los alemanes se vengaron de un ataque que había tenido lugar dos días antes. Quemaron 22 casas de la localidad y de otro pueblo cercano.

A lo largo de la línea de retirada, los habitantes de aldeas y pueblos salían a la calle con banderas belgas, británicas y estadounidenses para dar la bienvenida a sus liberadores. A veces tenían que esconderse rápidamente cuando aparecía por la calle principal algún destacamento alemán que huía en retirada. En la ciudad holandesa de Utrecht, el *Oberstleutnant* Fritz Fullriede describiría «un triste pelotón de nacionalsocialistas holandeses siendo evacuado a Alemania para escapar de la ira de los holandeses nativos. Montones de mujeres y niños».[36] Esos holandeses de las SS habían combatido en Hechtel, junto a la frontera belga. Para evitar el asedio y no quedar rodeados por el enemigo, cruzaron a nado un canal, pero «los oficiales y hombres heridos que quisieron rendirse fueron en su mayoría —y para descrédito de los británicos [que aparentemente estaban por allí]— abatidos por los belgas». Tanto holandeses como belgas tenían muchos agravios que satisfacer tras cuatro años de dura ocupación.

El frente alemán parecía completamente roto en Bélgica y Holanda. En la retaguardia cundía el pánico, con escenas de caos que llevaron al LXXXIX Grupo de Ejércitos a hablar en su diario de guerra de «unas imágenes desastrosas, indignas del ejército alemán».[37] Las llamadas *Feldjäger Streifengruppen*, literalmente «grupos de castigo», capturaban a los rezagados y los conducían a un campo de detenidos, o *Sammellager*. Desde allí eran enviados de vuelta al frente a las órdenes de un oficial, normalmente en «lotes» de sesenta. Los sospechosos de deserción eran juzgados por un tribunal militar. Si se les declaraba culpables, eran condenados a muerte o trasladados a un *Bewährungsbataillon* (el llamado batallón de rehabilitación que, de hecho, era más un batallón de castigo o *Strafbataillon*). Los desertores confesos, o los que habían cambiado el uniforme por ropas de civil, eran ejecutados de inmediato.

Cada *Feldjäger* llevaba en el brazo una banda roja en la que aparecía escrito «OKW Feldjäger» y disponía de un carné de identidad especial cruzado en diagonal por una franja verde en la que se leía: «Autorizado a utilizar su arma si [es] desobedecido». Los *Feldjäger* eran adoctrinados constantemente. Una vez a la semana, un oficial les hablaba de «la situación mundial, de la imposibilidad de destruir Alemania, de la infalibilidad del *Führer* y de fábricas clandestinas que ayudarían a vencer al enemigo».[38]

El «Llamamiento a los soldados del Ejército del Oeste» del *Generalfeldmarschall* Walter Model, solicitando a las tropas alemanas que resistieran y que ganaran tiempo para el *Führer*, fue ignorado. En consecuencia, se adoptaron medidas sumamente despiadadas. El *Generalfeldmarschall* Wilhelm Keitel ordenó el 2 de septiembre que «los que simularan estar enfermos y los cobardes y gandules, incluidos los oficiales», fueran ejecutados sin dilación.[39] Model avisó de que necesitaba un mínimo de diez divisiones de infantería y de cinco divisiones *panzer* para frenar un avance enemigo en el norte de Alemania. Pero no se disponía de una fuerza de tal magnitud.

La retirada en el norte a lo largo de la costa del canal de la Mancha había sido mucho más ordenada, principalmente gracias a una persecución tardía por parte de las fuerzas canadienses. El *General der Infanterie* Gustav von Zangen había dirigido el repliegue del XV Ejército del paso de Calais al norte de Bélgica de manera impresionante. Los servicios de inteligencia de los Aliados se equivocaron gravemente cuando informaron de que «los únicos refuerzos que se sabe que están llegando a los Países Bajos son los restos del desmoralizado y desorganizado XV Ejército que actualmente huye de Bélgica por las islas holandesas».[40]

La repentina caída de Amberes probablemente supusiera un duro golpe para el alto mando alemán, pero lo cierto es que durante los días siguientes, cuando el II Ejército británico fracasó en su intento de asegurar el lado norte del estuario del Escalda, el general Von Zangen consiguió establecer una serie de líneas defensivas. Estas incluían un reducto de veinte kilómetros de anchura en el lado sur de la desembocadura del Escalda (la llamada «bolsa de Breskens»), la península de Zuid-Beveland en el lado norte y la isla de Walcheren. Su fuerza enseguida reunió 82.000 efectivos y 530 cañones que impedían cualquier intento por parte de la Royal Navy de acercarse a aquel estuario densamente infestado de minas.

El almirante sir Bertram Ramsay, comandante en jefe de las fuerzas navales aliadas, había avisado al SHAEF y a Montgomery de que los alemanes podían bloquear con facilidad el estuario del Escalda. Y el almirante sir Andrew Cunningham, primer lord del Mar, advirtió de que Amberes podría «resultar tan útil como Tombuctú» si no se despejaban los accesos al puerto.[41] El general Horrocks, comandante del cuerpo, admitiría más tarde su parte de responsabilidad en aquel fracaso. «Sin duda, Napoleón se habría dado cuenta —escribiría—, pero me temo que Horrocks no supo.»[42] Pero lo cierto es que no fue culpa de Horrocks, ni tampoco de Roberts, comandante de la 11.ª División Acorazada. El error lo cometió Montgomery, a quien no le interesaba el estuario lo más mínimo, y creyó que los canadienses podrían despejarlo más adelante.

Fue un error garrafal que más tarde tendría consecuencias nefastas e imprevistas, pero, en aquellos días de euforia, los generales que habían participado en la primera guerra mundial se convencieron de que septiembre de 1944 iba a ser igual que septiembre de 1918. «Los periódicos hablaban de un avance de unos cuatrocientos cuarenta kilómetros en seis días y contaban que las fuerzas aliadas ya estaban en Holanda, Luxemburgo, Saarbrücken, Bruselas y Amberes —escribiría el historiador militar Forrest Pogue—. Las valoraciones de todas las líneas efectuadas por los servicios de inteligencia estaban marcadas por un optimismo casi histérico.»[43] Prácticamente todos los altos mandos tenían los ojos clavados en el Rin, creyendo que los Aliados podían cruzarlo de un solo salto. Esta idea seducía seguramente a Eisenhower, y Montgomery, por sus propias razones, había quedado prendado de ella.

2

Amberes y la frontera alemana

A finales de agosto, cuando parecía que el frente alemán estaba a punto de derrumbarse, los problemas de abastecimiento amenazaron con obligar a los ejércitos de Eisenhower a detenerse. La red de ferrocarriles franceses había sido destruida por los bombardeos aliados, de modo que decenas de millares de toneladas de combustible, raciones de comida y municiones debían ser trasladadas a diario desde Normandía en camiones de abastecimiento del Red Ball Express del ejército de Estados Unidos. La distancia que separaba Cherburgo del frente a comienzos de septiembre era de casi quinientos kilómetros, que representaban un viaje de tres días entre ir y volver. Solo el París liberado necesitaba un mínimo absoluto de mil quinientas toneladas diarias de suministros.

Únicamente la abundancia de recursos de los estadounidenses habría podido salir del paso ante tamaña tarea, con unos siete mil camiones recorriendo día y noche unas carreteras de un solo carril, consumiendo más de un millón de litros de combustible al día. En total se perdieron en el proceso unos nueve mil camiones, declarados siniestro total. En un intento desesperado por mantener el ritmo de su frenética carrera a través de Francia, aviones de transporte e incluso bombarderos del IX Mando de Transporte de Tropas tuvieron que encargarse de suministrar bidones de gasolina a las formaciones del frente. Pero los aviones utilizaban más de 11,5 litros de combustible de aviación por cada 7,5 litros de gasolina que descargaban. Todos los aspectos de la crisis de aprovisionamiento subrayaban la necesidad urgente de abrir el puerto de Amberes, pero el interés principal de Montgomery se centraba en cruzar el Rin.

El 3 de septiembre, Montgomery oyó decir que aunque una gran parte del I Ejército estadounidense le prestaría apoyo en el norte, no estaría bajo su mando. Como había pensado que Eisenhower estaba de acuerdo en que se llevara a cabo una campaña por el norte bajo su exclusivo control, la exasperación de Montgomery aumentó cuando se enteró de que el III Ejército de Patton no había recibido la orden de detenerse como él esperaba. Escribió entonces a Londres al mariscal sir Alan Brooke, jefe del Estado Mayor General Imperial, en el quinto aniversario de la entrada en la guerra de Gran Bretaña. Le revelaba en ella su intención de volcarse en su plan de cruzar el Rin lo antes posible. Evidentemente pensaba que esa era la mejor manera de obligar a Eisenhower a ceder a su Grupo de Ejércitos el grueso de los abastecimientos y el mando del I Ejército de Hodges.

Por su parte, Patton, en vez de detener a su ejército hasta que la situación de los abastecimientos mejorara, se había adelantado en secreto en su avance hacia el Sarre: «Con el fin de atacar —señalaba Patton en su diario—, debemos primero fingir que hacemos labores de reconocimiento y luego reforzar esos reconocimientos y por fin atacar. Es un método muy triste de hacer la guerra».[1] Patton tenía una manera muy descarada de salirse siempre con la suya. Los pilotos de los bombarderos no refunfuñaban tanto cuando eran destinados a transportar combustible, porque a veces, cuando entregaban suministros a las divisiones del III Ejército, les traían una caja de champán para ellos solos «con la enhorabuena del general Patton».[2] Patton podía permitirse el lujo de ser generoso. No se sabe cómo había «liberado» cincuenta mil cajas de licor.[3]

Montgomery estaba tan decidido a dar el gran golpe en el norte que estaba dispuesto incluso a poner en peligro la apertura del puerto de Amberes para la llegada de suministros. El nuevo esquema operativo del día 3 de septiembre del mariscal ponía de manifiesto que había abandonado la idea de desviar a la zona fuerzas bien pertrechadas con la misión de despejar el estuario del Escalda.[4] Tal era el motivo de que la 11.ª División Acorazada de Roberts no hubiera recibido órdenes, al entrar en Amberes, de avanzar por el canal Alberto y

Amberes y el Escalda
9 de septiembre

245DI Divisiones de infantería
alemanas en la bolsa de Breskens

----- Línea del frente alemán y
a lo largo del Canal Alberto

0   20   40   60 km

adentrarse dando un rodeo por el noroeste en la península de Beveland, donde los alemanes empezaban a preparar sus posiciones.

A los pocos días, lo que quedaba del XV Ejército alemán a ambos lados del Escalda empezaba a convertirse una vez más en una formidable fuerza de combate. La extraordinaria capacidad de recuperación frente al desastre que tenía el ejército alemán había sido demostrada una y otra vez en el Frente Oriental y también en el oeste. La moral era baja, pero la determinación de seguir luchando no se había derrumbado del todo. «Incluso si nos abandonan todos nuestros aliados, no debemos perder el valor —decía un *Unteroffizier* en una carta a su familia—. Una vez que el *Führer* haga hablar a sus nuevas armas, llegará la victoria final.»[5]

Aunque Eisenhower reconocía la importancia de asegurar los accesos al puerto de Amberes, deseaba también hacerse con una cabeza de puente al otro lado del Rin. En particular, quería utilizar en una gran operación al recién creado I Ejército Aerotransportado aliado. Ese interés lo compartían tanto el general George C. Marshall, jefe del estado mayor en Washington, como el jefe de las fuerzas aéreas estadounidenses, el general «Hap» Arnold. La gran inversión en tiempo y esfuerzo hecha para incrementar las fuerzas aerotransportadas había espoleado su deseo de usarlas de nuevo en la primera ocasión que se le presentara.

Se habían estudiado ni más ni menos que nueve planes para su despliegue desde que se produjera el avance por Normandía, pero la rapidez de los progresos de los Aliados había significado que cada proyecto quedara trasnochado antes incluso de que llegara a ser lanzado. Cabe imaginar la exasperación de los paracaidistas que esperaban en los aeródromos, cada vez que se anunciaba el estado de alerta, con los aviones y los planeadores atestados de hombres, y se volvía a ordenar su suspensión.[6] El general Patton llegó a decir en tono jactancioso en una conferencia de prensa del III Ejército: «Los malditos aerotransportados no pueden ir lo bastante rápidos para seguir nuestro ritmo». E inmediatamente añadió: «Por supuesto, esto también es extraoficial».[7]

Durante la primera semana de septiembre el mariscal Montgomery empezó a estudiar más detenidamente la posibilidad de efectuar lanzamientos aerotransportados para cruzar el Rin a la altura de Arnhem. La Operación Market Garden, iniciada el 17 de septiembre, no solo era ambiciosa. Estuvo además sorprendentemente mal planificada, sus oportunidades de éxito eran mínimas y no debió intentarse nunca. Las zonas de lanzamiento, especialmente en el caso de Arnhem, estaban demasiado lejos de sus objetivos, los puentes, como para que se pudiera aprovechar el efecto sorpresa. Los planes no fueron coordinados entre el I Ejército Aliado Aerotransportado y las fuerzas de tierra. Se esperaba que el XXX Cuerpo británico se lanzara por una sola carretera a lo largo de 104 kilómetros para socorrer a la división aerotransportada británica en Arnhem, suponiendo que esta se hubiera asegurado allí el puente sobre el Neder Rijn o Bajo Rin.

Peor aún, no se tuvo en cuenta en ningún momento que pudiera ocurrir algún imprevisto, incluido cualquier cambio de tiempo, que impidiera a los refuerzos llegar con rapidez.

La 101.ª División Aerotransportada estadounidense tomó Eindhoven, y la 82.ª llegó incluso al final a tomar Nimega y el puente sobre el río Waal, solo porque el *Generalfeldmarschall* Model se negó a permitir que lo volaran alegando que quizá pudiera necesitarlo para una eventual contraofensiva. Pero la decidida resistencia de los alemanes y sus constantes ataques por los flancos a lo largo de una ruta desguarnecida que no tardó en ser llamada la «Carretera del Infierno», obstaculizaron seriamente el avance de la División Acorazada de la Guardia.

Los servicios de inteligencia aliados sabían que la 9.ª División Panzer de las SS *Hohenstaufen* y la 10.ª División Panzer de las SS *Frundsberg* se encontraban en la zona de Arnhem. Pero los analistas cometieron el error fatal de suponer que ambas formaciones estaban tan debilitadas tras la retirada de Francia que no representarían una amenaza seria. La reacción alemana ante el lanzamiento de la 1.ª División Aerotransportada británica fue rápida y brutal. Solo un batallón consiguió llegar al puente, e incluso entonces se vio atrapado en su lado norte. El 25 de septiembre, los paracaidistas que habían logrado sobrevivir tuvieron que ser evacuados al otro lado del río. El total de las pérdidas aliadas —británicas, estadounidenses y polacas— superó los catorce mil hombres. Toda aquella operación contribuyó muy poco a aumentar la confianza de los estadounidenses en los líderes ingleses.

El entusiasmo de los Aliados ante la perspectiva de cruzar el Rin casi de un brinco había distraído su atención de la tarea más mundana, pero esencial, de asegurarse una línea de abastecimientos adecuada. El almirante sir Bertram Ramsay se quedó lívido al enterarse de que el SHAEF, y especialmente Montgomery, habían hecho caso omiso de sus advertencias de que aseguraran el estuario del Escalda y los accesos a Amberes. Pese a la insistencia de Eisenhower en concentrarse en el único gran puerto capturado con todas sus instalaciones intactas, Montgomery se había empeñado en que el I Ejército canadiense procediera a despejar las guarniciones alemanas que resistían en Boulogne, Calais y Dunkerque. Pero ninguno de estos puertos, que fueron víctimas de las demoliciones llevadas a cabo por sus defensores, sería navegable durante algún tiempo.

Eisenhower, ya bastante recuperado de una lesión en la rodilla, empezó por fin a intentar clarificar la estrategia aliada. Estableció un pequeño cuartel general avanzado cerca de Reims y el 20 de septiembre el SHAEF se hizo cargo del hotel Trianon Palace de Versalles, un establecimiento grandioso con todo el boato de la *Belle Époque*. Durante la primera guerra mundial había sido el cuartel general del Consejo Militar Interaliado. El 7 de mayo de 1919, Georges Clemenceau había dictado en su gran salón las condiciones del tratado de Versalles, varios días antes de que el documento fuera firmado en el Salón de los Espejos del palacio de Versalles.

Durante las dos semanas siguientes, varios departamentos se trasladaron a los numerosos edificios vecinos, incluidos las enormes cuadras del castillo. No tardaron en ser requisadas unas mil ochocientas fincas de los alrededores de Versalles para alojar a veinticuatro mil oficiales y soldados. En París, el teniente general John C. Lee, jefe supremo de los abastecimientos estadounidenses, al frente de la Zona de Comunicaciones, llamada la COMZ, se hizo cargo de 315 hoteles y varios miles de edificios y pisos más, para alojar lujosamente en ellos a los oficiales de mayor graduación. Se apropió para sí mismo de casi todo el hotel Georges V.[8] Pomposo y megalómano, Lee esperaba incluso que los soldados heridos se cuadraran en la cama del hospital cada vez que hacía su aparición por los pabellones de los hospitales para efectuar alguna visita de inspección, a la que acudía con botas, espuelas y fusta, y acompañado de todo un séquito de aduladores.

Las divisiones del frente estaban indignadas de que la organización responsable de los abastecimientos se concentrara en su propia comodidad y fuera a eso a lo único que atendiera, y las autoridades francesas se quejaban de que las exigencias de los estadounidenses eran mayores incluso que las de los alemanes. Una revista afirmaba que las siglas SHAEF significaban: *Société des Hôteliers Américains en France*. Eisenhower estaba furioso contra Lee, que había contravenido descaradamente su orden de no colonizar París, pero nunca tomó la determinación de destituirlo. Incluso Patton, que odiaba y despreciaba a Lee, no se atrevió nunca a enfadarse con él por si cortaba los suministros de su III Ejército.

El comandante supremo descubrió además que las cuestiones estratégicas tampoco habían sido aclaradas, ni siquiera después del gran revés de Arnhem. Una vez que a Montgomery se le metía una idea en la cabeza, no había quien se la sacara. Haciendo caso omiso al hecho de que sus fuerzas no habían abierto todavía el puerto de Amberes a la navegación y de que su proyecto del alma, la Operación Market Garden, había sido un fracaso, Montgomery seguía porfiando e insistiendo en que el grueso de los abastecimientos debía ser asignado a su Grupo de Ejércitos con el fin de lanzar una ofensiva en el norte de Alemania. En una carta de 21 de septiembre, el día antes de que el batallón de paracaidistas británicos fuera obligado a rendirse en Arnhem, Montgomery se atrevió incluso a reconvenir a su comandante supremo por no haber parado los pies a Patton.[9] Significativamente, hasta los alemanes pensaban que Montgomery estaba equivocado. El *General der Panzertruppen* Eberbach, al que los británicos habían capturado en Amiens, comentó con otros generales compañeros de cautiverio: «Todo el sentido de su esfuerzo principal está equivocado. La puerta tradicional [de Alemania] es el Sarre».[10]

Patton sostenía que el plan propuesto por Montgomery de encabezar un «frente estrecho» y efectuar «una acometida realmente potente y vigorosa contra Berlín» estaba totalmente equivocado.[11] Montgomery era un comandante demasiado cauto como para propugnar semejante estrategia y su ruta del norte tenía que cruzar importantes ríos de la Europa septentrional por los puntos en que eran más anchos. Bradley comentaba que la llamada «estocada con el XXI Grupo de Ejércitos en el corazón de Alemania» sería probablemente un «golpecito con el cuchillo de la mantequilla».[12] A Patton, que se esforzaba por tomar la ciudad fortificada de Metz, le habían dicho que se pusiera a la defensiva, cosa que no ayudó ni mucho menos a que mejorara su humor. Pero el 21 de septiembre, cuando Eisenhower se refirió a Montgomery llamándolo «un hijo de puta muy listo», Patton se animó a creer que el comandante supremo había empezado a ver por fin con claridad la manera de actuar del mariscal y su carácter manipulador. Como un elemento más de su campaña en pro de conseguir el nombramiento de comandante en jefe de las fuerzas terrestres, Montgomery había pronosticado que el férreo control de la campaña se esfumaría cuando Eisenhower asumiera el mando. «El problema era —como subraya el historiador John Buckley—, que era el propio Monty más que cualquier otro, el que trabajaba para socavar la posición de su jefe.»[13]

Eisenhower intentó suavizar las diferencias entre la propuesta de Montgomery y su propia estrategia de avanzar por el Ruhr y por el Sarre al mismo tiempo. De hecho dio la impresión de que apoyaba la ofensiva única de Montgomery, pero tan solo pretendía darle un poco de flexibilidad por el centro. Fue un grave error. Tenía que ser más explícito. Eisenhower sabía que podía dictar órdenes directas a Bradley y al general Jacob L. Devers, los dos oficiales al mando de los Grupos de Ejércitos estadounidenses, que eran subordinados suyos. Pero dejó demasiada libertad de acción a Montgomery porque era un aliado y no formaba parte de la cadena de mando estadounidense. Eisenhower habría debido saber para entonces que el general Marshall en Washington lo respaldaría como comandante supremo, y que Churchill ya no tenía ninguna influencia sobre el presidente Roosevelt, especialmente en lo tocante a las decisiones de carácter militar. La reticencia de Eisenhower y sus pocos deseos de insistir en que ya había pasado el momento de las discusiones y de que sus órdenes debían ser acatadas, permitieron a Montgomery seguir poniendo en entredicho una estrategia con la que no estaba de acuerdo, y lanzando pequeños ataques contra ella una y otra vez con el fin de salirse con la suya. Montgomery no tenía ni ida de las tensiones que su actitud estaba provocando en las relaciones angloamericanas, tensiones que llegaron a su punto culminante en el mes de diciembre.

No mejoró la situación el hecho de que Montgomery no asistiera a una importante conferencia celebrada por Eisenhower en su cuartel general de Versalles el 22 de septiembre. En su lugar, envió a su jefe del estado mayor, el general Francis de Guingand, llamado «Freddie», que gozaba de la simpatía y la confianza de todos. Los generales estadounidenses sospechaban que Montgomery lo había hecho a propósito para poder luego desentenderse de los acuerdos adoptados. La conferencia se centró en la estrategia que debía seguirse en cuanto quedara asegurado el puerto de Amberes. Eisenhower aceptó que la campaña principal la llevara a cabo el XXI Grupo de Ejércitos de Montgomery, y que consistiera en una maniobra de envolvimiento del Ruhr desde el norte. Pero al mismo tiempo quería que el XII Grupo de Ejércitos de Bradley cruzara el Rin por la región de Colonia y Bonn, para rodear el Ruhr desde el sur. Eisenhower expuso todo esto a Montgomery en una carta que le envió dos días después para asegurarse de que en la mente del mariscal no cupiera duda alguna de qué era lo que se pretendía.

Parecía que Montgomery, que había asignado la tarea de despejar los accesos de Amberes al I Ejército canadiense, había dejado de prestar atención en esa dirección. Estaba más interesado en explotar el saliente de Nimega, conquistado en el transcurso de la Operación Market Garden, para atacar en dirección al Reichswald, el bosque situado justo al otro lado de la frontera alemana. Pero cuando los canadienses acabaron finalmente su misión en el norte de Francia y empezaron la operación del Escalda a primeros de octubre, descubrieron que la resistencia alemana era más fuerte de lo que se figuraban. Se encontraron con una dura lucha entre las manos, ahora que lo que quedaba del XV Ejército alemán había tenido tiempo de escapar y de reforzar la isla de Walcheren y el sur de la península de Beveland.

Avisado por un informe de la Royal Navy, Eisenhower estaba más preocupado incluso por la lentitud de los avances. Montgomery se irritó mucho y se puso a la defensiva, pues no quería que se dedujera que no estaba haciendo lo suficiente para reabrir el puerto de Amberes, y una vez más insistió en que se pusiera bajo su mando el I Ejército estadounidense, con el fin de acelerar el ataque contra el Ruhr. El 8 de octubre, Montgomery volvió a criticar la estrategia de Eisenhower, esta vez ante el propio general Marshall, que había ido a visitar Eindhoven. Fue un grave error. Incluso Marshall, caracterizado por un autodominio inigualable, estuvo a punto de perder los estribos ante aquella muestra de lo que llamaba el «insoportable egocentrismo» de Montgomery.[14] El mariscal, que carecía de toda inteligencia emocional, reiteró sus ataques contra las capacidades de mando de Eisenhower en un escrito titulado «Notas sobre el mando en Europa occidental». Es casi seguro que Montgomery se mostró más mordaz en sus críticas debido a los duros comentarios que había oído acerca de que no estaba haciendo lo necesario para volver a abrir Amberes al tráfico.

Daba por supuesto incluso que la Operación Market Garden había fracasado porque no había recibido apoyo suficiente del SHAEF.

Eisenhower contestó varios días después con una enérgica nota de rechazo que previamente había mostrado a Marshall para que le diera su beneplácito. Ni su jefe del estado mayor, el teniente general Walter Bedell Smith, ni el general Marshall le permitirían suavizar el tono empleado en el borrador. Ni siquiera a Montgomery, que tenía una piel dura como la de un rinoceronte, podría escapársele la importancia de un párrafo en concreto: «Si tú, como mando superior en este teatro de operaciones de uno de los grandes aliados, crees que mis concepciones y directivas pueden poner en peligro el éxito de las operaciones, nuestro deber es remitir el asunto a una autoridad superior para cualquier medida que decida adoptar, por drástica que sea». Montgomery dio inmediatamente marcha atrás. «No volverás a oír de mí ni una palabra más sobre el asunto del mando. Te he dado mi opinión y tú me has dado tu respuesta. Con esto se ha acabado la discusión... Tu devoto y leal subordinado, Monty.»[15] Pero en la cabeza de Montgomery, el asunto seguiría resonando toda su vida.

La batalla por los accesos del Escalda, que por fin dio comienzo el 2 de octubre con una campaña hacia el norte y hacia el noroeste desde Amberes, se libró en medio de una lluvia intensísima. Los canadienses, con el apoyo por la derecha del I Cuerpo británico, tardaron dos semanas en alcanzar la base de Beveland del Sur y el resto del mes en despejar el terreno. Mientras tanto, otro contingente del II Cuerpo canadiense tardó casi todo el mes de octubre en despejar la gran bolsa creada en el interior del canal Leopoldo, al sur de la desembocadura del Escalda. Para contribuir a tomar Walcheren, la RAF accedió al final a bombardear los diques con el fin de inundar la mayor parte de la isla y obligar a la guarnición alemana de más de seis mil hombres a salir de sus posiciones defensivas. Comandos británicos procedentes de Ostende llegaron en lanchas de desembarco al extremo occidental de la península y, pese a las graves pérdidas sufridas, se unieron a las tropas canadienses para cruzar desde el enclave ocupado al sur. El 3 de noviembre, fueron capturados los últimos prisioneros alemanes, que sumaron en total cuarenta mil hombres, pero canadienses y británicos habían sufrido trece mil bajas en la operación del Escalda. Aun así, la necesidad de limpiar de minas alemanas el estuario supuso que el primer convoy de suministros no entrara en el puerto de Amberes hasta el 28 de noviembre. Todo ello 85 días después de que la 11.ª División Acorazada tomara la ciudad por sorpresa.

La primera patrulla estadounidense entró en territorio alemán desde el noreste de Luxemburgo el 11 de septiembre por la tarde. Desde una eminencia del terreno, los soldados divisaron algunos búnkeres de hormigón pertenecientes a la Línea Sigfrido. A partir de ese momento numerosas unidades proclamaron su entrada en el territorio nazi orinando simbólicamente en él. Ese mismo día, al noroeste de Dijon, la 2.ª División Acorazada francesa, la 2ème Division Blindée, integrada en el XV Cuerpo de Patton, se reunió con la 1.ª División francesa que acompañaba al VII Ejército, procedente del sur. Los Aliados tenían ahora una línea sólida que iba desde el mar del Norte hasta Suiza.

Patton tomó Nancy el 14 de septiembre, pero su III Ejército se encontró cerrado el paso por las antiguas fortificaciones de Metz y tuvo que hacer frente a duros combates para cruzar el Mosela. «Hicimos prisioneros suficientes —comunicaba un oficial— para que trabajaran al borde del río, donde los alemanes se cebaban en nuestros sanitarios, que intentaban traer de vuelta a los heridos en lanchas de asalto. Disparaban y acribillaban a los soldados heridos que habrían podido recuperarse. Obligamos a los prisioneros a exponerse a las balas haciendo este trabajo, pero los enemigos disparaban incluso contra ellos. Por último dijimos: "¡Al diablo!", y fusilamos a toda aquella maldita pandilla.»[16]

Las divisiones alemanas tuvieron que hacer frente a distintos inconvenientes. El oficial al mando de un regimiento de la 17.ª División *Panzergrenadier* de las SS *Götz von Berlichingen* se quejaba de que sus vehículos «no dejaban de averiarse porque el combustible era malo. Le habían puesto agua. ¡Así es como se supone que debemos hacer la guerra! No disponía en absoluto de artillería. Sabe usted, cuando un soldado de cualquiera de nuestras unidades tiene que ir arrastrando continuamente sus cañones de aquí para allá, acaba por decir: "¡Bésame el culo! ¡Prefiero que me hagan prisionero!"».[17] Por supuesto estos sentimientos no se manifestaban en el cuartel general del *Führer*. «Las relaciones entre los oficiales y los hombres en el frente siguen siendo excelentes y no son motivo de alarma», comunicaba el I Ejército alemán al Oberkommando der Wehrmacht (OKW),[18] y en conjunto parece que era verdad, a juzgar por las cartas enviadas a las familias.

«La guerra ha llegado a su punto culminante —decía un *Obergefreiter* en una carta a su esposa—. Estoy en el sector situado justo enfrente de mi pueblo natal. Por tanto, puedo defender a mi patria y a todos vosotros con más valor y temeridad que formando parte de una horda numerosa, como he estado haciendo hasta ahora ... No podemos pensar ni siquiera en la eventualidad inconcebible de una derrota.»[19] Otros expresaban su desdén por el enemigo: «No ataca si no tiene aviación y carros de combate. Es demasiado cobarde para eso. Tiene a su disposición toda clase de armas imaginables».[20] Otro escribía a casa diciendo: «El soldado de infantería estadounidense no vale ni cuatro chavos. Solo actúan si tienen armas pesadas y mientras está disparando una ametralladora alemana, el soldado de infantería estadounidense no se atreve a avanzar».[21] Pero el *Obergefreiter* Riegler reconocía que «quien tenga superioridad aérea, ganará esta guerra, y esa es exactamente la verdad».[22] El *Obergefreiter* Hoes, por su parte, se sentía angustiado por la falta de efectividad de las armas «V»: «¿Por qué se sacrifican cada vez más hombres? ¿Por qué se destruyen cada vez más partes de nuestro país? ¿Por qué fracasan todas las armas de represalia, de las que tanto se habla?».[23]

El 16 de septiembre, el día antes del lanzamiento de la Operación Market Garden, Hitler dejó asombrado a su entorno en la *Wolfsschanze* cuando convocó otra reunión tras la conferencia de situación celebrada por la mañana. Jodl estaba hablando precisamente de la escasez de armas pesadas, munición y carros de combate en el Frente Occidental cuando, como anotó en su diario el *General der Flieger* Kreipe, «el *Führer* interrumpe a Jodl. Decisión del *Führer*: contraataque desde las Ardenas; objetivo: Amberes... Nuestro grupo de ataque: treinta nuevas divisiones *Volksgrenadier* y nuevas divisiones blindadas, a las que se sumarán otras divisiones blindadas venidas del este. Intento de romper la línea divisoria que separa a los ingleses de los estadounidenses; un nuevo Dunkerque. Guderian [jefe del estado mayor del ejército responsable en el frente ruso] protesta debido a la situación reinante en el este. Jodl alude a la superioridad por aire y los lanzamientos de paracaidistas que se esperan en Holanda, Dinamarca y el norte de Alemania. ¡Hitler pide mil quinientos cazas listos para el 1 de noviembre! La ofensiva debería lanzarse durante la temporada de mal tiempo, entonces el enemigo no podrá volar. Rundstedt asumirá el mando. Preparativos para el 1 de noviembre. El *Führer* vuelve a resumir su decisión en un largo discurso. Nos obliga bajo juramento a mantener el secreto más estricto y nos pide que empleemos pocos hombres, pero fiables... Informado Göring que vuela de regreso a Carinhall por la noche. Estoy bastante cansado. Dolor de cabeza».[24]

Guderian quedó desconcertado ante aquel plan, pues sabía que casi tan pronto como se helara el terreno lo suficiente como para aguantar el peso de los carros medios T-34 del Ejército Rojo, Stalin lanzaría una ofensiva en masa contra Prusia Oriental y hacia el oeste desde sus cabezas de puente sobre el Vístula. «El OKH [Oberkommando des Heeres, alto mando del ejército] tiene serias dudas sobre el plan de las Ardenas», anotó en su diario Kreipe.[25]

Hitler, que había destituido al *Generalfeldmarschall* Gerd von Rundstedt como comandante en jefe del oeste durante la batalla de Normandía en el mes de julio, volvió a recurrir a él para que ocupara el mismo puesto. El «viejo prusiano» era considerado el arquetipo de hombre competente y seguro. Hitler lo utilizaba como símbolo de rectitud, tras corromperlo con dinero y honores de todo tipo. Aunque Rundstedt seguía mostrando un criterio militar muy bueno, no dejaba de ser un alcohólico y tuvo muy poco que ver con las decisiones operacionales.[26] En diciembre de 1941, cuando Hitler lo relevó del mando por primera vez alegando motivos de salud, todo el mundo pensó que era un pretexto. En realidad Rundstedt, agotado y afectado por el excesivo consumo de coñac, gritaba en sueños por la noche, y a veces sus asistentes habían tenido que sujetarlo y administrarle tranquilizantes. Su destitución había sido dulcificada con un «regalo de cumpleaños» de cuatrocientos mil marcos del Reich. Más recientemente, para escándalo de muchos oficiales tradicionales, Rundstedt había presidido el «Tribunal de Honor» que Hitler había establecido para expulsar con deshonra a todos los oficiales de los que se sospechara que habían tenido algo que ver con la conjura de julio.

Desde el atentado fallido, las relaciones entre el Partido Nazi y el ejército alemán se habían deteriorado. Un capitán, cuya esposa se encontraba en Reutlingen, al este de Estrasburgo, contaba: «El *Kreisleiter* [del Partido Nazi] de Reutlingen dijo en una asamblea de mujeres que el ejército alemán no era más que una manada de cerdos y que, de no ser por las SS y esta división *Hitlerjugend* hace tiempo que la guerra se habría acabado. Los oficiales alemanes no han hecho más que acostarse con las francesas e irse de putas y, cuando llegaron los ingleses, tuvieron que sacarlos de la cama en calzoncillos. Él despreciaba a todos los oficiales [de la Wehrmacht]. Naturalmente las mujeres se pusieron a gritar: "¡Qué asco!", y mi esposa abandonó el local en medio del griterío general, de modo que ahora ya no se siente segura, quizá con razón, debido a aquella diatriba». Cuando se enteró de lo sucedido por su mujer, el capitán se quejó ante su general. «Pues esas no son las cosas que deben contarse al país, aunque en parte sean verdad, pues lo único que se conseguirá es que pierda la confianza en sus tropas.»[27] Pero con sus protestas solo consiguió que los nazis de la zona se vengaran de su familia alojando tanta gente en su casa que prácticamente se quedó sin espacio para ella.

Cerca de Aquisgrán, un *Obersturmführer* de la 1.ª División Panzer de las SS *Leibstandarte Adolf Hitler*, un tal Woelky, quedó desconcertado cuando un grupo de mujeres alemanas objetó que consideraban muy improbable que continuara la lucha después de estar esperando que los estadounidenses invadieran la zona. «Nos han mentido y nos han tenido engañados durante cinco años. Nos han prometido un futuro dorado, ¿y qué es lo que tenemos? —comentó en tono burlón la más descarada—. Ahora de repente tenemos la guerra encima y no comprendo que pueda haber hoy día un solo soldado alemán dispuesto a pegar un tiro.» Tuvo suerte de dar con Woelky y que fuera con él con quien se desahogara, pues debía de ser uno de los pocos de su división que en su fuero interno reconocían que Alemania no podía seguir aguantando mucho tiempo. Y cuando acabara la guerra, pensaba cínicamente el hombre, «empezarán a reeducarnos, a los de las SS, a la manera democrática».[28]

3

La batalla de Aquisgrán

En el flanco norte del I Ejército norteamericano, el XIX Cuerpo había capturado Maastricht, pero carecía de municiones y de combustible para seguir avanzando. El V Cuerpo, en el flanco derecho del I Ejército, había penetrado mientras tanto en la zona de las Ardenas perteneciente a Bélgica y Luxemburgo. Formaban parte de él la 4.ª División de Infantería, que Ernest Hemingway había hecho suya, y la 28.ª División también de Infantería, que había desfilado por las calles de París. El esplendor de aquella marcha triunfal había desaparecido. No parecía haber mucha gloria en el lento, tedioso y a menudo peligroso sometimiento de la Línea Sigfrido. «Cuando pasamos por delante de un fortín —escribía un soldado de la 30.ª División de Infantería— veo un soldado lastimosamente tendido en el suelo, boca abajo, mordiendo el polvo, con el casco en el suelo cerca de su cabeza. Sobresaliendo de cada uno de los bolsillos traseros hay una ración K que no será consumida nunca.»[1]

Sencillamente, para abrirse paso a cañonazos entre las pirámides de hormigón armado llamadas «dientes de dragón», los carros de combate Sherman necesitaban disparar unos cincuenta proyectiles. Los estadounidenses descubrieron que primero tenían que infiltrarse en la zona por la noche para conseguir que sus tropas se colaran entre las posiciones de los morteros y los fortines y reductos alemanes. Equipos de asalto integrados al menos por una docena de hombres, apoyados por carros de combate, cazacarros y cañones contracarro, tenían que tomar cada fortín. El hormigón era tan resistente que solo era posible penetrarlo con cañones autopropulsados de 155 mm, pero los cazacarros que disparaban proyectiles perforantes contra las troneras causaban muchas bajas debido a la fuerza del choque. «Los heridos salen aturdidos y echando sangre por la nariz y por la boca», afirmaba un informe norteamericano.[2] También contra las puertas de acero se utilizaba munición perforante, así como torpedos Bangalore y cargas explosivas *satchel* que contenían como mínimo quince kilos de TNT. «Si continúan negándose a rendirse, [hay que] atronarlos con una granada de fragmentación arrojada por el tubo de ventilación», aconsejaba el mismo informe. Y una granada de fósforo blanco «colocada en ese mismo tubo de ventilación se ha comprobado que es un estupendo corrector [de la terquedad del enemigo]». Luego había que gritar: «Kamerad?» y «Wir schiessen nicht!» (¡No dispararemos!»). «Si todo esto falla, [hay que] avisar a un carro de combate para que vuele la parte posterior del reducto o traer una excavadora para rellenar el agujero [y enterrar a sus ocupantes].»

Se aconsejaba a los soldados no entrar nunca en un reducto; primero tenían que hacer salir a los defensores. «Cuando fueron voladas las puertas y las troneras —informaba el 41º. Regimiento de Infantería Mecanizada, integrado en la 2.ª División— y se silenció el fuego de las armas automáticas enemigas, la infantería avanzó hasta la parte ciega del reducto y mandó a sus ocupantes que salieran. Obedecieron enseguida. En un reducto solo salieron trece prisioneros. Se arrojó una granada por una tronera que ya había sido volada y aparecieron otros siete.»[3]

Si algún soldado alemán contestaba diciendo que no podían moverse porque estaban heridos, el consejo recomendado era provocar otra explosión. «Después de una segunda carga de TNT, no sé cómo se las arreglan para salir andando.»[4] Pero con todo debían tirar granadas o utilizar el lanzallamas por si quedaba alguien escondido. Había que registrar bien a los hombres por si llevaban encima alguna «mina de cajita de pomada», que eran muy pequeñas, de apenas cinco centímetros de ancho por medio centímetro de altura. Por último tenían que precintar las puertas de acero con sopletes o con alguna granada de termita para impedir que los alemanes volvieran a ocupar los reductos. Una unidad llegó a tener seis fortines en su sector que se vio obligada a reconquistar tres veces. En cierta ocasión, toda una sección, agotada de cansancio y empapada por la incesante lluvia, se metió en un reducto capturado y se quedó dormida. Una patrulla alemana regresó e hizo prisioneros a todos sus integrantes sin necesidad de disparar un solo tiro.

Por el centro del sector correspondiente al I Ejército, el VII Cuerpo avanzó hacia la ciudad de Aquisgrán, la antigua capital de Carlomagno y *lieu sacré* del Sacro Imperio Romano Germánico. El joven oficial al mando de este Cuerpo, el general J. Lawton Collins, era llamado por sus tropas «Relámpago Joe» por su dinamismo. Con Aquisgrán situada en un pequeño saliente del territorio alemán, la Línea Sigfrido recorría todo su lado oeste y su lado sur, y había otra línea de fortificaciones situada detrás de la ciudad. Collins quería evitar una lucha de desgaste casa por casa, así que resolvió rodear la ciudad con la esperanza de que los alemanes se decidieran a salir. Pero este razonamiento no tenía en cuenta la mentalidad de «fortaleza» de Hitler ni su obsesiva negativa a rendir las ciudades, y especialmente un lugar tan significativo históricamente como Aquisgrán. Göring diría después durante un interrogatorio en 1945: «El *Führer* quería defender Aquisgrán hasta la última piedra. Pretendía utilizarla como ejemplo para todas las demás ciudades alemanas, y defenderla, si era preciso, hasta que quedara arrasada».[5]

La repentina cercanía de las fuerzas estadounidenses el 11 de septiembre desencadenó el pánico. Los dirigentes del Partido Nazi, los destacamentos antiaéreos de la Luftwaffe, los funcionarios locales, la policía y los soldados emprendieron la huida hacia el este en dirección a Colonia. Según el jefe del estado mayor del VII Ejército alemán, «el espectáculo de la Luftwaffe y las tropas de las SS retirándose, con sus mandos encabezando la retirada, resultó muy perjudicial para la moral de la gente. Se metieron sin más en sus vehículos y se largaron. A consecuencia de ello se produjo un motín en Aquisgrán».[6]

Hitler ordenó que la población civil fuera evacuada, a la fuerza si era preciso. Sospechaba que la gente prefería una ocupación estadounidense que pusiera fin a los bombardeos. Todos aquellos que no abandonaran la ciudad serían considerados traidores. Pero las cosas no salieron como el *Führer* esperaba. El 12 de septiembre, la 12.ª División *Volksgrenadier* fue enviada precipitadamente al sector, pero la 116.ª División Panzer, que se había retirado de Normandía, llegó primero a la ciudad. El oficial que estaba a su mando, el *Generalleutnant* conde Gerhard von Schwerin, canceló inmediatamente la orden de evacuación dada por el *Gauleiter*. Schwerin era considerado por sus colegas un hombre muy inteligente que despreciaba demasiado a los nazis para que las cosas pudieran irle bien. Había sido destituido en Normandía por decir al oficial al mando de un cuerpo lo que pensaba de él, pero luego había sido reintegrado a su puesto por ser un líder muy eficaz. Eso quizá lo indujera a pensar que podría salir adelante de cualquier manera.

Schwerin restableció primero el orden, dando a sus *Panzergrenadiere* instrucciones de disparar contra los saqueadores. Luego envió un llamamiento al comandante en jefe de los estadounidenses explicándole que había ordenado detener aquella evacuación «absurda», y pidiéndole que tratara a la población civil de forma humanitaria. Collins, sin embargo, siguió adelante con su plan de envolvimiento. La 1.ª División de Infantería avanzó desde el sureste, con la 3.ª División Acorazada encargándose de cubrir su flanco derecho. Pero el estado de los motores de los carros de combate después del larguísimo avance desde Normandía y la escasez de munición de todo tipo de calibres limitaban mucho su potencia de ataque. En la 1.ª División escaseaban incluso las raciones de comida. «Nos vimos obligados a comer raciones «D» de emergencia, tabletas de chocolate, duras como una piedra, llenas de nutrientes artificiales —escribía Gardner Botsford—. Tres tabletas de chocolate al día pueden hacerle a uno aborrecer las tabletas de chocolate.»[7]

Cuando a las autoridades nazis les quedó claro que la amenaza que se cernía sobre Aquisgrán no era inminente, los jerarcas volvieron precipitadamente a la ciudad para emprender de nuevo la evacuación de los civiles, mientras se preparaba un contraataque desde el noreste con el fin de impedir que la población quedara rodeada. No se sabe cómo se filtró la noticia de la carta enviada por Schwerin, y el joven y audaz militar tuvo que esconderse para no ser arrestado bajo la acusación de derrotismo e incluso de traición. Sorprendentemente, Hitler le perdonaría más tarde. La evacuación forzosa de los civiles se llevó a cabo de manera brutal. La mayor parte de la población quería quedarse. Habían empezado a correr rumores descabellados acerca de que en Colonia se había desencadenado el tifus como consecuencia del lanzamiento de bombas bacteriológicas por los Aliados. Muchos creían incluso que los Aliados poseían bombas que contenían bacilos de la lepra y de la peste.[8]

«Si hubieras visto cómo trataban a los propios alemanes en las zonas de evacuación —afirmaba el *Unteroffizier* Huttary—. Ganado quitado de en medio de cualquier manera, sin que nadie recibiera ni un justificante. La gente tenía que irse por su cuenta. Las SA [los Camisas Pardas nazis] la echaba en manada, como si fuera ganado.»[9] Un soldado llamado Bayer, ingeniero de profesión, añadía: «Y cuando las casas estaban vacías, las saqueaban. Colgaban carteles o hacían correr el rumor de que de 2 a 4 iba a haber pan sin tasa aquí o allá. Luego las mujeres se presentaban en las tiendas anunciadas y cuando estaban haciendo cola, pasaban unos camiones y se las llevaban en ellos. A los niños los cogían por las calles y los tiraban de cualquier manera en los coches. Entonces no se los llevaban, sino que los sacaban de la zona de peligro inmediato y luego los dejaban en plena calle. Y que allí se las arreglara cada uno como pudiera».[10] El temor a una posible sublevación de la mano de obra forzosa extranjera llevó a las SS a plantearse la idea de ordenar ejecuciones en masa, pero en medio de semejante caos no llegó a hacerse nada.[11]

Durante la segunda mitad de septiembre se había desencadenado un intenso debate, en Washington y en el cuartel general del SHAEF, en torno al vocabulario que debía emplear el comandante supremo cuando se dirigiera al pueblo alemán. Si era demasiado conciliatorio, los alemanes lo verían como un signo de debilidad y se envalentonarían. Si sonaba demasiado severo, quizá los indujera a seguir luchando hasta el final. El 28 de septiembre, se publicó por fin una proclama de Eisenhower: «Las fuerzas aliadas que sirven bajo mi mando ya han entrado en Alemania. Venimos como conquistadores, pero no como opresores». Y continuaba subrayando que «borraremos del mapa el nazismo y el militarismo alemán».[12]

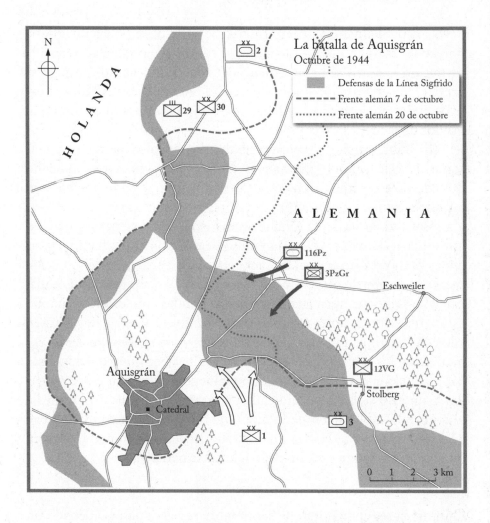

La batalla de Aquisgrán
Octubre de 1944

Defensas de la Línea Sigfrido
Frente alemán 7 de octubre
Frente alemán 20 de octubre

Las autoridades nazis respondieron enseguida con algunos curiosos intentos de propaganda, utilizando incluso bombarderos para lanzar octavillas sobre sus propias líneas con el fin de reforzar la determinación de sus tropas. Una de esas octavillas aseguraba que «los oficiales estadounidenses [utilizaban] la fusta contra las mujeres alemanas» y afirmaba que «todos y cada uno de los alemanes luchan en secreto o abiertamente hasta el último hombre».[13] Esa lucha «en secreto» fue el primer indicio que se tuvo de que los nazis planeaban crear un movimiento de resistencia, el *Werwolf*, que continuaría luchando e identificando a los alemanes que colaboraran con los Aliados. Pero las octavillas no consiguieron elevar la moral de los soldados. Según un suboficial alemán, «las tropas estaban indignadas y temían que los Aliados capturaran alguna de aquellas octavillas, y que su inminente cautiverio resultara sumamente desagradable».[14]

A primeros de octubre, el IX Ejército norteamericano se puso al frente del ala izquierda del XII Grupo de Ejércitos de Bradley, junto al II Ejército británico. Esta circunstancia dio al I Ejército de Hodges una mayor densidad, especialmente en los alrededores de Aquisgrán, donde la 1.ª División de Infantería procedente del sureste iba abriéndose paso hacia la 30.ª División de Infantería, que avanzaba desde el norte, con el objetivo de aislar por completo la ciudad. Por entonces el estado de los vehículos estadounidenses había mejorado mucho y el abastecimiento de municiones se había reanudado.

La 12.ª División *Volksgrenadier*, que acababa de llegar del Frente Oriental, se enfrentó a la 1.ª División de Infantería cerca de Stolberg. Uno de sus oficiales escribió a un amigo para decirle que su «regimiento, anteriormente tan orgulloso, había sido aplastado por completo en Vogilev». De toda la unidad solo habían sobrevivido seis oficiales y tres de ellos estaban en el hospital. El regimiento había sido reconstruido por completo con nuevo personal y nuevo equipo y ya estaba en acción. Habían sufrido mucho cuando los lanzaron a efectuar un contraataque sin darles tiempo apenas a bajarse de los trenes en cuanto llegaron a la estación. «Los estadounidenses lanzaron unas barreras de fuego de artillería de tal intensidad que muchos soldados, viejos combatientes del este, quedaron aturdidos.» El propio remitente estaba herido y tenía un agujero en el pie «del tamaño de un puño», por lo que se encontraba en el hospital.[15]

El 11 de octubre, el IX Mando Aéreo Táctico bombardeó y ametralló durante dos días Aquisgrán, y el día 14 comenzó la lucha por la ciudad. Pese a los esfuerzos de las autoridades nazis por evacuar a las ciento sesenta mil personas que constituían la población civil, unas cuarenta mil habían logrado permanecer en ella. Las mujeres y los ancianos quedaron horrorizados al ver a las tropas alemanas convertir sus casas en búnkeres reforzándolas con hormigón. Las fuerzas defensoras, formadas por casi dieciocho mil hombres, eran un conjunto muy heterogéneo al mando del *Oberst* Gerhard Wilck, formado por tropas regulares, Waffen SS, marineros de la *Kriegsmarine* prestando servicio como soldados de infantería y algunos batallones de fortaleza de poca calidad. Antes de que Aquisgrán quedara rodeada por completo el 16 de octubre, los alemanes lograron meter precipitadamente en la ciudad un batallón de las SS, la artillería de la 246.ª División de Infantería, la 219.ª Brigada de Cañones de Asalto y algunos ingenieros de combate. Los integrantes de los batallones de fortaleza eran los que se pensaba que se rendirían con más facilidad a la primera oportunidad que se les presentara, pero el comandante Heimann, de la 246.ª División de Infantería, observaba: «Tenía el mejor material humano imaginable, la mitad de sus integrantes son personal naval destinado al arma de submarinos».[16] Contaba además con ciento cincuenta hombres de la División de las SS *Leibstandarte Adolf Hitler*, pero estos querían retirarse por su cuenta. Heimann tuvo que advertirles severamente que la orden de Hitler de retener la ciudad hasta el final les afectaba tanto a ellos como a cualquier otro combatiente.

El ataque estadounidense comenzó con dos batallones de la 1.ª División procedentes del norte y del noreste, «una faena que deberían haber hecho dos regimientos», como dijo luego en tono de queja cierto oficial.[17] El objetivo principal era asegurarse de que las compañías adyacentes permanecieran en estrecho contacto para impedir que el enemigo se colara entre ellas y atacara por el flanco o por detrás. «Para asegurarnos de que ningún individuo ni ningún grupo pequeño era rebasado, registramos cada habitación y cada aseo de cada edificio. Además, todas las cloacas fueron voladas. Esto no solo dio a nuestras tropas la seguridad de que no iban a ser víctimas de francotiradores que dispararan por la espalda, sino que permitió a los mandos y al personal de abastecimiento funcionar con más eficacia por detrás de las líneas.»

La 1.ª División actuó con carros de combate y con cazacarros que marchaban bastante por delante, cada uno de ellos protegido por un pelotón de infantería contra los alemanes provistos de lanzagranadas contracarro *Panzerfaust*. En los M-4 Sherman se montó una ametralladora de calibre .50 extra en el frontal derecho de la torreta. Este añadido resultó muy útil en la lucha calle por calle de Aquisgrán para acabar con los disparos provenientes de las ventanas de los pisos superiores. Sabiendo que los soldados alemanes pasaban de un edificio a otro por los subterráneos, los tripulantes de los carros de combate disparaban cuando era posible bombas detonantes desde su cañón principal primero contra los sótanos, para luego abrir fuego contra las plantas bajas e ir abriéndose paso por los pisos altos de las casas. Otros se enfrentaban a los alemanes que continuaban refugiándose en los sótanos lanzando granadas de fragmentación y de fósforo blanco. Los lanzallamas a menudo «acababan produciendo la rápida rendición del enemigo».[18]

Se utilizaban bazucas y cargas explosivas para volar las paredes que separaban un edificio de otro, actividad que pasaría a denominarse «ratoneo». Más seguro que entrar por la puerta resultaba volar el tabique, pues causaba una auténtica conmoción a todo el que se encontrara en la habitación contigua. En cuanto se practicaba un boquete de entrada en la casa vecina, un miembro del equipo lanzaba una granada de mano en la habitación contigua y en cuanto se producía la explosión entraban todos precipitadamente en ella. Los soldados llevaban cartuchos perforantes para dispararlos hacia arriba atravesando el techo o a través del pavimento contra los pisos inferiores. Se metían entonces rápidamente en la casa y se abrían paso hacia los pisos más bajos, obligando a los alemanes a buscar refugio en el sótano. Una vez que quedaba despejada una manzana entera, se ponían guardias para impedir que los alemanes volvieran a meterse en ella cuando nadie los viera. Los alemanes utilizaban también las granadas propulsadas por cohete de sus *Panzerfäuste* de manera similar. «Cuando eran atacados de esta forma —reconocía un informe—, los defensores de los fortines estadounidenses se rendían la mayor parte de las veces de inmediato, pues quedaban sin visión debido a las nubes de polvo causadas por la explosión.»[19]

Los estadounidenses no tardaron en descubrir que el fuego de mortero y de las piezas de artillería de largo alcance era muy inseguro y a menudo resultaba peligroso para sus propios hombres en el combate urbano, de modo que insistían en el fuego directo siempre que era posible. En cualquier caso, las espoletas de los proyectiles estadounidenses eran tan sensibles que estallaban en cuanto tocaban un tejado, y causaban pocos daños en el interior del edificio. El fuego de su artillería era tan intenso, que el *Oberst* Wilck, el oficial al mando de las fuerzas alemanas de la ciudad, tuvo que trasladar su puesto de mando a un refugio antiaéreo. «Los pocos cañones de asalto que acabábamos de recibir, no tardaron en quedar fuera de combate —contaría Wilck más tarde—. ¡Solo con unas cuantas carabinas es imposible retener una ciudad!»[20] En realidad los alemanes tenían algo más que carabinas, y supieron utilizar con mucha eficacia sus morteros pesados de 120 mm.

La aviación aliada era guiada atentamente por un controlador de tierra, pero resultaba imposible identificar los puntos concretos en medio de las ruinas, de modo que «no se emprendieron misiones de bombardeo de cercanía». En cualquier caso, la presencia de aviones amigos fortalecía, al parecer, la moral de las tropas de tierra y obligaba a los alemanes a permanecer con la cabeza gacha. Se habían recibido órdenes estrictas de no causar daños a la catedral, que no se vio afectada por el fuego de la artillería terrestre. Aun así, la destrucción fue tal que el VII Cuerpo informaba de que «el arrasamiento de los edificios» permitía al menos «mantener el contacto físico entre las unidades contiguas».[21]

«La operación no se llevó indebidamente a cabo deprisa y corriendo —informaba el VII Cuerpo—. Se comprobó que la lucha calle por calle es una labor lenta y tediosa que requiere mucho ejercicio físico y tiempo si se quiere registrar los edificios a conciencia.»[22] Limpiar una casa, según les habían dicho a los soldados, significaba disparar constantemente contra cada ventana hasta que se encontraran todos dentro del edificio; luego, con un hombre alerta provisto de una granada en la mano y otros dos cubriéndolo con sus fusiles, o idealmente con sendos subfusiles Thompson, había que ir pasando de habitación en habitación. Pero no se tardó en descubrir que había que marcar visiblemente las casas ocupadas por las propias tropas. «En numerosas ocasiones hemos sufrido bajas debido a las granadas lanzadas al interior de los edificios o por los disparos efectuados contra ellos por nuestras propias tropas después de haber sido ya ocupados».[23]

Como había descubierto el Ejército Rojo, la artillería pesada a corta distancia era el medio de avanzar más rentable, además del más destructivo. Los estadounidenses utilizaron en Aquisgrán «Long Tom» autopropulsados de 155 mm a una distancia incluso de 150 m. El *Oberst* Wilck reconocería tras su rendición que «el fuego directo del cañón autopropulsado de 155 mm era demoledor y resultaba desmoralizante. En cierta ocasión una bomba atravesó por completo tres casas antes de explotar en una cuarta y convertirla en escombros».[24]

«Los civiles deben ser expulsados rápida y enérgicamente de cualquier zona ocupada por nuestras tropas —subrayaba un oficial en Aquisgrán—. No hacerlo así cuesta vidas.»[25] Se construyeron rediles vigilados por policías militares, pero las fuerzas de Collins no tenían suficientes intérpretes bien adiestrados ni miembros del servicio de contraespionaje para localizar a los partidarios de los nazis y para entrevistar a los cientos de extranjeros obligados a realizar trabajos forzados. En un momento dado en el transcurso de la batalla, tres niños encontraron un fusil y se pusieron a disparar contra un pelotón estadounidense. Un sargento los localizó, salió corriendo a por el fusil, se lo quitó de las manos y dio una bofetada al niño que lo empuñaba. No se sabe cómo la anécdota empezó a circular de boca en boca y la propaganda alemana la hizo suya como ejemplo de heroísmo, afirmando con desvergonzada exageración que aquellas criaturas «cerraron el paso a todas las tropas enemigas» [*haben hier die ganzen Truppen züruckgehalten*].[26] Pero como dice el diario de Victor Klemperer, el ejemplo resultó con toda seguridad contraproducente. Los nazis aseguraban ahora que utilizaban partisanos, a los que siempre habían condenado por considerarlos «terroristas». La debilidad de las fuerzas alemanas quedaba de manifiesto cuando, como decía la prensa nazi, «"Eisenhower ataca con siete ejércitos de dos millones de hombres" (¡hombres, no niños!)», según recogía Klemperer en su diario.[27]

El 16 de octubre, la 1.ª / 30.ª Divisiones de Infantería se unieron por fin al noreste de Aquisgrán, no sin sufrir previamente graves pérdidas. Dos días después Himmler declaraba que «cada caserío alemán será defendido hasta el final».[28] Pero el 21 de octubre el *Oberst* Wilck se rindió junto con el resto de sus hombres, exhaustos y hambrientos. No era ningún partidario acérrimo de Hitler y sabía que la matanza seguía adelante solo porque el *Führer* vivía en su propio mundo de fantasía. «Hasta su ayudante me ha contado que el *Führer* vive rodeado de mentiras», comentaría durante su cautiverio.[29] Sabiendo que de ese modo iba a complacerlo, Himmler entraría con el rostro resplandeciente para decirle: «*Heil, mein Führer*, deseo comunicarle la creación de una nueva división».

Uno de los hombres de Wilck se quejaría más tarde de que lo peor de ser hecho prisionero fue tener que desfilar por las calles de Aquisgrán. «La población civil se comportó peor que los franceses —dijo—. Nos abuchearon y los estadounidenses se vieron obligados a interponerse. No podemos hacer nada, si sus casas han sido reducidas a escombros.»[30] Las mujeres alemanas salieron inmediatamente de los sótanos y las ruinas para buscar comida. Algunos las vieron descuartizando un caballo que había caído en medio de la calle tras ser alcanzado por el fuego de la artillería, y llevándose a casa un cargamento de nabos en cochecitos de niño de madera.

Goebbels intentó mitigar el impacto de la derrota. La propaganda nazi aseguraba al pueblo alemán que «el tiempo ganado en Aquisgrán, Arnhem y Amberes ha hecho que la Fortaleza Alemania sea inexpugnable. La Luftwaffe está siendo rejuvenecida y Alemania tiene ahora más piezas de artillería y más carros de combate que poner en el campo de batalla».[31]

El retraso más frustrante para los Aliados era su incapacidad de utilizar el puerto de Amberes. Esta circunstancia dio a los alemanes el respiro que necesitaban para reconstruir sus ejércitos y volver a desplegarlos para el nuevo plan de Hitler. Pero también intervinieron otros factores. Animados por la fiebre de victoria y la idea de que la guerra europea pudiera estar acabada por Navidad, los mandos estadounidenses del Pacífico habían aprovechado la oportunidad para insuflar más brío a sus fuerzas. El SHAEF se dio de bruces al constatar que la política de «Alemania primero», acordada originalmente en 1941, se le había ido de las manos, dando lugar a una alarmante escasez de municiones y de hombres.

Los nazis, ahora que veían Alemania amenazada por el este, por el sureste y por el oeste, sufrían sus propias tensiones internas. El 15 de octubre, el almirante Miklós Horthy, al término de unas negociaciones secretas con la Unión Soviética, anunció por radio que Hungría había cambiado de bando. Los alemanes conocían de antemano su traición. Un comando encabezado por el *SS-Obersturmbannführer* Otto Skorzeny, el imponente oficial austríaco que había rescatado a Mussolini de su encierro en el Gran Sasso, raptó al hijo de Horthy en una emboscada en plena calle y lo tomó como rehén justo antes de que se emitiera la declaración.* El propio Horthy fue conducido a Alemania y el gobierno quedó en manos del Partido de la Cruz Flechada, de carácter fascista y ferozmente antisemita.

En Prusia Oriental, mientras el Ejército Rojo avanzaba por primera vez hacia territorio alemán, se intensificó la lucha de poder que se desarrollaba entre bambalinas. El *General der Flieger* Kreipe, jefe del estado mayor de la Luftwaffe, se había convertido en persona *non grata* en la *Wolfsschanze*. Keitel e incluso el *Luftwaffenadjutant* de Hitler, el *Oberst* Von Below, le dieron la espalda acusándolo de «derrotista». Göring decidió extender sus cacerías de ciervos a las proximidades de Rominten, anotó Kreipe en su diario, porque «ahora quiere estar por aquí cerca; tiene que vigilar de cerca a Himmler y a Bormann. Himmler le ha pedido ahora que conceda a las SS algunos escuadrones propios».[32] Parece que aquel fue el primer intento que llevó a cabo Himmler de aumentar su imperio militar más allá de las fuerzas terrestres de las Waffen SS. El juego de poder que se desarrollaba en el entorno del *Führer* dependía en parte de dos porteros: Bormann, que controlaba el acceso a Hitler de todo el que no perteneciera a la Wehrmacht o a las SS, y Keitel. «Antes de que los generales o cualquier otra persona llegue ante Adolf a presentarle algún informe —comentó a sus compañeros un general que había sido hecho prisionero—, reciben instrucciones detalladas de Keitel sobre lo que deben decir y cómo deben decirlo, y solo entonces pueden pasar a presencia de Adolf.»[33]

En el curso de una inspección de las baterías antiaéreas cerca del frente, Kreipe escribió el 18 de octubre acerca de la invasión del Ejér-

---

* Los oficiales del ejército alemán bromeaban diciendo que Skorzeny había conseguido la Cruz de Caballero de la Cruz de Hierro por haber liberado a Mussolini, pero que «habrían debido concederle las Hojas de Roble [condecoración aún más distinguida] si lo hubiera devuelto a su prisión». CF. TNA WO 20815542 SIR 1548.

cito Rojo: «Preocupación por Prusia Oriental. Avistadas las primeras filas de refugiados. Espantoso».[34] Göring tuvo que abandonar Rominten precipitadamente, y Keitel intentó convencer a Hitler de que abandonara la Guarida del lobo, pero el *Führer* se negó a hacerlo. Pocos días después Keitel visitó el Cuerpo Panzer *Hermann Göring* en Gumbinnen. «Gumbinnen está ardiendo —anotó en su diario—. Columnas de refugiados. En Nemmersdorf y en sus inmediaciones mujeres fusiladas y niños sujetos con clavos en las puertas de los graneros.»[35] Nemmersdorf se convirtió en el escenario de una gran atrocidad que, con casi absoluta seguridad, se encargó de exagerar la propaganda nazi, y es muy probable que Kreipe no hubiera visitado ese lugar.

También el 18 de octubre, justo cuando la batalla de Aquisgrán llegaba a su fin, Eisenhower, Bradley y Montgomery se reunieron en Bruselas. Como los británicos y los canadienses estaban tan ocupados despejando el estuario del Escalda, Eisenhower decidió que el I Ejército norteamericano centrara su objetivo en conseguir una cabeza de puente al otro lado del Rin al sur de Colonia, mientras que el IX Ejército, que acababa de llegar a la zona, se encargaría de proteger su flanco izquierdo. Como cabría imaginar, a Montgomery no le hizo ninguna gracia que se diera prioridad al I Ejército estadounidense, pero no tuvo más remedio que guardar silencio de momento debido al paso atrás que se había visto obligado a dar. Para los estadounidenses, por otra parte, esta estrategia dio lugar al plan de avanzar por el bosque de Hürtgen. Ni los altos mandos ni las tropas en general tenían la menor idea de los horrores que les aguardaban allí.

4

Entrando en el invierno de la guerra

El breve desmán provocado por el Ejército Rojo en su avance por Prusia Oriental llevó a Goebbels a inventar historias de violaciones, saqueos y destrucción protagonizadas por las tropas soviéticas. Trataba de invocar el principio de *Volksgemeinschaft*, o «solidaridad nacional», ante un peligro mortal inminente. Pero lo cierto es que en el Frente Occidental, los generales de la Wehrmacht estaban conmocionados por los informes que hablaban de soldados alemanes dedicados al saqueo de casas de sus propios compatriotas.

«Hoy día el comportamiento de los soldados es intolerable —diría un médico de la 3.ª División *Fallschirmjäger*—. Me encontraba estacionado en Düren, y vi cómo los soldados se dedicaban a robar a su propia gente. Sacaban todo lo que había en los armarios... Actuaban como animales.» Al parecer, este comportamiento había empezado durante la etapa de la división en Italia. Y los efectivos de otras formaciones que se habían dedicado al pillaje durante su retirada a través de Francia y Bélgica no cambiaron sus costumbres a su regreso a Alemania. Sus andrajosos uniformes no habían sido sustituidos por otros nuevos, se calculaba que alrededor del 60 % de ellos estaba infestado de pulgas y todos tenían muchísima hambre. Algunos informes hablaban de que, cerca del frente, había soldados que cegaban a los caballos para poder sacrificarlos y comer su carne.

Esto no significa que se negaran a seguir combatiendo, pues eran conscientes de que el Ejército Rojo había llegado a las fronteras del

Reich y sabían perfectamente todo lo que esto implicaba. Es muy significativo que un médico del ejército alemán capturado, un tal Dammann, considerara que «la propaganda germana instando a los hombres a salvar su patria ha contribuido a disminuir el número de casos de fatiga de combate».

Los actos de pillaje llevados a cabo por soldados alemanes no fueron la única razón del brusco deterioro que experimentaron las relaciones entre civiles y militares en el oeste de Alemania. Las mujeres querían que los combates acabaran lo antes posible. Para ellas, Prusia Oriental quedaba muy lejos. «No puedes ni imaginar la moral que reina en el país —contaría un *Obergefreiter* a sus camaradas prisioneros—. En los pueblos las mujeres nos maldicen y gritan: "¡Fuera de aquí! ¡No queremos que nos hagan trizas!".» Un miembro del 16.º Regimento *Fallschirmjäger* era de su misma opinión: «Nos llamaban "prolongadores de la guerra", y no en un pueblo solamente, sino en cincuenta pueblos y aldeas del oeste». Un *Unteroffizier* llamado Müküler haría el siguiente comentario a propósito de Heidelberg: «Allí el ambiente está muy caldeado, pero no se odia al enemigo, sino al régimen alemán». Y contaba que la gente decía: «¡Ojalá los Aliados pudieran darse prisa y poner fin a la guerra!».[1] Mientras que la mayoría de los miembros de las fuerzas armadas seguían queriendo creer en las promesas de Hitler que hablaban de armas secretas, el cinismo era mucho mayor en los círculos civiles, con la excepción, por supuesto, de los leales al partido y de los más desesperados. En algunos lugares, la poco fiable V-1 ya era denominada «Versager-1», esto es, «Fracaso n.º 1».[2]

Goebbels aprovechaba cualquier oportunidad que se presentara para intentar que la población civil del oeste de Alemania temiera una victoria aliada. El anuncio en septiembre del plan elaborado por Henry Morgenthau, secretario del Tesoro de Roosevelt, para convertir Alemania «en un país de naturaleza básicamente agrícola y ganadera»[3] fue desastroso. Permitió a Goebbels declarar que «cada soldado estadounidense traerá a Morgenthau en su petate»,[4] y que Alemania sería destruida. Ni que decir tiene que esta idea tuvo una influencia enorme en las fuerzas de la Wehrmacht presentes en el oeste. En el curso de su interrogatorio, a un oficial alemán capturado le preguntaron los estadounidenses si no lamentaba la destrucción de Renania:

«Bueno, probablemente dejará de ser nuestra cuando acabe la guerra —replicó—. ¿Por qué no destruirla?».[5]

El periódico nazi *Völkischer Beobachter* advertía: «El pueblo alemán debe entender que estamos enzarzados en una lucha a vida o muerte que impone a todo alemán el deber de hacer lo imposible por terminar la guerra alcanzando la victoria y frustrar así los planes de destrucción elaborados por esos caníbales».[6] El hecho de que Morgenthau fuera judío también jugó a favor del ministro de Propaganda y sus teorías de la conspiración sobre un complot de los judíos contra Alemania. El ministro intentó magnificar los hechos con algunas citas dudosas aparecidas en la prensa inglesa, como, por ejemplo, la que hablaba de Hemingway declarando al *Daily Mail* que «el poder de Alemania debe ser destruido completamente para que este país nunca vuelva a levantarse con la intención de librar otra batalla. Este objetivo solo puede lograrse por medio de la castración».[7]

Tras las elecciones presidenciales celebradas en Estados Unidos, Goebbels dijo que el presidente Roosevelt había sido reelegido, como «esperaba todo el mundo»,[8] gracias al apoyo que le habían prestado los comunistas estadounidenses a instancias de Stalin. Pero la propaganda alemana también practicaba un doble juego, fomentando la idea de que la alianza de sus enemigos no tardaría en disolverse. Según el Cuerpo de Contraespionaje, puso en circulación panfletos en los que aparecía «un soldado británico con su compañero yanqui contemplando con disgusto el espectáculo de unos rusos ocupando y controlando Bruselas, Berlín, etc.; siendo el teutón aparentemente incapaz de sacarse de la cabeza que, cuando se trata de un miedo abyecto a los bolcheviques, todos somos alemanes». Otros panfletos intentaban demostrar que «mientras los estadounidenses están cayendo a miles, las tropas de Monty están disfrutando de unas "vacaciones de ensueño en Holanda"».[9]

«La población alemana no sabe qué pensar —informaba el Cuerpo de Contraespionaje estadounidense (CIC por sus siglas en inglés)—. No sabe si creer las historias de "terror" que cuentan las autoridades alemanas o las que les llegan del otro lado del frente, por rumores y por la radio aliada, sobre el trato correcto que dispensamos a los civiles de las zonas capturadas.»[10] Ni que decir tiene que los Aliados se vieron favorecidos por historias que circulaban en Alemania sobre la corrupción del Partido Nazi en el país y los vergonzosos actos de saqueo llevados a cabo en Francia por los altos oficiales de la administración militar.[11] Los *Gauleiter* se dedicaban a amasar grandes fortunas, y sus hijos disponían de automóviles y combustible en un momento en el que los jefes de las compañías solo podían contar con cuarenta litros de gasolina a la semana debido al racionamiento.

El Cuerpo de Contraespionaje reconocía haberse infiltrado en territorio alemán «disponiendo solo de unas pocas directivas, sin información previa, inseguro de su potencial y [con una] esperanza incierta en la guerra partisana». Su prioridad era hacerse lo antes posible con los archivos del Partido Nazi, pero sus agentes se veían abrumados por el número de «civiles sospechosos» detenidos por soldados estadounidenses para interrogarlos junto con los prisioneros de guerra. A los soldados y los civiles alemanes no les resultaba excesivamente difícil escapar de los recintos estadounidenses. El otro problema al que tuvo que enfrentarse el CIC fue el elevado número de miembros de las resistencias belga y francesa que cruzaban a Alemania para dedicarse al pillaje, o en «misiones de espionaje de su exclusivo interés».[12]

El Cuerpo de Contraespionaje calculaba que en Aquisgrán hasta un 30% de la población había desafiado las órdenes nazis de evacuar la ciudad. «No os dediquéis a tratarlos a patadas —era el consejo del CIC a las tropas de ocupación estadounidenses—, pero tampoco permitáis que os tomen el pelo. Los alemanes están acostumbrados a recibir órdenes, no a cumplir peticiones.»[13] De hecho, muchos estaban dispuestos a denunciar a los nazis y a proporcionar información, pero con frecuencia a las unidades de inteligencia estadounidenses no les resultaba fácil saber exactamente a qué debían dar crédito. Había corrido el rumor de una sublevación en la ciudad de Colonia, arrasada por los bombardeos, donde la policía se veía obligada a librar verdaderas batallas campales contra los llamados «Piratas del Edelweiss»: bandas de jóvenes disidentes a los que se sumaban alrededor de dos mil desertores alemanes y trabajadores extranjeros fugitivos que se ocultaban entre las ruinas.[14] Se consideró la puesta en marcha de una Operación Braddock II, en la que la Dirección de Operaciones Especiales (SOE por sus siglas en inglés) debía promover una sublevación de trabajadores extranjeros en Alemania a modo de «caballo de Troya», pero el proyecto fue cancelado por las presiones de los jefes de los bombardeos.

Los bombardeos aliados no solo habían arrasado ciudades. Habían conseguido que desplazarse en tren fuera una misión prácticamente imposible. Los soldados y los oficiales alemanes que por fin habían obtenido un permiso para visitar a los suyos se veían obligados a perder casi todos aquellos preciosos días de asueto sentados en trenes o esperando en estaciones. «Un teniente de los nuestros fue a Múnich de permiso [desde Rheine, localidad próxima a la frontera holandesa] —contaría un *Unteroffizier* de la Luftwaffe llamado Bock—. Se ausentó diez días, pero solo pasó uno en casa.»[15]

Difícilmente un soldado elegía ir de permiso a Berlín, a no ser que allí viviera su familia o alguna novia. En la capital todo el mundo estaba agotado después de pasar tantas noches en vela, pues el Mando de Bombarderos de la RAF libraba su propia batalla de Berlín, atacando la ciudad día y noche. En una muestra del humor negro típico de la capital alemana, se preguntaba: «¿Qué es cobardía?», para responder: «Cobardía es cuando alguien de Berlín se presenta voluntario para ir al Frente Oriental».[16]

Los que visitaban la capital germana quedaban a menudo sorprendidos ante la manera en la que los berlineses de toda condición social habían sabido adaptarse a la situación. «Estoy tan acostumbrada ahora a vivir entre estas ruinas —escribiría en su diario Missie Vassiltchikov—, con el olor constante a gas en el aire, mezclado con el de los cascotes y el metal oxidado, y a veces incluso con la peste que desprende la carne en estado de putrefacción.»[17] Aquel invierno, las viviendas estaban particularmente frías debido a la falta de combustible. Había poco vidrio disponible para la reparación de ventanas, que, cuando sonaban las sirenas, la gente no dudaba en abrir de par en par con la esperanza de que la onda expansiva de las bombas no acabara rompiendo los paneles de cristal que seguían intactos.

Durante las incursiones aéreas, los sótanos y los refugios de hormigón armado, atestados de gente, vibraban y temblaban. Las bombillas de bajo voltaje empezaban a parpadear, cada vez más, luego se hacía la oscuridad, y al final volvía la luz. Los niños gritaban, muchos adultos escondían la cabeza entre las rodillas. Cuando por fin se daba la señal de que todo había pasado, muchos confesaban haber sentido una curiosa emoción al darse cuenta de que seguían vivos. Pero algunas personas preferían permanecer en los sótanos incluso después de que los demás hubieran salido. Allí no hacía tanto frío y parecía más seguro.

«Las enfermedades de la piel —informaría un médico—, son muy habituales tanto en el ejército como en casa, debido a la baja calidad del jabón disponible, al número excesivo de personas que se hacinan en los refugios antiaéreos y en las casas que siguen en pie, a la falta de ropa y de higiene, etc.»[18] En las zonas industriales había cada vez más trabajadores que sucumbían a la difteria, y las enfermedades venéreas se habían extendido, debido en parte al regreso a la patria de tropas alemanas procedentes de Francia, Bélgica, los Balcanes y Polonia.

Según un juez de un tribunal militar, se calculaba que en Berlín había unos dieciocho mil desertores de la Wehrmacht.[19] Muchos estaban ocultos en cabañas y barracas situadas en parcelas de cultivo. Sin duda suscribirían el chiste del ejército alemán: «La guerra es exactamente como un cine: ocurren muchas cosas frente a la primera fila, pero los mejores sitios son los de atrás».[20] Poniendo sus vidas en peligro, los alemanes corrientes estaban por fin dispuestos a dar cobijo a los desertores, normalmente a hijos o sobrinos, pero a veces también a extraños. A finales de aquel año, la Wehrmacht había ejecutado a unos diez mil hombres, cifra que aumentaría sustancialmente durante los últimos meses de la guerra.[21]

Las familias de los desertores también podían recibir severos castigos. «Durante la noche del 29 al 30 de octubre —anunciaría en un orden del día el comandante de la 361.ª División *Volksgrenadier*— el soldado Wladislaus Schlachter de la 4.ª Compañía, 952.º Regimiento de Granaderos, desertó y se pasó al enemigo. El tribunal militar reunido aquel mismo día condenó a muerte a Schlachter. Así pues, [este soldado] fue expulsado para siempre de la comunidad de nuestro pueblo, y no podrá regresar nunca a su casa. Se llevarán a cabo contundentes actos de represalia contra los miembros de su familia, una medida a todas luces necesaria en esta lucha por la supervivencia del pueblo alemán.»[22] También se amenazaba con castigos a las familias de los prisioneros de guerra que contaran demasiadas cosas a sus captores estadounidenses.

Los miembros de las clases sociales más prósperas tenían cada vez más miedo de las decenas de miles de trabajadores extranjeros que se encontraban en la ciudad y sus alrededores. Algunos eran voluntarios, pero la mayoría había llegado a Alemania como mano de obra esclava. Las autoridades empezaban a no poder controlarlos. A menudo los cuarteles eran pasto de las llamas, dejando sin techo a aquellos elementos foráneos. Los tenderos alemanes denunciarían que bandas de esos individuos habían irrumpido en sus establecimientos para robar, cuando en realidad eran ellos mismos los que habían vendido en el mercado negro lo supuestamente sustraído. Junto con los productos alimenticios, los cigarrillos eran los artículos más buscados. En Berlín, según un oficial capturado, un solo cigarrillo inglés costaba cinco marcos del Reich, mientras que por un Camel se pagaba el doble. El café de verdad, a seiscientos marcos del Reich el kilo, quedaba fuera del alcance de casi todo el mundo.[23] Según un oficial, la venta de este producto en el mercado negro estaba controlada principalmente por las SS desde Holanda.[24]

El café, debido a su escasez, era el producto favorito de las autoridades nazis, que hacían un consumo ostentoso de él. En 1945, en un campo de prisioneros de Inglaterra, fue grabada en secreto una conversación estrafalaria y espantosa entre dos altos oficiales de la Kriegsmarine que habían sido capturados. Hablando de una reunión con otros almirantes alemanes agasajados por Arthur Greiser, el famoso *Gauleiter* del Wartheland que más tarde murió ahorcado a manos de los polacos, el contraalmirante Engel contó lo siguiente al vicealmirante Utke: «Greiser dijo en tono jactancioso: "¿Ya saben ustedes que el café que están tomando me costó treinta y dos mil mujeres judías?"». Y entonces Utke preguntó: «¿Y dónde fueron a parar?». A lo que Engel replicó: «Greiser nos dijo: "Probablemente a los hornos crematorios. Esperemos que todos nosotros tengamos una muerte tan rápida como esa". Eso fue lo primero que dijo. Todos los almirantes se echaron a reír mientras permanecían sentados, imaginando el sufrimiento humano que había detrás de aquel café que iban saboreando».[25]

Para que la gente se distrajera y no pensara en la escasez de raciones, la administración nazi, inspirándose en la tradición romana de pan y circo, organizó un espectáculo sobre hielo en el *Sportpalast* a pesar de los daños que había sufrido este centro durante los bombardeos. La organización femenina de bienestar social Deutsches Frauenwerk producía manuales de cocina y panfletos para enseñar a economizar en comida. Uno llevaba el título de «Comida principal sin carne»,[26] lo que enseguida dio lugar a otro chiste berlinés que decía que el siguiente folleto enseñaría a preparar una comida principal, pero esta vez sin comida. Una canción satírica, entonada al son del himno nazi, el «Horst Wessel Lied», decía así:

> Los precios suben,
> el hambre avanza
> con la raza alemana,
> pero los que mueren de hambre
> son solo los pequeños camaradas.
> Los que están arriba
> simplemente se compadecen.[27]

Los soldados de los ejércitos aliados del Frente Occidental podían obtener un permiso con mayor facilidad. Los británicos y canadienses lo aprovechaban para ir a Bruselas, y los estadounidenses a París. Los oficiales superiores siempre podían encontrar una excusa para visitar el SHAEF en Versalles o la COMZ en la propia ciudad. A partir de mediados de septiembre, empezaron a llegar a París diariamente casi diez mil soldados estadounidenses con permisos de 72 horas. Las prioridades de lo que el paracaidista y poeta Louis Simpson denominaba «el espíritu sobrecalentado del soldado fuera de su trinchera»[28] eran predecibles. París se hizo famosa como «the silver foxhole» («la madriguera [trinchera] de plata»), y el término «zigzag» indicaba alcohol y sexo. Pigalle empezó a conocerse como «Pig Alley» (la «callejuela guarra»), donde las prostitutas, tanto profesionales como aficionadas, cobraban hasta trescientos francos, o cinco dólares, por cualquier servicio.*

El general Lee, el autoritario comandante de la COMZ, estaba horrorizado ante el comportamiento inapropiado, y a veces insultante, de los soldados que venían a París de permiso. Trató de imponer cierta disciplina enviando a oficiales de su cuartel general a las calles de la ciudad para que anotaran el nombre de cualquier soldado que no saludase como se esperaba. La Avenue de Kléber no tardó en ser conocida como la «Avenue de Salute»[29] entre los soldados del frente, resentidos porque los oficiales y la policía militar los obligaban a comportarse como es debido.

Los soldados conseguían el dinero para pagar a las prostitutas y el alcohol comprando cartones de cigarrillos Chesterfield, Lucky Strike y Camel por cincuenta centavos a través del economato del ejército norteamericano para luego revenderlos a entre quince y veinte dólares. Las autoridades francesas se quejaban en vano de que las tropas estadounidenses se aprovechaban de sus exenciones fiscales y evadían el control de divisas. Los soldados estadounidenses podían hacer su agosto a costa del gobierno francés, convirtiendo los francos de su paga de nuevo en dólares al cambio oficial, para luego vender los dólares en el mercado negro y obtener enormes beneficios. Encandilaban a las mujeres ofreciéndoles cigarrillos, carne enlatada, medias de nailon y otros productos procedentes de Estados Unidos.

Los licenciados universitarios y todos aquellos que sabían apreciar la cultura europea simpatizaban con los franceses y deseaban, no solo por razones carnales, ver París, la capital intelectual del mundo. Pero los que tenían pocos conocimientos de países extranjeros tendían a despreciar a los franceses, tachándolos de perdedores incapaces de hablar una lengua como Dios manda. Esperaban que las muchachas y

---

* Un recluta de una compañía de intendencia recogió, «según su informe médico de contagio de enfermedades venéreas, a nueve mujeres distintas en las proximidades de una misma esquina, las llevó a seis hoteles distintos y al final mantuvo siete relaciones sexuales de riesgo», todas en un arco de tiempo inferior a ocho horas (CMH *Medical*, 541). El número de contagios de enfermedades venéreas en el teatro de operaciones europeo se multiplicó por dos en ese año; en Francia, más de dos tercios de las infecciones fueron contraídas en París.

las mujeres francesas indistintamente estuvieran dispuestas a satisfacer los deseos de sus liberadores. Una de las poquísimas frases que muchos quisieron aprender inmediatamente fue «Voulez-vous coucher avec moi?». La embajada de Estados Unidos describía a sus soldados de París como individuos «ardientes y a menudo muy emprendedores»[30] cuando había faldas de por medio. De hecho, aquella falta de sutileza enseguida se convirtió en un factor contraproducente. En cierta ocasión, una joven francesa oyó cómo la llamaban con un silbido desde la terraza de un café. Era un soldado estadounidense que quería llamar su atención. La muchacha se acercó, y se ganó el aplauso de los viandantes franceses cuando cogió un cigarrillo de aquel individuo, lo tiró al suelo y lo aplastó con el pie.[31] Los jóvenes franceses, incapaces de competir con la esplendidez de los estadounidenses, miraban cada vez con más resentimiento lo que consideraban unos actos de presunción de sus liberadores. La inquina y la animadversión enseguida fueron mutuas. «Los franceses, cínicos antes de la derrota; hoscos después del rescate —escribiría Louis Simpson—. ¿Qué quieren los hijos de puta?»[32]

Si en Berlín floreció el mercado negro, en París su expansión fue máxima cuando algunos desertores estadounidenses comenzaron a asociarse con bandas criminales locales. Los beneficios obtenidos con la gasolina robada al ejército estadounidense eran tan enormes que incluso los narcotraficantes se sintieron atraídos por ese nuevo mercado. Desapareció la mitad de los bidones de Europa continental. La revisión al alza de las penas por este tipo de delito, la adición al combustible de un tinte de color para seguirle mejor el rastro y otras muchas medidas puestas en marcha por las autoridades estadounidenses no consiguieron frenar un negocio que no hacía más que empeorar la situación de los suministros en el frente. París pronto sería conocida con el nombre de «Chicago-sur-Seine».

El robo más escandaloso de aquel otoño lo llevó a cabo el batallón ferroviario. Esos hombres detuvieron el tren en una curva para que los policías militares que lo vigilaban desde el final del convoy no pudieran ver nada, y entonces descargaron carne, café, cigarrillos y comida enlatada que sus cómplices se ocuparon de recoger. Un barril de diez kilos de café podía ser vendido por trescientos dólares, y una caja de diez raciones por cien. También se robaban mantas y uniformes de los trenes hospital. Al final, unos ciento ochenta hombres, entre oficiales y soldados, fueron detenidos, juzgados y condenados a penas de prisión de entre tres y cincuenta años. En un solo mes desaparecieron alrededor de sesenta y seis millones de paquetes de cigarrillos.[33]

El disgusto de los franceses por la «nueva ocupación» iba creciendo a medida que se evidenciaban los privilegios militares de los estadounidenses. Con sus blancos cascos, los miembros de la policía militar estadounidense que dirigían el tráfico en la Place de la Concorde daban prioridad a los vehículos norteamericanos que iban a la embajada de Estados Unidos. Roosevelt aún no había reconocido el gobierno provisional porque sospechaba que De Gaulle quería convertirse en un dictador militar, pero tras muchas presiones por parte del Departamento de Estado y del propio Eisenhower, el presidente al final cedió. El lunes, 23 de octubre, Jefferson Caffery, embajador de Estados Unidos, Duff Cooper, embajador del Reino Unido, y Aleksandr Bogomolov, jefe de la legación de la Unión Soviética, pudieron presentar sus credenciales. De Gaulle invitó a Cooper y a su esposa a cenar aquella noche, pero estaba todavía de tan mal humor que en su diario el diplomático británico describiría la velada como «una fiesta increíblemente fría y aburrida, peor aún de lo que suelen ser todos sus eventos».[34]

Caffery era mucho más comprensivo con los franceses que la mayoría de los oficiales superiores del SHAEF, razón por la cual algunos de estos se mostraban displicentes con él. Era un tipo difícil, formal e incómodo a la vez, y era evidente que no le gustaba la vida diplomática. Los oficiales superiores francófonos estaban decididos a subordinarlo a su propia jerarquía y no permitirle ningún tipo de autonomía diplomática. Caffery y Georges Bidault, el inexperto ministro de Exteriores francés, se compadecían el uno del otro por las numerosas dificultades que encontraban. Bidault se pasaba el tiempo pidiendo perdón a Caffery y a Cooper por las constantes provocaciones innecesarias de De Gaulle. Incluso diría más tarde a Caffery que «no hay absolutamente nadie a la vista, y que debe reconocerse que De Gaulle ama a Francia, aunque no le gusten los franceses».[35] El problema principal de Cooper era su viejo amigo Winston Churchill. El primer ministro británico quería visitar el SHAEF, sin comunicárselo previamente a De Gaulle: un acto que habría sido considerado todo un insulto. Al final, Churchill se convenció de la necesidad de formalizar su visita, y desfiló por los Campos Elíseos en compañía del general De Gaulle mientras una multitud los aclamaba. Las desagradables diferencias surgidas entre los dos líderes durante los días previos al desembarco de Normandía fueron olvidadas con sumo tacto.

Las salidas de tono de De Gaulle se debían en parte a los graves problemas económicos y políticos que tenía que afrontar su gobierno. El suministro de alimentos y de combustible era incierto, lo que era causa de frecuentes protestas. El SHAEF calculaba que un millón quinientos cincuenta mil edificios habían sido destruidos durante la guerra. Las fábricas y las minas todavía no estaban funcionando adecuadamente, y los puertos y el sistema de transportes del país seguían medio paralizados tras la destrucción provocada por los bombardeos aliados y el saqueo de los alemanes. De Gaulle también se veía obligado a tratar con un movimiento de la Resistencia enfurecido, que veía con animadversión su pérdida de influencia y el restablecimiento de un poder estatal por parte de los gaullistas que habían regresado de Londres. El Partido Comunista Francés y sus seguidores eran los que protestaban más ruidosamente. Sus esperanzas de convertir la liberación en revolución se habían visto frustradas, aunque ignoraban que el propio Stalin se oponía totalmente a esa idea. El líder soviético temía que Estados Unidos pudiera cortar las ayudas del programa de Préstamo y Arriendo si se producían disturbios en Francia en la zona ocupada por los Aliados.

Hacia finales de octubre De Gaulle supo jugar bien sus cartas. Permitiría al líder de los comunistas franceses, Maurice Thorez, regresar a París de su exilio en Moscú a cambio de que los dos ministros comunistas de su gobierno apoyaran el decreto para abolir las «milicias patrióticas» y obligarlas a entregar sus armas. Con las armas y los uniformes proporcionados por el SHAEF, empezó a incorporar las milicias patrióticas a las fuerzas francesas regulares, enviando la mayoría de ellas a unirse al I Ejército francés del general Jean-Marie de Lattre de Tassigny que avanzaba hacia Estrasburgo por el extremo sur de la línea aliada.

Un individuo que no tenía la más mínima intención de entregar sus armas era Ernest Hemingway, que había jugado a los partisanos en los alrededores de Rambouillet justo antes de la liberación de París. A comienzos de octubre, Hemingway tuvo que dejar su corte itinerante en la frontera alemana, donde el 22.º Regimiento de Infantería de la 4.ª División había abierto brechas en la Línea Sigfrido. Tras cometer perjurio ante una comisión de investigación cuando fue interrogado sobre sus actividades militares ilegales en Rambouillet, fue absuelto de cualquier cargo, y se le permitió quedarse en Francia en calidad de corresponsal de guerra acreditado.

Aunque en París le costó tiempo y esfuerzo fomentar la pasión literaria del sargento de la 4.ª División, J. D. Salinger, que ya había empezado a escribir *El guardián entre el centeno*, lo cierto es que Hemingway seguía siendo un turista de guerra empedernido: al fin y al cabo, era el hombre que había acuñado la expresión «puta de combate» durante la guerra civil española. De vez en cuando, regresaba al Ritz de París para emborracharse y pasar la noche con Mary Welsh, la siguiente señora Hemingway. Poco tiempo después, tomando unas copas con el coronel Buck Lanham, comandante del 22.º Regimiento de Infantería, Hemingway cogería una fotografía del esposo de Mary, la arrojaría al inodoro y dispararía contra ella con una pistola ametralladora alemana, con desastrosas consecuencias para los sanitarios y cañerías del Ritz.

También flirteó de una manera paternal con Marlene Dietrich, que se encontraba en Francia para entretener a los soldados estadounidenses. Uno de los más «ardientes admiradores»[36] de la Dietrich fue el general Patton, que regaló a la célebre actriz un juego de pistolas con la empuñadura de nácar. Otro fue Jim Gavin, de la 82.ª Aerotransportada, el general de división paracaidista extraordinariamente joven y apuesto que se convirtió en su amante. Más tarde, Gavin también mantendría una relación sentimental con Martha Gellhorn, la tercera señora Hemingway, cuando esta ya no podía ver a «Papá» ni en pintura. En efecto, París fue una turbulenta fiesta durante el último año de guerra.

Bruselas era la ciudad que visitaban los hombres del I Ejército canadiense y el II Ejército británico durante sus permisos. Los oficiales ingleses solían decir con nostalgia que, para alguien que amara París, ir a Bruselas era como tomar el té con la hermana de tu enamorada. La capital belga tal vez no fuera tan divertida y desenfrenada como Pigalle, pero para sus soldados ofrecía la cerveza y las mujeres que tanto deseaban. Y también se convirtió en refugio de desertores y estraperlistas.

La situación política de Bruselas quizá fuera incluso más complicada que la de París. El general de división G. W. E. J. Erskine, jefe de la Misión del SHAEF en Bélgica, había intentado ayudar al gobierno belga de Hubert Pierlot a restablecer el orden a su regreso del exilio en Londres. Los movimientos de la resistencia, en gran medida izquierdistas como ocurría en Francia, no parecían precisamente entusiasmados ante la idea de recibir órdenes de unos políticos conservadores que habían pasado los años de guerra en la seguridad de Londres mientras ellos sufrían graves peligros. Con aproximadamente treinta mil miembros a comienzos de septiembre, estas organizaciones fueron creciendo hasta alcanzar los setenta mil. Los que habían combatido al lado de británicos y estadounidenses no veían con agrado su integración en el ejército y en la gendarmería belga para hacer funciones de subordinado.[37]

El 29 de septiembre, el general Eisenhower emitió una orden del día en el que se elogiaba la labor llevada a cabo por los miembros de la resistencia, pero también se apoyaba la petición del gobierno belga de que entregaran sus armas y equipos y accedieran a integrarse en batallones especiales en calidad de personal auxiliar. En un momento de grave escasez de carbón y alimentos en el que Bélgica carecía de suficiente mano de obra, la nota del comandante supremo fue recibida con una mezcla de desdén y enfado. El 21 de octubre, el general Erskine informó a Eisenhower de que los sujetos díscolos de la resistencia que se negaban a deponer las armas superaban en número a los miembros de la policía y la gendarmería en una proporción mayor de 10 a 1. Había una clara posibilidad de que el gobierno perdiera el control de la situación. Fue entonces cuando Eisenhower instó a las autoridades belgas a prohibir la posesión de armas sin autorización en zonas de combate.

El 9 de noviembre, Eisenhower hizo una visita oficial a la capital belga, donde pronunció un discurso en el Parlamento. Al cabo de unos pocos días, el Ministerio de Defensa Nacional de Bélgica anunció que todas las fuerzas de la resistencia iban a ser desmovilizadas el 18 de noviembre. Dos ministros comunistas y un representante de la resistencia dimitieron como miembros del gabinete de Pierlot en señal de protesta. Pero, en una reunión celebrada posteriormente, el general Erskine consiguió convencerlos de que el SHAEF apoyaba plenamente al gobierno en esa medida, y de que nadie quería ver enfrentamientos entre la resistencia y las fuerzas aliadas. Los grupos de la resistencia cedieron y acordaron entregar todas las armas a las «autoridades interaliadas».

El 25 de noviembre, sin embargo, hubo que enviar tropas y vehículos blindados británicos en ayuda de la policía y la gendarmería, cuyos miembros se enfrentaban a una gran manifestación en el distrito gubernamental de Bruselas. De forma parecida a lo que estaba ocurriendo en Grecia, esta acción hizo que pareciera como si los británicos hubieran decidido mantener en el poder un gobierno impopular. Erskine se vio obligado a justificar el acto públicamente, aduciendo que era necesario instaurar el orden en la retaguardia de una zona de combate. Pero hasta que pudieran celebrarse unas elecciones, las autoridades militares no tenían más remedio que apoyar a gobiernos que habían sobrevivido en el exilio y habían perdido totalmente el contacto con la atroz realidad de los que habían sufrido la larga ocupación.

Mientras los veteranos estadounidenses de la batalla de Normandía disfrutaban de sus permisos de 72 horas en París, desde Cherburgo llegaba a los campamentos un flujo constante de reemplazos en sustitución de los muertos y heridos en acción. En su mayoría eran adolescentes recién llegados de Estados Unidos, pero también había muchos hombres de más edad reasignados a las secciones de fusileros de infantería que habían sufrido un elevado número de bajas, alrededor del 80% de sus efectivos, una proporción mucho mayor que la prevista.

Ese invierno, el cambio del término «reemplazos» por el de «refuerzos» fue prácticamente la única novedad que se introdujo en aquel sistema deprimente y poco imaginativo, en un intento de borrar la idea de que los recién llegados se limitaban simplemente a calzar las botas de los muertos. No fue un hecho positivo. Un oficial de un regimiento de la 28.ª División de Infantería haría el siguiente comentario: «Seguimos siendo una unidad de primera clase, pero ya no tan buena como cuando llegamos a la playa [en Normandía]. Tenemos que dar constantemente ánimo ahora. Los reemplazos, tanto los oficiales como los soldados, están verdes. No saben cómo cuidar de sí mismos. A veces, caen con suma facilidad. No conocen bien ni a sus jefes ni a sus compañeros, y cuesta integrarlos en el equipo».[38] En una compañía, veinte efectivos se declararon enfermos, la mayoría de ellos por resfriado y por pie de trinchera, lo que también se conoce como «pie de inmersión». Eran todos recién llegados que no habían recibido la más mínima instrucción de normas tan básicas como la higiene en el frente que exigía, ante todo, el cambio regular de calcetines. El comandante de la compañía reconocería haber perdido en diez días veintiséis hombres, trasladados al hospital por desarrollar pie de trinchera. J. D. Salinger, de la 4.ª División, tuvo, de hecho, la suerte de recibir cada semana un par de calcetines de lana nuevos tejidos por su madre.

El personal encargado de la Zona de Comunicaciones demostraba muy poco interés por el destino de los hombres a su cuidado. Para ellos se trataba simplemente de una cuestión de procesar los efectivos necesarios. Los llamados «depósitos de reemplazos» eran denominados *repple depples*, y parecían un punto de reunión de mano de obra ocasional para capataces de cuadrilla. «Cada mañana —escribiría Arthur Couch, uno de esos soldados recién llegados— alrededor de mil hombres formaban frente al cuartel general de una unidad donde alguien leía en voz alta una lista con los nombres de los cien o más soldados que partirían en camiones rumbo a su nuevo regimiento o división. El resto de nosotros regresaba a las tiendas hasta la lectura del siguiente listado.»[39] Los jóvenes reemplazos a menudo se volvían más aprensivos por culpa de los atroces y horribles relatos de combates en el frente que contaban los veteranos heridos cuando regresaban del hospital para reincorporarse a filas.

A menudo los hombres llegaban sin haber recibido la preparación que indicaban sus unidades. Muchos no sabían nadar. Tras perder un gran número de efectivos cruzando el Mosela, el comandante de una compañía del III Ejército de Patton describiría el ataque al fuerte Driant con los reemplazos de sus bajas en los siguientes términos: «No conseguíamos que los soldados nuevos, sin experiencia ni preparación, avanzaran. Tuvimos que arrastrarlos hasta el fuerte. Los veteranos estaban agotados, y los novatos atemorizados y verdes como la hierba. Durante los tres días que pasamos asediando el fuerte no hicimos otra cosa que intentar que los hombres no abandonaran las líneas. Perdimos a todos los jefes que pusieron en peligro su vida en el momento equivocado para que eso no ocurriera. Los efectivos nuevos parecían haber perdido el sentido del razonamiento. Dejaban sus fusiles, sus lanzallamas, sus cargas explosivas y lo que fuera allí donde estaban. Estaba tan disgustado y tan harto que no daba pie con bola. Con aquella clase de tropas, si no hubiera sido por el fuego defensivo de la artillería planificado con anterioridad, [los alemanes] nos habrían barrido del fuerte de un plumazo. ¿Por qué? Porque los hombres no luchaban. ¿Por qué no luchaban? Porque no habían sido ni preparados ni adiestrados para la guerra».[40]

En muchísimos casos, los reemplazos se unían a sus respectivas secciones en plena noche, sin saber dónde se encontraban ni la unidad a la que habían sido asignados. A menudo sufrían el rechazo de los supervivientes de la sección que habían perdido a buenos amigos en el campo de batalla. Y como los reemplazos eran considerados unos elementos torpes condenados a morir, los veteranos mantenían las distancias con ellos. Esto se convertía prácticamente en una profecía autocumplida cuando las secciones mal dirigidas utilizaban a los recién llegados en las misiones más peligrosas en lugar de recurrir a los soldados experimentados. Muchos no lograrían sobrevivir ni las primeras cuarenta y ocho horas.

A veces, el trato dispensado a los reemplazos no era mucho mejor que el que pudiera recibir un esclavo sin valor, y el sistema en general alimentó un cinismo que resultaba sumamente perturbador. Martha Gellhorn, en su novela *Point of No Return*, reproduce un comentario típico de aquel humor negro: «El sargento Postalozzi dice que deberían fusilar a los reemplazos en los *repple depple* para ahorrarse problemas. Dice que es una verdadera pérdida de tiempo tener que trasladar todos esos cuerpos de vuelta».[41]*

Un reemplazo tenía la esperanza de sobrevivir un poco más de tiempo solamente si seguía en pie después de pasar cuarenta y ocho horas en el frente. Uno de los oficiales del estado mayor de Bradley efectuaría el siguiente comentario a propósito del destino de un «soldadito» recién llegado: «Sus posibilidades parecen máximas después de haber estado en el frente, tal vez una semana. Luego, sentado en un cuartel general, como un actuario de seguros en su despacho, sabes perfectamente que las probabilidades de que sobreviva van disminuyendo lenta pero progresivamente y con una certeza matemática: son siempre menos, menos y menos. Disminuyen cada día que pasa bajo el fuego hasta que, si sigue allí el tiempo suficiente, se convierte en el único número de una ruleta que no ha salido durante toda una noche de juego. Y él también es consciente de ello».[42]

«Tuve la suerte de estar con soldados veteranos que querían ayudar a un reemplazo a sobrevivir», escribiría Arthur Couch hablando de la fortuna de haber sido enviado a la 1.ª División de Infantería.[43] Le enseñaron a disparar con el fusil automático Browning y luego tirarse rodando hacia un lado, a una nueva posición, porque los alemanes dirigirían todo su fuego contra cualquier arma automática. Couch aprendió pronto, pero sin duda formó parte de una minoría. «La calidad de los reemplazos ha disminuido notoriamente las últimas semanas —informaría su división el 26 de octubre—. Llegan demasiados hombres físicamente no aptos para el combate de infantería. Hemos recibido varios hombres de cuarenta años que no pueden exponerse al frío, al barro, a la lluvia, etc. Los reemplazos carecen de la preparación mental necesaria para entrar en combate. Desconocen totalmente la realidad de la guerra, como demostró un reemplazo cuando preguntó si en el frente se utilizaba munición real.»[44]

---

* Hemingway reprodujo un comentario en tono jocoso muy parecido en *Al otro lado del río y entre los árboles*, pero después de la ruptura matrimonial de la pareja, el rencor impediría a los dos admitir haber oído esta anécdota de boca del otro. [Ernest Hemingway, *Across the River and into the Trees*, p. 255.]

Las divisiones de primera línea del frente montaban en cólera por la falta de entrenamiento que demostraban los nuevos reclutas a su llegada. «Los reemplazos tienen trece semanas de adiestramiento básico —comentaría un sargento del III Cuerpo—. Desconocen la primera cosa que hay que saber de una ametralladora, no saben cómo reducir las obstrucciones o poner el arma rápidamente en funcionamiento. Son buena gente, pero no han sido preparados. En pleno combate es imposible adiestrarlos.»[45] Otro sargento indicaría que, durante la fase de adiestramiento en Estados Unidos, a los nuevos reclutas les habían dicho que «las armas enemigas podían ser silenciadas y superadas por las nuestras».[46] Llegaban creyendo que el único peligro era el que suponían las armas de fuego pequeñas. No habían pensado en la existencia de minas, morteros, baterías de artillería y carros de combate. En el curso de un ataque, solían apiñarse, formando un objetivo fácil. Cuando abría fuego un fusil o una ametralladora, se echaban al suelo, exponiéndose a las explosiones de los morteros, cuando lo más seguro era avanzar corriendo.

El principio de «fuego de supresión», manteniendo un volumen constante contra probables objetivos durante el avance, era algo que pocos reemplazos parecían capaces de entender. «El peor fallo que he encontrado —informaría el comandante de una compañía— ha sido la incompetencia de los hombres a la hora de disparar con sus armas. He visto cómo los disparaban, pero sin que reaccionaran. Se limitaban a buscar un refugio. Cuando se les preguntó, dijeron que abrir fuego habría atraído el fuego enemigo.»[47] Paradójicamente, cuando los soldados alemanes trataban de rendirse, los reemplazos eran casi siempre los primeros en intentar abatirlos, lo que hacía que aquellos se echaran a tierra y reemprendieran el combate. Los recién llegados también necesitaban aprender los trucos utilizados por los alemanes que podían derribarlos. «Jerry lanza fuego de mortero, que cae justo detrás del fuego de nuestra artillería, para que nuestras tropas crean que sus disparos se quedan cortos.» Los soldados experimentados estaban perfectamente acostumbrados a ello, pero los reemplazos a menudo eran presa del pánico.[48]

Las divisiones también se desesperaban ante la falta de preparación de los oficiales y suboficiales de reemplazo. Sostenían que los oficiales necesitaban pasar una temporada en el frente antes de que les fueran encomendadas las vidas de otros hombres. Los suboficiales que llegaban sin haber entrado nunca en combate debían ser degradados automáticamente antes de su llegada, para luego volver a ascender en cuanto demostraran su capacidad para el puesto. «Precisamente nos enviaron un sargento —informaría una división— que todo lo que había hecho desde su ingreso en el ejército había sido pintar un mural en el Pentágono. Es un buen hombre, pero no tenemos ningún trabajo para él de su nivel.»[49]

«Mi primer contacto con el enemigo me pilló con la mente bastante confusa —reconocería un joven oficial de reemplazo—. Era incapaz de comprender de qué iba todo aquello... Tardé unos cuatro días en dejar de pensar que todas las bombas que caían iban a por mí.»[50] Sin duda, al final se convirtió en un buen jefe de sección. Pero muchos, sin tener culpa alguna, sencillamente no eran idóneos para la misión. Varios tenientes fueron enviados a batallones blindados sin haber visto jamás el interior de un carro de combate. Una división de infantería quedó horrorizada al recibir a «un grupo de oficiales de reemplazo [que] no tenían ninguna experiencia como jefes de sección. Habían sido asistentes de oficiales de servicios especiales, oficiales de comedor, etc.».[51]

Los comandantes, queriendo espolear a los reemplazos, intentaban estimular el odio hacia el enemigo. «Antes de entrar en combate he ordenado a mis subalternos que hablaran de las atrocidades cometidas por los alemanes —diría el comandante de un batallón de la 95.ª División que participó en el asedio a la fortaleza de Metz—. Ahora que ya hemos combatido, hemos adquirido mucha experiencia que puede resultar útil en este sentido, y ya no es tan necesario preparar a los hombres para que estén dispuestos a destrozar a los alemanes arrancándoles las extremidades una a una. Evitamos recargar las tintas, y nos limitamos a señalar que la alemana es una raza de feroces animales que no nos dará tregua y debe ser exterminada.»[52]

5

El bosque de Hürtgen

El amigo y héroe de Hemingway, el coronel Buck Lanham, de la 4.ª División, no tardó en encontrarse de nuevo en un mundo muy alejado de las comodidades del Ritz. A finales de octubre, el general Eisenhower dio las órdenes relativas a la campaña de otoño. Mientras que el I Ejército canadiense acababa de asegurar el estuario del Escalda, labor imprescindible para abrir el puerto de Amberes, los otros seis ejércitos aliados a su mando avanzarían hacia el Rin, siendo sus próximos objetivos las regiones industriales del Ruhr y del Sarre.

Tras romper la Línea Sigfrido en los alrededores de Aquisgrán, el I Ejército estadounidense se situó a tan solo treinta kilómetros del Rin, una distancia tentadoramente pequeña sobre el mapa. Unos quince kilómetros al este se encontraba el río Rur, que era el primero que había que cruzar. El ala izquierda del I Ejército, apoyada por el IX un poco más al norte, se prepararía para cruzarlo tan pronto como el VII Cuerpo de Collins y el V Cuerpo de Gerow aseguraran el bosque de Hürtgen y los sectores adyacentes.

El teniente general Courtney H. Hodges escogió el viejo balneario de Spa para instalar su cuartel general. Al final de la primera guerra mundial Spa había sido la base del *Generalfeldmarschall* Paul von Hindenburg y del káiser Guillermo II. En noviembre de 1918 los líderes del Segundo Reich se enfrentaron a la repentina desintegración de su poder mientras que detrás de su posición, en Alemania, estallaban constantes motines: la «puñalada por la espalda» que veintiséis años después Hitler estaría obsesionado con evitar. Hodges se quedó con el Grand Hôtel Britannique, mientras que su personal de operaciones del estado mayor instaló sus mesas plegables y sus mapas de situación bajo las lámparas de araña del casino. Los parques de la ciudad estaban atestados de *jeeps* y de otros vehículos militares que habían achicharrado la hierba y la habían convertido en un amasijo de lodo. El especialista en historia militar Forrest Pogue se fijó en que, pese a encontrarse a menos de treinta kilómetros de la línea del frente, en Spa nadie se molestaba en llevar pistola ni en ponerse el uniforme de campaña.

El cuartel general del I Ejército no era un lugar alegre. Rezumaba resentimiento y frustración por la lentitud de los progresos hechos en el callejón sin salida al que se había llegado aquel otoño. Hodges, hombre estricto y formalista, con bigote recortado, se mantenía siempre erguido y rara vez sonreía. Tenía un marcado acento sureño, era reacio a tomar decisiones rápidas, y adolecía de falta de imaginación para maniobrar. Creía simplemente en que había que lanzarse contra el enemigo de cabeza. Parecía más un hombre de negocios en su despacho de la sede de su empresa que un soldado, y difícilmente visitaba la línea del frente más allá del puesto de mando de una división. Su decisión de atacar directamente a través del bosque de Hürtgen como primer paso para acercarse al Rin dio lugar al capítulo más sangriento de toda la campaña de Europa noroccidental.

Al sureste de Aquisgrán, el bosque de Hürtgen era un macizo semimontañoso de espesos pinares, con algunas porciones de terreno cubiertas de robles y hayas y algunos pastizales en la cresta. Antes de que el ruido de la guerra dominara aquella paz espectral, los únicos sonidos que se oían en el bosque eran el viento entre los árboles y el graznido de las águilas que revoloteaban en lo alto. Atravesado diagonalmente por innumerables barrancos, el bosque tenía muchísimas pendientes vertiginosas. Sus laderas eran demasiado empinadas para los carros de combate y resultaban agotadoras para los soldados de infantería, obligados a portar cargas pesadísimas mientras se deslizaban y escurrían entre el lodo, las piedras y las raíces de los árboles. El pinar era tan denso y tan oscuro que no tardó en parecer maldito, como si se tratara del bosque de un siniestro cuento de hadas lleno de brujas y ogros. Los hombres tenían la sensación de ser intrusos, y hablaban entre ellos susurrando, como si los árboles pudieran oírlos.

Los senderos y los cortafuegos no facilitaban demasiado el sentido de la orientación en aquella zona de casi ciento cincuenta kilómetros cuadrados. Había pocos signos de habitación humana, excepto un puñado de aldeas, con casas de leñadores y granjas construidas a ras de suelo en la piedra local de un color gris pardusco y cubiertas en su parte superior con techumbres guarnecidas de marcos de madera. En el exterior de todas las viviendas había montones de troncos de leña para la chimenea apilados en cobertizos.

Tras las primeras incursiones llevadas a cabo en el bosque por la 3.ª División Acorazada y la 1.ª División de Infantería durante la segunda semana de septiembre, Hodges y su estado mayor habrían debido darse cuenta de lo que pedían a sus tropas. La experiencia de la 9.ª División de Infantería durante la segunda mitad de septiembre y primeros de octubre habría debido bastar como advertencia. Los progresos habían sido buenos al principio, avanzando en dirección sureste hacia la importante localidad de Schmidt. Se consiguió un efecto sorpresa, pues, como dijo el oficial alemán al mando de la división que se enfrentó a ella, «en general se creía que estaba completamente fuera de lugar la posibilidad de que los estadounidenses intentaran abrirse paso hacia el Rur combatiendo en una zona boscosa como esta, difícil de inspeccionar y con pocos caminos».[1] Una vez que la infantería alemana dispusiera del respaldo de la artillería de su Grupo de Ejércitos, la lucha en el bosque se convertiría en una terrible batalla de desgaste.

Los alemanes trajeron francotiradores que debían actuar en escondites colocados en lo alto de los árboles. Cerca del suelo había muy poco campo de visión. Habían recibido entrenamiento en el Munsterlager en una *Scharfschutzenausbildungskompanie* (compañía de adiestramiento de francotiradores), donde los soldados eran sometidos a media hora diaria de propaganda inspirada por el odio. «Consistía en una especie de letanía frenética que dirigían los suboficiales encargados de la instrucción y habitualmente adoptaba la siguiente forma:

Suboficial: "Cada tiro debe matar a un bolchevique judío".
Coro: "Cada tiro".

Suboficial: "Matar a un cerdo inglés".

Coro: "Cada tiro debe matar".»[2]

La 9.ª División de Infantería norteamericana debía atacar el sector ocupado por la 275.ª División de Infantería comandada por el *Generalleutnant* Hans Schmidt. Los puestos de mando de sus regimientos eran cabañas de troncos situadas en medio del bosque. La división constaba solo de 6.500 hombres y de apenas seis cañones de asalto autopropulsados. Había algunos soldados que tenían cierta idea de lo que era el combate en el bosque, pero otros, como el *Luftwaffe Festbataillon* XX, no tenía experiencia en el terreno de la infantería. Una de sus compañías estaba formada por miembros de la Escuela de Intérpretes de la Luftwaffe, que, a juicio de Schmidt, eran «absolutamente no aptos para su despliegue en el frente».[3] Un mes después, «casi la totalidad de la compañía se había pasado al enemigo».[4] El armamento de las tropas de Schmidt consistía en una mezcla heterogénea de fusiles, capturados en los países extranjeros que habían sido ocupados al comienzo de la guerra.

Luchar en el bosque de Hürtgen, reconocía Schmidt, planteaba «las máximas exigencias a la capacidad de aguante físico y psicológico [del soldado]».[5] Sus hombres sobrevivían solo porque los estadounidenses no podían aprovechar su aplastante superioridad en materia de carros de combate y en potencial aéreo, y porque la observación de la artillería era muy difícil. Pero el personal de abastecimiento y de retaguardia alemán sufrió mucho como consecuencia de los ataques de los cazabombarderos estadounidenses. Las dificultades a la hora de suministrar comida caliente a las posiciones avanzadas significaban que las tropas alemanas no pudieran recibir más que «raciones de comida fría a intervalos irregulares».[6] Los hombres, con los uniformes empapados, se veían obligados a permanecer en sus pozos de tirador durante días enteros a unas temperaturas casi glaciales.

El 8 de octubre, se sumó a esta división el *Arbeitsbataillon* 1412, formado por hombres de avanzada edad. «Fueron como una gota de agua en una estufa caliente», comentó Schmidt.[7] Prácticamente todo el batallón fue aniquilado en un solo día. Un batallón de cadetes de la Luftwaffe también quedó completamente deshecho. Y el 9 de octubre, cuando la división había sufrido ya 550 bajas, «sin contar el gran núme-

ro de enfermos», fue metido en el campo de batalla al este de Wittschei-
de un batallón de policía procedente de Düren.[8] Los hombres, de entre
cuarenta y cinco y sesenta años, llevaban puestos todavía sus uniformes
verdes de policía y no habían recibido adiestramiento alguno desde los
tiempos de la primera guerra mundial. «La disposición de los ancianos
padres de familia era penosa», admitiría Schmidt.[9] Las bajas fueron tantas que los oficiales del estado mayor y los suboficiales de adiestramiento del *Feldersatzbataillon*, su unidad de reserva y de adiestramiento, tuvieron que ser enviados a asumir el mando en el frente. Hasta algunos
radiotelegrafistas, tan necesarios en todas partes, fueron destinados al
frente para que prestaran servicio como soldados de infantería.

Solo las copiosísimas lluvias del 10 de octubre dieron a la
275.ª División la oportunidad de restablecer su línea. Schmidt quedó
impresionado por la actuación de la 9.ª División de Infantería norteamericana y llegó a preguntarse incluso si sus integrantes no habrían
recibido quizá una instrucción especial de guerra en el bosque. Aquella misma tarde, los altos mandos de su cuerpo y de su ejército que
fueron a visitarlo, quedaron tan desconcertados por el estado en el
que se encontraba la división que prometieron enviarle refuerzos.

Y efectivamente llegaron refuerzos, pero no con la misión de reforzar la línea, sino de participar en el contraataque que se iba a lanzar. Consistían en un regimiento de adiestramiento bien armado,
compuesto por dos mil hombres, la mitad de los cuales eran aspiran-
tes a oficiales, al mando del *Oberst* Helmut Wegelein. Las esperanzas
depositadas en ellos eran muchas. El ataque fue lanzado a las 07.00
del 12 de octubre con apoyo de artillería pesada. Pero para consternación de los oficiales alemanes, el avance se atascó debido a la eficacia
y precisión del fuego norteamericano. Parece que los oficiales al mando de los batallones de este regimiento de adiestramiento de élite fueron víctimas de la confusión y todo el ataque sucumbió en medio del
caos. Un segundo intento llevado a cabo por la tarde también fracasó.
El regimiento de adiestramiento de Wegelein perdió quinientos hombres en doce horas, y el propio Wegelein resultó muerto al día siguiente. El 14 de octubre, los alemanes se vieron obligados a replegarse para
organizarse, pero, como el general Schmidt sospechaba con alivio, la
9.ª División estadounidense también estaba totalmente agotada.

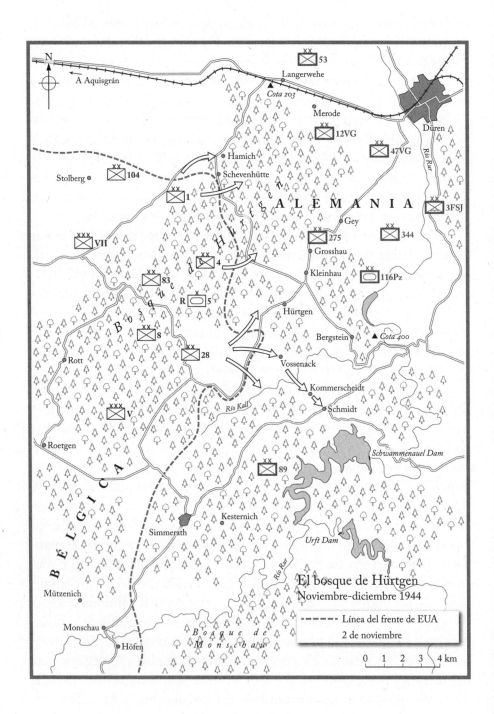

El bosque de Hürtgen
Noviembre-diciembre 1944

- - - - - Línea del frente de EUA
2 de noviembre

0 1 2 3 4 km

El doloroso y costosísimo avance de la 9.ª División se detuvo el 16 de octubre tras sufrir cerca de cuatro mil quinientas bajas, unas en combate y otras no en combate: una por cada metro que había avanzado. Los médicos militares norteamericanos, que tuvieron que tratar a soldados estadounidenses y alemanes malheridos, habían empezado a constatar unas diferencias sorprendentes. Los cirujanos observaban que «el soldado alemán muestra una aptitud para recuperarse de las heridas más graves muy superior a la del soldado estadounidense». Esta diferencia se debía, al parecer, al «simple hecho clínico de que los soldados estadounidenses, al estar mucho mejor alimentados que los alemanes, generalmente tienen una capa más gruesa de grasa que hace que la cirugía resulte no solo más difícil y más agresiva, sino también que tarde más en curarse. El soldado alemán, por su parte, al estar peor alimentado y más delgado, es por tanto más fácil de operar».[10]

Para desconcierto de los mandos de la división, el cuartel general del I Ejército no se conmovió lo más mínimo ante las bajas sufridas a raíz de la ofensiva de la 9.ª División y siguió sin tener en cuenta el tipo de terreno en el que estaba realizándose. Una vez más Hodges insistió en atacar por las partes más difíciles y por la zona más espesa del bosque, donde las ventajas de los estadounidenses en materia de carros de combate, fuerza aérea y apoyo de la artillería no podían aprovecharse. Nunca tuvo en cuenta la posibilidad de avanzar hacia la importante localidad de Schmidt desde el pasillo de Monschau, por el sur, una vía más corta y en general más fácil. El problema radicaba en que ni los distintos comandantes de su Grupo de Ejércitos ni el estado mayor de su cuartel general se atrevían a discutir con él. Hodges tenía fama de destituir a todos los oficiales de alta graduación.

El plan del I Ejército para el bosque de Hürtgen no había mencionado en ningún momento las presas de Scwammenauel y de Urft, situadas al sur de Schmidt. La idea había sido simplemente asegurar el flanco derecho y el avance hacia el Rin. Hodges no prestaba oídos a ninguna aclaración de los problemas a los que tenían que hacer frente las tropas. En su opinión, esas explicaciones no eran más que excusas debidas a la falta de agallas. Las radios funcionaban muy mal como consecuencia de la profundidad de los valles, de la humedad y de la espesura de los bosques. Siempre se necesitaba un radiotelegrafista de apoyo, pues los alemanes disparaban en todo momento contra cualquiera que llevara una mochila para la radio a la espalda. Los alemanes eran además muy rápidos a la hora de castigar cualquier fallo de seguridad en las comunicaciones inalámbricas. El desliz del oficial al mando de un batallón, que dijo claramente por radio: «Vuelvo dentro de media hora», dio a lugar a que dos miembros de su grupo murieran durante un repentino bombardeo de mortero contra la ruta que seguían habitualmente para regresar al puesto de mando de su regimiento.[11]

Los senderos y los cortafuegos del bosque eran muy engañosos y no se correspondían con los mapas, que, en cualquier caso, a los oficiales inexpertos les resultaba sumamente difícil de leer. «En medio de espesos bosques —decía cierto informe— no es infrecuente que un grupo se pierda por completo y no sepa cuál es la dirección que había que seguir ni dónde está la línea del frente.»[12] Necesitaban el sonido de su propia artillería para encontrar el camino de vuelta. A veces tenían que avisar por radio a la artillería y pedirle que disparara una bomba contra un determinado punto para reorientarse. Y por la noche, los hombres que salían de sus trincheras y pozos de tirador podían perderse por completo a escasos centenares de metros de su posición, y se veían obligados a esperar a que amaneciera para descubrir dónde estaban.

Lo más enervante de todo aquello eran los gritos de los que tropezaban con alguna mina antipersona y acababan perdiendo una extremidad. «Un hombre dio una patada a una bota para apartarla del camino —escribiría más tarde el oficial al mando de una compañía—; entonces se estremeció al ver que la bota todavía tenía dentro un pie.»[13] Los soldados estadounidenses comprobaron enseguida que los alemanes se jactaban de su habilidad en este terreno. Las barricadas colocadas en los caminos estaban plagadas de trampas explosivas, de modo que los troncos arrojados en medio de los senderos para interceptar el paso tenían que ser remolcados a distancia por medio de cuerdas muy largas. Los recién llegados estaban obligados a enterarse de lo que eran las «minas Schu, Riegel, Teller y anticarro».[14] La mina Riegel era muy difícil de eliminar, pues estaba «provista de cables para que explotara al ser manipulada». Los alemanes colocaban minas en los cráteres abiertos por el estallido de las bombas, donde los soldados bisoños se tiraban instintivamente buscando refugio cuando la artillería disparaba contra ellos. Y conscientes de que la doctrina táctica estadounidense instaba a las tropas a emprender el ascenso de una colina, siempre que fuera posible, por las «hoyas» o barrancos, los alemanes se encargaban de que estuvieran convenientemente minados y enfilados por fuego de ametralladora.

Los dos bandos minaron y contraminaron el terreno en un juego auténticamente mortal. «Cuando una unidad encuentra minas —afirmaba un informe—, ella misma coloca sus propias minas alrededor de las del enemigo para pillar a los equipos que vengan a inspeccionarlas. Los alemanes, a su vez, pueden poner sus propias trampas explosivas sobre las nuestras, y así sucesivamente.»[15] Un miembro del 297.º Batallón de Ingenieros de Combate localizó una mina alemana que sobresalía de la superficie del terreno. Por suerte para él, sospechó algo y no fue directamente hacia ella. Un detector de minas reveló que los alemanes habían enterrado un montón de minas más en círculo alrededor de aquella y, si se hubiera descuidado, el ingeniero habría perdido la pierna.[16] «Los alemanes entierran minas incluso de tres en tres en los caminos blandos y embarrados de este sector», comunicaba el regimiento del coronel Buck Lanham poco después de llegar al bosque de Hürtgen.[17] Los ingenieros localizaban y retiraban la que estaba encima, sin darse cuenta de que debajo había más. Una vez localizadas, procedían a hacerlas estallar con dinamita y luego reparaban el hoyo abierto en el camino con una apisonadora.

Otro peligro era el que suponían los cables trampa colocados entre los pinos. Los oficiales se quejaban de que los soldados perdían tanto tiempo inspeccionando el terreno que tenían delante en su afán por localizar cables y minas, que no miraban hacia arriba ni a su alrededor cuando iban de patrulla. Los estadounidenses improvisaban además colocando trampas luminosas delante de sus posiciones avanzadas, con cables que se extendían en varias direcciones entre los árboles. Consistían en un bloque de medio kilo de TNT pegado a una granada iluminante de mortero de 60 mm, provisto de un mecanismo de ignición. No tardaron en descubrir que debían colocar el artefacto al menos a cincuenta metros de los nidos de ametralladora que cubrían el acceso, pues de lo contrario el ametrallador era deslumbrado por la luz de la bengala. Pero en el bosque de Hürtgen no había nada sencillo. Como señalaba un oficial, «el alcance efectivo de un disparo de fusil en medio del bosque y entre los árboles rara vez supera los cincuenta metros».[18]

Unos y otros sufrieron muchísimo debido a las gélidas lluvias otoñales. Incluso cuando no llovía a cántaros, los árboles goteaban sin cesar. La munición oxidada hacía que las armas se atascaran. Los uniformes y las botas se pudrían. El pie de inmersión o de trinchera podía dar lugar inmediatamente al entumecimiento de la extremidad e incluso a la necesidad de amputarla. Los oficiales estadounidenses tardaron algún tiempo al principio en reconocer la gravedad del problema. Los regimientos, debilitados por la pérdida de tantos hombres, se esforzaban por entregar un par de calcetines limpios a cada soldado junto con su ración de comida. Se advertía a los soldados que mantuvieran secos los calcetines metiéndolos dentro del casco y que recurrieran al compañerismo, restregándose con fuerza los pies unos a otros, y además que durmieran con los pies en alto para facilitar la circulación.

El frío constante que sentían los hombres, calados hasta los huesos durante días interminables en trincheras y pozos de tirador llenos de agua, hicieron que los oficiales al mando de los batallones fueran conscientes de la necesidad de permitir a sus hombres ir a calentarse al menos una vez al día. Detrás de las líneas se montaron tiendas de campaña provistas de estufas, donde se les ofrecía café y comida caliente. Otra tienda bien caldeada se utilizaba para secar los uniformes. Pero con demasiada frecuencia, los ataques constantes de los alemanes y la agresividad de sus patrullas impedían que los soldados que estaban en las trincheras más adelantadas pudieran salir de ellas. Los índices de afectados de pie de trinchera subieron vertiginosamente, mientras que los hombres se veían condenados simplemente a temblar de frío bajo una lluvia incesante y a comer raciones frías. A modo de estufa y de infiernillo a un tiempo algunos decidieron utilizar una lata de ración C llena de tierra y empapada de gasolina, que enterraban en el suelo a unos treinta centímetros de profundidad.

Luego se calentaban los pies o cualquier líquido en una lata más grande del n.º 10 con la parte superior perforada.

En tales condiciones era preciso tener una constitución con mucha capacidad de aguante, tanto física como mental, especialmente cuando en noviembre empezara a caer la nieve en las cotas más altas. «Los hombres mayores de treinta años son demasiado viejos para resistir las condiciones de combate —observaba un oficial del VII Cuerpo—, mientras que los hombres menores de veinte no son lo suficientemente maduros, ni mental ni físicamente.»[19] Por desgracia, la inmensa mayoría de los reemplazos eran o menores de veinte o mayores de treinta años.

Incluso proporcionar una cubierta superior en los pozos dobles de tirador resultaba peligroso. La artillería alemana disparaba deliberadamente contra los árboles, para que los proyectiles explotaran en la parte superior de los altísimos pinos del bosque y cayera un auténtico chaparrón de astillas y de metralla sobre los que habían buscado cobijo a sus pies. De modo que parte de las trincheras tenían que ser cubiertas con troncos bajo una espesa capa de tierra, camuflada a su vez con musgo o con ramas. Pero cortar leños del tamaño necesario con el hacha resultaba muy peligroso. El ruido llegaba muy lejos y los alemanes, al darse cuenta de que los hombres habían salido a la superficie, lanzaban rápidamente una barrera de fuego de mortero. De modo que en lugar de hachas hubo que utilizar serruchos.

Como habían hecho ya en Normandía y en el Frente Oriental, los alemanes guarnecían su línea más adelantada con muy pocos hombres, apoyándose sobre todo en las armas automáticas. En cambio, guardaban las tropas de mayor calidad para lanzar los contraataques, con el respaldo de carros de combate. Y cuando atacaban los estadounidenses, no vacilaban en pedir a la artillería que abriera fuego sobre sus propias posiciones. Los estadounidenses no tardaron en descubrir que también ellos podían hacer lo mismo, pues al llegar las bombas desde atrás, la lluvia de astillas mortíferas y de fragmentos de metralla iba hacia delante, contra los atacantes, en vez de caer sobre sus propios hombres, cobijados en sus trincheras. «Hacían falta agallas, pero funcionaba», comentaría un coronel.[20]

El 1 de noviembre, Hodges, acompañado por Gerow, el comandante del V Cuerpo, visitó el cuartel general de la 28.ª División en Rott. Dijo a «Dutch» Cota, el mismo que con tanto orgullo había visto desfilar a sus hombres por las calles de París, que a la mañana siguiente debían atacar como primera fase de la operación, antes de que el VII Cuerpo empezara a avanzar por la izquierda. El plan, afirmó Hodges, era «excelente».[21] En realidad, el plan no podía ser más inadecuado. No solo era preciso que la 28.ª División avanzara a través de las crestas y los valles más empinados, sino que además Hodges ordenó a Cota que dividiera su unidad en distintas direcciones, con lo que lo único que consiguió fue que a la hora de la verdad su fuerza de ataque fuera más débil que la de los defensores. No estaba previsto que ni un solo regimiento debía avanzar hacia la pequeña población de Schmidt. Haciendo alarde de un tacto exquisito, Cota intentó señalar delicadamente los defectos del plan, pero sus objeciones fueron ignoradas.

La obstinación y la incapacidad de escuchar a los subordinados eran mayores incluso en la cúspide del Tercer Reich. Precisamente a la mañana siguiente, el general Kreipe, tras verse obligado a dimitir como jefe del estado mayor de la Luftwaffe, se despidió del *Reichsmarschall* Göring en su tren especial antes de abandonar la *Wolfsschanze*. La conversación giró en torno al resultado de la guerra. «Desde luego esto va a ser una batalla de los Nibelungos —comentó el *Reichsmarschall*—, pero nos batiremos en el Vístula, en el Óder y en el Weser.» «Contaba con la falta de unidad de nuestros enemigos.» Kreipe dudaba de que cupiera esperar que la población civil se enzarzara en una guerra suicida semejante, y le rogó que «siendo como era el único que podía llevarlo a cabo, convenciera al *Führer* de que la política volviera a actuar. Göring permaneció en silencio largo rato —escribió el general en su diario—. Luego dijo que no podía hacerlo, pues, de lo contrario, estaría quitando al *Führer* la confianza en sí mismo».[22]

El 2 de noviembre a las 09.00, justo mientras Kreipe se entrevistaba con Göring, la 28.ª División de Infantería abandonaba un pequeño saliente para avanzar en dirección al este hacia el bosque cubierto de niebla. Por la derecha, el 110.º Regimiento de Infantería sufrió intensamente el fuego de las ametralladoras guarecidas en los reductos de la Línea Sigfrido que todavía no habían sido sometidos. Por la izquierda, el 119.º Regimiento fue igualmente desafortunado, pues fue a parar directamente a un campo de minas no detectado y cubierto por un intenso fuego de artillería pesada. La 275.ª División de Infantería alemana que defendía el sector era ya en esos momentos una fuerza experta en el combate en el bosque, pero había quedado tan maltrecha que su comandante, el *Generalleutnant* Schmidt, pidió que fuera relevada. Algunos de sus soldados, al rendirse a los estadounidenses, afirmaron que se habían colocado minas detrás de sus posiciones, y no solo delante, para impedir las deserciones. Varios compañeros suyos —dijeron— habían sido ejecutados por intentarlo.

Por el centro, el 112.º Regimiento de Infantería norteamericano atacó en dirección a la localidad de Vossenack, corriendo a lo largo de una estrecha cresta sobre el barranco de doscientos metros de altura del río Kall. El fuego concentrado de artillería con bombas de fósforo blanco incendió casi todas las casas del pueblo. Los carros Sherman dispararon contra el campanario de la iglesia, suponiendo que en su interior se ocultaban francotiradores o por lo menos un observador de la artillería alemana. Una vez ocupada la localidad envuelta en humo, y esperando que en cualquier momento pudiera producirse un contraataque, el oficial al mando de la compañía ordenó a sus hombres que cavaran trincheras y tuvieran listos los fusiles. Para su sorpresa, «un chico de campo muy alto comentó: "La última vez que disparé un chisme de estos me costó 18 pavos en un juicio sumarísimo. Se los gastaron todos en Calvados"».[23]

El 3 de noviembre al amanecer, el 112.º Regimiento de Infantería empezó a avanzar por el empinado barranco que bajaba hacia el río Kall para luego remontar la ladera igualmente empinada de la vertiente sureste que conducía a la aldea de Kommerscheidt. Haciendo gala de un aguante notable, un batallón continuó avanzando a la carrera hasta la localidad de Schmidt, que fue tomada para sorpresa de las tropas alemanas, a todas luces mal preparadas, encargadas de guarnecerla. El sargento John M. Kozlosky dio el alto a una carreta cargada de munición que iba tirada por un caballo. «Cuando el conductor comprobó que sabía hablar polaco, saltó de la carreta y besó a Kozlosky en las dos mejillas.»[24] Era uno de los muchos polacos obligados a prestar servicio en la Wehrmacht. A los pies de Schmidt se hallaba el gran embalse de Schwammenauel y su presa, apenas a dos kilómetros y medio de donde se encontraban los soldados del 112.º Regimiento. Cota no pudo por menos que relamerse con las felicitaciones que recibió por aquel triunfo, aunque parecía demasiado bonito para ser verdad.

Apenas unos días antes, los oficiales del cuartel general del I Ejército se habían dado cuenta de repente de que si los alemanes abrían las compuertas de las presas cuando las fuerzas norteamericanas situadas río abajo intentaban cruzar el Rur, una auténtica muralla de agua se llevaría por delante los puentes de pontones y dejaría incomunicadas a las tropas de las cabezas de puente de la margen derecha. Hodges solo empezó a hacerse cargo de la situación cuando llegaron noticias de la toma de Schmidt, pero ya era demasiado tarde para hacer nada. Y para empeorar aún más las cosas, Hodges acababa de avisar a Collins de que retrasara el ataque del VII Cuerpo hasta que llegara una cuarta división para reforzar su avance. En consecuencia, la 28.ª División había quedado totalmente desprotegida.

Para llevar a cabo una tarea tan ingrata no habría cabido elegir una candidata peor que la división de Cota. Como consecuencia de las pérdidas sufridas anteriormente, la mayoría de sus tropas eran reemplazos y su tasa de autolesionados y de deserciones era muy alta. A modo de advertencia, fue seleccionado un desertor reincidente perteneciente a esta división, el recluta Eddie Slovik, que se convertiría en el único soldado del ejército estadounidense en Europa en ser ejecutado por este delito.

Los alemanes habían sido cogidos por sorpresa porque no podían comprender el motivo de que los estadounidenses llevaran a cabo unos ataques tan fuertes contra el bosque de Hürtgen «tras la efectividad mostrada por la resistencia alemana» contra la 9.ª División un mes antes.[25] Pero por una de esas coincidencias de la guerra, precisamente en ese instante el *Generalfeldmarschall* Model, comandante en jefe del Grupo de Ejércitos B, estaba celebrando un ejercicio de simulación con mapas en Schloss Schänderhan, cerca del sector oeste de Colonia. Estaban estudiando la posibilidad de que se produjera un ataque estadounidense a lo largo de la divisoria que separaba el V Ejército Panzer y el VII Ejército. De modo que cuando llegó la noticia de la toma de Schmidt por los estadounidenses, Model no perdió tiempo. Envió inmediatamente al *Generalleutnant* Straube, al mando del LXXIV Grupo de Ejércitos, encargado del sector, de vuelta a su cuartel general. Luego, en compañía del general Brandenberger, del VII Ejército, y del *General der Panzertruppen* Hasso von Manteuffel, del V Ejército Panzer, Model elaboró la mejor respuesta que cabía dar en aquella coyuntura junto con los demás oficiales presentes.

La 116.º División Panzer recibió la orden de marchar a toda velocidad a atacar el flanco norte del avance norteamericano junto con la 89.º División de Infantería. La 116.ª División Panzer estaba en aquellos momentos al mando del *Generalmajor* Siegfried von Waldenburg, tras el revuelo provocado por su predecesor, el *Generalleutnant* conde Gerhard von Schwerin, que había cancelado la evacuación de Aquisgrán. Waldenburg abandonó también inmediatamente los ejercicios de simulación con mapas junto con su jefe operativo, el mayor príncipe zu Holstein, con el fin de unirse a su división. Model, que había recibido del cuartel general del *Führer* la orden de no utilizar la 116.ª División Panzer, se vio obligado a saltarse la orden simplemente «para impedir que las tropas estadounidenses salgan de los bosques y se dispersen por terreno despejado».[26]

Aquella noche, los hombres del 3.er Batallón del 112.º Regimiento de Infantería estaban agotados después del esfuerzo realizado. En vez de cavar trincheras y pozos de tirador, decidieron dormir en las casas del pueblo. Sus oficiales no se imaginaron en ningún momento que los alemanes fueran a reaccionar de inmediato, así que no mandaron patrullas de vigilancia ni establecieron puestos avanzados que guardaran la posición. En consecuencia el batallón se vio completamente sorprendido cuando, tras un repentino bombardeo de la artillería, aparecieron los carros y la infantería alemanas. Debido a la escasez de munición para sus bazucas y al desconcierto provocado por aquel ataque inesperado en tres direcciones, la mayor parte del batallón fue presa del pánico.[27] En medio de la confusión, unos doscientos hombres salieron corriendo directamente hacia el suroeste, por donde venía el grueso de alemanes, y solo quedarían vivos 67. Los oficiales perdieron el control de sus hombres. El resto del batallón, abandonando a los heridos, regresó precipitadamente a Kommerscheidt para unirse al 1.ᵉʳ Batallón.

En su puesto de mando en Rott, a unos trece kilómetros al oeste de Schmidt, Cota no pudo hacerse al principio idea del desastre que estaba abatiéndose sobre su división. El 8 de noviembre, se vio inundado por una cadena de altos mandos que habían venido a verlo. Cuando llegó el general Hodges, se encontró al «general Eisenhower, al general Bradley y al general Gerow comentando la situación anterior con el general Cota. Estuvieron gastando bromas hasta que el grupo de las autoridades se marchó —anotó el asistente de Hodges—. Entonces el general Hodges se llevó al general Cota aparte para mantener una breve y áspera conversación sobre la escasez de progresos la 28.ª División... Ni que decir tiene que el general Hodges está sumamente decepcionado por la actuación de la 28.ª División».[28] Hodges echó además la culpa de todo a Gerow, al mando de su Grupo de Ejércitos, aunque el plan supuestamente «excelente» de enviar una sola división al bosque de Hürtgen para después dividirla en tres grupos había sido obra del cuartel general de su propio I Ejército. Hodges obligó a Cota a enviar al 112.º Regimiento de Infantería la orden de volver a tomar Schmidt, lo que ponía de manifiesto su absoluta ignorancia de lo que estaba ocurriendo sobre el terreno.

Los carros de combate Sherman enviados por delante para hacer frente a los blindados Panther y Mark IV no pudieron hacer nada contra la sucesión de senderos tortuosos y empinados, las minas y el barro. Las nubes bajas y la lluvia impidieron que los cazabombarderos pudieran despegar. Y durante todo el tiempo los dos batallones estadounidenses aislados en Kommerscheidt se vieron sometidos al fuego incesante de los carros de combate y de todos los batallones de artillería que Model había ordenado desplazarse a la zona procedentes de los cuerpos de ejército cercanos. El 7 de noviembre, el 2.º Batallón, que se había establecido en Vossenack, salió huyendo. Cota envió a la localidad al 146.º Regimiento de Ingenieros, obligado a combatir como unidad de infantería, que logró resistir en la parte occidental de Vossenack contra un contingente de *Panzergrenadiere* y de carros de combate. La situación era tan grave que parte de la 4.ª División de Infantería tuvo que acudir a reforzar a la 28.ª División.

El 8 de noviembre por la noche, la artillería estadounidense lanzó un intenso bombardeo sobre los alrededores de Kommerscheidt para que los supervivientes de los dos batallones pudieran escabullirse y regresar a través del barranco del Kall. La 28.ª División de Infantería se había visto obligada a volver casi al punto de partida tras sufrir 5.684 bajas, entre caídos en combate y caídos no en combate. Para Cota, que con tanto orgullo había visto a su división desfilar por las calles de París, aquel debió de ser el día más triste de su vida. Solo el 112.º Regimiento de Infantería había perdido más de dos mil hombres y ahora no contaba más que con trescientos efectivos. Como observaba un oficial del estado mayor de Bradley, «cuando la fuerza de una unidad del frente disminuye por debajo de determinado punto, algo muy malo está pasándole y su efectividad se reduce drásticamente. Lo que le pasa es que no le quedan suficientes hombres experimentados para hacer de los reemplazos —"los refuerzos"— soldados que sepan de qué va la cosa».[29]

La propaganda alemana no perdería el tiempo y se jactaría del éxito de este contraataque, así como de la reconquista de Goldap, en Prusia Oriental, y de la incapacidad del Ejército Rojo de tomar Budapest. «La fuerza operativa estadounidense rodeada ha sido destruida por completo. Las localidades de Vossenack y Kommerscheidt han sido limpiadas de todos los pequeños grupos que se defendían desesperadamente, pero que al final tuvieron que cejar en su resistencia.»[30]

El general Hodges se negó a tomar en consideración cualquier otro plan. Incluso en aquellos momentos, conociendo la importancia de las presas, no se planteó desviarse hacia el sur. Ordenó a las 1.ª, 8.ª y 104.ª Divisiones de Infantería, así como a la 5.ª División Acorazada y a lo que quedaba de la 4.ª División internarse en el bosque de Hürtgen. Aquellas fuerzas constituirían el flanco derecho de la ofensiva conjunta del IX y del I Ejércitos. El 12 de noviembre, el II Ejército británico comenzó su ofensiva por el este desde el saliente de Nimega. A pesar de la lluvia, el barro y las minas, a lo largo de los diez días siguientes sus hombres lograron despejar la ribera izquierda del Mosa hasta la altura de Venlo y Roermond, ciudades ambas próximas a la frontera germano-holandesa. Ese mismo día, la 1.ª División abandonó su área de descanso al oeste de Aquisgrán en camiones que la llevaron al sector norte del bosque.

La tercera ofensiva contra el bosque de Hürtgen dio comienzo, tras varios aplazamientos, el 16 de noviembre. Para entonces la cellisca se había convertido en auténtica nevada en las zonas más elevadas. Al norte, la 1.ª División debía avanzar desde el pasillo de Stolberg hacia la ciudad de Düren que, junto con Eschweiler y Jülich, había quedado casi totalmente arrasada bajo el peso de 9.700 toneladas de bombas lanzadas por las fuerzas aéreas aliadas. Düren era bombardeada incluso de noche por la artillería estadounidense.

Poco después de que los primeros efectivos de la 1.ª División se adentraran en la arboleda, tanto ellos como los carros de combate que les prestaban apoyo fueron víctimas del intenso fuego de artillería y armas ligeras de la 12.ª División *Volksgrenadier*. «Se produjo una auténtica marea de soldados heridos que salían de entre los árboles —escribió el soldado bisoño Arthur Couch, encargado de manejar una ametralladora—. Me fijé en un hombre que se sujetaba la tripa con las manos intentando contener una herida muy grande por la que se le salían los intestinos. Rápidamente apareció un sanitario de primera línea y ayudó al hombre a tumbarse; le puso una gran venda alrededor del vientre y luego le inyectó morfina. Un sargento veterano me dijo que me echara cuerpo a tierra detrás de unas piedras grandes y luego que avanzara hacia el lugar en el que había estallado el último proyectil de la artillería alemana. Me contó que eso era lo más seguro que podía hacer uno, pues los artilleros alemanes siempre giraban la manivela de su cañón un par de muescas para disparar contra una posición distinta. Salí corriendo hacia el cráter producido por la última explosión y la siguiente bomba aterrizó unos treinta metros más allá. Aquel consejo me salvó la vida.»[31]

Una vez más, como observaría un oficial de la 1.ª División de Infantería, los alemanes intentaron frenar los ataques de los estadounidenses con fuego de armas ligeras, «y luego nos hacían saltar por los putos aires con fuego de artillería y de mortero».[32] A los recién llegados les habían advertido que permanecieran detrás de algún árbol grande, pues les proporcionaría alguna protección frente al estallido de los proyectiles en la copa. Lo único que debían evitar era echarse cuerpo a tierra, pues eso multiplicaba las posibilidades de ser alcanzados por algún fragmento de acero o por alguna astilla desprendida de las ramas. Los estadounidenses intentaron utilizar morteros pesados de 107 mm como arma de apoyo, pero los encargados de accionar estas piezas no tardaron en comprobar que, debido a las condiciones climatológicas y la acción del frío y la humedad en el propelente, se producía una gran dispersión en la caída de las granadas.[33] Y cuando el terreno estaba saturado de agua, la plancha de la base se hundía más y más en el barro cada vez que se efectuaba un disparo.

«La artillería alemana —escribía Couch— se había fijado de antemano como objetivo disparar contra los senderos del bosque, y también estaba previsto que los proyectiles estallaran cuando golpearan la copa de los árboles, de modo que los fragmentos de metralla nos cayeran encima. Este recurso causaba muchas heridas graves y numerosas muertes. Veía por doquier heridos y moribundos ... Al principio solía arrodillarme a su lado y hablarles, pero pronto descubrí que resultaba muy difícil aguantar aquello. Creo que ver tantas heridas empezaba a resquebrajar mi escudo defensivo.» Su mayor admiración iba para los sanitarios que corrían a ayudar a los heridos «incluso bajo el intenso fuego de la artillería pesada o de las ametralladoras, mientras que nosotros permanecíamos quietos en lugares más protegidos».[34]

En el bosque, la mayoría de los soldados alemanes perdía el miedo a los carros de combate. No dudaban en acecharlos con sus lanzagranadas *Panzerfaust*. O a una distancia ligeramente más larga, podían usar el *Panzerschreck*, llamado popularmente *Ofenrohr*, esto es, «tubo de estufa», que era una versión más voluminosa de la bazuca estadounidense. El soldado alemán de infantería o *Landser* utilizaba también el *Panzerfaust* como pieza de artillería de corto alcance en el bosque. No es de extrañar, como señalaba el jefe del estado mayor del VII Ejército, que a los alemanes les resultara «más fácil defenderse entre los árboles que en terreno descubierto», dada la dificultad de los carros de combate norteamericanos para moverse entre ellos.[35] Aunque los ingenieros se encargaran de desactivar la mayoría de las minas que salpicaban los estrechos y enfangados senderos, casi siempre les pasaba por alto una que acababa inmovilizando al primer carro que pasaba sobre ella, bloqueando el camino.

La 1.ª División de Infantería hubo de hacer frente a una resistencia feroz y a un intenso fuego de artillería. «Poco antes de que amaneciera —continuaba diciendo Couch— comenzó un fuerte bombardeo que dio principalmente en las copas de los árboles, por encima de nuestras cabezas. Al ser de noche y en vista de que era realmente peligroso, los soldados bisoños empezaron a angustiarse mucho y a moverse de un lado a otro, presas del pánico. Intenté agarrar a uno o dos de ellos, diciéndoles: "¡Quedaos en vuestra trinchera u os matarán!" ... Era la primera vez que veía el pánico provocado por el campo de batalla y pude entender por qué algunos hombres quedaban traumatizados y sufrían neurosis de guerra ... Luego otros casos serían enviados a la retaguardia para recibir tratamiento. Para el resto resulta muy peligroso tener a nuestro alrededor esas molestias mientras tenemos que seguir avanzando.»[36]

La 4.ª División, con el 22.º Regimiento de Infantería del coronel Buck Lanham en el centro, se puso en marcha hacia el este remontando la empinada colina que conducía a Schmidt. El plan era empezar por asaltar Grosshau, casi en la cima, mientras que por la derecha, la 8.ª División atacaba la localidad de Hürtgen y luego Kleinhau. Pero la tasa de bajas sufridas por cada metro conquistado fue espantosa. Los altos mandos norteamericanos no tenían ni idea de que el motivo de que los alemanes llevaran a cabo una defensa tan desesperada era que deseaban evitar que se produjera cualquier avance al norte del punto de partida de su inminente ofensiva en las Ardenas.

Incluso las localidades más pequeñas, cuyo tamaño a menudo no era mayor que el de una simple aldea, tenían su propia iglesia construida en la misma piedra de color gris pardusco. La 275.ª División de Infantería de Schmidt había mandado a varios hombres a recibir cursos intensivos de adiestramiento como francotiradores.[37] Los oficiales estadounidenses tenían que llevar sus prismáticos de campaña metidos por dentro de la guerrera para no ser blanco fácil, y eso que, como señalaba el coronel Luckett, de la 4.ª División, la visibilidad rara vez superaba los 75 metros, haciendo muy difícil la labor de los francotiradores sobre el terreno.[38] Los alemanes hicieron uso también de una batería antiaérea de cañones de 88 mm al suroeste de Mariaweiler, que disparaban contra los bombarderos aliados que volaban camino de las ciudades alemanas. Al mismo tiempo, un puesto de observación avanzado los avisaba de si sus cañones debían cambiar de papel y convertirse en batería contracarro.

Los oficiales de Schmidt disponían de los guardabosques locales para que hicieran las labores de inteligencia en la zona, lo que les daba una gran ventaja. Se dieron cuenta de que los estadounidenses solo se molestaban en realizar operaciones de reconocimiento cuando estaban a punto de atacar un determinado sector, con lo cual revelaban cuál iba a ser su objetivo para el día siguiente. Los oficiales y suboficiales alemanes eran hábiles a la hora de aprovechar los errores de los estadounidenses. Los mandos norteamericanos subalternos cedían a menudo a la tentación de replegarse por la noche después de haber ganado algún terreno, de modo que los alemanes se introducían de nuevo en él y al día siguiente resultaba imposible desalojarlos. Y la hora del ataque no era el único momento en el que los soldados se juntaban. Cada vez que tomaban algún prisionero «se amontonaban a su alrededor entre doce y veinte hombres, y eso habría de causarles muchas bajas».[39]

Los alemanes guardaban sus carros de combate bien escondidos y camuflados, y los usaban sobre todo como arma psicológica. «Durante las horas del día —comunicaba un oficial estadounidense— se están relativamente quietos, pero al amanecer, al anochecer y a intervalos durante la noche entran en acción. Se mueven constantemente de un lado a otro y efectúan disparos, lo suficiente para mantener a nuestras tropas en un estado mental casi frenético.»[40] Los oficiales estadounidenses decidieron mantener sus cazacarros en posición avanzada para tranquilizar a sus hombres. La infantería solía ser presa del pánico y retirarse en cuanto sus carros de apoyo se replegaban con el fin de recargar combustible y municiones, de modo que, siempre que era posible, tenía que estar lista una sección de reserva de carros de combate para ocupar su puesto. No resultaba fácil porque los vehículos blindados eran muy vulnerables en la oscuridad del bosque. Cada sección de carros ligeros necesitaba un pelotón de soldados de infantería y otro de ingenieros encargado de retirar las minas. Parece que a los tripulantes de los carros de combate les daba más miedo el bosque que a los propios soldados de infantería. «Una vez estuvimos sin salir de los carros cuatro días —anotó un soldado—. Artillería pesada, cañones de 88 mm, morteros, estridentes pitidos [de los lanzacohetes *Nebelwerfer* alemanes] aporreando sin parar a nuestro alrededor, canguelo. Sales del carro a echar una meada y te dejan seco. Utilizábamos nuestros malditos cascos [para hacer nuestras necesidades] y los vaciábamos sacándolos por la torreta.»[41]

Mientras los hombres del 22.º Regimiento de Infantería del coronel Lanham intentaban afanosamente abrirse camino hacia la aldea de Kleinhau subiendo la colina cubierta de espesos bosques, descubrieron que los alemanes habían cortado las ramas inferiores de los árboles por delante para disponer de un campo de tiro mejor para sus ametralladoras MG42. Con una carga repentina pusieron en fuga a los de los primeros puestos avanzados, pero los norteamericanos fueron detenidos más adelante al llegar a «un sector de alambradas de veinticinco metros de profundidad plagado de trampas explosivas».[42] Mientras revisaban el obstáculo, le cayó encima una repentina descarga de fuego de mortero. Y aquello no fue más que el comienzo de su calvario. Los tres oficiales al mando del batallón de Lanham perdieron la vida. En uno de los episodios más horripilantes, después de arrebatarle todas sus pertenencias, tres alemanes colocaron a un estadounidense gravemente herido sobre una carga explosiva que iba a estallar si alguien trataba de moverlo. Se tardó setenta horas en encontrarlo, pero el joven tuvo las fuerzas suficientes para avisar a los que habían venido a rescatarlo.

La 4.ª División de Infantería fue adaptándose poco a poco a los combates en el bosque. Cada compañía estaba dividida en dos grupos de asalto y otros dos grupos de apoyo. Los grupos de asalto llevaban solo armas ligeras y granadas. Los grupos de apoyo, que iban detrás de ellos, pero sin perderlos nunca de vista, tenían morteros y ametralladoras. Los exploradores y los grupos de asalto que iban en cabeza se veían obligados a mantener «la dirección mediante la brújula», debido a lo fácil que resultaba perder el sentido de la orientación en medio del bosque. A medida que avanzaba, el grupo de apoyo iba desenrollando cable telegráfico para permitir las comunicaciones, pero también, a la manera de Hansel y Gretel, para guiar a los mensajeros, a los encargados de traer la munición y a los camilleros.

Las divisiones estadounidenses asignadas al bosque no tardaron en descubrir que los senderos, los cortafuegos y las sendas de los leñadores no debían ser utilizados como líneas divisorias, sino como líneas centrales. Las unidades debían avanzar por ellos con las piernas abiertas, o en cualquier caso sin pisarlos nunca, pues estaban llenos de trampas explosivas y eran el blanco fijado en los planes de fuego de la artillería. Los morteros alemanes apuntaban a todos los senderos, como tuvo ocasión de comprobar y de lamentar parte de la 1.ª División de Infantería; de modo que para ahorrar vidas, la división atacó a través del propio bosque. Además tuvo que situar los puestos de mando lejos de los senderos, aunque ello costara más tiempo.[43]

A mediados de noviembre empezó a hacer mucho frío. Agotados de cansancio, muchos hombres habían tirado sus pesados abrigos de lana cuando se les habían empapado de lluvia y de barro. «Cayó sobre todo el bosque una intensa nevada de medio metro de alto o más —escribió Couch, que iba con la 1.ª División de Infantería—. Un día íbamos andando por una zona avanzada en la que otra compañía había realizado anteriormente un ataque. De pronto vi una fila de unos seis soldados de pie, inclinados hacia delante en medio de la nieve, apuntando con sus fusiles, aparentemente como si estuvieran atacando. Pero me di cuenta de que no se movían en absoluto. Dije a un compañero: "Deben de estar muertos y se han quedado congelados en el mismo momento en que los alcanzaron". Yo había tenido la precaución de llenar el bolsillo izquierdo de la pechera con monedas alemanas para protegerme el corazón de las balas o de cualquier fragmento de metralla; aunque sabía que era una tontería.»[44]

Más al sur, el general Patton continuaba presionando a sus superiores para que le dejaran atacar. El sábado 11 de noviembre, el encargado de llevar el diario del XII Grupo de Ejércitos bromeaba diciendo que era «el Día del Armisticio y el cumpleaños de George Patton. Las dos cosas son incompatibles».[45] Exactamente una semana después, el

III Ejército de Patton rodeó finalmente Metz y cuatro días más tarde cesó la resistencia en el interior de la fortaleza. La obsesión de Patton por capturar Metz había provocado graves pérdidas entre sus tropas. Su arrogancia y su impaciencia, tras las deslumbrantes victorias del verano, habían contribuido en gran medida al elevado número de bajas sufridas. La lluvia constante, que había provocado la crecida del Mosela sobre su llanura de aluvión, convirtió el cruce de la zona situada al sur de Metz en una pesadilla pasada por agua. Patton contó a Bradley que una de sus compañías de ingenieros había tardado dos días de dolorosa frustración y duro trabajo en montar un puente de pontones sobre las impetuosas aguas del río. Uno de los primeros vehículos en cruzar, un cazacarros, se enganchó en un cable que luego se partió. El puente se soltó y se fue dando tumbos río abajo. «Toda la maldita compañía se quedó tirada en el barro —contaba Patton— berreando como chiquillos.»[46]

Más al sur, un ataque del VII Ejército norteamericano en el paso de Saverne a mediados de noviembre permitió a la 2.ª División Acorazada francesa romper las líneas enemigas y llegar hasta la propia Estrasburgo, sin dejar de disparar sus cañones hasta el puente de Kehl sobre el Rin. Y en el flanco derecho del VI Grupo de Ejércitos, el I Ejército del general De Lattre liberó Belfort, Altkirch y Mulhouse para avanzar hacia el sur de Colmar, donde lo detuvo la resistencia alemana en la que se denominaría la «bolsa de Colmar».

La defensa de Estrasburgo fue un episodio muy poco glorioso de la historia del ejército alemán. Las SS había saqueado la ciudad antes de retirarse. Según un general encargado de la defensa de Estrasburgo, los soldados, que habían recibido la orden de «luchar hasta el último cartucho», tiraron en su mayoría las municiones antes de que diera comienzo la batalla, para decir que se habían quedado sin balas y poder así rendirse.[47] El *Generalmajor* Vaterrodt, el comandante en jefe perteneciente a la Wehrmacht, se burló del comportamiento de los oficiales superiores y de los jerarcas del Partido Nazi. «Me extraña que Himmler no los haya ahorcado a todos —dijo luego a algunos oficiales compañeros de cautiverio—. Todos salieron huyendo: el

Kreisleiter, el *Ortsgruppenleiter*, las autoridades municipales, el alcalde y el teniente de alcalde, todos salieron corriendo, los funcionarios del gobierno... Todos huyeron... En cuanto la cosa empezó a animarse un poquito a primera hora de la mañana, cruzaron el Rin.» El *Landgericht-spräsident* o presidente de la Audiencia de Estrasburgo fue visto huyendo hacia el Rin cargado con una mochila. Vaterrodt se mostraba más comprensivo en su caso: «Hizo bien. Había tenido que firmar tantas condenas de muerte, tantas sentencias sumarias, que realmente era terrible». El juez era un alsaciano nacido en Estrasburgo, de modo que habría sido el primero en ser juzgado o linchado.[48]

Muchos oficiales alemanes se presentaban con sus novias francesas diciendo: «He perdido a mi unidad». «Eran todos desertores», estalló Vaterrodt. El caso más espectacular fue el del *Generalleutnant* Schreiber, que llegó al despacho de Vaterrodt y dijo: «Mi estado mayor está aquí abajo». Vaterrodt se asomó a la ventana. «Abajo había unos diez coches estupendos casi sin estrenar, con unas chicas dentro, auxiliares del estado mayor y funcionarios bien cebados, con una cantidad terrible de equipaje que naturalmente consistía sobre todo en comida y otras cosas buenas.» Schreiber le comunicó que tenía la intención de cruzar el Rin: «Allí al menos estaré a salvo por el momento».[49]

La liberación de Estrasburgo por la 2.ª División Acorazada del general Leclerc produjo una alegría enorme en Francia, y para Leclerc fue la culminación de la promesa que había hecho en Koufra, en el norte de África, de que la bandera tricolor volvería a ondear en la catedral. Para los franceses la liberación de Estrasburgo y de Alsacia, conquistadas por los alemanes en 1871 primero y luego otra vez en 1940, representaba el objetivo final de Francia. Leclerc era del agrado de los oficiales estadounidenses, que sentían admiración por él. En el flanco más meridional no podía decirse lo mismo del veleidoso y extravagante general De Lattre de Tassigny, que creía su deber estar quejándose todo el tiempo de que no se suministraran a sus tropas del I Ejército francés uniformes ni armamento suficientes. Si hemos de ser justos con él, la verdad es que se había visto obligado a hacer frente a unos problemas enormes, pues tuvo que integrar en su ejército a unos ciento treinta y siete mil miembros de la Resistencia francesa, totalmente indisciplinados y carentes de adiestramiento. De Gaulle quería empezar a retirar las fuerzas coloniales para que el I Ejército tuviera un aspecto étnicamente más francés, y las tropas coloniales norteafricanas y senegalesas habían sufrido de manera terrible en el frío de los Vosgos. A pesar de las intensas nevadas, el I Ejército del general De Lattre había logrado entrar por fin hasta el Rin por la brecha de Belfort, justo encima de la frontera suiza.

El 24 de noviembre, Eisenhower y Bradley llegaron a visitar al teniente general Jacob L. Devers, al mando del VI Grupo de Ejércitos, en el que estaban integrados el VII Ejército de Patch y el I Ejército francés del general De Lattre. Devers era un general joven y ambicioso que sacaba de quicio a muchos, entre otros a Eisenhower. No había tenido oportunidad de discutir sus planes con el SHAEF, en buena parte porque Eisenhower no tenía demasiado interés por su flanco sur. Devers estaba convencido de que podía cruzar el Rin con facilidad por Rastatt, al suroeste de Karlsruhe, a pesar de que había sufrido algunos contraataques por su flanco izquierdo. Evidentemente había esperado que a Eisenhower le entusiasmara la posibilidad de conquistar una cabeza de puente al otro lado del Rin. Pero cuando Devers presentó el esquema de su operación, no supo argumentarlo bien y se enfadó muchísimo cuando el comandante supremo rechazo por completo el plan. La culpa fue principalmente de Eisenhower, que tenía sus ojos puestos en el Ruhr y en Berlín y que en realidad nunca había pensado en cuál iba a ser su estrategia en el sur. Simplemente quería seguir su idea genérica de despejar la margen izquierda del Rin directamente desde el mar del Norte hasta Suiza. La decisión de Eisenhower demostró una desafortunada falta de imaginación. Una cabeza de puente al otro lado del Rin en Rastatt habría puesto en sus manos una oportunidad sumamente ventajosa, y, de haberse realizado con rapidez, aquel proyecto quizá hubiera trastocado los planes de Hitler de llevar a cabo la ofensiva de las Ardenas.

Mientras los combates en el bosque de Hürtgen se prolongaban penosamente, los dos bandos se veían obligados a apoyarse cada vez más en la artillería. Solo la división de Schmidt tenía un total de 131 cañones prestando apoyo directo, aunque sus regimientos de artillería estaban equipados con una mezcla heterogénea de cañones alemanes, rusos, italianos y franceses, lo que complicaba el reabastecimiento de la munición. La concentración de la potencia de fuego estadounidense era todavía mayor.

Resultado de todo ello fue una pesadilla caótica de árboles aplastados, hechos astillas, llenos de tajos y cortes como consecuencia del fuego de artillería y de morteros, de cuerpos mutilados por las minas, cascos abandonados y armas oxidadas, contenedores de munición, paquetes de raciones de comida, máscaras antigás y abrigos cubiertos de barro dejados atrás debido a su peso. «Especialmente lamentable era la vestimenta de los soldados», reconocía el general Straube, el oficial al mando del Grupo de Ejércitos alemán.[50] En medio de aquel frío intenso y húmedo, sus hombres sufrieron hipotermia, pie de trinchera, congelación y diversas enfermedades. Pero las granadas de mortero fueron las responsables de la mayor proporción de bajas de combate en ambos bandos.

Muchos oficiales alemanes llegaron a convencerse de que la lucha en el bosque de Hürtgen fue peor que cualquiera de las acciones que habían tenido que soportar durante la primera guerra mundial, o incluso en el Frente Oriental. Uno la describía como «una herida abierta».[51] El *Generalmajor* Von Gersdorff la llamó una «fábrica de muerte».[52] Hemingway, que volvió a unirse como corresponsal de guerra al 22.º Regimiento de Infantería de Lanham, contempló interminables escenas de nieve, barro y pinos aplastados. Según dijo, el bosque de Hürtgen fue un «Passchendaele con bombas que estallan entre los árboles».[53]

Armado de nuevo con un subfusil Thompson a pesar de la reciente investigación de que habían sido objeto sus actividades marciales, Hemingway llevaba además dos cantimploras, una llena de aguardiente y otra llena de coñac. Desde luego dio prueba en varias ocasiones de su temeridad ante el fuego enemigo, e incluso participó en un combate. El periodismo no ocupaba un lugar muy destacado entre sus prioridades. Se llamaba a sí mismo en guasa «el viejo Ernie Hem-orroide, el Pyle pobre del Hombre Pobre», jugando un poco en broma con el nombre de Ernie Pyle, el corresponsal de guerra más famoso de Estados Unidos.[54] Pero estudiaba también a los hombres que lo rodeaban y su conducta bajo el fuego enemigo porque tenía el plan de escribir la gran novela de América sobre la guerra. Como ha observado un biógrafo suyo, «Ernest disfrutaba con su papel de consejero y amigo mayor de oficiales y soldados rasos». Le fascinaba la naturaleza del valor y se burlaba de las opiniones de los psiquiatras acerca de los límites del hombre.

A menos de dos kilómetros de distancia, J. D. Salinger, que iba con el 12.º Regimiento de Infantería, continuó escribiendo furiosamente relatos breves durante toda aquella batalla infernal, siempre que podía encontrar, como decía a sus lectores, «una trinchera desocupada».[55] Parece que toda aquella actividad sirvió al menos para aplazar hasta el final de la guerra el hundimiento psicológico del escritor.

La fatiga de combate, el eufemismo militar para designar el desequilibrio neuropsiquiátrico, se propagó rápidamente. «Al cabo de cinco días aquí arriba te pones a hablar con los árboles —decía uno de los pocos chistes que se contaban—. Al sexto empiezas a oír lo que ellos te responden.»[56] Tal vez con cierta dosis de exageración cínica, un oficial del estado mayor de Bradley decía: «Los oficiales jóvenes al mando de cualquier batallón que salían del bosque de Hürtgen eran lo más parecido a un idiota diciendo estupideces sin parar que puede llegar a ser un hombre sin que tengan que encerrarlo por ello». Parece que uno de ellos le dijo: «Bueno, esto no está tan mal hasta que los muchachos están tan cansados que cuando se salen de la fila y se encuentran a un muchacho muerto de su propia unidad tirado en el suelo justo por donde tienen que pasar, están tan cansados, ¡me cago en Dios!, que no son capaces ni de mover los pies y pisan la cara del fiambre, porque, ¡qué demonios!...».[57]

La tensión hacía que los hombres desearan ansiosamente nicotina y alcohol. La mayoría de los oficiales eran generosos y compartían sus suministros privilegiados de whisky y ginebra, pero los rumores que empezaron a correr acerca de algunos intendentes de la retaguardia que robaban raciones de cigarrillos para venderlos en el mercado negro estuvieron a punto de provocar un motín. «Los hombres aceptan sin rechistar una ración pequeña o escasa de comida —comentaba un oficial destinado a la 4.ª División—; en realidad, preferirían una ración de comida escasa a cambio de más cigarrillos.»[58]

Las bajas físicas también aumentaron. «Das por la mañana una vuelta por las tiendas del hospital de campaña, ahí arriba, y hay dos o tres fiambres tirados en el suelo; vuelves por la tarde y hay treinta o cuarenta ... Hay escasez de mano de obra en la sección de Registro de Tumbas.»[59] Durante los primeros tres días de la ofensiva, el 22.º Regimiento de Infantería de la 4.ª División sufrió 391 bajas en combate, incluidos 28 oficiales y 110 suboficiales. A veces los nuevos jefes de compañía o de sección sobrevivían tan poco tiempo que sus hombres nunca llegaban a conocer su nombre.[60]

Las pérdidas alemanas fueron también altísimas. Decidido a mantener «el control sobre el terreno eminente», Model lanzaba al combate uno tras otro a un batallón o a un regimiento entero organizado deprisa y corriendo.[61] Los policías de más edad y el personal de tierra de la Luftwaffe, carentes apenas de adiestramiento, eran obligados a seguir adelante hasta morir. Muchos incluso perecían a manos de la artillería estadounidense antes de llegar a primera línea. Cuando el cielo se despejaba, los cazabombarderos estadounidenses atacaban las baterías de la artillería alemana utilizando bombas de fósforo blanco. A pesar de quedarse helados en sus uniformes raídos y de estar desnutridos a causa de las escasas e infrecuentes raciones de comida que recibían, los *Landser* seguían luchando porque parecía que no tenían otra alternativa.

Los constantes contraataques alemanes contra las 1.ª, 4.ª y 8.ª Divisiones de Infantería norteamericanas retrasaron su avance a través de aquel terreno boscoso destrozado, pero lenta y dolorosamente el avance siguió adelante, a toda costa, a pesar de la lluvia glacial, del barro y de las minas que impedían que los carros de combate vinieran a apoyarlas. Las tropas norteamericanas estaban irritadas. «Parece que nuestros hombres han desarrollado plenamente la necesaria actitud psicológica ante el combate —decía un sargento en su diario—. Son asesinos. Odian a los alemanes y no piensan más que en matarlos.»[62]

Para el 23 de noviembre, Día de Acción de Gracias, Eisenhower había ordenado que cada soldado bajo su mando recibiera una cena completa con pavo como ingrediente principal. Los cocineros de los batallones destinados al bosque de Hürtgen intentaron complacerlo, aunque solo fuera suministrando bocadillos de pavo, pero a la hora de recogerlos, cuando los hombres salieron de sus trincheras para hacer cola, fueron acribillados por el fuego de la artillería alemana. Un comandante que estuvo presente en la acción aquel día que tantas bajas llegó a costar confesó que nunca volvió a ser capaz de comer una cena de Acción de Gracias. «Me levantaba, salía al patio trasero de casa y me ponía a llorar como un niño.»[63]

Nadie pensaba que hubiera mucho que celebrar. Hicieron falta otros seis días de cuantiosas pérdidas para tomar Kleinhau y Grosshau. Finalmente la 8.ª División capturó la localidad de Hürtgen en el curso de una carga alocada seguida de combates casi cuerpo a cuerpo en el interior de las casas, con granadas, fusiles y subfusiles Thompson.

La 83.ª División empezó a reemplazar a la 4.ª División de Infantería. También ellos quedaron aturdidos a consecuencia de los daños causados por «las explosiones en las copas de los árboles que lanzaban fragmentos de bomba en todas direcciones».[64] Para preparar el asalto de la localidad de Gey, la numerosísima artillería organizó un «tiempo fijado para el objetivo», una sincronización de todos los cañones implicados en la acción, que debían empezar a disparar en el mismo momento sobre el mismo objetivo. No obstante, cuando entraron en el pueblo tuvieron que enfrentarse a «un durísimo combate casa por casa». Hasta finales de la primera semana de diciembre los estadounidenses no lograron salir del bosque y asomarse al terreno despejado de los campos del valle del Rur. Pero todavía no habían podido capturar la ciudad de Schmidt ni las presas. El Mando de Bombarderos de la RAF, después de repetidas solicitudes, intentó finalmente por tres veces destruir las presas, con cinco cancelaciones debido al mal tiempo. Los daños causados fueron pocos y el Mando de Bombarderos se negó a intentarlo de nuevo. Por fin, Hodges decidió atacarlas desde el suroeste con la 2.ª División de Infantería, pero la gran ofensiva alemana frenó el intentó. Las presas no quedarían aseguradas hasta febrero de 1945.

El coste para ambos bandos de bajas en combate, casos de agotamiento nervioso, congelación, pie de trinchera y pulmonía había sido espantoso. En octubre, alrededor de un 37% de las tropas estadounidenses tuvieron que ser tratadas de enfermedades respiratorias corrientes, el peor nivel de toda la guerra. La lucha en el bosque de

Hürtgen produjo ocho mil casos de colapso psicológico en el lado estadounidense.[65] La Wehrmacht no consideraba esta dolencia motivo legítimo para librarse de la obligación de servir en el frente, de modo que no existen cifras al respecto. «Hubo pocos casos de fatiga de combate —diría posteriormente el oficial médico jefe alemán—. Sin embargo, como esos hombres no fueron relevados, no puedo decir qué porcentaje del total de bajas correspondió a este concepto.»[66] «En algunos casos —escribió el jefe del estado mayor de Brandenberger, del VII Ejército— algunos soldados fueron encontrados muertos de puro agotamiento en sus trincheras.»[67]

En la campaña del bosque de Hürtgen, el ejército de Estados Unidos sufrió unas treinta y tres mil bajas, de los ciento veinte mil hombres empleados en ella. Solo la 4.ª División de Infantería sufrió «más de cinco mil bajas en combate y más de dos mil quinientas por otros motivos».[68] Para permitir que la división se recuperara, el general Hodges ordenó que se trasladara al sector más «tranquilo» del VIII Grupo de Ejércitos en las Ardenas. Durante los doce días siguientes, los tres regimientos de la 4.ª División pasaron a ocupar las posiciones de la 83.ª División de Infantería y quedaron bajo el mando del VIII Cuerpo de Troy Middleton, cuyo cuartel general estaba en Bastogne. La misión de la 4.ª División era guarnecer un frente de 56 kilómetros, pero solo disponía de la mitad de sus efectivos cuando unos días después dio comienzo la ofensiva alemana de las Ardenas.

6

Los alemanes se preparan

El 20 de noviembre, Hitler subió a su tren especial en el apartadero camuflado que había en la *Wolfsschanze*. El *Sonderzug* del *Führer* disponía de un vagón de baterías antiaéreas provistas de cuatro cañones cuádruples a ambos extremos del convoy, con dos vagones blindados y seis vagones de pasajeros entre medias. Todos iban pintados de color gris oscuro.

En el fondo de su corazón Hitler debía de saber que no iba a volver nunca a Prusia Oriental, pero en un gesto de negación de la realidad típico en él, ordenó que las labores de construcción de nuevas defensas siguieran adelante. Su estado mayor y su secretaria, Traudl Junge, también subieron al en el tren «con la sensación un tanto melancólica de una despedida final».[1] Hitler, que solo hablaba con una especie de susurro ronco, estaba nervioso porque al día siguiente en Berlín un especialista iba a quitarle un pólipo en las cuerdas vocales. Reconoció ante Traudl Junge que quizá perdiera la voz. «Sabía muy bien —escribió la secretaria— que su voz era un instrumento importante de su poder; sus palabras embriagaban al pueblo y lo arrastraban consigo. ¿Cómo iba a poder retener a las masas hechizadas si ya no era capaz de dirigirse a ellas?» Su entorno llevaba varias semanas pidiéndole que hablara a la nación. «*Mein Führer*, debe usted volver a dirigirse al pueblo alemán. La población ha perdido los ánimos. Tiene dudas acerca de usted. Corren rumores de que ni siquiera está usted vivo.»[2]

Hitler quería llegar a Berlín después del anochecer. Dijo que era para mantener en secreto su presencia en la capital, pero su entorno sabía que no deseaba ver las consecuencias de los bombardeos de los Aliados. Cuando bajaron en la estación de Grunewald y se trasladaron en coche a la cancillería del Reich, «la columna de automóviles intentó pasar por calles que permanecieran todavía intactas», escribió Junge. «Una vez más, Hitler no tuvo ocasión de ver cómo eran en realidad las heridas de Berlín. Las luces cortas de los coches apenas rozaban los montones de escombros acumulados a derecha e izquierda del camino.»[3]

El motivo más importante que tenía Hitler para trasladarse a Berlín era supervisar la planificación de la ofensiva de las Ardenas, cuya visión le había sobrevenido mientras estuvo postrado en cama en la *Wolfsschanze* durante la última semana de septiembre. Hitler había estado enfermo con un ataque de icericia, y por lo tanto no había podido asistir a las conferencias de estudio de la situación. «Hitler había tenido mucho en qué pensar durante todo el día —recordaría más tarde el *Generaloberst* Jodl—. Lo vi a solas cuando estaba en la cama —habitualmente le desagradaba que lo vieran en la cama otros que no fueran sus asistentes— y me habló de su idea. Yo hice un croquis sucinto en un mapa, mostrándole la dirección del ataque, sus dimensiones y las fuerzas necesarias para llevarlo a cabo.»[4]

Hitler estaba decidido a no negociar, hecho del que Göring era perfectamente consciente cuando rechazó la petición del general Kreipe suplicándole que intentara convencer al *Führer* de que buscara una solución política. Hitler seguía convencido de que la alianza «antinatural» entre los países capitalistas de Occidente y la Unión Soviética estaba condenada a sucumbir. Y calculaba que, lejos de ser pulverizado en una serie de batallas defensivas en el Frente Oriental y en el Occidental, tendría más posibilidades de éxito si llevaba a cabo una gran ofensiva final. «Permaneciendo a la defensiva, no cabe esperar que nos vayamos a librar del destino fatal que se cierne sobre nosotros —explicaría Jodl posteriormente—. Fue un acto de desesperación, pero teníamos que arriesgarlo todo.»[5]

En el Frente Oriental, un ataque concentrado con treinta y dos divisiones sería absorbido y neutralizado por las enormes fuerzas del

Ejército Rojo. Una repentina victoria en el frente italiano no serviría de nada para cambiar la situación. Pero en el oeste, atacando al norte de Amberes, Hitler creía que dos ejércitos Panzer podrían dividir a los Aliados occidentales, obligando a los canadienses a abandonar la guerra y quizá incluso a los británicos haciéndoles vivir «otro Dunkerque».[6] Pondría, además, fin así a la amenaza que representaban para las industrias de guerra de la cuenca del Ruhr.

Hitler había escogido las Ardenas como el sector destinado a llevar a cabo la ofensiva porque estaba muy poco guarnecido por tropas estadounidenses. Evidentemente era consciente del éxito cosechado por el ataque realizado en 1940 en ese sector, y quería repetirlo. La gran ventaja era la región de la Eifel y sus espesos bosques, en el lado alemán de la frontera, que ofrecía tanto a las tropas como a los carros de combate un sitio en el que esconderse de la fuerza aérea aliada. Todo iba a depender de la sorpresa y de que los mandos aliados no reaccionaran con la rapidez suficiente. Eisenhower, suponía el *Führer*, tendría que consultar con sus superiores políticos y con otros altos mandos aliados, y eso le llevaría varios días.

Hasta el inesperado anuncio llevado a cabo por Hitler en la *Wolfsschanze* el 16 de septiembre, solo Jodl conocía sus planes. A partir de esa fecha, todos los que fueron informados de él tendrían que firmar un papel aceptando que serían ejecutados si hablaban del asunto con alguien que no estuviera específicamente autorizado a conocerlo. Jodl utilizó a su pequeño estado mayor para elaborar los detalles del plan conforme a los deseos de Hitler. Keitel, aunque teóricamente al mando del OKW, no intervino en la planificación, solo en la asignación de combustible y de municiones para la operación. Y Rundstedt, pese a ocupar el puesto de comandante en jefe del Oeste, no recibió ninguna información al respecto. Ese era el motivo de que luego estuviera tan irritado, cuando los estadounidenses continuaran hablando de la «Ofensiva Rundstedt», como si hubiera sido plan suyo.

El 22 de octubre, el jefe del estado mayor de Rundstedt, el *General der Kavallerie* Siegfried Westphal, y el jefe del estado mayor de Model, el *General der Infanterie* Hans Krebs, respondieron al llamamiento efectuado desde la *Wolfsschanze*. Temerosos de recibir una reprimenda de Hitler por la caída de Aquisgrán y sospechando que sus peticiones de más divisiones iban a ser rechazadas airadamente, quedaron sorprendidísimos cuando les hicieron firmar una promesa de guardar secreto absoluto so pena de muerte antes de entrar en la sala de conferencias. El lugarteniente de Jodl presentó un estudio secreto llamado «Wacht am Rhein» («Guardia en el Rin»), palabra clave ideada con el fin de producir una impresión completamente defensiva. En aquellos momentos no había producido ninguna filtración acerca de la ofensiva de las Ardenas que se avecinaba, solo se conocía el traslado de tropas al Frente Occidental, en concreto a la zona en general de Aquisgrán, supuestamente para contraatacar ante una inminente ofensiva estadounidense.

Después de almorzar, los dos jefes del estado mayor recibieron permiso para asistir a la conferencia de situación celebrada diariamente por Hitler. Se pidió a varios oficiales que abandonaran la sala una vez efectuado el informe general, quedando en ella solo unas quince personas. Hitler tomó la palabra. El Frente Occidental, dijo, llevaba tiempo pidiendo refuerzos, y considerando el hecho de que durante la primera guerra mundial había habido en él 130 divisiones alemanas, era comprensible. Él no había sido capaz de reforzarlo antes porque había estado desarrollando un plan para llevar a cabo un ataque sorpresa contra Amberes. Tendría lugar al sur de Lieja, y contaría con el apoyo de dos mil aviones, una cifra exagerada que ni por un solo momento se creyó ninguno de los oficiales allí presentes.

Pretendía lanzar el ataque en noviembre, durante el período de las nieblas, aunque se daba cuenta de que tardaría casi todo el mes en prepararlo. El avance principal lo llevaría a cabo el VI Ejército Panzer justo al sur del bosque de Hürtgen. El V Ejército Panzer de Manteuffel prestaría su apoyo por el flanco izquierdo, mientras por su parte el VII Ejército permanecería de guardia frente a los contraataques del III Ejército de Patton por el sur. Westphal tendría después muchas preguntas que hacer a Jodl, pero por lo pronto se encontró como si le hubieran «sacudido» un manotazo. Se vio tentado de decir que las fuerzas asignadas eran a todas luces insuficientes incluso para llegar al río Mosa, pero sabía que, de haber presentado semejantes objeciones, «el *Wehrmachtführungsstab* [estado mayor de operaciones] probablemente me habría acusado de derrotismo».[7]

Westphal informó a Rundstedt a su regreso al Schloss Ziegenberg, el cuartel general del comandante en jefe del Oeste, cerca de Frankfurt. Se hallaba muy cerca del *Adlerhorst*, el cuartel general de campaña de Hitler en el Oeste, cuidadosamente camuflado, que había construido para él Albert Speer antes de la campaña de 1940. Westphal le comunicó también su impresión de que probablemente ni siquiera Jodl creyera que pudieran llegar nunca a Amberes.

Aunque a Rundstedt no debió de hacerle ninguna gracia que no lo consultaran previamente, no estaba dispuesto a permitir que una operación tan exageradamente ambiciosa siguiera adelante sin sufrir ninguna modificación. Model, comandante en jefe del Grupo de Ejércitos B, tuvo la misma impresión cuando le puso al corriente de lo sucedido su propio jefe del estado mayor. No podemos más que especular acerca de cuál pudo ser su reacción al enterarse de que se le prohibía estrictamente utilizar cualquiera de las divisiones destinadas a participar en la gran ofensiva. Debían ser retiradas del frente para que pudieran ser reequipadas, reforzadas y readiestradas. El ataque de los estadounidenses en el bosque de Hürtgen le obligaría a desobedecer esa orden menos de dos semanas después, cuando tuviera que mandar a la 116.ª División Panzer a intentar reconquistar Schmidt. Varias divisiones más destinadas a participar en la ofensiva tuvieron también que entrar en acción para impedir el colapso total en el bosque de Hürtgen. Y más al sur, la 17.ª División de Granaderos Panzer de las SS *Götz von Berlichingen*, cuyo concurso se hizo necesario para contener el avance del III Ejército de Patton, no pudo nunca ser desplazada de la zona para sumarse a la ofensiva de las Ardenas, tal como estaba planeado. Estas «divisiones alemanas poco a poco fueron desgastándose y ya no pudieron ser reajustadas para sumarse a la ofensiva de las Ardenas», reconocería el jefe del estado mayor del VII Ejército.[8]

«El viejo prusiano» y Model, bajito y agresivo, no habrían podido ser más distintos en apariencia, en gustos y en puntos de vista políticos, pero al menos coincidían en que el «gran golpe» o «solución a lo grande» de Hitler no era más que otra de sus fantasías sobre el mapa. Rundstedt sostenía que la única opción realista en el frente Ardenas-Aquisgrán era un doble envolvimiento, con los dos ejércitos Panzer girando dentro del gran recodo del Mosa para dejar aislado al I Ejército de Hodges y parte del IX Ejército del teniente general William H. Simpson, mientras que más al norte, cerca de Roermond, el XV Ejército saldría a encontrarse con ellos cerca de Lieja. Esta alternativa pasó a denominarse «solución en pequeño» o «pequeño golpe». Model se mostraba escéptico acerca del papel desempeñado por el XV Ejército. Su deseo era utilizar cualquiera de las fuerzas de reserva como complemento del ataque principal, ampliando la línea de avance a medida que fueran haciéndose progresos, y creando un «efecto máquina quitanieves».[9]

El 27 de octubre, en el curso de una conferencia en el cuartel general de Model cerca de Krefeld, fueron discutidos los planes con los altos mandos del ejército: el *SS-Obergruppenführer* Sepp Dietrich, del VI Ejército Panzer, Manteuffel, del V Ejército Panzer, y Brandenberger, del VII Ejército. Aceptando que no iba a conseguir que el OKW aprobara su versión de la «solución en pequeño» sin el respaldo de su superior, Model accedió a llevar a cabo el plan de Rundstedt. Pero ni siquiera los intentos de Jodl de convencer al *Führer* de que aceptara una «solución en pequeño» llevaron a ninguna parte. Hitler hizo obstinadamente caso omiso de las advertencias que se le hicieron, avisándole de que se necesitarían unas fuerzas muy superiores no solo para llegar a Amberes, sino para asegurar un corredor de paso frente a los contraataques aliados.[10]

Jodl advirtió a Rundstedt de que el *Führer* se mostraba inamovible, de modo que el comandante en jefe del Oeste puso sus opiniones por escrito. Evidentemente no podía hacer frente a otra entrevista enloquecida con Hitler, indignado ante la sola idea de que cualquiera de sus generales pudiera discrepar de él. Incluso la táctica adoptada posteriormente por Model, consistente en sugerir que la «solución en pequeño» fuera seguida, si conseguía su propósito, de una campaña en el norte en dirección a Amberes, fue rechazada de plano. Hitler pensaba que las fuerzas estadounidenses destinadas al frente de Aquisgrán eran demasiado poderosas, de modo que la única forma de debilitarlas era rebasarlas por el flanco cruzando el Mosa y aislando luego su base de aprovisionamiento.[11]

El *Generaloberst* Heinz Guderian protestó una vez más por la concentración en el oeste de todas las fuerzas alemanas disponibles.

Sabía que el Ejército Rojo se disponía a descargar su próximo golpe en el Frente Oriental en cuanto el terreno se helara lo suficiente para que sus ejércitos blindados pudieran cargar avanzando desde el Vístula.[12] «En nuestra situación actual —le explicó Jodl el 1 de noviembre— no podemos abstenernos de jugárnoslo todo a una sola carta.»[13] El hijo de Guderian participaría en la ofensiva de las Ardenas como *Ia*, esto es, como jefe de operaciones, de la 116.ª División Panzer.

Los mandos sobre el terreno sabían que el combustible iba a ser el problema fundamental, pese a las seguridades que se les daban de que iban a recibir todo el que necesitaran. El 23 de noviembre, en una gran reunión celebrada en Berlín, plantearon la cuestión. Dietrich se quejó de que no había ni rastro de los pertrechos que se le habían prometido. El general Walter Buhle, del OKW, intentó demostrar que habían sido entregados presentando unos cuantos papeles, pero la mayor parte de los suministros de combustibles seguían atascados al este del Rin como consecuencia de los bombardeos de los Aliados. Conocedor de los efectos sobre el consumo de combustible que podían tener las dificultades del terreno y el barro, Manteuffel había solicitado combustible para quinientos kilómetros, pero su ejército había recibido una cantidad suficiente para cubrir solo ciento cincuenta kilómetros.[14] Keitel había acumulado 17,4 millones de litros de combustible, pero Jodl reconocería luego que Keitel quería reservarse un poco «por principio, de lo contrario los altos mandos se habrían mostrado muy caprichosos al respecto».[15]

Cualquier esperanza de respetar el plan original de Hitler de atacar en noviembre se esfumó. Incluso las primeras semanas de diciembre parecían una fecha cada vez más improbable. El transporte de combustible, de munición y de las propias divisiones fue retrasado, en parte debido a los bombardeos de la red de comunicaciones por los Aliados y en parte también como consecuencia de la dificultad previa que suponía la retirada de las formaciones para llevar a cabo los preparativos necesarios. Prácticamente ni una sola división Panzer encontró el tiempo ni el combustible necesarios para adiestrar a los conductores novatos de carros de combate. Se concedió prioridad a las fuerzas alemanas del Frente Occidental para la sustitución de sus blindados, sus cañones de asalto y sus piezas de artillería. Las divisiones de las Waffen SS recibieron la mayor parte de los nuevos equipamientos y pudieron elegir los mejores refuerzos, pero incluso en su caso estos solían ser en su mayoría jovenzuelos traspasados por la Luftwaffe o la Kriegsmarine. La descarada preferencia por las formaciones de las SS, que contaban con el respaldo de Hitler, se justificaba aduciendo que el VI Ejército Panzer iba a desempeñar el principal papel en el avance, pero Jodl reconocería más tarde que las divisiones del V Ejército Panzer de Manteuffel fueron más eficaces.[16] «Hubo cierta injerencia política en la dirección de la guerra», diría.[17]

El 2 de diciembre, Model llegó a Berlín en compañía de Manteuffel y de Sepp Dietrich, que había sido el fiel jefe de escolta de Hitler desde los tiempos de las luchas callejeras de los nazis. Los dos eran partidarios también de la «solución en pequeño». El *Führer* insistió en que el plan de marchar sobre Amberes siguiera tal como él lo había planteado. Se hicieron todos los preparativos partiendo de esa base. Rundstedt no asistió a la reunión. Envió en su lugar a su jefe del estado mayor, Westphal, que prácticamente no dijo nada. Más tarde Hitler «expresaría su estupor ante semejante actitud» a Jodl.[18] Pero de ese modo Rundstedt quería dar a entender claramente lo que pensaba de todo aquel proyecto sobre el que no tenía ningún control. El propio *Führer* puso una anotación a sus últimas órdenes: «Que no se modifiquen».[19] A Rundstedt y Model se les dijo expresamente que su misión consistía ni más ni menos que en trasladar las órdenes del OKW «a sus subordinados».

Parece que Model adoptó una actitud fatalista. Se hizo a la idea de que aquello era una «última jugada» y que no tenía más remedio que llevarla a cabo.[20] Manteuffel diría luego que fue en esa reunión del 2 de diciembre cuando decidió en privado que «su objetivo final sería el Mosa» y no Bruselas, como insistía Hitler. Sabía que «la capacidad de reacción de los Aliados sería el factor fundamental».[21]

Manteuffel era un oficial de caballería pequeño, pero matón, que había prestado servicio en los Húsares de Zieten durante la primera guerra mundial. Durante los trastornos revolucionarios que siguieron a la firma del armisticio, desempeñó el cargo de asistente en el Freikorps von Oven, que participó en la supresión de los espartaquistas en Berlín y de la Räterepublik de Múnich. Durante la segunda guerra mundial demostró enseguida que era un líder notable en el Frente Oriental, primero con la 7.ª División Panzer y luego con la División de Granaderos Panzer *Grossdeutschland*. «La sorpresa, cuando se consigue —explicaba—, es un elemento decisivo del éxito de una formación blindada. La vagancia, la flojedad, etcétera, entre las tropas deben ser reprimidas severamente.»[22]

La obsesión de Hitler por el secretismo nunca disminuyó. Los soldados no debían ser informados hasta la noche antes del ataque. Incluso los oficiales al mando de los regimientos no sabrían nada del asunto hasta el día antes. No se efectuaron operaciones previas de registro de fuego de artillería. Pese a las peticiones de los comandantes de los distintos ejércitos, el OKW, cumpliendo órdenes de Hitler, se negó a permitirles que informaran a nadie más que a los comandantes de los cuerpos de ejército, a sus jefes de artillería y a un oficial del estado mayor. Los comandantes de la artillería de los cuerpos de ejército tenían que reconocer las posiciones de todas las piezas personalmente. No es de extrañar que muchos oficiales llegaran ellos solos a imaginar que estaba preparándose una gran ofensiva, pues solo la disposición de la artillería indicaba que los despliegues no tenían una finalidad puramente defensiva.

Las tropas, obligadas a marchar de noche hacia sus zonas de concentración en la Eifel, debían alojarse durante el día en los pueblos y ciudades del camino, y todos sus vehículos eran escondidos en graneros. No debían encenderse fuegos ni podía hacerse movimiento alguno a la luz del día, por si los estadounidenses efectuaban vuelos de reconocimiento. Para cocinar se suministraba carbón porque hacía poco humo. A los oficiales alemanes les asombraba que los vuelos de reconocimiento aliados no descubrieran que los pueblos y los bosques estaban «llenos a rebosar».[23] Casi esperaban que en cualquier momento se produjera un ataque aéreo masivo.

Los mapas debían distribuirse solo en el último momento por motivos de seguridad. Había que observar un silencio absoluto de las comunicaciones por radio, pero eso supuso entre otras cosas que no pudieran establecerse redes radiotelefónicas hasta el comienzo del bombardeo. Para el traslado a las posiciones de ataque, el tráfico se restringió en todas las carreteras a un solo sentido. No debía marcarse ninguna ruta, por si lo descubría algún agente enemigo. Tenía que haber vehículos de repuesto listos para hacer frente a las averías.[24] Aviones Storch debían sobrevolar constantemente la zona durante la noche para controlar los avances y localizar cualquier luz que se hiciera, pero también para disimular el ruido de los motores. La población civil sería rígidamente controlada y todas las líneas telefónicas de la Eifel serían cortadas. Se enviaron por delante agentes de la Gestapo para comprobar el funcionamiento de todas las medidas de seguridad.[25] Las divisiones *Volksgrenadier* recibieron la orden de retirar las cartillas militares y los documentos de identidad de sus hombres para que fueran fusilados como espías en caso de que desertaran.[26]

Un falso cuartel general situado al norte de Aquisgrán transmitía órdenes para dar la impresión de que el VI Ejército Panzer se hallaba posicionado en la zona, listo para contraatacar la esperada ofensiva estadounidense al otro lado del Rur. Y se creó un falso XXV Ejército, del mismo modo que los Aliados habían inventado un I Grupo de Ejércitos estadounidense en el este de Inglaterra antes del Día D. El propio Manteuffel «hizo correr un rumor en un restaurante a primeros de diciembre, dando a entender que estábamos preparando un ataque en la zona del Sarre para enero. Lo dije una noche en voz alta a algunos de mis mandos mientras estábamos cenando».[27]

Goebbels, mientras tanto, no dejaba de repetir el mantra de las autoridades nazis, que aseguraban que «la crisis política en el campo enemigo aumenta de día en día».[28] Pero muchos de sus seguidores más leales no se dejaban convencer por este mensaje de esperanza, simplemente pensaban que no tenían más opción que seguir luchando hasta el trágico final. Las anotaciones secretas de un *Standartenführer* de las Waffen SS que fue capturado ponían de manifiesto la opinión imperante entre los más recalcitrantes. «Hemos sido educados desde la cuna para considerar la lucha de Leónidas en las Termópilas la forma más sublime de sacrificio por el propio pueblo —decía otro oficial—. De ahí deriva todo lo demás, y si todo el pueblo alemán se ha convertido en un pueblo de soldados, no tiene más remedio que perecer. Pues si piensa usted como hombre y dice: "Anda, hombre, nuestro pueblo ya está acabado, ya no tiene nada que hacer, esto es una sandez", ¿cree usted entonces que de ese modo va a ahorrar una cantidad apreciable de vidas? ¿Cree usted que así cambiarán en algo las condiciones de la paz? Desde luego que no. Por otra parte, es innegable que un pueblo que no ha librado una lucha fatídica como esta hasta el final, no ha vuelto a levantarse como pueblo.»[29]

La visión de Alemania como un ave fénix renaciendo de sus cenizas tenía mucho predicamento entre los verdaderos creyentes. «Lo único que queda es continuar luchando, resistir hasta el final —decía el *Generalleutnant* Heim—, aunque todo esté destruido. Un pueblo que lucha hasta el último momento, ya en eso encuentra la fuerza moral para renacer; un pueblo que tira la toalla está acabado para siempre. Así lo demuestra la historia.»[30]

Las tensiones entre las Waffen SS y el ejército alemán aumentaban debido a la insistencia de Hitler en mantener sanas y salvas las formaciones de las SS en la retaguardia, mientras que a las divisiones corrientes se las ponía a combatir en la vanguardia. Y las SS no olvidaban nunca una ofensa que creyeran que les habían infligido. Un oficial de la 17.ª División de Granaderos Panzer de las SS afirmaba que en la huida de la bolsa de Falaise al final de la batalla de Normandía, el *Generalleutnant* barón Von Lüttwitz, de la 2.ª División Panzer, se había negado a prestarle un vehículo para evacuar al oficial al mando de la División de las SS *Leibstandarte*, que había resultado herido de un tiro en el muslo. «¡Qué bajeza!», dijo. Luego afirmaba que el propio Lüttwitz había sido salvado por el oficial al mando de un batallón *Panzergrenadiere* de las SS.[31]

«Se hacían muchos comentarios —reconocía el general Warlimont— en el sentido de que las SS ya no se consideraba parte de la Wehrmacht, sino que tenía su propia organización.»[32] Sepp Dietrich quería que su 6.º Ejército Panzer fuera designado como ejército panzer de las SS, pero sus deseos no fueron satisfechos porque no tenía a su mando formaciones de las SS. Dietrich se negó incluso a que el *General der Artillerie* Kruse fuera su jefe de artillería porque no era miembro de las Waffen SS.[33] Manteuffel, como tantos otros, sentía muy poco respeto por las dotes de Dietrich como general. Pensaba que el VI Ejército Panzer «no era mandado como una formación, y sus componentes no combatían con el mismo sentido del deber que las divisiones del ejército».[34] Dietrich era considerado un hazmerreír por los oficiales de alta graduación del ejército. Cuando le preguntaron por los objetivos de su VI Ejército Panzer durante el primer y el segundo día de la ofensiva, se dice que respondió: «¡Objetivos, objetivos! Si tuviera que asignar objetivos a todo el mundo, ¿dónde estaría yo? ¡Estos oficiales del estado mayor general!».[35]

El *Oberstleutnant* Von der Heydte se mostró incluso más mordaz tras reunirse con él para discutir el lanzamiento de sus paracaidistas por delante del VI Ejército Panzer. Según decía, a Dietrich le gustaba adoptar la pose de «general del pueblo», pero era «un jefe militar engreído y temerario, con los conocimientos y la capacidad de un buen sargento. Carece por completo de escrúpulos morales».[36] Pese a ser un nacionalista alemán, Heydte odiaba a los nazis. Primo del *Oberst* conde Claus von Stauffenberg, se había sentido exasperado cuando a raíz del atentado del 20 de julio tuvo que contestar a un cuestionario que preguntaba si estaba emparentado con alguna familia aristocrática que no fuera de sangre alemana, con la dinastía reinante anteriormente en Alemania, o si se había educado en el extranjero o en alguna institución de los jesuitas.[37] Cuando Heydte le preguntó cuales eran las directrices generales de su plan, Dietrich solo pudo decir que lo único que pretendía era abrirse paso hacia Amberes «y luego darles una buena a todos los ingleses».[38]

Heydte, el jefe de la Escuela de Guerra del Ejército Paracaidista, no había sido avisado de cuál era su misión hasta el 8 de diciembre por la tarde, cuando se la comunicó el *Generaloberst* Kurt Student en su cuartel general en Holanda. «El *Führer* ha ordenado un ataque con paracaidistas en el marco de una poderosa ofensiva —le dijo Student—. Usted, querido Heydte, ha recibido la orden de llevar a cabo esa tarea.»[39] Se vio obligado a reunir una fuerza de unos mil doscientos hombres, para luego lanzarlos detrás de las líneas enemigas con la misión de apoderarse de algunos cruces de carreteras de importancia primordial. Student rechazó la propuesta de Heydte de utilizar su 6.º Regimiento *Fallschirmjäger*, pues podía ser localizado por el enemigo y guardar el secreto era trascendental.

El *Kampfgruppe* Heydte debía ser lanzado el primer día de la ofensiva por la noche al sur de Eupen. Su misión consistía en cortar el paso a los refuerzos estadounidenses procedentes del sur, concretamente del sector de Aquisgrán. Durante los dos días siguientes, Heydte recibió a sus hombres y los mandó a Sennelager, donde participarían en un breve curso intensivo de adiestramiento. La negativa de Hitler a intentar nuevas operaciones aerotransportadas tras las graves pérdidas sufridas en Creta en 1941 había supuesto que muchos de ellos no hubieran recibido nunca un adiestramiento adecuado, e incluso que algunos veteranos no hubieran subido a un avión desde aquella invasión.

Heydte se trasladó entonces a Limburg para visitar al general Pelz y discutir con él sus necesidades en materia de aviones. No quedó muy bien impresionado. «No había más que chicas francesas en el comedor del XII Fliegerkorps al mando de Pelz en Limburg», anotó.[40]* Pelz se lamentó de la desastrosa situación en que se hallaba y dijo: «Son las últimas reservas de combustible de Alemania, que van a ser tiradas a lo loco en esta empresa de las Ardenas».[41] Heydte se enteró de que habían sido destinados para la misión 112 aviones de transporte Junkers 52; pero la mitad de los pilotos no habían participado nunca en un lanzamiento de paracaidistas, ni habían volado sobre territorio enemigo, ni habían sido adiestrados para volar en formación. «Solo dos comandantes eran viejos pilotos de Stalingrado»,

---

* Resulta sorprendente comprobar cuántos comentarios de esta época hacen referencia a jóvenes francesas que habían acompañado a sus amantes en su retirada a Alemania porque sabían que la Resistencia habría intentado vengarse de ellas y castigarlas por su *collaboration horizontale*. Sin embargo, cuesta mucho trabajo hacerse una idea de lo que pudo ser posteriormente de ellas. Las mujeres alemanas, convencidas de que desde 1940 las francesas no habían hecho nada más que intentar seducir a sus hombres, no se mostrarían dispuestas a acogerlas. Y muchas de ellas debieron de perder a su «protector» en los feroces combates que se desarrollaron a lo largo de los últimos seis meses de la guerra.

anotó, refiriéndose a los veteranos que habían participado en el asedio de Stalingrado yendo y viniendo constantemente al frente en el desafortunado intento de reabastecer al VI Ejército de Paulus en diciembre de 1942.[42]

El 11 de diciembre, llevándose consigo a su piloto más experimentado, fue a ver al *General der Flieger* Beppo Schmid, el oficial de inteligencia más desastroso que produjera nunca la Wehrmacht. Schmid había pronosticado una y otra vez a lo largo de la batalla de Inglaterra que el Mando de Bombarderos de la RAF estaba dando las últimas boqueadas, pero incluso entonces Göring había protegido y ascendido a aquel adulador. Schmid, «que se hallaba notoriamente bajo los efectos del alcohol», afirmó que «el éxito o el fracaso del ataque alemán contra Amberes decidirá el resultado de la guerra».[43] Schmid dijo a Heydte que debía dividir sus fuerzas en dos grupos, uno que sería lanzado al oeste de Malmédy y otro cerca de Eupen. Heydte replicó que eso era ridículo. Serían unos efectivos demasiado pequeños para resultar eficaces, pues muchos hombres no caerían en la zona de lanzamiento. Y cuando advirtió que la falta de adiestramiento de pilotos y paracaidistas era tan grave que la operación estaba condenada a fracasar, Schmid se desató en denuestos contra sus dos visitantes y los destituyó por poner en entredicho la capacidad del personal de la Luftwaffe.

Tras un largo viaje en automóvil en plena noche, Heydte se trasladó a ver al *Generalfeldmarschall* Model en un pabellón de caza al sur de Münstereifel. Model habló con toda franqueza. Dijo que la operación no era idea suya y preguntó si sus posibilidades de éxito eran de una sobre diez. Heydte no tuvo más remedio que reconocer que era posible que así fuera. Model respondió, al parecer, que «toda la operación no tenía más que un 10% de posibilidades de éxito», pero que «era la última oportunidad que quedaba de concluir la guerra de modo favorable».[44] Lo mandó entonces a ver a Sepp Dietrich, cuyo cuartel general se encontraba a una media hora de automóvil más al sur.

Mientras Heydte esperaba a ser recibido por Dietrich, lo que le llevó la mayor parte de la mañana, un ordenanza le contó el plan secreto de operaciones de sabotaje que debía realizar un *Kampfgruppe* al mando de Otto Skorzeny, un escandaloso fallo de la seguridad por la que habría podido ser fusilado. Por último, Heydte recibió permiso para entrar en el despacho de Dietrich. Pensó que parecía «un viejo sargento permanentemente adicto al alcohol».[45] Dietrich inició la conversación preguntando: «¿Qué pueden hacer sus paracaidistas, en todo caso?». Heydte replicó que si le decían cuál era su misión, podría juzgar si era posible o no llevarla a cabo. Como no consiguió que le diera una respuesta clara, Heydte preguntó qué se sabía acerca de la fuerza del enemigo en la zona. «Solo se conocían —anotaría Heydte— las unidades estadounidenses posicionadas en el frente en primera línea; qué era lo que había detrás, si eran solo "un par de acémilas de zona de descanso y de muchachos judíos", como pensaba Sepp Dietrich, o reservas tácticas y operacionales, no podía decirlo nadie.»[46]

Heydte entretendría luego a algunos oficiales compañeros suyos de cautiverio contándoles su versión de cómo había ido la conversación, imitando el fuerte acento suabo de Dietrich. Cuando intentó explicarle algunos de los problemas a los que se enfrentaba la operación, Dietrich consideró que su actitud era a todas luces puro derrotismo. La ofensiva aplastaría a los estadounidenses.

—¡Los haremos papilla! —gritó.

—Pero, *Oberstgruppenführer*, ¿qué me dice del enemigo?

—¡Dios! Ni yo lo sé. ¡Ya lo verá usted mismo!

—Entonces, ¿a quién manda usted por delante?

—Eso ahora no se lo puedo decir. Al que llegue primero.

«¡Esas eran las órdenes! Cuando añadí que solo podían efectuarse los lanzamientos cuando soplaba determinado viento, va y dice: "Bueno, de las deficiencias de la Luftwaffe yo no soy responsable. No es más que otro ejemplo de la inutilidad de la Luftwaffe".»[47]

El único aspecto útil de aquella extraña entrevista fue que Dietrich se mostró de acuerdo con que no dividiera sus efectivos en dos. Heydte se enteró de más cosas por el jefe del estado mayor de Dietrich, el *SS-Brigadeführer* Krämer, «un hombre en constante tensión y atareadísimo», lo que no era de extrañar teniendo que encargarse de todo en lugar de Dietrich. Krämer le contó que la vanguardia blindada de la 12.º División Panzer de las SS *Hitlerjugend* estaría con ellos «en cuestión de veinticuatro horas».[48] Heydte pidió que saltara con ellos un oficial de observación avanzada de artillería y para ello pusieron a su disposición al *SS-Obersturmführer* Etterich. Heydte oyó decir entonces que el lanzamiento iba a tener lugar en la madrugada del 16 de diciembre, entre las 04.30 y las 05.00, justo antes de que comenzara el bombardeo inicial. Se le proporcionarían medios de transporte motorizados para trasladar a sus tropas a los aeródromos de Paderborn y Lippspringe.

La otra operación especial que planeaba el OKW era el envío de un comando, formado por tropas seleccionadas vestidas con uniformes estadounidenses y a bordo de vehículos capturados al enemigo, para que penetrara en las líneas aliadas y provocara el caos en la retaguardia. El 21 de octubre Hitler había mandado llamar a Prusia Oriental al *SS-Obersturmbannführer* Otto Skorzeny para mantener una larga entrevista personal con él mucho antes de que Rundstedt o Model tuvieran noticia de la ofensiva. «Skorzeny —dijo Hitler—, esta próxima misión será la más importante de su vida.» Skorzeny, que medía dos metros de altura y tenía una gran cicatriz en la mejilla derecha, parecía una torre al lado del *Führer*, encorvado y enfermo.[49] Heydte describía al gigante austríaco en los siguientes términos: «La típica apariencia del nazi malvado»; un hombre que usaba «los métodos extremos de las SS. Para ello ha formado un cuerpo especial, escogiendo a unos cuantos tipos de su misma mentalidad».[50] El *General der Panzertruppen* Von Thoma consideraba a Skorzeny un delincuente austríaco y lo describía diciendo que era «un auténtico perro cruel... ¡No le cuesta nada apretar el gatillo!».[51]

Se concedieron a Skorzeny poderes ilimitados para preparar bien su misión. Sus oficiales conseguían todo lo que querían diciendo simplemente «por orden del *Reichsführer*». Los oficiales y suboficiales del ejército, de las Waffen SS, de la Kriegsmarine y de la Luftwaffe que sabían hablar inglés recibieron la orden de presentarse en el campamento de Schloss Friedenthal, a las afueras de Oranienburg, para desempeñar «funciones de intérprete». Más o menos la mitad de ellos provenían de la armada. Allí fueron interrogados en inglés por unos agentes de las SS. Les dijeron que iban a formar parte de una unidad especial denominada la 150.ª Brigada Panzer y fueron obligados a jurar que guardarían el secreto.[52] Tuvieron que firmar un documento en el que declaraban: «Todo lo que sé sobre la misión de la 150.ª Brigada Panzer es secreto. El secreto deberá ser guardado incluso después de la guerra. Cualquier transgresión será castigada con la muerte».[53] El oficial al mando de esta unidad, que llevaba el maravilloso nombre de *Oberstleutnant* Musculus, tenía el cabello rubio y varias cicatrices en la cara, fruto de los duelos en los que se había batido en su época de estudiante. Les prometió que las actividades de la 150.ª Brigada Panzer tendrían unos «efectos trascendentales para el desarrollo de la guerra».[54]

Un joven oficial de la armada, el *Leutnant zur See* Müntz, fue obligado a presentarse junto con los demás en el campamento fuertemente vigilado de Grafenwöhr. Allí le asignaron la tarea de reunir para el 21 de noviembre 2.400 uniformes estadounidenses, incluidos los de diez generales y setenta oficiales, recogidos en los campos de prisioneros de guerra. Müntz acudió primero a Berlín al departamento de prisioneros de guerra.[55] El oficial al cargo del mismo, el *Oberst* Meuer, quedó perplejo ante la orden del *Führer* que le presentaron, firmada por el propio Adolf Hitler. Comentó que semejantes actividades eran ilegales según las normas internacionales, pero suministró órdenes escritas para los comandantes de todos los campos. Müntz se puso en marcha en un camión acompañado de varios ayudantes, dispuesto a reunir los uniformes, así como documentos de identidad, cartillas militares, etcétera, pero en los campos de prisioneros de guerra encontró muchas dificultades para conseguir todo lo que necesitaba. En Fürstenberg an der Oder, el comandante del campo se negó a cumplir la orden de quitar sus chaquetones de campaña a ochenta soldados estadounidenses. Müntz fue obligado a presentarse en Grafenwöhr por temor a que la Cruz Roja se enterara de la discusión y llegara a oídos de los Aliados. Su misión fracasó en parte debido a la grave escasez de prendas de invierno que tenía el ejército norteamericano, como los propios soldados estadounidenses ya habían tenido ocasión de comprobar en el bosque de Hürtgen, en Lorena y Alsacia.

En Grafenwöhr, todos los militares, independientemente de su graduación, debían saludar al estilo estadounidense, se alimentaban con raciones K e iban equipados con los uniformes que Müntz y sus hombres habían logrado reunir. Todas las órdenes se daban en inglés. Se les obligaba a ver películas y noticiarios cinematográficos estadounidenses para aprender expresiones coloquiales, como por ejemplo *chow-line* [«cola para el papeo»], y mejorar su acento. Recibían además dos horas de clase al día sobre lengua y costumbres estadounidenses, en las que se les enseñaba incluso a comer «con el tenedor después de posar el cuchillo en la mesa».[56] Les enseñaban incluso a dar unos golpecitos con el cigarrillo sobre el paquete a la manera estadounidense. Además recibían clases sobre todas las habilidades típicas de los comandos, como por ejemplo adiestramiento en lucha cuerpo a cuerpo, demolición y empleo de las armas del enemigo.

Cuando se les dieron más detalles sobre la inminente Operación Greif, como fue llamada, los que manifestaron alguna duda sobre la posibilidad de entrar en acción vestidos con uniformes estadounidenses recibieron las amenazas del *Obersturmbannführer* Hadick. «Hizo hincapié en que las órdenes del *Führer* debían cumplirse a rajatabla sin ponerlas en entredicho, y en que quien se atreviera a discrepar de ellas sería condenado a muerte.» La moral de las tropas se vio también erosionada cuando se les suministraron pequeñas ampollas de cianuro «ocultas en encendedores de cigarrillos baratos».[57]

Los hombres de las unidades SS casi adoraban a Skorzeny como a un superhéroe después de las hazañas que había realizado en Italia y en Budapest, y al mismo tiempo lo trataban con «notable camaradería» [«von betonter Kameradschaft»].[58] Uno de ellos escribiría más tarde: «Era nuestro capitán pirata».[59] Empezaron a correr por el campamento muchos rumores acerca de cuál podría ser su verdadera misión. Algunos pensaban que iban a participar en una operación aerotransportada para volver a Francia. El propio Skorzeny afirmaría después que hizo circular el bulo de que algunos grupos recibirían el encargo de dirigirse a París a secuestrar al general Eisenhower.

El *Kampfgruppe* Skorzeny se dividió en dos secciones, una unidad de comando, la *Einheit Steilau*, y la 150.ª Brigada Panzer. Para formar esos comandos, Skorzeny seleccionó a ciento cincuenta hombres de seiscientos que sabían hablar inglés. Montados casi todos en *jeeps* y vestidos con uniformes estadounidenses, había entre ellos grupos de expertos en demolición, encargados de volar depósitos de munición y de combustible e incluso puentes; grupos de reconocimiento, encargados de explorar las rutas que conducían al Mosa y observar la fuerza del enemigo; y otros equipos, cuya misión era sembrar el caos en las redes de comunicación estadounidenses cortando cables y emitiendo falsas órdenes. En cada *jeep* iban cuatro hombres, lo que de por sí ya era un error, pues los estadounidenses rara vez metían a tantos juntos, y cada equipo tenía un «portavoz», que era el que mejor dominaba la manera de hablar de los estadounidenses. Los soldados alemanes vestidos con uniformes estadounidenses que esperaban avanzar en sus *jeeps* estaban a todas luces nerviosísimos. En su afán por tranquilizarlos, un oficial del cuartel general de la brigada les dijo que «según la radio alemana, habían sido capturados detrás de las líneas alemanas unos soldados estadounidenses vestidos con uniformes alemanes y que... iban a adoptar con ellos una actitud benévola, de modo que los soldados estadounidenses serían tratados como prisioneros de guerra».[60]

La 150.ª Brigada Panzer constaba de muchos más efectivos, con casi dos mil hombres, incluidas varias unidades de apoyo. Había un batallón de paracaidistas, dos compañías blindadas con una mezcla de M-4 Sherman y Panther mal disfrazados, compañías de *Panzergrenadiere*, morteros pesados y cañones contracarro por si lograban asegurar alguno de los puentes sobre el Mosa en Andenne, en Huy o en Amay.[61] El plan consistía en adelantarse a las vanguardias blindadas cuando estas llegaran a la meseta del Hohes Venn, en línea con Spa, tomando carreteras y caminos secundarios. Estas unidades permanecerían escondidas durante las horas del día, y luego avanzarían a toda velocidad en la oscuridad para tomar los tres puentes.

Skorzeny tenía además el plan de volar los cinco puentes sobre el Alto Rin en Basilea, por si los Aliados entraban en Suiza para flanquear las defensas alemanas del sur.[62] De hecho, el 5 de diciembre, el SHAEF estudió la posibilidad de flanquear las fuerzas alemanas del sur atravesando Suiza, pero Eisenhower rechazó la idea.[63] (Stalin, que evidentemente odiaba a los suizos, había instado a los Aliados en la conferencia de Teherán a atacar el sur de Alemania a través de Suiza.)

Cuando estaba a punto de llegar el Día X en el que debía dar comienzo la ofensiva de las Ardenas, el nombre en clave fue cambiado y en vez de llamarse *Wacht am Rhein* [«Guardia en el Rin»] pasó a denominarse *Herbstnebel*, o «Niebla de Otoño». Las demoras en la entrega del combustible y las municiones se intensificaron y el ataque tuvo que ser aplazado al amanecer del 16 de diciembre. En total se necesitaron 1.050 trenes para trasladar a las divisiones a sus zonas de concentración. Cada división acorazada necesitaba setenta trenes ella sola.[64]

De momento, nadie por debajo de los oficiales al mando de los cuerpos de ejército había recibido información alguna. Pero el *SS-Obersturmbannführer* Joachim Peiper, de la 1.ª División Panzer de las SS *Leibstandarte Adolf Hitler* adivinó lo que se preparaba cuando el 11 de diciembre Krämer, el jefe del estado mayor del VI Ejército Panzer, quiso discutir con él una hipotética ofensiva en la región de la Eifel. Preguntó a Peiper cuánto tardaría un regimiento acorazado en recorrer ochenta kilómetros en plena noche. Para estar seguro de su respuesta, Peiper cogió un Panther e hizo una prueba recorriendo con él esa distancia en la oscuridad. Se dio cuenta de que mover a toda una división era una cosa mucho más complicada, pero lo que tanto él como sus superiores habían subestimado era el estado de los caminos y el terreno empapado de agua de las Ardenas.

Hitler llegó al *Adlerhorst*, su cuartel general en el oeste, ese mismo día en una larga caravana de gigantescos Mercedes negros. Su principal preocupación era mantener el secreto. Empezó a ponerse muy nervioso cuando los bombarderos aliados arrasaron la ciudad de Düren, el principal nudo de comunicaciones justo detrás de la línea de salida de la operación. Sus cambios de humor eran sumamente variables, pasando del abatimiento más absoluto al optimismo más absurdo. Según el *Oberst* Von Below, su asistente de la Luftwaffe, «había depositado grandes esperanzas en aquella ofensiva y veía ya a sus vanguardias entrando en Amberes».[65] A la mañana siguiente, mandó llamar a Sepp Dietrich a su búnker, oculto bajo los edificios de una falsa granja.

—¿Está listo su ejército? —preguntó Hitler directamente.

—No para una ofensiva —aseguraba Dietrich que respondió.

—No está usted nunca satisfecho —contestó el *Führer*.[66]

Ese mismo día a última hora de la tarde, unos autobuses llevaron a los oficiales al mando de las distintas divisiones al *Adlerhorst* para que Hitler les dirigiera una arenga. Todos los generales fueron registrados por guardias de las SS y cada uno de ellos tuvo que entregarles su pistola y su cartera. A las 18.00 Hitler subió al escenario. Los generales que hacía algún tiempo que no lo habían visto quedaron impresionados por su deterioro físico, por la palidez de su rostro, los hombros encorvados y el temblor de uno de sus brazos. Flanqueado por Keitel y Jodl, se sentó detrás de una mesa.

Comenzó una larga justificación de por qué Alemania se hallaba en el estado en el que estaba en ese momento de la guerra. Había sido necesaria una «guerra preventiva» para unificar a los pueblos alemanes y porque «la vida sin un *Lebensraum* es impensable». Ni por un solo instante tuvo en cuenta cómo iban a reaccionar otras naciones. Cualquier objeción formaba parte de una conspiración contra Alemania.

«Las guerras las decide en último término el reconocimiento por parte de unos o de otros de que la contienda ya no se puede ganar. Por consiguiente, la tarea más importante es obligar al enemigo a constatar precisamente eso. La manera más rápida de conseguirlo es destruir su fuerza ocupando territorio. Si somos obligados a ponernos a la defensiva, nuestra tarea es dar una lección al enemigo mediante golpes despiadados y demostrarle que todavía no ha vencido y que la guerra continuará sin interrupción.»

Hitler recordó a los generales allí reunidos que algunos de ellos habían temido ponerse a la defensiva frente a Francia en 1940. Afirmó que los estadounidenses habían «perdido alrededor de doscientos cuarenta mil hombres en solo tres semanas» y que «el enemigo quizá tenga más carros de combate, pero con nuestros nuevos modelos, los nuestros son mejores». Alemania se enfrentaba a una lucha que había sido inevitable, que tarde o temprano tenía que llegar. El ataque debía llevarse a cabo con la mayor brutalidad. No había cabida para «inhibiciones humanas» de ningún tipo. «Una ola de miedo y de terror debe preceder a las tropas.» El objetivo era convencer al enemigo de que Alemania no se rendiría nunca. «¡Nunca! ¡Nunca!»[67]

Luego, los generales pasaron a tomar un refrigerio en el cuartel general de Rundstedt para brindar por su sexagésimo noveno cumpleaños. Schloss Ziegenberg, donde estaba instalado Rundstedt, estaba situado en las inmediaciones y era un edificio sombrío de estilo neogótico. Nadie tenía muchas ganas de celebrar nada. Según Dietrich, no se atrevieron a hablar de la ofensiva porque la amenaza de pena de muerte se cernía sobre todo aquel que la mencionara.

El 13 de diciembre, Dietrich visitó el cuartel general del Grupo de Ejércitos B. Model le dijo que aquella era «la ofensiva peor preparada de esta guerra».[68] Rundstedt señaló que de las treinta y dos divisiones prometidas, cuatro «no estaban disponibles» justo antes de que se iniciara el ataque, entre ellas la 11.ª División Panzer y la 17.ª División de Granaderos Panzer de las SS.[69] Estaba previsto que solo veintidós tomaran parte en el inicio de la ofensiva. El resto permanecería en la retaguardia como reserva del OKW. Aunque la mayoría de los generales eran profundamente escépticos acerca de las posibilidades de éxito de la operación, los oficiales y suboficiales más jóvenes, especialmente los de las Waffen SS estaban ansiosos por que diera comienzo de una vez.

El regimiento de Peiper recibió la orden de abandonar su posición al este de Düren y marchar a su zona de reunión detrás de la línea del frente. Emprendieron la marcha al anochecer siguiendo las sencillas flechas amarillas que marcaban la ruta. No se veían por ningún lado los distintivos ni los números de su división. Esa noche y la mañana siguiente hubo niebla, lo que les permitió colarse en sus zonas de reunión sin ser localizados por las operaciones de reconocimiento aéreo. Otras divisiones quitaron también de sus vehículos los distintivos de su división justo antes de que diera comienzo el avance.[70]

Joachim o Jochen Peiper era un joven bien parecido de veintinueve años, con el pelo negro peinado para atrás. En las Waffen SS era visto como el hermoso ideal de líder de una unidad Panzer, como un nazi convencido y absolutamente despiadado. En la Unión Soviética se había hecho famoso por incendiar aldeas y matar a todos sus habitantes. El 14 de diciembre, poco después de mediodía, se presentó en el cuartel general de la 1.ª División Panzer de las SS *Leibstandarte Adolf Hitler*, donde el *Brigadeführer* Wilhelm Mohnke le transmitió las órdenes relativas al Día X, el 16 de diciembre. La división había sido reforzada con un regimiento antiaéreo provisto de cañones de 88 mm, un batallón de obuses pesados y un batallón extra de ingenieros encargado de reparar los puentes. Cada *Kampfgruppe* debía ir acompañado por una de las unidades de Skorzeny, provistas de varios carros Sherman, camiones y *jeeps* capturados, pero la división no tenía control sobre ellas. A su vuelta, Peiper celebró una reunión informativa con los oficiales al mando de sus batallones en la cabaña de un guardabosques.[71]

Hasta el 15 de diciembre por la noche no se autorizó a los oficiales a informar a sus tropas. El capitán Bär, al mando de una compañía de la 26.ª División *Volksgrenadier*, dijo a sus hombres: «En doce o catorce días estaremos en Amberes, o habremos perdido la guerra».[72] Y luego añadió: «Sea cual sea el equipamiento que os falte, se lo quitaremos a los prisioneros estadounidenses». Pero especialmente en las formaciones de las SS la moral era de absoluta alegría ante las perspectivas de venganza. Parece que los suboficiales eran los más resentidos. París iba a ser reconquistada, se decían unos a otros. Muchos lamentaban que la capital de Francia se hubiera librado de la destrucción, mientras que Berlín había sido bombardeada y convertida en un montón de ruinas. En la 10.ª División Panzer de las SS *Frundsberg*, la reunión informativa acerca de la ofensiva provocó un «optimismo extraordinario», pues «el *Führer* había ordenado lanzar el gran golpe en el oeste». Creían que la conmoción producida por el éxito de un ataque inesperado «tendría indudablemente unas consecuencias muy graves sobre la moral y la capacidad de lucha de las fuerzas enemigas».[73] Y según un oficial de la experimentadísima 2.ª División Panzer, «el espíritu de lucha era mejor que en los primeros días de la guerra».[74] Solo el VI Ejército Panzer de Dietrich tenía más de ciento veinte mil hombres, con casi quinientos carros de combate y cañones de asalto y mil piezas de artillería. El V Ejército Panzer de Manteuffel tenía a su disposición otros cuatrocientos carros de combate y cañones de asalto. El mando aliado no tenía ni idea de lo que estaba a punto de caerle encima en su sector más débil.

7

Fallo de los servicios de inteligencia

La predicción de Hitler de que surgirían tensiones en el campo aliado se cumplió, pero evidentemente no hasta el punto que él había imaginado. Tanto el mariscal de campo sir Alan Brooke, jefe del Estado Mayor Imperial, como Montgomery, habían empezado a preocuparse de nuevo por la lentitud del avance aliado, que atribuían a la ineptitud de Eisenhower como líder militar. Los dos apostaban por un único comandante en jefe de las fuerzas terrestres, encarnado idealmente en la persona de Bernard Law Montgomery. Pero Brooke consideraba que Monty insistía demasiado en este punto. Era perfectamente consciente de una realidad política: todo había cambiado. La guerra en el noroeste de Europa se había transformado en un espectáculo estadounidense, mientras Gran Bretaña se esforzaba por mantener sus ejércitos en todo el mundo. De modo que, si debía haber un solo comandante en jefe de las fuerzas terrestres, creía Brooke, este tenía que ser Bradley, y no Montgomery. Pero era evidente que el mariscal de campo británico no había aprendido nada, y tampoco había olvidado nada, excepto su promesa a Eisenhower de que no volvería a tocar el tema del mando nunca más.

El 28 de noviembre, Eisenhower llegó al cuartel general del XXI Grupo de Ejércitos en Zonhoven, Holanda. Montgomery hizo ver en todo momento que estaba demasiado ocupado para visitar a su comandante supremo, incluso cuando apenas ocurría nada en su frente. Eisenhower no tendría que haber permitido semejante comportamiento. Se sentó en el remolque con la sala de mapas de Montgomery, mientras este caminaba de un lado a otro, hablando durante tres horas de lo que había ido mal, y de por qué era necesario nombrar un único comandante en jefe de las fuerzas terrestres. Monty consideraba que la línea divisoria natural eran las Ardenas, y que él debería estar al frente de todas las fuerzas aliadas que se encontraban al norte de ese sector, lo que habría puesto bajo su control buena parte del I Ejército de Estados Unidos y todo el IX Ejército del teniente general William H. Simpson. Por desgracia, el silencio de Eisenhower —que, agotado y aburrido, había quedado sin habla— hizo que Montgomery creyera que se trataba de un reconocimiento tácito de su argumentación sobre que los Aliados habían sufrido un «revés estratégico» al no poder alcanzar el Rin, tras haber padecido un infructuoso derramamiento de sangre en el bosque de Hürtgen. Más tarde, para asombro de su propio ayudante militar, el mariscal de campo envió un mensaje a Brooke en Londres indicando que Eisenhower había estado de acuerdo con todo lo que había dicho. Y en un telegrama al comandante supremo de fecha 30 de noviembre haría hincapié en lo que pensaba que había sido acordado.

Al día siguiente Eisenhower visitó a Bradley en su cuartel general situado en el hotel Alfa de la ciudad de Luxemburgo. Bradley ofrecía una imagen lamentable, postrado en cama con gripe y fuertes escalofríos. Aunque Eisenhower estaba furioso con Montgomery por sus argumentaciones sobre el «revés estratégico», la carta que dictó en respuesta no fue suficientemente clara y explícita como para penetrar la coraza de complacencia de Montgomery. Fue acordada la celebración de una reunión en Maastricht el 7 de diciembre.

El miércoles, 6 de diciembre, Eisenhower regresó al cuartel general de Bradley acompañado de su ayudante, el mariscal del Aire Tedder, para discutir sobre las tácticas antes de reunirse con Montgomery. El comandante Chester B. Hansen, asistente de Bradley, temía que su general se hallara «patéticamente solo». «Es su conciencia de estos tiempos críticos que debe afrontar lo que ha provocado el nerviosismo del que es claramente presa por primera vez. No se muestra iracundo, pero está siendo más brusco de lo habitual; parece exhausto, y estos malestares físicos se han combinado para agotarlo tanto físicamente como mentalmente.» Eisenhower lo escuchaba, «con el rostro muy arrugado, mientras fruncía el ceño, y la cabeza hundida en el cuello de piel de la cazadora de aviador que suele llevar».[1]

Bradley también se sentía exasperado por la falta de logros de los Aliados. «Si estuviéramos luchando contra gente razonable, ya se habría rendido hace tiempo —dijo—. Pero esa gente no es razonable.»[2] Luego, Hansen añadiría en su diario la siguiente anotación: «Los alemanes, sin embargo, se han revelado unos tipos increíblemente resistentes, y solo es posible acabar con ellos después de muchas dificultades ... Goebbels les ha dicho que hay que luchar hasta las últimas consecuencias, que los débiles serán exterminados en los campos de trabajo de Siberia. No es de extrañar, pues, que peleen salvajemente para frenar nuestro avance, obligándonos a matar a montones de ellos». De hecho, Goebbels, en su intento por evitar que los soldados germanos del oeste se rindieran, había puesto en circulación la historia de que los estadounidenses habían acordado entregar todos los prisioneros de guerra a los soviéticos para que los utilizaran en la reconstrucción de su país. Y había lanzado el siguiente eslogan: *Sieger oder Sibirien!*, esto es, «¡Victoria o Siberia!».[3]

Al día siguiente en Maastricht, con Montgomery, Hodges y Simpson, Eisenhower abordó la cuestión de los pasos que debían seguir en la fase sucesiva. Habló de «los mazazos que los llevaría al otro lado del Rur hasta las orillas del Rin».[4] Luego manifestó su preocupación por lo que podía ocurrir al llegar al Rin. Temía que las minas o los témpanos de hielo destrozaran los puentes de pontones, dejando así aisladas a las tropas en la cabeza de puente. El mariscal de campo Brooke había quedado horrorizado cuando a mediados de noviembre Eisenhower le comunicó que probablemente los Aliados no estarían al otro lado del Rin hasta mayo de 1945. Este hecho, que tuvo lugar al final de una visita de Brooke al frente, influenció enormemente en su opinión de que Eisenhower no estaba a la altura del cargo de comandante supremo.

Montgomery volvió a esgrimir sus razones para emprender un gran ataque a través del Rin, al norte de la región industrial del Ruhr, interrumpiendo prácticamente el avance de todos los demás ejércitos estadounidenses. Eisenhower, sin duda apretando los dientes, recalcó una vez más su postura, indicando que una acometida en dirección a Frankfurt era también importante y que no tenía la más mínima intención de detener a Patton. «El mariscal de campo Montgomery —dicen las actas de la reunión— no podía estar de acuerdo en que un ataque desde Frankfurt tuviera posibilidades de éxito. En su opinión, si se ponía en marcha, ni este ataque ni el del Ruhr serían suficientemente contundentes ... El mariscal de campo Montgomery dijo que la diferencia de opinión en lo concerniente a la propuesta Frankfurt-Cassel era fundamental.»[5] Para evitar un enfrentamiento, Eisenhower trató de convencerlo de que la diferencia no era tan grande. El XXI Grupo de Ejércitos de Montgomery iba a desempeñar el papel principal, con el IX Ejército de Simpson a sus órdenes.

Bradley tuvo que ocultar su enfado cuando Montgomery insistió en que «todas las operaciones al norte de las Ardenas debían estar bajo una sola dirección, y todas las del sur de las Ardenas bajo otra».[6] Esto significaba dejar a Bradley solamente el III Ejército. Eisenhower replicó que las futuras operaciones exigían que el Ruhr se convirtiera en la línea divisoria. Bradley se expresó con claridad con Eisenhower poco tiempo después. Si su XII Grupo de Ejércitos iba a estar a las órdenes de Montgomery, él se consideraría relevado del cargo por haber fracasado como comandante.

En aquellos momentos buena parte de la acción tenía lugar en el frente del III Ejército. Las fuerzas de Patton estaban cruzando el río Sarre por varios puntos, y al cabo de unos días fue tomada la última fortaleza de la región de Metz. «Creo que solo Atila [rey de los hunos] y el III Ejército han sido capaces de tomar Metz al asalto», escribiría con satisfacción en su diario.[7] Patton también estaba preparando una gran ofensiva que debía empezar el 19 de diciembre. Pero es un error sugerir que Montgomery actuaba movido por los celos que sentía hacia Patton, como algunos han indicado. Estaba demasiado absorto en sí mismo para sentir envidia. Por otro lado, más bien da la impresión de que era incapaz de valorar las reacciones de los demás a lo que él decía. De hecho, uno no puede dejar de preguntarse si Montgomery no padecía lo que hoy denominaríamos síndrome de Asperger o autismo de alto rendimiento.

Patton estaba cada vez más enfadado con el único elemento que no podía controlar: la incesante lluvia. El 8 de diciembre hizo una llamada telefónica a James O'Neill, capellán del III Ejército: «Soy el general Patton. ¿Tiene una plegaria eficaz para cambiar el tiempo?». El capellán le pidió que volviera a telefonear un poco más tarde. Como no pudo encontrar nada en los libros de oraciones, escribió una: «Dios misericordioso y todopoderoso, humildemente te rogamos que, con tu infinita bondad, detengas esas lluvias constantes a las que tenemos que enfrentarnos. Concédenos un tiempo apacible para la batalla. Ten a bien escucharnos como soldados que te exhortan a que, armados con tu poder, nos permitas avanzar de victoria en victoria, para acabar con la opresión y la perfidia de nuestros enemigos e instaurar tu justicia divina entre los hombres y las naciones. Amén». Patton leyó la oración y le dio el visto bueno: «Mande imprimir doscientas cincuenta mil copias y asegúrese de que todos los hombres del III Ejército reciban una». Luego dijo a O'Neill que había que conseguir que todo el mundo rezara: «Debemos pedirle a Dios que ponga fin a estas lluvias. Estas lluvias son el margen que contiene la derrota o la victoria». Cuando O'Neill volvió a encontrarse con Patton, el general se mostró muy optimista: «Bien, Padre —exclamó Patton— nuestras plegarias han funcionado. Sabía que lo harían». Y con la fusta le dio un golpecito en el casco para hacer hincapié en el hecho.[8]

Más al sur, en Alsacia, el olvidado VII Ejército de Estados Unidos volvió a desplegarse hacia el flanco norte de su saliente para apoyar la ofensiva de Patton en Lorena, llevando a cabo una embestida en dirección a la localidad de Bitche. Esto supuso que un contingente vecino, el I Ejército francés a las órdenes del general Lattre de Tassigny, quedara expuesto al ataque enemigo. Lattre consideraba que sus fuerzas carecían de suficientes efectivos, en parte porque había muchas unidades galas que seguían asediando las guarniciones alemanas de la costa atlántica. Esta, sostenía, era la razón de que su ejército no lograra superar la bolsa de Colmar a pesar de habérsele unido una división de infantería estadounidense, una circunstancia que provocaba numerosos comentarios poco reverentes por parte de los oficiales estadounidenses. Para empeorar las cosas, el gélido frío en el macizo de los Vosgos había repercutido negativamente en la moral de los hombres.

Uno de los grandes debates sobre la ofensiva de las Ardenas ha centrado su atención en la ineptitud de los Aliados a la hora de prever el ataque. Efectivamente, había muchos informes aislados que, juntos, habrían debido indicar las intenciones de los alemanes, pero como ocurre casi siempre que se produce un fallo por parte de los servicios de inteligencia, los oficiales superiores descartaron todo aquello que no encajaba con sus suposiciones.

Desde un principio, las órdenes de Hitler imponiendo un secretismo absoluto no se cumplieron. Los rumores de una ofensiva inminente circulaban incluso entre los oficiales de alta graduación alemanes recluidos en campos de prisioneros británicos. En la segunda semana de noviembre, el *General der Panzertruppen* Eberbach fue grabado en secreto mientras decía que un tal *Generalmajor* Eberding, capturado pocos días antes, había hablado de una ofensiva inminente en el oeste con cuarenta y seis divisiones.* Eberbach estaba convencido de la veracidad de la noticia y de que se trataba de un último intento.[9] Incluso un tal *Leutnant* Von der Goltz, capturado en Zuid-Beveland durante la barrida del estuario del Escalda, había oído que «la gran ofensiva, para la que estaban preparando cuarenta y seis divisiones, debía empezar en noviembre».[10] Estas conversaciones grabadas en secreto fueron transmitidas el 28 de noviembre a la Oficina de Guerra por el MI 19 y enviadas al SHAEF, pero toda esta importantísima información parece que no fue tomada muy en serio. Es evidente que fue simplemente descartada, considerándola un rumor desesperadamente optimista que circulaba entre los oficiales capturados, sobre todo porque la cifra de cuarenta y seis divisiones parecía exageradamente elevada.

Durante la primera semana de noviembre, un desertor alemán contó en el curso de un interrogatorio que las divisiones *panzer* trasla-

---

* La grabación secreta de conversaciones entre prisioneros de guerra alemanes —debidamente seleccionados por su importancia— fue llevada a cabo por el Centro de Interrogación Detallada de los Servicios Combinados (CSDIC, por sus siglas en inglés). Los intérpretes, en su mayoría refugiados judíos de origen alemán, escuchaban las conversaciones, que recogían unos micrófonos ocultos y se grababan en discos de cera. Las transcripciones del material relevante eran enviadas más tarde a la Oficina de Guerra, el Almirantazgo, los Servicios Secretos de Inteligencia, los Ministerios y, a partir de 1944, también al SHAEF.

dadas a Westfalia formaban parte del VI Ejército Acorazado alemán.[11] Esta noticia venía a resaltar el hecho de que los servicios de inteligencia del SHAEF llevaban varias semanas sin saber nada del V Ejército Acorazado del enemigo. Tanto el SHAEF como el XII Grupo de Ejércitos de Bradley dieron por hecho que los alemanes estaban preparando un enérgico contraataque para evitar que los estadounidenses cruzaran el Rur. También se consideró muy probable que se produjera un ataque previo de hostigamiento antes de Navidad, pero casi nadie esperaba que se lanzara desde Eifel y a través de las Ardenas, aunque los alemanes ya habían utilizado esta ruta en 1870, 1914 y 1940.

Los Aliados no podían creer que los alemanes, tan debilitados, se atrevieran a emprender un ambicioso ataque estratégico en un momento en el que necesitaban administrar perfectamente todas sus fuerzas antes de que el Ejército Rojo lanzara su propia ofensiva de invierno. Una apuesta tan arriesgada no encajaba en absoluto con el estilo del comandante en jefe del Oeste, el *Generalfeldmarschall* Gerd von Rundstedt. Esto era verdad, pero también era cierto que el mando aliado había subestimado gravemente el dominio maníaco que ejercía Hitler sobre los mecanismos del poder militar. A los altos mandos siempre se les había instado a ponerse en la piel del adversario, pero a menudo puede ser un verdadero error juzgar al enemigo pensando en uno mismo. En cualquier caso, el SHAEF creía que los alemanes carecían del combustible, las municiones y las fuerzas necesarias para organizar una acometida tan peligrosa. Y la superioridad aérea de los Aliados era tal que una ofensiva alemana en campo abierto sin duda jugaría a su favor. En Londres, el Comité de los Servicios de Inteligencia Conjuntos había llegado también a la conclusión de que «la paralizante escasez de combustible de Alemania sigue siendo el principal y único punto débil de su capacidad de resistencia».[12]

Se observaron movimientos de tropas de la Wehrmacht en dirección a Eifel, alrededor de Bitburg, pero otras divisiones parecían avanzar, por lo que se creyó que la zona era simplemente un punto de parada, o un sector para la preparación de nuevas formaciones. Por desgracia, la región de las Ardenas no era prioritaria en las misiones de reconocimiento aéreo, y debido al mal tiempo, muy pocos aviones sobrevolaban el sector. Justo seis días antes del gran ataque en las Ardenas, el cuartel general del VIII Cuerpo de Troy H. Middleton en Bastogne llegó a la siguiente conclusión: «La práctica actual del enemigo de traer nuevas divisiones a este sector con el fin de prepararlas para el frente y luego relevarlas para una misión en otra zona pone de manifiesto su deseo de que este sector del frente permanezca tranquilo e inactivo».[13] En realidad, los alemanes jugaban a una forma inteligente de trile, mezclando sus formaciones para confundir a los servicios de inteligencia aliados.

El III Ejército de Patton percibió la retirada de formaciones blindadas enemigas, y el jefe de su servicio de inteligencia, el general de brigada Oscar W. Koch, temió que el VIII Cuerpo se convirtiera en un objetivo vulnerable en las Ardenas. La conclusión de muchos, incluido Bradley, fue que los alemanes probablemente prepararan un ataque previo de hostigamiento para desbaratar la gran ofensiva que debía emprender Patton el 19 de diciembre. A varios otros oficiales de inteligencia se les encendió una luz después de que ocurrieran los acontecimientos y pretendieron reivindicar haber pronosticado la gran ofensiva, pero que nadie les había hecho caso. Algunos oficiales del SHAEF y del XII Grupo de Ejércitos de Bradley sí predijeron un ataque, y un par de ellos casi acertó la fecha exacta, pero en su momento ninguno identificó específicamente las Ardenas como el sector amenazado.

El jefe de los servicios de inteligencia de Eisenhower, el general de división Strong, incluyó, entre las diversas opciones, una ofensiva en las Ardenas. La idea de semejante posibilidad había causado estupor en el jefe del estado mayor de Eisenhower, Bedell Smith, que la primera semana de diciembre dijo a Strong que se desplazara hasta Luxemburgo para advertir debidamente a Bradley. Y así se hizo. En su conversación con Strong, Bradley comentó ser «consciente del peligro»,[14] pero que ya tenía previsto que ciertas divisiones se trasladaran a las Ardenas si el enemigo atacaba en esa zona.

El augur ignorado más controvertido fue el coronel B. A. Dickson, G-2 (oficial superior del servicio de inteligencia) del I Ejército de Estados Unidos. Los vaticinios de Dickson, un tipo pintoresco, no siempre eran atendidos por sus compañeros porque, por desgracia, tenía el don de identificar divisiones alemanas en el oeste, cuando la posición de estas había sido confirmada en el Frente Oriental. En su informe del 10 de diciembre, comentaba la moral elevada de los prisioneros alemanes, lo cual indicaba, en su opinión, una confianza renovada. Sin embargo, aunque observó una concentración de carros de combate enemigos en Eifel, predijo que el ataque se produciría más al norte, en la zona de Aquisgrán, el 17 de diciembre. Varios prisioneros de guerra habían hablado de una ofensiva para reconquistar Aquisgrán «como regalo de Navidad para el *Führer*».[15] Más tarde, el 14 de diciembre, Dickson recibió la información obtenida de una mujer de habla alemana, en la que se comentaba la concentración de tropas y equipos para la construcción de puentes en la retaguardia enemiga, en el sector de Eifel. Fue entonces cuando Dickson se convenció de que el ataque iba a producirse decididamente en las Ardenas, entre Monschau y Echternach. El general de brigada Sibert del XII Grupo de Ejércitos de Bradley, irritado con Dickson, que a su vez lo aborrecía, rechazó su informe, calificándolo de simple corazonada sin base alguna. El 15 de diciembre sugirieron a Dickson que se tomara unos días de permiso en París.

La orden de Hitler de evitar cualquier tipo de comunicación por radio entre las formaciones de la ofensiva había sido cumplida a rajatabla, impidiendo así que los analistas de Bletchley Park dispusieran de material Ultra para poder hacerse una idea clara de lo que estaba ocurriendo. Lamentablemente, el SHAEF confiaba en exceso en la información Ultra, considerada, en general, la fuente de todo conocimiento. El 26 de octubre, sin embargo, se tuvieron noticias de unas «órdenes de Hitler para la creación de una fuerza especial para una misión especial en el oeste. Esencial el conocimiento de inglés y el lenguaje estadounidense para los voluntarios».[16] Y el 10 de diciembre, se llegó a la conclusión de que todas las formaciones de las SS habían recibido la orden de silenciar sus radios, lo cual habría tenido que hacer sonar la alarma en el SHAEF.

A diferencia del ejército de tierra alemán, la Luftwaffe había vuelto a demostrar una laxitud inverosímil, pero no parece que el SHAEF hubiera reaccionado a las transcripciones de Bletchley. El 4 de septiembre, después de entrevistarse con Ribbentrop y Hitler, el embajador japonés en Berlín ya había informado de que los alemanes estaban planeando una ofensiva en el oeste para el mes de noviembre, «en cuanto se concluyera la reposición de las fuerzas aéreas».[17] En la subsiguiente investigación del fallo de los servicios de inteligencia se comunicaba lo siguiente: «En cuanto a la GAF [Luftwaffe], las pruebas evidencian que desde la última semana de octubre han venido efectuándose los preparativos necesarios para trasladar el grueso de la Luftwaffe a los aeródromos del oeste».[18]

El 31 de octubre, «J[agd]G[eschwader] 26 citó la orden de Goering de que el reequipamiento de todos los cazas para convertirlos en cazabombarderos debía ser posible en menos de veinticuatro horas». Se trataba de algo muy significativo porque podía indicar seguramente los preparativos para apoyar un ataque de las fuerzas terrestres. Y el 14 de noviembre, Bletchley comunicaba la siguiente nota: «Unidades de cazas en el oeste sin utilizar ni insignias de *Geschwader* ni distintivos de unidad». El 1 de diciembre, se supo que los cursos para Oficiales de la Dirección Nacionalsocialista habían sido cancelados debido a «una operación especial inminente». El uso excesivo del término «especial» por parte de los nazis probablemente fuera la causa de que no se prestara la debida atención a este detalle. Y el 3 de diciembre, se pidió un informe a la Luftflotte Reich «sobre las medidas adoptadas para el suministro técnico de unidades que habían llegado para operaciones en el oeste». Al día siguiente, los comandantes de las unidades de caza fueron convocados a una conferencia en el cuartel general del Jagdkorps II. Poco después, todo el SG 4, un *Geschwader* especializado en ataques terrestres, fue transferido del Frente Oriental al oeste. Este hecho habría debido inquietar a más de uno.

El jefe de los Servicios Secretos de Inteligencia consideraba «un poco alarmante descubrir que los alemanes tenían un mejor conocimiento del orden de batalla estadounidense gracias a la información proporcionada por sus servicios de inteligencia que el que teníamos nosotros del orden de batalla alemán gracias a la Fuente [Ultra]». En su opinión, la razón era evidente: «Desde el Día D, las comunicaciones y mensajes de los estadounidenses han sido de gran ayuda para el enemigo. Se ha hecho hincapié en que, de las aproximadamente treinta divisiones estadounidenses presentes en el oeste, los alemanes han sabido en todo momento la localización, y a menudo las intenciones, de todas salvo dos o tres. Sabían que el ala sur del I Ejército estadounidense, en un frente de alrededor de ciento treinta kilómetros, estaba ocupada principalmente por divisiones nuevas o exhaustas».[19]

Comprensiblemente agotadas, dos divisiones de infantería, la 4.ª y la 28.ª, se lamían las heridas después de haber vivido los horrores del bosque de Hürtgen. Habían sido enviadas a descansar en el sur de las Ardenas, región sumamente montañosa conocida con el nombre de «la Suiza de Luxemburgo», y descrita como «un paraíso de tranquilidad para las tropas exhaustas».[20] Parecía el sector que tenía menos probabilidades de sufrir un ataque. Los hombres fueron acomodados en casas para intentar que olvidaran los padecimientos de las trincheras del bosque de Hürtgen.

En las zonas de retaguardia, los soldados y los mecánicos se alojaron en viviendas de familias locales, y las tiendas se llenaron de productos del ejército estadounidense. «El tráfico constante y el barro enseguida tiñeron casi todos los pueblos del mismo color amarronado, salpicado de fango. En la mayoría de los lugares en los que se bebía y comía el ambiente se parecía al de uno de esos pueblos de película del Oeste en el que los hombres se reúnen por la noche para alegrarse la vida tomando un trago. La gran mayoría de esos soldados había hecho su agosto con el ejército. No les importaba la vida, pero se habían propuesto exprimirla al máximo.»[21]

Los alemanes, a pesar de todas las órdenes que prohibían efectuar misiones de reconocimiento, tenían una imagen muy clara de determinados sectores del frente, especialmente los más débiles, como el que defendía la 4.ª División de Infantería en el sur. La población civil germana podía cruzarlo, colándose entre los puestos avanzados a orillas del río Sauer. Así pues, los alemanes eran capaces de identificar puestos de observación y posiciones de artillería. El fuego de contrabatería constituía una parte esencial de su plan para proteger los puentes de pontones sobre el Sauer durante las primeras horas vitales del ataque. Algunos de sus agentes más experimentados se mezclaban incluso entre los soldados estadounidenses que estaban fuera de servicio en los pueblos y aldeas de la retaguardia aliada. Después de unas cuantas cervezas, a muchos soldados no les costaba ponerse a charlar con los luxemburgueses y los belgas que hablaban un poco de inglés.

Los lugareños dispuestos a entablar una conversación ya no eran tantos como antes. La alegría de septiembre por la liberación y la generosidad inicial de los estadounidenses se habían convertido en amargura a finales del otoño a medida que comenzaron a aumentar las denuncias de colaboracionismo y los recelos entre la comunidad valona y la de lengua alemana. Sin justificación alguna, los grupos de la resistencia empezaron a exigir a los campesinos cada vez más comida y provisiones. Pero en los cantones orientales más próximos a los combates que se desarrollaban en la Línea Sigfrido, lo que más consternación provocó fue la decisión de la administración de asuntos civiles estadounidense de llevar a cabo la evacuación de buena parte de la población local entre el 5 y el 9 de octubre. Solo un reducido grupo previamente elegido sería autorizado a quedarse en los pueblos para guardar el ganado. En cierta manera, esta medida se revelaría milagrosa, pues de no haber sido por ella habrían muerto muchas más familias de campesinos.[22]

Durante los últimos ciento cincuenta años, las regiones fronterizas de Eupen y Saint-Vith habían visto cómo su suerte dependía de los resultados de las guerras, pasando a manos de Francia, Prusia, Bélgica o Alemania. En las elecciones belgas de abril de 1939, más del 45 % de los votantes de los «cantones orientales» de habla principalmente germana se habían inclinado por el *Heimattreue Front*, que quería volver a anexionar la región al Reich. Pero, más tarde, el privilegio de pertenecer al Reich había hecho llorar lágrimas amargas. La población de habla germana de los cantones orientales se había visto tratada como ciudadanos de segunda categoría, los llamados, en tono burlón, *Rucksackdeutsche*, que habían sido reincorporados tras la invasión de las Ardenas de 1940.[23] Y tantos de sus jóvenes habían perdido la vida o habían acabado mutilados en el Frente Oriental, que en aquellos momentos esos hombres y mujeres ansiaban ser liberados por los enemigos del Reich. Pero, entre ellos, seguía habiendo un número de elementos leales al Tercer Reich suficientemente importante como para constituir un peligroso grupo de potenciales informadores y agentes de espionaje alemán, los denominados *Frontläufer*.

Algunos grupos de efectivos de las divisiones presentes en las Ardenas pudieron trasladarse al campamento de descanso del VII Cuerpo en Arlon o a la localidad de Bastogne, donde Marlene Dietrich actuó para los soldados, susurrando canciones con su voz ronca, enfundada en un vestido largo de lentejuelas tan ajustado que no le permitía llevar ropa interior. Casi siempre entonaba *Lili Marlene*, cuyo melodioso estribillo había conquistado los corazones de los soldados aliados, a pesar del origen alemán de la canción. «¡Esos malditos alemanes! —escribiría un soldado estadounidense—. Cuando no te mataban, te hacían llorar.»[24]

Marlene Dietrich adoraba las reacciones de los soldados, pero no amaba tanto a los oficiales del estado mayor con los que tenía que tratar. «La Dietrich no paraba de quejarse —anotaría Hansen en su diario—. Su gira por los cuerpos de ejército del I Ejército ha sido de rigor. No le gustaba el I Ejército. No le gustaba la rivalidad entre cuerpos, ejércitos y divisiones. Sobre todo le desagradaban los coroneles y generales de Eagle Main [cuartel general de la retaguardia del XII Grupo de Ejércitos], en Verdún, donde sobrevivió a base de salmón porque su horario de comidas no se correspondía con el de los ranchos, y nadie se preocupó por ella.» También afirmaba haber sido picada por piojos, cosa que, sin embargo, no le impidió aceptar la invitación del general Bradley a tomar unos cócteles, a cenar y a ver «una película mala» en el hotel Alfa de Luxemburgo. El general Patton, con el que la diva decía haber tenido un romance, era claramente mucho más su tipo de general. «Patton cree firmemente en un Valhalla del guerrero», también escribiría Hansen ese mismo día.[25]

El domingo, 10 de diciembre, a última hora de la tarde, cayó una gran nevada. A la mañana siguiente, Bradley, ya recuperado en parte, se desplazó a Spa para visitar a Hodges y a Simpson. Sería la última reunión que mantendrían durante algún tiempo. Regresó por la tarde, tras un largo viaje en automóvil pasando por Bastogne. Un blanco manto de nieve cubría toda la zona, y las carreteras estaban totalmente enfangadas debido a la nevasca de la noche anterior. Un par de escopetas que había pedido lo esperaban. El general Hodges, tuvo, al parecer, la misma idea. Tres días después, pasó «buena parte de la tarde»[26] con *monsieur* Francotte, conocido fabricante de armas de

Lieja, encargándole una escopeta que debía fabricarse según las especificaciones que le dio.

El cuartel general de Bradley seguía mostrándose bastante optimista en lo tocante al futuro inmediato. Esa semana, los oficiales del estado mayor llegaban a la siguiente conclusión: «Ahora no cabe la menor duda de que el desgaste está constantemente haciendo mella en las fuerzas de las tropas alemanas del Frente Occidental, y que su caparazón defensivo es más débil, más quebradizo y más vulnerable de lo que parece en nuestros mapas del G-2 o de lo que creen las tropas en el frente».[27] La principal preocupación de Bradley era la situación de los reemplazos. A su XII Grupo de Ejércitos le faltaban 17.581 efectivos, y pensaba ver a Eisenhower en Versalles para hablar de este tema.[28]

En una conferencia de prensa celebrada el 15 de diciembre para elogiar la labor del IX Mando Aéreo Táctico, Bradley calculó que los alemanes no tenían más de seiscientos o setecientos carros de combate en todo el frente. «Creemos que están bastante debilitados a lo largo de toda la línea», dijo.[29] Hansen observaría que, en lo concerniente al apoyo aéreo, «hoy se ha hecho poco ... Las condiciones climatológicas impiden que sean operativos hasta una cuarta parte del tiempo». La mala visibilidad que impedía volar, tan anhelada por Hitler, se repitió un día tras otro. Sin embargo, no parece que fuera un obstáculo para la artillería a la hora de identificar aviones de viaje no oficial en la región de las Ardenas. Bradley recibió quejas en el sentido de que «los soldados, con ganas de comer cerdo a la barbacoa, se dedicaban a cazar jabalíes volando bajo en avionetas Cub y con la ayuda de subfusiles Thompson».[30]

También el 15 de diciembre, en la reunión informativa celebrada diariamente en el SHAEF, el oficial de operaciones del G-3 dijo que no había ninguna noticia nueva del sector de las Ardenas. El mariscal de campo Montgomery preguntó al general Eisenhower si le importaba que regresara a Inglaterra la semana siguiente para pasar las Navidades. Su jefe del estado mayor, el general Freddie de Guingand, había partido aquella mañana. En la víspera del ataque alemán, en el momento menos oportuno, fue cuando Montgomery aseguró que la falta de «efectivos, equipos y recursos de los alemanes·hacían imposible cualquier acción ofensiva por su parte».[31] Por otro lado, el VIII Cuerpo informaba desde las Ardenas de movimientos de tropas en dirección a su frente, con la llegada de formaciones nuevas.

Al norte del sector del VIII Cuerpo, la recién llegada 106.ª División de Infantería acababa de ocupar las posiciones de la 2.ª División de Infantería en los montes bajos del Schnee Eifel. «Mis hombres quedaron estupefactos cuando vieron aparecer a los efectivos de la unidad entrante —escribiría el comandante de una compañía de la 2.ª División—. Iban equipados con ese lío de equipamiento que solo los reemplazos frescos recién llegados de Estados Unidos se atreverían a considerar suyo. ¡Y para horror de todos, llevaban corbata! ¡Vestigios del general Patton!»[32]* Durante el relevo, el comandante de un regimiento de la 2.ª División hizo el siguiente comentario al coronel Cavender del 423.º de Infantería: «Las cosas han estado muy tranquilas aquí arriba, y sus hombres aprenderán lo más fácil».[33] Los soldados experimentados que se retiraban se llevaron consigo todos los hornillos. Los novatos recién llegados no tenían ni uno para secar los calcetines, por lo que no tardaron en producirse numerosos casos de pie de trinchera en medio de la humedad y la nieve.

Durante los días siguientes, los hombres de la 106.ª División pudieron oír el ruido que hacían los carros de combate y otros vehículos para trasladarse a su frente, pero debido a su falta de experiencia no estaban seguros de lo que aquello significaba. Incluso una división experimentada como la 4.ª, colocada más al sur, creyó que los ruidos de los motores venían de una división *Volksgrenadier* que estaba siendo reemplazada por otra. Pero lo cierto es que, solo para la primera oleada, había siete divisiones acorazadas y trece divisiones de infantería preparándose para el ataque en los oscuros bosques que se extendían ante las tropas aliadas.

La excitación y la impaciencia eran claramente intensas en el sector alemán, especialmente en las unidades de las Waffen SS. En la víspera de la batalla, un miembro de la 12.º División Panzer de las SS *Hitlerjugend* escribiría a su hermana las siguientes palabras: «Querida Ruth, mi carta diaria será muy breve hoy, breve y dulce. Te estoy es-

---

* El general Patton era famoso por obligar a su policía militar a denunciar a todos los soldados sin corbata por no ir vestidos apropiadamente.

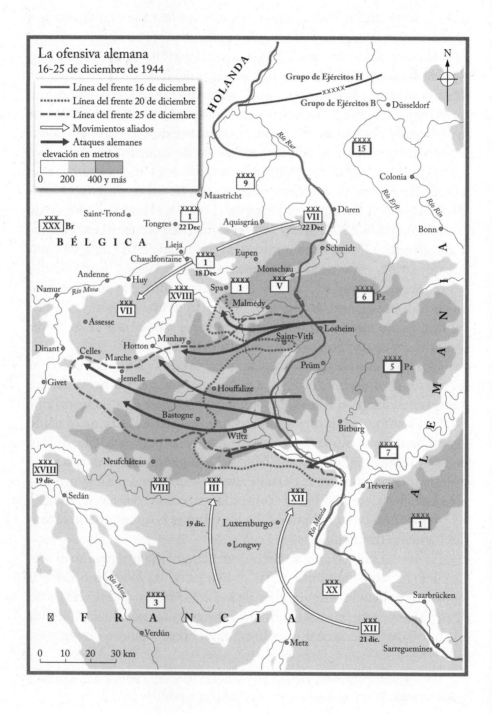

La ofensiva alemana
16-25 de diciembre de 1944

— Línea del frente 16 de diciembre
········· Línea del frente 20 de diciembre
– – – Línea del frente 25 de diciembre
⇒ Movimientos aliados
➤ Ataques alemanes
elevación en metros

0   200   400 y más

cribiendo durante una de esas grandes horas previas a un ataque, lleno de inquietud, lleno de expectación por lo que nos depararán los próximos días. Todos los que han estado aquí estos dos últimos días y sus noches (especialmente las noches), que han presenciado, hora tras hora, la concentración de nuestras mejores divisiones, que han oído el constante traqueteo de los carros de combate, saben que está montándose algo grande, y esperamos con ansia recibir una orden clara que reduzca nuestra tensión. Ignoramos aún el "dónde" y el "cómo", pero eso es algo inevitable. Nos basta saber que vamos a atacar, y que expulsaremos al enemigo de nuestra patria. ¡Esa es una misión gloriosa!». En el reverso del sobre debidamente sellado añadiría una breve posdata: «¡Ruth! ¡Ruth! ¡Ruth! ¡¡¡NOS PONEMOS EN MARCHA!!!». Es evidente que escribió estas palabras mientras partían, pues la misiva cayó en manos de los estadounidenses durante la batalla.[34]

8

Sábado, 16 de diciembre

A las 05.20 horas del 16 de diciembre, diez minutos antes de la «hora cero», abrió fuego la artillería del VI Ejército Panzer de Sepp Dietrich. En su afán por librarse del frío helado de la nieve húmeda durante las dieciséis horas de oscuridad la mayor parte de los soldados estadounidenses dormía en las granjas, cabañas de guardabosques, pajares y establos para las vacas diseminados por la zona. No estaba previsto que amaneciera hasta las 08.30. A lo largo de casi todo el frente, al sur del bosque de Monschau, el terreno recordaba al del bosque de Hürtgen, con espesas arboledas, gargantas rocosas, pequeños arroyos, pocos caminos y senderos y cortafuegos saturados de agua, en los que el barro llegaba a alcanzar tal profundidad que resultaban casi intransitables para los vehículos.

Los comandantes de la artillería alemana, sabiendo que los soldados estadounidenses preferían permanecer a cubierto, apuntaban siempre sus cañones hacia los edificios.[1] A los centinelas les habían dicho que no se quedaran nunca en las casas al lado de la puerta. Debían meterse en un pozo de tirador a corta distancia del edificio para defenderlo en caso de que se produjeran ataques por sorpresa de los alemanes. Al ver aquellos destellos en el horizonte, que semejaban relámpagos de una tormenta de verano, los centinelas corrieron a despertar a los que dormían en el interior. Pero hasta que las bombas no empezaron a estallar a su alrededor, no se produjo el comprensible revuelo de hombres que, dominados por el pánico, intentaban salir de sus sacos de dormir y agarrar de cualquier manera el equipo, el casco y las armas.

Ya antes había habido otros bombardeos extraños, pero aquel era mucho más intenso. Los pocos civiles, que habían recibido autorización para permanecer en la zona de vanguardia para cuidar su ganado, quedaron aterrorizados al ver cómo las bombas incendiaban los pajares repletos de heno y las llamas se extendían rápidamente a sus casas. Incapaces de controlar el fuego, salieron huyendo con sus familias hacia la retaguardia. Algunos resultaron muertos durante el bombardeo. En la pequeña población de Manderfeld, perdieron la vida cinco personas, entre ellos tres niños pequeños.[2]

Al sur, en el sector del frente correspondiente al V Ejército Panzer, las baterías de artillería seguían en silencio. Manteuffel no había hecho caso de la insistencia de Hitler en efectuar una preparación artillera prolongada. Consideraba que una barrera de fuego semejante era «un concepto de la primera guerra mundial y que estaba completamente fuera de lugar en las Ardenas, en vista de lo escasamente guarnecidas que estaban las líneas... Semejante plan no habría sido más que un toque de alarma para las fuerzas estadounidenses y las habría alertado del ataque que vendría a continuación, en cuanto se hiciera de día».[3] Pocos días antes, Manteuffel se había colado de incógnito detrás de las líneas enemigas para reconocer el profundo valle del río Our y el del río Sauer, en su extremo más meridional. El Sauer era «un obstáculo significativo debido a lo escarpado de sus riberas y los escasos puntos por los que era posible vadearlo».[4]

Preguntó luego a sus soldados y a sus oficiales por los hábitos de los estadounidenses que tenían enfrente. Como los «amis» se retiraban en cuanto anochecía a sus casas y sus pajares, y no volvían a sus posiciones hasta una hora antes de que amaneciera, decidió cruzar el río e infiltrarse en sus líneas sin despertarlos. Hasta que no dio comienzo realmente el ataque su ejército no utilizó reflectores, lanzando sus rayos de luz contra las nubes bajas para crear el efecto de una luna llena artificial. Esto permitió a las vanguardias de su infantería abrirse camino en la oscuridad de los bosques. Mientras tanto, sus batallones de ingenieros habían empezado a tender puentes sobre el río Our, para que pudieran adelantarse sus tres divisiones acorazadas, la 116.ª, la 2.ª y la *Panzer Lehr*.

Del modo taxativo que era habitual en él, Hitler había establecido que las divisiones de infantería efectuaran el avance de tal modo que las valiosísimas divisiones *panzer* llegaran intactas a los puentes del Mosa. Los primeros informes que llegaron al *Adlerhorst* no pudieron ser más halagüeños. Jodl comunicó a Hitler «que se ha conseguido una sorpresa total».[5] Era verdad que se había conseguido el efecto sorpresa, pero lo que realmente necesitaban los alemanes era ímpetu para transformar la sorpresa en miedo paralizante. Algunos soldados estadounidenses perdieron la cabeza e intentaron salvarse como pudieran. En muchos casos, los civiles, aterrados, les suplicaron que les permitieran acompañarlos. Por otra parte, algunos integrantes de la minoría de lengua alemana que seguía siendo leal al Reich, contemplaban aquellas escenas de caos con satisfacción mal disimulada. «Si en algunos lugares dominó el pánico —informaba un oficial de la 99.ª División—, en otros pudo verse un valor supremo.»[6] Esos gestos de valor extraordinario ralentizarían la ofensiva alemana con unas consecuencias trascendentales.

Cuatro kilómetros al norte de Manderfeld se hallaba la aldea de Lanzerath, justo enfrente de la quebrada de Losheim, la línea de avance de la 1.ª División Panzer de las SS encabezada por el *Kampfgruppe* Peiper. El paso, situado casi en lo alto de un risco, ofrecía una vista magnífica hacia Alemania. En una loma, desde la que se divisaban las casas y la carretera, una avanzadilla de dieciocho soldados de la sección de inteligencia y reconocimiento del 394.º Regimiento de la 99.ª División ocupaba una serie de pozos de tirador en la ladera de la colina cubierta de pasto. Por detrás de ellos, a la derecha, un espeso pinar ofrecía una vía de escape, pero también proporcionaba una ruta para que una fuerza atacante los rebasara. La importancia de esta posición radicaba en que unos cientos de metros a la izquierda estaba el cruce de carreteras que conducía por el norte hasta Honsfeld y de ahí al valle del río Amblève.

Aunque la inexperta 99.ª División formaba parte del V Grupo de Ejércitos, esta sección, al mando del teniente Lyle J. Bouck Jr., se hallaba justamente al otro lado de la divisoria que separaba este sector del correspondiente al VIII Cuerpo, que en su extremo más septentrional estaba débilmente guarnecido por el 14.º Grupo de Caballería. Algunos cazacarros agregados al 14º de Caballería se encontraban mucho más abajo, entre las casas. Cuando el horizonte se iluminó

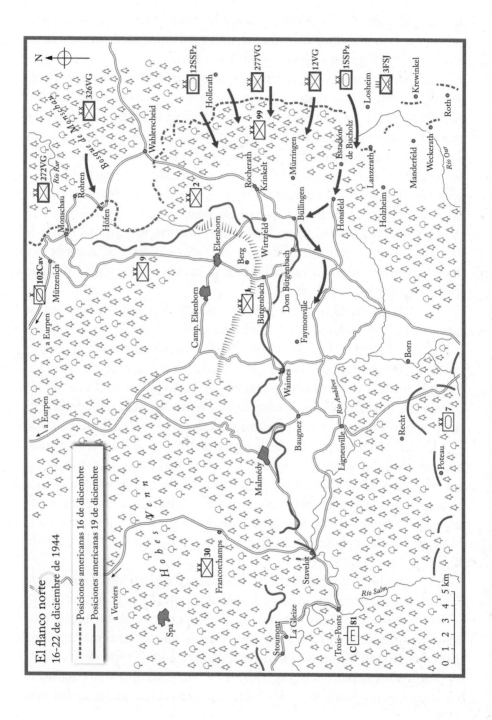

El flanco norte
16-22 de diciembre de 1944

- - - - Posiciones americanas 16 de diciembre
———— Posiciones americanas 19 de diciembre

por el este con los destellos de las bocas de cientos de cañones, la sección de reconocimiento se metió rápidamente en sus pozos de tirador. Lanzerath era a todas luces un objetivo de la artillería alemana. Los soldados se sintieron muy agradecidos a los que habían provisto de una buena cubierta superior a sus trincheras, perfectamente construidas, que habían sido preparadas por la 2.ª División. Cuando cesó el bombardeo, vieron los cazacarros pasar por en medio del pueblo que quedaba a sus pies y luego doblar a la izquierda por la carretera de Honsfeld sin reparar en su presencia. «Por lo menos podían saludar y decir adiós con la mano», comentó un soldado.[7]

Bouck informó por radio del bombardeo al cuartel general de su regimiento, y le dijeron que enviara un pequeño pelotón a Lanzerath a comprobar lo que había pasado y a observarlo todo. De modo que a la luz grisácea del amanecer Bouck cogió a tres de sus hombres y bajó a echar una ojeada. Entraron en una casa y oyeron a alguien hablando en alemán. La localidad de Lanzerath, situada justo al otro lado de la frontera belga, formaba parte de los cantones orientales de lengua alemana. Los hombres de Bouck estaban convencidos de que el individuo en cuestión estaba hablando con el enemigo y el teniente tuvo que detenerlos para que no lo mataran. Cuando aclaró un poco el cielo que aquella jornada había amanecido nubladísimo, vieron un numeroso grupo de figuras en la distancia que se acercaban en fila. Seguirían adelante por el camino sin detenerse pasando ante la posición que ocupaba la sección. Bouck regresó corriendo a comunicar por radio al cuartel general de su regimiento lo que estaba pasando y a pedir que abrieran fuego de artillería sobre la carretera de Lanzerath, pero se topó con la incredulidad de sus superiores.[8]

A través de sus prismáticos, Bouck divisó lo que resultó ser una doble columna de paracaidistas alemanes, con sus característicos cascos e impermeables, marchando en dos filas a uno y otro lado de la carretera. Llevaban sus armas en bandolera, no en la mano, y no llevaban exploradores ni por delante ni en los flancos. Debían de estar yendo a alguna parte por la carretera. Se trataba del 9.º Regimiento de la 3.ª División *Fallschirmjäger*, cuya tarea era ir abriendo camino al *Kampfgruppe* Peiper. La unidad estadounidense permaneció en una tensa espera, con sus ametralladoras y otras armas automáticas listas para llevar a cabo la emboscada perfecta. Bouck quería que el grueso de la columna estuviera completamente en su línea de fuego antes de que sus hombres empezaran a disparar. Entonces vio un pequeño grupo que a todas luces estaba formado por oficiales. Avisó a sus hombres de que se prepararan para abrir fuego. Pero en el último instante, una chica rubia de unos trece años salió de una casa y señaló con la mano hacia la colina, hacia la posición de la sección de reconocimiento. Bouck vaciló, pues no quería matar a la chica, pero el oficial alemán gritó una orden, y todos sus hombres se tiraron a las cunetas de la carretera.

La emboscada puede que fracasara, pero la oportunidad de matar a aquellos adolescentes mal entrenados no había desaparecido, debido a la terquedad de su oficial. Los envió contra el enemigo en un ataque frontal tras otro. Las ametralladoras de la sección de reconocimiento no tuvieron más que acribillarlos mientras intentaban trepar entre la nieve amontonada a través del campo situado justo a los pies de las posiciones estadounidenses. La distancia era tan pequeña que los soldados estadounidenses podían ver con claridad sus caras. Bouck envió un segundo mensaje por radio, pidiendo urgentemente apoyo de artillería. Le respondieron que los cañones estaban realizando otra misión. Preguntó qué debía hacer. «¡Resiste a toda costa!», le contestaron. Varios de sus hombres habían resultado heridos, pero podían seguir luchando.[9]

Abrumado por la cantidad de muertos y de heridos que se acumulaban en los campos situados a sus pies, Bouck no podía creer que el oficial al mando de aquel regimiento continuara con aquel sacrificio inútil en vez de intentar rebasarlos por los flancos. Apareció una bandera blanca y Bouck ordenó alto el fuego para que los sanitarios alemanes recogieran a sus heridos. El combate se reanudó y continuó hasta el anochecer. Para entonces Bouck y sus hombres se habían quedado casi sin municiones. Solo una vez que hubo caído la noche el oficial alemán intentó flanquear a los defensores. Actuaron con rapidez y enseguida rebasaron su posición. Bouck y casi todos sus hombres fueron hechos prisioneros. Su sección había logrado mantener a raya un día entero a todo un regimiento, matando e hiriendo a más de cuatrocientos paracaidistas, con un coste de un solo hombre muerto y algunos heridos. Pero lo más importante era el retraso causado.

Peiper sabía que había sido un error dejar que la infantería pasara primero y estaba furioso. Su *Kampfgruppe* ya había visto frenado su avance porque el puente que cruzaba la línea férrea al noroeste de Losheim, volado por los propios alemanes durante su retirada tres meses antes, no había sido reparado todavía. No estuvo listo hasta esa misma noche a las 19.30. La artillería de la 12.ª División *Volksgrenadier*, arrastrada por caballos, se adelantó también a la columna de Peiper, lo que incrementó el retraso. Las carreteras estaban atascadas, pero Peiper ordenó a sus vehículos que «siguieran adelante a toda velocidad y atropellaran despiadadamente cualquier cosa que se les pusiera por delante».[10] Debido a su impaciencia por avanzar, dijo a los conductores de sus carros de combate que cruzaran por un campo de minas estadounidenses. Como consecuencia cinco *panzer* quedaron inutilizados.

Desde el cuartel general de su división le ordenaron que se desviara hacia Lanzerath para enlazar con el regimiento de la 3.ª División *Fallschirmjäger* cuyo ataque había sido repelido. Peiper debía ponerse al frente de esa unidad y reanudar el ataque. Según un vecino de Lanzerath, los hombres de Peiper estaban muy excitados cuando entraron en el pueblo, «gritando que iban a echar a patadas a los estadounidenses y a obligarlos a cruzar el Canal», y no paraban de decir que sus tropas estaban ya en el Mosa a la altura de Lieja.[11]

Peiper mostró todo su desprecio por los oficiales del regimiento paracaidista, que insistían en que las posiciones estadounidenses eran muy fuertes, aunque no habían llegado a estar nunca cerca de ellas. También lo sacó de quicio el equipo de combate del *Kampfgruppe* Skorzeny asociado a sus tropas, que disponía de cuatro carros Sherman, camiones y *jeeps*. «Para eso podían haberse quedado en casa —diría después—, pues nunca llegaron a estar ni de lejos por delante de la columna, que era donde estaba previsto que estuvieran.»[12] Peiper ordenó a sus hombres y a los paracaidistas que avanzaran hacia Buchholz y Honsfeld.

La pequeña unidad de la 99.ª División rodeada en la estación de Buchholz repelió los ataques de la 3.ª División *Fallschirmjäger*. Se envió a un joven oficial de observación avanzada para dirigir el apoyo de la artillería. «Sacamos nuestro *jeep* de la carretera y lo metimos marcha atrás en un pajar —anotaría más tarde—. Era una noche silenciosa y fría... Podíamos oír claramente a las tropas *panzer* de las SS decirse cosas a gritos, el estruendo de los motores de los carros de combate, el chirrido de las ruedas de los bojes.»[13] Por su radio SCR-536 podían oír también a los radiotelegrafistas alemanes burlándose de ellos en inglés. «¡Venid, venid, venid! ¡Peligro, peligro, peligro! Estamos lanzando un ataque muy fuerte. ¡Venid, venid! ¿Está todo el mundo en su canal?» Los defensores de la estación de Buchholz estaban ya condenados a sucumbir cuando llegaron los blindados antiaéreos de Peiper. Montaron sus cañones cuádruples de 20 mm, capaces de aniquilar a cualquier defensor que no estuviera protegido por una pared de hormigón o una plancha blindada de varios centímetros de espesor.

En el flanco derecho de Peiper, la 12.ª División Panzer de las SS *Hitlerjugend* avanzaba lentamente hacia las aldeas gemelas de Rocherath y Krinkelt sin dejar de combatir ni un solo instante. Esta división, que había sido aniquilada por los británicos y los canadienses en Normandía, no había llegado nunca a recuperarse del todo. «Había tíos en ella que como soldados dejaban mucho que desear —comentaría un oficial de otra formación SS—. Eran más o menos del tipo *boy scout* y otros cerdos por el estilo, para quienes no significaba nada cortarle el cuello a uno.»[14] La división carecía, al parecer, también de habilidades técnicas. La *Hitlerjugend* sufrió un elevado porcentaje de averías mecánicas con sus blindados Panther Mark V.

En el extremo más septentrional de las líneas de la 99.ª División de Infantería, el 3.ᵉʳ Batallón del 395.º Regimiento de Infantería defendía la aldea de Höfen, justo al sur de Monschau. El pequeño saliente de Höfen en el bosque de Monschau era un objetivo de ataque evidente. El *Generalfeldmarschall* Model quería avanzar por ambos lados de Monschau para bloquear las carreteras que iban a Eupen y a Aquisgrán y cortar el paso a cualquier tipo de refuerzos estadounidenses que pudieran llegar procedentes del norte. Prohibió, sin embargo, bombardear la propia localidad de Monschau. Pero en Höfen el batallón estadounidense pudo comprobar que la luna llena artificial jugaba a su favor. Mientras la 326.ª División *Volksgrenadier* avanzaba a través de la niebla, los reflectores recortaban la silueta de la infantería alemana que se acercaba. «A las 06.00 llegaron los alemanes —comunicaba un oficial—. Surgieron de entre la bruma ante la posición de nuestro batallón. Parecían llegar como enjambres avanzando lentamente con su característica forma de caminar. La luna artificial recortaba perfectamente contra el telón de fondo de la nieve la figura de los alemanes que se acercaban, y todas las armas que poseía el batallón abrieron fuego... Las pérdidas alemanas fueron terribles y a las 06.55 empezaron a retirarse.» También fueron usados los diez morteros de 81 mm del batallón y cuando se restablecieron las comunicaciones con el 196.º Batallón de Artillería de Campaña, también este abrió fuego.[15]

Menos de dos horas después comenzó otro ataque más potente reforzado por carros de combate y vehículos blindados. «En el frente de la Compañía K, los hombres de la infantería alemana avanzaron por delante de los carros de combate gritando como locos y cargaron contra la posición de la compañía.»[16] El asalto no fue repelido hasta que los morteros y la artillería —los «Long Tom» de 155 mm— no abrieron fuego contra este sector. A las 09.30 se produjo otro ataque. Un numeroso grupo de alemanes logró apoderarse de cuatro casas. El oficial al mando del batallón ordenó que sus dos cañones contracarro de 57 mm empezaran a golpear las paredes de esos edificios con bombas perforantes. El fuego de los fusiles y de las armas automáticas se concentró en todas las ventanas para impedir que los alemanes dispararan contra los hombres que manejaban los cañones contracarro. «Por los gritos procedentes del interior de la casa podía uno comprobar que los cañones contracarro estaban causando estragos.» Una sección de reserva se adelantó y empezó a tirar granadas de fósforo blanco por las ventanas. Los supervivientes no tardaron en rendirse. Parece que en el interior fueron encontrados setenta y cinco cadáveres.

El 2.º Batallón del 393.º Regimiento de Infantería había sido adscrito a la 2.ª División, que acababa de iniciar un nuevo avance del V Cuerpo hacia el norte, en dirección a las presas del Rur, cerca de Schmidt. Cuando oyeron el estruendo de la artillería pesada procedente del sur, pensaron que el resto de la división se había unido al mismo ataque. Todavía no tenían ni idea de la ofensiva alemana.

Un hombre del servicio de primeros auxilios llamado Jordan, ayudado por un par de fusileros, empezó a vendar a los heridos en el refugio relativo que proporcionaba una zanja de la carretera. «Administramos plasma a un muchacho cuyo brazo derecho estaba atado con unos harapos —contó un soldado—. Intentamos calmarlo y le sujetábamos los cigarrillos para que pudiera fumar. Estaba ya conmocionado, todo el cuerpo le temblaba intensamente. Las bombas que estallaban a centenares de metros de él lo hacían estremecer. "¡Sacadme de aquí! ¡Por Dios, sacadme de aquí! Esa ha caído cerca. Esa ha caído cerca, ¡me cago en Dios! ¡Sacadme de aquí!", decía sin parar.»[17] El enfermero de primeros auxilios Jordan recibió un balazo en la cabeza. «Más tarde, ese mismo día, nos enteramos de que nuestros muchachos dispararon contra un sanitario alemán como represalia, barbaridad mitigada en cierto modo por el hecho de que llevaba una Luger en la mano.» Sin saber lo que estaba pasando y furiosos por tener que ceder el terreno que habían ganado en su avance hacia las presas, los estadounidenses recibieron la orden de detenerse y dar media vuelta. Las órdenes decían que se retiraran hacia el suroeste en dirección a Krinkelt para hacer frente a la 12.ª División Panzer de las SS.

Aunque la mayoría de los soldados de la 99.ª División lucharon valientemente en aquellos combates a la desesperada, «unos cuantos hombres se vinieron abajo debido a la tensión —reconocería un oficial— haciéndoselo encima repetidamente, o vomitando, o mostrando otros síntomas físicos graves». Y «el número de supuestas heridas accidentales de bala en las manos o en los pies, habitualmente cuando el soldado estaba limpiando su fusil, aumentó vertiginosamente». Algunos hombres llegaron a estar tan desesperados que no dudaron en infligirse ellos mismos mutilaciones incluso más graves. Un ejemplo espeluznante ocurrido en la 99.ª División de Infantería fue el de un soldado que, según se contaba, «se tumbó al pie de un gran árbol, agarró una granada y la hizo explotar en su propia mano».[18]

Los hombres de la recién llegada 106.ª División de Infantería, menos experimentados incluso, situados a su derecha, en el Schnee Eifel, serían hechos trizas por la ofensiva alemana a lo largo de los tres

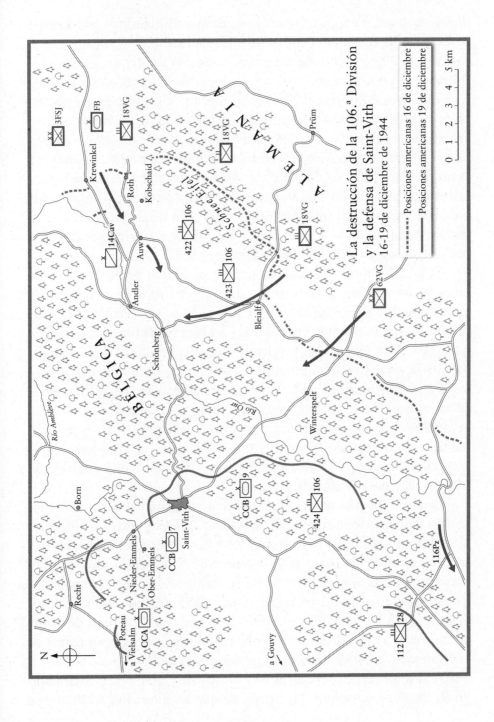

La destrucción de la 106.ª División
y la defensa de Saint-Vith
16-19 de diciembre de 1944

Posiciones americanas 16 de diciembre
Posiciones americanas 19 de diciembre

0 1 2 3 4 5 km

ALEMANIA

BÉLGICA

Schnee Eifel

Río Our

Río Amblève

Prüm
3FSJ
FB
18VG
Krewinkel
Roth
Kobschaid
18VG
18VG
14Cav
Auw
Andler
422 106
423 106
18VG
Bleialf
62VG
Schönberg
Winterspelt
9
CCB
424 106
CCB
Born
7
CCB
Saint-Vith
Nieder-Emmels
Ober-Emmels
Recht
116Pz
CCA 7
Poteau
a Vielsalm
a Gouvy
112 28
N

días siguientes. Fueron rebasados rápidamente cuando el 14.º Grupo de Caballería, que cubría en la quebrada de Losheim la zona fronteriza entre la 99.ª y la 106.ª Divisiones, se retiró sin avisar. Este movimiento hizo que también resultara vulnerable el flanco derecho de la 99.ª División. Mientras el 395.º Regimiento de Infantería se replegaba precipitadamente a la desesperada, los soldados recordarían con amargura el eslogan: «¡El ejército estadounidense no retrocede nunca!».[19] Como habían dejado de recibir raciones de comida, abrieron a la fuerza unos bidones de harina de avena seca. Estaban tan desesperados que intentaron metérsela en la boca a puñados y llenarse los bolsillos con toda la que pudieran coger. Un oficial anotaría en su diario que un soldado llegó a ofrecer a otro setenta y cinco dólares por una lata de sopa Campbell de trece centavos.

El 14.º Grupo de Caballería había tenido que hacer frente a una tarea casi imposible. Diseminado a lo largo de una serie de posiciones aisladas en un frente de casi nueve kilómetros, sus secciones no pudieron más que intentar defender los emplazamientos fijos que ocupaban en algunos pueblos y aldeas. No había una línea continua y la caballería estaba insuficientemente provista de hombres, mal adiestrada y peor equipada para una defensa estacionaria. Todo lo que poseían eran unas ametralladoras que habían sido desmontadas de los vehículos de reconocimiento, unos pocos cañones contracarro y un batallón de obuses de 105 mm a modo de apoyo. Como hacía poco que había llegado la 106.ª División, todavía no se había establecido ningún plan coordinado de defensa.

Durante los días anteriores a la ofensiva, unas patrullas alemanas habían descubierto un hueco de casi dos kilómetros entre las aldeas de Roth y Weckerath, en el sector del 14.º Grupo de Caballería. De ese modo, antes del amanecer, el grueso de la 18.ª División *Volksgrenadier*, apoyada por una brigada de cañones de asalto, avanzó directamente hacia este agujero existente en la línea estadounidense, que estaba justo en el límite del V Ejército Panzer por el norte. El objetivo inicial de Manteuffel era la localidad de Saint-Vith, a quince kilómetros por detrás de la primera línea estadounidense, en la carretera de Roth.

A la sombría luz del día, el 14.º Grupo de Caballería posicionado en Roth y Weckerath se dio cuenta de que los alemanes estaban ya a sus espaldas, al haberse colado hasta allí amparados por la niebla y la llovizna. Las comunicaciones se interrumpieron cuando el estallido de las bombas cortó los cables de los teléfonos de campaña y además los grupos alemanes de interceptación se dedicaron a poner discos a todo volumen en la misma longitud de onda que utilizaban los estadounidenses. Las tropas de caballería se vieron rodeadas en Roth, pese a lo cual continuaron luchando buena parte del día, pero por la tarde no tuvieron más remedio que rendirse.

La 106.ª División no sucumbió de inmediato. Obligada a defender más de treinta kilómetros de frente, incluido un anchuroso saliente justo por delante de la Línea Sigfrido, tuvo que hacer frente a grandes desventajas, especialmente cuando su flanco izquierdo quedó abierto en el sector del 14.º Grupo de Caballería correspondiente a Roth. Con el respaldo de ocho batallones de artillería del cuerpo, infligió graves pérdidas a los *Volksgrenadiere*, utilizados como carne de cañón para romper la línea del frente y abrir paso a las divisiones *panzer*. Pero la 106.ª División no hizo demasiado por contraatacar el flanco del avance alemán por la izquierda y esa negligencia la abocaría al desastre al día siguiente.

Como observó el jefe de la artillería de Model, el terreno difícil y boscoso de la zona ralentizó el avance de la infantería alemana e hizo que a su artillería le resultara muy complicado identificar sus objetivos. Tampoco las divisiones *Volksgrenadier* supieron hacer un uso adecuado del apoyo de la artillería. No las ayudaron precisamente las órdenes estrictas de mantener las radios en silencio, que impidieron el establecimiento de redes radiotelegráficas hasta que dio comienzo el bombardeo.[20]

Las comunicaciones funcionaron todavía peor en el lado estadounidense. El cuartel general del VIII Cuerpo de Middleton en Bastogne no tenía una idea muy clara de la magnitud de la ofensiva. Y en el del I Ejército en Spa, el general Hodges supuso que los alemanes estaban llevando a cabo «una simple operación de diversión local» para aliviar la presión del V Cuerpo en su avance hacia las presas del Rur.[21] Y aunque las V-1 o «bombas zumbadoras», como las llamaban los estadounidenses, pasaban sobre sus cabezas cada pocos minutos con destino a Lieja, Hodges siguió sin reconocer las señales.* Pese a la insistencia del general Gerow, se negó a detener el avance de la 2.ª División hacia el norte. En el cuartel del XII Grupo de Ejércitos en Luxemburgo, durante la reunión informativa de las 09.15, el oficial del estado mayor del G-3 comunicó que no había ningún cambio que reseñar en el sector de las Ardenas. En ese momento el general Bradley iba de camino a Versalles para discutir con el general Eisenhower los problemas ocasionados por la escasez de hombres.

El diario que llevaba el teniente Matt Konop, adscrito al cuartel general de la 2.ª División, nos da una idea de cómo los estadounidenses, incluso los que estaban más cerca del frente, pudieron tardar tanto en comprender la magnitud y el alcance de la ofensiva alemana. La anotación de Konop correspondiente al 16 de diciembre empieza diciendo: «05.15. Durmiendo en la Casita Roja con otros seis oficiales. Oigo fuertes explosiones. Debe de ser un sueño. Sigo pensando que es un sueño. Debe de ser nuestra artillería. No puede ser; el ruido este parece que está cada vez más cerca». Se levantó en la oscuridad y fue sigilosamente hasta la entrada vestido con sus calzoncillos largos. Abrió la puerta. Un violento estallido en el exterior de la casa lo obligó a volver corriendo a despertar a los demás. Todos bajaron al sótano en ropa interior, iluminándose con los destellos de las explosiones. Finalmente, cuando cesó el bombardeo, volvieron arriba. Konop llamó a la sección de operaciones para preguntar si había algo insólito que comunicar: «No, nada insólito —le respondieron—, pero acabamos de sufrir un bombardeo por aquí. Nada insólito que comunicar desde el frente». Konop regresó gateando a su colchoneta, pero no pudo volver a dormirse.[22]

Todavía reinaba la oscuridad a las 07.15 cuando el teniente Konop llegó al puesto de mando en Wirtzfeld. El progreso de la 2.ª División en su avance parecía satisfactorio sobre el mapa de situación.

---

* El peor desastre causado por los bombardeos con V-1 tuvo lugar esa misma noche en Amberes, cuando un proyectil cayó en un cine causando la muerte de casi trescientos soldados británicos y canadienses y heridas a otros doscientos, así como a numerosos civiles.

Su 9.º Regimiento de Infantería acababa de capturar la aldea de Wahlerscheid. Una hora después el teniente salió a inspeccionar el pueblo. El bombardeo no había producido bajas, salvo que el estallido de un proyectil en una pila de estiércol provocó que «el montón aquel fuera desplazado repentinamente a toda la cocina, el comedor de tropa y el comedor de oficiales del Batallón de Ingenieros». Más tarde, esa misma mañana, Konop se mostró de acuerdo con el capellán católico de la división en que tras el bombardeo sufrido durante la madrugada debían tener cuidado a la hora de celebrar misa al día siguiente en la iglesia, pues esta era un objetivo evidente.

A las 17.30, Konop vio un informe que decía que unos carros de combate alemanes habían rebasado a la 106.ª División. El suceso era calificado de «acción local del enemigo». Como no tenía nada más que hacer, regresó a su habitación a leer. Pasó después la velada charlando con un par de corresponsales de guerra que habían venido a echar una cabezadita. Antes de «irse a la piltra», enseñó a los dos periodistas la puerta del sótano por si se producía otro bombardeo a la mañana siguiente.[23]

A la 28.ª División de Cota, vecina de la 106.ª por el suroeste, todo aquello la pilló al principio por sorpresa debido a la mala visibilidad, pero el uso de luz de luna artificial por parte de los alemanes se reveló una «metedura de pata». «Dirigieron los reflectores hacia los bosques y entonces se reflejaron sobre las nubes que cubrían nuestras posiciones, recortando la silueta de sus [propias] tropas de asalto. Las convirtieron en blanco fácil para nuestras ametralladoras.»[24]

Por fortuna, antes de que diera comienzo la ofensiva la división había adiestrado a sus oficiales y suboficiales de infantería para que actuaran como observadores avanzados de la artillería. Una compañía del 109.º Regimiento de Infantería de la división, que estaba bien atrincherada, logró colocar los proyectiles de un obús de 155 mm apenas a cincuenta metros delante de su propia posición durante un ataque en masa. Posteriormente afirmaron haber contado ciento cincuenta cadáveres alemanes frente a ninguna baja por parte estadounidense.[25]

El afán de exagerar las hazañas y las dimensiones de las fuerzas enemigas era un vicio generalizado. «Diez alemanes eran presentados en los informes como toda una compañía —se lamentaba el oficial al mando de un batallón de la división— y dos carros de combate Mark IV eran calificados de ataque masivo de blindados Mark VI. Es casi imposible que un mando tome una decisión correcta con rapidez a menos que los informes recibidos sean lo que el informante ha visto u oído, y no lo que se ha imaginado.»[26]

El 112.º Regimiento de Infantería de la 28.ª División de Cota comprobó que «la mañana del asalto inicial habría muchos indicios de que la infantería alemana había tomado abundantes dosis de bebidas alcohólicas... Reían y gritaban y decían a nuestras tropas que no abrieran fuego, porque eso les permitiría localizar nuestras posiciones. Los complacimos hasta que la cabeza de la columna estuvo a unos veinticinco metros delante de nosotros. Les infligimos numerosas bajas. El examen de las cantimploras de varios cadáveres demostró que solo unos minutos antes habían contenido coñac».[27]

La 116.ª División Panzer de Waldenburg atacó en la linde entre la 106.ª y la 28.ª Divisiones. Pero en vez de encontrar un hueco por el que colarse, los alemanes fueron cogidos de flanco por el batallón de la 106.ª División situado más a la derecha y una sección de cazacarros. En el bosque, al oeste de Berg, según comunicó Waldenburg, la compañía de tropas de asalto de su 60.º Regimiento *Panzergrenadier* no solo fue frenada, sino que «a punto estuvo de ser destruida», pues los estadounidenses «combatieron con mucho valor y fiereza». Los alemanes adelantaron su artillería para que cubriera los vados del río, pero los bosques y las colinas hacían que las labores de observación resultaran muy difíciles y la elevada pendiente de las laderas ofrecía pocos lugares en los que situar sus baterías.[28]

En cambio, por el sur, el 156.º Regimiento *Panzergrenadier* de Waldenburg avanzó rápidamente hacia Oberhausen. Allí descubrió que las defensas de los dientes de dragón de la Línea Sigfrido impedían que el regimiento blindado siguiera la ruta que se le había ordenado. Waldenburg tuvo que pedir permiso al cuartel general de su Grupo de Ejércitos para seguir engrosando los éxitos del 156.º Regimiento *Panzergrenadier*, que había conseguido apoderarse de varios

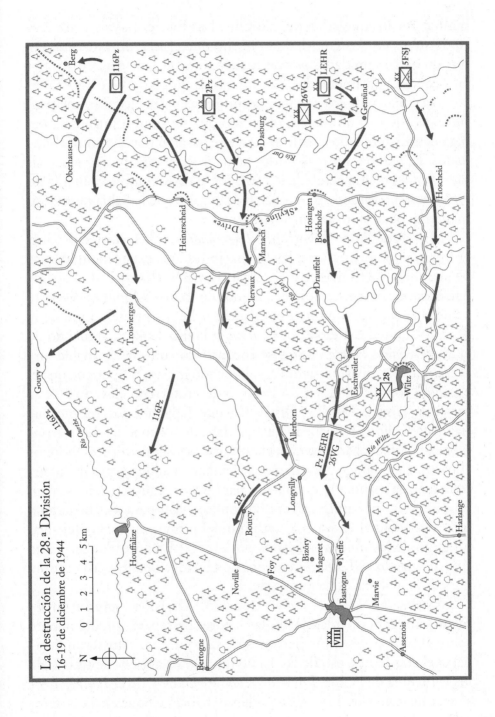

La destrucción de la 28.ª División
16-19 de diciembre de 1944

puntos por los que cruzar el río Our. Las fuertes lluvias y la nieve caída sobre las Ardenas habían hecho que el terreno estuviera tan blando que las unidades *panzer* tuvieron que limitarse a avanzar por las carreteras pavimentadas. Las orugas de los carros de combate revolvían el barro de los caminos secundarios hasta alcanzar una profundidad de casi un metro, haciendo que resultaran intransitables para el tráfico rodado e incluso para que pasaran por ellos otros blindados. El mal tiempo que Hitler había deseado que protegiera a sus fuerzas del poderío aéreo de los Aliados le costó muy caro, lo mismo que el terreno escabroso y cubierto de árboles que le había permitido mantener ocultas sus intenciones.

Más al sur, la 26.ª División *Volksgrenadier* tenía la misión de abrir el frente para que pasaran las formaciones más experimentadas de Manteuffel, la 2.ª División Panzer y la División *Panzer Lehr*. Esperaban llegar a Bastogne, situada a menos de treinta kilómetros al oeste a vuelo de pájaro, durante esa misma noche o a primera hora de la mañana siguiente. Pero el *Generalmajor* Heinz Kokott, al mando de la 26.ª División *Volksgrenadier* se encontró con una desagradable sorpresa. La 28.ª División siguió combatiendo incluso después de que el enemigo rompiera su línea a lo largo de un terreno elevado y de la carretera llamada «Skyline Drive». Lo que nadie se esperaba, escribiría luego Kokott, «era que lo que quedaba de las unidades derrotadas no dejaran de luchar. Permanecieron firmes y siguieron cortándonos el paso». Esto obligó a los mandos alemanes a admitir que «la infantería tendría realmente que luchar para poder seguir adelante», y no limitarse a abrir camino a las divisiones *panzer* para que llegaran a toda velocidad al Mosa. «Al término del primer día de la ofensiva, ninguno de los objetivos fijados por el [5.º] Ejército Panzer había sido alcanzado.» «La tenaz defensa de Hosingen» duró hasta última hora de la mañana del segundo día.[29]

Aunque los *Volksgrenadiere* de la 26.ª División lograron finalmente cruzar el río a la fuerza, las labores de reparación del puente sobre el Our en las inmediaciones de Gemünd no estuvieron listas hasta el atardecer a eso de las 16.00 horas. Los atascos de tráfico de los vehículos de la 26.ª División *Volksgrenadier* y de la *Panzer Lehr* se acumularon, pues los estadounidenses habían bloqueado la carretera que conducía a Hosingen con unos socavones enormes y con barricadas del tipo «abatis», construidas con troncos de árboles. Los batallones de exploradores alemanes tuvieron que trabajar toda la noche para despejar la carretera. Solo en aquella primera jornada, la 26.ª División *Volksgrenadier* perdió doscientos treinta hombres y ocho oficiales, incluidos los comandantes de dos batallones.

Por el flanco derecho de la 28.ª División estadounidense, el VII Ejército alemán mandó por delante a la 5.ª División *Fallschirmjäger* para proteger el flanco de Manteuffel mientras su V Ejército Panzer avanzaba hacia el oeste en dirección al Mosa. Pero los paracaidistas de la 5.ª División eran reemplazos de última hora en el orden de batalla alemán y combatieron muy mal. Aunque la división estaba formada por dieciséis mil hombres, tanto sus oficiales como sus tropas habían recibido muy poco adiestramiento de infantería. En un batallón al mando de un instructor de vuelo, el comandante Frank, del 13.º Regimiento *Fallschirmjäger*, había doce oficiales que no tenían ninguna experiencia de campaña. En una conversación grabada en secreto después de su captura, Frank dijo a otro oficial que sus suboficiales eran «voluntariosos, pero ineptos», mientras que sus setecientos soldados eran en su mayoría chicos de dieciséis o diecisiete años, pero «los chavales eran maravillosos».[30]

«Justo el primer día de la ofensiva asaltamos Führen [defendida por la Compañía E del 109.º Regimiento de Infantería]. Era una aldea fortificada. Llegamos a veinticinco metros del búnker, pero allí nos cortaron el paso y mis mejores *Kompaniechefs* fueron muertos. Permanecí allí clavado durante dos horas y media; cinco de mis enlaces habían muerto. No podía uno dirigir las cosas desde allí, los enlaces que regresaban eran acribillados a balazos. Luego, durante dos horas y media, siempre cuerpo a tierra, logré abrirme paso marcha atrás centímetro a centímetro. ¡Menudo espectáculo para unos chavales, tener que abrirse camino sobre un terreno llano y sin apoyo de armamento pesado! Decidí esperar a que llegara un oficial de observación avanzada. El oficial al mando del regimiento dijo:

—Sigan avanzando. Tomen ese pueblo. ¡Solo hay unos pocos soldados defendiéndolo!

—¡Es una locura! —respondí al *Regimentskommandeur*.

—¡No, no! ¡Es una orden! Sigan avanzando. ¡Debemos tomar el pueblo antes de que oscurezca!

Yo repliqué:

—Lo haremos. La hora que perdamos esperando al oficial de observación avanzada ya la recuperaré luego multiplicada por dos o por tres... Deme por lo menos los cañones de asalto para entrar por el norte y destruir su búnker.

—¡No, no, y no!

Tomamos el pueblo sin ningún apoyo y apenas estuvo en nuestras manos cuando nuestros cañones pesados empezaron a abrir fuego sobre él. En total hice 181 prisioneros. Acababa de agarrar a los últimos sesenta cuando una descarga procedente de nuestras brigadas de mortero cayó sobre ellos, justo en medio de los prisioneros y de sus guardias. Veintidós horas después nuestra propia artillería seguía disparando contra el pueblo. Nuestras comunicaciones fueron un completo fracaso.»

El oficial al mando de la división, el *Generalmajor* Heilmann, no tuvo evidentemente la menor compasión de sus propias tropas. Heydte lo describía como «un militar despiadado, muy ambicioso, carente por completo de escrúpulos morales», y decía que no habría debido estar al mando de una división.[31] Sus soldados lo llamaban «der Schlächter von Cassino» («el Carnicero de Cassino»), por las terribles pérdidas sufridas por sus hombres durante esa batalla.[32] Y el primer día de la ofensiva de las Ardenas, sus unidades fueron machacadas por el fuego de mortero de los estadounidenses mientras intentaban cruzar el lecho embarrado y las tempestuosas aguas del río Our.[33]

Un poco más al sur, la 9.ª División Acorazada norteamericana defendía un estrecho sector de apenas tres kilómetros, pero fue obligada a retroceder por la 212.ª División *Volksgrenadier*. A su derecha, las avanzadillas de la 4.ª División de Infantería, al oeste y al sur de Echternach, no pudieron ver a las tropas alemanas cruzar el Sauer antes de amanecer. Esas avanzadillas, apostadas en crestas y riscos que dominaban el valle, habrían tenido una vista maravillosa a sus pies con buen tiempo, pero por la noche y cuando había niebla era como si estuvieran ciegas. En consecuencia, la mayoría de los hombres de aquellas posiciones adelantadas fueron rodeados y capturados con mucha rapidez en cuanto las secciones de avance alemanas lograron colarse por detrás de ellas. El oficial al mando de una compañía, cuando finalmente logró comunicar los detalles del ataque a través de un teléfono de campaña al comandante de su batallón, quedó de piedra cuando oyó a otra persona responder a través de la línea. Una voz con fuerte acento alemán le hizo saber: «¡Ya estamos aquí!».[34] En Lauterborn, una brigada fue pillada completamente por sorpresa y hecha inmediatamente prisionera. Pero los alemanes, confiados en exceso, se llevaron a sus integrantes por la carretera hasta que pasaron por un molino que casualmente estaba ocupado por soldados estadounidenses pertenecientes a otra compañía que abrieron fuego sobre ellos. Los prisioneros se tiraron a una zanja, en la que permanecieron escondidos varias horas hasta que por fin se reunieron con su unidad más tarde.[35]

Una vez más las líneas de los teléfonos de campaña de los puestos de observación quedaron cortadas como consecuencia de los bombardeos, y las radios a menudo no funcionaron debido a la fragosidad del terreno y a las condiciones atmosféricas marcadas por una humedad excesiva. El tráfico de señales de radio fue en cualquier caso caótico, en manos de operadores negligentes y muertos de miedo que interferían las comunicaciones de los demás. El general Raymond O. Barton, al mando de la 4.ª División de Infantería, no se enteró hasta las 11.00 de que su 12.º Regimiento de Infantería, situado a uno y otro lado de Echternach, estaba sufriendo un violento ataque. Barton no perdió el tiempo en recurrir a su batallón de reserva y envió por delante una compañía del 70.º Batallón Acorazado. Más tarde, cuando oscureció, el 12.º Regimiento de Infantería seguía reteniendo cinco localidades y aldeas de importancia crucial a lo largo de la ruta montañosa del «Skyline Drive». Fueron los importantísimos cruces de carreteras que bloquearon el avance de los alemanes. «Aquellas fueron las localidades y los cruces de carreteras que resultaron decisivos en la batalla», concluiría cierto estudio.[36]

La 4.ª División de Infantería había arrojado además unos pinos altísimos en medio de los caminos para construir barricadas de tipo «abatis», que además fueron minadas y plagadas de trampas explosivas. La hazaña de esta división fue tanto más notable si se tiene en cuenta la escasez de hombres y de armamento que padecía tras los

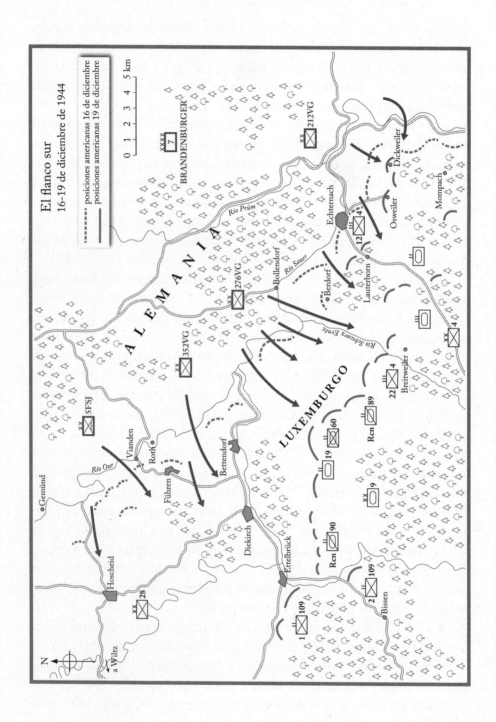

El flanco sur
16-19 de diciembre de 1944

.... posiciones americanas 16 de diciembre
——— posiciones americanas 19 de diciembre

recientes combates en el bosque de Hürtgen. Desde la batalla de Normandía, la 4.ª División de Infantería se había apoderado de tantos *Panzerfäuste* que pudo utilizarlos contra los alemanes. Aunque su alcance efectivo era solo de unos cuarenta metros, descubrieron que eran muchos más potentes a la hora de perforar los carros Panther que sus propias bazucas. Cuarenta y tres de sus cincuenta y cuatro carros de combate seguían en reparación en talleres de la retaguardia. Esta circunstancia, sin embargo, no resultó tan desastrosa como habría podido llegar a ser. Manteuffel había querido proveer al VII Ejército de Brandenberger de una división *panzer* que abriera el camino a su flanco sur, pero no había sido posible prescindir de ninguna.

Aquel día, el viaje del general Bradley por las carreteras heladas desde Luxemburgo hasta Versalles duró más de lo esperado. Eisenhower estaba muy comunicativo cuando llegó, pues se había enterado de que iban a concederle su quinta estrella. Bradley le felicitó. «¡Por Dios —contestó Eisenhower—, lo único que quiero es verme firmar por primera vez como general del ejército!»[37]

El comandante Hansen, que había acompañado a Bradley, regresó al Ritz, donde Hemingway estaba tomando unas copas junto a un gran número de visitantes. «La habitación, que tenía dos camas de metal —escribió Hansen—, estaba atestada de libros, desperdigados por el suelo, junto a botellas de licor, y las paredes estaban llenas de estampas de París clavadas cuidadosamente con clavos y chinchetas.» Tras hablar un rato con ellos, según dice Hansen, «logramos escabullirnos y fuimos caminando con paso cansino hasta el Lido, donde estuvimos hasta muy tarde viendo a unas chicas con los pechos al aire que meneaban el culo».[38]

A última hora de la tarde, mientras Eisenhower y Bradley discutían el problema de los reemplazos con otros oficiales de alta graduación del SHAEF, fueron interrumpidos por un oficial del estado mayor. Entregó un mensaje al general Strong que, al leerlo, pidió un mapa del sector correspondiente al VIII Grupo de Ejércitos. Los alemanes habían roto las líneas por cinco puntos, el más amenazador de los cuales era la quebrada de Losheim. A pesar de la escasez de detalles, Eisenhower tuvo inmediatamente la sensación de que se trataba de una cosa seria, aunque en las Ardenas no había objetivos importantes. Bradley, por su parte, creyó que se trataba simplemente del ataque previo de hostigamiento con el que ya se esperaba que los alemanes intentaran trastocar la ofensiva de Patton en Lorena. Eisenhower no perdió el tiempo tras consultar el mapa de operaciones. Ordenó que el IX Ejército enviara a la 7.ª División Acorazada a ayudar a Troy Middleton en las Ardenas, y que también Patton trasladara a la zona su 10.ª División Acorazada. Bradley comentó que a Patton no iba a hacerle mucha gracia cederla teniendo su ofensiva a punto de comenzar dentro de tres días. «Dile —gruñó Eisenhower— que Ike es el que dirige esta guerra.»[39]

Bradley se vio obligado a llamar de inmediato por teléfono a Patton. Como había previsto, este se quejó amargamente y protestó alegando que el ataque alemán no era más que un intento de trastocar su operación. Con los ojos de Eisenhower clavados en los suyos, Bradley no tuvo más remedio que darle una orden directa. La 10.ª División Acorazada quedó horrorizada al enterarse de que iba a ser traspasada del III Ejército de Patton a la reserva del I Ejército. «Nos desalentó mucho, porque, sabes, el I Ejército... ¡Qué diablos, estábamos en el III Ejército!»[40] Patton, sin embargo, tuvo la corazonada, justo tras colgar el teléfono, de que aquello «parecía algo serio».[41] «Me recuerda mucho al 25 de marzo de 1918 [fecha de la ofensiva de Ludendorff] —decía en una carta a un amigo—, y creo que tendrá los mismos resultados.»[42]

Bradley llamó luego a su cuartel general en Luxemburgo y dijo a sus subordinados que contactaran con el IX Ejército. No esperaba que hubiera ningún problema con él. El teniente general William H. Simpson era un «tejano alto, de voz suave», apodado el «General soldadito», que resultaba del agrado de todo el mundo. Tenía una cara alargada y atractiva, la cabeza completamente calva, orejas prominentes y mandíbula cuadrada. Simpson estaba examinando el plan de apoyo aéreo para el cruce del Rur cuando recibió una llamada del general Allen, jefe del estado mayor del XII Grupo de Ejércitos: «Hodges [está] teniendo unos cuantos problemas en su flanco sur —dijo Allen—. Hay un poco de jaleo al sur de donde tú estás». Simpson accedió inmediatamente a ceder la 7.ª División Acorazada al I Ejército. Exactamente dos horas después, Simpson llamó por teléfono para comprobar que el destacamento avanzado de la 7.ª División Acorazada estaba ya de camino.[43]

Eisenhower y Bradley, tras despachar aquellas dos divisiones a la zona, se bebieron una botella de champán para celebrar la quinta estrella de Ike. El comandante supremo acababa de recibir un suministro de las ostras que tanto le gustaban, pero Bradley era alérgico a ellas y en su lugar tomó unos huevos revueltos. Luego jugaron cinco partidas de *bridge*, pues Bradley no iba a regresar a Luxemburgo hasta la mañana siguiente.

Mientras los dos generales estadounidenses se encontraban en Versalles, en Paderborn una llamada telefónica despertó de su profundo sueño al *Oberstleutnant* Von der Heydte. Estaba agotado porque la noche anterior todo había salido mal y no había podido acostarse. Su *Kampfgruppe* habría tenido que despegar a primera hora de la mañana, pero la mayoría de los camiones encargados de trasladar a sus hombres al aeródromo no habían recibido a tiempo el combustible, de modo que la operación había tenido que ser aplazada; luego pareció que iba a ser definitivamente cancelada. El general Peltz, el oficial de la Luftwaffe que estaba al otro lado del teléfono, le dijo que volvía a estar previsto que se efectuara el lanzamiento, pues el ataque inicial no había procedido con tanta rapidez como se había pensado.

Cuando Heydte llegó al aeródromo, le comunicaron que el parte meteorológico de la Luftflotte West estimaba una velocidad del viento de veinte kilómetros por hora sobre la zona de lanzamiento. Era la velocidad más alta permisible para un lanzamiento nocturno en una zona boscosa, y Heydte no había sido informado deliberadamente para que no cancelara la operación. Justo cuando todos los paracaidistas ya habían subido a bordo de los vetustos aviones de transporte Junkers 52, un «meteorólogo muy concienzudo» irrumpió precipitadamente en el aparato de Heydte cuando estaba a punto de entrar en la pista, y le dijo: «Creo que debo cumplir con mi deber. Los informes de nuestras fuentes dicen que el viento es de 58 kilómetros por hora».[44]

Toda la operación resultó un auténtico fiasco. Como la mayoría de los pilotos eran «novatos y estaban nerviosos», y no tenían costumbre de navegar de noche, unos doscientos hombres fueron lanzados en los alrededores de Bonn.[45] Pocos de los jefes de salto habían llevado a cabo su tarea con anterioridad, y solo diez aviones lograron lanzar a sus grupos de paracaidistas sobre la zona de aterrizaje prevista al sur de Eupen, que había sido marcada por dos antorchas de magnesio. El viento era tan fuerte que algunos paracaidistas fueron precipitados contra las hélices del avión que llevaban detrás. Los supervivientes que pudieron aterrizar sin inconvenientes lograron reunirse en medio de la oscuridad localizándose por medio de silbidos. Al amanecer Heydte se enteró de que su misión había sido «un fracaso manifiesto».[46] Solo había logrado reunir a ciento cincuenta hombres, una «cifra lamentablemente pequeña», comentó, y solo fueron localizados poquísimos contenedores de armas. De los quinientos *Panzerfäuste* lanzados solo se recuperaron ocho y únicamente se encontró un mortero de 81 mm.[47]

«¡Pueblo alemán, ten confianza! —afirmaba el mensaje de Hitler a la nación—. Sea lo que fuere lo que tengamos que afrontar, lo superaremos. La victoria está al final del camino. ¡En cualquier circunstancia, en una lucha en la que el fanatismo de una nación es un factor importante, solo puede caber la victoria!»[48] El *Generalfeldmarschall* Model afirmaba en una orden del día comunicada a las tropas del Grupo de Ejércitos B: «¡Venceremos porque creemos en Adolf Hitler y en el Gran Reich Alemán!». Pero esa misma noche unos cuatro mil civiles alemanes perecieron en el transcurso de una incursión aérea sobre Magdeburgo, planeada antes de la ofensiva.[49]

La población civil belga tuvo al menos la posibilidad de huir del ataque, pero algunos se quedaron en sus granjas al cuidado de sus animales, resignándose a soportar una nueva ocupación alemana. No sabían, sin embargo, que el *Sicherheitsdienst* [servicio de seguridad] de las SS venía pisando los talones a las formaciones Waffen SS. Por lo que a las SS concernía, los habitantes de los cantones orientales de Bélgica eran ciudadanos alemanes, y lo que quería era saber quién había desobedecido las órdenes dadas en el mes de septiembre de trasladarse al este de la Línea Sigfrido con su familia y su ganado. Los miembros de la población local que se las habían arreglado para no tener que prestar servicio militar en la Wehrmacht y los que habían colaborado con los estadounidenses durante el otoño corrían el riesgo de ser detenidos, e incluso en algunos casos ejecutados. Pero el principal objetivo de las SS eran los jóvenes belgas integrados en los grupos de la resistencia que habían acosado a las fuerzas alemanas en retirada durante el mes de septiembre.

El general Hodges, consciente por fin del peligro, ordenó a la 1.ª División, que descansaba en aquellos momentos detrás de las líneas, que se preparara para entrar en acción. «Oímos el sonido de una especie de sirena —escribió Arthur Couch— y el anuncio de que todas las tropas estadounidenses debían regresar a sus unidades y prepararse para salir. Se había producido un gran ataque alemán en la zona de las Ardenas. Reunimos nuestro equipo de combate y montamos en unos camiones que nos llevaron a la nueva línea de frente. Nos dijeron que un ataque alemán con carros de combate había logrado pasar por encima de una nueva división recién traída de América. Sus integrantes habían emprendido una retirada caótica.»[50] A las 22.00 horas otra orden del cuartel general del I Ejército daba instrucciones a la 2.ª División para que detuviera su ataque por el norte y se dispusiera a volver al flanco este de las colinas de Elsenborn, para bloquear el avance de la 12.ª División Panzer de las SS.[51]

Después de todos los retrasos de la primera jornada, aquella noche Peiper obligó a sus hombres a avanzar hacia Honsfeld. A su *Kampfgruppe* se le había asignado «el papel trascendental en la ofensiva», y él no tenía la menor intención de fallar. «No iba a preocuparme por mis flancos, sino que iba a avanzar con rapidez hacia el río Mosa, haciendo plenamente uso del factor sorpresa.» Su columna de carros de combate, semiorugas y otros vehículos se extendía a lo largo de casi veinticinco kilómetros de longitud, y como las carreteras eran tan estrechas, no pudo cambiar el orden de marcha. Decidió por tanto disponer directamente delante un elemento de combate fuerte, un grupo de *Panzergrenadiere* montados en semiorugas, seguido de una compañía de carros Panther y Mark IV. El batallón pesado de carros Tiger iría más atrás.[52]

Antes de que diera comienzo la ofensiva, Peiper había creído realmente que si la infantería alemana lograba avanzar durante las primeras horas del 16 de diciembre, tal como estaba planeado, podría llegar al Mosa en apenas veinticuatro horas. Ahora ya sabía que su excursión de prueba de ochenta kilómetros a bordo de un Panther efectuada antes del comienzo de la ofensiva había sido claramente engañosa. Las carreteras rurales que les habían asignado eran caminos embarrados. Dadas las circunstancias, el hecho de que el propio *Führer* escogiera para él esa ruta no le servía a Peiper de mucho consuelo. Como Manteuffel había previsto, el consumo de combustible en aquel terreno era más del doble de lo que Keitel y el OKW habían calculado. Avisado en la reunión informativa de su división de que el cargamento de combustible enviado en dos trenes no había podido llegar a su destino y de que las vanguardias tendrían que utilizar los pertrechos que lograran capturar, Peiper consultó su mapa. El oficial de inteligencia Ic de su división había marcado la posición de los depósitos de combustible norteamericanos de Büllingen y Stavelot. En cambio, no aparecía señalado el principal centro de distribución de gasolina del ejército estadounidense en Francorchamps, entre Malmédy y Spa, que almacenaba más de 7.570.823,6 de litros de combustible.

9

Domingo, 17 de diciembre

En el cuartel general de la 2.ª División de Infantería, para el teniente Matt Konop el primer indicio de que estaba ocurriendo algo «insólito» no se produjo hasta el segundo día por la mañana, cuando el teléfono situado al lado de su colchoneta sonó poco antes de las 07.00. El oficial de operaciones le comunicó que había llegado un informe que hablaba del aterrizaje de unos paracaidistas al sur de Eupen, y decía que unos treinta carros de combate alemanes habían emprendido el avance hacia el este de donde ellos se encontraban. Konop encendió la luz y cogió un mapa para intentar imaginar si estaba ocurriendo algo importante. Unos minutos después volvió a sonar el teléfono.

—Oiga, Konop, quiero que alerte a todo el mundo —el teniente no pudo identificar la voz—. Que cada cañón, cada hombre y todo lo que pueda conseguir se prepare para una defensa a ultranza del P[uesto de]M[ando]. Carros enemigos han iniciado el avance y ahora están ya camino de Büllingen.

—Sí, señor —contestó Konop—. Por cierto, ¿con quién hablo?

—Aquí el general Robertson —respondió el comandante de su división, hombre conocido por su serenidad y su sentido común. Konop se sintió en la obligación de recordarle que los únicos soldados disponibles eran «los hombres que conducen los camiones y algunos antiguos casos de fatiga de combate». Robertson le dijo que reuniera a todos los individuos que lograra encontrar. De modo que Konop mandó a los cocineros, a los administrativos, a los conductores y a cualquier hombre que estuviera todavía en condiciones de empuñar un arma formar un sección improvisada de defensa y se los llevó rápidamente por la carretera que salía de Wirtzfeld. Podía ya oír en la distancia fuego de ametralladoras mientras colocaba a los equipos encargados de las bazucas y sus dos cañones contracarro de 57 mm, encargados de cubrir cualquiera de los caminos secundarios que pudiera escoger quien quiera que fuese que estuviera al mando de los *panzer*. Puso a un sargento cocinero y a su propio conductor al cargo de una ametralladora de calibre .50 y colocó puestos de observación provistos de radio. Llegó entonces un agente de la policía militar acompañado de veinte hombres y aunque sus «capullitos blancos», como los llamaban por el color de su casco, iban armados solo con pistolas, también fueron clocados en orden de batalla.[1]

El general Hodges había sido obligado por fin a enfrentarse a la realidad. A las 07.30 del 17 de diciembre, veinticuatro horas después de que diera comienzo la ofensiva alemana, concedió finalmente permiso al general Gerow, al mando del V Cuerpo, para detener el ataque de su 2.ª División hacia el norte desde Wahlerscheid. Gerow quería que la unidad se replegara hacia las poblaciones gemelas de Rocherath-Krinkelt, que en aquellos momentos se hallaban amenazadas. La 277.ª División *Volksgrenadier* y la 12.ª División Panzer de las SS *Hitlerjugend* habían obligado a retroceder a la 99.ª División. El general Robertson y Gerow acordaron que debían proteger la carretera que iba por el norte desde Rocherath-Krinkelt hasta Wahlerscheid, para poder sacar de allí a sus dos regimientos.

Gerow no suscribía el absurdo eslogan que afirmaba que el ejército estadounidense nunca retrocede. Se había dado cuenta inmediatamente de que retener el flanco norte del avance enemigo era lo que importaba, y de que eso era la clave de lo que sería la cresta de Elsenborn, que comenzaba justo al oeste de Rocherath-Krinkelt. Tenían que defender las dos localidades gemelas el tiempo suficiente para establecer posiciones fuertes a lo largo de la cresta, donde ya había empezado a llevar sus regimientos de artillería.

Robertson ordenó a las únicas reservas que tenía, un batallón del 23.º Regimiento de Infantería, que se pusieran en marcha y salieran de Elsenborn en camiones. Sus integrantes bajaron de los vehículos al

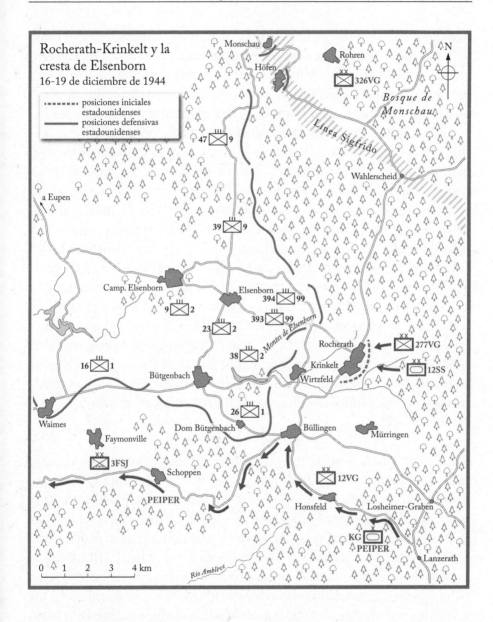

Rocherath-Krinkelt y la cresta de Elsenborn
16-19 de diciembre de 1944

------- posiciones iniciales estadounidenses
——— posiciones defensivas estadounidenses

este de Rocherath, y miraron con inquietud los espesos pinares que tenían ante sí. Lo único que sabían era que una unidad de la 99.ª División, que «había sido noqueada con contundencia», estaba retrocediendo ante la 12.ª División *Hitlerjugend*.[2] A sus espaldas podía escucharse el fragor del fuego de artillería mientras los semiorugas de las baterías antiaéreas disparaban contra las bombas zumbadoras V-1 que volaban sobre sus cabezas. «La nieve que rodeaba el cruce de carreteras había sido removida y formaba una mezcla amarillenta de nieve y escombros, fruto de los recientes bombardeos con armamento pesado», escribía Charles MacDonald, oficial al mando de una compañía.[3]

MacDonald condujo a sus hombres hasta el borde del bosque. Incluso en campo abierto la visibilidad no se extendía más allá de los cien metros debido a la humedad y la bruma. Podían oír disparos de armas cortas delante de ellos, sobre todo el crepitar del fuego rápido de las armas automáticas alemanas, y no la cadencia más lenta, más deliberada de las de sus camaradas estadounidenses. Luego se produjo una salva de «chillonas» de las lanzaderas *Nebelwerfer*. En cuanto los hombres de MacDonald oyeron los proyectiles de artillería, escogieron un frondoso pino para ponerse a resguardo, con la esperanza de evitar que les cayeran encima las astillas de las ramas destrozadas por el estallido en la copa de los árboles. Con poco entusiasmo excepto el que les inspiraba el instinto de conservación, los integrantes de la compañía de MacDonald volvieron a ponerse manos a la obra y empezaron a cavar pozos de tirador. Era una tarea muy ardua, al disponer solo de palas cortas y porque, además, debajo de la nieve húmeda había raíces.

Aquella mañana, la amenaza que se cernía sobre el cuartel general de la 2.ª División en Wirtzfeld, que se disponía a defender el teniente Konop, no procedía de la División *Hitlerjugend*, situada al este; provenía del *Kampfgruppe* Peiper, situado al sur. Peiper, horrorizado por el estado de los caminos que se suponía que debía seguir, había decidido ignorar las órdenes y la ruta asignadas por Hitler. El oficial al mando de su Grupo de Ejércitos se mostraría después de acuerdo con él. «Debido a la malísima situación de los caminos —escribió—, los vehículos rodados debían ser remolcados en algunos lugares a lo largo de distancias considerables.»[4]

El 17 de diciembre antes del amanecer, el *Kampfgruppe* Peiper lanzó un ataque contra Honsfeld. Los vehículos que iban en cabeza se limitaron a seguir los pasos de una columna estadounidense que había emprendido la retirada. Aunque la pequeña fuerza estadounidense fue cogida por sorpresa, el *Kampfgruppe* perdió dos carros Mark V Panther, pero capturó un gran número de camiones y semiorugas. Los *Panzergrenadiere* de las SS de Peiper ejecutaron a diecinueve prisioneros estadounidenses en un campo cercano, y a dos aldeanos los llevaron al paredón y les pegaron un tiro en la nuca. Para los *Panzergrenadiere* era como si se encontraran de nuevo en el Frente Oriental, donde mataban a los prisioneros capturados y a los civiles sin pensárselo dos veces. A continuación procedieron a saquear las casas y la iglesia. Peiper escogió a un pequeño número de hombres para que permanecieran a sus espaldas y guardaran la línea de comunicaciones. Dos días después, cinco de esos *Panzergrenadiere* obligaron a Erna Collas, una hermosa muchacha de dieciséis años, a mostrarles el camino a una granja. Nadie volvió a ver a la joven hasta que su cadáver fue encontrado cinco meses después en una trinchera. Había sido acribillada a balazos, casi con toda seguridad después de ser violada.[5]

Peiper decidió dejar la mayor parte de los camiones en Honsfeld debido al barro, y ordenó al oficial al mando del 9.º Regimiento *Fallschirmjäger* que se quedara en el pueblo para limpiar y asegurar la zona. Luego, en vez de encaminarse directamente al oeste, hacia el valle del Amblève, como se le había ordenado, se dirigió al norte, hacia Büllingen, donde estaba marcado en su mapa que se encontraba el centro de distribución de combustible de la 2.ª División norteamericana. El *Kampfgruppe* tomó la localidad sin encontrar resistencia ese mismo domingo por la mañana, poco después de las 08.30, y destruyó dos aviones ligeros estadounidenses estacionados en una pista de aterrizaje. Salió a saludarlos un civil provisto de un brazalete con la esvástica. Saludó extendiendo el brazo a la manera nazi cada vez que pasaba un vehículo y luego enseñó a los soldados de las SS dónde almacenaban el combustible los estadounidenses.[6] Los *Panzergrenadiere* obligaron a los prisioneros a trabajar llenando los depósitos de sus vehículos y cargando bidones de gasolina en los semiorugas. A un soldado herido lo remataron con un *Kopfschuss*, esto es, pegándole un tiro en la cabeza a quemarropa con una pistola, pero, según el testimonio de los civiles del pueblo, los otros prisioneros tuvieron más suerte que sus vecinos de Honsfeld. La historia oficial estadounidense, por su parte, afirma que en Büllingen fueron fusilados cincuenta hombres.[7]

Justo al oeste de Büllingen, la Compañía B del 254.º Batallón de Ingenieros fue rebasada por los carros alemanes. Los *panzer* no solo «plancharon» los reductos de protección cargando contra ellos, sino que además se pararon encima y giraron a un lado y otro alrededor de su eje para que las paredes de las trincheras se vinieran abajo y enterraran en el barro y la nieve a sus ocupantes. Por fortuna, las ayudas estaban en camino. El 26.º Regimiento de Infantería de la 1.ª División, tras viajar en camiones durante las primeras horas del día, llegó al campamento de Elsenborn, en lo alto de la colina, a las 09.00. Uno de sus batallones fue enviado inmediatamente un poco más al sur, a Bütgenbach.[8]

Por el camino, tuvieron una escaramuza con una patrulla avanzada de paracaidistas del batallón de reconocimiento de la 3.ª División *Fallschirmjäger*. Tras avisar a la población civil de Bütgenbach de que se refugiaran en los sótanos, continuaron avanzando hacia la siguiente aldea, Dom Bütgenbach, a dos kilómetros al oeste de Büllingen, donde se enteraron de que las tropas de las SS habían tomado el pueblo. Desde un promontorio del terreno situado junto a la carretera, se encontraron con una fuerza improvisada formada por unos cincuenta administrativos y personal de intendencia de la 99.ª División de Infantería que habían sido conducidos hasta allí por el capitán de un batallón de cazacarros. El batallón del 26.º Regimiento de Infantería supuso erróneamente que la fuerza enemiga que había tomado Büllingen pertenecía a la 12.ª División *Hitlerjugend*. No podía entender por qué no continuaban atacando hacia el norte. Pero el motivo de aquel inesperado respiro era que la vanguardia de Peiper ya había emprendido la marcha hacia el suroeste, con el fin de retomar la ruta hacia el valle del Amblève que había abandonado.[9]

Pese a los retrasos sufridos en el avance inicial, la moral de los alemanes estaba muy alta. «Creo que la guerra en el Frente Occidental está volviendo a dar un giro —decía en una carta un *Gefreiter* de la 3.ª División *Panzergrenadier* esperando continuar avanzando ese día—. Lo principal es que la guerra se decida pronto y que pueda yo volver a casa junto a mi querida esposa y construir un nuevo hogar. En la radio tocan ahora las campanas de la patria.»[10]

El general Bradley, al volver aquella mañana de París a Luxemburgo en su propio Cadillac de color verde oliva, encontró una escolta de *jeeps* provistos de ametralladoras esperándole en Verdún, debido a los informes llegados acerca de la presencia de paracaidistas alemanes. Hansen preguntó por la posibilidad de trasladar el cuartel general del XII Grupo de Ejércitos, ahora que las divisiones alemanas estaban a menos de treinta kilómetros al norte de su posición. «Nunca retrocederé con un cuartel general —respondió Bradley—. Es mucho el prestigio que nos jugamos.» Semejante actitud de desafío no le ayudaría precisamente durante los próximos días.[11]

Los dos se daban cuenta de que una nueva ocupación del Gran Ducado por los alemanes sería brutal tras la cálida acogida que sus habitantes habían dispensado a los estadounidenses hacía menos de tres meses. Cuando entraron en la ciudad de Luxemburgo, Bradley vio la bandera con las barras y estrellas colgando del balcón de una casa. «Espero que su dueño no tenga que recogerla», murmuró. La ciudad de Luxemburgo se había librado hasta ese momento de los peores horrores de la guerra. Se la llamaba «el último refugio antiaéreo de Europa», porque no había sido bombardeada ni por la RAF ni por las Fuerzas Aéreas de Estados Unidos.[12]

El Cadillac se detuvo en el exterior del cuartel general avanzado del XII Grupo de Ejércitos, llamado «Eagle Tac», a cuatro manzanas de la residencia del general en el hotel Alfa. Bradley subió corriendo las escaleras. Se detuvo ante el mapa de situación y se quedó mirándolo con terror y fascinación: «Perdonen mi francés —dijo—, pero creo que la situación lo justifica. ¿De dónde coño ha sacado ese hijo de puta toda su fuerza?».

Bradley y su estado mayor se estremecieron al ver la forma en que los servicios de inteligencia alemanes habían identificado la parte más débil de todo su frente. Y como la política seguida por los estadounidenses era la del ataque, sus líneas no habían sido construidas en profundidad con formaciones de reserva. Bradley, sin embargo, quería seguir creyendo que todavía podía evitarse un nuevo despliegue. En Spa, el I Ejército se preguntaba aquel día «si el XII Grupo de Ejércitos se da cuenta plenamente de la gravedad de la situación».[13] Parece que también al III Ejército le sorprendió la lentitud de la reacción: «El comandante del Grupo de Ejércitos llamó por teléfono al general Patton —anotó su jefe del estado mayor— y le dijo que tal vez tendría que pedirle otras dos divisiones. La decisión no iba a tomarse en cuarenta y ocho horas».[14]

En el cuartel general del IX Ejército, nadie parecía tener ni idea de la magnitud del ataque. Los oficiales del estado mayor no podían hacer más que especulaciones confusas. Un ataque de la Luftwaffe contra su frente hizo pensar que se trataba de «una diversión para disimular una contraofensiva mayor en la zona del I Ejército». Los oficiales del estado mayor del IX Ejército dijeron a los corresponsales de guerra ansiosos por conseguir información que «todo depende de qué tropas tenga Von Rundstedt a su disposición».[15]

En el SHAEF, el peligro se vio con mayor claridad gracias a unas órdenes alemanas que habían sido capturadas. Eisenhower ordenó que se echara mano a todas las formaciones de reserva. Dijo a Bedell-Smith, a Strong y al general John Whiteley, jefe de planificación de operaciones del estado mayor británico, que organizaran los detalles. En el despacho del jefe del estado mayor, los tres hombres se pusieron alrededor de un gran mapa desplegado en el suelo. Strong señaló con una espada de ceremonia alemana a Bastogne. Esta ciudad era el eje central de las Ardenas, y casi todas las principales carreteras que conducían al Mosa pasaban por ella. Era el lugar evidente para bloquear el avance de los alemanes, y todos los presentes se mostraron de acuerdo.

Las reservas inmediatas con las que contaba el SHAEF eran la 82.ª y 101.ª Divisiones Aerotransportadas, que descasaban en Reims después de las operaciones llevadas a cabo en Holanda. La cuestión era si podrían o no llegar a Bastogne antes de que lo hicieran las vanguardias de Manteuffel procedentes del este. Strong consideró que era posible y las órdenes de que se pusieran en marcha fueron cursadas de inmediato.

Resulta irónico que el cuartel general de Bradley en Luxemburgo temiera una emboscada de los paracaidistas de Heydte, pues habían sido lanzados a más de cien kilómetros en línea recta al norte de allí. Y Von Heydte, reconociendo que era poco lo que podía hacer con una fuerza tan exigua, decidió esconder a la mayor parte de sus hombres en el bosque. Envió patrullas permanentes a vigilar las principa-

1. Soldados de infantería estadounidenses avanzan por un hueco abierto en la Línea Sigfrido o *Westwall* en octubre de 1944.

2. *Fallschirmjäger* operando un mortero en el bosque de Hürtgen. Los morteros fueron la causa del mayor número de bajas en ambos bandos.

3. 1.ª División de Infantería en el bosque de Hürtgen.

4. Sanitarios atienden a un soldado herido.

5. Tropas francesas en los Vosgos. Los soldados norteafricanos del I Ejército francés que atacaron la Bolsa de Colmar, al sudoeste de Estrasburgo, sufrieron terribles penalidades a causa del frío.

6. Reunión en Maastricht, 7 de diciembre de 1944, con asistencia (*de izquierda a derecha*) de Bradley, Tedder, Eisenhower, Montgomery y Simpson.

7. Prisioneros alemanes capturados a primeros de diciembre en el bosque de Hürtgen, cerca de Düren.

8. *Generalfeldmarschall* Walter Model, comandante en jefe del Grupo de Ejércitos B.

9. El mariscal Montgomery parece dar de nuevo lecciones a un Eisenhower cada vez más exasperado.

10. El general barón Hasso-Eccard von Manteuffel, del V Ejército Panzer.

11. *Oberstgruppenführer-SS* Sepp Dietrich, del VI Ejército Panzer, con la Cruz de Caballero de la Cruz de Hierro con Hojas de Roble.

12. *Oberst* y posteriormente *Generalmajor* Heinz Kokott, el oficial relativamente progresista al mando de la 26.ª División *Volksgrenadier* en Bastogne.

13. *Oberstleutnant* barón Friedrich von der Heydte, el catedrático de derecho convertido en oficial de paracaidistas.

14. Altos mandos del Ejército Panzer discutiendo los planes bajo la nieve antes de la ofensiva de las Ardenas el 16 de diciembre de 1944.

15. Dos *Panzergrenadiere* de las SS disfrutando de unos cigarrillos americanos capturados.

16. 16 de diciembre. Carro de combate Königstiger del VI Ejército Panzer cargado con soldados de la 3.ª División *Fallschirmjäger* el primer día de la ofensiva.

17. Soldados alemanes de infantería pertenecientes a una división *Volksgrenadier* avanzan cargados con cintas de balas de ametralladora y lanzagranadas contracarro *Panzerfaust*.

18. La primera matanza de prisioneros norteamericanos a manos de los *Panzergrenadiere* de las SS del *Kampfgruppe* Peiper en Honsfeld, que después procedieron a despojar a los cadáveres de sus pertenencias. Al cadáver situado a la izquierda le han quitado las botas.

19. Unos *Panzergrenadiere* de las SS del *Kampfgruppe* Hansen pasan ante un convoy de vehículos americanos en llamas cerca de Poteau.

les carreteras que partían de Eupen en dirección a Malmédy y a Verviers. Debían de tender emboscadas a *jeeps* y mensajeros que fueran solos. Una vez que empezara a oírse de cerca el fragor de la batalla, quizá entonces pudieran sus hombres prestar cierta ayuda tomando algún punto clave antes de que llegaran los carros de combate de Dietrich. Sus patrullas no tardaron en empezar a capturar diversos prisioneros y a hacerse con un montón de información acerca del orden de batalla de los estadounidenses, pero como habían perdido las radios durante los lanzamientos en paracaídas, Heydte no tuvo manera de pasar toda esa información. Había pedido a Sepp Dietrich que le proporcionara palomas mensajeras, pero el *Oberstgruppenführer* simplemente se había echado a reír ante semejante ocurrencia.

El 17 de diciembre por la tarde, las fuerzas de Heydte redoblaron sus efectivos hasta los casi trescientos hombres cuando se les sumaron nuevos rezagados y un gran grupo que había sido lanzado demasiado al norte. Aquella noche liberó a todos sus prisioneros y los dejó marchar con algunos de sus propios heridos. Luego, levantó el campamento. Heydte y sus hombres no tenían la menor idea del curso que habían seguido los acontecimientos, excepto por el estruendo de la artillería procedente de la cresta de Elsenborn, a más de diez kilómetros al sur de donde ellos se encontraban.[16]

Mientras la 99.ª División era bombardeada al este de Rocherath-Krinkelt, al sur de allí, la 106.ª División estaba en una situación aún peor, atacada por las 18.ª y 62.ª Divisiones *Volksgrenadier*. El general Alan W. Jones, el infortunado oficial al mando de la 106.ª División, se sentía impotente, recluido en una escuela de Saint-Vith, en la que había instalado su puesto de mando. Dos de sus regimientos, el 422.º y el 423.º, estaban prácticamente rodeados en el Schnee Eifel, mientras que su tercer regimiento, el 424.º, seguía defendiendo la línea por el sur con una agrupación de combate de la 9.ª División Blindada. Su hijo estaba con la plana mayor de uno de los regimientos más acorralados, lo que intensificaba aún más su angustia.*

---

* Véase mapa 7, «La destrucción de la 106.ª División», en p. 151.

El día anterior, Jones no había sabido comprender la gravedad del embate alemán a través de la posición del 14.º Grupo de Caballería en su flanco norte, y no había reaccionado cuando el oficial al mando de este, el coronel Mark Devine, le había advertido que iba a tener que replegarse. Devine había añadido que intentaría contraatacar con el 32.º Escuadrón de Caballería, pero su ataque había sido repelido por la tarde, y la mayor parte de sus fuerzas se retiraron hacia el noroeste incapaces de cerrar la brecha, cada vez más amplia, que había abierto el enemigo. Solo quedaba en el valle del Our una sola tropa de caballería, intentado bloquear la carretera que conducía a Saint-Vith. Jones envió el último batallón de reserva que tenía en el valle a Schönberg, pero los soldados se perdieron en la oscuridad y tomaron la dirección equivocada. Y a la derecha del sector correspondiente a la 106.ª División, la 62.ª División *Volksgrenadier* había obligado al regimiento del flanco derecho de Jones, el 424.º, a replegarse hacia la aldea de Winterspelt y el río Our.[17]

El general Jones, superado por los acontecimientos, había tendido a confiar en la promesa de ayuda venida del exterior, en vez de fiarse de sus propias acciones. Esperaba que la Agrupación de Combate B de la 7.ª División Blindada estuviera con él en Saint-Vith el domingo 17 de diciembre a las 07.00 de la mañana. Contaba con él para lanzar un contraataque que le permitiera liberar a sus dos regimientos. Cuando el general de brigada Bruce C. Clarke, «un hombre grande como un oso», llegó a su puesto de mando a las 10.30, Jones le pidió que planificara de inmediato un ataque. Clarke no tuvo más remedio que decirle que solo estaba allí él. Sus carros de combate habían quedado atascados en medio de un tráfico caótico, provocado por las unidades que retrocedían presas del pánico. Jones lamentó entonces amargamente haber enviado la noche anterior a la agrupación de combate de la 9.ª División Blindada a defender su flanco derecho. Los dos hombres no pudieron hacer otra cosa más que sentarse y esperar.[18]

Clarke no cabía en sí de asombro cuando oyó a Jones decir al comandante de su Grupo de Ejércitos en Bastogne que la situación estaba bajo control. El estado de ánimo de Jones oscilaba entre el optimismo más absurdo y una desesperación irracional. La preocupación de Clarke era mayor si cabe porque la comunicación por radio con los dos regimientos que estaban en el Schnee Eifel era muy escasa, aparte de las peticiones de reabastecimiento por vía aérea que habían hecho.* El coronel Devine, del 14.º Grupo de Caballería, apareció entonces en el puesto de mando, afirmando que los carros de combate alemanes estaban ya a sus espaldas. Jones y Clarke pensaron que Devine había perdido el juicio, de modo que Jones le dijo que se lo comunicara al general Middleton en Bastogne. Pero los carros de combate que había visto Devine no eran fruto de su imaginación. Había ya otro *Kampfgruppe* de las SS avanzando diez kilómetros más al norte.**

A las 14.30 escucharon fuego de armas ligeras. Jones y Clarke subieron al tercer piso de la escuela y avistaron en la distancia tropas alemanas que salían de los bosques. Jones dijo entonces a Clarke que se encargara de la defensa de Saint-Vith. Clarke aceptó, aunque no dejaba de preguntarse de qué tropas disponía, aparte de las dos compañías del servicio de ingenieros y el personal del cuartel general que ya estaban en la carretera de Schönberg. Media hora más tarde, estas fuerzas, a las que milagrosamente se les unió una sección de cazacarros, sufrieron un ataque. Los cazacarros lograron amedrentar a los *panzer* y obligarlos a replegarse hacia el bosque al otro lado de la carretera. Pero el principal motivo de la lentitud del avance alemán durante la jornada del 17 de diciembre fueron el estado de las carreteras y los atascos de tráfico, que bloquearon el paso de la artillería y de otras unidades *panzer* impidiéndoles ganar terreno.

* Al día siguiente se llevó a cabo un «esfuerzo inútil», pero debido a la falta de coordinación con el Mando de Transporte de Tropas, no se efectuó ningún lanzamiento. Royce L. Thompson, «Air Resupply to Isolated Units, Ardennes Campaign», OCMH, febrero de 1951, mec., CMH 2-3.7 AE PJ.

** Los oficiales del estado mayor describieron a Devine como «excitado, nervioso, excesivamente locuaz, agitado, incapaz casi de controlar sus actos, y prestaba una atención indebida a las ofensas personales más nimias. No ofrecía en modo alguno el aspecto de un mando competente». Fue tratado con sedantes en el hospital y dado de alta el 19 de diciembre, pero luego lo encontraron dirigiendo el tráfico en La-Roche-en-Ardenne mientras intentaba ordenar a un batallón blindado que diera media vuelta. Fue sedado de nuevo y evacuado. «Report of Investigation. Action of 14th Cavalry Group on Occasion of German Attack Commencing on 16 Dec. 1944», 29 de enero de 1945, First Army IG NARA RG 338, First Army AG Gen'l Corr 290/62/05/1-2.

Las unidades *Volksartillerie* no habían avanzado más porque sus caballos de tiro no podían arrastrar los cañones pesados por el barro cada vez más profundo que previamente habían removido las orugas de los *panzer*. Incluso algunas piezas de artillería autopropulsada de la 1.ª División Panzer de las SS tuvieron que ser abandonadas debido a la escasez de combustible. Tanto Model como Manteuffel estaban furiosos y no podían dominar su impaciencia. Al descubrir que varios batallones de artillería seguían en sus posiciones originales, Model ordenó al *General der Panzertruppen* Horst Stumpff que formara un consejo de guerra a los oficiales a su mando. «Cuando le dije que si no se habían movido había sido a causa de la escasez de combustible y de las condiciones en las que se encontraban los caminos, revocó la orden.»[19] En un momento dado, y por pura frustración, Manteuffel empezó a dirigir el tráfico en un cruce de carreteras. «Esperaba que el Grupo de Ejércitos situado en el flanco derecho tomara Saint-Vith el primer día», reconocería más tarde. Como en Bastogne, la red de carreteras pavimentadas de Saint-Vith era trascendental para un avance rápido hacia el Mosa.[20]

Mientras los alemanes permanecían detenidos al este de Saint-Vith y no hacían más que pequeñas escaramuzas, Clarke envió a su oficial de operaciones por la carretera situada al oeste hacia Vielsalm a esperar que llegara su agrupación de combate. Las escenas que contemplaron a lo largo de la carretera asombraron a los oficiales de la 7.ª División Acorazada: «Era un caso de "sálvese quien pueda"; era una retirada; una huida a la desbandada —escribió un oficial—. No había orden; no había disciplina militar; no fue un espectáculo muy bonito: estábamos viendo a unos soldados estadounidenses salir huyendo». En un momento dado la agrupación de combate tardó dos horas y media en recorrer cinco kilómetros, y luego fue preciso incluso retirar de la carretera unos vehículos con la ayuda de una excavadora.[21]

En Malmédy, su artillería se encontró con unos civiles que huían en una mezcla heterogénea de vehículos, y con unos «soldados que, dominados por el pánico, atravesaban corriendo la plaza en dirección al oeste... Un hospital de campaña al norte de Malmédy estaba siendo evacuado y las ambulancias pasaban arriba y abajo como exhalaciones. Un camión cargado con enfermeras atravesó la plaza a gran velocidad. La cabellera de las enfermeras flotaba al viento». A solo un kilómetro de Saint-Vith, parte de la agrupación de combate de Clarke localizó al pasar una curva a tres *panzer* y a una compañía de soldados de infantería que intentaban avanzar en su misma dirección. Les tendieron rápidamente una emboscada, «directamente en el recodo de la carretera, disparando a quemarropa». Los tres *panzer* quedaron fuera de combate, y la infantería fue dispersada, perdiendo cerca de cincuenta hombres.[22]

El propio Clarke fue a la carretera de Vielsalm y quedó horrorizado al ver cómo se retiraba un batallón de artillería de campaña abandonando incluso sus cañones. Preguntó a su oficial de operaciones por qué había permitido que bloquearan el camino. El oficial respondió que el teniente coronel al mando de la unidad le había amenazado con pegarle un tiro si se metía. Clarke localizó al teniente coronel en cuestión y le dijo que le pegaría un tiro si no quitaba sus camiones de la carretera. El individuo, intimidado por la superior graduación y talla de Clarke, finalmente obedeció la orden.

Otro oficial de artillería mostró una actitud muy distinta. El teniente coronel Maximilian Clay se presentó con un batallón de cañones autopropulsados de 105 mm diciendo que quería ayudar en lo que fuera. Su 275.º Batallón de Artillería Autopropulsada de Campaña había estado prestando apoyo al 14.º Grupo de Caballería, que en aquellos momentos se encontraba bastante lejos, hacia el norte. Clarke le dio calurosamente la bienvenida y le dijo dónde tenía que ir. Por último, a las 16.00, llegó el escuadrón de reconocimiento del propio Clarke, seguido del resto de su agrupación de combate. Clarke los envió directamente al otro lado de la ciudad a reforzar la débil línea defensiva dispuesta en el extremo este. No mucho después, el oficial al mando de la división de Clarke, el general de brigada Robert W. Hasbrouck, se reunió con Jones y Clarke para analizar la situación. También él se había sentido molesto por «la continua riada de soldados enloquecidos que corrían a toda velocidad hacia la "seguridad" de la retaguardia». Para desesperación de Jones, Hasbrouck descartó por completo efectuar un contraataque destinado a rescatar a los dos regimientos que se encontraban en apuros. Resistir en Saint-Vith era mucho más importante. Jones comentó con tristeza que ningún general del ejército estadounidense había perdido una división con tanta rapidez. A última hora de la tarde, las dos puntas de la 18.ª División *Volksgrenadier* cerraron la tenaza alrededor de Schönberg y dejaron completamente aislados a los dos regimientos.[23]

La defensa de Saint-Vith adoptaría la forma de una herradura gigantesca. La ciudad se encontraba en lo alto de una pequeña colina, rodeada unos kilómetros más allá por un anillo circular de colinas más altas cubiertas de bosques, que se encargarían de defender la infantería, el escuadrón de reconocimiento y algunas unidades improvisadas. «La concentración de un cordón defensivo en torno a la ciudad —escribía Hasbrouck— constituyó un procedimiento asistemático, con unidades que eran colocadas en la línea de defensa a medida que iban llegando a Saint-Vith.»[24] En ese momento no se sabía que el *Kampfgruppe* Hansen, constituida básicamente por el 1.er Regimiento *Panzergrenadier* de las SS, se había escabullido de allí hacia el norte y atacaba a la Agrupación de Combate A de la 7.ª División Blindada cerca de Recht. Se trataba de la unidad *panzer* cuyo avistamiento había alterado tanto al coronel Devine. Los combates entre los estadounidenses y la unidad SS duraron toda la noche. Los lugareños que tuvieron más suerte lograron refugiarse en un pizarral situado en las inmediaciones del pueblo, mientras que sus casas eran voladas por los combatientes de un bando y de otro. Los desafortunados «belgas de la frontera» eran vistos con recelo por los soldados estadounidenses porque hablaban alemán y tenían en sus casas fotografías enmarcadas de sus hijos vestidos con el uniforme de la Wehrmacht. Y los alemanes también desconfiaban de ellos porque habían desafiado la orden dada en el mes de septiembre de trasladarse a Alemania, al otro lado de la Línea Sigfrido. Alrededor de cien hombres naturales de Saint-Vith habían perdido la vida prestando servicio en las fuerzas armadas alemanas durante la guerra. Otros habían desertado y ahora estaban decididos a no dejarse atrapar por la *Feldgendarmerie* ni por el SD, que seguían de cerca a las formaciones de vanguardia.[25]

La larga columna comandada por Peiper había girado hacia el oeste y había cogido velocidad. A mitad de la jornada se encontraba ya cerca del cruce de carreteras de Baugnez, a cinco kilómetros al sureste de Malmédy. Peiper envió a una pequeña fuerza de *Panzergrenadiere* y de carros de combate a Baugnez con la misión de reconocer el lugar. Sus tropas no se habían cruzado por pura casualidad con la Agrupación de Combate R de la 7.ª División Blindada, que se dirigía al sur a prestar apoyo en la defensa de Saint-Vith.

Sin conocer la amenaza que la aguardaba más adelante, la siguiente unidad de la 7.ª División Acorazada, formada por una parte del 285.º Batallón de Observación de Artillería de Campaña, siguió adelante atravesando Malmédy. Mientras los hombres pasaban por la localidad en camiones descubiertos, algunos vecinos que habían tenido noticia del repentino avance de los alemanes después de abandonar sus escondites, intentaron advertirles señalando hacia delante y gritando: «¡Boches! ¡Boches!», pero los soldados no los entendieron y se limitaron a responder a lo que supusieron su saludo agitando la mano. Sus vehículos continuaron avanzando hacia el cruce de carreteras de Baugnez, y allí el convoy se encontró de frente con los semiorugas y los *panzer* alemanes.

Los carros alemanes abrieron fuego. Los camiones empezaron a arder mientras los soldados saltaban de ellos y rodaban por el suelo buscando refugio o corrían hacia los árboles. Los *Panzergrenadiere* capturaron a cerca de ciento treinta prisioneros y los metieron en un campo al lado de la carretera. Los soldados de las SS quitaron a los prisioneros sus anillos, sus cigarrillos, sus relojes y sus guantes. Cuando uno de sus oficiales abrió fuego, empezaron a disparar contra los prisioneros con armas automáticas y los carros de combate los imitaron con sus ametralladoras. Algunos soldados estadounidenses se escondieron entre los árboles, y otros se fingieron muertos, aunque a muchos les pegaron todavía un tiro de pistola en la cabeza. Aunque aquella masacre en masa tuvo lugar en Baugnez, se haría tristemente famosa como la matanza de Malmédy. En total, ochenta y cuatro estadounidenses perdieron la vida, así como varios civiles que intentaron dar cobijo a algunos huidos.

Peiper, que había seguido adelante por la carretera hasta Ligneuville, no estuvo presente cuando tuvieron lugar los asesinatos. Pero si tenemos en cuenta la matanza de prisioneros en Honsfeld, por no hablar de su historial de brutalidad extrema en el Frente Oriental, no cabe imaginar que hubiera puesto ninguna objeción a este otro episodio. Posteriormente afirmaría que el tiroteo comenzó cuando uno de los prisioneros salió corriendo hacia los árboles. Los pocos soldados estadounidenses que lograron escapar de la matanza regresaron a las líneas estadounidenses a última hora de la tarde.

Una patrulla de un batallón de ingenieros de combate de Malmédy llegó esa misma tarde a Baugnez tras la marcha de las unidades de las SS y encontró los cadáveres. Un policía militar que prestaba servicio vigilando el tráfico en el cruce de carreteras y había sido testigo de todo el suceso fue conducido al cuartel general del I Ejército en Spa. Describió ante Hodges y sus oficiales cómo los prisioneros «fueron acorralados en un campo al lado de la carretera y un oficial de las SS disparó dos tiros con su pistola, e inmediatamente se oyó el tableteo del fuego de ametralladora y grupos enteros de hombres cayeron acribillados a balazos a sangre fría». Los oficiales del estado mayor reunidos en Spa se estremecieron al oír el relato. Su indignación fue mayúscula. «Inmediatamente se hace público el suceso», anotaría el jefe del estado mayor del general Hodges.[26] La noticia corrió como la pólvora entre todos los puestos de mando, llegando hasta el SHAEF y el cuartel general del XII Grupo de Ejércitos en Luxemburgo, donde Hansen comenta que el relato «dejó sin aliento por un instante a todos los presentes, como si de repente en la sala se hubiera hecho un vacío».[27] El general de división Elwood R. Quesada, del IX Mando Aéreo Táctico, se encargó de que sus pilotos fueran debidamente informados a la mañana siguiente. La venganza iba a estar a todas luces en la orden del día.*

La vanguardia de Peiper siguió adelante hacia Ligneuville, donde por primera vez se encontró con una fuerte resistencia en forma de carros de combate norteamericanos. Un combate breve, pero intenso, dejó tras de sí un carro Panther y dos semiorugas en llamas, mientras que los estadounidenses perdieron dos Sherman y

---

* Cuando la noticia de la matanza llegó a Inglaterra, los generales del ejército alemán que estaban allí prisioneros se estremecieron. «¡Qué locura sin paliativos fusilar a unos hombres indefensos! —dijo uno de ellos—. Todo lo que significa es que los estadounidenses tomarán represalias en nuestros muchachos.» Otro añadió: «Desde luego los de las SS y los paracaidistas están sencillamente locos, no atienden a razones». TNA Wo 208/5516.

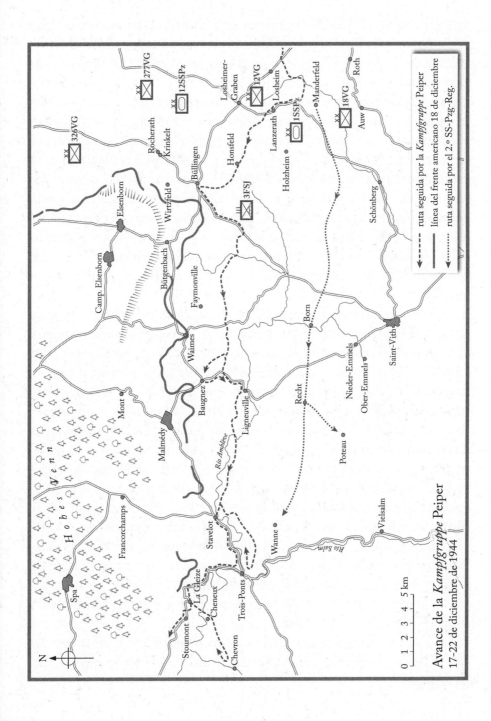

Avance de la *Kampfgruppe* Peiper
17-22 de diciembre de 1944

0 1 2 3 4 5 km

- - - - ruta seguida por la *Kampfgruppe* Peiper
———— línea del frente americano 18 de diciembre
.... ruta seguida por el 2.° SS-Pz-Reg.

un cazacarros M-10. Los hombres de Peiper fusilaron a otros ocho prisioneros estadounidenses. Más adelante, en la localidad de Stavelot, a orillas del río Amblève, la población civil quedó horrorizada al ver a sus libertadores estadounidenses huir en unos cuantos vehículos. Muchos empezaron a hacer el equipaje guardando sus objetos de valor y algo de comer. Temían que los alemanes quisieran vengarse después de las acciones de la resistencia y de las represalias del mes de septiembre. Veintidós hombres y mujeres habían sido asesinados en la vecina localidad de Werbomont por las tropas alemanas y las fuerzas auxiliares rusas. La furia por escapar al otro lado del río Mosa y el caos que la huida provocaría en las carreteras indujeron a las autoridades estadounidenses a prohibir los movimientos de la población civil. Por fortuna para los estadounidenses y para los civiles belgas que intentaban huir, Peiper detuvo a su columna al anochecer poco antes de llegar a Stavelot.[28]

Como la carretera principal estaba al lado de una colina muy empinada, los carros de Peiper no tuvieron espacio para maniobrar, y la pronunciada curva que dibujaba la carretera justo antes de entrar en el pueblo permitió a los defensores focalizar en ese punto todo el fuego de sus cañones contracarro. Peiper ordenó a su *Kampfgruppe* replegarse y en su lugar bombardeó la localidad con fuego de mortero y de artillería. Mientras tanto mandó por delante a sus blindados a ver si encontraban alguna vía que les permitiera flanquear Stavelot por el sur, cruzando el río Salm por Trois-Ponts. Pero cuando otros vehículos quisieron seguirlos, sufrieron un contraataque por el flanco a manos de unos estadounidenses que les salieron al paso desde Stavelot. El ataque fue repelido, y el *Obersturmbannführer* ordenó efectuar un nuevo asalto contra el pueblo, esta vez utilizando *Panzergrenadiere* a pie. Pero tras sufrir casi treinta bajas, Peiper decidió esperar a que se les uniera el resto de su batallón *Panzergrenadier*. Cuando cayó la noche, el *Kampfgruppe* pudo ver en la distancia las luces de los vehículos militares estadounidenses que intentaban escapar hacia el oeste, así que abrieron fuego sobre la carretera con sus carros de combate disparando hasta la máxima distancia que podían alcanzar.[29]

Mientras el *Kampfgruppe* Peiper intentaba abrirse paso a toda velocidad hacia el oeste por el valle del Amblève, llegaron más batallones de la 1.ª División estadounidense a reforzar los accesos a la cresta de Elsenborn por el sur. El 2.º Batallón del 26.º Regimiento de Infantería preparó durante la tarde sus posiciones frente a Büllingen. Provisto de cuatro cazacarros M-10, estaba listo para enfrentarse al avance de los alemanes que habían sido detenidos por el fuego de la artillería estadounidense emplazada en la colina detrás de ellos.

El combate trascendental para defender la colina estaba desarrollándose ya en su flanco oriental en los alrededores de las aldeas gemelas de Rocherath-Krinkelt. El general Robertson, de la 2.ª División, que había lanzado a su 23.º Regimiento de Infantería a una línea de frente al este de ambas localidades mientras la 99.ª División era obligada a retroceder, empezó a colocar de nuevo al 38.º Regimiento de Infantería en la carretera de Wahlerscheid. Una barrera de fuego de la artillería estadounidense a mediodía obligó a los alemanes a permanecer con la cabeza gacha mientras se retiraban de sus posiciones avanzadas. En una situación tan confusa, el fuego amigo constituía un auténtico peligro. Aquella misma mañana, el piloto de un P-47 Thunderbolt tuvo que prescindir de sus bombas para enfrentarse a un Messerschmitt por encima del 3.ᵉʳ Batallón y causó doce bajas.[30]

Con varias secciones reforzadas flanqueando el lado derecho de la carretera Wahlerscheid-Rocherath, el general Robertson en persona salió al encuentro de los batallones llegados en camiones para conducirlos a las nuevas posiciones en las inmediaciones de Rocherath.

Al menos el extremo izquierdo de la línea, a unos catorce kilómetros al norte de Elsenborn, parecía sólido. La 326.ª División *Volksgrenadier* había intentado llevar a cabo un ataque tras otro a los dos lados de Monschau, pero la artillería estadounidense los había desbaratado todos. Por primera vez se utilizó en acción la nueva espoleta de proximidad, también llamada pozit, considerada de alto secreto, sin autorización del alto mando, pero con mucho éxito, pues las bombas estallaban con enorme precisión por encima de los atacantes en explosiones en el aire.

Poco después del anochecer llegaría también a Mützenich para reforzar la línea un batallón de infantería mecanizada de la 5.ª División Acorazada. Y por la retaguardia el 18.º Regimiento de la 1.ª División de Infantería empezaba su batida de los bosques situados al sur de Eupen para enfrentarse a los paracaidistas de Heydte que habían quedado aislados. El general Gerow se preguntaba desconcertado por qué el VI Ejército Panzer no había atacado con una fuerza mucho mayor el flanco norte, en vez de concentrar sus fuerzas justo al sur de la cresta de Elsenborn. Naturalmente se debía a la insistencia de Hitler, pero Manteuffel seguía pensando que Dietrich había cometido un gran error al limitarse a avanzar en un frente tan estrecho, que le dejaba tan poco espacio de maniobra.

Al este de Rocherath-Krinkelt, a medida que la luz empezaba a disminuir y el sonido de los disparos parecía más cercano, la 2.ª División de Robertson se esforzó con denuedo en cavar lo más deprisa posible para que sus reductos y pozos de tirador tuvieran la suficiente profundidad bajo la nieve antes de que la 12.ª División Panzer de las SS *Hitlerjugend* descargara contra ella su ataque. El sudor se enfriaba rápidamente en el cuerpo en cuanto los hombres dejaban de cavar. Se produjeron escenas de caos cuando el 1.ᵉʳ Batallón del 9.º Regimiento de Infantería se dirigió a sus posiciones bajo el intenso fuego que procedía del prominente terreno cubierto de árboles que tenían al este. Muchos hombres de la maltrecha 99.ª División estaban tan decididos a escapar que no escuchaban las órdenes de detenerse y de unirse a la línea de defensa. «Contra este cuadro tan desolador, el batallón avanzó con órdenes de resistir —comunicó su oficial al mando, el teniente coronel McKinley—. Riadas de hombres y vehículos salían del bosque a los caminos a la altura del cruce en una confusión y un desorden espantoso. En la 99.ª División se había perdido el control de forma irremisible y uno tras otro, los rezagados contaban siempre la misma historia, comentando que sus unidades habían sido rodeadas y aniquiladas. Uno de nuestros propios batallones del 23.º Regimiento de Infantería se había visto envuelto en lo que en aquellos momentos era en realidad una huida hacia la retaguardia.»[31]

Los hombres de McKinley colocaron «cadenas de margaritas» o «collares» de seis minas anticarro cada uno en cada sendero o acceso que se suponía que iban a utilizar los carros de combate alemanes. El primer ataque se produjo en cuanto oscureció. El fuego de artillería contra toda la extensión del camino de acceso resultó muy efectivo, a juzgar por «los gritos del enemigo».[32] Durante una pequeña tregua, unos cuantos hombres se colaron camino adelante para colocar algunas minas anticarro que les había prestado el batallón de cazacarros, y los equipos de bazucas integrados por dos hombres mejoraron sus posiciones cubriendo la carretera, a sabiendas de que estaban en la zona marcada como objetivo por su propia artillería.

El cañón contracarro de 57 mm de la infantería estadounidense tenía muy pocas probabilidades de dejar fuera de combate a un carro Panther alemán si no lo alcanzaba de costado o por detrás y a poca distancia. Y las unidades de cazacarros provistas de cañones remolcados estaban hasta cierto punto en desventaja en medio del barro y de la nieve cuando tenían que maniobrar para replegarse. «En un combate con armamento pesado y a corta distancia —afirmaba cierto estudio— el vehículo remolcador a menudo era destruido mientras que el cañón, hundido en el suelo, permanecía intacto.»[33]

El coronel Barsanti, del 38.º Regimiento de Infantería, advirtió a los oficiales al mando de cada sección que, como eran tantos los hombres de la 99.ª División que pasaban por sus posiciones en su retirada, no debían abrir fuego hasta haber identificado con seguridad al enemigo. En medio de la oscuridad no podía uno estar seguro de quién era cada cual hasta que no lo tenía encima. Como consecuencia de todo ello, dos carros alemanes lograron pasar a través de la Compañía K utilizando sus faros para deslumbrar a los hombres que sacaban la cabeza de sus reductos para vigilar. Pero ambos blindados fueron puestos fuera de combate, uno por la artillería, y otro por un equipo de bazucas. Los *Panzergrenadiere* llegaron poco después: «Un soldado enemigo se acercó tanto a la posición que se agarró el cañón de una ametralladora ligera y el ametrallador se vio obligado a acabar con él con su pistola calibre .45».[34]

Los integrantes de una compañía, obligados a replegarse de la posición avanzaba que ocupaban en un bosque, se metieron «entre la espesa maraña de ramas entrelazadas de unos abetos jóvenes. Las balas nos perseguían —escribía el oficial al mando—, de modo que los abetos nos azotaban a diestro y siniestro, y yo llegué a preguntarme si tal vez no me habrían alcanzado. No sentía dolor, pero no entendía cuánto tiempo podía aguantar un ser humano bajo una lluvia de balas como aquella sin resultar herido». Más tarde escribiría contando su huida de vuelta a Rocherath: «Tuve la sensación de que éramos unos gusanitos indefensos corriendo a ciegas de un lado a otro ahora que un hombre gigantesco había levantado el tronco bajo el cual estábamos escondidos».[35]

Los *Panzergrenadiere* de las SS atacaron utilizando armas automáticas y lanzando granadas «machaca patatas». Un hombre de las SS cogió un prisionero y lo obligó a caminar con él respondiendo a cualquier desafío. Pero al final tanto él como su infortunado escudo humano fueron abatidos a tiros. No obstante, algunos rezagados de la 99.ª División que llegaron en medio de aquel combate nocturno fueron identificados a tiempo y no cayeron víctimas de sus propios compañeros. También llegó un sanitario de la 99.ª División, pero era un prisionero que habían hecho los alemanes. Al parecer, había unos ciento cincuenta estadounidenses rodeados por doscientos alemanes en la zona que estaban bombardeando los batallones de artillería de campaña emplazados en la cresta de Elsenborn. «Los alemanes lo habían enviado a las posiciones estadounidenses para intentar convencerlos de que se rindieran con la amenaza de aniquilar a los prisioneros que tenían en su poder.»[36]

Durante una pausa en el combate, para asombro de los defensores, apareció un gran convoy de camiones llenos de tropas de la 99.ª División. Sus oficiales preguntaron por la dirección del Campamento Elsenborn. Era un milagro que hubieran podido pasar a través de las unidades alemanas sin ser identificados como estadounidenses.

En la lucha de contención a las puertas de Rocherath-Krinkelt, fueron utilizados equipos de bazucas para enfrentarse a los *panzer*. Siempre que lograban alcanzar algún blindado, obligando a los alemanes que iban en su interior a salir de él precipitadamente, «los tripulantes eran acribillados por los fusileros estadounidenses», según señalaba el coronel McKinley.[37] A las 22.00 horas, dos sargentos de su batallón cogieron una lata de gasolina y se acercaron arrastrándose en la oscuridad hasta un *panzer* que, pese a haber quedado inmovilizado, estaba causando muchas bajas con su ametralladora y su armamento principal. Vertieron el contenido de la lata sobre el carro de combate y le prendieron fuego. Quince minutos después, un teniente permaneció al acecho de un Mark VI Tiger con una bazuca hasta que logró dejarlo fuera de combate. Pero los ataques continuaron toda la noche en sucesivas oleadas, y el asalto principal no se produciría hasta poco antes del amanecer del día siguiente.

Más al sur, el V Ejército Panzer de Manteuffel estaba teniendo más éxito frente a la 28.ª División de Infantería de Cota al este de Bastogne. La 28.ª División, que había quedado muy debilitada en el bosque de Hürtgen, seguía sufriendo escasez de hombres y de armas. Pero pese a recibir una verdadera paliza por parte de las 2.ª y 116.ª Divisiones Panzer y de la División *Panzer Lehr*, los hombres de Cota lograron infligir numerosas bajas y ralentizar su avance defendiendo cruces de carreteras y poblaciones el mayor tiempo posible. El comandante del Grupo de Ejércitos alemán consideraba a la 28.ª División una unidad «mediocre sin ninguna reputación de gran unidad de combate». Pero aunque en realidad la 28.ª había perdido a la mayoría de sus hombres más experimentados en el bosque de Hürtgen, algunas de sus compañías desempeñaron un papel heroico y su actuación tendría una importancia vital.[38]

Mientras combatían defendiendo una pequeña localidad al este de Wiltz, los soldados del 110.º Regimiento de Infantería de Cota avistaron unos carros de combate. Pensaron que eran Mark VI Tiger, pero quizá fueran Mark IV, que tenían un aspecto parecido, aunque eran mucho más pequeños. No disponían de ningún cañón contracarro. «Un grupo de hombres situado allí cerca tenía unas cuantas bazucas y munición —anotaría más tarde un oficial—, pero dijeron que no sabían utilizarlos. Yo cogí uno y justo me di de cara con un Tiger al doblar una esquina. Aunque el carro venía de frente, yo le disparé de todas formas, alcanzándolo justo en la parte anterior. El blindado se detuvo, pero no había sufrido daños y disparó su 88 contra la casa tras la cual me había refugiado. Logré subir entonces al segundo piso de una casa vecina, donde quedaba de costado y por encima del carro. Disparé otros dos tiros contra él; el primero lo alcanzó en la parte posterior en ángulo. Se produjo una explosión, pero parecía que el *panzer* no se daba ni cuenta. El tercer tiro lo alcanzó en la torreta, justo en la parte por la que se une con el chasis. No lo penetró, pero lanzó un montón de chispas y debió de impresionar a sus tripulantes, porque inmediatamente el carro reculó y se retiró a una posición como a unos ochocientos metros de distancia de aquella desde la que nos disparaba.»[39] La bazuca no era tan poderosa como su homólogo alemán, el *Panzerfaust*. De frente, lo más que podía conseguir era romper una oruga. Pero si un grupo de hombres provistos de una bazuca lograba rodear por detrás a un Tiger o a un Panther, tenía posibilidades. Por lo general, se creía que la granada de fusil contracarro constituía una pérdida de tiempo muy peligrosa.

En el flanco norte de la 28.ª División, la antigua ciudad de Clervaux, a orillas del Clerf, se hallaba amenazada. El ataque de la 116.ª División Panzer por el norte estaba obligando al 112.º Regimiento de Infantería de la 28.ª División a retroceder al sector de la 106.ª División, donde se convertiría en el extremo del flanco derecho en la defensa de Saint-Vith. Clervaux, donde el coronel Fuller, al mando del 110.º Regimiento de Infantería había establecido su puesto de mando en un hotel, se vio protegida en parte por la resuelta defensa de Marnach que llevó a cabo una de sus compañías. Pero la 2.ª División Panzer logró superar a la fuerza este obstáculo. A las 05.00 del 17 de diciembre, una batería de artillería de campaña situada a cinco kilómetros de Clervaux fue asaltada por los *Panzergrenadiere*.

Antes del amanecer las patrullas alemanas llegaron a Clervaux, donde ya se había infiltrado un equipo de observación de artillería provisto de radio. Luego lograron colarse también en la ciudad sin que nadie lo advirtiera algunos soldados de infantería, que se escondieron en la farmacia, justo al pie del castillo, obra en su mayor parte del siglo xv, con sus torres circulares coronadas por chapiteles semejantes a gorros de bruja. El castillo sigue en pie sobre un espolón rocoso que se proyecta hacia el centro de la ciudad y en torno a él se extiende el caserío formando una especie de herradura. A las 09.30, los carros Panther y los cañones de asalto autopropulsados entraron

en acción desde el terreno elevado que domina Clervaux.[40] El general
Cota envió una sección de carros Sherman y algunos efectivos de infantería a ayudar a Fuller, que solo contaba con el personal del cuartel
general de su regimiento y sesenta hombres localizados en el centro
de recuperación de la unidad. Esa misma tarde, al caer la noche, Fuller había comunicado a Cota en Wiltz que la población se hallaba
rodeada y que tenía un *panzer* «plantado delante de la entrada disparando». Desde un puesto de socorro alguien gritó: «Si hay algún soldado que sea judío, que tire su chapa de identificación, porque estas
son tropas de las SS».[41] Al menos un soldado arrojó la suya, marcada
con una «H» de «Hebreo» a una estufa.

El personal del cuartel general y unos cuantos soldados del centro
de recuperación se replegaron al castillo, donde siguieron resistiendo
todo el día siguiente. Entre los civiles que habían buscado refugio en
el castillo estaba un chico de dieciséis años, Jean Servé, que cuenta
cómo en una sala había un soldado estadounidense tocando el piano,
mientras un francotirador de su misma nacionalidad, con un cigarrillo colgando de los labios, disparaba tranquilamente contra los alemanes y los iba abatiendo uno tras otro. Servé observó cómo una de
sus víctimas rodaba colina abajo hasta la parte de atrás del hotel du
Parc. Mientras los combates continuaban, los heridos fueron colocados en el sótano, junto con los civiles. Pero los defensores no tardaron
en quedarse sin municiones y, con el castillo en llamas, no tuvieron más
remedio que rendirse.[42]

Junto a la 28.ª División, en el flanco sur estaba también la 4.ª División de Infantería del general Barton. También esta había quedado
muy debilitada en el bosque de Hürtgen, pero al menos sus atacantes
eran menos formidables que las divisiones *panzer* de Manteuffel. El
12.º Regimiento de Infantería de Barton defendía las localidades de
Dickweiler, Echternach, Osweiler, Lauterborn y Berdorf frente a la
212.ª División *Volksgrenadier*. Su plan había consistido en negar a
los alemanes el uso de la red de carreteras al oeste del río Sauer ocupando los pueblos y aldeas situados en las intersecciones clave con
una compañía en cada uno. El ataque principal lo sufrió el 2.º Bata-

llón del 22.º Regimiento de Infantería, que, sin embargo, logró aguantar la embestida. Casi todos los puntos defendidos estaban rodeados. Pero el 17 de diciembre por la noche la situación se estabilizó con la llegada de unas fuerzas operacionales de la 10.ª División Acorazada, y no tardaron en recibir socorro.

Los «Tigres de la Décima» avanzaron hacia el norte atravesando Luxemburgo el 17 de diciembre. La noticia de que iban a encabezar la operación de repulsa de la ofensiva fue recibida con entusiasmo, pues todos se temían que fueran destinados a la retaguardia. A última hora de la tarde, la Agrupación de Combate A, a las órdenes del general de brigada Edwin W. Piburn, «se lanzó de cabeza contra una fuerza alemana que se vio talmente sorprendida» cerca de la garganta de Schwarz Erntz.[43] Los combates continuarían durante tres días, pero el avance alemán fue frenado. El flanco sur había sido asegurado.

En el cuartel general del I Ejército en Spa, el estado de ánimo reinante el 17 de diciembre por la noche era sombrío, con el *Kampfgruppe* Peiper avanzando hacia el oeste y la 28.ª División incapaz de cerrar el paso a las divisiones *panzer* de Manteuffel. «Los cálculos del oficial de inteligencia del G-2 para esta noche —afirmaba el diario de guerra— dicen que el enemigo está en condiciones de intentar explotar sus ganancias iniciales atravesando nuestras zonas de retaguardia y tomando cabezas de puente al otro lado del río Mosa.»[44]

La mayor amenaza era para Bastogne. La División *Panzer Lehr* marchaba hacia el oeste directamente por su flanco sur, mientras que la 2.ª División Panzer intentaba rodear la población por el norte. La 26.ª División *Volksgrenadier* estaba encargada de tomar la ciudad. Todas recibían órdenes del *General der Panzertruppen* barón Heinrich von Lüttwitz, que estaba al mando del XLVII Cuerpo Panzer. Por el sur, la 5.ª División *Fallschirmjäger* se encontró a la 28.ª División de Cota que le había cortado el paso. En las órdenes del VII Ejército que habían recibido los paracaidistas no se mencionaba para nada Bastogne. Les habían dicho simplemente que debían «avanzar lo más rápido posible para segurar una zona lo bastante grande como para que el V Ejército Panzer del general Von Manteuffel pueda maniobrar en ella».[45] Pero aquella tarde Von Lüttwitz se dio cuenta repentinamente de la importancia que tenía Bastogne para los estadounidenses. Su cuartel general interceptó un mensaje por radio en el que se decía que una división aerotransportada iba a llegar a Bastogne en varios convoyes de camiones. Probablemente fuera un comunicado de la red de radios de la policía militar estadounidense, que transmitía sus mensajes sin cifrar y suministraba a los alemanes la mejor información de la que disponían. Lüttwitz estaba seguro de que sus divisiones *panzer* llegarían allí primero.[46]

Tras el importante papel que habían desempeñado combatiendo en Holanda atrincheradas en reductos encharcados, la 82.ª y la 101.ª Divisiones Aerotransportadas estaban recuperándose en el campamento francés de Mourmelon-le-Grand, cerca de Reims. Su descanso había consistido en jugar al fútbol americano, en jugar de manera compulsiva a las cartas, en beber champán barato y en organizar peleas en los bares entre las dos divisiones. La decisión tomada aquella mañana en Versalles de traspasar al XVIII Cuerpo Aerotransportado de la reserva del SHAEF al I Ejército había dado lugar en un primer momento a bastante confusión. Varios oficiales de alta graduación se hallaban ausentes. Daba la casualidad de que el general Matthew B. Ridgway, al mando del XVIII Cuerpo, estaba en Inglaterra. El general Maxwell D. Taylor, al frente de la 101.ª División, había regresado a Estados Unidos. Su lugarteniente, el general de brigada Gerald J. Higgins, estaba también en Inglaterra dando una conferencia sobre la Operación Market Garden. De modo que el general de brigada Anthony C. McAuliffe, al mando de la artillería de la 101.ª División, tuvo que encargarse de llevar a sus hombres al combate.

Al recibir a las 20.30 la orden de prepararse para emprender la marcha, McAuliffe convocó inmediatamente a una reunión a los mandos y al estado mayor de su unidad: «Todo lo que sé acerca de la situación —les dijo— es que ha habido un ataque y que tenemos que ir para allá».[47] Muchos de sus hombres estaban de permiso en París, decididos a divertirse de la forma desenfrenada propia de los aerotransportados, especialmente aquellos que, según la tradición vigente en tiempos de la guerra, colgaban las cartas de sus novias infieles encabezadas con un «Querido John» en el tablón de anuncios de la unidad. La policía militar de París recibió la orden de localizar a todos los miembros de las fuerzas aerotransportadas, mientras que un oficial se ocupó de requisar un tren para traerlos de vuelta. Muchos de los que vieron revocado su permiso estaban en unas condiciones penosas a consecuencias de los excesos en la bebida. Y «la mayoría de ellos, a juzgar por lo que contaban —comentaba Louis Simpson—, sufrían de *coitus interruptus*». Los que habían perdido toda su paga jugando a las cartas y no habían podido ir a la capital habían sentido mucha envidia.[48]

La 101.ª División carecía de muchos de sus efectivos y todavía no había visto renovados sus equipamientos. Durante los combates en Holanda había perdido unos tres mil quinientos hombres, y mientras había permanecido en Mourmelon había recibido relativamente pocos reemplazos. De modo que, tras recibir la orden de ponerse en marcha, los soldados que estaban presos por haber cometido alguna falta de disciplina, la mayor parte de ellos por peleas o por pegar a algún suboficial, fueron sacados del calabozo y recibieron la orden de presentarse en su compañía. Los oficiales se personaron en el hospital militar y pidieron a los que estaban ya casi curados que pidieran el alta voluntaria. Por otro lado, algunos mandos aconsejaron a los oficiales que dejaran en paz a los hombres cuyo estado de nervios no estuviera todavía plenamente recuperado. Durante los últimos diez días había habido varios suicidios como consecuencia de la fatiga de combate, entre ellos el del jefe del estado mayor de la división que se había llevado a la boca su pistola automática del .45 y había apretado el gatillo.

La 82.ª División había tenido más tiempo para integrar a sus reemplazos y para renovar sus equipos tras las pérdidas sufridas en Holanda, mientras a la 101.ª le faltaba de todo, sobre todo ropa de invierno. Por la noche todo el mundo intentó pedir, tomar prestado o incluso robar todo lo que le hacía falta. Los intendentes simplemente abrieron sus almacenes. Entre tanto, la COMZ se vio obligada a reunir un número suficiente de camiones de diez toneladas para transportar a dos divisiones. Sus conductores, agotados como estaban después de haber estado trabajando para la Red Ball Express, no se mostraron precisamente entusiasmados ante la perspectiva de tener que trasladar a las Ardenas a unas tropas aerotransportadas, pero cumplieron sobradamente con su deber.

Aunque el SHAEF intentó silenciar la noticia del avance alemán, los rumores corrieron como la pólvora. Se contaba que los alemanes se dirigían ya a París. Los colaboracionistas franceses encarcelados empezaron a celebrarlo y a burlarse de sus guardianes. Fue una torpeza. Muchos de sus carceleros provenían de la Resistencia y juraron que pegarían un tiro a todos ellos antes de que llegaran los alemanes.

Debido en parte a la falta de informaciones claras, la angustia en París se hizo febril. El general Juin, acompañado de otros oficiales franceses de alta graduación, se presentó en el SHAEF en Versalles para analizar los detalles del avance alemán. Salió a recibirlos el general Bedell-Smith. «A medida que íbamos pasando por los salones —escribiría después— vi a los oficiales dirigir miradas de perplejidad a los despachos en los que parecía reinar la rutina normal. Entonces un general francés que iba detrás de mí dijo a nuestro jefe de inteligencia, el general Strong: "¿Qué? ¿No están ustedes haciendo las maletas?".»[49]

Ernest Hemingway se enteró del ataque alemán en el Ritz de la plaza Vendôme, donde se había instalado con su amante, Mary Welsh. La periodista acababa de volver de una cena con el comandante en jefe de las fuerzas aéreas, el teniente general «Tooey» Spaatz, durante la cual los asistentes de este habían estado entrando y saliendo sin parar para entregarle mensajes urgentes. Aunque todavía no se había recuperado de la bronquitis que había cogido en el bosque de Hürtgen, Hemingway estaba decidido a unirse a la 4.ª División de Infantería. Empezó a hacer el equipaje y a reunir todo su arsenal ilegal. «Ha sido un avance en toda regla —contó a su hermano Leicester, que estaba de paso por París—. Esto nos va a costar lo nuestro. Están llegando sus blindados. No hacen prisioneros... Mete esos cargadores. Limpia bien cada bala.»[50]

10

Lunes, 18 de diciembre

El ataque principal contra el último batallón de la 2.ª División de Infantería junto a las localidades de Rocherath y Krinkelt tuvo lugar a las 06.45, más de una hora antes de que amaneciera. Los alemanes siguieron su práctica habitual de hacer el mayor estrépito posible durante los ataques nocturnos, con «gritos, silbidos y otras muchas formas de ruido, incluso aporreando los bártulos de las comidas».[1] La batalla continuó durante cuatro horas, con la artillería de campaña estadounidense abriendo fuego constantemente para apoyar a los soldados de infantería de las trincheras más avanzadas. Hubo varios casos en los que las compañías pidieron que se disparara contra sus propias posiciones porque habían sido rebasadas. El 1.er Batallón del 9.º Regimiento de Infantería del teniente coronel McKinley había prestado cobertura a otras unidades en su retirada a las dos aldeas.

Una vez más, con los primeros rayos de luz, doce carros de combate alemanes, cada uno de ellos escoltado por una sección de *Panzergrenadiere*, aparecieron en medio de la niebla y comenzaron a avanzar hasta que el fuego de la artillería aliada los detuvo. La 2.ª División observaría que en la sección contracarro habría sido mucho más útil disponer de doce equipos de bazuca en vez de tres «aparatosos y engorrosos»[2] cañones contracarro de 57 mm. «Los cañones contracarro de 57 mm tuvieron un rendimiento muy poco satisfactorio, solo se consiguió un disparo efectivo en la torreta de un carro enemigo», contaría en un informe posterior. Otro oficial calificaría esas piezas de artillería de «armas prácticamente inútiles». El teniente coronel McKinley consideraba que el 57 mm no tenía cabida «en un batallón de infantería», por lo que costaba manejarlo en el barro y porque resultaba imposible colocarlo en posición cuando ya había contacto con el enemigo. Quería que los cazacarros fueran una parte integral de la unidad para que no desaparecieran cuando les apeteciera. Pero aquel día en Rocherath-Krinkelt, los cazacarros, al igual que los Sherman, las bazucas y la artillería, acabaron con varios carros Panther y Mark IV.

Los estadounidenses siempre intentaban evitar que los alemanes recuperaran y repararan los vehículos blindados que habían quedado inutilizados o que pudieran ser utilizados como posiciones temporales desde las que disparar frente a sus líneas. De modo que cuando los *Panzergrenadiere* de las SS eran obligados a retroceder, «los carros de combate inutilizados, pero no destruidos, eran incendiados vertiendo sobre ellos una mezcla de aceite y gasolina, y colocando granadas termita en los tubos de los cañones para que fueran pasto de las llamas».[3]

Pero fue entonces cuando el enemigo consiguió rebasar la línea del frente con otro ataque. Los carros alemanes dispararon contra las trincheras, y pasaron una y otra vez sobre ellas, dando marcha atrás y volviendo a avanzar, para dejar sepultados a los hombres que había en ellas. Solo lograron sobrevivir doce soldados de una sección de alrededor de treinta efectivos. La sección izquierda de una compañía se quedó sin municiones contracarro, por lo que seis o siete de sus hombres empezaron a correr desesperados hacia la retaguardia. McKinley los detuvo y los envió de vuelta a su sección. Los enfermeros, en su heroica lucha por evacuar a los heridos a través de la nieve, improvisaron una especie de trineos clavando travesaños a un par de esquíes para transportar la camilla.

A su debido tiempo, el batallón recibió la orden de replegarse, pero el combate era casi cuerpo a cuerpo, y MacKenly pensó que no iba a ser capaz de sacar a sus hombres de allí. En el momento más crítico, sin embargo, hicieron su aparición cuatro Sherman del 741.º Batallón Acorazado. Lograron cubrir la retirada de los suyos, alcanzando incluso a tres carros blindados alemanes. «Cuando el batallón se reunió en Rocherath —escribiría McKinley— descubrimos que de un total de seiscientos efectivos que habían participado en el combate, solo quedaban 197, incluidos los auxiliares.»[4] Pero únicamente nueve hombres de la 2.ª División abandonaron el campo de batalla para correr hacia la retaguardia. Fueron recogidos por la policía militar como «rezagados». En su mayoría, los hombres comprobaron que no les sobrevinieron «los temblores» durante el momento crítico de la batalla: los temblores empezaron después, cuando cesó el fuego.

La actitud de sacrificio del 1.ᵉʳ Batallón del 9.º Regimiento de Infantería ayudó a salvar al resto de la 2.ª División y a minimizar las consecuencias de la acometida de la 12.ª División Panzer de las SS. Pero hasta McKinley reconocería más tarde que «fue la artillería la que hizo el trabajo»,[5] salvando a su unidad de la destrucción completa. Constantemente llegaban a las líneas estadounidenses restos de la 99.ª División, contingente que había afrontado el ataque inicial. Estos hombres eran enviados de vuelta a Camp Elsenborn, donde comían y recibían más municiones, para luego destinarlos a un nuevo frente situado detrás de las localidades de Rocherath y Krinklet. Un comandante de batallón, acusado por sus propios oficiales de «cobardía e incompetencia», fue relevado del mando.[6]

A eso de las 10.00 de la mañana, un convoy de siete camiones estadounidenses llegó a la zona. Desde una distancia de quinientos metros, un cazacarros efectuó un disparo contra el vehículo que encabezaba la comitiva, obligándolo a detenerse. Una patrulla se acercó para comprobar que los camiones fueran genuinos y no vehículos capturados. Pero al aproximarse, los hombres que iban en ellos abrieron fuego. Se trataba de un trampa, un «caballo de Troya» con el que infiltrarse en las líneas estadounidenses en medio de la confusión.[7] Alrededor de ciento cuarenta soldados alemanes bajaron de los camiones y trataron de escapar corriendo hacia el bosque. Los morteros y las ametralladoras pesadas del batallón abrieron fuego. El comandante del batallón calculó que tres cuartas partes de ellos habían sido abatidos, pero es probable que algunos se hicieran el muerto y huyeran más tarde. Fueron hechos prisioneros varios heridos, que resultaron ser miembros de la 12.ª División de las SS, la *Hitlerjugend*. Uno de los que presentaban un estado más grave se negó a recibir una transfusión de sangre estadounidense en el centro de primeros auxilios.

La batalla por los dos pueblos colindantes continuó, con la población civil atrapada en sótanos y bodegas y ensordecida por las explosiones. Cuando se levantó la niebla a eso de las 08.30 de la mañana, y la luz del día cobró un poco de intensidad, empezó a poderse ver el bosque situado al otro lado de los campos nevados. Más carros Panther y Mark IV avanzaban acompañados de grupos de *Panzergrenadiere*, y algunos entraron en Rocherath-Krinklet. El oficial de morteros del 38.º Regimiento de Infantería formó cuatro equipos de bazucas, con la misión de hostigar a los blindados en el pueblo. Algunos hombres llevaban anteojos para protegerse de los fogonazos de los disparos, pero hasta más tarde no se darían cuenta de las quemaduras que tenían en el rostro. Lo peor era encontrar un proyectil atascado en la bazuca y ver cómo el carro enemigo apuntaba el cañón en tu dirección. Había que ser muy astuto. «Vimos un *panzer* acercándose por la carretera —informaría el V Cuerpo—. Un sargento colocó una bazuca oculta a uno y otro lado de la carretera, y luego condujo una manada de vacas hacia el carro blindado. El *panzer* redujo la velocidad hasta detenerse, quedó inutilizado por los disparos de la bazuca, y la tripulación cayó abatida por el fuego de armas ligeras cuanto intentaba saltar del vehículo.»[8]

Los blindados alemanes empezaron a arrasar las casas del pueblo disparando a bocajarro, a veces incluso metiendo su cañón por una ventana. «La bayoneta no fue muy utilizada —comentaría más tarde otro oficial estadounidense— ni siquiera en los combates cuerpo a cuerpo que hubo en Rocherath, donde las culatas de los fusiles o simplemente los puños fueron el instrumento preferido.»[9] Dos carros Sherman, aparcados junto al puesto de mando del batallón en Rocherath y tripulados por una combinación de «artilleros, conductores, ayudantes de conductores, cocineros y mecánicos», respondieron al ataque. El teniente coronel Robert N. Skaggs vio de repente cómo un carro Mark VI Tiger se acercaba hacia unos soldados estadounidenses que vigilaban a un grupo de prisioneros de guerra alemanes. Skaggs avisó a los dos Sherman, que abrieron fuego inmediatamente. Sin embargo, no consiguieron dar en el blanco, y el Tiger se detuvo, giró su torreta y disparó contra los dos vehículos blindados estadounidenses, pero también falló. Dándose prisa, las tripulaciones de los dos

Sherman no quisieron perder la oportunidad que se les presentaba y se aseguraron de que no volvían a errar el tiro, y el Tiger fue pasto de las llamas. En cuanto un carro alemán era alcanzado, la infantería estadounidense, apuntando con el fusil bien colocado en el hombro, se preparaba para abrir fuego contra cualquier miembro de la tripulación que intentara escapar del interior del vehículo blindado. Si el desdichado salía gritando y envuelto en llamas, lo cierto es que le ahorraban sufrimientos. El capitán MacDonald de la 2.ª División contaría que «vi la silueta de un soldado entre las balas trazadoras, lanzó una lata de gasolina contra un carro de combate. El blindado estalló en llamas».[10]

En otro episodio ocurrido en esos dos pueblos, la tripulación de un Sherman del 741.º Batallón Acorazado «se dio cuenta de que un Mark VI [Tiger] se acercaba de frente. El comandante del carro sabía perfectamente lo difícil que era perforar el blindaje frontal, y quiso aprovechar la rapidez de acción de la torreta del Sherman. El blindado dio media vuelta rápidamente y giró alrededor de un pequeño grupo de edificios para poder abrir fuego contra el lateral o la parte posterior del Mark VI. Los alemanes, observando la maniobra, se pusieron a perseguirlo, y, en círculo, los dos carros de combate empezaron a ir a la caza el uno del otro, tratando de encontrar una buena posición para abrir fuego. El compañero de equipo del Sherman se dio cuenta de la acción, [y] en cuanto el Mark VI, girando alrededor de los edificios, dejó expuesta su parte posterior, abrió fuego y lo alcanzó».[11] Llenos de felicidad, los comandantes de los dos Sherman salieron de un salto de sus carros para darse un apretón de manos, luego volvieron a subir a sus vehículos y siguieron con su misión.

Las granadas de fusil volvieron a demostrar su falta de eficacia, pues solo lograron dejar inutilizado un blindado. Un sargento vio cómo un «hombre de otra unidad»[12] disparaba seis o siete granadas contracarro a un *panzer*, y aunque dieron en el blanco, no sirvieron de nada. En otros casos, «simplemente rebotaron» en el vehículo.

Frente a la iglesia de Krinkelt, un Mark VI Tiger empezó a abrir fuego contra el puesto de mando del batallón. El teniente coronel Barsanti ordenó a cinco equipos de bazucas que salieran para destruir el carro de combate. Hicieron blanco en dos ocasiones, pero el Tiger apenas sufrió daños. No obstante, su comandante consideró que el vehículo era muy vulnerable en las calles del pueblo y se retiró rápidamente en dirección a Wirtzfeld. Pero en su huida, el carro de combate dobló una esquina a toda velocidad y se dio de bruces con un *jeep*, que dejó aplastado. Los dos ocupantes del vehículo habían podido abandonarlo a tiempo, saltando a una zanja. El percance ralentizó la marcha del Tiger lo suficiente para que los artilleros de un cañón contracarro de 57 mm dispararan un proyectil que rompió el mecanismo de la torreta. Mientras el blindado alemán seguía su camino, un Sherman abrió fuego, pero falló. Sin embargo, un cazacarros que había más adelante en la carretera lo dejó inutilizado con solo dos disparos. Luego los fusileros dieron caza a los tripulantes del Tiger cuando los «uniformes negros» trataban de huir. «Ni uno solo logró escapar.»[13]

La 2.ª División afirmaría más tarde que en la larga batalla por Rocherath-Krinkelt setenta y tres carros blindados alemanes habían quedado inutilizados por la acción de los Sherman, las bazucas, los destructores de carros de combate y la artillería, y que dos Mark VI Tiger habían sido destruidos con la ayuda de bazucas. Ni que decir tiene que estas victorias fueron singulares durante aquel ataque. Las pérdidas de los estadounidenses fueron enormes, tanto en hombres como en carros de combate. Por otro lado, la determinación con que fue repelida la ofensiva y se hizo pagar al enemigo un alto precio por cada paso que daba en su avance probablemente fuera la contribución más importante al resultado final de la batalla de las Ardenas. El VI Ejército Panzer había subestimado el poderío de la artillería estadounidense y su posición ventajosa en las colinas de Elsenborn. Las divisiones de las SS se desengañaron bruscamente de su arrogante presunción de que las unidades de infantería estadounidenses destacaban por su baja calidad.

Los combates se prolongaron durante todo el día y hasta bien entrada la noche. Cada vez ardían más casas y edificios. El observador de artillería de la 99.ª División, que, siguiendo instrucciones, había avanzado hasta Buchholz el primer día a última hora de la tarde, recordaría un verso de uno de los poemas de Alan Seeger mientras contemplaba cómo ardían las localidades de Rocherath y Krinkelt: «Pero tengo una cita con la muerte a medianoche en un pueblo en llamas».[14]

Mientras los enfrentamientos en el sector de Rocherath-Krinkelt llegaban a su momento más crítico, a unos cinco kilómetros al suroeste parte de la 1.ª División de Infantería se dedicaba a consolidar sus posiciones y a patrullar la zona para determinar la dirección y la fuerza del avance alemán. Sepp Dietrich, frustrado por la feroz defensa estadounidense en los dos pueblos, ordenó a la 277.ª División *Volksgrenadier* que siguiera con su ataque en las ambas localidades. La 12.ª División Panzer de las SS, por su parte, tenía que dirigirse al suroeste y avanzar desde Büllingen para abrirse camino hacia Waimes. En la pequeña localidad de Waimes se encontraba, además del 47.º Hospital de Campaña, parte del batallón médico de la 99.ª División. El general Gerow dispuso inmediatamente que una fuerza combinada de la 1.ª División, con cazacarros, carros blindados ligeros y zapadores se encargara de evacuar a tiempo a los heridos y al personal sanitario.

La *Hitlerjugend* pronto descubriría que el flanco sur de las colinas de Elsenborn estaba tan bien defendido como el flanco este. Solo la 1.ª División contaba con el respaldo de seis batallones de artillería y una batería de cañones de 203 mm. Los estadounidenses también tenían la suerte de que el terreno era tan blando en algunos lugares que, fuera de las carreteras, resultaba impracticable para los carros de combate alemanes. Cuando sus cañones contracarro y sus cazacarros dejaban inutilizado el primer *panzer* de un convoy que avanzaba por una carretera, bloqueaban de paso el camino a los blindados que lo seguían. Entonces los semiorugas antiaéreos con cuatro ametralladoras de 12,7 mm, los llamados *meatchoppers* («picadoras de carne»), resultaban sumamente efectivos para obligar a retroceder a los *panzergrenadiere* de las SS.

Ni el general Gerow ni el general Dodges sabían que Hitler había prohibido que el VI Ejército Panzer se dirigiera hacia el norte en dirección a Lieja. El *Führer*, en su afán por evitar una concentración de fuerzas estadounidenses alrededor de Aquisgrán, había dispuesto que las divisiones *panzer* de las SS avanzaran exclusivamente hacia el oeste, rumbo al Mosa, sin cambiar de ruta. Pero el rumbo del avance de Peiper ya había convencido al mando estadounidense de que tenía que extender su flanco norte hacia el oeste. El XVIII Cuerpo Aerotransportado del general Ridgway debía establecer una línea defensiva desde Stavelot, desplegando dos veteranas divisiones, la 30.ª de Infantería y la 82.ª Aerotransportada, que ya estaba dirigiéndose a Werbomont.

A raíz de la matanza de Malmédy del día anterior, el mando estadounidense emitió el siguiente aviso urgente dirigido a todas las tropas: «En todo momento resulta peligroso rendirse a las tripulaciones de los carros de combate alemanes, especialmente a aquellas cuyos blindados no vayan acompañados de infantería; o rendirse a cualquier unidad que esté efectuando un avance rápido. Este tipo de unidades disponen de pocos medios para controlar a los prisioneros, y la solución a la que recurren consiste simplemente en matar a los prisioneros».[15] Habían aprendido esta lección: «Los que presentaban batalla, sufrían menos pérdidas. Para los que se rendían, no había salvación».

Peiper lanzó su ataque contra Stavelot al amanecer, después de permitir que por la noche sus hombres, completamente exhaustos, recuperaran un poco el sueño atrasado. El comandante Paul J. Solis había llegado de madrugada con una compañía del 526.º Batallón de Infantería Mecanizada, una sección de cañones contracarro y otra de cazacarros remolcados. Estaba todavía colocando en sus posiciones a los hombres y los cañones cuando todos se vieron sorprendidos por dos carros Panther y una compañía de *Panzergrenadiere*, que avanzaban por la carretera que bordeaba la colina en dirección al puente sobre el Amblève. El primer Panther fue alcanzado, y estalló en llamas, pero se creó tal confusión que fue a chocar contra una barrera anticarro erigida en medio de la carretera. El segundo Panther continuó adelante y ocupó el puente de Stavelot, seguido rápidamente por los *Panzergrenadiere*.[16]

A los estadounidenses no les dio tiempo de volar el puente. La fuerza de Solis se vio obligada a retirarse al pueblo. Los hombres de Peiper alegarían, sin prueba alguna, que civiles belgas abrieron fuego contra ellos, por lo que decidieron ejecutar a veintitrés lugareños, incluidas algunas mujeres. Tras un combate intenso a lo largo de la mañana, la pequeña fuerza de Solis tuvo que replegarse carretera arriba, en dirección a Francorchamps y Spa. El principal depósito de combustible estadounidense no había sido marcado en el mapa de Peiper, de modo que este decidió seguir hacia el oeste por el valle del Amblève. En cualquier caso, las tropas de la zona de comunicaciones del general Lee habían logrado evacuar el grueso de las provisiones de combustible que podían estar al alcance de Peiper. Entre el 17 y el 19 de diciembre, las tropas encargadas de los suministros estadounidenses pusieron a salvo más de once mil metros cúbicos de combustible de la zona de Spa-Stavelot.[17] La peor pérdida sufrida por los Aliados fue de apenas mil quinientos metros cúbicos, destruidos el 17 de diciembre por un bomba volante V-1 en Lieja.

Aquella tarde llegó al cuartel general de Hodges un informe equivocado en el que se afirmaba que la propia Spa se veía amenazada. El general Joe Collins, que estaba sentado al lado del comandante del I Ejército, oyó cómo su jefe de inteligencia susurraba a Hodges la siguiente advertencia: «General, si no sale de la ciudad rápidamente, será capturado».[18]

«La situación está empeorando por momentos —se escribiría en el diario de su cuartel general—. A eso de las tres de la tarde de hoy han llegado informes sobre carros de combate que avanzan hacia el norte desde Stavelot en dirección a Spa. Solo un pequeño control de carretera y varios semiorugas los separan de nuestro cuartel general.»[19] Hodges telefoneó a Simpson, comandante del IX Ejército, a las 16.05. «Cuenta que la situación es muy delicada», anotaría Simpson. «Está preparado para llevarse a todo su personal. Se ve amenazado, dice.»[20] Spa fue evacuada, y el conjunto del estado mayor del I Ejército se trasladó a su cuartel general de retaguardia en Chaudfontaine, cerca de Lieja, ciudad a la que llegó a medianoche. Luego se enteró de que, en cuanto salió de Spa, «se arriaron las banderas estadounidenses, así como todos los estandartes aliados, y se sacaron los retratos del presidente [presentes en la ciudad], y el alcalde liberó a veinte sospechosos de colaboracionismo que habían sido encarcelados».[21]

Anteriormente, aquella misma tarde, dos oficiales de la 7.ª División Acorazada, que habían estado de permiso, descubrieron a su llegada que su formación había marchado de Maastricht. Dispuestos a encontrarla, primero se dirigieron a Spa, y en el cuartel general de

Hodges, totalmente abandonado, pudieron contemplar llenos de asombro los mapas de situación que se habían quedado allí por culpa de las prisas. Los cogieron y los llevaron a Saint-Vith para entregárselos al general de brigada Bruce Clarke. Con gran consternación, Clarke estudió los mapas que revelaban, mejor que ninguna otra cosa, que el I Ejército no había sabido comprender lo que estaba ocurriendo. «¡Demonios! Cuando esta guerra acabe —exclamaría Clarke— ya habrá bastante dolor teniendo que juzgar a generales en tribunales de guerra. No estoy de humor para crear más líos y problemas.» E inmediatamente destruyó los mapas.[22]

Peiper, en un intento por encontrar una ruta alternativa, había enviado una fuerza de reconocimiento formada por dos compañías hacia el sur del Amblève, a Trois-Ponts, una localidad en la confluencia del Amblève y el Salm. Al parecer, esos hombres se perdieron irremediablemente en medio de la oscuridad. Desde Trois-Ponts la carretera iba directamente a Werbomont. Peiper, tras haber obligado a los estadounidenses a abandonar Stavelot, dejó atrás un pequeño destacamento pensando en la llegada inminente de tropas de refuerzo de la 3.ª División *Fallschirmjäger*, y partió rumbo a Trois-Ponts.

El día anterior por la tarde, el 51.º Batallón de Ingenieros, que se encontraba en Marche-en-Famenne haciendo funcionar los aserraderos, había recibido la orden de partir hacia Trois-Ponts para volar los tres puentes de la zona. La Compañía C llegó cuando las tropas de Peiper estaban atacando Stavelot, y se puso a colocar las cargas de demolición en el puente sobre el Amblève y los dos puentes sobre el Salm. También levantó barricadas en la carretera por la que iba a pasar el *Kampfgruppe* de Peiper. También entrarían en acción un cañón contracarro de 57 mm y su dotación, así como una compañía del 526.º Batallón de Infantería Mecanizada que, de camino a Saint-Vith, recibió la orden de unirse al resto de la 7.ª División Acorazada.

A las 11.15, los defensores de Trois-Ponts oyeron el sonoro traqueteo de los carros blindados que se acercaban. La vanguardia de Peiper incluía diecinueve carros Panther. Los artilleros del cañón de 57 mm estaban preparados, y su primera salva alcanzó la oruga del primer Panther, obligándolo a detener la marcha. Los otros carros de combate alemanes abrieron fuego y destruyeron el cañón, acabando con la vida de casi todos sus artilleros. Cuando se dio la señal, los ingenieros volaron los puentes. El camino de Peiper a Werbomont quedó bloqueado. Desde unas casas situadas en la margen izquierda, los defensores empezaron a disparar contra los *Panzergrenadiere* que trataban de cruzar el río. Recurriendo a una serie de estratagemas, como, por ejemplo, arrastrar cadenas para hacer un ruido semejante al de blindados en movimiento, o disparar con bazucas para imitar el estruendo de piezas de artillería, los defensores consiguieron convencer a Peiper de que sus fuerzas eran mucho más numerosas de lo que en realidad eran.

Furioso por ese contratiempo, Peiper decidió regresar a Stavelot tomando el camino que recorría la margen septentrional del Amblève. Su columna se encaminó estrepitosamente hacia La Gleize. Las escarpadas y boscosas colinas del lado norte del valle imposibilitaban cualquier maniobra. Peiper seguía pensando que de haber tenido suficiente combustible «habría sido muy fácil alcanzar el río Mosa a primera hora de aquel día».[23]

Al no encontrar resistencia a su llegada a La Gleize, Peiper decidió enviar un grupo de reconocimiento que descubrió un puente intacto sobre el Amblève a su paso por Cheneux. Los alemanes fueron vistos por un avión estadounidense que volaba entre las nubes. Los cazabombarderos del IX Mando Aéreo Táctico fueron alertados y enseguida se lanzaron al ataque, a pesar de la mala visibilidad. El *Kampfgruppe* perdió tres carros de combate y cinco semiorugas. La columna de Peiper se salvó de sufrir daños mayores debido a la hora temprana en la que el día empezaba a oscurecer, las cuatro y media de la tarde, pero los estadounidenses ya conocían perfectamente su posición. El I Cuerpo Panzer de las SS, que había perdido el contacto por radio con Peiper, también supo dónde estaban sus compañeros tras interceptar las transmisiones poco seguras de los Aliados.

Peiper siguió avanzando protegido por la oscuridad, pero cuando el primer vehículo de su columna llegó a un puente sobre el Lienne, pequeño afluente del Amblève, este fue volado en sus narices por un destacamento del 291.º Batallón de Ingenieros de Combate. A Peiper, que padecía del corazón, probablemente estuvo a punto de darle un ataque ante este nuevo contratiempo. Envió una compañía de carros o compañía blindada de carros de combate en busca de un puente intacto más al norte, pero cuando los alemanes pensaron que habían encontrado uno sin vigilancia, cayeron en una emboscada perfectamente ejecutada. En cualquier caso, fue una operación de diversión inútil, pues aquel puente no era lo suficientemente resistente para soportar las setenta y dos toneladas de peso de los carros Königstiger. Sumida en la frustración, y sin más puentes por los que intentar cruzar el río, la columna dio con gran dificultad media vuelta en aquella angosta carretera y regresó a La Gleize para volver al valle del Amblève y dirigirse a Stoumont, localidad situada a unos tres kilómetros de distancia. Peiper detuvo la columna para descansar durante la noche antes de lanzar el ataque contra Saumont al amanecer. Esta circunstancia dio a los habitantes de Saumont la oportunidad de abandonar el pueblo.

Peiper ignoraba que estaban acercándose tropas estadounidenses. Ya había un regimiento de la 30.ª División de Infantería más adelante, bloqueando la carretera del valle a lo largo de unos dos kilómetros y medio, y la 82.ª Aerotransportada estaba empezando a desplegarse desde Werbomont. También le acechaba una trampa por detrás. Un batallón de otro regimiento de la 30.ª División de Infantería, reforzado con carros blindados y cazacarros, relevó a los hombres del comandante Solis al norte de Stavelot, y a última hora de aquella misma tarde consiguió abrirse paso hasta el lado norte del pueblo.

Mientras la 82.ª Aerotransportada avanzaba a toda prisa hacia Werbomont, la 101.ª comenzó a concentrarse en Mourmelon-le-Grand. Formando una larga línea, 380 camiones descubiertos de diez toneladas estaban esperando a que subieran en cada uno de ellos hasta cincuenta hombres. Las compañías empezaron a pasar lista. Los soldados, abrigados con «su ropa de invierno, parecían una manada de osos».[24] Muchos, sin embargo, no llevaban abrigo y ni siquiera tenían sus botas de salto de paracaidista. Un teniente coronel, que acaba de llegar de una boda celebrada en Londres, marcharía hacia Bastogne vistiendo todavía su uniforme de gala de clase A. La banda de la división, que tenía la orden de quedarse atrás, formó de mala gana. Los músicos preguntaron al capellán si podía hablar con el comandante del 501.º Regimiento de Infantería Paracaidista y convencerlo de que les permitiera ir con los demás. El sacerdote dijo que el coronel estaba muy ocupado, pero dejó entender que podían montar en los camiones con sus compañeros. Sabía que iban a necesitar a todos los hombres.

Los primeros camiones se pusieron en marcha a las 12.15 con ingenieros aerotransportados, la sección de reconocimiento y parte del cuartel general de la división. Las órdenes eran dirigirse a Werbomont. El general de brigada McAuliffe partió casi de inmediato, y al cabo de dos horas lo hizo la primera parte de la columna principal. En total, 805 oficiales y 11.035 soldados iban a la batalla. Nadie sabía exactamente su destino, y muchos pensaron que resultaba extraño no llegar al campo de batalla saltando en paracaídas, sino en un medio de transporte como el que utilizaba la infantería corriente de a pie. Aunque viajaban apiñados en los camiones descubiertos, muchos temblaban de frío. La columna no se detenía, y como no había espacio para moverse, los hombres no podían alcanzar la parte posterior para aliviarse orinando por encima de la puerta trasera del camión. Así pues, no tenían más remedio que pasarse un bidón vacío. Cuando más tarde comenzó a caer la noche, los conductores encendieron las luces de cruce. La necesidad de acelerar la marcha era acuciante, más apremiante aún que la de evitar ser vistos por un caza nocturno alemán.

Cuando McAuliffe llegó a Neufchâteau, a treinta kilómetros al suroeste de Bastogne, un policía militar hizo señas a su automóvil para que se detuviera. Le entregó un mensaje del cuartel general del VIII Cuerpo de Middleton en el que se le informaba de que la 101.ª Aerotransportada estaba a partir de ese momento bajo su responsabilidad y de que toda la división debía dirigirse directamente a Bastogne. El grupo de avanzadilla, desconocedor del cambio de planes, ya se había puesto en camino con dirección a Werbomont, localidad situada a unos kilómetros más al norte en línea recta. McAuliffe y los oficiales de su estado mayor siguieron hacia Bastogne y justo antes del anochecer dieron con el cuartel general del cuerpo del general Troy Middleton instalado en unos antiguos barracones militares alemanes en el extremo norte de la ciudad. Las escenas de conductores y soldados dominados por el pánico huyendo a pie en dirección al oeste no resultaban precisamente alentadoras.

McAuliffe encontró a Middleton reunido con el coronel William L. Roberts de la Agrupación de Combate B de la 10.ª División Acorazada, una de las dos formaciones enviadas por Eisenhower a las Ardenas aquella primera tarde. Roberts sabía mucho mejor que McAuliffe cuán desesperada era la situación. Esa mañana, el general Norman Cota le había solicitado urgentemente que acudiera en ayuda de su maltrecha 28.ª División en las cercanías de Wiltz, donde estaba atacando la 5.ª División *Fallschirmjäger*. Pero Roberts había recibido órdenes estrictas de dirigirse inmediatamente a Bastogne, por lo que tuvo que negarse a la petición. La *Panzer Lehr* y la 26.ª División *Volksgrenadier* se acababan de abrir paso por el norte y marchaban hacia la ciudad.

«—¿Cuántos equipos puede reunir? —preguntó Middleton a Roberts.

—Tres —respondió.»

Middleton le ordenó que enviara a un equipo al suroeste de Wardin, y otro a Longvilly con la misión de bloquear el avance de la *Panzer Lehr*. El tercero debía dirigirse hacia el norte, a Noville, para detener a la 2.ª División Panzer. Aunque a Roberts no le gustaba la idea de dividir sus fuerzas en grupos tan pequeños, no cuestionó la decisión de Middleton. «Muévanse con la mayor celeridad —le dijo Middleton—. Conserven estas posiciones cueste lo que cueste.»[25]

En la carrera a Bastogne, las demoras caldearon los ánimos del XLVII Cuerpo Panzer. Pero el principal contratiempo para sus planes lo habían provocado el arrojo y el valor de determinadas compañías de la 28.ª División de Infantería. Su defensa de las intersecciones de diversas carreteras a lo largo de las colinas que iban del norte al sur, las llamadas «Skyline Drive», en localidades como Heinerscheid, Marnach y Hosingen, había sido decisiva. «La férrea resistencia de Hosingen —reconocería el *Generalmajor* Heinz Kokott— provocó un retraso de un día y medio en el avance global de la 26.ª División

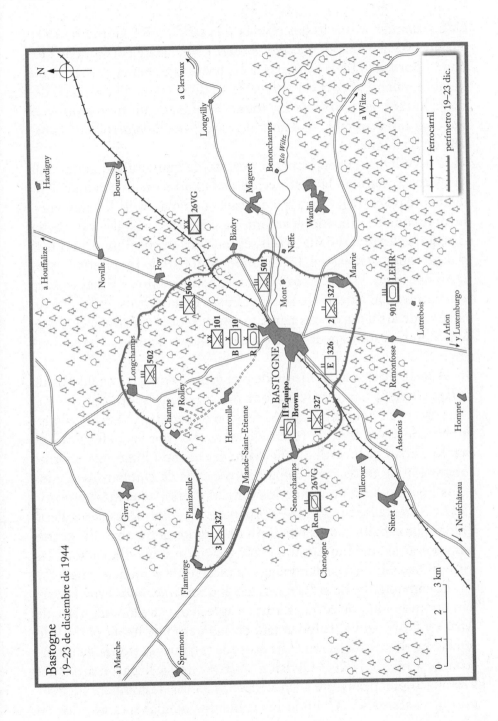

Bastogne
19–23 de diciembre de 1944

Volksgrenadier, y por lo tanto de la *Panzer Lehr*.»[26] Como también reconocería el comandante de la *Panzer Lehr*, la larga defensa de Hosingen por parte de la Compañía K, hasta la mañana del 18 de diciembre, ralentizó tanto el avance de su división, que esta «llegó demasiado tarde a la zona de Bastogne».[27] Fue, en un momento en el que cada hora contaba, un factor decisivo para el desarrollo de la batalla de Bastogne.

En Wiltz, el general Cota se percató de que su división no tenía escapatoria. Ordenó la destrucción de la correspondencia navideña pendiente de entregar para que no cayera en manos de los alemanes, de modo que en un patio se amontonaron cartas, postales y paquetes a los que se les prendió fuego tras ser rociados de gasolina. Durante la tarde, lo que quedaba del 3.er Batallón del 110.º de Infantería fue retirándose hacia Wiltz. Esos hombres, hambrientos y exhaustos, se concentraron al sureste de la ciudad para defender los obuses de un batallón de artillería de campaña, mientras Cota organizaba el traslado a Sibret, al suroeste de Bastogne, del puesto de mando de su división.[28]

Aquella mañana, en medio de una gris llovizna, la vanguardia de la *Panzer Lehr* había cruzado por fin el puente sobre el río Clerf a su paso por Drauffelt, y la 2.ª División Panzer había hecho lo mismo en Clervaux, tras ver retrasado su avance por los defensores de esta localidad y su castillo. Fue entonces cuando hubo una enorme congestión de tráfico por culpa de los carros de combate averiados —los Panther seguían siendo los vehículos blindados más susceptibles de sufrir fallos mecánicos—, mientras diversas piezas de artillería tiradas por caballos de una división de infantería trataban de abrirse paso por aquel mismo camino enfangado por el que transitaban las formaciones blindadas, dando lugar a escenas de verdadero caos.

El comandante de la *Panzer Lehr*, el *Generalleutnant* Fritz Bayerlein, un individuo de corta estatura y agresivo, veterano del norte de África y Normandía, culpó al jefe de su cuerpo de haber permitido semejante desorganización.[29] El caos fue tal, que las tropas de infantería de a pie de la 26.ª División *Volksgrenadier* llegaron a Nieder Wampach prácticamente a la vez que los carros de combate y los semiorugas alemanes. Cuando los vehículos quedaban atascados en medio del barro, los soldados de infantería se veían obligados a descargar las ametralladoras pesadas y los morteros para transportarlos sobre sus espaldas.

El 18 de diciembre, al anochecer, mientras la *Panzer Lehr* avanzaba hacia Bastogne, Bayerlein sería testigo de una batalla de carros en las inmediaciones de Longvilly. «La *Panzer Lehr*, con sus cañones apuntando hacia el norte —escribiría—, avanzaba ante ese impresionante espectáculo a media luz, que, con la estela dejada por las balas trazadoras, adoptaba un aspecto fantástico.»[30] De hecho, una de sus propias unidades participó en la acción. Middleton había encomendado a la Agrupación de Combate R de la 9.ª División Acorazada la defensa de las rutas principales que llevaban a Bastogne desde el este. Tras unas escaramuzas iniciales a última hora de la tarde contra los controles de carretera y los puestos avanzados, los Sherman y los semiorugas de las Fuerzas Operativas Rose y Harper se vieron atrapados entre la vanguardia de la 2.ª División Panzer, un regimiento de artillería de la 26.ª División *Volksgrenadier* y una compañía de carros de combate de la *Panzer Lehr*. Cuando los primeros blindados atacados habían estallado en llamas, las dotaciones de los *panzer* siguieron disparando contra los otros vehículos cuyas siluetas se hicieron visibles en medio del fuego. Bayerlein atribuyó el éxito a la precisión y mayor alcance de los cañones de los Panther Mark V. Las tripulaciones de los blindados estadounidenses abandonaron sus vehículos, tanto los que habían sido alcanzados como los que seguían incólumes, y huyeron hacia Longvilly.

Los alemanes se jactarían más tarde de que, a raíz de esa acción, lograron capturar veintitrés carros Sherman, catorce vehículos blindados, quince cañones autopropulsados, treinta *jeeps* y veinticinco camiones, todos en perfecto estado.[31] Aunque la versión alemana de esta victoria se vio exagerada, esta batalla desigual que tuvo lugar en las inmediaciones de Longvilly constituyó un duro revés para los estadounidenses.

La única buena noticia que hubo aquella noche en Bastogne fue el anuncio de la llegada del 705.º Batallón Cazacarros, que había conseguido abrirse paso desde el norte. El coronel Roberts de la 10.ª División Acorazada ya había informado a los jefes de sus tres equipos, enviándolos al lugar. Cada uno de dichos equipos estaba compuesto por una serie de carros Sherman, diversos vehículos blindados y un conjunto de semiorugas encargados del transporte de la infantería. El equipo O'Hara se dirigió a Wardin, donde tomó posiciones en un terreno elevado situado al sur de la localidad. No había señal de los alemanes, pero varios grupos reducidos de hombres completamente exhaustos de la 28.ª División, con barba de días y muy sucios tras tres jornadas de intensos combates, lograron abrirse paso para dirigirse a Bastogne.

El comandante William R. Desobry del 20.º Batallón de Infantería Mecanizada recibió la orden de partir hacia el norte de Noville. A la cabeza de su formación, un *jeep* conducido por un policía militar se encargó de indicar el camino correcto, pues no disponía de mapas. Al llegar a las puertas de Bastogne, el policía militar dijo: «Noville se encuentra dos pueblos más arriba, recto por esta carretera».[32] Desobry envió una unidad de reconocimiento a explorar la zona entre Foy y Noville. Ambas localidades estaban desiertas.

Desobry estableció una defensa en el extremo norte y este de Noville, con puestos avanzados formados por pelotones de infantería y parejas de carros Sherman para vigilar las carreteras de acceso a la localidad, y poco después de la medianoche decidió descanzar unas horas. Sabía perfectamente que iba a tener que librar una gran batalla. «Podíamos oír los disparos de los cañones en el este y en el norte, y podíamos ver los destellos. Podíamos ver la luz de los focos reflectores, etcétera. A lo largo de la noche una serie de pequeñas unidades y muchos rezagados regresaron a nuestras líneas. Nos contaron, básicamente, historias horribles sobre sus unidades viéndose rebasadas por grandes unidades alemanas con muchísimos carros de combate, sobre alemanes con uniformes estadounidenses y sobre alemanes vestidos de civiles; en fin, todo tipo de historias rocambolescas.»[33]

Roberts había autorizado a Desobry a coger a todos los rezagados y ponerlos a sus órdenes, pero enseguida se dio cuenta de que «las condiciones físicas y mentales [de esos hombres] eran tales», que resultaba más fácil enviarlos a la retaguardia. Los únicos grupos que, aparentemente, valía la pena incorporar a su unidad serían una sección de infantería de la 9.ª División Acorazada y una sección de ingenieros, que, sin embargo, a la mañana siguiente, el comandante optó por dejar que siguiera su camino. Estaban a punto de llegar tropas paracaidistas de refuerzo, pero Desobry percibía que los alemanes iban a atacar antes de que estas pudieran unirse a sus fuerzas.

El equipo del teniente coronel Henry T. Cherry, con el 3.ᵉʳ Batallón Acorazado, una compañía de infantería, varios ingenieros y una sección del 90.º Escuadrón de Caballería, avanzó desde Bastogne hacia Longvilly y el sonido de los disparos. Se detuvo poco antes de llegar al pueblo, cuya angosta calle estaba atestada de vehículos pertenecientes a la columna de retaguardia de la Agrupación de Combate R. El teniente coronel Cherry se adelantó a pie para ver qué ocurría, pero ninguno de los oficiales que había en el puesto de mando temporal parecía saber nada de la situación. Como en Wardin, elementos rezagados de la 28.ª División estaban retirándose a Bastogne.

Cherry dejó sus carros y la infantería a un kilómetro al oeste de Longvilly, y regresó a Bastogne para informar debidamente al coronel Roberts. Decidió volver con sus hombres poco antes de la medianoche, y pudo oír por la radio que lo que quedaba de la Agrupación de Combate R de la 9.ª División Acorazada se había retirado totalmente de la zona. Al llegar a Neffe, fue avisado por un soldado herido de que la carretera estaba cortada más adelante, a la altura de Magéret, por un grupo de reconocimiento de la *Panzer Lehr*. Cherry llamó por radio a uno de sus oficiales y le ordenó que enviara una pequeña fuerza para despejar el camino. Pero cuando el semioruga y dos pelotones de infantería llegaron a Magéret, comprobaron que el contingente alemán presente en el pueblo estaba formado por tres carros de combate y una compañía de infantería.

Cuando el teniente coronel Cherry se enteró de lo que habían descubierto sus hombres, supo que Longvilly no podía ser defendida, a pesar del serio aviso del coronel Robertson de «conservar la localidad a cualquier precio». Así pues, mandó que su equipo se retirara a Neffe, abriéndose paso a disparos si era necesario. Cherry, que había localizado un antiguo castillo de gruesos muros, decidió establecer en él su puesto de mando. Al igual que Desobry, percibía que la batalla real iba a empezar por la mañana.

Aunque sus divisiones *panzer* habían conseguido por fin abrirse camino por el sur, el *General der Panzertruppen* Von Manteuffel estaba furioso por la tardanza en capturar la localidad de Saint-Vith. Parte del problema consistía en el hecho de que solo las carreteras del oeste conducían al pueblo, y el límite con el VI Ejército Panzer se encontraba a apenas seis kilómetros más al norte. Y como, en opinión de Manteuffel, el ejército de Dietrich ya estaba atacando en un frente excesivamente estrecho, algunas de sus fuerzas habían optado por seguir las mismas rutas que el V Ejército Panzer, aumentando el caos reinante en las carreteras.

Poco después del amanecer, los alemanes atacaron la línea defensiva de Hasbrouck frente a Saint-Vith. Sus carros efectuaron tres salvas, derribando numerosas ramas de pino, lo que hizo que los estadounidenses se refugiaran en lo profundo de sus trincheras. Los *Volksgrenadiere* abrieron fuego con sus armas automáticas. La 18.ª División *Volksgrenadier* tenía muchísima más experiencia que la 62.ª que avanzaba hacia el sur de Saint-Vith. Aquella mañana, un segundo ataque posterior estuvo apoyado por un enorme cañón autopropulsado Ferdinand, pero un Sherman logró dejarlo inutilizado a veinticinco metros de las posiciones estadounidenses con un proyectil perforante de blindaje que lo alcanzó y lo penetró.

En la carretera de Schönberg, un vehículo blindado Greyhound oculto entre unos árboles salió precipitadamente y se colocó detrás de un Tiger para disparar a bocajarro contra el carro de combate alemán con su pequeño cañón de 37 mm. El comandante del Tiger, al darse cuenta de ello, trató de girar su torreta para presentar batalla, pero la tripulación del Greyhound consiguió situarse a veinticinco metros de distancia y efectuar tres disparos contra la parte posterior, débilmente blindada, del Tiger. «Se produjo una explosión sorda, seguida de grandes llamas que salían de la torreta y del motor.»[34]

El tercer ataque tuvo lugar por la tarde, con un batallón de infantería apoyado por cuatro carros de combate y ocho cañones de asalto autopropulsados. La embestida solo pudo ser frenada con la intervención de los carros Sherman que abrieron fuego de enfilada. La temperatura bajó bruscamente ese día, y nevó.

Manteuffel, viendo los escasos progresos, decidió que entrara en acción su reserva, la *Führerbegleitbrigade* [«Brigada de Escolta del *Führer*»], comandada por el *Oberst* Otto Remer. Aquella tarde, Remer recibió la orden de avanzar hacia Saint-Vith, pero su columna de vehículos enseguida tuvo que detenerse debido al caos reinante en las carreteras. Uno de los oficiales de Remer escribiría que la «*Führerbegleitbrigade* quedó atrapada en un gran atasco con otras dos formaciones de infantería que reivindicaban el uso de esa carretera».[35] Remer mandó a sus hombres que siguieran «avanzando sin preocuparse por consideraciones menores». Cuando se le dijo que siguiera hacia el norte, Remer, en un primer momento, «no quiso moverse en esa dirección»,[36] pero al final tomó posiciones en un bosque situado al sur de Born. Como favorito del *Führer*, era evidente que podía adoptar un comportamiento que, a otro oficial, lo habría llevado directamente ante un tribunal militar. La actitud arbitraria y despótica de Remer durante la ofensiva se convertiría en una especie de broma macabra para sus colegas comandantes.

Todos los principales cuarteles generales estadounidenses no estaban bien informados de la realidad de la situación. El estado mayor del I Ejército de Hodges, por entonces en Chaudfontaine, parecía paralizado ante el inminente desastre, y en el cuartel general del IX Ejército de Simpson en Maastricht, los oficiales parecían muy optimistas. «No hay ni el menor indicio de nerviosismo en los cuarteles estadounidenses en relación a un posible ataque —escribiría Godfrey Blunden, corresponsal de guerra australiano—. «Antes bien, reina la satisfacción porque el enemigo ha preferido entablar combate [en campo abierto], en vez de permanecer echado en el suelo detrás de una barrera de barro y agua.»[37] Los informes que hablaban de batallas aéreas encima de las nubes, a una altitud incluso mayor de veinte mil pies, entre aviones Thunderbolt P-47 y Focke Wulf 190 y Me 190, provocaban gran entusiasmo.

El general Bradley seguía sin saber que el general Hodges había abandonado su cuartel general en Spa. A las 10.30 de la noche, llamó a Patton y le pidió que acudiera lo antes posible a Luxemburgo para celebrar una conferencia. Patton y tres importantes oficiales del estado mayor partieron en poco más de diez minutos. En cuanto llegó Patton, Bradley volvió a decirle: «Creo que no les gustará lo que vamos a hacer, pero me temo que no hay más remedio».[38] Bradley quedó sorprendido ante la indiferencia que mostró Patton en lo concerniente a posponer su ofensiva en el Sarre. «¡Qué demonios! —exclamó—. Seguiremos cargándonos a los teutones.»[39]

En el mapa, Bradley indicó la profundidad que había alcanzado la penetración alemana, que era mucho mayor que lo que había imaginado Patton. Bradley le preguntó qué podía hacer al respecto. Patton respondió que iba a recurrir a la 4.ª División Acorazada para concentrarla cerca de Longwy antes de avanzar hacia el norte. Podía tener en marcha, en dirección a Luxemburgo, la 80.ª División de Infantería a la mañana siguiente, seguida, en menos de veinticuatro horas, por la 26.ª División de Infantería. Patton telefoneó al jefe de su estado mayor y le dijo que emitiera las órdenes necesarias y reuniera suficientes vehículos de transporte para el traslado de la 80.ª División. Más tarde confesaría en su diario haber sentido una gran inquietud mientras viajaba en su automóvil de noche, sin saber hasta qué punto habían avanzado los alemanes. «Una operación muy peligrosa, cosa que detesto», escribió.[40]

Cuando a su regreso Patton telefoneó a Luxemburgo, Bradley dijo: «La situación allí es mucho más mala de lo que era cuando hablé con usted».[41] Pidió a Patton que hiciera que la 4.ª División Acorazada se pusiera en marcha inmediatamente. «Usted y un oficial del estado mayor se reunirán conmigo y con el general Eisenhower en Verdún aproximadamente a las 11.00 para celebrar una conferencia.»

11

Skorzeny y Heydte

Ocho de los nueve grupos de *jeeps* del *Obersturmbannführer* Skorzeny habían logrado colarse entre las líneas estadounidenses el 16 de diciembre por la noche. Estaban formados por los hombres que mejor hablaban inglés, pero ni siquiera ellos eran lo bastante buenos. Algunos llevaban ampollas de ácido sulfúrico para tirárselas a la cara a los guardias si los obligaban a detenerse. Algunos grupos se dedicaron a cortar cables y a llevar a cabo pequeños actos de sabotaje, como cambiar las indicaciones de las carreteras. Uno consiguió incluso equivocar a todo un regimiento de infantería. Pero el mayor éxito de la operación, junto con el desastroso lanzamiento en paracaídas de Heydte cerca de Eupen, consistió en provocar en los estadounidenses una reacción de temor excesivo, rayano en la paranoia.

Un *jeep* a bordo del cual iban cuatro hombres fue detenido por la policía militar en un puente cerca de Lieja. Los cuatro soldados llevaban uniformes del ejército estadounidense y hablaban inglés con acento estadounidense, pero cuando les pidieron la orden de misión se quedaron en blanco. Los agentes les ordenaron entonces que bajaran del vehículo, y encontraron en él armas y explosivos de fabricación alemana, así como brazaletes con la esvástica debajo de su uniforme. Resultó que el *jeep* había sido sustraído a los británicos en Arnhem.

El oficial al mando del grupo, el teniente Günther Schultz, fue entregado a la Unidad Móvil de Interrogatorios de Campaña N.º 1. Parecía que Schultz estaba totalmente dispuesto a colaborar. Reconoció que había formado parte de la *Einheit Steilau* de Skorzeny y declaró ante el equipo del Cuerpo de Contraespionaje encargado de interrogarlo que, según su superior, el comandante Schrötter, «las órdenes secretas de los *Fernaufklärer* [equipos de reconocimiento de larga distancia] eran entrar en París y capturar al general Eisenhower y a otros oficiales de alta graduación». Todo ello era consecuencia de los rumores que había hecho circular el propio Skorzeny en el campamento de Grafenwöhr, pero todavía no está claro si el propio Schultz creía en ellos o no, o si de ese modo esperaba provocar el caos entre sus captores, o si quizá no fue más que un intento descabellado de impresionar a sus interrogadores para salvar la piel.[1]

Schultz les habló de una *Eisenhower Aktion* que debía ser llevada a cabo por un «grupo especial» al mando de un *Oberleutnant* Schmidhuber, directamente a las órdenes de Skorzeny. Había aproximadamente ochenta personas involucradas en la trama para secuestrar o asesinar al general Eisenhower. Debían encontrarse en el café de l'Épée o en el café de la Paix de París, no sabía con seguridad en cuál de ellos era la cita. Afirmó también que había implicados comandos de Brandenburgueses, que ya en su momento habían cruzado la frontera soviética poco antes de la invasión de junio de 1941. Otro informe aseguraba que «tal vez la captura de un oficial alemán no sea más que un ardid, fingiendo que se lo llevaban a un cuartel general superior para interrogarlo».[2] Pese a lo improbable que resulta la imagen de ochenta soldados alemanes reuniéndose en un café de París, el Cuerpo de Contraespionaje se creyó el relato de Schultz. A la mañana siguiente, las medidas de seguridad en torno a Eisenhower se incrementaron hasta tal punto que el general llegó casi a sentirse como un prisionero.

Cada vez que salía, el general Bradley se aseguró de ir siempre bien embutido entre dos *jeeps* provistos de ametralladoras y de que lo siguiera un cazacarros Hellcat. Alarmado por los rumores de asesinato, el Cuerpo de Contraespionaje le había dicho que no utilizara el coche, sobre todo al salir y al entrar en plena calle por la puerta principal del hotel Alfa de Luxemburgo. En adelante debía usar la entrada de la cocina, situada en la parte posterior, y convenía que su habitación fuera trasladada a otro lugar, al fondo del hotel.

Todas las matrículas que llevaran las estrellas de general fueron retiradas de los vehículos e incluso las de su casco fueron tapadas con una cinta.[3]

La idea de que había unos comandos alemanes merodeando por su retaguardia convirtió a los estadounidenses en víctimas de sus propias pesadillas y fantasías. Se pusieron controles de carretera en todos los caminos, lo que entorpecía gravemente el tráfico debido a que los guardias debían interrogar a los ocupantes de los vehículos para comprobar que no fueran alemanes. Se dieron las siguientes instrucciones: «Hay que interrogar al conductor porque, si es alemán, será el que menos hable y entienda inglés ... Algunos de esos alemanes disfrazados de soldados estadounidenses se hacen pasar por oficiales de alta graduación. Se supone que hay uno que va vestido de general de brigada ... Sobre todo no hay que dejar que se quiten el uniforme estadounidense. Por el contrario, hay que llevarlos al centro de detención de prisioneros de guerra más próximo, donde serán interrogados y finalmente conducidos ante un pelotón de fusilamiento».[4]

Los guardias y los policías militares apostados en los controles de carretera se encargaban de hacer sus propias preguntas para asegurarse de que los ocupantes de los vehículos eran auténticos. Entre ellas había preguntas sobre béisbol, cuál era el nombre del perro del presidente de Estados Unidos, el nombre del último marido de Betty Grable o «¿cuál es el nombre de pila de Sinatra?».[5] El general de brigada Bruce Clarke dio una respuesta errónea acerca de los Chicago Cubs. «Solo un *kraut* cometería un error semejante», comentó el policía militar que le había mandado parar. Como le habían dicho que debía buscar «un *kraut* que se hacía pasar por un general de una estrella», estaba convencido de que lo había encontrado y el propio Clarke tuvo que permanecer detenido media hora. Incluso en una ocasión pararon al general Bradley, al que tuvieron un rato entretenido, pese a dar la respuesta correcta cuando le preguntaron cuál era la capital de Illinois. El policía militar no estaba seguro de que así fuera.[6]

El personal británico integrado en el IX Ejército estadounidense provocó muchas sospechas durante aquel momento de pánico. El actor David Niven, oficial del regimiento de reconocimiento Phantom con uniforme de la Brigada de Fusileros, fue retado por un centinela estadounidense a responder a la siguiente pregunta: «¿Quién ganó la Serie Mundial en 1940?».

—No tengo ni la menor idea —aseguraba el actor que había respondido con su despreocupación característica—. Pero sí sé que hice una película con Ginger Rogers en 1938.

—¡O. K., lárgate, Dave! —respondió el sujeto—. ¡Pero ten cuidado y mira por dónde pisas, por Dios![7]

A un nivel mucho más alto, un control de carreteras vigilado por unos soldados afroamericanos mandó parar al general Allan Adair, al mando de la División Acorazada de la Guardia, cuando iba acompañado de su asistente. El asistente de Adair, famoso por su incompetencia, aunque muy del gusto de su superior, el capitán Aylmer Tryon, no lograba encontrar sus documentos de identidad. Después de mucho buscar infructuosamente, el corpulento suboficial estadounidense dijo por fin para mayor satisfacción de Adair: «General, yo de usted me cogería otro asistente».[8]

Otra forma de comprobar las identidades era mandar al soldado o al oficial en cuestión bajarse los pantalones para comprobar si llevaba los calzoncillos reglamentarios. Un judío alemán, que había huido a Inglaterra poco después de la subida al poder de Hitler, pidió al oficial que estaba a su mando en el Real Cuerpo de Servicios del Ejército permiso para visitar Bruselas. Llamado originalmente Gerhardt Unger, como muchos otros soldados de origen judeo-alemán había modificado su nombre para que pareciera inglés por si era capturado por los nazis. El 16 de diciembre por la noche, Gerald Unwin, o Gee, como era llamado habitualmente, empezó a beber en un bar con unos soldados estadounidenses del I Ejército. Los estadounidenses le hablaron de su oficial de inteligencia, también judeo-alemán, un tal teniente Gunther Wertheim. Resultó que Gunther era primo suyo y que después de escapar de Alemania se había establecido en América. De ese modo, sin pensárselo dos veces, decidió acompañar a sus nuevos amigos de vuelta a su unidad cuando abandonaron el bar a altas horas de la noche.

Cuando se acercaban al frente de las Ardenas, se dieron cuenta del intenso bombardeo en la distancia y de las escenas de pánico. En un control de carreteras cerca de Eupen, Gee fue detenido. No tenía órdenes de desplazamiento ni autorización para estar en la zona, y aunque llevaba uniforme británico, hablaba con un inequívoco acento alemán. Tras ser arrastrado a unos calabozos improvisados en la escuela del pueblo, Gee tuvo mucha suerte de no ser fusilado en el acto en medio de aquel clima de rumorología y temor causado por los paracaidistas de Heydte. Lo salvó de momento el hecho de que sus calzoncillos fueran del tipo habitual en el ejército británico, pero de todos modos permaneció encerrado en la escuela hasta que al día siguiente fue llamado para que lo interrogaran. Cuando se encaminaba a la sala de interrogatorios, un oficial de inteligencia exclamó asombrado:

—¡Gerd!

—¡Gunther! —dijo el soldado con alivio al ver a su primo.[9]

Uno de los equipos de Skorzeny fue capturado el 18 de diciembre por la noche en Aywaille, a menos de veinte kilómetros del Mosa. Los tres hombres fueron descubiertos con documentos alemanes y grandes cantidades de dinero en dólares estadounidenses y libras inglesas en su poder. Fueron juzgados y condenados a muerte cinco días después. En total, dieciséis miembros de la *Einheit Steilau* fueron capturados y condenados «a ser ejecutados por un pelotón de fusilamiento». Un grupo pidió que se les conmutara la pena alegando que no hacían más que cumplir órdenes y que, si se hubieran negado a hacerlo, se habrían visto abocados a una muerte segura. «Fuimos condenados a muerte —afirmaba su apelación— y ahora vamos a morir por unos criminales que no solo tendrán sobre su conciencia nuestras vidas, sino —lo que es peor— también las de nuestras familias. Rogamos, pues, clemencia al general al mando; no hemos sido condenados injustamente, pero *de facto* somos inocentes.» Su apelación no fue admitida y las condenas fueron confirmadas por el general Bradley.[10]

Uno de los grupos capturados en Aywaille repitió también la historia de los planes de secuestrar o matar al general Eisenhower, confirmando así los peores temores del Cuerpo de Contraespionaje. Había también informes que hablaban de un grupo de franceses, antiguos miembros de la *Milice* de Vichy y de la División de las SS *Charlemagne*, que había recibido la orden de penetrar detrás de las líneas aliadas para sabotear los centros de distribución de combustible y los vagones de ferrocarril. Se decía que llevaban guerreras estadounidenses y que se hacían pasar por trabajadores forzosos que se habían escapado de una fábrica.[11]

Otros tres miembros de la *Einheit Steilau*, a punto de ser ejecutados en Eupen el 23 de diciembre, presentaron una última petición justo antes de la ejecución. Querían escuchar unos cuantos villancicos cantados por un grupo de enfermeras alemanas internadas en las inmediaciones. Mientras el pelotón de fusilamiento permanecía en posición de firmes, «las mujeres se pusieron a cantar con voz fuerte y clara».[12] Los verdugos miraron a los condenados y, al parecer, «agacharon la cabeza abatidos por el peculiar sentimentalismo de todo aquello». El oficial al mando del pelotón tenía «algo de miedo de que [sus soldados] dispararan contra la pared en vez de hacerlo contra los hombres cuando diera la orden».[13]

El 23 de diciembre por la mañana, cuando las tropas británicas de la 29.ª Brigada Acorazada vigilaban el puente sobre el Mosa en Dinant, «la visibilidad era casi nula» debido a la niebla, según escribió el oficial al mando del 3.er Regimiento Real Acorazado. «Un *jeep* aparentemente estadounidense pasó por uno de los controles de carretera que daban acceso al puente en la margen derecha del río. Este control, como todos los demás, había sido minado por la 8.ª Brigada de Fusileros, que habían colocado una barrera móvil y al otro lado de la carretera habían dispuesto minas que eran detonadas si algún coche se saltaba el control sin detenerse. Como en ese momento estábamos en contacto con los estadounidenses, no abrimos fuego contra el *jeep*, pero cuando se negó a detenerse, fueron accionadas las minas del otro lado de la carretera y el vehículo saltó por los aires.» Se descubrió que en su interior iban tres alemanes. Dos resultaron muertos y el otro fue hecho prisionero.[14]

Probablemente fuera este el mismo incidente (reseñado con cierta licencia artística por Chester Hansen, el asistente de Bradley), en el que cuatro alemanes que iban en un *jeep* perdieron los nervios al llegar a un puente vigilado e intentaron cruzarlo a la fuerza. El centinela tiró de la cuerda que detonaba las minas colocadas al otro lado de la carretera y el *jeep* saltó por los aires. Tres de los alemanes resultaron muertos al instante, y el cuarto quedó herido. Los guardias se aproximaron, remataron al herido pegándole un tiro y luego arrojaron el *jeep* y los cadáveres al río, «limpiaron el puente» y volvieron a su puesto de guardia.[15]

La 150.ª Brigada Panzer de Skorzeny resultó una auténtica decepción. Los carros de combate que la integraban, en su mayoría blindados alemanes del tipo Mark IV y Panther camuflados de manera muy poco convincente para que parecieran Sherman, iban pintados de color verde oliva y llevaban la estrella blanca de los Aliados, aunque en algunos casos se había omitido el círculo que la rodeaba. El propio Skorzeny sabía que no habrían logrado engañar a los estadounidenses excepto tal vez por la noche. No tardó en abandonar la idea de abrirse paso con ellos hasta los puentes del Mosa, tras quedar empantanado en el barro y ver sus planes frustrados por los inmensos atascos de tráfico que se formaron tras el paso de la 1.ª División Panzer.[16] El 17 de diciembre por la noche pidió a Sepp Dietrich que utilizara sus fuerzas, en vez de una brigada *panzer* corriente. Dietrich dio su consentimiento y dijo a Skorzeny que condujera sus fuerzas hasta Ligneuville. Dietrich tenía otro motivo para acceder a su petición tan deprisa. El general al mando del I Cuerpo Panzer de las SS solicitó que las fuerzas de Skorzeny fueran retiradas por completo, pues «obstaculizan la actividad del cuerpo colándose entre nuestros vehículos y haciendo exactamente lo que les da la gana».[17]

El 21 de diciembre, la 150.ª Brigada Panzer atacó por el norte en dirección a Malmédy en medio de una niebla gélida. Obligó a un regimiento de la 30.ª División de Infantería a retroceder, hasta que se puso a tiro de la artillería estadounidense, que utilizó las nuevas bombas de alto secreto provistas de espoletas posit, que explotaban cuando estaban en la proximidad de su objetivo. Más de cien hombres perdieron la vida y trescientos cincuenta resultaron heridos en los combates de ese día, entre ellos el propio Skorzeny, que recibió graves heridas de metralla en la cara y estuvo a punto de perder un ojo. La 150.ª Brigada Panzer fue retirada por completo de la ofensiva y así concluyó la Operación Greif. Pero, por pura casualidad, con una sola acción logró sembrar la confusión, lo mismo que la *Einheit Steilau*. El ataque contra Malmédy convenció al I Ejército de que el VI Ejército Panzer se disponía a efectuar una ofensiva hacia el norte.

El que en primera instancia había provocado la confusión de los Aliados, el *Oberstleutnant* Von der Heydte, se sentía cada vez más deprimido en el escondite de su *Kampfgruppe* al sur de Eupen. A Heydte le irritaba «la actuación casi frívola, de auténticos aficionados, de la que habían hecho gala los niveles más altos del mando, en los que se había originado la orden de tales operaciones».[18] Dietrich le había asegurado que recibirían socorro dentro de un día, pero no había el menor indicio de que fuera a producirse un avance por los alrededores de Monschau, y más al sur la artillería estadounidense emplazada en la cresta de Elsenborn seguía cortándoles el paso con sus bombardeos. Desprovisto de radio, no había esperanza alguna de que pudiera enterarse de los progresos alcanzados en el combate.

A sus trescientos paracaidistas les quedaba muy poca comida, pues habían saltado llevando encima solo raciones de emergencia: dos bocadillos de panceta prensada, dos salchichas, dos paquetes de *Sojafleischbrot*, unas tabletas de Dextro Energen, un trozo del pan duro del ejército alemán llamado *Dauerbrot*, mazapán y Pervitin, un sustituto de la benzedrina, que había sido prohibida por aquel entonces. Bajo el manto de la oscuridad, unos pocos de sus hombres lograron llegar arrastrándose hasta una batería de la artillería estadounidense durante la noche del 17 de diciembre y se las arreglaron para robar unas pocas cajas de raciones de comida. Pero esas provisiones no duraron mucho tiempo una vez repartidas entre trescientos hombres.[19]

Los puestos avanzados de Heydte cerca de la carretera nunca intentaron atacar a ningún convoy, pero lograron cargarse algún que otro vehículo. Los estadounidenses encontraron un solo cable tendido a la altura de la garganta del ocupante de un *jeep*, cuya colocación fue atribuida a los hombres de Heydte, y el hallazgo dio lugar a que se tomara la decisión de disponer un hierro colocado de través en la parte delantera de los *jeeps*, capaz de cortar cualquier cable tendido de un lado a otro de la carretera o del sendero por el que pasaran. Se produjeron muy pocos incidentes de este estilo, pero se consideró necesario tranquilizar de algún modo a los conductores, especialmente cuando se adentraban en Alemania, debido a los rumores que hablaban de grupos de resistencia *Werwolf* formados por fanáticos de las Juventudes Hitlerianas.[20]

El 17 de diciembre el sargento Inber, del 387.º Batallón de Artillería Antiaérea, que iba por una carretera al sur de Eupen, adelantó con facilidad a una lenta columna de camiones. Pero cosa de medio kilómetro más adelante, le «tendieron una emboscada, fue capturado y obligado a salir de la carretera antes de que llegara al lugar el vehículo que encabezaba el convoy».[21] Inber fue conducido a la madriguera de Heydte, aproximadamente a un kilómetro de allí en la espesura del bosque, donde los paracaidistas lo trataron bien. Heydte dijo a Inber que lo liberaría si accedía a guiar a dos de sus heridos a un centro de primeros auxilios estadounidense. El otro estadounidense herido al que habían capturado fue colocado al pie de la carretera donde más tarde lo recogió una ambulancia.

Los paracaidistas y los tripulantes de los aviones que habían quedado aislados y dispersos después del lanzamiento no tardaron en caer en manos de los estadounidenses. Un superviviente de un Junkers 52 que cayó detrás de las líneas del IX Ejército, dijo a los que lo interrogaron que habían «despegado en la creencia de que iban a realizar un vuelo de prácticas, pero cuando ya estaban en el aire se enteraron de que iban a realizar una misión especial».[22]

Tras abandonar su escondite, la tropa de Heydte se dio de frente con parte de las tropas del 18.º Regimiento de Infantería de la 1.ª División que estaban peinando el bosque. Hubo una decena de bajas por ambos lados. Algunos de los soldados que buscaban a los paracaidistas alemanes no informaron del hallazgo de los paracaídas, simplemente los cortaron para hacer con ellos bufandas de seda.[23]

Heydte, que estaba enfermo y padecía pie de trinchera, abandonó cualquier idea de avanzar hacia Eupen y decidió dirigirse hacia el este, en dirección a Monschau. Sus hombres estaban visiblemente débiles a causa de la desnutrición. A duras penas habían podido ir abriéndose paso entre los árboles y los pantanos, y sus ropas habían quedado empapadas por las gélidas aguas del río Helle que se habían visto obligados a cruzar. El 20 de diciembre, tras otra escaramuza aún más dura, Heydte dijo a sus hombres que intentaran volver a las líneas alemanas en pequeños grupos. En total fueron capturados 36 de ellos, pero el resto consiguió llegar a lugar seguro. Las 37 bajas fatales del *Kampf-gruppe* cayeron la primera noche víctimas de las baterías antiaéreas. El 22 de diciembre Heydte, que para entonces estaba muy enfermo y totalmente exhausto, se dirigió solo a Monschau y se metió en una casa. Cuando fue descubierto por un civil, se sintió muy aliviado al oír al hombre decirle que no iba a tener más remedio que dar parte de su presencia a las autoridades militares estadounidenses. Tras una temporada en el hospital, Heydte fue trasladado a un campo de prisioneros en Inglaterra. El lugar era muy cómodo, pero ni él ni sus compañeros de cautiverio se dieron cuenta nunca de que sus conversaciones estaban siendo grabadas.[24]

12

Martes, 19 de diciembre

El 19 de diciembre al amanecer, el *Kampfgruppe* de Peiper atacó Stoumont con un batallón de *Panzergrenadiere*, una compañía de paracaidistas, y carros de combate de apoyo por la carretera. El primer asalto fracasó. La defensa de Stoumont parecía sólida, y el 119.º Regimiento de Infantería de la 30.ª División lanzó un contraataque por su flanco derecho. Pero un poco más tarde, en la espesa niebla de la mañana, volvió a funcionar el truco de los carros Panther lanzándose a la carga a su máxima velocidad. Los sirvientes de las piezas contracarro no tuvieron la más mínima oportunidad debido a la mala visibilidad. Solo algunos equipos fantasmales de bazucas que permanecieron al acecho de los blindados lograron causar un par de bajas desde atrás. Un cañón antiaéreo de 90 mm enviado desesperadamente a Stoumont consiguió dejar fuera de combate a un Tiger del 501.º Batallón de Carros Pesados.

A pesar de todo, el *Kampfgruppe* Peiper logró despejar Stoumont aplastando a la compañía de infantería encargada de su defensa. Cuando ya era demasiado tarde llegaron dos secciones de carros Sherman, que se vieron obligadas a replegarse. Las fuerzas de Peiper lograron avanzar cuatro kilómetros al oeste de la estación de Stoumont. Los oficiales estadounidenses lograron reunir una fuerza improvisada justo a tiempo. Estaba integrada por el batallón de reserva del 119.º Regimiento, quince Sherman incompletos sacados de un almacén de pertrechos situado en las inmediaciones por el 740.º Batallón Acorazado que acababa de llegar, una batería de obuses y otro cañón antiaéreo de 90 mm. Con unos pequeños barrancos por el lado norte de la carretera que se convertían en escarpadas colinas cubiertas de bosque en su parte superior, y una pronunciada pendiente en la parte sur, que bajaba hasta la vía del ferrocarril que corría paralela al río, resultaba imposible flanquear aquella posición. Aunque el cuartel general del I Ejército temía que las tropas de Peiper giraran hacia el norte en dirección a Lieja, la estación de Stoumont sería el punto más alejado al que llegaría su avance. El resto de la 30.ª División y la 82.ª División Aerotransportada del general Jim Gavin lograron concentrarse en la zona justo a tiempo: la 30.ª División para contraatacar la vanguardia alemana y la 82.ª Aerotransportada para avanzar desde Werbomont con el fin de prestar apoyo a los defensores de Saint-Vith.

En su afán por escapar de los combates que se libraban en la propia Stoumont, alrededor de doscientos sesenta civiles belgas bajaron a los sótanos del sanatorio de Saint-Édouard, que dominaba el valle del Amblève desde las escarpadas laderas de la colina. Pero los alemanes se apoderaron del edificio para convertirlo en una fortaleza. Los curas se pusieron a decir misas para tranquilizar a las mujeres y niños que quedaron aterrorizados cuando al día siguiente contraatacaron los estadounidenses y lograron abrirse paso combatiendo en el interior del propio sanatorio.

Los civiles pensaron que estaban a salvo y acogieron a los soldados estadounidenses con alegría, pero por la noche volvieron los alemanes. «La madre superiora dirigió a la muchedumbre rezando doce rosarios por los caídos en la batalla.» Los estadounidenses volvieron a lanzar otro ataque, con los carros Sherman disparando a quemarropa en el interior del sanatorio. El tejado se vino abajo, las paredes saltaron por los aires, y parte del techo del sótano se hundió en medio de una nube de polvo y humo. El cura dio una absolución general, pero por un milagro no resultó herido ni un solo integrante del grupo de mujeres y niños.[1]

El 19 de diciembre por la mañana, Peiper se enteró de que los estadounidenses habían vuelto a tomar Stavelot, en su retaguardia, suprimiendo así toda esperanza de reabastecimiento precisamente cuando se había quedado casi sin combustible. Envió a su batallón de reconocimiento con la misión de tomar de nuevo el pueblo. Peiper tenía una sensación de fracaso. Seguía lamentando amargamente haberse visto obligado a esperar que la infantería les abriera paso el primer día de la ofensiva. Habría tenido que ser un ataque sorpresa sin preparación de artillería, y solo con equipos de combate acorazados aparte de la infantería. Durante el posterior avance hacia el oeste, la larga y tortuosa columna de hombres y blindados había sido un gran error. Habrían debido avanzar en muchos grupos más pequeños, cada uno de ellos intentando localizar puentes que siguieran intactos y cualquier forma de poder pasar.[2]

Sus tropas de las Waffen SS siguieron asesinando prisioneros a la menor oportunidad. En La Gleize, en la carretera que habían dejado, un miembro del 741.º Batallón Acorazado que había quedado aislado de su unidad debido al ataque alemán el día anterior, permaneció oculto en la iglesia. «Desde su escondite —afirmaba un informe— este soldado observó cómo los carros de combate y la infantería [alemana] daban el alto a un vehículo blindado estadounidense. Sus ocupantes se rindieron y recibieron la orden de salir de su vehículo. Fueron tiroteados inmediatamente con ametralladoras mientras permanecían sin moverse con las manos en alto. Los alemanes cogieron entonces el vehículo y se lo llevaron.»[3] Y el *Rottenführer* Straub, del batallón de reconocimiento, contaría luego otro incidente a sus compañeros de cautiverio de la 26.ª División *Volksgrenadier*: «Nuestro batallón avanzó hacia Stavelot y continuó hasta La Gleize. Desde allí regresamos a Stavelot. Nuestro *Sturmführer* se limitó a fusilar inmediatamente [a los prisioneros] ... La primera vez fueron doce. Los fusiló simplemente porque le impedían el paso».[4]

Los *Panzergrenadiere* de las SS se convencieron de la veracidad de los cuentos más extraordinarios para justificar sus actos. Un soldado de apenas dieciocho años de la 1.ª División Panzer de las SS contó a otro prisionero de guerra que la reputación de disparar contra hombres desarmados que tenía uno de sus suboficiales de mayor graduación era tan conocida que se encontraron con algunos estadounidenses que fingían rendirse, pero que en el fondo solo pretendían vengarse. «Algunos aparecían —dijo— agitando una bandera blanca y sabíamos perfectamente que iban a por nuestro *Oberscharführer* porque había matado a muchos de ellos, así que cogíamos nuestros subfusiles y les disparábamos antes de que pudieran hacer nada. Así es como trabajamos.»[5]

Al caer la noche del 19 de noviembre, los soldados estadounidenses del 105.º Batallón de Ingenieros lograron infiltrarse en Stavelot y destruir el principal puente que cruzaba el Amblève, a pesar del fuego de los carros y las ametralladoras enemigas. Peiper se puso furioso: una parte de sus tropas había quedado aislada al norte del río y había pocos indicios de que pudiera llegar un equipo de reparación de puentes de su división.[6]

La 3.ª División *Fallschirmjäger*, que el *Kampfgruppe* de Peiper había esperado que la alcanzara, no era más que una de las formaciones de Sepp Dietrich que intentaban machacar sin éxito el extremo sur de la cresta de Elsenborn. El cuartel general del I Cuerpo Panzer de las SS había mandado por delante a los paracaidistas con la misión de tomar Faymonville y luego Waimes, localidad de la que había sido evacuado el hospital de campaña estadounidense. Pero el grueso de la 3.ª División *Fallschirmjäger* nunca logró pasar de Faymonville.[7]

La falta de progresos del VI Ejército Panzer había provocado una catarata de críticas por parte de Hitler y del OKW, que fue cayendo sobre Rundstedt y Model y por fin sobre Dietrich, que se sentía cada vez más frustrado y furioso. En un nuevo intento por enmendar la situación, Dietrich ordenó a la 12.ª División Panzer que saliera de Rocherath-Krinkelt para atacar las posiciones de la 1.ª División de Infantería estadounidense desde Büllingen. Los alemanes necesitaban urgentemente abrir la carretera al oeste de Malmédy. Algunos *panzergrenadiere* de la División Panzer de las SS *Hitlerjugend*, varios batallones de la 12.ª División *Volksgrenadier* y unos pocos carros de combate se reunieron a primera hora de la mañana en Büllingen dispuestos a aplastar al 26.º Regimiento de Infantería estadounidense. Los combates por hacerse con el dominio de Dom Bütgenbach serían tan intensos como los que se desarrollaron por conquistar Rocherath-Krinkelt al noreste.

Decidido a continuar los ataques en los alrededores de Rocherath-Krinkelt y de Wirtzfeld, Dietrich sacó a su reserva, la 3.ª División *Panzergrenadier*, para que ayudara a la 12.ª y a la 277.ª Divisiones *Volksgrenadier*. El fortísimo bombardeo se intensificó, a medida que los regimientos de artillería estadounidenses acumulados en la cresta de Elsenborn aplastaban todas las localidades retenidas en esos momentos por los alemanes que tenían a su alcance. Su prioridad primordial la mañana del 19 de diciembre era frustrar los renovados ataques contra Rocherath-Krinkelt, tarea en la que se destacaron los «Long Tom» de 155 mm. Pero el índice de bajas entre los oficiales jóvenes de artillería que hacían de observadores avanzados fue muy alto.

En las aldeas gemelas reducidas a escombros, las unidades que aún quedaban de la 2.ª División y las secciones de carros Sherman y de cazacarros continuaron repeliendo a los *Volksgrenadiere* y a los *Panzergrenadiere*. Prepararon también su retirada a nuevas posiciones en el flanco de la cresta de Elsenborn. Durante la tarde, empezaron a destruir los vehículos, los cañones y los pertrechos que iban a tener que abandonar. Los radiadores y los depósitos de petróleo fueron vaciados y los motores estuvieron girando sin cesar hasta que se pararon. Los artilleros metieron granadas de termita por la boca de sus cañones. Y a las 17.30, justo una hora después del anochecer, las primeras unidades emprendieron la retirada. A lo largo de la carretera surcada de baches los ingenieros pegaron con cinta adhesiva bloques de TNT a los árboles de uno y otro lado, con el fin de hacerlos volar por los aires y de ese modo bloquear el paso.

Agotados después de los tres días de combate en Rocherath-Krinkelt que habían desgastado considerablemente al VI Ejército Panzer, los hombres de la 2.ª División se escabulleron deslizándose por el fango resbaladizo de la nieve a medio fundir, sudando y lanzando maldiciones. Estaban tan cansados que en los claros donde el terreno era más firme caían al suelo y se quedaban dormidos mientras intentaban seguir adelante. A altas horas de la madrugada, una pequeña patrulla llegó sigilosamente al extremo de las aldeas gemelas. Regresaron para comunicar que había en ellas alrededor de mil alemanes con cerca de cien prisioneros estadounidenses.

Una decena de kilómetros más al sur, los dos desventurados regimientos de la 106.ª División atrapados en el Schnee Eifel al este de Saint-Vith intentaron volver a las líneas estadounidenses peleando con quien fuera preciso. Los oficiales y la tropa, carentes de experiencia, estaban completamente desmoralizados. La munición era escasa, se habían quedado sin contacto por radio debido sobre todo a las interferencias alemanas, y la magnitud de su desastre parecía abrumadora. Muchos intentaban animarse unos a otros asegurando que el socorro debía de estar ya de camino.

Kurt Vonnegut, que estaba con el 423.º Regimiento de Infantería, describía a sus camaradas como una mezcla de chavales de instituto y de sujetos que se habían alistado para evitar la cárcel. Muchos eran «especímenes que físicamente dejaban mucho que desear» y «que nunca habrían debido estar en el ejército». Pocos de ellos habían recibido instrucción de infantería. Vonnegut era el único explorador del batallón que tenía alguna idea de armas, y eso solo porque su «padre era un aficionado a las pistolas, así que sabía cómo funcionaba toda esta mierda».[8]

Algunos intentaron escapar en vehículos, pero cuando los alemanes abrieron fuego con sus cañones contracarro, los abandonaron e inmovilizaron al resto. Sus mandos, que «volaban a ciegas», mandaron por delante exploradores a averiguar lo que estaba sucediendo, pero estos ni siquiera supieron encontrar al batallón de artillería que supuestamente estaba prestándoles apoyo. Los alemanes habían traído consigo altavoces para que sonara música de Benny Goodman, Artie Shaw y otros directores de orquesta estadounidenses, que interrumpían con promesas de «duchas, camas calientes, y tortitas para desayunar si os rendís». Aquellas ofertas provocaban respuestas en forma de coros obscenos. Un soldado que se había refugiado en una zanja gritó llorando sonoramente: «¡Vete a tomar por culo, alemán hijo de puta!».[9]

Los comandantes de los dos regimientos decidieron darse por vencidos cuando sus unidades fueron bombardeadas por la artillería alemana desde todos los ángulos. A las 16.00 un oficial se adelantó ondeando una capa blanca para la nieve. Los oficiales y la tropa fueron obligados a desfilar con las manos levantadas a la altura de la cabeza, dando tumbos y trompicones. Sus guardianes les dijeron luego que pusieran el contenido de sus bolsillos en la funda del casco para poder quitarles lo que les diera la gana. Gran cantidad de ellos fueron conducidos al patio de una granja rodeado por una tapia de piedra. Al anochecer se oyó una voz decir: «No huyáis. Si huís, seréis ametrallados». No tuvieron más remedio que amontonarse y abrazarse unos a otros para entrar en calor durante aquella noche larga y fría.[10]

Vonnegut la llamaría «la rendición más grande de estadounidenses en armas de la historia militar de Estados Unidos». (En realidad, la rendición que había tenido lugar en Bataan en 1942 había sido mucho mayor, pero la capitulación de los casi ocho mil hombres de la 106.ª División fue desde luego la más numerosa que se produjo en Europa.) Vonnegut y una decena de soldados más intentaron encontrar el camino de regreso a las líneas estadounidenses a través del bosque totalmente nevado, pero los alemanes de la 18.ª División *Volksgrenadier* que estaban limpiando la zona los atraparon en el lecho de un arroyo.[11] Los altavoces transmitieron la orden de rendición. Para meterles prisa, los alemanes dispararon tres salvas por encima de sus cabezas. Tras llegar a la conclusión de que no tenían más alternativa, los soldados estadounidenses acorralados desmontaron sus armas y tiraron las partes que todavía funcionaban. Salieron con las manos en alto y así empezaron su cautiverio que, en el caso de Vonnegut, lo llevó a Dresde y a la tormenta de fuego de febrero de 1945, descrita en su novela *Matadero cinco*.

Los oficiales del cuartel general del VIII Grupo de Ejércitos en Bastogne quedaron horrorizados cuando se enteraron de la rendición. El segundo jefe del estado mayor «deducía que los dos regimientos rendidos habrían debido oponer una resistencia feroz. Decía que una fuerza de esa magnitud era como "dos gatos monteses en un arbusto", que habrían debido de clavar sus garras al enemigo en vez de rendirse, como habían acabado haciendo».[12]

Los alemanes no podían dar crédito a sus ojos al ver la cantidad de hombres a los que habían rodeado. Uno de sus oficiales escribió en su diario: «Pasan columnas interminables de prisioneros; al principio unos cien, luego otros mil. Nuestro vehículo se queda atascado en medio de la carretera. Salgo y me pongo a caminar. El propio Model dirige el tráfico. (Es un hombre bajo y de aspecto poco distinguido que lleva monóculo.) Los caminos están atestados de vehículos estadounidenses destrozados, coches y carros de combate. Pasa otra columna de prisioneros. Cuento más de mil hombres. En Adler hay una columna de mil quinientos hombres con unos cincuenta oficiales y un teniente coronel que ya ha pedido la rendición».[13]

Para mayor frustración de Model, el tráfico alemán al este de Saint-Vith avanzaba con una lentitud insoportable. La artillería de la 7.ª División Acorazada estadounidense continuaba bombardeando sin cesar las carreteras de acceso. Tras su fracaso del día anterior al no poder tomar Saint-Vith, los alemanes efectuaron operaciones de tanteo sobre todo contra el 31.º Batallón Acorazado, con el objeto de rebasarlo por los flancos. El 38.º Batallón de Infantería Mecanizada «se lamía las heridas» tras la paliza que había recibido, y fue preciso unir varias secciones en una debido a la gran cantidad de pérdidas sufridas.[14] Pero aun así parecía que los alemanes se habían llevado la peor parte.*

Entre los árboles que tenían frente a ellos, comunicaban los del 38.º de Infantería Mecanizada, «los únicos alemanes que encontramos estaban muertos; la mayor parte de ellos habían perdido la vida, al parecer, cuando intentaban guarecerse en un hoyo detrás de algún árbol o tronco caído. Los que no iban provistos de palas habían intentado cavar un agujero somero con sus cascos, con sus bayonetas o incluso con las uñas». Un cortafuegos, que había sido cubierto en el flanco derecho por una sección de ametralladoras pesadas, se comprobó que tenía «diecinueve paracaidistas diseminados casi en formación de marcha, a intervalos de cinco metros de distancia, cada uno de ellos con por lo menos entre cinco y ocho balazos en el pecho o en la garganta».[15] Según el comandante Boyer, se comprobó luego que los «paracaidistas» llevaban el uniforme y los emblemas de la División *Grossdeutschland* «debajo de sus monos de salto». Durante otro ataque efectuado aquella tarde, los cañones de 90 mm de una sección de cazacarros lograron dejar fuera de combate a un carro Mark V Panther

* Véase mapa 7, «La destrucción de la 106.ª División», en página 151.

y a uno de los dos cañones de asalto que prestaban apoyo a la infantería alemana.

La principal amenaza para la línea de defensa del general de brigada Hasbrouck estaba al norte, donde la 18.ª División *Volksgrenadier* y la *Führerbegleitbrigade* intentaban dar media vuelta a toda costa. Pero aunque la *Führerbegleitbrigade* se consideraba a sí misma una unidad de élite, también en ella se produjeron bajas por motivos psicológicos. Al parecer un integrante de su estado mayor, el *Rittmeister* Von Möllendorf estaba «histérico y hecho un auténtico manojo de nervios. Llora cada vez que se menciona el nombre de Hitler».[16]

Una amenaza todavía mayor para la retaguardia de Hasbrouck se produjo cuando la 9.ª División Panzer de las SS *Hohenstaufen* siguió su misma ruta un poco más al norte, a través de Recht y Poteau, que el *Kampfgruppe* Hansen había tomado previamente. En los combates en las inmediaciones de Poteau, un enlace de las SS recibió una herida en el estómago a consecuencia de la explosión de una bomba estadounidense. Una vez que sus compañeros lo colocaron en una camilla, con parte de los intestinos saliéndosele por la herida, uno de ellos hizo intención de quitarle el casco de acero, pero él pidió por favor que se lo dejaran puesto. En el cuartel general de la compañía un *Unterscharführer* intentó otra vez quitarle el casco, pero el hombre protestó dando grito. Cuando llegaron al puesto de socorro, el herido estaba semiinconsciente. Un sanitario «levantó la cabeza del hombre, desató la correa anudada a la altura de la mandíbula y le quitó el casco. Se llevó con él la parte superior del cráneo y el cerebro. El hombre debió de notar que le había alcanzado otro trozo de metralla que había pasado por debajo de la correa del casco. Le había atravesado el cráneo. Permaneció vivo hasta que le quitaron el casco».[17]

Hasbrouck sabía que si los alemanes se desviaban por el sur y tomaban Vielsalm y Salmchâteau a unos diez kilómetros al oeste de Saint-Vith, sus fuerzas quedarían aisladas. Pero la 9.ª División Panzer de las SS y la 116.ª Panzer veinte kilómetros al suroeste se dirigían al Mosa a uno y otro lado de la divisoria de aguas de Saint-Vith. Hasbrouck sabía simplemente que tenía que resistir allí para cortar el paso a la 18.ª y a la 62.ª Divisiones *Volksgrenadier* que, tras deshacerse de los regimientos estadounidenses acorralados en el Schnee Eifel, podían concentrar ya toda su fuerza contra Saint-Vith.

Verdún, en palabras de un oficial del estado mayor de Bradley, era «una ciudad guarnición profesional fea», con una población considerada hostil por los estadounidenses. El cuartel general de retaguardia del XII Grupo de Ejércitos estaba situado «detrás de unos grandes rollos de alambre de espino, ante los cuales paseaban arriba y abajo los centinelas».[18]

Eisenhower llegó en compañía del mariscal del Aire Tedder en su Cadillac blindado de comandante supremo. Patton apareció en su «fabuloso *jeep* con puertas de plexiglás y una ametralladora de calibre treinta montada sobre un poste».[19] Junto con los comandantes en jefe de los dos grupos de ejércitos estadounidenses, Bradley y Devers, subieron las escaleras del edificio de piedra gris seguidos de un montón de oficiales del estado mayor. Una simple estufa ventruda era la única fuente de calor que había en la habitación alargada, así que fueron pocos los que se quitaron el abrigo.

Decidido a dar el tono adecuado a la reunión, Eisenhower abrió la sesión.

—La situación actual debe ser considerada como una oportunidad y no como un desastre para nosotros —dijo—. En esta mesa de conferencias debe haber solo caras risueñas.

—¡Demonios! ¡A ver si tenemos agallas y dejamos que esos hijos de puta vayan derechos hasta París! —exclamó Patton desde el otro extremo de la mesa—. ¡Entonces realmente los tendremos aislados y nos los merendaremos!

Su intervención provocó algunas risas nerviosas. La ocurrencia de Patton de atacar el saliente enemigo desde su base encontró pocos adeptos. Eisenhower no parecía muy divertido.

—George, eso está muy bien —dijo—, pero hay que impedir por todos los medios que el enemigo cruce el Mosa.[20]

Gracias a las recientes interceptaciones de Ultra, el SHAEF tenía en aquellos momentos una idea más clara de cuáles eran las ambiciones alemanas en la Operación Herbstnebel. Eisenhower estaba decidido a estar a la altura del reto como comandante de campaña, y no quería dirigir la batalla como un mero figurón en la distancia. Esta idea debió de verse reforzada por la sospecha de que no había sabido imponerse con suficiente energía durante los últimos meses.

De pie ante el gran mapa de las Ardenas que colgaba de la pared, los oficiales del estado mayor informaron a los numerosos generales allí congregados acerca de la situación. Eisenhower enumeró entonces las divisiones que habían sido traídas a Francia. Los distintos comandantes podían ceder terreno, si era necesario, pero de ninguna manera debía producirse una retirada al otro lado del Mosa. EL VI Grupo de Ejércitos de Devers, en Alsacia, debía extenderse hacia el norte para hacerse cargo de parte del frente del III Ejército de Patton. Esto dejaría libres a algunas divisiones de este último, que se encargarían de contraatacar desde el sur.

—¿Cuándo puedes empezar? —preguntó Eisenhower volviéndose hacia Patton.

—Tan pronto como acabes de hablar conmigo.

Eisenhower quería que fuera más concreto. Patton no pudo resistir a la tentación y soltó una serie interminable de bravatas.

—El 21 de diciembre por la mañana, con tres divisiones —contestó—.* La 4.ª Acorazada, la 26.ª y la 80.ª.

Patton no dijo que una agrupación de combate de la 4.ª Acorazada y el cuartel general de todo un cuerpo estaban ya en camino, y que el resto de las unidades habían empezado a salir de su base aquella misma mañana. La idea de que el grueso de un ejército pudiera dar un giro de noventa grados para atacar en una dirección distinta en el plazo de tres días provocó una expresión de pasmo e incredulidad en todos lo que estaban alrededor de la mesa.[21]

—No seas fatuo, George —dijo Eisenhower—. Si intentas salir tan pronto, no tendrás las tres divisiones listas y lo harás todo de forma desorganizada. ¡Empezarás el 22 y quiero que el primer golpe que descargues sea bien fuerte!

---

* Según la mayor parte de los relatos de la reunión, parece que Patton habló del 21 de diciembre por la mañana, pero en su propio diario escribe la fecha del 22. Resulta imposible afirmar si era eso lo que creía que había dicho en su momento, o si cambió de fecha porque reconoció que Eisenhower tenía razón. *PP*, p. 559.

Eisenhower tenía razón de sentir preocupación por la posibilidad de que un ataque demasiado precipitado disminuyera el efecto deseado. Pero no cabe duda de que la energía del III Ejército y el trabajo de su estado mayor dieron lugar a uno de los despliegues más rápidos que se conocen en la historia de la guerra.

Durante toda la reunión, el superior de Patton, el general Bradley, habló muy poco. Aquejado ya de estrés y de urticaria, sufría además de sinusitis. Bradley se había puesto a la defensiva porque, en efecto, había sido decisión suya dejar las Ardenas tan mal defendidas. Se sentía completamente marginado, pues Eisenhower estaba tomando todas las decisiones y dando directamente órdenes a Patton saltándose a la torera su posición. Bradley, además, se había aislado él solo al negarse a trasladar su cuartel general de la ciudad de Luxemburgo alegando que semejante acto habría provocado la alarma de la población civil, aunque es indudable que el orgullo tuvo también mucho que ver con esa decisión. En cualquier caso, el resultado fue que permaneció sin contacto con el cuartel general del I Ejército de Hodges en las inmediaciones de Lieja debido al avance de los alemanes. Ni él ni ninguno de sus oficiales del estado mayor había visitado un solo cuartel general estadounidense desde que había dado comienzo la ofensiva. Para empeorar todavía más su humor, Bradley se sintió totalmente desairado al término de la reunión, cuando invitó a Eisenhower a almorzar juntos. El comandante supremo declinó la oferta diciendo que se limitaría a tomar un simple bocadillo en el coche de regreso a Versalles.

Cuando Eisenhower estaba a punto de montar en su coche oficial, se volvió de nuevo hacia Patton.

—Cada vez que me conceden una nueva estrella, sufro un ataque —bromeó, aludiendo a su anterior ascenso, justo antes de que diera comienzo la ofensiva sorpresa de Rommel en el paso de Kasserine, en Túnez.

—Y cada vez que sufres un ataque, tengo yo que sacarte las castañas del fuego —replicó Patton, que a todas luces se sentía de maravilla.[22] A continuación fue a buscar un teléfono y llamó a su cuartel general en Nancy para confirmar que se diera la orden de marcha a sus divisiones utilizando una expresión en clave previamente acordada.

Patton volvió fumando un puro para hablar con Bradley, quien, según su asistente Chester Hansen, «estaba que trinaba»:

—No quiero utilizar ninguna de tus cosas [i. e. tus formaciones] a menos que me vea obligado —dijo Bradley a Patton—. Quiero reservarlas para arrear un jodido golpe cuando volvamos a tomar la iniciativa y vayamos a atizar bien fuerte a ese cabrón.[23]

Aquellas palabras daban a entender que Bradley todavía estaba molesto por la decisión de Eisenhower de que fuera Patton el que lanzara un contraataque rápido. Pero cuando Bradley y su séquito volvieron a Luxemburgo, se cruzaron con un convoy del III Ejército de Patton que iba ya en camino. El estado mayor del III Ejército no había perdido ni un instante.

Eisenhower había hecho bien en rechazar la propuesta instintiva de Patton, que pretendía dejar aislada la ofensiva alemana de sus propias bases. Aunque las fuerzas estadounidenses desplegadas en las Ardenas habían doblado sus efectivos y ascendían casi a los ciento noventa mil hombres, eran todavía demasiado poco numerosas para arrostrar una operación tan ambiciosa. El III Ejército debía asegurar el flanco sur y la ciudad de Luxemburgo, pero su prioridad primordial era avanzar hacia el norte, en dirección a Bastogne, donde la 101.ª División Aerotransportada y parte de la 10.ª Acorazada estaban a punto de ser rodeadas.

La situación en toda la zona era caótica. El coronel Herman, del 7.º Grupo de Cazacarros asumió la defensa de Libramont, al suroeste de Bastogne. Allí nadie sabía lo que estaba pasando, de modo que mandó detenerse a todos los rezagados e incluso a una columna de artillería que atravesaba la población.

—¿Adónde vais? —preguntó.

—Nos estamos retirando, señor —fue la respuesta que le dieron.

—¡Al diablo vuestra retirada! —replicó Herman—. Aquí es donde vais a dar media vuelta y os vais a poner a combatir.

El 19 de diciembre a medianoche, Herman había logrado reunir una fuerza de unos dos mil hombres, a los que añadió a la mañana siguiente otro batallón de artillería que se había quedado sin mandos.[24]

En Wiltz continuaba la resistencia aunque la carretera situada al oeste que iba a Bastogne había sido cortada por las patrullas alemanas, que bloquearon así los intentos de reabastecer a lo que quedaba de la 28.ª División en la ciudad con raciones de comida y municiones. A las 14.30 la 5.ª División *Fallschirmjäger*, tocando silbatos y con el apoyo de cuarenta carros de combate y cañones de asalto autopropulsados, atacó la localidad desde varios lados. Al anochecer, los defensores habían sido obligados a retroceder hasta el centro del pueblo, en medio de edificios en llamas. El general Cota mandó un mensaje a su oficial al mando: «¡Dadles fuerte, diablos!». Aquella noche los supervivientes recibieron la orden de salir en pequeños grupos y dirigirse a Bastogne. Sometido a un intenso fuego un convoy de treinta vehículos intentó abandonar el pueblo, pero no hubo más remedio que abandonarlos. Tras volar todos los puentes, la última unidad de ingenieros no pudo salir de Wiltz hasta las 11.00 del día siguiente.[25]

Los camiones y remolques atestados de paracaidistas que se dirigían a Bastogne tomaron el camino de Mande-Saint-Étienne, a unos seis kilómetros al oeste para no congestionar la población. Las carreteras que salían de Bastogne estaban bloqueadas por los conductores del ejército que, presas del pánico, intentaban escapar a toda costa. Incluso los oficiales tuvieron que ser amenazados a punta de pistola para que se apartaran del camino y dejaran pasar a la 101.ª Aerotransportada. Los paracaidistas, muertos de frío después de aquel viaje tan largo, saltaron completamente tiesos de los vehículos. Todo el mundo se daba cuenta de que había que darse prisa, en vista de que había dos divisiones *panzer* y otra de infantería acercándose a Bastogne.[26] Los que tenían que cargar al hombro los tubos de los morteros y las plataformas en las que se asentaban, quedaban rezagados debido a lo pesado de su carga como «un esclavo egipcio obligado a transportar un capazo», en palabras de Louis Simpson, integrado en el 327º. Regimiento de Infantería de Planeadores.[27]

Ignorando el papel trascendental que había desempeñado la maltrecha 28.ª División, los paracaidistas de la 101.ª Aerotransportada se sintieron asqueados al ver a los rezagados sin afeitar y sucios que huían hacia el oeste atravesando la ciudad. Les quitaban la munición, las granadas, las herramientas necesarias para cavar trincheras e incluso las armas, o bien las cogían de los vehículos abandonados para suplir sus carencias. La población civil belga, por otro lado, salía de sus casas ofreciendo sopa y café caliente a los soldados, y caminaban un rato a su lado mientras se lo tomaban sobre la marcha.

El primer regimiento en llegar, el 501.º de Infantería Paracaidista del coronel Julian Ewell, marchó hacia el este, en dirección a Longvilly antes incluso del amanecer para apoyar al Equipo Cherry, de la 10.ª División Acorazada. Podían escuchar disparos delante de ellos, a través de la niebla húmeda y fría. No tardaron en encontrar algunos supervivientes totalmente traumatizados de la destrucción sufrida por la Agrupación de Combate R la noche anterior, que les dijeron: «Nos han aniquilado».[28]

El coronel Cherry había logrado llegar al castillo situado justo al sur de Neffe durante la noche del 18 al 19 de diciembre, pero cualquier esperanza de hacer de él su puesto de mando se esfumó con las primeras luces del día. La sección de reconocimiento del 3.er Batallón Acorazado y parte del 158.º Batallón de Ingenieros de Combate que defendían los cruces de carreteras de Neffe, fueron atacados por un destacamento avanzado de la División *Panzer Lehr*. Un equipo de bazucas dejó fuera de combate un carro Mark IV, pero el vigor del fuego de las ametralladoras y de las bombas del destacamento de exploradores fue tal que los defensores tuvieron que retroceder por la carretera que remontaba el valle en dirección a Bastogne.

Dos hombres lograron llegar al castillo y avisar a Cherry de lo que había ocurrido. Fueron avistados acercándose por el este otros cuatro carros, entre ellos un Mark VI Tiger, así como un vehículo blindado y otros cien *Panzergrenadiere*. Cherry y el puñado de hombres que formaban el personal de su cuartel general se dispusieron a defender el castillo, un edificio cuadrado y sólido con una sola torre. Desmotaron las ametralladoras de sus vehículos y las colocaron en las ventanas. Para Cherry, aquel fue un momento terrible. El grueso de sus fuerzas, entre Magéret y Longvilly, había quedado aislado y se hallaba bloqueado en un atasco de tráfico con lo que quedaba de la Agrupación de Combate R de la 9.ª División Acorazada. Lo único que pudo hacer Cherry fue observar cómo los alemanes preparaban la trampa.

Aproximadamente a las 13.00 horas se hizo perceptible el fragor de la batalla. El 77.º Regimiento de Granaderos de la 26.ª División *Volksgrenadier* lanzó un ataque inmediato contra la columna de vehículos atascados. La artillería y los cañones de asalto se sumaron a la refriega, así como una compañía de carros o compañía blindada de la División *Panzer Lehr*. «La sorpresa fue total», anotó el *Generalmajor* Kokott en tono casi profesoral.[29] Los estadounidenses fueron rodeados y se desató el caos entre ellos mientras los vehículos chocaban unos con otros en su vano empeño por escapar. Los combates acabaron en hora y media. Solo lograron escapar hacia el norte unos pocos vehículos. Varios oficiales y cientos de hombres fueron capturados.

A medida que se acercaba a Neffe, el 1.er Batallón del 501.º Regimiento de Infantería Paracaidista del coronel Ewell podía oír con toda claridad el tiroteo a través de la niebla y la llovizna. Ewell ordenó a sus hombres que se dispersaran a ambos lados de la carretera y que se pusieran a cavar trincheras. Mientras preparaban sus pozos de tirador, podían oír el ruido de los carros de combate. Y después escucharon los gritos de desesperación de los equipos de bazucas.

El 2.º Batallón mientras tanto se dirigía a defender Bizôry, a dos kilómetros al norte de Neffe. También esta aldea se vio atrapada en un durísimo combate, y los soldados estadounidenses no tardaron en rebautizarla «Misery». La moral de los alemanes estaba por las nubes debido al éxito alcanzado en las dos refriegas que habían tenido anteriormente con las columnas blindadas estadounidenses, pero no tardarían en sufrir un cruel desengaño. Después, por la tarde, el 26.º Batallón *Volksgrenadier* de reconocimiento y el 78.º Regimiento de Granaderos se vieron envueltos en duros combates en los alrededores de Mageret y Bizôry. El ataque contra Bizôry causó «dolorosas pérdidas». Parte de la División *Panzer Lehr* tuvo que batirse también duramente en Neffe. Los estadounidenses habían ganado la carrera por llegar primeros a Bastogne con sus refuerzos.[30]

El coronel Ewell estableció una línea defensiva a lo largo del terreno elevado situado a menos de tres kilómetros al oeste de la plaza del Mercado de Bastogne. «¡El enemigo ha aprovechado muy bien el tiempo!», reconocería tristemente el oficial al mando del 26.º Batallón *Volksgrenadier*.[31] Y la División *Panzer Lehr* padecía una escasez tan desesperante de combustible que se vio obligada a aprovechar la gasolina del depósito de los vehículos capturados o averiados.[32]

Aquel «día de sorpresas» dejó bien claro a Bayerlein que la idea que había tenido el alto mando de desviarse de su rumbo para tomar Bastogne era ya imposible. Pero el comandante en jefe del XLVII Cuerpo Panzer, el *Generalleutnant* barón Von Lüttwitz, le culpó por no haber tomado Bastogne. Bayerlein replicó que la culpa había sido de la 26.ª División *Volksgrenadier* y del propio Lüttwitz, que le había obligado a aminorar la marcha para que la División *Panzer Lehr* se enzarzara en un combate al este del río Clerve en contra de lo que preveía el plan original. Bayerlein dijo también que la autoridad de Lüttwitz no era «lo bastante coherente y enérgica». No había sabido concentrar las tres divisiones en un ataque a gran escala, y había permitido que «se dispersaran».[33]

Aquella noche, las tropas alemanas, totalmente agotadas, se atrincheraron mientras la lluvia descargaba con furia. «Fueron traídas municiones y raciones de comida —comentaría el oficial al mando del 26.º Batallón *Volksgrenadier*—. De vez en cuando se oía una ráfaga nerviosa de fuego de ametralladora o un atronador fuego de mortero que duraba un par de minutos, y tras unas cuantas salvas volvía a cesar.»[34]

A ocho kilómetros al norte de Bastogne, el comandante William Desobry, un joven alto y de complexión atlética de solo veintiséis años, al mando del 20.º Batallón de Infantería Mecanizada había pasado una noche de angustia en Noville. Desobry y sus cuatrocientos hombres aguardaban la embestida de lo que luego descubrirían que era el grueso de la 2.ª División Panzer. Aproximadamente a las 04.00 de la madrugada, los hombres de Desobry se dieron cuenta de que habían dejado de pasar soldados rezagados. Poco después, oyeron los primeros tiros. La avanzadilla situada a lo largo de la carretera de Bourcy, tras abrir fuego, se replegó hacia el pueblo, tal como se le había ordenado. Su sargento, que había recibido un disparo en la boca, comunicó con dificultad que los alemanes habían hecho su aparición en semiorugas.[35]

Desobry pudo oír el característico ruido de los vehículos blindados que se dirigían al norte. Aunque sabía que «los ruidos por la noche suenan con más fuerza y parecen mucho más cercanos», se trataba con bastante claridad de una fuerza provista de carros de combate, a juzgar por el estruendo que hacían sus orugas. «¡Ay hermano! —dijo Desobry para sus adentros—. Realmente esto es algo gordo.»

Al noreste podía oírse un intenso tiroteo de armas automáticas y de cañones de carros. Provenía de la aniquilación de que era objeto el tercer equipo de la desventurada Agrupación de Combate R de la 9.ª División Acorazada. Por desgracia para ellos, sus integrantes se habían replegado justo por la misma senda por la que venía la 2.ª División Panzer. Como sucediera la noche anterior en Longvilly, los carros Panther alemanes dieron en el blanco que se habían propuesto con la mayor facilidad en cuanto los primeros vehículos se pusieron a arder. Al teniente coronel Booth, el oficial estadounidense que iba a su mando, le aplastó una pierna uno de sus propios semiorugas cuando intentaba desplegar de nuevo su columna, que había quedado atrapada. Los supervivientes abandonaron sus vehículos blindados para intentar escapar campo a través hacia Bastogne. Se perdieron unos doscientos hombres así como todos los carros Sherman y los semiorugas.

El sargento al mando de la avanzadilla enviada por Desobry por la carretera del norte en dirección a Houffalize, sin embargo, creyó que había visto unos carros de combate norteamericanos replegándose por su posición anterior, y que debían de estar haciendo comprobaciones antes de abrir fuego. Dio el alto en la oscuridad y aunque recibió una respuesta en inglés, se dio cuenta del error que había cometido. Un carro alemán abrió fuego, poniendo fuera de combate a uno de sus Sherman. El resto de los vehículos se replegaron rápidamente a Noville. Desobry llamó inmediatamente al tercer grupo, situado al noroeste. La luz del amanecer no aclaró demasiado la situación debido a la densa niebla, pero muy pronto pudo oírse el ruido de los blindados alemanes que bajaban por la carretera del norte, proveniente de Houffalize. Los defensores estadounidenses dispusieron su cañón contracarro de 57 mm y los equipos de bazucas en un cementerio situado a las afueras de Noville. En cuanto los vehículos enemigos emergieron entre la niebla, abrieron fuego con todo lo que tenían a mano contra los carros Panther y los *Panzergrenadiere*.

Dos de los Panther quedaron fuera de combate y proporcionaron un buen parapeto en medio de la carretera. Pero para asegurarse de que los equipos alemanes de recuperación de carros no se colaban en la zona, Desobry envió un pequeño grupo de hombres con explosivos encargados de quitarles las orugas y de destruir su armamento principal. El terreno estaba tan encharcado de agua que a los alemanes les costó mucho trabajo conseguir que sus blindados rodearan los Panther que habían sido puestos fuera de combate y bloqueaban la carretera. El pequeño pelotón de Desobry se reforzó luego con la llegada de cinco cazacarros M-18 Hellcat procedentes de Bastogne. Desobry se los quedó como reserva.

A medida que fue avanzando la mañana, la niebla empezó a levantarse y para mayor espanto los estadounidenses descubrieron que la cima de las colinas al norte y al noreste estaba atestada de *panzer* y semiorugas alemanes. El combate empezó en serio. Muchos *panzer* llegaron a situarse a cien metros del perímetro y uno incluso logró entrar en el pueblo antes de ser alcanzado por un proyectil y quedar inmovilizado. Tras un intenso tiroteo de dos horas de duración, los alemanes se replegaron al otro lado de las colinas. Luego, intentaron efectuar ataques de prueba desde distintas direcciones. No resultó demasiado difícil repelerlos, pero el fuego de los morteros y de la artillería alemanes empezó a causar bajas.

Desobry desoyó una orden procedente de Bastogne conminándole a enviar una patrulla a Houffalize, pues «para llegar hasta allí habría tenido que pasar entre todo el maldito ejército alemán».[36] Con Noville medio rodeada desde lo alto de las colinas, Desobry propuso al cuartel general de su agrupación de combate en Bastogne que resultaba más conveniente que sus fuerzas se retiraran a defender la cresta entre Noville y Foy. El coronel Roberts le dijo que hiciera como le pareciera, pero que un batallón de la 101.ª División Aerotransportada iba de camino por la carretera de Bastogne para reunirse con él. Desobry mandó un *jeep* a buscar a su superior, el teniente coronel James La Prade poco antes de mediodía. La Prade se mostró completamente de acuerdo con la valoración de Desobry, según el cual, si querían seguir defendiendo Noville, debían primero tomar la cresta de la colina.

Como les ocurría a los otros batallones de la 101.ª Aerotransportada, la unidad de La Prade tenía escasez de armas y de municiones. De modo que la compañía de servicio de la 10.ª División de Infantería cargó sus camiones, subió por la carretera, y arrojó a los paracaidistas todo lo que necesitaban: bandoleras de balas de fusil, cinturones de ametralladora, granadas, proyectiles de mortero y de bazuca e incluso armas de reserva. Cuando el batallón paracaidista llegó a Noville, Desobry pidió ayuda al batallón de artillería de apoyo para que abriera fuego sobre la cresta de las colinas. Los paracaidistas se desplegaron en abanico y pasaron directamente al ataque en dirección a las colinas, con fuego de apoyo de los Sherman de Desobry. «Se dispersaron campo a través —escribió el comandante— y aquellos chicos cuando atacaban lo hacían a la carrera. Corrían cincuenta metros, se echaban cuerpo a tierra, se levantaban y echaban otra vez a correr.» Pero resultó que los alemanes habían planeado efectuar un ataque al mismo tiempo que ellos, de modo que unos y otros «se enzarzaron en un choque frontal». Una compañía logró llegar a la cima de la colina, pero fue objeto del contraataque de los carros de combate y los *Panzergrenadiere* situados al otro lado. Todas las compañías sufrieron tantas bajas que La Prade y Desobry acordaron replegar a todos sus hombres hacia el pueblo. El número de heridos graves era excesivo para el pequeño centro de pequeños auxilios montado en la localidad.[37]

Aquella noche, Desobry y La Prade se reunieron en su puesto de mando en la escuela de Noville con el fin de analizar qué podían hacer para resistir en el pueblo. En Bastogne, el general McAuliffe había preguntado al general Middleton, que había recibido la orden de trasladar el cuartel general de su VIII Cuerpo a Neufchâteu, si podía replegarse con las fuerzas que tenía en Noville, pero Middleton le había respondido que no. Mientras Desobry y La Prade estudiaban el mapa en el piso de arriba, el oficial de mantenimiento de la 10.ª División Acorazada, responsable de recuperar los vehículos que hubieran recibido algún daño, llegó hasta su posición y se detuvo justo a la puerta del edificio. Era algo que iba totalmente en contra de las prácticas habituales, pues revelaba el emplazamiento de un puesto de mando. Los alemanes concentraron el fuego de todas sus piezas sobre ese edificio. La Prade y una decena de hombres más perdieron la vida. Desobry salió vivo de la escuela, completamente cubierto de polvo; tenía una herida en la cabeza y un ojo casi se le había salido de su órbita.

El comandante Desobry fue evacuado en un *jeep*. En el trayecto de regreso a Bastogne se vieron obligados a detenerse en Foy por una patrulla alemana de la 26.ª División *Volksgrenadier*. Los *volksgrenadiere*, al ver el mal estado en que se hallaba el comandante, permitieron generosamente al *jeep* seguir su camino. A pesar del dolor que sentía, Desobry quedó turbado al comprobar que los alemanes habían cortado la carretera por detrás de la posición que ocupaban sus tropas en Noville. Justo al sur de Foy, la Compañía Easy del 506.º Regimiento estaba atrincherándose cuando empezó a oírse ruido de motores. Un soldado dijo al teniente Jack Foley:

—Ese ruido suena como si fueran vehículos motorizados, ¿sabe usted?

—¿Vehículos? —exclamó otro soldado.

—¡Demonios! ¡Si son carros de combate!

El miedo se agudizó porque nadie podía ver «qué era lo que había ahí».[38]

A pesar del golpe de suerte que había tenido al recibir permiso para continuar su viaje, Desobry habría de sufrir de nuevo las desventuras de la guerra. Uno de los errores más graves cometidos en la defensa de Bastogne fue dejar a la 326.ª Compañía Médica Aerotransportada en un cruce de carreteras cerca de Sprimont, a unos diez kilómetros al noroeste del pueblo. Los sanitarios habían plantado allí sus tiendas y habían empezado ya a tratar a las primeras bajas que habían llegado, mientras los refugiados continuaban pasando sin cesar por el puesto. La compañía se encontraba tan desprotegida que un cirujano se trasladó a Bastogne a pedir al general McAuliffe permiso para trasladarse al pueblo.

—Vuelva, capitán —dijo McAuliffe—. Allí estará usted bien.[39]

Por la noche, cuando estaban operando a unos hombres que habían sufrido unas quemaduras terribles y a otras víctimas, se produjo el ataque de un *Kampfgruppe* de la 2.ª División Panzer. El fuego de las ametralladoras acribilló la lona de las tiendas matando o hiriendo a muchos de los hombres que yacían en las camillas. Sin tropas que pudieran defenderlos, el oficial estadounidense de mayor graduación no tuvo más remedio que rendirse de inmediato. Los alemanes les dieron cuarenta y cinco minutos para cargar a los heridos, el equipo médico y los demás pertrechos en unos camiones.[40]

Sus captores alemanes los condujeron a Houffalize. Desobry recobró el sentido durante una parada efectuada en el trayecto, y al oír voces hablando en alemán pensó que debían de haber hecho muchos prisioneros. El conductor estadounidense se encargó de desengañarlo de forma brutal. Desobry intentó convencerle de que se diera a la fuga, pero el conductor no estaba dispuesto a correr el riesgo. La cruda realidad se impuso.[41] Era un prisionero de guerra.*

Para los alemanes de la 2.ª División supuso un gran golpe capturar tanto equipamiento y tantos suministros médicos, especialmente morfina. Para la 101.ª División Aerotransportada, en cambio, aquello fue un desastre. Sus heridos quedaron condenados a sufrir dolores insoportables en unos sótanos malolientes y en el garaje de un cuartel de Bastogne, donde los servicios médicos, en número escasísimo, carecían de morfina y de otras drogas. Las condiciones eran sumamente primitivas, pues no había letrinas y únicamente había una sola bombilla eléctrica en todo el pabellón principal del garaje. Los heridos fueron «tendidos en filas sobre un poco de serrín cubierto con mantas». Los que se consideraba improbable que pudieran sobrevivir eran situados junto a la pared. «Cuando fallecían, eran trasladados a otro edificio» utilizado a modo de depósito de cadáveres.[42]

En su cuartel general táctico a las afueras de Zonhoven, en Bélgica, Montgomery se hallaba molestísimo debido a la falta de información acerca de los combates que estaban produciéndose más al sur. El 19 de diciembre por la mañana envió a dos de sus oficiales de enlace más jóvenes, a los que utilizaba como si fueran los «galopines» de otro tiempo, para que le trajeran noticias acerca de la marcha de los combates. Los dos jóvenes fueron acompañados por el teniente coronel

---

* Desobry se encontró con varias paradojas durante su cautiverio, como, por ejemplo, escuchar en un tren hospital alemán cerca de Münster un disco de Bing Crosby en el que cantaba «Navidades blancas», mientras los bombarderos ingleses reducían la ciudad a escombros. Luego fue trasladado a un centro de adiestramiento de *Panzergrenadiere* en Hohne, cerca del campo de concentración de Belsen, junto con unos paracaidistas británicos capturados en Arnhem.

Tom Bigland, que era su enlace con Bradley. Viajaron en un *jeep* en medio de aquella niebla gélida hacia el cuartel general avanzado del general Hodges en Spa.

«Llegamos al cuartel general del I Ejército, situado en un hotel —anotó en su momento el capitán Carol Mather— y lo encontramos abandonado. Evidentemente se ha producido una evacuación precipitada. En el comedor las mesas están puestas para las celebraciones navideñas. Los despachos están desiertos.» El lugar recordaba al *Marie Celeste*. «La verdad empieza a aclararse. El ataque alemán es más serio de lo que habíamos pensado, pues la evacuación del cuartel general muestra todos los signos de una decisión provocada por el pánico.» Los oficiales ingleses recogieron algunos de los documentos clasificados que habían sido abandonados de cualquier manera sobre las mesas para demostrar que habían estado allí por si alguien luego dudaba de su palabra.[43]

Montgomery no esperó a recibir órdenes del SHAEF. Sus oficiales del estado mayor empezaron a dar órdenes detalladas a los equipos de reconocimiento Phantom y del Servicio Aéreo Especial (SAS). El XXX Cuerpo del teniente general Brian Horrock recibió una orden de aviso conminándole a disponerse a defender el Mosa. El general de brigada Roscoe Harvey, al mando de la 29.ª Brigada Acorazada, que había salido a cazar becadas, recibió la orden de volver a su puesto. Protestó diciendo que su brigada no había «recibido ni un maldito carro de combate; ya los habían repartido todos».[44] Era verdad. Estaban esperando recibir el nuevo Comet, el primer blindado británico producido en cinco años de guerra que podía compararse con el Tiger y el Panther. A Harvey le dijeron que volviera a utilizar sus viejos Sherman, los que todavía «anduvieran», y que acudiera a toda velocidad a Dinant a bloquear los mismos cruces del Mosa que el *Generalmajor* Erwin Rommel había capturado allá por 1940.

Los galopines de Montgomery, mientras tanto, atravesaron unos «campos extrañamente desiertos» para llegar al cuartel general en la retaguardia del I Ejército, situado en Chaudfontaine, al sur de Lieja, donde al fin encontraron a Hodges: «Está considerablemente abatido —comunicaba Mather— y no puede dar ninguna explicación coherente de lo que ha ocurrido. Tampoco está en contacto con el XII Grupo de Ejércitos del general Bradley. Parece que las comunicaciones se

han interrumpido por completo».[45] Mientras Bigland emprendía viaje hacia el cuartel general de Bradley en Luxemburgo dando un rodeo, los dos capitanes regresaron a Zonhoven con tanta rapidez como
lo permitieron las carreteras.

Montgomery se mostró «claramente alarmado» cuando los dos
jóvenes oficiales le contaron lo que habían visto.[46] Dijo a Mather que
volviera directamente al cuartel general del I Ejército.

—¡Dígale a Hodges que debe bloquear los puentes del Mosa!

Mather le preguntó cómo iba a transmitirle una orden semejante,
puesto que Hodges no estaba adscrito al XXI Grupo de Ejércitos.

—Usted dígaselo —respondió Montgomery—. En particular
hay que defender *a toda costa* los cruces de Lieja. *Debe* bloquear los
puentes por todos los medios. Que avise a las tropas de la L[ínea] de
C[omunicaciones]. ¡Que utilice todos los obstáculos que pueda encontrar, incluidos los carros de los campesinos! Debe defender los
puentes todo el día de mañana, y asegurarse de que los oficiales su-
pervisen todas y cada una de las operaciones. ¡Dígaselo de mi parte!

Mather debía comunicar también a Hodges que serían enviados
en *jeep* unos equipos Phantom y del SAS directamente a los puentes.
El XXX Cuerpo británico se trasladaría a toda velocidad a la orilla
norte del Mosa para bloquear las rutas que conducían a Amberes.
Montgomery insistía en que debía reunirse con Hodges.

—¡Si es posible, tráigamelo aquí esta noche!

Eisenhower, igualmente inflexible en lo tocante a los cruces del
Mosa, ya había dado orden al cuartel general de la COMZ del general Lee. Debía trasladar todas las unidades de ingenieros disponibles
para minar los puentes y enviar batallones improvisados con tropas
destinadas a la zona de retaguardia. Los franceses ofrecieron también
siete batallones, pero estaban mal armados y peor adiestrados.

Montgomery estaba ya convencido, y no le faltaba justificación,
de que desde Luxemburgo Bradley no podía dirigir al I Ejército, que
había quedado aislado en el lado norte del saliente alemán.* Encargó

---

* La forma de cuña o saliente que adoptó la línea del frente cuando fue frenada la penetración alemana se denomina en inglés *Bulge*, de ahí el nombre que se da
a la batalla de las Ardenas en este idioma, *Battle of the Bulge*. (*N. de los t.*)

al general de división Whiteley, el oficial de operaciones británico de mayor graduación en el SHAEF, que dijera a Eisenhower que debía ponerlo a él al mando de todas las fuerzas aliadas situadas al norte del saliente alemán. Whiteley, que no era ni mucho menos admirador de Montgomery y de sus exigencias de que se le concedieran más poderes, pensó que en esta ocasión el mariscal tenía razón. Analizó la situación con el general de división Strong, el jefe de inteligencia de Eisenhower e inglés como él, y los dos juntos fueron aquella misma noche a visitar a Bedell-Smith, jefe del estado mayor del SHAEF.

Levantaron de la cama a Bedell-Smith, que estalló lanzando improperios ante lo que consideró un complot británico. Los llamó «ingleses hijos de puta» y les comunicó que debían considerarse los dos relevados de su puesto. Luego, después de reflexionar un poco, cambió de parecer. A Bedell-Smith no le habían hecho muy buena impresión ni el cuartel general del I Ejército de Hodges ni su relación con el XII Grupo de Ejércitos de Bradley, pero lo que realmente le preocupaba era que Bradley hubiera quedado incomunicado. Llamó por teléfono a Eisenhower para discutir con él la concesión del mando del sector norte del frente a Montgomery y comentó que además de ese modo el XXI Grupo de Ejércitos se vería obligado a aportar tropas inglesas a los combates.[47]

Eisenhower se mostró de acuerdo con la propuesta, en parte porque Bradley no había dado ningún paso tendente a reforzar la línea del Mosa, a pesar de que él se lo había ordenado. Empezó a consultar el mapa para decidir dónde debía trazarse la línea divisoria. Decidió que fuera desde Givet, a orillas del Mosa, hasta Prüm, detrás de las líneas alemanas, pasando por el norte de Bastogne. Montgomery quedaría al mando de todas las fuerzas aliadas situadas al norte, dejando de ese modo a Bradley solo con el III Ejército de Patton y el VIII Cuerpo de Middleton, que quedaría adscrito a él.

Bedell-Smith llamó por teléfono a Bradley para avisarle de que Eisenhower pensaba conceder a Montgomery el mando del IX y del I Ejércitos. Según Bedell-Smith, Bradley reconoció que llevaba dos o tres días sin poder comunicar con Hodges y con el I Ejército. «Desde luego si el mando de Monty fuera estadounidense —admitió Bradley de modo harto revelador—, estaría totalmente de acuerdo contigo. Hacer eso sería la cosa más lógica del mundo.»[48]

A la mañana siguiente, Eisenhower llamó a Bradley para confirmarle su decisión. Para entonces Bradley se había recuperado y estaba ofendidísimo y hecho una furia.

—¡Por Dios, Ike, no puedo ser responsable ante el pueblo estadounidense si haces una cosa así! ¡Dimito!

—Brad, soy yo, no tú, el que es responsable ante el pueblo estadounidense —respondió Eisenhower—. Así que tu dimisión no significa absolutamente nada.

Luego atendió algunas otras quejas suyas y dio por terminada la conversación diciendo:

—Bueno, Brad, esas son mis órdenes.[49]

Un oficial de alta graduación de la RAF presente en el cuartel general del XII Grupo de Ejércitos cuenta cómo, una vez concluida la llamada, Bradley, «absolutamente lívido... se puso a dar paseos arriba y abajo y a maldecir a Monty».[50] Bedell-Smith consideró luego irónico que «Montgomery pensara durante mucho tiempo que Bradley le tenía mucho cariño; no sabía que no podía soportarlo».[51] En realidad, ese desagrado era mucho más profundo. Bradley consideraba a Montgomery «la inspiración personal de todos sus disgustos», comentaría un oficial del estado mayor estadounidense. «Desde entonces sentiría un profundo desagrado por el bajito aquel de la gorra y la voz de pito.»[52] Presa cada vez más de la paranoia debido a la humillación sufrida, Bradley veía la decisión de Eisenhower como «una auténtica bofetada».[53]

13

Miércoles, 20 de diciembre

El capitán Carol Mather volvió a abandonar el cuartel general de Montgomery a medianoche, incómodo por la misión «extremadamente delicada» que debía llevar a cabo ante el general Hodges.[1] El viaje, ralentizado por el hielo y por los guardias de los controles de carretera que buscaban posibles comandos de Skorzeny, duró unas dos horas. De vez en cuando, volaban sobre sus cabezas las bombas V-1 que surcaban el cielo nocturno en dirección a Lieja. Cuando llegó al cuartel general del I Ejército en Chaudfontaine, un agente de la policía militar lo condujo directamente al dormitorio del autoritario jefe del estado mayor de Hodges, el general de división Bill Kean. Eran muchos los que pensaban que Kean era el verdadero comandante en jefe del ejército. Encontró a Kean en pijama, con una manta alrededor de los hombros, llamando por teléfono.

Mather le entregó la carta manuscrita de Montgomery. Durante una pausa, Kean tapó el auricular con la mano y preguntó por el jefe del estado mayor de Montgomery, el general Freddie de Guingand. Pasaron entonces a la habitación contigua a despertar a Hodges. Mather cuenta cómo el comandante en jefe del I Ejército, también él con los hombros cubiertos con una manta, se sentó en la cama para leer la carta de Montgomery. Tuvo la sensación de que Hodges no estaba «ni mucho menos al corriente» de lo que estaba pasando.[2] Todas las preguntas se las trasladaba a Kean para que fuera este el que respondiera. «Sobre la importante cuestión de los puentes del Mosa

—anotó Mather—, el general Hodges no tenía nada que decir. Daba por supuesto que no tenía mayor trascendencia y que o ya había sido estudiada o que lo sería más tarde.»[3]

Mather, afectado de una terrible falta de sueño, estaba ya de nuevo ante Montgomery mucho antes del amanecer. El mariscal se encontraba sentado en la cama tomando una taza de té y escuchó atentamente el informe del capitán. Tenía intención de reunirse con Hodges más tarde ese mismo día, pero primero quería tener una imagen exacta de hasta dónde había llegado el avance de los alemanes. Cinco oficiales de enlace, entre ellos dos estadounidenses agregados a su cuartel general, partieron inmediatamente a bordo de unos *jeeps*. Llevaban los nuevos monos de lona marrón claro para protegerse del frío, pero la novedad del atuendo incrementó más si cabe el recelo de los soldados estadounidenses, ya de por sí nerviosos, que estaban al cargo de los controles de carretera.

El 20 de diciembre por la mañana, Montgomery recibió una llamada telefónica de Eisenhower. Según el general Miles Dempsey, al mando del II Ejército británico, que estaba con el mariscal cuando llamó Eisenhower, la conversación, extraordinariamente breve, fue la siguiente:

—Monty, tenemos un pequeño lío.

—Eso tengo entendido —respondió el mariscal.

—¿Qué te parece si te encargas del norte?

—Muy bien.[4]

Montgomery se trasladó a Chaudfontaine con la intención de arreglar la situación. El informe de Mather lo había convencido de que Hodges estaba a punto de sufrir un ataque de nervios. Según la memorable descripción de uno de sus propios oficiales del estado mayor, el mariscal llegó al cuartel general del I Ejército «como llegó Cristo a purificar el Templo», aunque Nuestro Señor no habría aparecido en un Rolls Royce verde oscuro con banderines ondeando al viento y una escolta de motoristas.[5]

Pese a ser el más leal de sus asistentes, Mather pensó que Montgomery irritó innecesariamente a los estadounidenses desde su llegada ignorando a los generales estadounidenses y mandando llamar a sus propios oficiales de enlace, que acababan de llegar con sus informes acerca de los combates en curso. «¿Cómo está la cosa?», preguntó, y todos los enlaces se agolparon con sus mapas alrededor del capó de un *jeep*. El general Hodges y el general Simpson, al mando del IX Ejército, no pudieron más que echar una ojeada totalmente azorados. «Fue un desaire innecesario precisamente en aquel día.»[6]

Montgomery había asumido el mando de todos los ejércitos aliados al norte de aquella línea, desde Givet, a orillas del Mosa, hasta Prüm. Además, estaba muy preocupado por Hodges. A su vuelta, el mariscal llamó a Bedell Smith para decirle que como oficial británico no quería relevar del mando a un general estadounidense, pero que Eisenhower debía considerar la idea.* Bedell Smith pidió un aplazamiento de veinticuatro horas. Al día siguiente Montgomery envió un mensaje diciendo que las cosas podían seguir como estaban, aunque Hodges no era desde el luego el hombre que él habría escogido para ocupar aquel puesto. Era una opinión que compartía el propio Bedell Smith, que consideraba a Hodges «el mando más flojo que teníamos».[7]

Bradley afirmaría luego que Montgomery y el SHAEF habían exagerado burdamente el peligro debido a sus propios intereses, para quitarle el I Ejército. Pero la situación parecía desesperada. Hodges estaba al borde del ataque de nervios, y Kean se había hecho cargo de todo. Incluso Kean dijo al día siguiente que hasta el viernes no sabrían «si podemos resistir o si tendremos que retirarnos a una línea de defensa más atrasada, como, por ejemplo, el Mosa».[8]

Evidentemente Bradley lamentaba haber escogido la ciudad de Luxemburgo como emplazamiento de su cuartel general, el Eagle Tac, y en aquellos momentos se sentía atrapado en él. No era solo una cuestión de prestigio, como había dicho a Hansen. Si se iba de allí, los luxemburgueses creerían que eran abandonados a su suerte para que los alemanes se vengaran de ellos. Y aunque Bradley intentara restar

---

* Hay varias versiones acerca del desplome moral de Hodges en aquellos momentos. Una de ellas es la que ofrece la anotación realizada por su asistente tres días después en su diario: «El general está ahora bien alojado en una casa particular. Con la oportunidad de descansar y de que se le ofrezcan de nuevo buenos alimentos, es evidente que se encuentra mejor y que está más capacitado para hacer frente a la presión constante de esta tarea y a la tensión». PWS, 23 de diciembre.

importancia a la ofensiva enemiga, los propios oficiales de su estado mayor se tomaban la cosa muy en serio. «Intercalamos granadas de termita entre nuestros documentos más secretos —escribiría uno de ellos—, para estar listos para destruirlos si veíamos uniformes grises acercarse por las colinas.»[9] Pero sin que ellos lo supieran, el *Generaloberst* Jodl había convencido a Hitler de que no incluyera la ciudad de Luxemburgo entre los objetivos de la Operación Herbstnebel.

La capital de Luxemburgo, en cualquier caso, había sido protegida muy acertadamente por la 4.ª División de Infantería, que defendía el flanco sur de la ofensiva alemana. Su comandante en jefe, el general Barton, declaró categóricamente, aunque no con demasiada originalidad, durante la batalla: «La mejor manera de hacer frente a estos alemanes es luchar con ellos».[10] Barton se había negado a permitir que sus batallones de artillería retrocedieran. Su tarea era abrir fuego constantemente contra los puentes del Sauer, y se aseguró de que fueran bien defendidos por la infantería. Impidió así a los alemanes avanzar con su armamento pesado, especialmente sus cañones contracarro. De ese modo los invasores no pudieron repeler con eficacia el hostigamiento de la 10.ª División Acorazada, que había llegado en apoyo de la 4.ª de Infantería.

Como hiciera el general Cota de la 28.ª División, Barton utilizó compañías reforzadas para defender las localidades clave y bloquear de ese modo los cruces de carreteras. Junto con la 9.ª División Acorazada, situada inmediatamente a su izquierda, la fuerza operativa del coronel Luckett fue obligada a replegarse por la garganta de la Schwarze Erntz, pero resistió en la aldea de Müllerthal, impidiendo a los alemanes penetrar en las zonas de retaguardia de la división.

En Berdorf, a medio camino por el lado este de la garganta, una pequeña fuerza mixta de 250 hombres de la 10.ª División Acorazada y dos compañías de la 4.ª de Infantería había estado resistiendo durante tres días. Tras sufrir un violento ataque, se quedaron casi sin munición y aumentó enormemente el número de heridos que necesitaban ser evacuados con urgencia. Fueron repelidas tres acometidas con apoyo de artillería y de lanzacohetes *Nebelwerfer*. Pero justo cuando el pequeño contingente de tropas estadounidenses temía no ser capaz de rechazar un nuevo ataque, se abrió paso hasta la localidad un grupo de dos carros Sherman y tres semiorugas con municiones y pertrechos, que se marchó inmediatamente llevándose a los heridos más graves. Poco después, el oficial al mando de los carros de combate en Berdorf, el capitán Steve Lang, del 11.º Batallón Acorazado, recibió la orden de retirarse. Cada carro cargó con quince soldados de infantería, «cuatro dentro y otros once aferrándose a la vida en el exterior». Se lanzó una barrera de fuego de artillería para disimular el ruido de los carros al marchar, y el pequeño contingente logró escapar antes de que los alemanes descubrieran lo que estaba pasando.[11]

La intensidad de los ataques alemanes a lo largo de este sector del frente empezó a disminuir el 20 de diciembre, y la llegada de más unidades del III Ejército del general Patton supuso que la 212.ª y la 276.ª Divisiones *Volksgrenadier* frenaran su avance hacia el sur. Solo la espesa niebla impidió a los estadounidenses lanzarse al contraataque. El punto muerto en el que quedó la defensa del flanco sur supuso que los alemanes se quedaran sin espacio para maniobrar y que el III Ejército pudiera concentrar sus fuerzas para hacer frente al asedio de Bastogne.

Hemingway, ansioso por no perderse aquella gran batalla a pesar de estar aquejado de gripe, logró llegar al puesto de mando del coronel Buck Lanham cerca de Rodenbourg. La casa había pertenecido a un cura sospechoso de ser simpatizante de los alemanes. Hemingway estuvo encantado de beberse todas las reservas de vino de misa y de rellenar luego las botellas consumidas con su propia orina. Según dijo, luego les puso la etiqueta: «Schloss Hemingstein 1944», e incluso se bebió una por error.[12]

Los alemanes ya se habían dado cuenta de que su saliente era demasiado estrecho y de que Bastogne dominaba toda la red de carreteras. Tanto Bayerlein, de la División *Panzer Lehr*, como Kokott, de la 26.ª División *Volksgrenadier*, sostenían que, como el intento de tomar Bastogne con rapidez había fracasado, era preciso utilizar todo el Grupo de Ejércitos para aplastar a sus defensores. Pero el general Von Lüttwitz, al mando del XLVII Cuerpo Panzer, había recibido órdenes estrictas de pasar de largo por Bastogne con sus dos divisiones y seguir adelante directamente hacia el Mosa.

El avance alemán hacia el Mosa también se vio perjudicado por la orden que recibió la 116.ª División Panzer de cambiar de dirección hacia el noroeste. Este cambio «causó una considerable pérdida de tiempo», escribió su comandante, el *Generalmajor* Siegfried von Waldenburg, y provocó el caos en las carreteras atestadas de tráfico. Aquella decisión, afirmaría, «fue fatal para la división».[13]

La fuerza mixta de paracaidistas y de efectivos de la 10.ª División Acorazada que defendía Noville, al norte de Bastogne, fue atacada una y otra vez en cargas sucesivas por *panzer* y *Panzergrenadiere* que salían de entre la niebla. Todos sabían que la carretera situada a sus espaldas había sido cortada por otra unidad alemana, pero no que el batallón del 506.º Regimiento de Infantería Paracaidista se había visto obligado a retroceder al sur de Foy. Esta circunstancia haría que su retirada resultara mucho más difícil. A media mañana, la niebla se levantó, y los carros de combate de la 2.ª División Panzer abrieron fuego desde un terreno elevado. Cuando por fin lograron restablecerse las comunicaciones por radio con las fuerzas acorraladas en Noville, el general McAuliffe les dijo que se prepararan para emprender la retirada. Había decidido que, pese a la orden que le había dado el general de no replegarlas, o las sacaba de allí o las perdía. Dijo al coronel Sink que lanzara un nuevo ataque con sus paracaidistas del 506.º Regimiento contra Foy para abrir la carretera. Los carros alemanes dispararon andanadas contra las copas de los árboles del bosque que había justo al sur de Foy para mantener a los paracaidistas con la cabeza gacha. La compañía Easy del 506.º Regimiento carecía de armamento contracarro, pero por fortuna los alemanes nunca lanzaron un ataque propiamente dicho con blindados contra ella.[14]

Por un golpe de suerte la niebla volvió a espesarse justo cuando los defensores de Noville se disponían a emprender la retirada. La infantería se marchó a pie, los heridos y el cadáver del teniente coronel La Prade fueron transportados en semiorugas, los Sherman cargaron el mayor número posible de hombres, y los cazacarros Hellcat actuaron como retaguardia. Las cargas de demolición colocadas en la iglesia hicieron que la torre se derrumbara y cayera en medio de la carretera tal como estaba planeado. Pero cuando llegaron a Foy, el visor blindado del semioruga que abría la marcha se bajó solo, oscureciendo la visión de su conductor. El hombre detuvo el vehículo de forma repentina y todos los semiorugas que venían detrás chocaron sucesivamente unos con otros: aquel incidente puso a disposición de tres *panzer* alemanes situados de flanco una sucesión de blancos fijos contra los que abrir fuego. Un soldado que iba en la parte más atrasada de la columna anotó en su diario que «la niebla que teníamos delante se volvió de color naranja». Los tripulantes de los semiorugas salieron precipitadamente de sus vehículos y ese mismo soldado observó desde una zanja cómo el fuego de los *panzer* alemanes se cebaba en la columna. «Había muertos por todas partes alrededor del camino y en las cunetas. Algunos colgaban de los vehículos, muertos antes de conseguir salir de ellos y de buscar refugio. Nuestros camiones y semiorugas estaban ardiendo o habían sido reducidos a chatarra.»[15]

Se evitó que el caos fuera a más cuando por fin un Sherman, al cargo de cuyo cañón iban unos paracaidistas, logró dejar fuera de combate a uno de los *panzer* y los otros dos emprendieron rápidamente la retirada. El contingente con el que Desobry y La Prade habían defendido Noville había perdido 212 hombres y once de sus quince Sherman en menos de dos días.[16]

La determinación del general Troy Middleton a la hora de mantener un perímetro ampliado había resultado muy costosa para los alemanes, pero parece que la repentina retirada de Noville dio alas a Lüttwitz en la creencia de que la captura de Bastogne iba a ser cosa de coser y cantar. El general Kokott afirmaría que cuando Lüttwitz visitó el cuartel general de la 26.ª División *Volksgrenadier* en Wardin aquella mañana, dijo: «La 2.ª División Panzer ha tomado Noville. El enemigo se retira a la desbandada hacia el sur. La 2.ª División Panzer sigue adelante sin parar. La caída de Foy —si no ha tenido ya lugar— se espera que se produzca de un momento a otro. Después de tomar Foy, la 2.ª División Panzer, según las órdenes que ha recibido, girará hacia el oeste y saldrá a campo abierto».[17] Lüttwitz, *General der Panzertruppen*, hombre corpulento, de cara redonda, siempre esmeradamente afeitado y provisto de monóculo, se convenció además a sí mismo de que la División *Panzer Lehr* había tomado Marvie, en el extremo sureste de Bastogne, y Bayerlein se creyó su versión.*

Kokott afirmaba que la decisión de ordenar a la 2.ª División Panzer seguir adelante fue el mayor error que impidió la toma de Bastogne. Culpó de falta de claridad de ideas al V Ejército Panzer y al XLVII Cuerpo Panzer. «¿Hay que capturar Bastogne? ¿O simplemente hay que rodear Bastogne y llegar al río Mosa?»[18] Solo con un ataque de la 2.ª División Panzer por el norte y por el oeste, y otro de la División *Panzer Lehr* y del grueso de la 26.ª por el suroeste podía solucionarse aquella *Eiterbeule* o «forúnculo purulento». Pero, en realidad, ni siquiera Manteuffel tuvo mucho que ver en el asunto. El cuartel general del *Führer* no toleraría la menor alteración de los planes previstos.

Las órdenes para el día siguiente eran categóricas. La 2.ª División Panzer y la *Panzer Lehr* debían seguir avanzando hacia el oeste con el grueso de sus fuerzas, dejando a la 26.ª División *Volksgrenadier* y a un regimiento de *Panzergrenadiere* de la *Panzer Lehr* la tarea de rodear y capturar Bastogne ellos solos. «La División expresó en su momento sus dudas», escribió Kokott, pero Lüttwitz las rechazó, alegando, al parecer, que las tropas estadounidenses destacadas en Bastogne no podían ser muy fuertes, con «parte de una división aerotransportada» y «lo que quede de las divisiones enemigas que han sido machacadas con contundencia en el río Our y han buscado refugio en Bastogne». Al parecer, el cuartel general del XLVII Cuerpo creía también que «basándose en los interrogatorios a que han sido sometidos los prisioneros de guerra, la calidad como combatientes de las fuerzas existentes en el interior de Bastogne no era muy alta».[19]

A la 26.ª División *Volksgrenadier*, que había informado de la necesidad de disponer de apoyo de artillería en el ataque que se le había ordenado efectuar contra Bastogne, se le concedió al menos tiempo

---

* Bayerlein afirma que el 19 de diciembre, cuando fracasó el primer ataque, había logrado convencer a Von Lüttwitz de que todo el Cuerpo debía concentrarse contra Bastogne, pues no podían permitirse el lujo de dejar a sus espaldas un nudo de carreteras tan importante sin capturar. Se dice que Lüttwitz transmitió a las altas esferas la propuesta, que fue firmemente rechazada. Bayerlein le oyó decir que «consideraban Bastogne un juego de niños». FMS A-941.

para desplegar a su 39.º Regimiento, que había estado protegiendo el flanco sur, mientras la mayor parte de la 5.ª División *Fallschirmjäger* era retenida en el valle del Wiltz. A Kokott le hacía mucha gracia el optimismo de Lüttwitz. Los dos regimientos a su mando que se enfrentaban a los estadounidenses en el sector Foy-Bizôry no habían detectado ninguna debilidad en el adversario. El resto de su división fue enviada después dando un rodeo por el sur de Bastogne hacia Lutrebois y Assenois, para que atacaran el pueblo desde el sur. Pero a través de los claros que se abrieron en la niebla, Kokott divisó unos vehículos estadounidenses que marchaban precipitadamente desde Neffe hacia Marvie. Al norte, «podía oírse el profundo estruendo de la artillería, y en las zonas boscosas al oeste de Wardin, además del impacto demoledor de los morteros, era perceptible el fuego rápido de las ametralladoras alemanas y el más lento de las estadounidenses». Los caminos y las sendas de los bosques habían sido bloqueados por los cráteres causados por las explosiones, de modo que los soldados debían desmontar el armamento pesado de sus vehículos y cargar con él ellos mismos.[20]

Aproximadamente a las 13.00 horas, los observadores de la artillería estadounidense avistaron la concentración de vehículos alrededor del cuartel general de la 26.ª División *Volksgrenadier* en Wardin. Las salvas de un batallón de artillería dieron de lleno en el pueblo «con efectos devastadores para aquella aglomeración de hombres y máquinas», informó Kokott. Aquella misma tarde se enteró de que, cuando cruzaba la carretera del sur hacia Arlon, su batallón de reconocimiento había entrado en contacto con el enemigo. No contribuyó precisamente a mejorar las cosas el caos reinante en las carreteras y los caminos al sur de Bastogne, con vehículos de la División *Panzer Lehr*, de la 26.ª *Volksgrenadier* y ahora incluso de una unidad avanzada de la 5.ª *Fallschirmjäger* intentando todos abrirse paso hacia el oeste, para quedar irremisiblemente atascados. Los jovenzuelos de la 5.ª División *Fallschirmjäger* tuvieron que empujar los pocos vehículos de los que disponían cuando se les averiaron.

Uno de los batallones de *Volksgrenadiere* de Kokott logró abrirse camino por el noreste a lo largo de las vías del tren, que estaban defendidas por poco más que una patrulla reforzada porque se encontraban en la divisoria que separaba el sector del 506.º Regimiento de Infantería

Paracaidista del que correspondía al 501.º. La resistencia de la patrulla ralentizó el avance de los *Volksgrenadiere*. Tanto el coronel Sink al sur de Foy como el coronel Ewell reaccionaron con rapidez, enviando una compañía cada uno a bloquear la penetración del enemigo. No tardaron en darse cuenta de que las fuerzas contrarias eran más numerosas de lo que habían pensado, y fue preciso enviar precipitadamente al lugar más unidades, incluidas, para su sorpresa, las que habían logrado escapar ese mismo día de Noville. El combate continuó al día siguiente.

Aquella misma noche otro ataque en el sector de Neffe a cargo de la División *Panzer Lehr* fue cortado en seco por una respuesta rápida de fuego concentrado de artillería. McAuliffe podía contar en aquellos momentos con once batallones de artillería, varios de la 101.ª División, pero también otros de otras divisiones que habían emprendido la retirada a través de Bastogne, incluidos dos batallones de artilleros afroamericanos. Esto significaba que tenía en sus manos un total de alrededor de ciento treinta piezas de artillería, pero la escasez de munición no tardaría en convertirse en un problema grave. Los Hellcat del 705.º Batallón de Cazacarros, disparando balas trazadoras con sus ametralladoras, así como con todas las armas automáticas de las que disponía el 1.er Batallón de Ewell, pillaron al descubierto a los dos batallones de *Panzergrenadiere*, que quedaron expuestos en la oscuridad por el destello mortal de las bengalas. El ataque nocturno se había visto frenado por las alambradas de los vallados del ganado. La carnicería fue espantosa. A la mañana siguiente la luz del día reveló un panorama aterrador de cadáveres enganchados en las alambradas como si fueran espantapájaros abatidos por una tormenta inesperada.

En el cuartel general de su VIII Grupo de Ejércitos en Neufchâteau, a unos treinta kilómetros al suroeste de Bastogne, el general Middleton esperaba con impaciencia que diera comienzo el contraataque de Patton desde el sur. La Agrupación de Combate B de la 4.ª División Acorazada había llegado ya a Vaux-les-Rosières, a medio camino entre las dos poblaciones. Para mayor irritación del comandante en jefe del III Ejército, el cuartel general de Middleton le ordenó que enviara inmediatamente un equipo de combate hacia el norte, en vez de esperar a que se produjera el gran ataque que había prometido Patton. También este estaba furioso y ordenó revocar la orden enviada al equipo de combate. Sigue sin resolverse la cuestión de si una fuerza tan pequeña habría podido asegurar la carretera o no, pero algunos historiadores creen que habría hecho que el avance por el sur resultara menos costoso en vidas y carros de combate. En cualquier caso, la localidad de Bastogne quedó incomunicada por el sur aquella noche, poco después de que el general McAuliffe regresara en coche de una entrevista con Middleton. El pueblo no había quedado rodeado del todo, pero la mayoría daba por supuesto que así era.

Los paracaidistas de la 101.ª División Aerotransportada consideraban que estar rodeados por el enemigo no eran más que gajes del oficio. Louis Simpson, el poeta que hacía las veces de mensajero de la compañía, fue enviado a llevar un recado al cuartel general del batallón. Por el camino se cruzó con un carro Sherman con un sargento de la 10.ª División Acorazada «sentado negligentemente en la torreta, como si fuera a la grupa de un caballo». Cincuenta metros más abajo, en medio del camino, había un *panzer* ardiendo. Preguntó al sargento qué había pasado.

—Intentaron pasar —respondió este con voz cansina y le dio la espalda.

Simpson calculó que aquello estaba ocurriendo por detrás de la línea de su compañía. Habrían quedado aislados si aquel sargento «espantosamente despreocupado» no hubiera sido el primero en disparar. «Vi al sargento de Tolstoi en Borodino, con su pipa siempre en los labios, dirigiendo el fuego de su batería. De hombres como este dependía el curso de la batalla. No pensaban que desempeñaran un papel trascendental. Realizaban grandes tareas y los ponían verdes si no las hacían bien, y lo aceptaban todo como la cosa más normal del mundo.»[21]

En el cuartel general del batallón Simpson se enteró de que ahora estaban rodeados dentro del perímetro de Bastogne. Cuando regresó a su trinchera en medio de la nieve, sus vecinos le saludaron a gritos:

—¡Bienvenido a casa! ¿Qué hay de nuevo?

—Estamos rodeados.

—¿Y eso qué tiene de nuevo?

Ni el cuartel general del I Ejército ni el de Montgomery tenían una idea muy clara de lo que ocurría en Saint-Vith. El instinto de Montgomery le decía que debía replegar las fuerzas de Hasbrouck desplegadas allí antes de que fueran aplastadas, pero el ejército estadounidense sentía un orgulloso desagrado por la idea de ceder terreno. El I Ejército pretendía enviar a la 82.ª División Aerotransportada como refuerzo de los defensores. El 20 de diciembre a mediodía, mientras estaban discutiendo el problema, el general Bill Kean recibió una carta de Hasbrouck desde Saint-Vith en la que resumía la situación de acorralamiento en la que se hallaba. Su línea en forma de herradura se extendía desde Poteau, al noroeste de Saint-Vith, hasta la estación de Gouvy, situada al suroeste. Su flanco sur y la retaguardia se encontraban en aquellos momentos completamente desprotegidos tras el avance de la 116.ª División Panzer hacia Houffalize.

Montgomery estaba convencido de que la defensa de Saint-Vith había venido muy bien para lo que él quería. El peligro estaba ahora más al oeste, con tres divisiones *panzer* dirigiéndose hacia el Mosa. Se mostró de acuerdo, sin embargo, con la idea de que la 82.ª División Aerotransportada continuara su avance hacia el río Salm, pero solo para ayudar a las fuerzas de Hasbrouck a escabullirse a través del hueco existente entre Vielsalm y Salmchâteau.

Por la tarde, el 504.º Regimiento de Infantería Paracaidista de esta división avanzó hacia la localidad de Cheneux, que estaba defendida por el batallón de artillería ligera antiaérea de las SS *Leibstandarte* y un batallón de *Panzergrenadiere*. El coronel Reuben H. Tucker, al mando del regimiento, envió al ataque a dos compañías a través de la niebla. En medio de un fuego intenso de ametralladoras y de cañones antiaéreos de 20 mm, lograron encontrar refugio, no sin antes sufrir numerosas bajas. Cuando oscureció, se replegaron a los bosques situados a sus espaldas. Al enterarse de ello, Tucker ordenó que volvieran a atacar. Las dos unidades lograron acercarse más al enemigo en la oscuridad, pero las alambradas colocadas en medio de los campos detuvieron su avance. Expuestos a una concentración de fuego aún mayor, los hombres que habían quedado enganchados en los vallados fueron acribillados por todos lados. El ataque estaba a punto de quedar atascado cuando el sargento George Walsh gritó:

—¡Vamos a por esos hijos de puta!

Solo un puñado de hombres logró llegar a la barricada colocada en medio de la carretera en la entrada del pueblo. Uno lanzó una granada contra un vehículo semioruga provisto de un cañón antiaéreo y otro cortó el cuello al artillero de otro. Pero las dos compañías sufrieron 232 bajas, incluidos 23 muertos. Su acción fue una verdadera heroicidad, pero la alocada decisión de Tucker resultó sorprendentemente dañina. Al día siguiente, Tucker envió otro batallón por su flanco, que era lo que habría debido hacer la primera vez. Con unas pérdidas relativamente bajas, el 3.ᵉʳ Batallón tomó el pueblo, así como catorce baterías antiaéreas, otros seis semiorugas y una batería de cañones autopropulsados.[22]

El 20 de diciembre los combates en torno a Saint-Vith llegaron a su punto culminante cuando Model y Manteuffel, desesperados por tomar de una vez la población, se lanzaron a un asalto en toda regla. Los alemanes utilizaron sus lanzacohetes *Nebelwerfer*, cuyos cohetes eran llamados por los estadounidenses bombas «chillonas», porque sonaban como el rebuzno enloquecido de un burro. Apuntaron contra las baterías de morteros estadounidenses, que causaban unas pérdidas tremendas entre los batallones de *Volksgrenadiere*. Víctimas de aquel intensísimo bombardeo, muchos soldados, encogidos en posición fetal en el fondo de sus pozos de tirador, intentaban tranquilizarse repitiendo sin parar como un mantra los versos del Salmo 23: «Aunque pase por valle tenebroso, ningún mal temeré».

La visibilidad «seguía siendo muy mala —informó Hasbrouck—. Fueron lanzados veintiún ataques enemigos por el norte, por el este y por el sur. Llegaban carros de combate en todas direcciones acompañados de soldados de infantería». Los cinco batallones estadounidenses de artillería de campaña dispararon casi siete mil bombas solo ese día. «La única forma en que habíamos logrado mantener el suministro de municiones había sido saliendo a buscarlas o cogiendo las que encontrábamos en los almacenes abandonados cerca del frente... Se decía que el 434.º Batallón de Artillería de Campaña había disparado incluso algunas viejas bombas de propaganda [utilizadas para lanzar octavillas] simplemente para que en los oídos de los alemanes siguiera sonando el silbido de los proyectiles.»[23]

Los *Panzergrenadiere* de las SS de la *Leibstandarte Adolf Hitler* encabezaron un ataque utilizando al frente de la columna un semioruga estadounidense capturado con la esperanza de confundir a los defensores. Pero los Sherman y los equipos de bazucas lograron deshacerse de ellos. «Recalcamos a todos los hombres —escribió el comandante Boyer, del 38.º Regimiento de Infantería Mecanizada— que "no hay que malgastar munición, y que por cada bala disparada, tenía que caer al suelo un cadáver", y que no había que pegar ni un solo tiro hasta que los alemanes estuvieran a 25 metros» cuando estuvieran luchando en los bosques que rodeaban el pueblo. Esta orden sirvió además para impedir que los hombres descubrieran sus posiciones disparando demasiado pronto.[24]

La *Führerbegleitbrigade* del *Oberst* Otto Remer hizo por fin lo que le habían mandado e inició un ataque de tanteo contra Saint-Vith bajando por la carretera de Büllingen. Pero Remer pensó que la resistencia estadounidense era «demasiado fuerte» y trasladó a su brigada hacia el norte, adentrándose en los espesos bosques situados al pie de Born. Decidió tomar la carretera principal del oeste, la de Vielsalm, pero se sintió bastante ofendido cuando le dijeron que volviera al sur. Él replicó que no tenía suficiente combustible para sus carros, pero los objetivos que se le habían asignado —las aldeas gemelas de Nieder-Emmals y Ober-Emmals— estaban a poco más de cinco kilómetros de distancia.[25]

Aquella noche, cuando cesó el bombardeo, los hombres de Hasbrouck pudieron oír el ruido de los carros de combate. Sabían casi con toda seguridad que los alemanes estaban preparando una embestida todavía más grande para el día siguiente al amanecer.

Con su *Kampfgruppe* atacado desde todos los ángulos, Peiper volvió a echar mano a su grupo más alejado, que se encontraba al oeste de Stoumont. Abandonaron esta localidad y se replegaron para contraatacar al 117.º Regimiento de la 30.ª División de Infantería. A Peiper le había entristecido profundamente la falta de apoyo de su propia división.

Más tarde afirmaría que, según le dijeron, a menos que informara del estado de sus provisiones de combustible, no recibiría ninguna más. Las comunicaciones por radio habían sido inexistentes hasta la noche anterior, cuando un oficial de la *Leibstandarte* había conseguido llegar hasta su posición con una radio nueva y más potente. Peiper se enteró de que la división había enviado por delante al 2.º Regimiento *Panzergrenadier* de las SS para que fuera abriendo calle. Sus hombres llevaban equipo para la construcción y reparación de puentes y antes del amanecer atravesaron el río Amblève con el «agua hasta el cuello», a pesar de su temperatura glacial y la impetuosidad de la corriente, con apoyo de fuego de ametralladoras y de carros de combate. Sin embargo, gracias a la luz de las bengalas, los soldados estadounidenses apostados en las ventanas de las casas que daban al río empezaron a acribillar a los exploradores de las SS y a los *Panzergrenadiere*. «Los cabrones aquellos estaban hasta las cejas», diría luego uno de ellos. Por tres veces fueron expulsados los estadounidenses de sus posiciones en las casas situadas junto al río, «forzados por el fuego directo de los carros de combate», y otras tantas veces volvió la infantería y repelió a los hombres de las SS.[26]

Los *Panzergrenadiere* de Peiper habían seguido con sus matanzas al azar de civiles. Habían asesinado a dos mujeres y a un hombre «en una calle próxima sin motivos aparentes», y luego colocaron a otros nueve hombres frente a las paredes de las casas y también los mataron. Un soldado de las SS montado en un vehículo blindado «vació el cargador de su ametralladora contra una casa», matando a un chico de catorce años. La oleada de muertes continuó, pero algunos cadáveres no se encontraron hasta varios días después. Algunos civiles belgas fueron asesinados en la carretera de Trois-Ponts: fueron descubiertos cinco cadáveres con un tiro en la cabeza, mientras que a una mujer la mataron en la cama. El 19 de diciembre por la noche, veinte personas, principalmente mujeres y niños, fueron obligadas a salir de un sótano a punta de pistola para ser fusiladas a continuación junto a un vallado. En total, en Stavelot y sus alrededores fueron asesinados más de ciento treinta civiles, en su mayoría mujeres y niños. Los hombres jóvenes habían huido al otro lado del Mosa para evitar las represalias por los ataques de la resistencia durante el mes de septiembre, o para librarse de ser deportados a Alemania como mano de obra forzada. Las afirmaciones de las Waffen SS, según la cual las muertes perpetradas fueron meras represalias por los atentados de los partisanos de que habían sido objeto sus hombres, carecían de base.[27]

A las 11.15 las tropas de Peiper intentaron de nuevo establecer una cabeza de puente al otro lado del río, viéndose obligados los *Panzergrenadiere* a cruzar sus aguas a pie e incluso a nado. El fuego rápido de fusiles y de ametralladora mató a muchos en el agua y los cadáveres fueron arrastrados por la corriente. Solo unos pocos lograron alcanzar la orilla norte, pero también acabaron con ellos las balas del enemigo. Se organizó un ataque simultáneo por el oeste, que obligó al 1.er Batallón del 117.º Regimiento de Infantería a replegarse unos cien metros, pero sus hombres siguieron resistiendo hasta que el tiroteo cesó al oscurecer, a eso de las 16.00 horas.[28]

Las dificultades de Peiper habían aumentado en otra dirección. La Agrupación de Combate B de la 3.ª División Acorazada llegó aquella mañana al valle del Amblève procedente de Spa a través de los senderos del bosque. Una fuerza operativa, al mando del teniente coronel William B. Lovelady, apareció entre los árboles y salió a la carretera entre La Gleize y Trois-Ponts, sorprendiendo y destruyendo allí una columna de camiones alemanes que transportaban combustible, protegidos por una escolta de cañones de asalto y soldados de infantería. La situación desesperada del *Kampfgruppe* Peiper no se debía solo a la valerosa resistencia mostrada por la 30.ª División de Infantería, los batallones de carros y las unidades de ingenieros. Más al este, la enérgica defensa de la cresta de Elsenborn había impedido que el resto de la 1.ª División Panzer de las SS y la 12.ª División de las SS *Hitlerjugend* acudieran a reforzar el avance de Peiper. El II Cuerpo Panzer de las SS, junto con la 9.ª División Panzer de las SS *Hohenstaufen*, había empezado a avanzar en paralelo al I Cuerpo Panzer de las SS. Se suponía que detrás venía la 2.ª División Panzer de las SS *Das Reich*, pero el atasco de tráfico en las carreteras de un solo carril era tal que sus hombres buscaron una ruta alternativa más al sur.

El VI Ejército Panzer culpó de estos fracasos al hecho de que la única carretera existente resultaba «impracticable en su mayor parte debido al fango».[29] En muchos lugares, el barro llegaba hasta el palier, pero en realidad fueron la determinación de la 2.ª División estadounidense y su defensa de Bütgenbach las que impidieron que el I Cuerpo Panzer de las SS utilizara la carretera del norte, que era mucho mejor. En consecuencia, la 12.ª División Panzer de las SS y la 12.ª División *Volksgrenadier* se vieron obligadas a seguir machacando el flanco sur de la cresta de Elsenborn, mientras que la 3.ª División *Panzergrenadier* y la 277.ª *Volksgrenadier* atacaban su extremo este al norte de las aldeas gemelas de Rocherath-Krinkelt y de Wirtzfeld. La 2.ª División de Infantería siguió diciendo que «bajo el fuego casi continuo de la artillería pesada enemiga, las líneas telefónicas quedaban inservibles tan pronto como eran tendidas o reparadas, de modo que las comunicaciones tenían que realizarse primordialmente por radio».[30]

El Campamento Elsenborn era la típica instalación militar con apartamentos para oficiales cerca de la puerta principal, rodeados de barracones de una sola planta, garajes y arsenales. Se hallaba situado en medio de unos campos de tiro de terreno montuoso, estéril y barrido por el viento. Los barracones estaban atestados de soldados que habían quedado rezagados, una hueste de hombres exhaustos, sucios y sin afeitar; allí les daban de comer, descasaban un poco y eran enviados de nuevo al frente. Médicos y sanitarios ofrecían primeros auxilios a los heridos, antes de evacuarlos más a la retaguardia, pues el 47.º Hospital de Campaña había sido trasladado justo a tiempo a Waimes. Algunos soldados se encontraban con compañeros que creían que habían muerto y preguntaban por otros que estaban desaparecidos. Circulaban historias acerca de soldados de las SS que mataban a los heridos y ejecutaba a los prisioneros, y cuando se tuvo noticia de la matanza de Baugnez, la determinación de resistir a toda costa se incrementó. Los refugiados atestaban la localidad de Elsenborn y las tropas estadounidenses sospechaban de ellos, pues los consideraban simpatizantes potenciales de los alemanes. Pero hasta que no fueron evacuados el día de Navidad, su suerte bajo el fuego constante de la artillería germana no fue mucho mejor de lo que habría sido si se hubieran quedado en sus casas y sus granjas al pie de las colinas.

En el extremo este de la cresta de Elsenborn, la 2.ª División de Infantería y lo que quedaba de la 99.ª se vieron obligadas a atrincherarse no sin dificultad en las laderas de pizarra de la colina: los hombres tenían que llenar los cajones de munición de escombros y cubrían sus pozos de tirador con puertas arrancadas de los propios barracones. Ante la escasez de camillas, se las apañaron para escamotear unas cuantas del Campamento Elsenborn, aunque estaban todavía pegajosas de sangre y olían mal cuando se calentaban. Allí en la colina, a la intemperie, tiritando de frío con los uniformes empapados de barro y de nieve húmeda, tuvieron que fabricarse braseros improvisados para sus trincheras, utilizando unas veces latas llenas de tierra empapada en gasolina, y quemando otras veces trocitos de madera en bidones de combustible con un agujero grande en el fondo a modo de portilla para la combustión. Estos inventos impedían que los observadores de artillería vieran las llamas, pero los rostros sin afeitar de los ocupantes de las trincheras enseguida se cubrían de una mugre negra y grasienta. Muchos intentaban crear un clima calentito en el interior de su agujero cubriendo la trinchera y de paso la estufa con una capa impermeable, pero el aire viciado hizo que algunos acabaran muriendo de asfixia. Casi todos sufrían de embotamiento y dolores de cabeza, causados por las barreras de fuego que disparaban sobre sus cabezas las piezas de artillería de campaña situadas detrás de ellos. El hecho de que las bombas vinieran de sus propios cañones no impedía que los hombres, que habían sufrido durante los últimos días un intenso fuego enemigo, se estremecieran al oír el ruido.[31]

Los defensores volvieron a tener que enfrentarse a la 3.ª División *Panzergrenadier*, que en su totalidad estaba formada apenas por un gran *Kampfgruppe*, y a la 277.ª *Volksgrenadier*, muy desgastada después de los combates anteriores. Aquellas dos formaciones atacaron al norte de Rocherath-Krinkelt poco después de un cruce de carreteras que los alemanes llamaban la *Sherman Ecke* o «Esquina de los Sherman», debido a unos cuantos carros Sherman que habían quedado fuera de combate, con los cañones desvencijados. Pero en cuanto remontaron el pequeño valle del Schwalm, los soldados alemanes quedaron aplastados bajo el peso de la artillería estadounidense. «El fuego concentrado de la artillería enemiga procedente de la zona de Elsenborn era tan fuerte —escribió el oficial al mando de los *Panzergrenadiere*—, que todos los caminos que conducían al frente y todas las zonas de reunión quedaban cubiertos por él, de modo que todos nuestros ataques se vieron frustrados.»[32]

La cresta de Elsenborn proporcionó a los estadounidenses unas posiciones de disparo perfectas para sus dieciséis batallones de artillería de campaña, con sus «Long Tom» de 155 mm y sus obuses de 105 mm, y los siete batallones de artillería del cuerpo, con sus cañones de 114 y 203 mm. Las baterías de artillería de largo alcance eran capaces de machacar aldeas enteras y cruces de carreteras incluso a dieciséis kilómetros por detrás de las líneas alemanas. Los infortunados civiles belgas que se vieron atrapados allí no pudieron hacer otra cosa más que sollozar y rezar sus oraciones en los sótanos de sus casas, que eran sacudidas por la explosión de las bombas. «Los campesinos aprendieron a ocuparse de sus animales durante las brevísimas pausas matutinas que eran llamadas también las *Kaffeepausen* de los estadounidenses.» Resultaba imposible enterrar a los muertos en medio del fragor de los combates. Los cadáveres quedaban en su mayor parte tendidos en la iglesia del pueblo, cubiertos con una simple manta. Y cuando la temperatura bajó de repente dos días antes de Navidad, no hubo quien pudiera cavar una fosa en el suelo helado.[33]

Durante la noche del 20 al 21 de diciembre, los alemanes lanzaron el ataque más fuerte por el flanco sur contra el 26.º Regimiento de la 1.ª División de Infantería en los alrededores de Dom Bütgenbach. Con el apoyo de más de treinta carros de combate y cañones de asalto, fueron lanzados al ataque dos batallones de la División de las SS *Hitlerjugend*. En Büllingen, un campesino belga vio cómo unos veinte jovenzuelos alemanes de entre quince y diecisiete años, totalmente agotados, eran sacados a rastras de su sótano por unos suboficiales para ser obligados a marchar al combate entre lágrimas.

En total, doce batallones estadounidenses de artillería y un batallón de morteros de 107 mm pusieron un «anillo de acero» alrededor de las posiciones defensivas de la 1.ª División.[34] Pero un grupo de *panzer* de la *Hitlerjugend* logró penetrar por el flanco derecho de la 26.ª División de Infantería y empezó a «planchar» las trincheras de la línea de defensa adelantada, pasando por encima de ellas y disparando a su interior. Arthur S. Couch manejaba un mortero de 60 mm cerca del puesto de mando de su batallón. «Pronto me di cuenta de que pasaban directamente sobre mi cabeza proyectiles de carros de combate, así como balas trazadoras de ametralladora. Era una noche de niebla, por lo que al principio no pude ver los carros alemanes, pero cuando empezó a amanecer pude distinguir varios *panzer* alemanes maniobrando a unos doscientos metros delante de mi posición. No tardé en quedarme sin bombas de mortero, así que pedí unas cuantas más al puesto de mando del batallón, situado en una mansión a unos cuatrocientos metros a mi izquierda. Para alegría y sorpresa mías, llegaron corriendo dos hombres del batallón con gran cantidad de bombas nuevas en una carreta. Parece que los carros alemanes sabían que teníamos una posición de morteros, pero no podían verla en medio de la niebla. Otra llamada telefónica me comunicó que una de las bombas de mi mortero había aterrizado encima de un carro alemán y que lo había hecho saltar por los aires. Pocos minutos después vi que un blindado alemán pasaba por delante de nuestra primera línea y disparaba directamente al interior de las trincheras. Seguí disparando porque estaba muy preocupado no fuera que las tropas de infantería alemanas pudieran avanzar enseguida los doscientos metros que las separaban de mi posición si no las detenía. Me comunicaron por teléfono que los carros de combate alemanes estaban ya en el puesto de mando del batallón.»[35]

Algunos de esos blindados fueron puestos fuera de combate por cañones contracarro y carros Sherman, pero solo la llegada de una sección de cazacarros con el cañón de alta velocidad de 90 mm logró abortar el ataque. Las pérdidas infligidas a la *Hitlerjugend* fueron devastadoras. Una unidad del Registro de Tumbas contó 782 cadáveres alemanes. La 26.ª División de Infantería sufrió 250 bajas.[36]

Se organizaron más asaltos contra la cresta, pero Rundstedt y Model vieron con toda claridad que el VI Ejército Panzer que tanto amaba Hitler había fracasado rotundamente en su tarea, tanto en los alrededores de Monschau al norte, zona que había sido reforzada recientemente por la 9.ª División de Infantería, como sobre todo en el frente de Elsenborn. Su comandante en jefe, Sepp Dietrich, estaba airado y resentido, convencido de que no podía culpársele a él de la decepción del *Führer*.

Cuando dio comienzo la ofensiva de las Ardenas, varios oficiales británicos del XXI Grupo de Ejércitos tuvieron que aguantar las bromas de sus amigos belgas, que les dijeron que los grupos de la resistencia estaban haciendo preparativos para ayudarles a esconderse. Cuando los ingleses replicaron que no iba a ser necesario, pues lo tenían todo por la mano, los belgas respondieron:

—Eso mismo dijisteis en 1940 y al día siguiente nos dejasteis solos.

Montgomery no estaba dispuesto a que volviera a pasar algo parecido.[37]

El 19 de diciembre a las 17.30, el día antes de que Eisenhower le concediera el mando en el norte, Montgomery había ordenado al XXX Cuerpo del teniente general Brian Horrocks que asegurara los puentes del Mosa. El 61.º Regimiento de Reconocimiento, con base en Brujas, «montó sus bombas, llenó los depósitos, cargó todo lo necesario y despegó en plena noche». También un escuadrón, reforzado por una unidad contracarro, se dirigió al puente de Dinant. Además de vigilar por si aparecían «alemanes disfrazados de yanquis», debían estar alerta frente a los hombres rana enemigos. Las ametralladoras ligeras Bren se encargarían de acribillar a balazos cualquier cosa que se viera flotando en el río.[38] El 3.er Regimiento Real Acorazado, también en Dinant, ayudaba a la policía militar estadounidense a controlar el tráfico y el «lento, pero incesante goteo de soldados estadounidenses rezagados», mientras los puentes eran preparados para su demolición.[39]

Los equipos de reconocimiento Phantom y del SAS ya estaban en posición. Por orden del general De Gaulle, detrás de ellos iban siete batallones franceses bastante mal armados al mando del general de división André Dody, así como siete unidades improvisadas con las tropas de abastecimiento de la COMZ del general Lee. El general Bedell-Smith se sintió muy aliviado al ver el empeño del XXX Grupo de Ejércitos.[40] Más tarde diría que «pensé que todo iría bien si [los alemanes] se dirigían al norte, porque si torcían hacia el sector Lieja-Namur, teníamos las cuatro divisiones veteranas del Cuerpo de Horrocks. Conocíamos a Horrocks y sabíamos que tenía unos hombres muy buenos».[41]

Debido a las graves pérdidas de carros de combate que habían sufrido, los estadounidenses pidieron también reemplazos al XXI Grupo de Ejércitos británico. En total los ingleses les enviarían 350 carros Sherman, junto con la División Acorazada de la Guardia, que llevó consigo la primera remesa de ochenta unidades, de las que habían sido retirados los equipos de radio, pues los estadounidenses utilizaban un sistema distinto.

Mientras se aseguraba la línea del Mosa, la insistencia del SHAEF en fiscalizar las noticias relativas a la ofensiva de las Ardenas fue objeto de duras críticas. Ello se debió en parte al infructuoso intento de ocultar el hecho de que el ataque le había pillado por sorpresa. La revista *Time* no tardó en afirmar que el SHAEF y el XII Grupo de Ejércitos «habían montado una censura más turbia y espesa que la niebla color puré de guisantes que envolvía al gran contraataque alemán».[42] E incluso cuando finalmente se filtraron algunas noticias, «los comunicados llegaban hasta con cuarenta y ocho horas de retraso respecto a los acontecimientos» y eran deliberadamente vagos. Algunos oficiales de alta graduación del SHAEF simplemente consideraban a los periodistas un mal innecesario. Bedell-Smith telefoneó al cuartel general del III Ejército y dijo: «Personalmente me encantaría pegarles un tiro a muchos de ellos».[43]

No solo se quejaban los corresponsales de guerra. Los oficiales británicos de alta graduación adscritos al SHAEF pensaban que aquella política estaba teniendo «unos resultados desastrosos en la moral de la población belga y francesa, si no en la de todos los aliados occidentales ... Está socavando la credibilidad de nuestras propias noticias; está alentando a la gente a escuchar las emisoras alemanas para descubrir la verdad; y la situación está dando pie a una auténtica marea de rumores ... La actual política del SHAEF está llevando al público a convencerse de que se le están ocultando unos desastres muy graves».[44]

En París, mucha gente llegó a convencerse de que el ataque alemán iba directamente contra la capital francesa. Empezaron a circular rumores absurdos. Los comunistas intentaron hacer creer incluso que los estadounidenses estaban tan irritados por el tratado franco-soviético firmado en Moscú por el general De Gaulle a primeros de diciembre, que estaban permitiendo entrar a los alemanes simplemente para asustar a los franceses.

En el *Adlerhorst* Hitler seguía eufórico, aunque el avance de sus fuerzas iba muy por detrás de lo previsto. En Alemania sí que se publicó la noticia del gran contraataque. «La ofensiva invernal en las Ardenas, totalmente inesperada —escribía un oficial del estado mayor del Grupo de Ejércitos del Alto Rin— es el regalo de Navidad más maravilloso para nuestro pueblo. ¡Todavía podemos lograrlo! ... Casi no nos creíamos que estas sextas Navidades de la guerra pudieran ser felices y risueñas.» Por desgracia para los nazis, las ansias desesperadas por creer en algo positivo elevó demasiado las expectativas. Muchos llegaron a convencerse de que Francia sería reconquistada y de que se pondría fin a la guerra.[45]

En algunas mujeres esta ilusión se vio alimentada por las cartas enviadas por sus familiares que estaban participando en la ofensiva. «No puedes imaginarte qué días y qué horas más gloriosas estamos viviendo ahora —decía un marido a su esposa—. Según parece, los estadounidenses no pueden resistir nuestro poderoso embate. Hoy pillamos desprevenida a una columna que huía y acabamos con ella ... Fue un glorioso baño de sangre, de venganza por la destrucción de que está siendo objeto nuestra patria. Nuestros soldados siguen teniendo la misma energía de antaño. Siempre avanzando y aplastándolo todo. La nieve debe teñirse de rojo con la sangre de los estadounidenses. La victoria no ha estado nunca tan cerca como ahora. No tardará en tomarse la decisión. Los arrojaremos al mar, a todos esos monos bocazas del Nuevo Mundo. No entrarán en Alemania. Protegeremos a nuestras mujeres y a nuestros hijos de cualquier dominación enemiga. Si queremos conservar todos los aspectos tiernos y hermosos de nuestra vida, no podemos no ser demasiado brutales en los momentos decisivos de esta lucha.»[46]

Goebbels comentó que tras el anuncio de la ofensiva se consumieron en Berlín todas las raciones de aguardiente destinadas a la Navidad. Pero los berlineses más escépticos, en cambio, no se dejaron impresionar. Con su característico humor negro, bromeaban acerca de la proximidad de unas Navidades no demasiado felices: «Sé práctico. Regala un ataúd». Sus pensamientos se centraban más en la amenaza procedente del este, y en privado muchos rezaban para que los estadounidenses avanzaran con rapidez y llegaran a la capital antes de que lo hiciera el Ejército Rojo.[47]

La noticia de la ofensiva provocó unas reacciones muy distintas entre los generales alemanes que estaban prisioneros en Gran Bretaña. Una conversación grabada en secreto ponía de manifiesto que el *Generalleutnant* Ferdinand Heim, capturado en Boulogne, el *Generaloberst* Ramcke, el veterano paracaidista que había dirigido la defensa de Brest, y el *Standartenführer* Kurt Meyer, anteriormente al mando de la 12.ª División Panzer de las SS *Hitlerjugend,* estaban contentísimos. Heim la llamaba la «Batalla de las Largas Noches». «¡Simplemente seguid avanzando a toda máquina en la noche! —exclamaba—. ¡Simplemente seguid avanzando!»[48]

Panzermeyer estaba de acuerdo. «El viejo principio de la guerra blindada: "¡Adelante, adelante, adelante!" ... Ahí es donde entra en juego la superioridad de los mandos alemanes y especialmente la de los mandos alemanes de graduación inferior.»[49] Sin embargo, como mando de una unidad *panzer,* le preocupaba que los tiradores de reemplazo de los carros de combate carecieran de experiencia suficiente. Se mostraba también receloso de que la ofensiva quizá fuera demasiado ambiciosa y resultara por lo tanto contraproducente, pero Ramcke no dudaba en absoluto. «¡La ofensiva es enorme! —insistía—. El pueblo alemán no puede venirse abajo. ¡Ya verán ustedes cómo perseguimos a los Aliados por toda Francia y los arrojamos al golfo de Vizcaya!»[50]

Otros, en cambio, se mostraron más mordaces. El *General der Panzertruppe* Heinrich Eberbach decía de Hitler: «Este hombre no parará nunca de hacerse ilusiones. Ahora que está a punto de subir al cadalso sigue haciéndose la ilusión de que no van a ahorcarlo».[51] Y el *Generalleutnant* Otto Elfeldt, que había sido capturado en la bolsa de Falaise, recordaba a sus interlocutores: «Hoy es miércoles, y si solo han avanzado cuarenta kilómetros en cinco días, solo puedo decir que esto no es una ofensiva. Una ofensiva de movimientos lentos no tiene nada de bueno porque permite al enemigo traer refuerzos rápidamente».

14

Jueves, 21 de diciembre

El 21 de diciembre por la mañana, el *Kampfgruppe* Peiper se hallaba en una situación desesperada, «acorralado y sin los pertrechos adecuados», como diría su coronel.[1] Peiper recibió un mensaje de la 1.ª División Panzer comunicándole que tenía intención de avanzar por Trois-Ponts para socorrerlo. Pero las exiguas fuerzas de Peiper ni siquiera pudieron retener Stoumont y Cheneux, y las tropas de socorro enviadas no lograron abrirse paso hasta ellas. Enfurecidas, esas mismas fuerzas saquearon el Château de Detilleux, al sur del río Amblève, y destruyeron todo lo que no pudieron llevarse. En Wanne otro grupo de alemanes asesinaron a cinco hombres y a una mujer, bajo el pretexto de que los aldeanos habían mantenido comunicación por radio con la artillería estadounidense. Otro grupo de nueve soldados de las SS requisaron luego las provisiones que había en una casa de Refat y después de comérselas violaron a tres mujeres.[2]

En Stavelot el 21 de diciembre por la mañana, otros cien soldados alemanes intentaron cruzar el río a nado para hacerse con una posición avanzada en su margen derecha, situada al norte. Ochenta de ellos fueron alcanzados todavía en el agua por las balas de los soldados del 117.º Regimiento de Infantería, que se jactaron alegremente de su éxito «cazando patos»; y el resto tuvo que dar la vuelta.[3] La posición de Peiper se tornó todavía más crítica cuando los ingenieros de combate estadounidenses lograron bloquear la ruta que llevaba de Stoumont a La Gleize volando árboles y derribándolos en medio de la calzada y minando la carretera. A Peiper no le quedó más alternativa que retirar la mayoría de las tropas que le quedaban a La Gleize, donde la artillería de la 30.ª División empezó a bombardear la aldea.

La lucha contra el *Kampfgruppe* Peiper se había vuelto feroz. «Cuando vimos a todos esos civiles muertos en Stavelot, los hombres cambiaron de actitud —anotó uno de los soldados—. Querían hacer trizas todo lo que hubiera al otro lado del río. Aquello no era una cólera impersonal, era auténtico odio.»[4] Unos cuantos soldados de las SS fueron capturados vivos. Parece que los oficiales de las Waffen SS intentaron sacar provecho de las noticias relativas a la matanza de Malmédy, con la esperanza de infundir miedo a sus propios hombres para que combatieran hasta el final. Les dijeron que si eran capturados, serían torturados y luego asesinados.

«La captura de prisioneros hasta el momento es pequeña —escribía un oficial del cuartel general del I Ejército—. Nuestras tropas conocen las atrocidades cometidas por el enemigo y saben que ahora es cuestión de vida o muerte, o nosotros o ellos.»[5] Varios oficiales superiores pusieron de manifiesto que aprobaban las muertes perpetradas por afán de venganza. Cuando poco después el general Bradley oyó a alguien decir que los prisioneros de la 12.ª División Panzer de las SS *Hitlerjugend* habían hablado de las numerosas pérdidas sufridas, levantó las cejas con gesto de escepticismo y dijo:

—¿Prisioneros de la 12.ª SS?

—¡Oh, sí, señor! —respondió el oficial—. Necesitábamos tener unos pocos a modo de muestra. Esos son todos los que hemos hecho, señor.

Bradley sonrió.

—Bueno, eso está bien —dijo.[6]

Bradley se animó al ver pasar las tropas de Patton dirigirse hacia el norte para atacar el flanco sur de Manteuffel. El 21 de diciembre, en compañía de los miembros de su estado mayor, salió a la puerta del hotel Alfa de Luxemburgo para contemplar las columnas de vehículos de la 5.ª División de Infantería, «totalmente cubiertos de barro», que estuvieron todo el día pasando por la ciudad.[7] «Los soldados parecían ateridos —escribió Hansen en su diario—, apelotonados en una mancha de color marrón azotada por el viento invernal en los

vehículos sin capota, sentados con rostros pétreos sobre los montones de petates apilados en los camiones que atravesaban la ciudad,
dirigiendo miradas vacías a los civiles que clavaban en ellos la vista
con gesto serio.»

Consciente de la determinación de los alemanes, que estaban dispuestos a cruzar el Mosa a toda costa con sus divisiones Panzer,
Montgomery reconoció que el I Ejército tenía que extender sus líneas
hacia el oeste, más allá de donde la 30.ª División tenía bloqueado al
Kampfgruppe Peiper. El general de división Matthew Ridgway, un
paracaidista alto y de aspecto formidable, que nunca se dejaba ver sin
unas cuantas granadas enganchadas en las dos correas que sujetaban
su arnés a la altura de los hombros, había llegado para ponerse al mando del XVIII Cuerpo Aerotransportado al oeste del río Salm. Al otro
lado, extendiéndose en dirección al Mosa, Montgomery había insistido en poner al joven general de división J. Lawton Collins al mando
del VII Cuerpo. Montgomery lo consideraba uno de los mejores comandantes de cuerpo que tenían los estadounidenses, y también
Hodges lo tenía en alta estima. El cronista del I Ejército señalaba que
«el general Collins está lleno del habitual vigor combativo de los ir-
landeses».[8] Collins iba a tener a su mando a la 3.ª División Acorazada, a la 84.ª División de Infantería y a la 2.ª División Acorazada, las
viejas unidades de Patton llamadas «el Infierno sobre Ruedas».
   Ridgway, que contaba con el apoyo de Kean, el jefe del estado
mayor del I Ejército, y ahora también Collins, sostuvieron que debían avanzar hacia Saint-Vith mientras los defensores continuaran
resistiendo. «Monty pasaría cada dos días por mi puesto de mando
—recordaría Collins—. Y avisaría a Ridgway para que se reuniera
conmigo al mismo tiempo, con el fin de analizar la situación con nosotros ... Yo había llegado a conocer a Monty bastante bien, y de una
forma u otra nos llevábamos bien. Podía discutir con él y discrepar de
sus opiniones sin que se pusiera como una fiera.»[9] Montgomery se
oponía a la idea de que todo un Grupo de Ejércitos atacara Saint-
Vith en parte porque una sola carretera resultaba insuficiente para
prestar apoyo a todo un Grupo de Ejércitos.

—Joe, no puedes dar apoyo a un cuerpo entero por una sola carretera —dijo, recordando sin duda lo ocurrido en la carretera de Arnhem.

—Bueno, Monty, quizá tú no puedas, pero nosotros sí —replicó Collins.

Pero tanto Hasbrouck, al mando de la 7.ª División Acorazada, como Bruce Clarke, de la Agrupación de Combate B, se opusieron tajantemente al plan de socorrer Saint-Vith. Posteriormente pensarían que Montgomery había tenido razón cuando había manifestado su deseo de retirar a sus defensores. Además, a su juicio, Ridgway era innecesariamente temerario y consideraban que, como paracaidista, no entendía el uso de las formaciones acorazadas.[10]

Tras oír el ruido de los carros de combate durante la noche del 20 al 21 de diciembre, los defensores de Saint-Vith habían esperado que se produjera un ataque al amanecer, pero la acometida no se inició hasta última hora de la mañana. Los *Volksgrenadiere* empezaron a poner fuera de combate las posiciones de ametralladoras estadounidenses con granadas y haciendo uso del «temible *Panzerfaust*».[11] Llegaron tan cerca, que los soldados estadounidenses encargados de manejar las ametralladoras tuvieron que abrir fuego «con ráfagas oscilantes», dispersando sus balas en todas direcciones. Los batallones de artillería de Hasbrouck, pese a la escasez de municiones, respondieron a los llamamientos de bombardeo con intervalos de entre dos y cuatro minutos, «abriendo fuego a unos cincuenta metros de nuestros propios hombres».

A las 15.15 los combates cesaron, pero el comandante Boyer sospechó que aquello «no sería más que la calma que precede a la tormenta».[12] Ya no les quedaban reservas. Media hora después, las baterías de *Nebelwerfer* alemanas volvieron a abrir fuego de forma repentina. Los árboles quedaron terriblemente maltrechos. «Se abrieron grietas enormes en los troncos de los árboles que había sobre nuestros pozos de tirador y a nuestro alrededor pudimos oír el crujir de las ramas al partirse en las copas e incluso la voladura de troncos enteros por obra de aquella despiadada granizada de acero que barría y azotaba el bosque. Una y otra vez, sin saber exactamente de dónde venían, oíamos los gritos de angustia de los hombres que habían resultado heridos, pero lo único que podíamos hacer era encogernos en nuestras trincheras apretando la espalda contra el muro delantero, con la esperanza de no recibir un impacto directo. Parecía que nos arrancaban los nervios de cuajo mientras el estrépito del acero estallaba a nuestro alrededor.»[13]

Los alemanes atacaron a través del bosque protegidos por una barrera de fuego. Cuando el bombardeo cesó Boyer gritó:

—¡Levantad la cabeza!

Sus soldados abrieron fuego cuando los enemigos intentaron cruzar por una senda abierta por los leñadores. Un estadounidense provisto de una bazuca logró poner fuera de combate a un cañón de asalto autopropulsado. Y «un carro Panther fue destruido cuando un soldado armado con una bazuca se las apañó para salir de su pozo de tirador; el hombre avanzó a la carrera y apoyando el cañón contra el parachoques del blindado apretó el gatillo. Cuando hubo disparado, se desplomó muerto en el suelo».

Dos Panther empezaron a machacar metódicamente con fuego directo los pozos de tirador, uno tras otro. Uno de los oficiales de Boyer llamó por radio —«en su voz podía sentirse el llanto»— preguntando dónde estaban los cazacarros que debían ocuparse de los Panther. «¡Me cago en Dios! Tienen dos carros pesados aquí encima y están acribillando a mis hombres obligándolos a salir de sus trincheras uno a uno.» Pero en su sector no había ni carros Sherman ni cazacarros. Poco después anocheció. Boyer comunicó que, a su juicio, podían aguantar toda la noche, pero poco después de las siete volvió a empezar la embestida alemana, con *Nebelwerfer* y blindados destruyendo las trincheras una tras otra.

Los ataques alemanes venían por tres direcciones distintas a través de las tres principales carreteras que llegaban a la población por el norte, por el este y por el sureste. Los defensores no tardaron en verse superados. Todas las ametralladoras de las que disponía el batallón de Boyer eran utilizadas por varios equipos. «En cuanto acababan con uno de ellos, era sustituido por otro.» A las 22.00 «los carros alemanes se habían abierto paso hasta el centro de la línea disparando sin cesar y entraban ya en Saint-Vith». De ese modo el 38.º Batallón de Infantería Mecanizada quedó aislado en el extremo sureste del pueblo después de cinco días de combate sin dormir, con poca comida, y muchos casos de congelación. De los 670 hombres del batallón de Boyer quedaban en pie solo 185. Todos los demás habían muerto o habían resultado heridos de gravedad. Empezó a caer una espesa nevada.

El general de brigada Clarke, de la Agrupación de Combate B, dictó la siguiente orden: «Cambio de directrices. Salve los vehículos que pueda; ataque hacia el oeste a través de Saint-Vith. Estamos formando una nueva línea al oeste de la población».[14] Viendo que resultaba imposible cumplir aquellas órdenes, Boyer dijo a sus hombres que escaparan en grupos de cuatro o cinco, llevándose consigo solo sus armas personales. Envió un enlace a la sección de morteros con la orden de destruir los vehículos, pero salvar los morteros y los bípodes. Un sanitario se presentó voluntario para quedarse al cuidado de los heridos. Los hombres, completamente exhaustos, se escabulleron por el bosque en medio de la nieve. Un encargado se ocupaba de guiarlos valiéndose de una brújula, y a cada soldado se le advirtió que se agarrara al equipo del hombre que llevara delante.

Las calles de Saint-Vith estaban atestadas de escombros y vidrios rotos, el matadero estaba ardiendo y las reses corrían espantadas en medio de la vía pública. Durante los intensos bombardeos del día anterior, gran parte de la población civil de la localidad había cogido todas sus pertenencias y había buscado refugio en el monasterio de Sankt-Josef, que tenía unos sótanos provistos de bóvedas bien sólidas. Cuando el bombardeo se hizo especialmente intenso, el padre Goffart decidió reunirse allí abajo con los refugiados. «Se llevó consigo un cáliz y unas hostias y construyó un pequeño altar en uno de los almacenes del sótano.»[15] Cuando se produjo el gran ataque alemán, el lugar estaba tan atestado de gente que no cabía ni un alfiler. Muchos de los que estaban en el sótano eran soldados estadounidenses heridos que habían llegado arrastrándose y habían obligado a los civiles a hacerles un hueco.

Entre los soldados que se retiraron a través de la ciudad estuvo la sección de inteligencia y reconocimiento del 423.º Regimiento de Infantería de la infortunada 106.ª División. «En medio de la oscuridad lo único que podía verse —escribió uno de ellos— eran los contornos de las cosas en la nieve, excepto cuando la deslumbrante luz de las bengalas y de los cañonazos hacía que todo brillara más que si fuera de día.» Los tres últimos Sherman en abandonar Saint-Vith, junto con la sección de inteligencia y reconocimiento, «avanzaron con cautela por otra calle, la Rodterstrasse, que bajaba en dirección al noroeste. A las afueras del pueblo, unos cuantos soldados se montaron en los carros, tumbándose sobre ellos como pudieron, agarrándose a lo primero que encontraron mientras que el resto del grupo flanqueaba los vehículos a pie. Los carros arrancaron en medio de un mortífero fuego cruzado procedente de uno y otro lado del camino, un fuego cruzado marcado por las ametralladoras que disparaban balas trazadoras de color rojo, que nos provocaban un miedo infernal. Por fortuna los alemanes disparaban demasiado alto y las balas trazadoras pasaban en un sentido y en otros varios centímetros por encima de nuestras cabezas. En lo alto de una pequeña colina, aproximadamente a un kilómetro y medio al oeste del pueblo, salimos de la carretera. Los carros tomaron posiciones en el extremo de una pequeña arboleda. Los hombres de la sección de inteligencia y reconocimiento bajaron unos metros por la ladera de la colina situada ante ellos, se dispersaron y se atrincheraron lo mejor que pudieron».[16] La temperatura había bajado notablemente con la nevada.

Ateridos y hambrientos, los alemanes de la 18.ª y de la 62.ª Divisiones *Volksgrenadier* entraron violentamente en el pueblo, buscando desesperadamente refugio y ansiosos por apoderarse de cualquier cosa comestible que pudieran encontrar en las casas y en los depósitos estadounidenses abandonados. Las fuerzas de Hasbrouck se habían replegado a una nueva línea al oeste de Saint-Vith, y ahora les tocaba a los batallones de artillería de campaña estadounidense bombardear a aquella malhadada localidad.

Más al sur, la 116.ª División Panzer del *Generalmajor* Siegfried von Waldenburg tenía orden de abrirse paso al este del río Ourthe hacia Hotton. El día anterior, el grupo *panzer* de Waldenburg había atacado Samrée y Dochamps, mientras que a su derecha, la 560.ª División *Volksgrenadier* tuvo que hacer frente a unos combates más encarnizados. Los carros Panther lograron averiar en la refriega a casi una docena de blindados estadounidenses, pero disponían de tan poco combustible que el 156.º Regimiento *Panzergrenadier*, la artillería y el batallón de reconocimiento tuvieron que detenerse. Encontraron cierto alivio tras la toma de Samrée, donde descubrieron un depósito de combustible en el que había casi cien mil litros de gasolina, hallazgo que Waldenburg calificó de «regalo llovido del cielo». Los prisioneros estadounidenses le dijeron que el depósito había sido saboteado echando azúcar en el combustible, pero el *Generalmajor* aseguró que «se adaptaba perfectamente a los motores alemanes».[17]

«No se veía ni rastro del esperado II Cuerpo Panzer de las SS», se lamentaría Waldenburg, pero en realidad la 2.ª División Panzer de las SS *Das Reich* seguía sus pasos y no se encontraba demasiado lejos. Tras quedar bloqueada cerca de Saint-Vith debido al incesante caos circulatorio reinante en las carreteras, había girado hacia el sur y estaba a punto de emprender el ataque por el norte contra las líneas de la 82.ª División Aerotransportada, pero entonces se vio obligada a detenerse y esperar la llegada de los suministros de combustible. La división *Das Reich* se consumía de impaciencia al tener que soportar aquella nueva dilación. «Se sabe que la 2.ª División Panzer del ejército ha seguido avanzando hacia el oeste sin encontrar mayor oposición por parte del enemigo y que se encuentra ya en las inmediaciones de Dinant. No hay ninguna actividad aérea. La ruta hacia el Mosa está abierta. Pero ¡toda la división permanece durante veinticuatro horas sin posibilidad de moverse debido a la escasez de combustible!»[18] Montgomery había acertado casi con toda seguridad al extender el flanco septentrional hacia el oeste para hacer frente a aquella amenaza, y al rechazar la idea de efectuar un avance hacia Saint-Vith tal como deseaban Ridgway y el I Ejército.

La 116.ª División Panzer atacó Hotton ese mismo día a última hora con el 156.º Regimiento *Panzergrenadier* con apoyo de carros de combate, pero la ofensiva fue rechazada por un batallón del 325.º Regimiento de Infantería de Planeadores de la 82.ª División Aerotransportada, una sección de cazacarros y varios carros de combate de la 3.ª División Acorazada del general Maurice Rose, que acababa de llegar pocas horas antes. El comandante en jefe de la 116.ª División Panzer reconocería que los estadounidenses combatieron muy bien. Su *Kampfgruppe* perdió varios carros de combate y sus hombres quedaron exhaustos. «Poco a poco las tropas empezaron a darse cuenta de que el plan fundamental debía de haber fracasado y de que no iba a ser posible alcanzar victoria alguna. La moral y la eficacia se resintieron.»[19]

La 2.ª División Panzer, mientras tanto, no había podido llegar más que a Champlon, a unos dieciocho kilómetros al sur de Hotton. Había sido detenida en un cruce de carreteras al sureste de Tenneville por una simple compañía del 327.º Regimiento de Infantería de Planeadores, y Lüttwitz pretendería luego acusar de cobardía al comandante de la división, el *Oberst* Meinrad von Lauchert. Además de la demora causada por los combates en Noville, la llegada con retraso de los suministros de combustible había obligado a la división a detenerse de nuevo. Algunas de sus unidades acababan de pasar al norte de Bastogne.[20]

Una vez que cesaron los combates, la población civil de Bourcy y Noville salió de sus refugios subterráneos. A su alrededor no había más que destrucción; se sentía el olor del humo húmedo, se veían ladrillos carbonizados, hierro chamuscado y la carne achicharrada de las reses muertas como consecuencia de los bombardeos. Pero incluso el alivio causado por el cese de las explosiones fue demasiado breve. Los habitantes del pueblo se vieron rodeados de repente por uno de los grupos del *Sicherheitsdienst* (servicio de seguridad) de las SS. Enseguida dieron comienzo unos interrogatorios brutales con el fin de identificar a los miembros de la resistencia belga y a cualquier persona que hubiera acogido con entusiasmo la llegada de los estadounidenses en septiembre. Los esbirros de las SS llevaban consigo fotografías de periódico del acontecimiento. En Bourcy un hombre, tras sufrir una brutal paliza, fue sacado al exterior y asesinado a martillazos. Los alemanes habían encontrado en su sótano una bandera estadounidense de fabricación casera. El servicio de seguridad se trasladó entonces a Noville, donde sus integrantes asesinaron a siete hombres, entre ellos al cura del pueblo, el padre Delvaux, y al maestro de la escuela.

Patton había hecho verdaderos milagros reagrupando con tanta rapidez a su III Ejército, pero no se mostró demasiado entusiasmado con la idea de tener que concentrarse en socorrer Bastogne. Habría preferido con mucho dirigirse a Saint-Vith para cortar la retirada a los alemanes y dejarlos incomunicados. Era además reacio a esperar a contar con unas fuerzas más numerosas, como le había ordenado Eisenhower. «A Ike y a Bull [el general de división que ostentaba el cargo de G-3 del SHAEF] les da canguelo que mi ataque se produzca demasiado pronto y que sea demasiado poco contundente —escribió ese día en su diario—. Tengo todo lo que necesito. Si espero, perderé el efecto sorpresa.»[21] Patton, al que nunca podría reprochársele un exceso de humildad, decía ese mismo día en una carta a su esposa: «Deberíamos meternos en territorio enemigo hasta el fondo y cortar sus líneas de aprovisionamiento. El destino vino a buscarme precipitadamente cuando las cosas se pusieron mal. Quizá Dios había reservado todo esto para mí». Pero la soberbia de Patton le causaría más de un quebradero de cabeza durante los días sucesivos, cuando descubriera que el avance hacia Bastogne resultaba mucho más duro de lo que se había imaginado.

El batallón de reconocimiento al mando del comandante Kunkel y el 39.º Regimiento de Fusileros de la 26.ª División *Volksgrenadier* de Kokott estaban ya tomando las aldeas situadas a lo largo del perímetro meridional de Bastogne. Tras ellos venía el primer *Kampfgruppe* de la *Panzer Lehr*. El general Cota, al mando de la 28.ª División, que había establecido su cuartel general en Sibret, a casi siete kilómetros al suroeste de Bastogne, intentó organizar su defensa con unas fuerzas improvisadas con soldados rezagados que habían perdido a sus unidades. Pero la defensa fracasó ante el vigor de los ataques y Cota tuvo que replegarse deprisa y corriendo. Kokott, que efectuó una visita al sector, vio a los rezagados de la 28.ª División y pensó que procedían de la guarnición de Bastogne.[22] Un belga con el que habló en Sibret le aseguró que la defensa de Bastogne estaba desmoronándose. Las esperanzas de Kokott se renovaron; el general llegó incluso a pensar que al final el optimismo de Lüttwitz quizá estuviera justificado.

El *Kampfgruppe* de Kunkel arremetió hacia el norte, provocando una alarma considerable en el cuartel general de McAuliffe, pues la artillería del VIII Grupo de Ejércitos, con base en Senonchamps y sus alrededores, era vulnerable. Los soldados de un batallón de artillería de campaña fueron presa del pánico y salieron huyendo; pero llegó justo a tiempo una fuerza improvisada con toda rapidez, con apoyo de una batería antiaérea de semiorugas provistos de ametralladoras cuádruples de calibre 0.50. Las «picadoras de carne» hicieron su cruenta labor y el ataque de Kunkel se vino abajo.

Las tropas alemanas hambrientas tomaron las granjas y las aldeas, felices de encontrar refugio donde guarecerse ahora que la temperatura había bajado de forma tan abrupta. Mataron cerdos y vacas, requisaron las provisiones que guardaban las familias y se pusieron locas de contento al descubrir diversos almacenes estadounidenses abandonados con pertrechos y raciones de comida. Trataron a los aldeanos belgas con el mismo recelo con el que los habían tratado muchos de los soldados estadounidenses sitiados.

Más al sur, la 5.ª División *Fallschirmjäger* había llegado a la carretera que iba de Bastogne a Arlon, dispuesta a frenar el avance de Patton. El resto de las divisiones alemanas tenía muy poca confianza en su capacidad de detener un contraataque importante.

La lucha por aplastar la incursión alemana a lo largo de la vía del ferrocarril de Bastogne entre Bizôry y Foy continuó en medio de la niebla. Varias secciones de paracaidistas avanzaron cautelosamente a través de los pinares, poblados de densas hileras de árboles sin maleza a su alrededor. «Era como una sala enorme con un techo verde sostenido por innumerables columnas marrones», decía el comandante Robert Harwick, al mando del 1.ᵉʳ Batallón del 506.º Regimiento, que había logrado escapar de Noville el día antes. Se detenían en cada cortafuego o sendero de leñadores que encontraban, para observar lo que había a su alrededor antes de cruzarlo. Las órdenes se daban en voz baja o haciendo señales con las manos. De vez en cuando estallaban en las copas de los árboles proyectiles lanzados por los cañones alemanes.[23]

Las posiciones alemanas estaban bien camufladas, de modo que los paracaidistas no tenían ni idea de por dónde venían los tiros cuando los disparaban. Una vez localizados los pozos de tirador enemigos, los hombres, formando una amplia escaramuza, empezaban a marchar corriendo de trecho en trecho, mientras que otros compañeros los cubrían en el clásico movimiento de «fuego y maniobra». Atacados en dos direcciones, algunos *Volksgrenadiere* fueron presa del pánico. Muchos salieron huyendo directamente a los brazos de los hombres de Harwick y se rindieron. «Dos prisioneros echaron a correr detrás de nosotros —escribe Harwick—. Estaban terriblemente asustados y no paraban de agachar la cabeza al oír las balas que silbaban y zumbaban a su alrededor. Por último se oyó una ráfaga cercana y se metieron en una trinchera. El soldado encargado de vigilarlos no quiso correr riesgos y arrojó una granada tras ellos. Se acercó a la trinchera, disparó cuatro tiros con su fusil y regresó a su puesto de combate en primera línea ... La lucha no fue muy larga, pero sí muy dura. Fue muy penosa, como suelen serlo todos los combates cuerpo a cuerpo. Había un herido cerca del lugar hasta el que yo había llegado. Me acerqué a rastras hasta él. Necesitaba ayuda con urgencia. Junto a él había un sanitario, todavía con una venda en la mano, pero una bala le había atravesado la cabeza.»[24]

Los hombres de Harwick llegaron trayendo más prisioneros una vez que acabaron de verdad los combates. «Uno de ellos, aterrorizado, no paraba de arrodillarse y de farfullar en alemán, girando los ojos de un lado a otro. Decía una y otra vez en inglés: "¡No me disparéis!". Finalmente cayó al suelo sollozando y cuando lo levantamos se puso a gritar. El resto tenía una actitud intermedia entre la de este hombre y la altiva frialdad de su teniente, que se mostró tan altanero que no sé cómo ni dónde recibió un buen puñetazo en la nariz.» Los prisioneros fueron obligados a transportar a los estadounidenses heridos al puesto de socorro más cercano.[25]

Bastogne propiamente dicha estaba relativamente bien abastecida de comida y había un abundante suministro de harina, pero en cambio escaseaban las raciones para la primera línea. Las raciones K llevadas para los primeros tres días no tardaron en agotarse, de modo que los soldados se vieron obligados a sobrevivir a base de tortas y bizcochos.

La principal preocupación de McAuliffe era la escasez de munición de artillería, especialmente de proyectiles de 105 mm para los obuses de cañón corto de la artillería de campaña de la 101.ª División Aerotransportada. Las reservas de combustible eran otra preocupación de primer orden. Los cazacarros y los carros Sherman consumían una cantidad enorme de gasolina y eran esenciales para la defensa. Pero desde la pérdida del hospital de campaña, el número cada vez mayor de los heridos y la escasez de médicos obsesionaba a todo el mundo. Las nubes bajas y el cielo cubierto hacían que los lanzamientos desde el aire quedaran excluidos. Como Patton y Bradley en Luxemburgo, y de hecho como todos los mandos y todos los soldados estadounidenses desplegados en las Ardenas, el personal médico rezaba para que las condiciones atmosféricas permitieran a los aviones levantar el vuelo.

La artillería alemana empezó a concentrarse ese día en la propia localidad de Bastogne. Su puntería dio lugar a que la policía militar estadounidense abrigara sospechas injustificadas de que entre los refugiados y la población civil había quintacolumnistas que dirigían el fuego de la artillería enemiga. El pueblo era un objetivo fácil, y la gente que se había refugiado en los sótanos del Institut Notre Dame sentía temblar la tierra bajo sus pies. Un proyectil cayó en un pequeño depósito de municiones provocando una explosión enorme. McAuliffe tuvo que trasladar su cuartel general al sótano. Se había unido a él el coronel Roberts, quien, tras dirigir de manera independiente las operaciones de la agrupación de combate de su 10.ª División Acorazada, se encontraba ahora a las órdenes de McAuliffe. Los dos hombres trabajaron bien juntos, y la experiencia de McAuliffe como artillero resultaría sumamente útil en una defensa que iba a depender tanto de esa arma.

Como la 26.ª División *Volksgrenadier* iba a quedarse sola para tomar Bastogne junto con un simple *Kampfgruppe* de la *Panzer Lehr*, el comandante en jefe del LXVII Cuerpo Panzer, Lüttwitz, ordenó al general Bayerlein que enviara a un negociador a exigir la rendición de la plaza para evitar su aniquilación total. Lüttwitz había recibido órdenes estrictas del cuartel general del *Führer* de no distraer más tropas para la captura de Bastogne, de modo que su exigencia de rendición, que sería presentada al día siguiente, no era más que un farol.[26]

El perímetro defensivo en torno a Bastogne era muy poroso, por no decir algo peor, como había demostrado la incursión por la línea del ferrocarril. La oscuridad reinante durante las largas horas nocturnas y la mala visibilidad durante el día hacían que a los alemanes les resultara fácil infiltrarse en pequeños grupos y que pudieran cortar una carretera por detrás de las posiciones avanzadas, con el propósito de provocar la retirada. Siempre que ocurría algo parecido, eran enviadas secciones de reserva a encargarse de los infiltrados, de modo que se producían frecuentes «cacerías de ratas» en los bosques encharcados cada vez que había que mandar una patrulla en búsqueda de supervivientes. La densa niebla hacía también que, al regresar, esas mismas patrullas fueran disparadas por sus propios camaradas y que soldados de uno y otro bando se metieran por error en territorio ocupado por el enemigo. El capitán Richard Winters, oficial ejecutivo del 2.º Batallón del 506.º Regimiento cerca de Foy, vio incluso a un soldado alemán con los pantalones bajados haciendo sus necesidades detrás de su puesto de mando. «Cuando acabó, grité en mi mejor alemán: "Kommen Sie hier!" ("¡Venga usted aquí!"), cosa que hizo el hombre. Todo lo que el desgraciado llevaba en sus bolsillos eran unas cuantas fotografías, baratijas y un coscurro de pan negro, que estaba durísimo.»[27]

Las únicas reservas que se habían mantenido en Bastogne para caso de emergencia era un batallón de unos seiscientos hombres, organizado de forma improvisada, que era llamado «Equipo SNAFU» (sigla correspondiente a las iniciales de la frase: Situation Normal All Fucked Up, esto es, «Situación Normal. Todos Jodidos»). Habían sido enrolados en él soldados de la 28.ª División de Infantería que habían perdido el contacto con su unidad y supervivientes de la destrucción sufrida por la Agrupación de Combate de la 9.ª División Acorazada al este de Bastogne, así como muchos hombres aquejados de fatiga de combate en primera línea. Una ventaja del asedio era que, usando las líneas interiores, los defensores podían reforzar rápidamente cualquier sector que se viera amenazado a través de las carreteras que salían de Bastogne. Mientras tanto, el Equipo SNAFU era utilizado para integrar los controles de carretera colocados en las cercanías del pueblo y para proveer de reemplazos que sustituyeran a las bajas sufridas por las unidades de primera línea.

Aquella noche empezó a nevar de nuevo, y sobre la nieve se formó una espesa capa de hielo. El mal tiempo supuso en varios sentidos una auténtica bendición para las fuerzas de Hasbrouck que resistían al oeste de Saint-Vith y para la 101.ª División Aerotransportada en Bastogne.

15

Viernes, 22 de diciembre

Al oeste de Saint-Vith una fuerte nevada habría podido permitir la retirada de las fuerzas desplegadas de Hasbrouck, que, sin embargo, no habían recibido permiso para replegarse. El general Ridgway seguía queriendo que resistieran en la zona situada entre Saint-Vith y el río Salm.

A primera hora de aquella mañana, la *Führerbegleitbrigade* de Remer lanzó un ataque contra una pequeña localidad, Rodt. Situado a unos cuatro kilómetros al oeste de Saint-Vith, este pueblecito estaba defendido por tropas auxiliares estadounidenses —conductores, cocineros y personal de comunicaciones—, y a última hora de la mañana, la fuerza de Remer, perfectamente pertrechada, había despejado la zona.

Algunos hombres de Hasbrouck seguían aislados en el noreste de Saint-Vith, y no se habían enterado de la orden de retirada general. A las 04.00, una compañía de infantería mecanizada recibió un mensaje por radio transmitido por el 275.º de Artillería de Campaña. «Sus órdenes son: Vayan al oeste. Vayan al oeste. Vayan al oeste.»[1] El comandante de la compañía ordenó a sus secciones regresar de los puestos avanzados de una en una, formando una fila con «cada uno de los hombres agarrando firmemente el cinturón o las cintas del petate del hombre que le precediera». La visibilidad era prácticamente nula en medio de aquella nevisca. Las unidades utilizaron una brújula para dirigirse hacia el oeste. En su camino, mientras trataba de avanzar fatigosamente sobre la nieve, la compañía se separó, y casi todos sus hombres murieron o fueron hechos prisioneros. Los que lograron escapar ocultándose en el bosque, por pequeños desfiladeros o subiendo por escarpadas colinas, lograron al final alcanzar la línea formada por los carros ligeros y los vehículos blindados que constituían la retaguardia de la 7.ª División Acorazada.

Los exhaustos hombres de la sección de inteligencia y reconocimiento de la 106.ª División, que habían escapado de Saint-Vith con tres carros Sherman, se despertaron antes del amanecer por el ruido de los motores de los carros de combate. Las tripulaciones de los blindados habían recibido la orden de retirarse, pero se habían olvidado de advertir a la sección que los había estado protegiendo. «A rastras, salimos sigilosamente de nuestras trincheras improvisadas y nos reunimos en el límite de un bosque. Algunos muchachos necesitaron ayuda para mantenerse en pie, pues les dolía cuando trataban de caminar. Nuestras piernas habían quedado rígidas después de aquella larga noche, y nuestros pies, prácticamente congelados, estaban aún más hinchados tras haber tomado nuestras posiciones defensivas.»[2]

Los carros atrajeron el fuego de los alemanes cuando llegaron a la carretera de Vielsalm, lo que puso de manifiesto que el enemigo había avanzado más que ellos. «Así pues, otra vez en medio del viento gélido y la nieve, empezamos a dirigirnos cautelosamente hacia el suroeste a través del bosque.» Podía oírse el estruendo de los disparos procedente de Rodt que estaba siendo atacado por la *Führerbegleitbrigade*. De modo que, «aprovechando los matorrales y la niebla omnipresente, nos abrimos camino hacia el suroeste por diversos senderos hasta llegar a la pequeña localidad de Neundorf. Al acercarnos a esta aldea por un puentecito dimos con un grupo de casas de campo colindante con el pueblo».

«Cuando cruzamos ese puente —contaría otro hombre— fuimos recibidos por un gran número de belgas: hombres, mujeres y niños. Les conté quiénes éramos y lo que había ocurrido en Saint-Vith. Nunca olvidaré, mientras viva, el comportamiento de esas personas. Allí estaban, frente a los ejércitos alemanes en avance y en medio del ejército estadounidense en huida. ¿Y qué hicieron? Rápidamente nos dividieron en pequeños grupos y nos llevaron a sus casas. El grupo en el que me encontraba fue conducido al hogar de una maravillosa señora belga.

No sé cómo diablos se las ingenió, pero lo cierto es que en cuestión de minutos dispuso una mesa larga llena de comida. Había una gran cacerola con carne estofada, dos enormes jarras de leche, patatas hervidas y hogazas de pan caliente. Cualquiera puede imaginar lo que ocurrió a continuación. Nos dimos un verdadero atracón. La chimenea estaba encendida, y al poco tiempo Irish (el soldado de primera John P. Sheehan) estaba durmiendo en una mecedora al calor del fuego. Apenas habíamos acabado de comer cuando oímos el sonido de ametralladoras alemanas a poca distancia de nosotros. Mientras nos apresurábamos para salir de allí, sacamos de nuestros bolsillos todo el dinero que habíamos conseguido reunir y lo dejamos en medio de la mesa. Era lo mínimo que podíamos hacer por esa gente tan estupenda.»[3]

El avance de la *Führerbegleitbrigade* había dividido la fuerza de Hasbrouck en dos, de modo que este se vio obligado a retirarse aún más para no quedar rodeado. Hasbrouck estaba furioso con Ridgway y el cuartel general de su XVIII Cuerpo Aerotransportado, que quería que formara una defensa «en círculo» al este del río Salm. Hasbrouck estaba muy preocupado por su flanco sur, porque durante la noche se había enterado de que su fuerza operativa del flanco derecho había capturado a un oficial alemán de la 2.ª División Panzer de las SS *Das Reich*. Si esta unidad alemana estaba dirigiéndose a Gouvy, como decía el prisionero, la débil fuerza que defendía esa localidad difícilmente lograría salvarse. Más tarde, aquella mañana del 22 de diciembre, en los alrededores de Recht fue identificado un nuevo contingente alemán como parte de la 9.ª División Panzer de las SS *Hohenstaufen*. Si en verdad estaba dirigiéndose hacia el río Salm, como parecía, amenazaba con cortar la línea de retirada de la Agrupación de Combate A de la 7.ª División Acorazada, cuyo comandante, el coronel Rosebaum, supo reaccionar con prontitud, pues ordenó que sus carros de combate dejaran de presentar batalla a la *Führerbegleitbrigade* para concentrar todas sus fuerzas en las inmediaciones de Poteau con el objetivo de cortar el paso a la División *Hohenstaufen*.

Aquella mañana uno de los oficiales de enlace británicos de Montgomery se presentó en el puesto de mando de Hasbrouck en Commanster, localidad situada a unos doce kilómetros al suroeste de Saint-Vith. El inglés preguntó al general estadounidense cuál era su idea de lo que debía hacerse. Hasbrouck replicó que si un mando superior consideraba esencial mantener una defensa en círculo, entonces estaba dispuesto a resistir todo lo posible, pero que pensaba que era preferible una retirada porque los bosques y la falta de carreteras hacían que aquel terreno fuera prácticamente imposible de defender. Su opinión fue comunicada a Montgomery.

A continuación, Hasbrouck envió una valoración detallada de su posición a Ridgway. La artillería alemana no tardaría en poder abrir fuego contra ellos desde todos los flancos, y la línea de suministros de sus tropas por Vielsalm estaba en peligro debido al rápido avance de la división de las SS *Das Reich*. Hasbrouck sostenía que el remanente de sus fuerzas sería más útil en una operación de refuerzo de la 82.ª Aerotransportada para plantar cara a la *Das Reich*. Las pérdidas, especialmente de la infantería, habían sido tan cuantiosas que dudaba que esta fuera capaz de resistir otro ataque general. Y añadía la siguiente posdata: «Estoy utilizando mis últimos cartuchos para detener [a los alemanes] ... En mi opinión, si no salimos de aquí y nos colocamos al norte de la 82.ª antes de que anochezca, nos vamos a quedar sin la 7.ª División Acorazada».[4]

Ridgway seguía oponiéndose a los argumentos en defensa de una retirada, pero Montgomery le desautorizó a media tarde durante una visita al cuartel general del I Ejército. Envió el siguiente mensaje a Hasbrouck: «Ha cumplido su misión, una misión perfectamente ejecutada. Ha llegado la hora de emprender una retirada».[5] Efectivamente, la misión había sido ejecutada a la perfección. La fuerza heterogénea de Hasbrouck había logrado retrasar casi una semana el avance del V Ejército Panzer.

Por fortuna para los estadounidenses, la estampida de los alemanes hacia Saint-Vith había provocado una gran congestión en las carreteras. Muchos de sus vehículos eran *jeeps* y camiones estadounidenses capturados en el Schnee Eifel, y sus nuevos propietarios se negaban a abandonarlos. La *Feldgendarmerie* perdió el control, y el *Generalfeldmarschall* Model, hecho una furia, se vio obligado a bajar de su automóvil y dirigirse a pie hacia el pueblo en ruinas que tanto les había costado conquistar. Debido al caos reinante en el cruce de las carreteras principales, a los comandantes alemanes les llevaría un tiempo volver a desplegar sus fuerzas. Este pequeño respiro permitió que el general de brigada Clarke pudiera retirar su Agrupación de Combate B a una nueva línea. Pero entonces ocurrió un milagro aún más grande. Aquella mañana, en un momento en el que la artillería de Hasbrouck se había quedado sin municiones, llegaron inesperadamente por tortuosas carreteras secundarias noventa camiones cargados con cinco mil proyectiles para los obuses de 105 mm.

La sección de inteligencia y reconocimiento se unió al 424.º de Infantería, el único regimiento de la 106.ª División que logró escapar, formando el flanco derecho de la fuerza de Hasbrouck. Fue entonces cuando estos hombres se enteraron de la matanza ocurrida en las inmediaciones de Malmédy. «Las tropas del frente juraron que en su sector no se harían prisioneros —escribiría uno de ellos—. Dos de la sección, que actuaban de enlace con una de las compañías, estaban visitando las trincheras de primera línea de una de las secciones de fusileros. A unos cincuenta metros, al otro lado de un claro del bosque, apareció una bandera blanca, por lo cual un sargento se puso en pie y ordenó a los alemanes que avanzaran. De la espesura del bosque salieron unos veinte hombres. Cuando estuvieron más cerca de la línea, el sargento dio la orden de abrir fuego. No se hacían prisioneros.»[6]

Únicamente podían avanzar los soldados alemanes que habían sorteado Saint-Vith. Aquel día, a última hora de la tarde, la infantería y los carros de combate alemanes lanzaron un ataque a lo largo de la línea ferroviaria de Crombach. Los combates por Crombach fueron intensos. En apenas veinte minutos, una compañía disparó seiscientos proyectiles con sus morteros de 81 mm y «rompió las placas de montaje que estaban soldadas al suelo del semioruga».[7] Las tripulaciones de los blindados alemanes recurrían al truco de disparar resplandecientes bengalas para cegar a los artilleros estadounidenses y así ser los primeros en abrir fuego real con un efecto verdaderamente devastador.

Como había pronosticado Hasbrouck, casi toda la división empezaba a sufrir ya las consecuencias del intenso fuego enemigo. Se dio la orden de retirada, y la artillería comenzó a abandonar sus posiciones a medianoche. El frío era cada vez más gélido. Para alegría, e incredulidad, del general Clarke, el terreno adquirió por fin suficiente solidez no solo para atravesar los campos, sino también para recorrer los enfangados senderos del bosque. Se trataba de un factor esencial si se quería trasladar los diversos componentes a la franja de tres kilómetros que separaba Vielsalm y Salmchâteau de los dos puentes que cruzaban el río. Pero los ataques alemanes durante la noche impedían que las dos agrupaciones de combate salieran de allí aprovechando la oscuridad. El meticuloso plan de retirada se llevó a cabo sin ninguna sincronización, pero a pesar de las numerosas escaramuzas que se produjeron en la retaguardia, el grueso de las fuerzas en retirada consiguió cruzar el río Salm el 23 de diciembre.[8]

Un superviviente de una compañía de infantería, que logró escapar con el 17.º Batallón Acorazado, contaría cómo tras diversos tiroteos, alcanzaron por fin las líneas de la 82.ª Aerotransportada. Un paracaidista, que estaba cavando una trinchera, dejó la pala y exclamó: «¿De qué diablos estáis huyendo, muchachos? Llevamos dos días aquí, y no he visto aún a ningún alemán». El soldado de infantería, completamente exhausto, replicó: «Quédate ahí donde estás, tío. En muy poco tiempo ni siquiera tendrás que mirar para verlos».[9]

Por el lado sur de los montes de Elsenborn, la 12.ª División Panzer de las SS *Hitlerjugend* intentó abrirse paso de nuevo en Bütgenbach con la ayuda de sus carros de combate. Los defensores estadounidenses reunieron a los habitantes del lugar, les proporcionaron alimentos y los escondieron en los sótanos del convento. En las casas de los aledaños del pueblo, las mujeres y los niños se ocultaban en los sótanos mientras los edificios que se erigían sobre ellos se convertían en objeto de disputa de los dos bandos: los conquistaban, los perdían y volvían a conquistarlos. Los equipos de bazucas se encargaron de cortar el paso a los carros de combate que habían entrado en la localidad. Luego los cazabombarderos estadounidenses atacaron el pueblo. Una explosión lanzó una vaca hasta lo alto del tejado de una granja. Cuando cesaron los combates, los cadáveres de veintiún civiles ya habían sido amortajados, listos para ser enterrados en cuanto se pudiera. En su mayoría eran ancianos y discapacitados que vivían en un asilo.[10]

Este fue el último intento importante de acabar con la resistencia estadounidense en los montes de Elsenborn. La 12.ª División Panzer de las SS *Hitlerjugend* recibió la orden de replegarse y reorganizarse antes de ser enviada más al sur para unirse al V Ejército Panzer. El V Cuerpo de Gerow había impedido el avance del VI Ejército Panzer.

En las primeras horas de la mañana del 22 de diciembre, un grupo de aviones de transporte alemanes Junker 52 lanzaron combustible, raciones de comida y munición para el *Kampfgruppe* Peiper, pero solo pudo recuperarse una décima parte de estas provisiones en la restringida zona de lanzamiento. La Luftwaffe se negó a la petición del VI Ejército Panzer de efectuar más misiones similares. Los intentos de la 1.ª División Panzer de las SS de avanzar para apoyar y suministrar provisiones a Peiper fueron frustrados en Trois-Ponts por un regimiento de la 82.ª Aerotransportada que defendía la línea del río Salm muy cerca de su confluencia con el Amblève. El general Ridgway sabía que tenía que eliminar cuanto antes al *Kampfgruppe* de Peiper, que en aquellos momentos se encontraba en una bolsa en La Gleize y Stoumont, para poder desplegar de nuevo la 30.ª División y la 3.ª División Acorazada. Al oeste, la amenaza era cada vez mayor, con el avance a Hotton de la 116.ª División Panzer y, a su izquierda, el de la 2.ª División Panzer.

Ridgway había abrigado la esperanza de que aquel día amaneciera claro y sereno, sobre todo después de las gélidas temperaturas de la noche anterior, pero no tardó en enterarse de que no llegaría avión alguno para apoyarlos. Al menos Stoumont había sido por fin despejado por la infantería de la 30.ª División con la ayuda de carros Sherman. Los alemanes se replegaron, dejando atrás heridos de los tres batallones del 2.º Regimiento *Panzergrenadier*.[11] Pero al oeste de Stavelot una compañía *Panzergrenadier* consiguió infiltrarse, bloqueó la carretera y capturó un centro de asistencia hospitalaria estadounidense, que al día siguiente pudo ser liberado gracias a la acción de los ingenieros de combate y los carros de combate.

Peiper se dio cuenta de que su situación era «muy grave». Hubo combates casa por casa en La Gleize, donde algunos edificios fueron pasto de las llamas debido a la acción de la artillería estadounidense que disparaba bombas de fósforo. Peiper afirmaría que la iglesia de

La Gleize, «claramente marcada con una cruz roja», había sido objetivo de los blindados y la artillería de Estados Unidos. Sus hombres, muchos de ellos adolescentes, estaban agotados y hambrientos. En su mayoría, vestían prendas militares estadounidenses tomadas de los muertos y los prisioneros porque sus uniformes estaban hechos jirones. Como habían fracasado todos los intentos de avanzar llevados a cabo por las fuerzas de apoyo de su división, Peiper decidió aquella noche que su *Kampfgruppe* tendría que arreglárselas solo para salir de allí.

Mientras la moral de Peiper se hundía, en el extremo sur de Bastogne el *Generalmajor* Kokott empezaba a sentirse cada vez más optimista: el puesto de mando de su 26.º Regimiento *Volksgrenadier* acababa de recibir noticias que hablaban del rápido avance de las divisiones *panzer* en dirección al Mosa. También comenzaba a pensar que tal vez el cuartel general del cuerpo de Lüttwitz estuviera evidentemente bien informado del estado en el que se encontraban los defensores estadounidenses de Bastogne, pues, de no ser así, no habría mandado solo «una única división»[12] a rodear y capturar el pueblo. Lüttwitz, que la noche anterior había recibido la visita del *General der Panzertruppen* Brandenberger, se había convencido de que la 5.ª División *Fallschirmjäger* podía resistir en el flanco sur el avance hacia el norte de Patton desde Arlon.

Con unas condiciones climatológicas verdaderamente adversas, en medio de una gran nevada y con el terreno congelado, Kokott lanzó un ataque concéntrico. Su 39.º Regimiento avanzó hacia el oeste, en dirección a Mande-Saint-Étienne, mientras su batallón de reconocimiento, el *Kampfgruppe* Kunkel, combatía en los alrededores de Senonchamps y Villeroux, localidades situadas al suroeste de Bastogne. «A lo largo del [día] —contaría Kokott— llegaron noticias del [cuartel general del] Cuerpo para informar que el comandante al mando de las fuerzas de Bastogne había declinado la oferta de rendición de manera notablemente concisa.»[13]

Cuando unos soldados del 327.º de Infantería de Planeadores vieron acercarse a cuatro alemanes portando una bandera blanca, creyeron que querían rendirse. Un oficial alemán que hablaba inglés anunció que, en virtud de las convenciones de Ginebra y La Haya, tenían el derecho de presentar un ultimátum. Ellos mismos prepararon unas vendas para que les cubrieran los ojos, tras lo cual fueron conducidos al puesto de mando de la compañía. Su carta fue enviada al cuartel general de la división. El general de brigada McAuliffe, que había pasado la noche en vela, estaba echando un sueñecito en el sótano. El jefe del estado mayor en funciones lo despertó y le dijo que los alemanes habían mandado unos emisarios solicitando que los defensores de Bastogne capitularan, pues de lo contrario serían aniquilados por el fuego de la artillería. McAuliffe, medio dormido aún, murmuró: «¡Chiflados!». Mientras se dudaba qué respuesta convenía dar, un miembro del estado mayor de la 101.ª sugirió que McAuliffe debía utilizar la misma contestación con la que había sorprendido al jefe del estado mayor. Así pues, el mensaje volvió al «comandante alemán» sin identificar, que no era otro que Lüttwitz, con esa única palabra. Manteuffel se puso hecho una furia con Lüttwitz cuando se enteró de lo del ultimátum, que calificó de estúpido farol, pues los alemanes simplemente carecían de la munición de artillería necesaria para cumplir su amenaza. McAuliffe, por su parte, no podía estar seguro de que se tratara de un farol.

El cambio meteorológico supuso que el color de los uniformes contrastara visiblemente con el blanco de la nieve. En Bastogne y en los pueblos de sus aledaños, los oficiales estadounidenses pidieron a los alcaldes que les proporcionaran sábanas para utilizarlas a modo de camuflaje. En Hemroulle, el burgomaestre fue directamente a la iglesia y empezó a tañer la campana. Los aldeanos acudieron de inmediato, y les dijo que trajeran sus sábanas porque los soldados estadounidenses las necesitaban. Se reunieron unas doscientas. Los paracaidistas comenzaron a cortarlas en pedazos con los que cubrir los cascos, o en tiras para envolver el cañón de los fusiles y las ametralladoras. Los que las utilizaron a modo de poncho para salir a patrullar enseguida comprobaron que las sábanas se empapaban y se congelaban, lo cual las hacía crujir con el menor movimiento. Otros soldados recorrieron Bastogne y los pueblos de sus alrededores en busca de botes de cal con la que camuflar sus vehículos y carros de combate.

En sus trincheras alrededor de Bastogne, los paracaidistas de la 101.ª, pobremente equipados, lo pasaban muy mal debido a las gélidas temperaturas, sobre todo porque sus botas y, en consecuencia, sus pies, estaban constantemente empapados. En Bastogne, unos soldados descubrieron una tienda en la que había alrededor de dos mil sacos de arpillera, los cuales, junto con otros más, fueron distribuidos rápidamente entre los efectivos para que se envolvieran con ellos los pies. No obstante, las bajas por pie de trinchera y por congelación no tardarían en aumentar de forma alarmante.

A pesar de las penosas condiciones en las que se encontraban, los paracaidistas supieron sorprender a los alemanes, demostrando un gran vigor en los ataques llevados a cabo durante aquel día. Los germanos habían empezado atacando el sector de Mande-Saint-Étienne al amanecer. En el curso de esos combates, una familia de refugiados buscó cobijo junto con otros compatriotas en la última casa del pueblo. Los dos hermanos propietarios de la finca ordeñaron las vacas y llevaron cubos de leche al establo anexo para que sus huéspedes pudieran beberla. De repente, la puerta se abrió de un golpe, y entraron dos soldados alemanes empuñando subfusiles Schmeisser MP-40. Los refugiados se apiñaron junto a una pared porque los dos hombres parecían ebrios. Mientras uno de los alemanes apuntaba con su arma a los civiles, el otro se dedicó a patear los cubos de leche, abrió la bragueta de sus pantalones y empezó a orinar en todos los baldes. A ambos les pareció una ocurrencia muy graciosa.[14]

La 26.ª División *Volksgrenadier* perdió alrededor de cuatrocientos hombres durante los ataques de ese día, y desde el batallón de suministros de la división y del regimiento de artillería hubo que enviarle reemplazos que actuarían como soldados de infantería para compensar el elevado número de bajas. Debido a la dureza de los contraataques, el *Generalmajor* Kokott creyó incluso que los defensores estaban a punto de poner en marcha una acción para romper las líneas alemanas. Sus hombres habían oído de los refugiados civiles que abandonaban Bastogne que había mucho ajetreo en el pueblo y que estaban cargándose un gran número de vehículos. Durante la noche, las bombas alemanas habían alcanzado el puesto de mando de la 101.ª División, matando a varios oficiales mientras descansaban en sus sacos de dormir.

El lanzamiento aéreo planificado para aquel día tuvo que ser cancelado debido a la mala visibilidad. La 101.ª estaba quedándose sin munición de artillería, y el número de heridos que no eran atendidos adecuadamente no hacía más que aumentar. Pero la moral era alta, sobre todo desde el momento en el que comenzó a correr la voz de que se había rechazado con energía el ultimátum exigiendo la rendición. Algunos altos oficiales del SHAEF, en particular el general de división Strong, jefe de inteligencia británico, temían que la 101.ª no fuera capaz de defender Bastogne. «Nunca estuve preocupado por [el éxito de] la operación —comentaría más tarde Bedell-Smith—. Sin embargo, Strong lo estuvo. En un día me preguntó tres veces si pensaba que íbamos a conservar Bastogne. Yo pensaba [que podíamos]. Dijo: "¿Cómo lo sabes?". Repliqué: "Porque los comandantes que están allí piensan que pueden resistir". Teníamos en Bastogne a nuestra mejor división. Cuando el comandante dijo [que estaba] bien, pensé que podía [aguantar].»[15]

El general de división «Lightning Joe» Collins enseguida supo organizar su VII Cuerpo para resistir el avance de las divisiones *panzer* que se dirigían al Mosa. En aquellos momentos contaba solo con la 84.ª División de Infantería, pero ya estaba de camino la 2.ª División Acorazada, y también la 75.ª División de Infantería. Utilizó un vehículo blindado para llegar a la localidad de Marche-en-Famenne. «La niebla se alzaba sobre las copas de los árboles», contaría más tarde.[16] En el pueblo se encontró con el general de brigada Alex Bolling, comandante de la 84.ª División de Infantería, que había enviado unas fuerzas de reconocimiento a identificar la línea de aproximación del enemigo. A Collins le satisfizo comprobar que Bolling estaba «muy tranquilo», aunque la conversación que ambos mantuvieron lo convenció de que Bradley estaba equivocado al pensar que todo su cuerpo debía reservarse para un contraataque. El VII Cuerpo estaba a punto de «librar una batalla por su supervivencia».[17] Collins decidió establecer el cuartel general de su cuerpo en un pequeño castillo situado en Méan, a unos quince kilómetros al norte de Marche.

El avance del *Kampfgruppe* de la 2.ª División Panzer había empezado el 22 de diciembre en dirección a Marche.[18] No encontró resistencia hasta que se cruzó con un destacamento del 335.º Regimiento de Infantería de Bolling en una intersección de carreteras que había a unos dos kilómetros al sur de Marche, en medio de una zona de campos y bosques. Mientras una fuerza *Panzergrenadier* seguía presentando batalla, los elementos que iban a la cabeza de la 2.ª División Panzer giraron hacia el oeste, en dirección a Dinant. El 23.º de Húsares británico, situado en una zona más adelantada del Mosa, a su paso por Givet, hizo saltar la alarma con un informe que hablaba de unos carros de combate alemanes que habían sido avistados a unos doce kilómetros más al suroeste, concretamente en Vonêche.[19]

Los elementos que iban a la cabeza de la 2.ª División Panzer se encontraban en aquellos momentos a apenas veinticinco kilómetros del puente sobre el Mosa a su paso por Dinant, pero los ataques constantes de la división de Bolling obligaron al contingente alemán a destinar parte de sus tropas a proteger sus flancos. Una ofensiva lanzada aquella mañana desde Marche por la infantería estadounidense acabó en fracaso, pero por la tarde un segundo intento con mayor contundencia y apoyado por los carros de combate supuso recuperar el territorio elevado situado al suroeste de la localidad. El batallón antiaéreo de la 2.ª División Panzer pudo evitar un fuerte revés abriendo fuego contra los carros Sherman que actuaban en campo abierto, lo cual no impidió que sufriera importantes pérdidas en el curso de la acción. Aquella noche las tropas *Panzergrenadier* consiguieron reconquistar parte de las colinas, dejando abierta la carretera que conducía al oeste.[20]

Las tropas auxiliares y otros destacamentos estadounidenses de la zona enseguida se encontraron ante el mayor de los peligros. Un grupo, que se había alojado en el antiguo Château d'Hargimont, entre Marche y Rochefort, durmió vestido con sus uniformes y con las botas puestas, y con unas granadas a mano por si durante la noche le sorprendían los alemanes en avance. Al oír unos disparos, marchó de allí y se dirigió hacia Dinant. Lo mismo hizo la mayor parte de los jóvenes belgas, unos en bicicleta y otros a pie. Su temor a las represalias por los ataques llevados a cabo por la resistencia en septiembre estaba sobradamente justificado, y estos muchachos eran perfectamente conscientes de que, si se quedaban, corrían el peligro de ser deportados a Alemania como mano de obra esclava.

Los belgas, que se refugiaron en los sótanos de las casas en cuanto comenzaron a caer las bombas, no tenían ni idea de cómo estaba desarrollándose la batalla. Podían, no obstante, identificar los distintos sonidos que hacían en las calles las botas de los estadounidenses, con sus suelas de caucho, y las de los alemanes, con sus clavos. Retrocedieron cuando entraron los alemanes, no solo por miedo a su violencia, sino también porque sabían que el enemigo estaba infestado de piojos. Durante ese avance, los soldados alemanes se dedicaron a buscar estadounidenses y miembros de la resistencia que estuvieran escondidos. Cualquier joven belga al que se le ocurriera llevar encima un par de balas era candidato a ser ejecutado como «terrorista» si los alemanes lo descubrían durante un registro. Y cuando los soldados enemigos decidieron instalarse en el pueblo, amontonaron sus fusiles y sus lanzagranadas *Panzerfaust* en una esquina, hacia la que los civiles no podían dejar de mirar con nerviosismo e inquietud. Los habitantes del pueblo hablaban valón, conscientes de que los alemanes no podían entenderlos, siempre y cuando no hubiera entre ellos un recluta de los cantones orientales.

En los sótanos, bajo la luz de un quinqué o de las velas, los habitantes de la región de las Ardenas entonaban a veces canciones populares cuando se producía una tregua. Pero en cuanto se reanudaban los bombardeos, la gente empezaba a rezar el rosario: sus labios se movían cada vez con más rapidez. Las condiciones durante los largos períodos de bombardeo enseguida empeoraron, dando lugar a afecciones de disentería. Los cubos con las defecaciones solo podían ser llevados al exterior y vaciados en el estercolero cuando se producía un alto el fuego, momento que los campesinos y sus hijos también aprovechaban para ir corriendo a ordeñar las vacas en los establos y dar de comer a los cerdos. Regresaban a los sótanos con cubos de leche para mejorar la dieta de patatas que se veían obligados a seguir todos los que estaban en el refugio. Si había tiempo, despedazaban rápidamente alguna cabeza de ganado que había muerto por la acción de una bomba. Los más afortunados probablemente dispusieran de un jamón de las Ardenas que compartían con sus convecinos. Muchos llenaban de nieve cubos y botellas y esperaban a que se derritiera para beberla, pues salir para ir al pozo era demasiado peligroso. Los que huían a los bosques cuando su hogar era bombardeado no tenían más remedio que permanecer pegados los unos a los otros para generar calor. No disponían de agua y se veían obligados a chupar carámbanos para aplacar la sed.

En toda la región, los ancianos y los enfermos fueron debidamente atendidos en un espíritu de comunidad; de hecho, parece que las demostraciones de egoísmo brillaron por su ausencia. Los que vivían en casas con sótanos de piedra acogieron a los vecinos cuyos sótanos tenían el techo de madera. Y el propietario de un castillo local con sótanos muy profundos invitó a los aldeanos a refugiarse en él, aunque una construcción tan prominente como aquella soliera suscitar el interés de los observadores de artillería, ya fueran aliados, ya fueran alemanes.

El *Generalmajor* Von Waldenburg, comandante de la 116.ª División Panzer, estaba de mal humor aquella mañana. A las 04.00, había recibido del comandante de su cuerpo la orden de detener su ataque contra Hotton, al este del río Ourthe, valientemente defendido por un batallón de ingenieros estadounidense y por tropas auxiliares. Manteuffel creía erróneamente que la defensa era demasiado férrea e iba a cortar el paso de la división de Waldenburg. Así pues, mandó que la 560.ª División *Volksgrenadier* se dirigiera a Hotton, y que la 116.ª Panzer regresara por Samrée y La Roche para ir de nuevo hacia el noroeste hasta la margen opuesta del Ourthe para abrirse paso entre Hotton y Marche. Waldenburg estaba convencido de que, de haber seguido esa orden antes, en aquellos momentos sus tropas habrían avanzado mucho más allá de Marche.[21] Esta operación de diversión sin duda dio al general Collins un mayor tiempo para organizar y establecer su línea defensiva más hacia el oeste.

En Luxemburgo, el estado mayor del general Bradley empezaba a observar que este raras veces salía de su dormitorio o su despacho. Pero aquella mañana Hansen entró en el despacho de Bradley y encontró al general arrodillado en el suelo estudiando un mapa, mirando con la ayuda de sus lentes la red de carreteras utilizada por los alemanes, y trazando rutas con un lápiz de color marrón. Era el día en el que comenzaba el ataque del general Patton desde el sur, en dirección a Bastogne, con el III Cuerpo, incluidas la 4.ª División Acorazada y las 26.ª y 80.ª Divisiones de Infantería a su derecha. El XII Cuerpo, siguiendo a la 4.ª División de Infantería desde el flanco derecho, también avanzaría hacia el norte con la 5.ª División y la 10.ª Acorazada.

Tras la copiosa nevada de la noche anterior, Hansen describiría la vista desde el hotel como «una verdadera escena de postal, con casitas cubiertas de nieve».[22] La niebla se había levantado, y la temperatura había bajado bruscamente, pero el cielo encapotado impedía todavía el despliegue del poder aéreo aliado en todo su esplendor. Como los habitantes de Luxemburgo seguían inquietos, el oficial de asuntos civiles del XII Grupo de Ejércitos decidió dar una vuelta por la ciudad en automóvil acompañado del príncipe Juan, el hijo de la gran duquesa Carlota, para que la gente se tranquilizara viendo que el heredero permanecía allí, al lado de su pueblo. El estado mayor de Bradley estaba muy disgustado porque Radio Luxemburgo, con el transmisor más potente de Europa, había dejado de transmitir cuando su personal huyó dominado por el pánico, llevándose consigo buena parte de su equipamiento técnico.

Los comandos especiales de Skorzeny seguían atemorizando a los Aliados. Los hombres del Cuerpo de Contraespionaje «estaban sumamente preocupados por la seguridad de nuestros generales —escribiría ese día Hansen en su diario—. Los agentes alemanes vestidos con uniformes estadounidenses se identifican supuestamente por sus bufandas rosas o azules, por darse dos golpecitos en el casco y por llevar desabrochado el primer botón del abrigo y la chaqueta. Cuando Charlie Weternbaker [de la revista *Time*] llegó esta tarde, le señalamos su bufanda granate, le advertimos que tenía tintes rosáceos, y enseguida se la quitó».[23]

Eisenhower, asfixiado también por las medidas de seguridad en Versalles, dictó un orden del día para todas las formaciones: «El enemigo está haciendo un gran esfuerzo para salir de esta grave situación a la que vosotros lo habéis abocado con vuestras brillantes victorias del verano y el otoño. Está luchando ferozmente para recuperar todo lo que habéis ganado, y utiliza todo tipo de trampas y trucos para engañaros y acabar con vosotros. Se lo está jugando todo, pero ya en esta batalla, vuestra valentía sin parangón ha sido muy decisiva para frustrar sus planes. Viendo el coraje y la fortaleza que habéis demostrado, es evidente que fracasará».[24]

El día anterior, en un intento de defender a Bradley de cualquier insinuación de que había sido cogido desprevenido en las Ardenas, Eisenhower recomendó que fuera ascendido al grado más elevado del generalato. Escribió al general Marshall para decirle que el comandante del XII Grupo de Ejércitos había «sabido mantener la calma y ... procedido metódica y enérgicamente para hacer frente a la situación. No hay nada que indique que pueda culparse de algo a Bradley».[25]

Bradley, incitado por su estado mayor según Bedell-Smith, se convenció de que a Montgomery le había dado un ataque de pánico. Como poco, esta visión completamente distorsionada demostraba que Eagle Tac, su cuartel general en Luxemburgo, desconocía totalmente lo que en realidad ocurría sobre el terreno. «Nos enteramos de que todo el ejército británico estaba en retirada —escribiría uno de los oficiales de su estado mayor—. Dejando solo una fuerza mínima en la línea, y con notable agilidad para un hombre que solía ser muy cauteloso. Montgomery movió el grueso del II Ejército británico y el I Ejército canadiense desde Holanda hasta un arco defensivo alrededor de Amberes, preparado para librar una última batalla desesperada que creía que iba a tener que afrontar.»[26] Es evidente que el estado mayor de Bradley no tenía ni idea de que el XXX Cuerpo de Horrocks se encontraba en el Mosa —con la 29.ª Brigada Acorazada ya en la margen derecha del río—, listo para unirse con el ala derecha del VII Cuerpo de Collins.

16

Sábado, 23 de diciembre

La mañana del 23 de diciembre los mandos estadounidenses se quedaron maravillados contemplando el cielo azul y despejado y el deslumbrante sol invernal que iluminaba la totalidad de las Ardenas. Las temperaturas habían bajado todavía más porque había llegado procedente del este un «anticiclón de Rusia» portador de unos cielos claros como el cristal. Los controladores aéreos comunicaron encantados que había una «visibilidad ilimitada»[1] y ordenaron a los cazabombarderos P-47 Thunderbolt que fueran rápidamente a repostar.[2] El general Patton comentó entusiasmado a su vicejefe del estado mayor: «¡Me cago en Dios! Seguro que ese O'Neill ha rezado alguna oración bien potente. ¡Tráemelo aquí de inmediato, que quiero colgarle una medalla!». El capellán O'Neill fue conducido a toda prisa de Nancy a Luxemburgo para que Patton lo condecorara al día siguiente con la Estrella de Bronce.[3]

El estado mayor de Bradley, como muchos de los habitantes de Luxemburgo, salieron a la calle para contemplar haciéndose sombra con la mano las espesas hileras de bombarderos pesados aliados que surcaban el cielo para bombardear Tréveris y sus instalaciones ferroviarias. En las trincheras la moral subió por las nubes cuando los hombres vieron los bombarderos y cazabombarderos volando una vez más sobre sus cabezas, y lanzando destellos como si fueran un banco de peces plateados.

El apoyo aéreo aliado proporcionó otra ventaja. Las baterías de artillería alemanas no querían revelar la posición de sus cañones disparando mientras hubiera cazabombarderos sobrevolando la zona. «En cuanto apareció la aviación enemiga, la eficacia de la artillería se redujo entre un 50 y un 60%», informaba el comandante en jefe de la artillería de Model.[4]

A última hora de la mañana, sin embargo, el cuartel general del XII Grupo de Ejércitos se estremeció al enterarse de que parte de la 2.ª División Panzer avanzaba sobre Jemelle, justo al este de Rochefort. Aquel era el emplazamiento del repetidor de radio del Grupo de Ejércitos, y estaba protegido únicamente por una sección de infantería y unos cuantos cazacarros. Bradley llamó inmediatamente al cuartel general del I Ejército para ver si podían enviarse refuerzos, pero «mientras estaba hablando se cortó la línea». Los soldados que vigilaban el repetidor acababan de quitar todas las lámparas. Habían empezado a replegarse ante la cercanía de los alemanes, pero no habían querido destruir los equipos con la esperanza de que la estación pudiera ser reconquistada próximamente.[5]

Al menos las misiones de reconocimiento podían aclarar por fin los movimientos de las divisiones *panzer* que se dirigían por el noroeste hacia el Mosa. Pero el cuartel general del I Ejército seguía convencido de que los alemanes pretendían dirigirse a Lieja. Los oficiales del estado mayor no sabían que Hitler había insistido en llevar a cabo una ofensiva hacia el oeste.

El general Rose, cuyo puesto de mando estaba en la disputada localidad de Hotton, se había visto obligado a dispersar su 3.ª División Acorazada en todas direcciones. Una agrupación de combate seguía atada de pies y manos intentando aplastar al *Kampfgruppe* Peiper en los alrededores de La Gleize, mientras que otro había salido de Eupen y estaba de camino para unirse a él. El resto de la división se separó en tres fuerzas operacionales. Dos de ellas estaban listas para bloquear el avance de la 2.ª División Panzer de las SS *Das Reich*, que marchaba por la carretera de Houffalize hacia Manhay, en la carretera de Lieja, pero la Fuerza Operativa Hogan se hallaba rodeada en Marcouray, a diez kilómetros al sureste de Hotton, y se había quedado sin combustible. Ese mismo día se llevó a cabo un intento de lanzarle pertrechos desde el aire, pero los paquetes arrojados en paracaídas cayeron a más de seis kilómetros de distancia, y al día siguiente incluso a más de diez.[6]

En la carretera Houffalize-Lieja, la aldea de Baraque-de-Fraiture estaba formada por tres casas de campo en un cruce de caminos, cerca de un pueblo llamado Fraiture. Se encontraba en el límite del sector de la 82.ª División Aerotransportada con el de la 3.ª División Acorazada, y hasta ese momento había sido pasada por alto. Pero el comandante Arthur C. Parker III, superviviente de la debacle de la 106.ª División en el Schnee Eifel, se dio cuenta de la importancia de su emplazamiento. Había empezado a preparar su defensa con sus propios artilleros y una mezcla de distintas subunidades que habían pasado en retirada por allí. Entre ellas había cuatro semiorugas antiaéreos provistos de ametralladoras de calibre .50, las famosas «picadoras de carne».

La pequeña fuerza del «cruce de Parker», como no tardó en ser llamada la aldea de Baraque-de-Fraiture, había sido atacada antes del amanecer del 21 de diciembre por una gran patrulla de combate de la 506.ª División *Volksgrenadier*. Las «picadoras de carne» la habían hecho trizas. Entre los heridos fue identificado un oficial de la División SS *Das Reich*. La Fuerza Operativa Kane que defendía Manhay por el norte envió una sección de reconocimiento. Y en cuanto se dio cuenta del peligro, el general Gavin envió a Fraiture un batallón de la 82.ª División, para que protegiera el flanco derecho de Parker, y también llegó una compañía del 325.º Regimiento de Infantería de Planeadores.

El 22 de diciembre no pasó gran cosa porque la División *Das Reich* había estado esperando a que llegaran los suministros de combustible y que se le uniera la *Führerbegleitbrigade* de Remer. Pero el 23 de diciembre al amanecer el 4.º Regimiento *Panzergrenadier* de las SS lanzó un ataque contra el cruce y contra los paracaidistas de Fraiture, que se vieron sorprendidos mientras estaban desayunando. El verdadero ataque contra el cruce de Parker tuvo lugar más tarde, después del mediodía, con todo el 4.º Regimiento *Panzergrenadier* de las SS y dos compañías acorazadas. Lejos de camuflarlas, la nevada había revelado las posiciones de los defensores, y sus carros Sherman se ha-

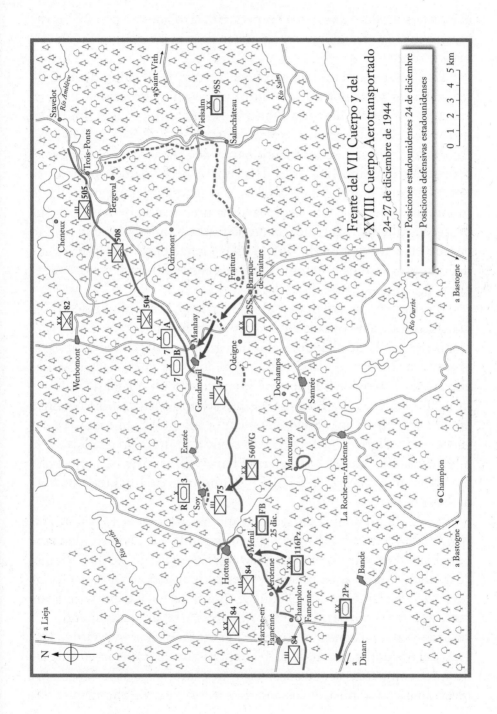

Frente del VII Cuerpo y del
XVIII Cuerpo Aerotransportado

24-27 de diciembre de 1944

Posiciones estadounidenses 24 de diciembre
Posiciones defensivas estadounidenses

bían quedado sin espacio para maniobrar. Los artilleros de los *panzer* pusieron fuera de combate a los vehículos blindados estadounidenses y fueron volando una trinchera tras otra. El general Gavin había ordenado a los defensores resistir a toda costa, pero las fuerzas de Parker se vieron totalmente superadas poco después del anochecer. Tres Sherman lograron escapar y algunos hombres huyeron por el bosque aprovechando la estampida de una manada de vacas enloquecidas.

Gavin y Rose, temerosos de que la División *Das Reich* lograra abrirse paso a la fuerza por Manhay y llegar a su retaguardia, reunieron de cualquier modo todas las fuerzas que pudieron encontrar. El general Ridgway perdió los estribos ante aquella amenaza inesperada y ordenó a los supervivientes de la 7.ª División Acorazada, que acababan de escapar cruzando el río Salm y se hallaban exhaustos, que defendieran Manhay. No estaba para muchas contemplaciones, después de que Hasbrouck y Clarke se opusieran a su plan de entrar en combate al oeste de Saint-Vith, y de que luego recibieran el apoyo de Montgomery.

A primera hora del 23 de diciembre el cuartel general del I Cuerpo Panzer de las SS recibió un mensaje por radio del *Kampfgruppe* Peiper: «Posición empeorada considerablemente. Quedan escasos suministros de munición de infantería. Obligados a ceder Stoumont y Cheneux durante la noche. Es la última oportunidad de escapar».[7] La artillería y los carros estadounidenses continuaron bombardeando La Gleize. El temido *Kampfgruppe*, carente de combustible y de municiones, fue incapaz de responder.

Peiper tenía más de ciento cincuenta prisioneros estadounidenses, entre los cuales estaba el comandante Hal McCown. Había intentado ya interrogar a McCown y proclamar su fe en el nazismo y sus motivos para hacer la guerra. McCown había sido trasladado esa misma mañana a un pequeño sótano en compañía de otros cuatro oficiales estadounidenses. Durante la tarde, un proyectil estadounidense de 105 mm dio en la pared del edificio, abriendo en ella un gran boquete y arrojando al guardián alemán, como si fuera un pelele, en mitad de la habitación. Justo fuera de ella aterrizó otro proyectil, que lanzó volando por todo el sótano fragmentos de metralla y piedras. Un teniente estadounidense resultó muerto y tres alemanes quedaron malheridos.

Luego, McCown fue llevado de nuevo ante Peiper, quien le dijo que se disponía a escapar a pie, pero que no sabía qué hacer con sus prisioneros estadounidenses. Peiper acababa de recibir permiso para volver a las líneas alemanas. Propuso a McCown un trato. Dejaría allí a los prisioneros estadounidenses y a sus propios heridos, y se lo llevaría solo a él como rehén. McCown sería liberado después si los altos mandos estadounidenses soltaban a los alemanes heridos. El joven comandante contestó a Peiper que evidentemente él no podía llegar a ningún acuerdo en lo tocante a los prisioneros de guerra. Lo más que podía hacer era firmar un documento diciendo que había escuchado su propuesta. Aquella noche los hombres de Peiper empezaron a preparar los vehículos que les quedaban para su destrucción. Vadearían el río Amblève en la oscuridad para luego escabullirse entre los árboles de la margen izquierda, situada al sur.

El comandante del IX Ejército, el general Bill Simpson, estaba muy orgulloso del despiadado contraataque que había llevado a cabo su 3.ª División enfrentándose al *Kampfgruppe* Peiper. «Las tropas estadounidenses se niegan ahora a tomar más prisioneros de las SS —escribía su asistente— y puede que esa actitud se extienda a todos los soldados alemanes. Aunque nosotros no podemos ordenar nada parecido, el propio GJ [general en jefe] abriga personalmente la esperanza de que todos los soldados estadounidenses oigan estos rumores y los conviertan en una norma de combate, como ha hecho la 30.ª División.» Simpson se sintió encantado al enterarse de que los alemanes llamaban a su división los «carniceros de Roosevelt». Recibió también un informe acerca de los prisioneros hechos en el sector de Malmédy, cuyos mandos, contaban, les habían «prometido que en este nuevo combate no iban a tener que luchar contra la 30.ª División. Hasta tal punto la temían».[8]

En la cresta de Elsenborn, la artillería estadounidense siguió machacando los pueblos y las aldeas situados a sus pies con proyectiles de fósforo blanco y detonantes, incluso cuando cesaron los principales ataques. La pequeña localidad de Faymonville, en la ladera sur, ocupada por un destacamento de la 3.ª División *Fallschirmjäger*, había sido bombardeada día tras día. El cura del pueblo rogó a un oficial alemán que pactara un alto el fuego para que pudieran ser evacuados los no combatientes. Pero el 23 de diciembre por la mañana los alemanes se limitaron a ordenar que los seiscientos civiles atrapados en Faymonville se trasladaran andando a Schoppen, una aldea situada más en la retaguardia, por detrás de las líneas alemanas. Un oficial se encargó de decirles que cualquiera que intentara marchar hacia las posiciones estadounidenses sería fusilado. El cura les rogó que se lo pensaran mejor, pero los alemanes contestaron que empezarían a fusilar a sus feligreses, a cinco cada vez, si se negaban a marcharse.

A las 11.00, los lugareños, aterrorizados, salieron a campo abierto. Por desgracia, el piloto de un avión de reconocimiento estadounidense vio la columna que caminaba dificultosamente en medio de la nieve y la identificó como una concentración enemiga. La artillería estadounidense situada en la cresta de Elsenborn abrió fuego de inmediato. Cuando las bombas empezaron a estallar a su alrededor, los ancianos, las mujeres y los niños fueron presa del pánico y salieron corriendo en todas direcciones. El cura volvió a todo correr a Faymonville a pedir a los alemanes que comunicaran a los estadounidenses que dejaran de disparar, pero nadie le hizo caso. Aproximadamente ocho personas perdieron la vida allí mismo o murieron más tarde, y muchos otros resultaron heridos, antes de llegar a la seguridad relativa de Schoppen.[9]

No se sabe cómo es que los alemanes que sitiaban Bastogne siguieron creyendo que los estadounidenses pretendían escapar al asedio. El 23 de diciembre, intentaron reforzar su presencia en el lado oeste del pueblo, y continuaron atacando por los alrededores de Senonchamps y Mande-Saint-Étienne para estrechar más el cerco y abortar cualquier otro «intento de escapar». El 23 de diciembre, negándose a creer «el informe de Manteuffel, según el cual no podía tomar Bastogne con las fuerzas de que disponía», Hitler envió a un oficial a comprobarlo. El enviado, sin embargo, ratificó la valoración de Manteuffel.[10]

Los defensores andaban efectivamente escasos de comida, pero a pesar de todo parece que estaban mejor alimentados que los *Volksgrenadiere* de Kokott, cuya situación de aprovisionamiento era tan mala que «media hogaza debía repartirse entre diez hombres».[11] Y mientras que los paracaidistas estadounidenses padecían el intenso frío reinante debido a la falta de uniformes de invierno, al menos disponían de casas en las que calentarse en todo el perímetro en el que se hallaban confinados. Las condiciones de sus adversarios de las unidades *Volksgrenadier* eran mucho peores, y por eso despojaban a los estadounidenses muertos de sus botas y de sus prendas de vestir para aprovecharlas ellos. Y en medio de la tensión continua provocada por los comandos de Skorzeny, esta circunstancia dio lugar a que algunos de los soldados alemanes que se rendían vestidos con ropas estadounidenses fueran fusilados de inmediato. Aparte de las armas, el único elemento del equipo alemán que los soldados estadounidenses ansiaban obtener era el conjunto de cuchillo-tenedor-cuchara, todo en uno, característico del ejército alemán, sencillo e ingenioso a la vez. Los alemanes demostraron además que habían sido más previsores suministrando trajes de camuflaje para la nieve, mientras que los estadounidenses tuvieron que improvisarlos.

«Los primeros cazabombarderos enemigos —señalaba el *Generalmajor* Kokott— aparecieron hacia la 09.00 horas; se lanzaron en picado contra las vías de comunicación y contra las aldeas e incendiaron de inmediato vehículos y casas de campo.» Por desagracia para los paracaidistas situados en el perímetro sudoccidental, a ellos no les llegó mucho apoyo aéreo. La drástica disminución de las temperaturas durante la noche congeló el mecanismo giratorio de la torreta de muchos de sus carros de combate y cazacarros de apoyo. Incluso resultó imposible mover los cañones contracarro porque el hielo los había soldado al suelo. También para la infantería resultó muy difícil el movimiento campo a través, pues la tierra estaba cubierta por una durísima capa de medio metro de nieve.

Aquel día los principales ataques con los que los alemanes intentaron romper el cerco fueron lanzados contra el sector de Flamierge, al noroeste de la población, a mediodía, y otro más tarde contra Marvie, en el lado sureste, corrió a cargo del 901.º Regimiento *Panzergrenadier* de la División *Panzer Lehr*. A última hora de la mañana, sin embargo, los alemanes se encontraron por el sur con una amenaza inesperada. El V Ejército Panzer no se había imaginado que el general Patton fuera capaz de trasladar ninguna de sus fuerzas hacia el norte con tanta rapidez.

«Alrededor de mediodía —escribe Kokott— al principio de uno en uno, pero luego en tropel, aparecieron cerca del puesto de mando de la división en Hompré los hombres de la 5.ª División *Fallschirmjäger*. Venían de las líneas del frente y se dirigían hacia el este. Prácticamente no se veía a ningún oficial. Cuando se les preguntaba, los hombres aullaban: "¡El enemigo ha logrado pasar! ¡Avanzan con carros de combate hacia el norte y han capturado Chaumont!".» Chaumont estaba solo a tres kilómetros al sur del cuartel general de Kokott.[12]

Tras los soldados en retirada no tardaron en llegar los vehículos y las carretas tiradas por caballos de la División *Fallschirmjäger*. En un santiamén, los cazabombarderos estadounidenses avistaron la congestión que se había producido en Hompré y se lanzaron al ataque. Todos los alemanes que tenían un arma a mano se pusieron a «disparar a lo loco» contra los aviones atacantes. «Las casas empezaron a arder, los vehículos eran pasto de las llamas, los heridos estaban tendidos en plena calle, y los caballos que habían sido alcanzados iban coceando de acá para allá.»[13]

Aquel caos coincidió con un lanzamiento masivo de suministros por todos los alrededores de Bastogne. Al ver la enorme cantidad de paracaídas blancos y de colores que poblaban el cielo por el norte, los alemanes supusieron alarmados que era el comienzo de una gran operación aerotransportada. Se pusieron a gritar: «¡Paracaidistas enemigos están aterrizando a nuestras espaldas!». Incluso Kokott se estremeció ante una eventualidad semejante, que nunca había tenido en consideración. Pero poco a poco se impuso cierto orden entre los *Volksgrenadiere* que odiaban a los soldados jóvenes de la 5.ª División *Fallschirmjäger* que venían huyendo. Cerca de Hompré, una batería antiaérea recibió la orden de dar un «giro completo». Los artilleros tuvieron que cambiar sus objetivos aéreos y preparar sus cañones para llevar a cabo operaciones terrestres.

Kokott improvisó entonces una serie de grupos de combate, poniéndose al frente de cuatro carros de combate que casualmente se hallaban en las inmediaciones, de un destacamento de artillería y de algunos ingenieros, y reorganizó a algunos de los paracaidistas que venían huyendo y habían logrado recuperarse del «susto inicial». Les ordenó que se dirigieran al sur y tomaran posiciones para bloquear la carretera. La situación no tardó en parecer restablecida. Resultó que las unidades blindadas estadounidenses de Chaumont no eran más que una tentativa de reconocimiento llevada a cabo por los elementos adelantados del III Ejército de Patton y, al carecer de fuerza suficiente, se habían replegado.

La primera advertencia que recibieron los alemanes de los lanzamientos aéreos llevados a cabo por los estadounidenses para reabastecer a la 101.ª División Aerotransportada y las unidades anexas llegó después del mediodía. La 26.ª División *Volksgrenadier* recibió el aviso: «*Achtung!* ¡Una formación enemiga fuerte entra volando por el oeste!». Los alemanes avistaron unos aviones grandes volando bajo que iban acompañados de varios cazas y cazabombarderos. Esperaban que se produjera un ataque masivo de bombardeo de saturación y abrieron fuego rápido con sus cañones antiaéreos de 37 mm.[14]

Al parecer, no se habían fijado en los dos primeros aviones de transporte C-47 que aquella misma mañana, a las 09.55, habían lanzado en paracaídas a dos grupos de exploradores. Tras llegar a tierra, los exploradores habían preguntado al puesto de mando de McAuliffe que decidiera cuáles eran los mejores sitios que podían utilizarse como zonas de lanzamiento. Su misión había sido considerada esencial por el IX Mando de Transporte de Tropas, debido al temor que se tenía de que Bastogne hubiera sido ya tomada. Los exploradores colocaron entonces sus señales de localización justo a las afueras del pueblo y esperaron a que el lejano zumbido de los motores de los aviones al acercarse se convirtiera poco a poco en un auténtico rugido.[15]

«Lo primero que veía uno al acercarse a Bastogne —comentaba un operador de radio que iba en la primera oleada de aviones de transporte C-47— era una gran llanura lisa completamente cubierta de nieve; el manto blanco no era roto más que por los árboles y algunas carreteras y, en la distancia, por el poblado mismo. Luego la vista captaba el dibujo dejado por las orugas de los carros de combate en la nieve. Fuimos bajando cada vez más y más, hasta situarnos por fin a unos ciento cincuenta metros del suelo, la altura a la que debíamos efectuar nuestros lanzamientos.»[16] Cuando los paracaídas se abrieron como si fueran flores, los soldados salieron de sus pozos de tirador y de sus vehículos, «vitoreándolos con alegría como si se tratara de un partido de la Super Bowl o de la Serie Mundial», según diría uno de ellos.[17] Los tripulantes de los aviones vieron entonces cómo de repente el paisaje nevado y desierto se llenaba de vida a medida que salían los soldados para llevarse a rastras a algún lugar seguro los «parapaquetes». «Ver caer aquellos fardos de víveres y municiones era un espectáculo que no podía uno perderse —contaría otro soldado—. Cuando localizábamos los fardos, primero cortábamos las bolsas de lona para envolvernos los pies con ellas, y luego nos llevábamos los víveres al sitio que les correspondía.» Los paracaídas de seda fueron aprovechados para usarlos como sacos de dormir.[18]

En total, los 241 aviones del IX Mando de Transporte de Tropas, en sucesivas oleadas, lanzaron 334 toneladas de munición, combustible, raciones de comida y material médico, incluidas botellas de sangre, «pero las botellas se rompieron al aterrizar o fueron destruidas cuando un proyectil alemán explotó en la habitación en las que habían sido almacenadas».[19] Nueve aviones erraron la zona de lanzamiento o tuvieron que dar media vuelta. Siete fueron derribados por las baterías antiaéreas. Algunos de sus tripulantes fueron capturados, otros cuantos lograron escapar refugiándose en el bosque y luego fueron atrapados durante los días sucesivos, pero un puñado de ellos consiguió alcanzar las líneas estadounidenses. «¡No pudo verse ni un solo avión alemán surcando los cielos!», se lamentó Kokott. En realidad, los cazas de la Luftwaffe intentaron hostigar el lanzamiento de pertrechos, pero la superioridad numérica de los aviones de escolta era apabullante, y fueron repelidos; algunos incluso fueron derribados.[20]

En cuanto se fueron los aviones de transporte, los 82 Thunderbolt que los escoltaban dirigieron su atención a los objetivos terrestres. Siguieron el rastro de las orugas de los carros de combate hasta el lugar en el que los alemanes habían intentado camuflar sus blindados, y atacaron las baterías de artillería. Pese a los esfuerzos de los controladores aéreos, los Thunderbolt efectuaron varios ataques contra las propias posiciones estadounidenses. En un caso en concreto un P-47 empezó a bombardear y a ametrallar una posición de artillería estadounidense. Una ametralladora respondió al ataque, y pronto varios aviones se sumaron al primero. Los pilotos no se dieron cuenta de su error y no emprendieron la retirada hasta que un oficial salió corriendo en medio de la nieve agitando un panel de identificación.

El ataque del 901.º Regimiento *Panzergrenadier* contra Marvie continuó después del anochecer tras la marcha de los cazabombarderos. El fuego de artillería se intensificó, luego las baterías de Nebelwerfer dispararon sus lanzaderas multicohete que producían unos chillidos aterradores. La infantería alemana avanzó detrás de varios grupos de cuatro o cinco *panzer*. El 327.º Regimiento de Infantería de Planeadores y el 326.º Batallón Aerotransportado de Ingenieros dispararon al cielo bengalas. Su luz reveló la presencia de los carros Panther, que ya habían sido pintados de blanco, y de los *Panzergrenadiere* vestidos con trajes para la nieve. Los defensores abrieron fuego inmediatamente con sus fusiles y ametralladoras. Los equipos de bazucas lograron inmovilizar unos cuantos carros de combate, habitualmente alcanzándolos en su oruga o en el tren de engranajes viéndose obligados así a detenerse, pero eso no les impedía utilizar su armamento principal ni sus ametralladoras.

Una acometida por la carretera que conducía a Bastogne logró ser solo detenida cuando McAuliffe lanzó al ataque a sus últimas reservas y ordenó a la artillería seguir disparando, aunque su acopio de proyectiles era peligrosamente escaso. De hecho los defensores contraatacaron con tanta eficacia que infligieron graves pérdidas a los alemanes. Kokott finalmente abortó la acción. Luego recibió del cuartel general de Manteuffel la orden de montar un gran ataque contra Bastogne el propio día de Navidad. La 15.ª División *Panzergrenadier* llegaría a tiempo para ponerse a sus órdenes. Puede que Kokott fuera escéptico respecto a las oportunidades que tenía, pero los defensores estaban también muy apurados, especialmente en su flanco occidental.

Los estadounidenses no podían cubrir el perímetro delantero con un mínimo de eficacia, y carecían dolorosamente de reservas en caso de que se produjera una acometida vigorosa. Con las trincheras de primera línea tan separadas, los paracaidistas recurrieron a utilizar sus propias modalidades de trampas explosivas. Con cables trampa que se extendían en distintas direcciones ataron a los árboles granadas de fragmentación y granadas de mortero de 60 mm. Las cargas explosivas fijas pegadas a los troncos podían ser detonadas a distancia mediante cables tendidos que llegaban hasta determinados emplazamientos.[21]

Justo al sur de Foy, parte del 506.º Regimiento de Infantería Paracaidista seguía defendiendo el extremo de la zona arbolada. Su puesto de observación estaba en una casa delante de la cual había el cadáver congelado de un alemán con un brazo extendido. «A partir de entonces —recordaría un sargento—, se convertiría en una especie de ritual estrechar su mano cada vez que entrábamos o salíamos de la casa. Nos figurábamos que si le dábamos la mano significaba que estábamos mucho mejor de lo que estaba él.»[22] A pesar de los sacos y las bolsas de los fardos lanzados en paracaídas, casi todos los soldados padecían de congelación y de pie de trinchera. Y Louis Simpson, que formaba parte del 327.º Regimiento de Infantería de Planeadores, observaba que «con este frío la vida de los heridos es muy probable que se apague como una cerilla».[23]

Obligado a hacer frente al ataque lanzado por Flamierge, Simpson escribió: «Miro ladera abajo, intentando ver algo, pero permanezco con la cabeza gacha. Las balas silban a mi alrededor. A mi derecha, los fusiles van guardando silencio. Deben de ver más de lo que veo yo. La nieve parece cobrar vida y que se mueve, separándose de los árboles al pie de la colina. El movimiento aumenta. Y ahora es una línea de hombres, la mayor parte de ellos cubiertos de blanco: capas y capuchas blancas. Aquí y allá resaltan algunos hombres vestidos con los típicos abrigos alemanes de color gris verdoso. Echan a andar, corren y se tiran cuerpo a tierra sobre la nieve. Se levantan y vienen corriendo hacia nosotros».[24]

Naturalmente Bastogne se había convertido en una prioridad para el apoyo aéreo estadounidense, y lo mismo le pasaba a la 82.ª División Aerotransportada y a la 30.ª, acorraladas en el flanco norte. Pero aquel día la principal prioridad había sido impedir que las divisiones *panzer* alemanas llegaran al Mosa, tarea a la que había sido destinada la mitad de todas las unidades de cazabombarderos.[25]

Desde el momento en que mejoró el tiempo y que las fuerzas aéreas aliadas pudieron salir en gran número, aumentaron de forma espectacular los incidentes de fuego amigo, tanto desde el cielo como en tierra. Los artilleros de las baterías antiaéreas y casi todos los encargados de las ametralladoras parecían físicamente incapaces de abstenerse de disparar contra un avión. Se olvidaron las «Normas sobre la Manera de abrir fuego» y las instrucciones de «Reconocimiento Tierra-Aire». En todo momento había que recordar a los soldados que no debían responder a los disparos de los aviones aliados que abrieran fuego contra ellos por error. Todo lo que tenían que hacer para que dejaran de disparar era seguir lanzando granadas de humo amarillo o naranja, o disparar una bengala-paracaídas Amber Star. A la 30.ª División de Infantería fue a la que más dolorosamente caro le costó su autocontrol. Sus integrantes ya habían sufrido los ataques de su propia aviación en Normandía, y ahora en las Ardenas volverían a sufrir todavía más.[26]

La 84.ª División de Infantería de Bolling y parte de la 3.ª División Acorazada siguieron defendiendo con mucha dificultad una línea al sur de la carretera Hotton-Marche contra la 116.ª División Panzer y la 2.ª División de las SS *Das Reich*. La Agrupación de Combate A de la 3.ª División Acorazada fue replegada todavía más hacia el oeste, para que hiciera las veces de pantalla para la concentración del VII Cuerpo de Collins. La 2.ª División Acorazada, la antigua unidad de Patton llamada «el Infierno sobre Ruedas», estaba a punto de llegar avanzando con gran sigilo a marchas forzadas para participar en el contraataque planeado para el 24 de diciembre. El avance de la 2.ª División Panzer fue más rápido de lo previsto. Pero Collins sintió un gran alivio cuando se enteró por Montgomery, «eufórico y confiado como de costumbre», de que los puentes sobre el Mosa en Namur, Dinant y Givet estaban defendidos ya con firmeza por la 29.ª Brigada Acorazada británica.[27] Fue aquella noche cuando la 8.ª Brigada de Fusileros mató a cuatro comandos de Skorzeny en un *jeep*. El principal problema en los puentes era la marea de refugiados que intentaban cruzar el Mosa para escapar. «La ofensiva alemana ha desconcertado a toda la población —decía en su carta un oficial destinado a asuntos civiles— y parece que todos se temen lo peor. Los refugiados se han puesto en marcha ya por las carreteras y hemos salido a detenerlos para que no provoquen problemas de tráfico.» Bloqueados en los puentes, los belgas se vieron obligados a utilizar barcas para cruzar el Mosa.[28]

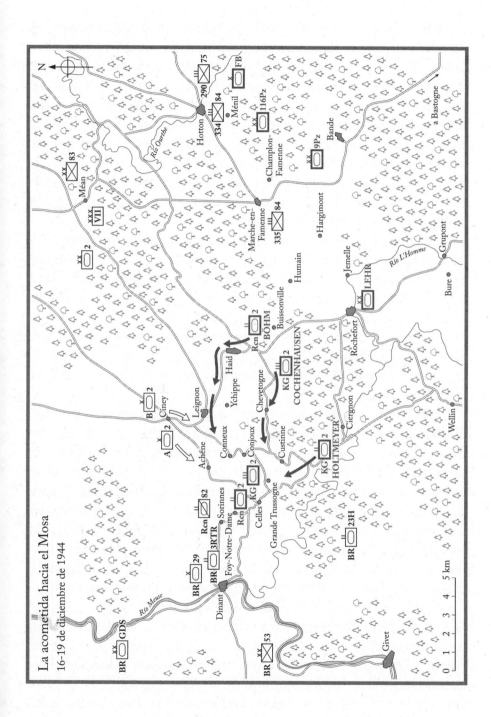

Montgomery aseguró además a Collins que la brigada avanzaría para enlazar con su flanco derecho al día siguiente, 23 de diciembre, pero el Escuadrón A del 3.er Regimiento Real Acorazado, al mando del comandante Watts, estaba ya en Sorinnes, a seis kilómetros al este de Dinant. Watts no tenía ni idea de dónde estaban ni los estadounidenses ni los alemanes, de modo que dispersó sus dieciocho carros de combate para cubrir todas las carreteras que iban hacia Dinant, utilizándolos más bien a modo de regimiento de reconocimiento acorazado. Para los tres regimientos blindados de la brigada, la mayor frustración fue no entrar en combate con sus nuevos carros Comet, sino con los «viejos y trillados Sherman».[29]

Los británicos empezaron además a recibir la inestimable ayuda de la población local. El barón Jacques de Villenfagne, que vivía en el castillo de Sorinnes, apenas a cuatro kilómetros de Foy-Notre-Dame (que no debe confundirse con Foy, la localidad situada cerca de Bastogne), era capitán de los Chasseurs Ardennais y el líder de la resistencia de la zona. Hizo las veces de explorador para el escuadrón de Watts en su motocicleta, y lo mantuvo informado en todo momento del avance de la 2.ª División Panzer en dirección a donde se encontraban los ingleses.

La inminencia de la batalla que se avecinaba dejó una cosa muy clara a los campesinos. Necesitaban preparar comida para lo que podía convertirse en un largo asedio, y buscaron refugio en los sótanos de sus casas. En Sanzinnes, al sur de Celles, Camille Daubois, al enterarse del avance de las fuerzas alemanas, decidió que había llegado el momento de matar su cerdo mejor cebado, un animal de casi trescientos kilos. Como era tan grande, pensó que no podía hacerlo solo, y pidió ayuda al carnicero del pueblo, que estaba a punto de huir y refugiarse al otro lado del Mosa. El hombre accedió a ayudarle únicamente en la matanza, pero cuando llegó y vio al animal, exclamó:

—¡Eso no es un cerdo! ¡Esa bestia es una vaca!

Como no estaba dispuesto a utilizar el cuchillo de matarife, pidió un hacha, con la que le cortó la cabeza. La colgaron para que escurriera la sangre y el carnicero se marchó a toda velocidad. Pero cuando luego llegaron los hombres de un *Kampfgruppe* de la 2.ª División Panzer, el cuerpo del cerdo abierto en canal desapareció. Indudablemente fue a parar a la cocina de campaña de la unidad, llamada la *Gulaschkanone*.[30]

El *Oberst* Meinrad von Lauchert, al mando de la 2.ª División Panzer, dividió sus fuerzas justo al norte de Buissonville para ver cuál era la ruta más rápida hacia el Mosa. El batallón blindado de reconocimiento, a las órdenes del comandante Von Böhm, marchó hacia delante en dirección a Haid y Leignon porque había sido el primero en recibir combustible. Los dos *panzer* que abrían la marcha avistaron un carro blindado estadounidense y abrieron fuego. El vehículo fue alcanzado, pero sus tripulantes lograron escapar. El oficial a su mando, el teniente Everett C. Jones, dio aviso al general Ernest Harmon, que estaba al frente de la 2.ª División Acorazada. El belicoso Harmon, ansioso por lanzarse al ataque, ordenó a su Agrupación de Combate A, a las órdenes del general de brigada John H. Collier, que se pusiera en marcha inmediatamente.

Aquella noche la principal columna *panzer*, al mando del comandante Ernst von Cochenhausen, llegó a la aldea de Chevetogne, a unos diez kilómetros al noroeste de Rochefort. Hasta ese momento los habitantes de la localidad no habían tenido nada que temer excepto las V-1 que pasaban volando sobre sus cabezas en dirección a Amberes; una de ellas había estallado incluso en los bosques de las inmediaciones. Fuera de eso, la guerra parecía haber pasado por allí sin afectarlos. No habían visto tropas norteamericanas desde la liberación de la comarca en el mes de septiembre y nunca se habían imaginado que los alemanes pudieran volver.

Obligados a despertarse poco después de la medianoche por las vibraciones causadas por los carros de combate al pasar arrastrándose por la calle Mayor del pueblo, los aldeanos se parapetaron junto a las ventanas de sus casas para ver si eran tropas estadounidenses o alemanas, pero los vehículos iban sin luces y la oscuridad era demasiado grande para distinguir si eran unos u otros. La columna se detuvo en mitad de la cuesta y entonces, para alarma de los lugareños, se oyeron una serie de órdenes, a modo de ladridos, inequívocamente en alemán. Las noticias relativas a las matanzas de civiles perpetradas un poco más al este por el *Kampfgruppe* Peiper se habían propagado rápidamente. Los uniformes negros con la insignia en forma de calavera convencieron a muchos de que aquellas tropas eran también de las SS. Pero la 2.ª División Panzer era distinta y su comportamiento con la población civil fue en general correcto. Al entrar en la cocina de una casa de campo en Chapois, uno de sus oficiales advirtió al ama de la casa, que no podía dar crédito a sus oídos, que más le valía esconder cuanto antes sus jamones. Sus soldados estaban hambrientos y no habrían dudado en quitárselos.[31]

Durante las primeras horas del 24 de diciembre, el *Kampfgruppe* Cochenhausen llegó a Celles, antigua y pequeña localidad situada en una hondonada a pocos kilómetros al sur de Foy-Notre-Dame. El comandante Von Cochenhausen intentó atravesar directamente el pueblecito para llegar cuanto antes a Dinant, pero el Panther que iba en cabeza chocó con una mina colocada el día antes por los ingenieros estadounidenses. Según la tradición local, dos oficiales alemanes entraron violentamente en el pequeño restaurante de la esquina llamado Le Pavillon Ardennais. La *patronne*, la señora Marthe Monrique, que acababa de despertarse a causa de la explosión, se encontró a unos soldados al pie de la escalera cuando salió en bata a ver qué pasaba. Los alemanes le preguntaron en tono perentorio que les dijera cuántos kilómetros tenían que hacer todavía para llegar a Dinant. Haciendo gala, al parecer, de una enorme presencia de ánimo *madame* Monrique respondió que no había más que unos diez o doce.

—Pero la carretera está minada, ¿saben ustedes? Los estadounidenses han enterrado en ella cientos de minas.

Echando sapos y culebras por la boca, los alemanes decidieron replegarse a los bosques vecinos por si la aviación aliada los pillaba al descubierto cuando amaneciera.[32]

Cochenhausen estableció su puesto de mando en el bosque en una cueva llamada por los lugareños el Trou Mairia. Sus fuerzas estaban formadas por el 304.º Regimiento *Panzergrenadier*, un batallón del 3.ᵉʳ Regimiento Panzer, un regimiento de artillería *panzer* y casi todo el batallón antiaéreo de la división. Las indicaciones que conducían al hospital de campaña o *Feldlazarett* de la unidad llevaban dibujado el tridente, símbolo de la 2.ª División Panzer. Para evitar que se pasara información a los Aliados, los *Panzergrenadiere* se pusieron inmediatamente manos a la obra serrando los postes del teléfono y cortando los cables. Un poco más al este, en Conjoux, había otro destacamento de la 2.ª División Panzer. Los aldeanos recordaron que allá por el mes de septiembre el oficial alemán que estaba al mando del pueblo había jurado, antes de retirarse, que no tardarían en volver.

Tras pasar Leignon en plena noche, el *Kampfgruppe* de Böhm había girado hacia el oeste en dirección a Dinant. Poco antes de llegar a Foy-Notre-Dame, cerca de la granja de Mahenne, estaba esperándola un Sherman Firefly británico del 3.ᵉʳ Regimiento Real Acorazado. El Firefly llevaba el más largo y mucho más potente cañón de alta velocidad de 17 libras o 76,2 mm. El sargento Probert, que estaba a su mando, al oír acercarse el inequívoco ruido de unos vehículos provistos de oruga, despertó a sus hombres. La primera andanada no alcanzó al vehículo que abría la marcha, pero sí al camión de las municiones, causando una explosión que debió hacer estremecer a toda la columna alemana. Tras volver a cargar a toda prisa, la tripulación de Probert disparó otra andanada que destruyó un *panzer* Mark IV. Luego, siguiendo el eslogan del Real Cuerpo Acorazado que dice «Disparar y largarse», el Firefly dio rápidamente la vuelta antes de que los Panther que integraban la columna apuntaran hacia su posición. En Sorinnes, el comandante Watts fue informado inmediatamente de lo ocurrido. El comandante Von Böhm, inseguro después de aquella emboscada de cuán fuertes eran los Aliados en aquella zona y en vista de que sus vehículos estaban casi sin combustible, decidió detenerse en la pequeña localidad de Foy-Notre-Dame. Los tripulantes de los carros de combate ocultaron sus vehículos en los corrales de las granjas y se metieron en las casas en busca de calor y comida.

Durante la noche del 23 al 24 de diciembre el termómetro bajó hasta los diecisiete grados bajo cero. La luna iluminaba el paisaje nevado y helado. El barón de Villenfagne, junto con su amigo, el teniente Philippe le Hardy de Beaulieu, vestidos los dos de blanco, logró identificar varias de las principales posiciones alemanas. Se cruzaron con un par de vehículos anfibios ocultos bajo los árboles en Sanzinnes, que consiguientemente fueron bombardeados por la artillería estadounidense. Los dos hombres regresaron al castillo de Sorinnes a las 04.00 y despertaron al comandante Watts. Poco después llegó el coronel Alan Brown, el oficial al mando del 3.er Regimiento Real Acorazado, y le informaron de las posiciones de los alemanes y del emplazamiento del puesto de mando de Cochenhausen. El objetivo fundamental era la granja de Mahenne, porque, si era neutralizada, el *Kampfgruppe* Böhm quedaría separado de las fuerzas de Cochenhausen. El barón se fue entonces a ver al comandante de la artillería de la 29.ª Brigada para rogarle que dejara intacta la gran iglesia de Foy-Notre-Dame, cosa que los artilleros supieron hacer cuando bombardearon el pueblo ocupado por el *Kampfgruppe* Böhm.

Hitler se puso loco de contento cuando se enteró de que los elementos de cabeza de la 2.ª División Panzer estaban a solo siete kilómetros de Dinant. Hizo llegar su felicitación más efusiva a Lüttwitz y a Lauchert, el comandante en jefe de la división. Los dos hombres debieron hacer una extraña mueca, sabiendo como sabían cuán precaria era su posición y qué pocas posibilidades había de que pudieran llegarles pertrechos. Lüttwitz, que había estado al mando de la 2.ª División Panzer en el funesto contraataque de Avranches en el mes de agosto, recomendó a Manteuffel que empezara a retirar la división desde la punta misma del saliente alemán. Pero sabía que Hitler no habría contemplado nunca semejante movimiento.

En el flanco izquierdo de la 2.ª División Panzer, la *Panzer Lehr* de Bayerlein había avanzado hacia el norte desde Saint-Hubert hasta Rochefort, acompañada por el general Von Manteuffel. Su artillería bombardeó la localidad por la tarde. Una patrulla entró hasta las afueras de Rochefort y comunicó que el pueblo estaba vacío, pero era evidente que no lo había registrado bien. Un batallón de la 84.ª División de Infantería y una sección de cazacarros estaban esperándola escondidos. La carretera que iba a Rochefort discurría a lo largo del río L'Homme por una garganta rocosa, lo que hacía del ataque alemán una empresa arriesgada. Cuando cayó la noche, Bayerlein dio la orden habitual: «¡Muy bien, vamos! ¡Cerrad los ojos y adelante!».[33]

Encabezada por el 902.º Regimiento *Panzergrenadier*, al mando del *Oberstleutnant* barón Joachim von Poschinger, el avance fue frenado de forma repentina por una descarga masiva de fusilería en una gran barricada en el interior de Rochefort. Los combates fueron feroces y duraron toda la noche. Los *Panzergrenadiere* perdieron muchos hombres y un cañón de asalto pesado *Jagdpanzer* fue puesto fuera de combate cerca de la plaza principal del pueblo. Los defensores estadounidenses, que estaban en una inferioridad numérica apabullante, finalmente se vieron obligados a replegarse. Los supervivientes lograron escapar hacia el norte al día siguiente, para unirse a la 2.ª División Acorazada.

La mayoría de los lugareños buscó refugio en las cuevas situadas al pie de los barrancos que rodean Rochefort. Tendrían que permanecer allí bastante tiempo, pues la localidad se había convertido en blanco principal de la artillería estadounidense. Durante los peores momentos del bombardeo, Jeanne Ory y su hermana menor preguntaron a su madre:

—Mamá, ¿vamos a morir?

La mujer contestó:

—Rezad vuestras oraciones, hijitas.[34]

Y todos los presentes se pusieron a rezar juntos el rosario. Un hombre encontró a un amigo muerto, tendido boca abajo en la calle helada, con un gato sentado tranquilamente sobre su espalda, aprovechando el poco calor que aún desprendía el cuerpo. Los trapenses de la abadía de Saint-Remy asumieron la penosa tarea de retirar los cadáveres.

Aquella noche, en Washington, el presidente Roosevelt escribió a Iósif Stalin: «Deseo dar instrucciones al general Eisenhower para que envíe a Moscú un oficial de su estado mayor plenamente cualificado para discutir con usted la situación de Eisenhower en el Frente Occidental y su relación con el Frente Oriental, con el fin de que todos tengamos la información esencial para la coordinación de nuestros esfuerzos ... La situación en Bélgica no es mala, pero ya es hora de hablar de los siguientes planes. En vista de la emergencia, se requiere una pronta contestación a esta propuesta». Stalin respondió dos días después dando su beneplácito. La simple mención de la «emergencia» en la última frase del mensaje debió de hacerle pensar que los Aliados estaban contra las cuerdas. El mariscal jefe del Aire Tedder y el general Bull fueron designados para ir a entrevistarse con Stalin. Se dispusieron a tomar un avión en Francia con destino a El Cairo y proseguir desde allí hasta Moscú, pero debido a una serie de largas demoras no verían a Stalin hasta el 15 de enero, mucho después de que ya hubiera pasado la crisis.

17

Domingo, 24 de diciembre

El domingo 24 de diciembre amaneció también con un sol radiante y cielos perfectamente azules. En Luxemburgo, el capitán Mudgett, el meteorólogo del XII Grupo de Ejércitos, estaba «casi histérico al ver su continuado éxito con el tiempo. Contempla con orgullo el cielo azul que se extiende hacia Alemania sobre las murallas de piedra y las tres agujas de la catedral».[1]

En el Eagle Tac, el cuartel general de Bradley, había ahora pocos temores por la defensa de Bastogne, con los hombres de la 101.ª División Aerotransportada «aferrándose tenazmente a su posición como una caravana de carretas en los días de los pioneros del lejano Oeste».[2] Pero los oficiales del estado mayor estaban perfectamente al corriente de la situación en la que se encontraban los heridos en el pueblo. McAuliffe había pedido que le enviaran cuatro equipos de cirujanos y había propuesto que los lanzaran en paracaídas. El estado mayor, en cambio, había elaborado planes para que fueran llevados en un planeador.

Mientras el III Ejército de Patton, junto con la 4.ª División Acorazada, hacía denodados esfuerzos por avanzar hacia Bastogne desde el sur haciendo frente a una resistencia mucho más fuerte de lo esperado, Hansen encontró divertidísimo el curioso informe que cayó en sus manos: «Hoy, al pasar por Arlon, un soldado de intendencia preguntó por la carretera de Luxemburgo. Le indicaron el camino equivocado [y] tomó la carretera de Bastogne. Al ver que disparaban contra él, se asustó más de lo debido, apretó el acelerador y al final acabó metiéndose en la zona de la 101.ª División. Ha sido la primera persona que ha entrado en contacto con ella y lo ha hecho de manera puramente accidental».[3]

La confirmación de los duros combates que estaban librándose en el lado sur del perímetro de Bastogne llegó gracias a una interceptación de las comunicaciones por radio. La 5.ª División *Fallschirmjäger* reclamaba más *Panzerfäuste* y más cañones contracarro para que la ayudaran en su lucha contra la 4.ª División Acorazada. El comandante en jefe del III Ejército parecía no tener dudas respecto al resultado final. «El general Patton ha estado por aquí hoy varias veces —anotó Hansen—. Estaba muy animado y bullicioso, y se sentía muy bien en medio de los combates.»[4] Pero, en realidad, Patton pretendía ocultar el bochorno que le causaba el hecho de que el avance de la 4.ª División Acorazada no procediera con tanta rapidez como él había pronosticado y que estuviera topando con una resistencia tan dura. Además, la división en cuestión se había encontrado con que los ingenieros del VIII Cuerpo que se retiraban a Bastogne «volaban todo lo que veían», de modo que su avance se veía «frenado no ya por el enemigo, sino por las obras de demolición y los puentes volados por los ingenieros amigos».[5]

Los luxemburgueses estaban más tranquilos. Se sentían confiados al ver los interminables convoyes de tropas del III Ejército que pasaban por la ciudad, y estaban convencidos de que los alemanes no iban a volver. De manera harto extraña, los servicios de inteligencia del XII Grupo de Ejércitos elevaron repentinamente sus cálculos respecto a la cuantía de carros de combate y cañones de asalto alemanes, que aumentaron de 345 a 905 unidades, fuerza bastante superior a la que proponía el anterior cálculo de vehículos *panzer* efectuado para todo el Frente Occidental.

A pesar del frío espantoso que hacía a los hombres tiritar de manera incontrolada en sus trincheras, la moral estaba bastante alta dentro del perímetro de Bastogne. Aunque los paracaidistas y los integrantes de la 10.ª División Acorazada ansiaban el socorro que pudieran traerles las fuerzas de Patton, rechazaban la idea de que necesitaran ser salvados. Como había amanecido otro día espléndido para que los pilotos pudieran volar, los sitiados miraban al cielo lleno de aviones aliados de todas clases. Escuchaban el estallido de las bombas y el tableteo de las ametralladoras cuando los cazas acribillaban a las columnas alemanas. Los enfrentamientos de los aparatos estadounidenses con los escasos Focke-Wulf y Messerschmitt presentes en la zona provocaban alaridos de júbilo y rugidos feroces, como si se tratara de una pelea de boxeo a muerte, y se producían gritos de tristeza cuando un avión de transporte aliado era alcanzado por el fuego antiaéreo mientras estaba lanzando víveres y pertrechos.

Durante aquellos días los cazabombarderos aliados se mostraron muy efectivos frustrando los ataques de los alemanes cuando todavía estaban en fase preparatoria. Eran dirigidos a su objetivo por los controladores aéreos de Bastogne. Un aviso de amenaza, con las coordenadas enviadas desde el puesto de mando del regimiento correspondiente o por un avión de enlace con la artillería, significaba que «era habitualmente solo cuestión de minutos que los aviones se pusieran a machacar a las fuerzas enemigas».[6]

Como la prioridad de los lanzamientos por vía aérea era la munición de artillería, la situación alimentaria de las tropas no mejoró demasiado. Muchos dependían de la generosidad de las familias belgas que quisieran compartir con ellos lo poco que tenían. Tanto en Bastogne como en el flanco norte, «las raciones a menudo se complementaban con carne de vaca, venado o conejo, cuando algún animal accionaba las minas al tropezar con los cables trampa». Los francotiradores cazaban liebres e incluso jabalíes, pero las ganas de comer estos animales disminuyeron mucho cuando se vieron algunos de ellos devorando los intestinos de los caídos en combate.[7]

El frío intenso y la nieve profunda aumentaban las incomodidades. Afectaban mucho a la efectividad de combate. Los que no guardaban un par de calcetines secos de repuesto en la redecilla de su casco y se los cambiaban a menudo eran los primeros en sufrir pie de trinchera o los efectos de la congelación. La 11.ª División Acorazada, recién llegada al Mosa, siguió, quizá sin saberlo, la vieja práctica de los ejércitos rusos para evitar los efectos del congelamiento, consistente en proveerse de tiras de mantas y fabricar con ellas vendas para los pies. Los tripulantes de los carros de combate, obligados a pasarse horas y horas de pie sobre suelos de metal en esas condiciones, sin mover suficientemente las piernas, eran especialmente vulnerables a esta dolencia. Pero al menos los que estaban dentro de un vehículo blindado y los conductores de camión podían secar su calzado en los tubos de escape de los motores.

Se colocaban condones sobre los visores de los cañones contracarro, y también en los micrófonos de las radios y los teléfonos, pues el aliento no tardaba en congelarse en ellos. El mecanismo de ajuste de puntería de los carros de combate y de los cazacarros tenía que descongelarse. Podía darse el caso de que la nieve penetrara en las armas o en los cargadores de la munición y que se congelara. Las que más riesgo tenían de atascarse eran las ametralladoras. La ametralladora pesada Vickers de calibre .50 era fundamental para abatir a los francotiradores enemigos apostados en los árboles y en otros escondites. Los soldados estadounidenses no tardaron en descubrir que los tiradores de precisión alemanes aguardaban a que la artillería o las baterías antiaéreas abrieran fuego antes de apretar el gatillo, para que su disparo pasara desapercibido.[8]

Las lecciones aprendidas en este sector se trasladaron rápidamente a otras formaciones a través de los informes del «observador de combate». Las patrullas alemanas podían cortar los cables del teléfono por la noche y colocar uno de los extremos cortados en una posición emboscada para sorprender al técnico enviado a reparar la avería y capturarlo. A veces los soldados alemanes disparaban previamente un tiro contra su propio casco y abrían un agujero en él, pues de ese modo, si eran rebasados, podían hacerse pasar por muertos y luego disparar por la espalda a sus atacantes. A menudo minaban sus trincheras o ponían en ellas trampas explosivas justo antes de retirarse.

Se aconsejaba a las patrullas estadounidenses que cuando se encontraran al enemigo por la noche abrieran «fuego al azar. Poneos a cubierto y luego gritad como locos, como si fuerais a lanzaros al ataque, que entonces ellos empezarán a disparar», revelando de ese modo su posición. Como defensa, debían colocar maniquíes justo delante de sus pozos de tirador para inducir al enemigo a abrir fuego prematuramente. Debían ofrecer al adversario un lugar en el que ponerse a cubierto, pero debajo debían colocar minas, y construir posiciones defensivas falsas entre los búnkeres. Justo antes de lanzarse al ataque, convenía hacer ruido, como si estuvieran cavando, para confundir al enemigo. Y cuando estuvieran dentro de una casa, nunca debían abrir fuego desde la ventana, sino mantenerla abierta y disparar desde el fondo de la habitación.[9]

Los miembros más respetados e importantes de una compañía eran los sanitarios. A ellos se confiaba el alcohol rectificado con el que se impedía que se congelara el agua de las cantimploras que ofrecían a los heridos. «El efecto estimulante del alcohol tampoco produce daño alguno», añadía el informe. También se enviaban a los puestos de primeros auxilios capellanes provistos de alcohol para que ofrecieran un ponche caliente a los heridos que llegaban a ellas. Muchísimos hombres reconocerían después que debían su vida a la entrega, el valor y a veces la inventiva de los sanitarios. El soldado de primera clase Floyd Maquart, integrado en la 101.ª División, salvó a un soldado gravemente herido en la cara y en el cuello abriéndole la garganta con una navaja de paracaidista e introduciendo la parte hueca de una pluma estilográfica en su tráquea.[10]

El estado de los más de setecientos pacientes hacinados en la escuela de equitación y en la capilla del seminario de Bastogne siguió deteriorándose, pues la captura del hospital de campaña por los alemanes supuso que no hubiera más que un solo cirujano. El médico de la 10.ª División Acorazada contó con la ayuda de dos experimentadas enfermeras belgas: Augusta Chiwy, una valerosa joven originaria del Congo, y Renée Lemaire, la novia de un judío detenido en Bruselas por la Gestapo a principios de año. Los que sufrían heridas graves en la cabeza y en el vientre eran los que menos probabilidades tenían de sobrevivir, y los montones de cadáveres congelados fueron aumentando; se dejaban a la intemperie, apilados como si fueran troncos de leña debajo de una lona alquitranada. Varios pacientes sufrían gangrena gaseosa, que despedía un hedor nauseabundo, y las reservas de agua oxigenada para limpiar ese tipo de heridas casi se habían agotado. Las escasas provisiones de plasma se habían congelado, y para calentar las bolsas que lo contenían alguien debía ponérselas debajo de las axilas. Para algunas operaciones, la anestesia se suplía con un simple trago de coñac. Había también muy pocos sedantes para tratar el número cada vez mayor de bajas por fatiga de combate; los afectados permanecían tranquilamente sentados en un rincón y de repente se ponían a gritar desaforadamente. Aquellos hombres, que habían demostrado un valor extraordinario en Normandía y en Holanda, acabaron sucumbiendo finalmente a la tensión y al agotamiento. El frío y la falta de una alimentación adecuada aceleraron el proceso.

Además de los asaltos bien organizados que el general Kokott se había visto obligado a lanzar, se produjeron muchos otros ataques alemanes en plena noche, a menudo con cuatro carros de combate y cien soldados de infantería. Sus autores, vestidos con trajes para la nieve, permanecían bien camuflados en los campos de un blanco inmaculado, pero cuando tenían tras de sí un fondo oscuro de árboles o edificios, resaltaban mucho. Cuando se daban cuenta de ello, se quitaban la guerrera, pero los pantalones blancos seguían delatándolos.

«Poner fuera de combate a un carro de combate es una labor de equipo, de confianza mutua y de agallas —afirmaba un informe del VIII Cuerpo—. Los soldados de infantería aguantan en sus trincheras y se ocupan de la infantería enemiga, mientras que los cazacarros se encargan de los carros.»[11] Si los dos elementos hacían su trabajo como era debido, los alemanes solían ser repelidos. Algunos paracaidistas, sin embargo, se entusiasmaban atacando a los *panzer* con bazucas. La 101.ª División afirmaba haber dejado fuera de combate un total de 151 carros de combate y cañones de asalto, además de 25 semiorugas, entre el 19 y el 30 de diciembre. Esas cifras eran casi con toda seguridad exageradas, lo mismo que las victorias que aseguraban haber cosechado los pilotos de los cazas. Muchas víctimas fueron compartidas por los carros Sherman de la 10.ª División Acorazada y por los Hellcat del 705.º Batallón de Cazacarros del coronel Templeton.

Los continuos combates contra los *Panzergrenadiere* del 901.º Regimiento en los alrededores de Marvie se habían hecho cada vez más confusos en las primeras horas de la mañana. Una ametralladora estadounidense abrió fuego contra dos soldados de infantería de planeadores que aparecieron en lo alto de un cerro. Los estadounidenses se vieron obligados a retirarse de la aldea, pero lograron retener la colina del oeste. El cuartel general de McAuliffe en Bastogne efectuó una nueva evaluación de sus defensas. El asalto del pueblo desde Marvie acababa de ser frenado, pero seguían siendo vulnerables por el lado oeste del perímetro. Se decidió que convenía emprender la retirada desde el saliente de Flamierge y de Mande-Saint-Étienne, y replegarse desde Senonchamps. Reducir la línea frontal en general permitiría reforzar las líneas, pero también reorganizar las fuerzas agregando de forma permanente con carros de combate y cazacarros a cada regimiento.

Entre tanto, al *Generalmajor* Kokott le habían dejado meridianamente claro, tanto Lüttwitz, comandante de su Cuerpo de Ejércitos, como Manteuffel, que Bastogne debía ser arrasada al día siguiente, antes de que lograra abrirse paso por el sur la 4.ª División Acorazada. Mientras esperaba que la 15.ª División *Panzergrenadier* se desplegara en el sector noroeste, Kokott estaba cada vez más preocupado por la línea de defensa de la 5.ª División *Fallschirmjäger* en el sur. Consideró prudente desplegar una pantalla de seguridad de «secciones de emergencia» al sur, formada por su propio personal de abastecimientos con unos cuantos cañones contracarro. El batallón antiaéreo situado en las inmediaciones de Hompré fue avisado también de que estuviera listo para cambiar su papel e hiciera frente a los carros de combate estadounidenses. Fue todo un consuelo saber que al menos la principal carretera que discurría al sur de Arlon estaba protegida por el 901.º Regimiento *Panzergrenadier* de la División *Panzer Lehr*.

La 5.ª División *Fallschirmjäger* parecía que estaba efectivamente mal equipada para la tarea de defender el flanco sur del V Ejército Panzer. El oficial que estaba a su mando, el *Oberst* Ludwig Heilmann, no inspiraba muchas simpatías y él, por su parte, despreciaba a los miembros de la Luftwaffe que integraban su estado mayor, llegando a afirmar que, al asumir el mando, había descubierto varios casos de «corrupción y de especulación»: «Hasta ahora esta gente ha estado empleada solo en Francia y en Holanda —diría después— y se ha dedicado a vegetar entregándose al saqueo y son cómplices todos unos de otros». Aseguraba que los *Unteroffiziere* más antiguos decían abiertamente que «ni en sueños iban a arriesgar su vida ahora que estaban al final de la guerra». Los soldados jóvenes, por su parte, casi todos menores de veinte años y algunos de apenas dieciséis, «causaban una impresión mejor», aunque habían recibido poca instrucción.

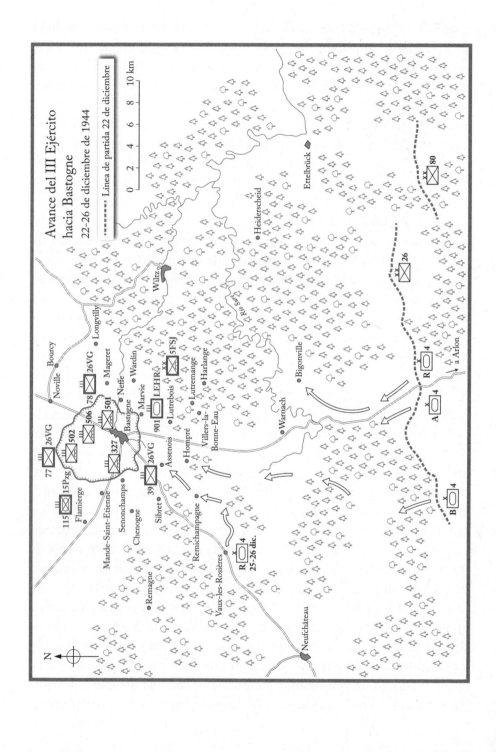

Avance del III Ejército
hacia Bastogne
22-26 de diciembre de 1944

------ Línea de partida 22 de diciembre

0 2 4 6 8 10 km

Sus superiores tenían que preguntar constantemente a Heilmann por la posición exacta de sus regimientos, pero los informes de los que disponía eran tan escasos e imprecisos que el coronel decidió marchar hacia delante él mismo, aunque solo fuera para librarse del «acoso de las preguntas» del cuartel general de su Grupo de Ejércitos.[12]

Pero pese a las aparentes deficiencias de la 5.ª División *Fallschirm-jäger*, sus soldados, en su mayoría adolescentes, combatieron haciendo gala de un aguante formidable, como comprobaría la 4.ª División Acorazada a sus propias expensas. Aquella mañana, al alba, el 53.º Batallón de Infantería Mecanizada y el 37.º Batallón Acorazado atacaron la aldea de Bigonville, a más de veinte kilómetros al sur del puesto de mando de Kokott. Iban al mando del teniente coronel Creighton W. Abrams (posteriormente comandante en jefe de las fuerzas estadounidenses en Vietnam), y tomaron la plaza y los terrenos eminentes situados detrás de ella en menos de tres horas. Pero luego «el enemigo logró infiltrarse otra vez en la localidad y fueron necesarios nuevos combates para despejar el lugar». Para empeorar las cosas, las fuerzas estadounidenses fueron entonces bombardeadas y ametralladas por unos P-47 Thunderbolt, que no se retiraron hasta que fueron disparadas unas cuantas granadas de humo de color, pues la nieve había borrado los paneles de identificación. En asegurar Bigonville por segunda vez se tardaron otras tres horas, con unos costes altísimos. Los oficiales al mando de los carros de combate, que sacaban la cabeza por la torreta, atraían los disparos de los tiradores de precisión alemanes, que «se cargaron a nueve del 37.º Batallón Acorazado, incluido el comandante de la Compañía C».[13]

La 4.ª División Acorazada sufrió también muchísimo a causa de las condiciones atmosféricas extremas: «El oficial al mando de nuestra compañía fue evacuado con neumonía —escribía un soldado del 51.º Batallón de Infantería Mecanizada— y perdimos al sargento de nuestra sección porque se le congelaron los pies». Al día siguiente solo quedaba un oficial en toda la compañía. Las esperanzas que tenía Patton de socorrer Bastogne para Navidad iban disipándose a pasos agigantados.[14]

Las fuerzas de Kokott, como casi todas las formaciones alemanas en las Ardenas, sufrían una grave escasez de munición, especialmente de granadas de mortero. Los ataques aéreos aliados contra las áreas de clasificación de las estaciones ferroviarias y las líneas de abastecimiento avanzadas habían empezado ya a surtir efecto. Aquella tarde, los estadounidenses se dieron cuenta de que los cañones alemanes habían empezado a guardar silencio. Los defensores supusieron que querían reservar sus municiones para el gran ataque previsto para el día de Navidad por la mañana.

A unos cincuenta kilómetros al norte, los integrantes que quedaban del *Kampfgruppe* Peiper en La Gleize preparaban la destrucción de sus vehículos, antes de escapar a pie cruzando el río Amblève. A las 03.00 del 24 de diciembre, el grupo principal, formado por unos ochocientos hombres, cruzó el río y marchó dificultosamente a través de los espesos bosques del flanco sur hacia la línea de la cresta. Peiper, que iba justo detrás del destacamento de cabeza, se llevó consigo al comandante McCown. Dos horas después oyeron unas explosiones detrás de ellos y a sus pies, en el valle, vieron el pueblo iluminado por las llamas de los vehículos ardiendo.

Peiper, que no estaba seguro de dónde se encontraban las líneas alemanas, llevó a sus hombres hacia el sur en paralelo al río Salm. McCown contaría más tarde que lo único que recibieron de comida fueron cuatro galletas secas y dos tragos de coñac. Una hora después del anochecer se toparon con una avanzadilla estadounidense, uno de cuyos centinelas abrió fuego contra ellos. Los *Panzergrenadiere* estaban agotados, especialmente las dos decenas de ellos que se veían obligados a caminar a pesar de estar heridos. Fueron dando tumbos en la oscuridad y tuvieron que vadear varios arroyos para no pasar por carreteras y centros habitados. El día de Navidad a primera hora se dieron de bruces con otra posición estadounidense al norte de Bergeval, desencadenando una reacción formidable con fuego de morteros y ametralladoras que disparaban balas trazadoras. McCown aprovechó la confusión para escapar y así logró llegar a las líneas estadounidenses, donde se identificó ante los paracaidistas de la 82.ª División Aerotransportada. Inmediatamente fue conducido al puesto de mando del general Jim Gavin.

Peiper y sus hombres se retiraron al valle del Salm y cruzaron a nado las gélidas aguas del río. El I Cuerpo Panzer de las SS informó más tarde de su llegada, aparentemente intacto, el día de Navidad. El hecho se produjo más o menos a la misma hora en que la 30.ª División de Infantería acabó con otra bolsa de hombres a su mando, atrapados en las cercanías de Stavelot. Su resistencia fue fanática, probablemente porque estaban convencidos de que sus adversarios no estaban dispuestos a hacer prisioneros. «Las oleadas de atacantes progresaban pisoteando literalmente hasta la altura de las rodillas los cadáveres de los suyos en una serie de embestidas a la desesperada», afirmaba el informe elaborado inmediatamente después de la acción.[15] El oficial al mando de la artillería de la división calculaba que en un determinado punto estaban amontonados más de mil cuerpos de soldados alemanes muertos, y que los bosques de los alrededores de Stavelot y La Gleize estaban sembrados de cadáveres. Los estadounidenses calculaban que habían perdido la vida unos dos mil quinientos integrantes del *Kampfgruppe* y que habían sido destruidos noventa y dos carros de combate y cañones de asalto.

Ahora que el único progreso que había conseguido realizar el VI Ejército Panzer había sido neutralizado, los ojos de Hitler y del OKW estaban fijos en las divisiones *panzer* de Manteuffel en el oeste. La concentración de fuerzas contra el flanco norte parecía arrolladora. Tras aplastar a las tropas que defendían Baraque-de-Fraiture, la 2.ª División Panzer de las SS *Das Reich* se vio reforzada por la vanguardia de la 9.ª División Panzer. La *Führerbegleitbrigade* estaba ya de camino, dispuesta a atacar Hotton, y la 18.ª y la 62.ª Divisiones *Volksgrenadier*, apoyadas por la 9.ª División Panzer de las SS *Hohenstaufen*, atacaban a la 82.ª División Aerotransportada en el sector de Vielsalm, donde el general Ridgway insistía en defender una cuña en ángulo recto.

El general Bradley se mostró indignadísimo al enterarse de que Montgomery había desplegado el VII Grupo de Ejércitos de Collins a lo largo de la línea del flanco, en vez de retenerlo para efectuar un gran contraataque. (En realidad había sido Collins el que había enviado allí a sus propias divisiones porque no había tenido más remedio.) Una vez más quedó de manifiesto hasta qué punto Bradley era completamente incapaz de entender lo que estaba pasando. Con cuatro divisiones *panzer* atacando por el norte y por el noroeste, era imprescindible asegurar con urgencia una línea de defensa antes de llevar a cabo cualquier contraataque. En el cuartel general del I Ejército, que estaba considerando la eventualidad de llevar a cabo una gran retirada en el frente del VII Cuerpo, se hizo incluso constar esa misma noche: «Pese a la magnífica actuación que ha tenido hoy la aviación, las cosas parece que están peor, si cabe, que antes». La preocupación por un avance de las divisiones *panzer* por el oeste indujo incluso al I Ejército a considerar la posibilidad de replegar todo el equipo pesado del V Cuerpo en caso de una retirada precipitada.[16]

Ridgway se puso lívido cuando Montgomery lo desautorizó una vez más, en esta ocasión ordenando a la 82.ª División Aerotransportada de Gavin retirarse de Vielsalm a la base del triángulo que iba de Trois-Ponts a Manhay. La 82.ª División se veía cada vez más presionada por la 9.ª División Panzer de las SS *Hohenstaufen*, lo que quedaba de la 1.ª División Panzer de las SS y por la 18.ª y la 62.ª Divisiones *Volksgrenadier*. Pero a Ridgway le ofendía la idea de que el ejército de Estados Unidos recibiera la orden de ceder terreno de esa forma. Atribuyó la jugada a la obsesión de Montgomery por «poner en orden el campo de batalla», y protestó vehementemente ante el general Hodges, «pero, al parecer, no encontró muchas simpatías tampoco allí», como luego reconocería Hansen.[17] Bradley estaba obsesionado con la decisión tomada por Montgomery y en adelante seguiría insistiendo machaconamente en ello durante mucho tiempo.

Gavin, sin embargo, comprendió perfectamente el sentido del repliegue, y es casi seguro que Montgomery había acertado. La 82.ª División se encontraba sobreextendida antes incluso de que llegara la siguiente oleada de formaciones alemanas. Reducir su frente de veintisiete a solo dieciséis kilómetros suponía crear una línea de defensa mucho más fuerte. La retirada comenzó esa misma noche, y «la moral de la 82.ª no se vio materialmente afectada».[18] Los paracaidistas de Gavin no tardaron en disponer de abundantes cadáveres congelados de alemanes para utilizar como si fuesen sacos de arena en sus nuevas posiciones y se negaron a permitir al personal del Registro de Tumbas que se los llevara.[19]

La Fuerza Operativa Kane y un regimiento de la 17.ª División Aerotransportada que acababa de llegar se posicionaron para defender el cruce de carreteras de Manhay frente a lo que el cuartel general del I Ejército seguía creyendo que era un intento de capturar las bases de aprovisionamiento estadounidenses en Lieja. La 75.ª División de Infantería, que todavía era novata e iba de camino para prestar apoyo a la 3.ª División Acorazada de Rose en su intento de rescatar a la Fuerza Operativa Hogan, se vio rodeada en Marcouray.

En Manhay, los defensores esperaban que se produjera un ataque temible de la División *Das Reich*, pero esta avanzó con mucha cautela por los bosques a uno y otro lado de la carretera y ocupó Odeigne. Ello se debió en parte a los continuos problemas de falta de combustible, pero principalmente a que no quería avanzar a campo abierto en aquel segundo día de cielos despejados. A plena luz del día una columna blindada estaba condenada a convertirse en presa fácil de los cazabombarderos, que sobrevolaban el paisaje nevado en busca de objetivos.

El *Brigadeführer* Heinz Lammerding, al mando de la división *Das Reich*, responsable de las matanzas de Tulle y de Oradour-sur-Glance perpetradas en su avance hacia el norte camino de Normandía durante el mes de junio, era un hombre alto y arrogante, con la cara picada de viruela. Era célebre por su crueldad, igual que la mayoría de sus oficiales. Todos ellos consideraban muy gracioso que la *Das Reich* asesinara a los habitantes de la Oradour equivocada. «Un *SS-Führer* me dijo entre risas —diría después Heydte en una conversación grabada en secreto— que se habían equivocado de pueblo. "Peor para ellos" [comentó el *SS-Führer*]. Al final resultó que no había partisanos en el pueblo.»[20]

En cuanto oscureció y se marcharon los cazabombarderos Thunderbolt y Lightning, los carros de combate y los semiorugas de la división de las SS *Das Reich* salieron de los bosques y se dirigieron hacia el norte, a Manhay. Los alemanes emplearon el truco habitual de colocar un Sherman capturado a la cabeza de la columna. Los estadounidenses dejaron de disparar, por si se trataba de una fuerza ope-

rativa de la 3.ª División Acorazada. Pero entonces los hombres de las
SS lanzaron bengalas para deslumbrar a los artilleros de los carros
estadounidenses. Dos regimientos *Panzergrenadier* atacaron hombro
con hombro a las 21.00. A medianoche ya habían tomado Manhay.
La agrupación de combate de la 7.ª División Acorazada perdió diecinueve carros en los combates nocturnos, y los tripulantes de sus
blindados, completamente exhaustos, tuvieron que escapar a pie. El
regimiento *panzer* de la *Das Reich* no perdió ninguno.

La 116.ª División Panzer de Waldenburg, que había sido enviada
dando un rodeo al oeste del río Ourthe, recibió la orden de abrirse paso
entre Marche-en-Famenne y Hotton, y luego de girar hacia el oeste
en dirección a Ciney para proteger el flanco derecho de la 2.ª División
Panzer. Pero la 84.ª División de Infantería de Bolling ocupaba una línea muy fuerte al sur de la principal carretera Marche-Hotton. Los
blindados de la 116.ª División lograron avanzar rodeando la aldea de
Verdenne, pero el éxito no duró mucho. Aquello fue el comienzo de lo
que Waldenburg llamaría unos combates «durísimos y en constante
cambio». Casas y posiciones cambiaron de manos varias veces.[21]

La propia Marche-en-Famenne se vio amenazada. El joven Henry Kissinger, de apenas veintiún años, que estaba destinado al servicio
de inteligencia de la 84.ª División, se presentó voluntario para quedarse atrás oculto, a pesar del riesgo añadido que suponía el hecho de ser
judío. Pero los hombres de Bolling aguantaron firmes y su artillería
acabó por infligir unas pérdidas terribles a los hombrees de Waldenburg. Los batallones de artillería de campaña utilizaron la nueva espoleta pozit con alzas elevadas, barriendo generosamente los senderos
cuando fue preciso, para conseguir explosiones en el aire por encima
de las posiciones alemanas. La infantería estadounidense contempló
los efectos de su acción con feroz delectación y comunicó a la retaguardia que se habían producido «*beaucoup* muertos».[22]

Los cazabombarderos aliados también estuvieron dando vueltas
de un lado a otro, bombardeando y ametrallando las posiciones enemigas. «De la Luftwaffe alemana no se vio ni se oyó nada de nada»,
comentó irritadísimo Waldenburg.[23] Lo más cerca de Marche que

llegaron sus *Panzergrenadiere* fue al límite del bosque situado al noroeste de Champlon-Famenne que domina la localidad, donde fueron bombardeados sin parar por la artillería estadounidense. Desde ese día los terratenientes del lugar no han podido vender leña de ese bosque debido a los fragmentos de metralla que se encuentran incrustados a gran profundidad en los grandes pinos.

En el extremo más alejado del saliente alemán, la 2.ª División Panzer había perdido ya tres blindados en sus enfrentamientos con el 3.er Regimiento Real Acorazado. El teniente coronel Brown, preocupado por lo cerca que estaban ya los alemanes del puente de Dinant, reforzó sus accesos por si los *Panzergrenadiere* intentaban colarse por allí. Se había enterado de que su situación en materia de combustible era desesperada. La artillería británica empezó a bombardear las posiciones de la 2.ª División Panzer en los alrededores de Celles, y se elaboraron planes para atacar al día siguiente desde Sorinnes con objeto de aplastar al batallón de reconocimiento de Böhm en Foy-Notre-Dame. Brown todavía no sabía que la 53.ª División británica había empezado ya a cruzar el Mosa, y que por lo tanto iba a contar con un apoyo importante.[24]

El general de división Harmon, reconocible inmediatamente por su pecho ancho y fuerte, su bigote militar y su voz grave, a duras penas podía controlar su impaciencia y sus ganas de enfrentarse al enemigo. Había recibido del general Collins la orden de contenerse hasta que llegara la ocasión propicia de lanzar un contraataque, pero no había forma de ponerse en contacto con Collins, pues se hallaba preocupadísimo por la peligrosa situación de su flanco este. Ante la amenaza planteada por la 2.ª División Panzer y la División *Panzer Lehr* por el oeste, Montgomery había dado incluso al Cuerpo de Collins la orden de que, «si se veía obligado», se replegara a una línea entre Hotton y Andenne, a unos treinta kilómetros en línea recta al norte de Marche.[25] Aquel movimiento habría constituido una retirada en toda regla y, a diferencia del repliegue de la 82.ª División de Gavin, habría supuesto un gran error. Pero afortunadamente Montgomery había dejado a Collins autoridad para tomar sus propias decisiones.

Harmon sospechaba que había una numerosa fuerza *panzer* en los alrededores de Celles, pero no tuvo la confirmación hasta que dos P-51 Mustang le informaron de disparos de piezas antiaéreas en las cercanías. (Todavía no se había establecido contacto con los británicos en Sorinnes.) En medio de una confusión considerable entre el cuartel general del I Ejército y el VIII Cuerpo durante la ausencia de Collins, Harmon se negó a seguir esperando. Ordenó a su Agrupación de Combate B que se reuniera con la Agrupación de Combate A en Ciney, y envió por delante dos batallones de artillería autopropulsada. Cuando Collins pudo al fin hablar con Harmon por teléfono aquella noche y le dio permiso para atacar a la mañana siguiente, parece que Harmon soltó un rugido y exclamó:

—¡Esos hijos de puta ya están en el saco!

Montgomery apoyó la decisión de Collins de desplegar la 2.ª División Acorazada, aunque ello supusiera frustrar su plan de reservar al VIII Cuerpo para un contraataque.[26]

El *Kampfgruppe* Cochenhausen había adoptado una posición de defensa general en dos bolsas entre Celles y Conneux, mientras aguardaba la llegada de los refuerzos de la 9.ª División Panzer que le habían prometido. Pero estos se retrasaron, al tener que esperar el reabastecimiento de combustible. Los elementos más adelantados de la 2.ª División Panzer necesitaban también urgentemente municiones y combustible, pero la larguísima línea de abastecimientos distaba mucho de estar segura. La situación empeoró debido a la reanudación de los ataques estadounidenses en los terrenos elevados situados al suroeste de Marche y al número cada vez mayor de cazabombarderos aliados que surcaban los cielos. Los integrantes del cuartel general de la 2.ª División Panzer al sur de Marche estaban que echaban chispas, llenos de frustración al ver que eso sucedía justo cuando estaban tan cerca de alcanzar su objetivo. Llegó a Foy-Notre-Dame una orden del *Generalfeldmarschall* Model: «Si era necesario, elementos del batallón de reconocimiento debían capturar el puente de Dinant a pie, en un golpe de mano», como había imaginado el coronel Brown. Pero el *Kampfgruppe* de Böhm era el que estaba más presionado, pues la artillería británica lo tenía a su alcance.[27]

La frustración no tardó en convertirse en alarma en el cuartel general de la 2.ª División Panzer «pues las dos bolsas comunicaron que sus reservas de munición y de combustible no iban a permitirles continuar combatiendo mucho tiempo», anotó el *Oberstleutnant* Rüdiger Weiz. Y como el combustible del que se disponía en el frente no bastaba para la retirada de las fuerzas, se suscitó la cuestión casi insoluble, de cómo llevar ayuda a los elementos que estaban combatiendo en primera línea.[28]

Lauchert decidió replegar al *Kampfgruppe* al mando del comandante Friedrich Holtmeyer que actuaba de pantalla delante de Marche. Le ordenó que se trasladara al oeste a través de Rochefort, y que arremetiera contra Conneux para socorrer a las fuerzas que estaban rodeadas allí. Esta operación debía llevarse a cabo únicamente por la noche, debido a la supremacía aérea estadounidense. Lüttwitz dio su beneplácito al plan, pero primero había que obtener permiso del cuartel general del V Ejército Panzer. Lauchert recibió la autorización esa misma tarde, pero el batallón de reconocimiento ya no respondía a las llamadas por radio. Las fuerzas de Holtmeyer se pusieron en marcha esa noche, pero una maniobra tan difícil en la oscuridad como la que intentaban se vio frustrada ulteriormente por los grupos estadounidenses que emprendieron el ataque mientras se retiraban.

A diez kilómetros al sureste de Marche, la aldea de Bande se encuentra situada en una colina sobre la carretera N4 que va de Marche a Bastogne. Como ya hemos dicho, las tropas de las SS habían quemado treinta y cinco casas a lo largo de la N4 en los alrededores de la localidad durante su retirada de la región en el mes de septiembre como represalia por los ataques de la resistencia belga. El 22 de diciembre habían pasado por la zona los elementos de cabeza de la 2.ª División Panzer, y al día siguiente algunas tropas de esta unidad se alojaron en el pueblo. Su comportamiento fue bueno. Pero el día de Nochebuena apareció un grupo muy distinto, formado por unos treinta hombres, vistiendo los uniformes grises de las SS. Llevaban la insignia del *Si-*

cherheitsdienst —un rombo con las letras «SD»— en la manga izquierda de la guerrera. Los integrantes de este *Sondereinheitkommando* 8 no eran en su mayoría alemanes, sino fascistas franceses, belgas y holandeses al mando de un suizo, y estaban adscritos a la Gestapo.[29]

Permanecieron al margen de los *Panzergrenadiere* y se apropiaron de unos cuantos edificios de madera cerca de la carretera principal. La Nochebuena había caído en domingo, de modo que casi todos los habitantes del pueblo estaban en misa. Cuando se abrieron las puertas de la iglesia y empezaron a salir los feligreses, todos los varones en edad militar fueron detenidos, supuestamente para efectuar una comprobación de sus documentos de identidad. En total fueron capturados unos setenta hombres. Poco menos de la mitad —los que tenían entre diecisiete y treinta y un años— fueron puestos bajo arresto en un aserradero cerca de la carretera principal, y allí permanecieron encerrados. Muchos de ellos eran refugiados oriundos de otros lugares, pero igualmente fueron interrogados de manera brutal acerca de los ataques perpetrados en la zona contra las tropas alemanas en retirada hacía tres meses y medio. Uno por uno fueron sacados fuera del aserradero y fusilados.

No hubo más que un superviviente, Léon Praile, un joven fuerte y atlético de veintiún años. Había intentado convencer a los demás de que se unieran a él abalanzándose contra sus guardianes. Cuando le llegó el turno —para entonces había empezado ya a oscurecer—, pegó un fortísimo puñetazo en la cara a su escolta y echó a correr; saltó una pequeña tapia de piedra y apretó el paso en dirección al arroyo. Dispararon algunos tiros tras él, pero logró escapar.

Cuando el pueblo fue liberado por fin por los paracaidistas británicos de la 6.ª División Aerotransportada en el mes de enero, el abate Musty y Léon Praile los condujeron al lugar en el que habían sido escondidos los treinta y cuatro cadáveres, que yacían medio congelados. «Una vez perpetrado el hecho —afirmaba el informe británico— los alemanes cubrieron los cuerpos a medias con tierra y con tablas. Por último escribieron en una pared de la casa: "En venganza por el honor de nuestros héroes alemanes, asesinados por los belgas"... [Las víctimas] muestran signos de haber sido golpeadas antes de que les pegaran un tiro en la nuca.»[30]

A los habitantes del pueblo les pareció inexplicable la matanza, y el desconcierto dio lugar a que corrieran falsos rumores que aseguraban que Praile no habría podido salvarse más que traicionando a sus camaradas. Durante años esta idea se convirtió en una obsesión. Praile decidió no volver nunca más a la comarca.[31]

El *Generaloberst* Guderian, el jefe del estado mayor del ejército responsable del Frente Oriental, salió de Zossen, al sur de Berlín, para entrevistarse con Hitler en el *Adlerhorst*. Tenía bastante claro que la ofensiva de las Ardenas no había conseguido sus objetivos y que no valía la pena seguir adelante con ella. El punto más peligroso estaba en el este, donde el Ejército Rojo preparaba su gran ofensiva de invierno. En su maletín llevaba una evaluación bastante más ajustada de lo que era habitual, elaborada por el *Generalmajor* Reinhard Gehlen, jefe de la Fremde Heere Ost, el departamento de inteligencia encargado del Frente Oriental. Gehlen se había equivocado muchas veces en el pasado, cosa que no hablaba demasiado a favor de sus argumentos, pero esta vez estaba convencido de que sus advertencias eran correctas. El departamento de Gehlen calculaba que el Ejército Rojo tenía una superioridad de once a uno en materia de infantería, de siete a uno en carros de combate y de veinte a uno en artillería. La aviación soviética gozaba además de una supremacía aérea casi total, lo que impedía que los alemanes llevaran a cabo labores de reconocimiento fotográfico.

En la sala de conferencias, Guderian tuvo que enfrentarse al *Reichsführer-SS*, Heinrich Himmler, al *Generalfeldmarschall* Keitel y al *Generaloberst* Jodl. Cuando le presentó los cálculos de los servicios de inteligencia, Hitler le interrumpió. Afirmó que esos cálculos de las fuerzas soviéticas eran exagerados. Los cuerpos acorazados del Ejército Rojo apenas tenían blindados y sus divisiones de fusileros se limitaban a poco más de siete mil hombres cada una. «Es la mayor impostura desde Gengis Khan —gritó—. ¿Quién es el responsable de esta basura?»[32]

Los esfuerzos de Guderian por defender las cifras de Gehlen fueron tratados con desprecio y, para mayor espanto suyo, Jodl sostuvo que los ataques en el Frente Occidental debían continuar. Durante la cena, Himmler, un perfecto ignorante en materia militar que acababa de ser nombrado comandante en jefe del Grupo de Ejércitos del Alto Rin, dijo confidencialmente a Guderian que la acumulación de fuerzas de los soviéticos era una patraña colosal. Lleno de desesperación, Guderian no tuvo más remedio que regresar a Zossen.

En el extremo derecho de los dos grupos de ejército de Patton, la 5.ª División de Infantería había empezado a avanzar hacia el noroeste por detrás de la 4.ª División de Infantería. Hemingway, recuperado de la gripe y bebiendo su propia orina, contemplaba el panorama desde lo alto de una colina y bromeaba con sus amigos de la división que lo había adoptado viendo cómo a sus pies los soldados avanzaban en un frente amplio vestidos con sus equipos de camuflaje confeccionados con sábanas y disparando sin ton ni son contra lo que tenían delante. No parecía que hubiera ningún alemán que respondiera a sus disparos. El día de Nochebuena el escritor acudió al cuartel general del 22.º Regimiento de Infantería en Rodenbourg sin saber que el nuevo oficial al mando, el coronel Ruggles, había invitado también a su esposa, de la que vivía separado. Ruggles había enviado un *jeep* a Luxemburgo a recoger a Martha Gellhorn, con la esperanza de que el encuentro fuera una agradable sorpresa para los dos. La pareja mal avenida se vio obligada a compartir habitación.[33]

La noche previa a la Navidad tenía un significado especial en ambos bandos. En Bastogne, los heridos de menor gravedad recibieron raciones de coñac y escucharon la canción «Navidades blancas» repetida hasta la saciedad en una emisora de radio civil que había podido ser salvada.[34] Al noreste de la localidad, en Foy, los soldados alemanes se hacinaron en las casas y las granjas para calentarse. Un joven soldado alemán contó tranquilamente a la familia belga en cuya casa estaba alojado que tenía intención de volver sano y salvo con los suyos: tres de sus hermanos ya habían perdido la vida en la contienda. En otros lugares del perímetro, los soldados estadounidenses escucharon a sus enemigos cantar *Stille Nacht, heilige Nacht*. No podían dejar de hablar de las Navidades en casa, imaginándose a sus familias delante del fuego reconfortante. Algunos de sus camaradas más afortunados de la retaguardia asistieron a la Misa del Gallo, como la que se celebró en la capilla del castillo de Rolley, atestada de refugiados y de la familia de los propietarios. En la mayor parte de los casos, casi todos cantaron también *Noche de paz*, pensando en sus hogares. En Bastogne, unos cien soldados se reunieron para celebrar la misa delante de un altar improvisado iluminado con velas fijadas en latas vacías de raciones de comida. En su sermón, el capellán les dio un consejo muy sencillo: «No hagáis planes, pues los planes de Dios prevalecen siempre».[35]

En Boisseilles, entre Celles y Foy-Notre-Dame, los soldados alemanes también se unieron a la población civil que había buscado refugio en el *château*. Un *Panzergrenadier* de la 2.ª División Panzer, inflamado quizá por el alcohol, afirmó:

—¡Mañana cruzaremos el Mosa!

Otro, de mentalidad más realista, suspiró:

—¡Lástima de Navidades![36]

Las unidades avanzadas de la 2.ª División Panzer estaban famélicas, casi muertas de hambre. En Celles, un soldado alsaciano llamó a una puerta y, cuando la familia que vivía en la casa abrió cautelosamente, se hincó de rodillas pidiendo un poco de comida. La situación de muchos de ellos era tan lamentable que los lugareños se vieron obligados a dar a las fuerzas de ocupación algo que llevarse a la boca por pura caridad cristiana. Hubo sorprendentemente pocos casos de soldados de la 2.ª División Panzer que robaran comida a punta de pistola, aunque quizá algunos ordenaran a las esposas de los granjeros que les hicieran una sopa o un pastel con sus reservas de frutas en conserva a modo de regalo navideño. Otros obligaron a las mujeres del lugar a lavarles los calcetines o la ropa interior.[37]

A pesar de la grandísima hambre que tenían, los soldados alemanes estaban más ansiosos por encontrar algo que beber y en lo que ahogar sus penas aquella Nochebuena. En Rochefort, una chica de catorce años, Liliane Delhomme, vio a un *Landser* echar abajo la puerta de cristales del café Grégoire de un puñetazo, aunque al hacerlo se cortó gravemente la mano, solo para conseguir una botella. La nostalgia es más dolorosa que nunca en Navidad. Muchos hombres miraban las fotografías de sus familiares y lloraban en silencio.

Los soldados de infantería de uno y otro bando pasaron la noche en sus pozos de tirador. Los estadounidenses no dispusieron más que de raciones C heladas para celebrar la fiesta, pero eso era desde luego más de lo que tuvieron la mayoría de los alemanes. Un paracaidista describía cómo se vio obligado a ir cortando uno a uno pedacitos de picadillo congelado para templarlos un poco en la boca antes de poder comérselos.[38] En el flanco más septentrional, en Höfen, un soldado de la 99.ª División de Infantería escribió en su diario: «Los compañeros andan llamándose unos a otros por toda la línea para desearse felices Navidades. Es una noche muy bonita, con todo el suelo cubierto de nieve».[39] Los más afortunados recibieron la visita de un oficial que fue pasando una botella de unos a otros.

En los puestos de mando y en los cuarteles generales de mayor rango había árboles de Navidad, decorados por lo general con las tiras de papel de aluminio usadas para provocar interferencias en los radares. Cuanto más rango tenía un cuartel general, más oportunidades había de que se realizara en él una celebración como es debido. La ciudad de Luxemburgo, que todavía no se había visto afectada por la guerra, se sentía segura. Y mientras los copos de nieve caían suavemente sobre la ciudad durante la Nochebuena, el capellán del ejército estadounidense Frederick A. McDonald se dispuso a celebrar un oficio religioso en una iglesia iluminada por las velas. Le habían avisado de que el general Patton iba a asistir a la eucaristía aquella noche. La iglesia estaba atestada de gente, pero McDonald no tuvo dificultad en reconocer a «ese general de expresión severa» que estaba de pie y erguido en la parte de atrás. Fue a saludarlo y le comentó que, durante la primera guerra mundial, el káiser Guillermo II había asistido a los oficios en esa misma iglesia. Consciente indudablemente del afán de aquel general por apropiarse cualquier acontecimiento histórico, McDonald le preguntó:

—¿Le gustaría a usted sentarse en el banco del káiser, señor?

Patton sonrió y dijo:

—Lléveme usted a él.[40]

18

Día de Navidad

El breve silencio de la noche de Navidad en Bastogne fue roto por un bombardero de la Luftwaffe que sobrevoló la localidad lanzando bengalas de magnesio, seguido de sucesivas oleadas de Junkers 88. Los estadounidenses habían llegado a considerar a la Luftwaffe una fuerza extinguida, así que el efecto de su acción fue más devastador incluso que el del bombardeo de artillería más intenso. El susto fue peor aún para los refugiados y para los *bastognards* hacinados en los sótanos, cuando los edificios se derrumbaron sobre ellos.

El cuartel general de McAuliffe resultó alcanzado. Las paredes temblaron, como si se tratara de un terremoto, y todos quedaron horrorizados temiendo morir aplastados por los ladrillos que les caían encima. En los sótanos atestados de gente del Institut Notre Dame, todo el mundo rezaba o gritaba dominado por el pánico, mientras a su alrededor descendían nubes de polvo. Varias personas se volvieron completamente locas.

Para celebrar la Navidad el capitán Prior, el médico del puesto de primeros auxilios de la 10.ª División Acorazada, había estado compartiendo una botella de champán con varios colegas, entre ellos Augusta Chiwy, la enfermera congoleña. Todos ellos fueron arrojados al suelo por la violencia de una explosión y Prior temió de repente que hubiera sido alcanzado el propio puesto de socorro. Envueltos en polvo, lograron salir a la calle. El edificio de tres pisos se había derrumbado sobre los pacientes heridos y las ruinas eran pasto de las llamas. La compañera de Chiwy, la enfermera Renée Lemaire, resultó muerta, junto con unos veinticinco heridos graves, que perdieron la vida carbonizados en sus camas. Los soldados acudieron corriendo a retirar los escombros para abrir una salida, pero los intentos de extinguir el incendio con cubos de agua fueron estériles y no tardaron en ser abandonados. Algunos heridos, rodeados por las llamas, suplicaban que les pegasen un tiro. Los bombarderos, volando bajo, ametrallaron las calles, así que los paracaidistas no dudaron en responder disparando sus fusiles. Bastogne no tenía defensas antiaéreas porque todos los semiorugas provistos de ametralladoras cuádruples de 12,7 mm habían sido desplegados para reforzar las defensas del perímetro.[1]

Este ataque, que se reanudó varias horas más tarde, era a todas luces la andanada inicial de la gran ofensiva alemana prevista para el día de Navidad. El *Arko* o comandante en jefe de la artillería (*Artilleriekommandeur*) del V Ejército Panzer, había acudido por orden de Manteuffel a supervisar el control de fuego. Kokott había trasladado su puesto de mando a Givry, justo enfrente del flanco noroccidental. En este sector había menos bosques y menos zonas habitadas, que los estadounidenses habían utilizado de forma tan eficaz como fortines, y el terreno abierto presentaba obstáculos no más grandes que unos pequeños barrancos cubiertos de nieve. Aun así, la mayoría de sus *Volksgrenadiere* temían la batalla que se avecinaba y no quedaron muy convencidos por las exhortaciones y las promesas de sus oficiales, que aseguraban que esta vez disponían de una fuerza arrolladora.

La doble ofensiva desde el noroeste y desde el sureste había sido planeada para conseguir entrar en Bastogne en cinco horas, pero Kokott quedó desconcertado al comprobar que la 15.ª División *Panzergrenadier* era mucho más débil de lo que había esperado. Constaba de poco más que un *Kampfgruppe* al mando del *Oberstleutnant* Wolfgang Maucke, con tres batallones de *Panzergrenadiere*, veinte carros de combate y cañones de asalto, y dos batallones de artillería autopropulsada. Todavía tenía que llegar una pequeña fuerza de la división, pero no lo haría hasta que ya fuera demasiado tarde.

El primer embate fue dirigido contra el sector situado justo enfrente de la aldea de Champs. A las 05.00, el 77.º Regimiento de Granaderos de Kokott se acercó sigilosamente a las trincheras estadounidenses sin preparación artillera. Solo entonces empezó la artillería alemana a disparar contra las posiciones de los cañones estadounidenses. La localidad de Champs fue «tomada, perdida y vuelta a tomar» en medio de feroces combates, observaría Kokott.[2] Una compañía de paracaidistas y dos cazacarros infligieron numerosas bajas a sus hombres. Su adiestramiento intensivo «desmontando y reparando armas bajo fuego enemigo y en medio de la oscuridad» había resultado desde luego muy útil.[3] Cuando una ametralladora se encasquillaba, se ponía a punto en un instante, y volvía a abrir fuego de inmediato. El cabo Willis Fowler, a cargo de una ametralladora situada en el lado oeste de Champs, logró acabar con toda una compañía de granaderos mientras que cuatro blindados alemanes permanecían rezagados sin saber qué hacer en la cresta de la colina. La artillería estadounidense fue también extraordinariamente eficaz frenando los ataques enemigos, y a las 09.00 se oyó entre los soldados alemanes el grito de aviso: «¡Jabos!»,* al tiempo que aparecían los cazabombarderos estadounidenses lanzándose en picado.

Mientras tanto, el *Kampfgruppe* Maucke había arrollado las posiciones del 401.º Regimiento de Infantería de Planeadores al suroeste de Champs y había llegado a la aldea de Hemroulle, a menos de tres kilómetros de distancia. Un grupo se desgajó hacia el norte para atacar Champs, produciéndose un feroz combate en torno al puesto de mando y el puesto de socorro del 502.º Regimiento de Infantería Paracaidista. Se hallaban situados ambos en el Château de Rolley, un imponente edificio del siglo XVIII construido junto a una gran torre redonda, que era lo único que quedaba del primitivo castillo medieval. El puente que desembocaba en Rolley había sido minado, pero el intenso frío reinante provocó que el disparador fallara justo cuando lo cruzaban los *panzer*. Aquella mañana de temperaturas gélidas, en las que el viento arrancaba de la nieve solidificada partículas de hielo que azotaban la cara como si fueran agujas, los paracaidistas no tuvieron más remedio que orinar sobre las ametralladoras para descongelar su mecanismo.

---

* Término correspondiente a la abreviatura de la palabra *Jagdbomber*, «cazabombardero». (*N. de los t.*)

Cada operador radiofónico, cada conductor y cada cocinero echaron mano a los fusiles y las bazucas para formar una sección defensiva. El médico que cuidaba a los heridos tendidos en simples camillas tuvo que entregar un fusil a uno de sus pacientes, que se puso nerviosísimo ante la sola idea de ser pillado desarmado. Los hombres gritaron al doctor que quemara el libro en el que estaban registrados los números de placa de los muertos, para que el enemigo no supiera a cuántos paracaidistas había matado.

Un integrante del improvisado grupo de defensa, el sargento Sky Jackson, logró poner fuera de combate varios carros de combate con una bazuca. Otro hombre provisto de una bazuca se dejó llevar tanto por el entusiasmo que se olvidó de cargar el proyectil, de modo que cuando su disparo alcanzó al blindado se produjo simplemente un sonoro ruido metálico. Un cazacarros Hellcat dejó fuera de combate a otro Panther. «Los alemanes saltaron precipitadamente de los *panzer* y fueron acribillados —recordaba otro soldado—. Sobre la nieve solo se veía el rojo de la sangre.» Se oían gritos procedentes del interior de los blindados.[4]

Una compañía del 502.º Regimiento de Infantería Paracaidista divisó a unos ciento cincuenta soldados de infantería alemanes y cuatro blindados Mark IV que abrían fuego. El teniente de paracaidistas replegó a sus hombres a la línea del bosque. Ordenó a sus ametralladoras que, disparando sin cesar, mantuvieran a la infantería enemiga a raya y a los carros de combate «clavados» en su posición, mientras que él y otro equipo de bazucas los asaltaban por los flancos. Dejaron inutilizados tres carros de combate con sus bazucas, y la compañía vecina se deshizo del cuarto. Los paracaidistas no habían podido comer casi nada aquel día. La mayoría no había tomado más que media taza de sopa con judías blancas para mantenerse en pie.[5]

En aquel esfuerzo supremo, el *Kampfgruppe* Kunkel atacó de nuevo por el suroeste cerca de Senonchamps, en dirección a Hemroulle. Y en el lado más alejado del perímetro, «el éxito parecía muy cercano» a las 10.00, cuando los *Panzergrenadiere* del 901.º Regimiento lograron abrirse paso desde el sureste.[6] Un grupo de asalto llegó al cruce de carreteras situado a la entrada de Bastogne, y dio la sensación de que el éxito del avance alemán era casi inevitable. En el cuartel general improvisado de McAuliffe los oficiales del estado mayor prepararon sus armas y el personal del servicio de abastecimientos reunió todas las bazucas disponibles para una defensa a la desesperada.

«Los alemanes atacaron nuestras posiciones con carros de combate —recordaba el cabo Jackson, del 502.º Regimiento de Infantería Paracaidista—. Yo había vuelto al P[uesto de] M[ando] y nos comunicaron que ahí delante se necesitaban más bazucas y la correspondiente munición. Cogí una bazuca y toda la munición con la que pude cargar. Cuando llegué a la parte delantera, vi un carro de combate que se retiraba y un Mark IV, con nueve hombres montados en él a horcajadas, en medio de un campo. Cuando el blindado estaba a unos cuarenta metros de distancia y de costado, me incorporé y disparé, alcanzándolo en un lado, justo encima de la oruga. El cohete mató o dejó atontados a cuatro de los hombres que iban montados en el carro; el vehículo se detuvo de inmediato y empezó a arder.» Sus tripulantes y el resto de los soldados de infantería fueron tiroteados cuando intentaron escapar.[7]

Incluso los obuses de cañón corto de los paracaidistas de un batallón de artillería de campaña se enfrentaron a los *panzer* al descubierto. La mayor destrucción la causaron los cazabombarderos P-47 Thunderbolt, que lanzaron «bombas incendiarias» de napalm sobre el enemigo o lo acribillaron con sus ametralladoras de 12,7 mm. Las granjas locales y sus habitantes no se libraron de lo que los altos mandos estadounidenses consideraron una lucha a muerte.

En los alrededores de Champs, Rolley y Hemroulle el fuego de los carros Sherman, de los cazacarros Hellcat y de las bazucas causó graves pérdidas a los alemanes en el curso de los combates. Por la tarde, la 15.ª División *Panzergrenadier* comunicaba que casi no le quedaba ni un solo carro de combate en condiciones de combatir. Otro ataque a la desesperada fue lanzado después de oscurecer, con apoyo de los cazacarros Jagdpanzer de que aún disponía el batallón de reconocimiento. Los equipos de bazucas del 502.º Regimiento de Infantería Paracaidista asaltaron y dejaron fuera de combate a la mitad de ellos, incluido el vehículo que ocupaba el oficial al mando de la unidad.

Por el sureste, el grupo de asalto de los *Panzergrenadiere* del 901.º Regimiento de la División *Panzer Lehr* quedó «aislado y aniquilado».[8] Al regimiento no le quedaban reservas con que reforzarlo ni con que rescatarlo. Ya habían sido lanzados al combate casi todos los hombres disponibles. Kokott suspendió todos los demás ataques previstos. La 15.ª División *Panzergrenadier* había quedado prácticamente aniquilada y su propia unidad había sufrido más de ochocientas bajas. En la mayor parte de las compañías quedaban menos de veinte hombres, y todo un batallón del 78.º Regimiento de Granaderos había quedado reducido a cuarenta. Las peores pérdidas fueron las que afectaron a los oficiales y *Unteroffiziere* más experimentados. «Estábamos a novecientos metros de la entrada de Bastogne —se lamentaba amargamente un oficial de la 26.ª División *Volksgrenadier*— y no pudimos entrar en el pueblo.»[9]

Kokott informó al cuartel general de su Grupo de Ejércitos que sus fuerzas habían quedado tan mermadas que cualquier otro ataque sobre Bastogne habría sido una acción «irresponsable e inviable». Lüttwitz admitió que las fuerzas sitiadoras debían simplemente retener las posiciones que ocupaban en esos momentos hasta la llegada de la *Führerbegleitbrigade* de Remer en las próximas cuarenta y ocho horas. Pero Kokott se enteró también de que la 5.ª División *Fallschirmjäger* no podía resistir los ataques cada vez más frecuentes de las fuerzas de Patton que llegaban por el sur. Todo lo que podían hacer sus *Volksgrenadiere* era sembrar los campos de minas y preparar más posiciones anticarro por las rutas de acceso. La ofensiva de las Ardenas había fracasado, concluyó Kokott. Escribió que la gran operación se había convertido en una «lucha sangrienta, incierta y costosísima por lo que, en último término, era un pueblo sin importancia».[10] Evidentemente el cuartel general del *Führer* no estaba dispuesto a aceptar la realidad de la situación.

Mientras los combates se desarrollaban con furia al norte y al sureste de Bastogne, el piloto de un avión ligero de observación que se atrevió a desafiar las baterías antiaéreas trasladó hasta el pueblo a un cirujano con suministros de penicilina. Un P-38 Lightning lanzó además mapas, que seguían escaseando, y una serie de fotografías de toda la zona tomadas en el curso de varios vuelos de reconocimiento. Eso fue todo lo que los defensores recibieron ese día, pues la mala visibilidad reinante en Inglaterra había impedido efectuar cualquier otro lanzamiento en paracaídas.[11] Para empeorar aún más las cosas, el regalo de Navidad prometido por Patton, consistente en un avance generalizado hacia Bastogne, no se había materializado. McAuliffe puso de manifiesto cuáles eran sus sentimientos en una conferencia telefónica con el general Middleton, comandante en jefe del VIII Cuerpo.

—Nos han fallado —dijo.[12]

El III Grupo de Ejércitos de Patton estaba cerca. En los alrededores de Lutrebois, a solo seis kilómetros al sur del centro de Bastogne, el 134.º Regimiento de Infantería de la 35.ª División contaba con apoyo cercano de artillería y de cazacarros. Habían sido localizados unos carros de combate alemanes en los bosques situados un poco más adelante, de modo que la artillería de campaña no dudó en abrir fuego contra ellos. Atraídos por los disparos, llegaron también unos Sherman, que se unieron a la refriega. Los hombres encargados de las bazucas tuvieron que «permanecer a la espera o acercarse a rastras, como si fueran cazadores al acecho de un alce». Les habían dicho que apuntaran a las orugas de los Panther, pues los proyectiles simplemente rebotaban contra el blindaje. Al final, de los veintisiete carros alemanes solo lograron escapar tres.[13]

La 4.ª División Acorazada estaba machacando a las unidades de la 5.ª División *Fallschirmjäger* al sur de Bastogne, entre la carretera de Arlon y la de Neufchâteau. Cuando la aldea de Assenois se vio sacudida por las incesantes explosiones de las bombas, lo único que pudo hacer la población civil fue esperar y rezar. «Nos sentimos como si estuviéramos en manos de Dios —escribió una mujer— y a él nos entregamos.» Los valones eran su mayoría católicos y profundamente religiosos. Ponerse en manos del Todopoderoso era indudablemente un consuelo, cuando era tan poco el control que tenían sobre su propio destino. Rezar el rosario en comunidad ayudaba a aliviar el dolor del miedo individual y a calmar los nervios.[14]

Durante los combates por Hemroulle, Model y Manteuffel habían visitado el cuartel general del XLVII Cuerpo de Lüttwitz en el Château de Roumont, cerca de la carretera de Marche. Lüttwitz estaba todavía más preocupado por su antigua división, acorralada en las inmediaciones de Celles, y una vez más insistió en que había que salvar a la 2.ª División Panzer permitiendo que efectuara una rápida retirada. Model y Manteuffel «mostraron su comprensión», pero «evidentemente no estaban autorizados a decidir la retirada de la 2.ª División Panzer». La orden podía venir solo de Hitler, y este no estaba desde luego dispuesto a admitir la derrota.[15]

Mientras hablaba con sus superiores, los peores temores que abrigaba Lüttwitz por los *Kampfgruppen* de Böhm y Cochenhausen estaban haciéndose realidad. El contraataque aliado había comenzado antes del amanecer. La artillería que acompañaba a la 29.ª Brigada Acorazada empezó a bombardear al batallón de reconocimiento de Böhm en Foy-Notre-Dame, y cumplió su promesa de mantener incólume la iglesia del siglo XVII. Las baterías de artillería estadounidenses tomaron posiciones en los campos de los alrededores de las localidades de Haid y Chevetogne. La noche anterior, cuando llegaron a Haid, lo celebraron con los lugareños, que habían preparado bizcochos y chocolate caliente: con leche de sus propias vacas y chocolatinas Hershey fundidas. Después, los soldados estadounidenses acompañaron a sus nuevos amigos a la Misa del Gallo en la iglesia. Solo unos días antes un joven alsaciano de dieciséis años, que había sido reclutado a la fuerza para prestar servicio militar en la Wehrmacht, se había echado a llorar contándole a la esposa de un granjero los horrores por los que había tenido que pasar.[16]

En Chevetogne, un oficial recorrió todas las casas avisando a la gente de que dejara las ventanas abiertas, pues de lo contrario las explosiones de las bombas las harían añicos. Los aldeanos vieron pasar un avión de reconocimiento encargado de localizar las posiciones de la artillería al cual llamaban el *Petit Jules*, sobrevolando en círculos las líneas alemanas. Poco después aparecieron en gran número los caza-bombarderos P-38 Lightning de cola doble.

La Agrupación de Combate A de la 2.ª División Acorazada de Harmon avanzó más de diez kilómetros al sur de Buissonville al este del *Kampfgruppe* Cochenhausen, enfrentándose a unas tropas de la División *Panzer Lehr* que habían avanzado hacia Rochefort. Siguió el rastro de una de las columnas alemanas hasta la granja de La Happe, donde dio comienzo el combate. La mayoría de los civiles de la zona se metieron inmediatamente en sus sótanos, pero unos cuantos subieron a los desvanes para contemplar el espectáculo de mortíferos fuegos de artificio que acompaña a las batallas entre carros de combate. Unos veintinueve alemanes perdieron la vida y muchos más resultaron gravemente heridos. Estos últimos fueron conducidos a un pajar y tendidos sobre el heno.

La Agrupación de Combate B, mientras tanto, procedente de Ciney, se dividió en dos, con una fuerza operativa dirigiéndose a Conjoux y otra hacia Celles, para rodear el grupo principal del *Kampfgruppe* Cochenhausen, que se había diseminado entre las dos localidades. Los alemanes de los alrededores de Celles eran blancos facilísimos: ni siquiera tenían combustible suficiente para la ambulancia del *Feldlazarett*. En la propia Celles, la mayoría de los habitantes del pueblo se refugió en la cripta de la iglesia con las monjas y el cura. La paja echada durante los combates del mes de septiembre aún seguía allí. Unos cuantos campesinos trajeron un cubo de leche para los niños cuando se produjo una pausa en los bombardeos, y guisaron un pollo que había resultado muerto por una explosión. Los demás permanecieron agazapados en los sótanos mientras los proyectiles volaban sobre sus cabezas. Los estadounidenses utilizaban bombas de fósforo y, como es natural, los lugareños temían por sus granjas.

Los Sherman del 3.er Regimiento Real Acorazado, apoyados por el 82.º Batallón de Reconocimiento estadounidense y acompañados de cazas P-38 Lightning sobrevolando la zona, avanzaron desde Sorinnes hacia Foy-Notre-Dame. La localidad fue tomada de nuevo, y con ella fueron capturados el *Major* Von Böhm y 148 de sus hombres. Solo unos pocos consiguieron escapar a través de la densísima nieve. Algunas familias permanecieron escondidas después incluso de que fuera liberado el pueblo, pues siguieron oyendo disparos, pero se debían a un semioruga que estaba ardiendo en el corral de una granja en el que la munición estuvo estallando todavía mucho tiempo. Para la mayoría, la tarea más urgente fue cortar grandes cartones cuadrados que serían utilizados como reparación de emergencia de las ventanas de las casas que habían sido reventadas. Supuso un gran alivio que aquel combate de los «Tommies» [los ingleses] y los «Sammies» [los estadounidenses] contra *les gris* —«los grises», esto es, los alemanes— hubiera acabado de una vez.[17]

Entre los que habían sido evacuados a Sorinnes había una niña pequeña que había perdido sus zapatos, y un soldado estadounidense del 82.º Batallón de Reconocimiento obligó a punta de pistola a un prisionero alemán a quitarse sus botas y dárselas a la pequeña. Eran demasiado grandes, pero al menos la criatura podía caminar con ellas, mientras que el soldado alemán corría el riesgo de que se le congelaran los pies.

Una vez que las artillerías estadounidense y británica hubieron machacado las posiciones alemanas en torno a la granja de Mahenne, entre Foy-Notre-Dame y Celles, se desarrolló una leyenda popular que cuenta que los oficiales de las SS incendiaron el lugar, pero en la zona no había ningún soldado de las SS, así que la destrucción fue causada en su totalidad por los bombardeos. Una vez más parece que los monos negros y las insignias con la calavera de las unidades *panzer* hicieron que las confundieran con las de las Waffen SS.

La Agrupación de Combate B de la 2.ª División Acorazada también entró en Celles esa tarde. Las tropas *panzer*, hambrientas y agotadas, con poca munición y carentes por completo de combustible, no pudieron resistir mucho tiempo. Las labores de limpieza continuaron durante otros dos días. Unos dos mil quinientos hombres resultaron muertos o heridos y otros mil doscientos fueron hechos prisioneros. Además, fueron capturados o destruidos ochenta y dos vehículos de combate blindados y ochenta y dos piezas de artillería, así como incontables vehículos de otro tipo, muchos de los cuales habían sido arrebatados previamente a las tropas estadounidenses como botín. La mayoría de ellos carecían de combustible y de munición.[18]

El *Major* Cochenhausen, con unos seiscientos hombres, logró escapar a pie campo a través después de dispersarse. Muchos estaban deseando rendirse. En los alrededores de Celles, algunos alemanes escondidos suplicaron a los lugareños que buscaran a los estadounidenses y les dijeran que estaban dispuestos a entregarse. Les preocupaba que si aparecían de forma repentina, incluso con las manos en alto, les dispararan. Algunos temían que, como llevaban tantas prendas y elementos del uniforme estadounidense, los tomaran por miembros del *Kampfgruppe* Skorzeny. En algunos casos, como muestra de buena voluntad, entregaron su pistola a un civil belga, para que se la hiciera llegar a los soldados estadounidenses. Los lugareños no se dieron cuenta hasta que era demasiado tarde de que habrían podido ganar mucho dinero vendiéndola. «Los estadounidenses estaban locos por poseer una», contó un granjero. Además a muchos civiles les daba miedo quedarse con objetos del equipamiento alemán, por si el enemigo regresaba de nuevo y los encontraba en su casa.[19]

Aparte de la 2.ª División *Das Reich*, que siguió causando muchos quebraderos de cabeza al I Ejército en los combates en los alrededores de Manhay y Grandménil, las otras divisiones *panzer* no salieron mucho mejor libradas en el flanco noroeste de las Ardenas. La 116.ª División Panzer recibió la orden de avanzar hacia el este de Marche, pero como recordaría luego el *Generalmajor* Waldenburg, «las unidades de la división que combatieron en esta batalla habían sido borradas del mapa casi por completo», y el *Kampfgruppe* Beyer, de la 60.ª División *Panzergrenadier*, había quedado aislado. Solo consiguieron escapar unos pocos hombres y unos cuantos vehículos.[20]

Aquella noche, el *Generalfeldmarschall* Von Rundstedt comunicó a Hitler que la ofensiva había fracasado. Recomendó llevar a cabo una retirada del saliente antes de que el grueso del Grupo de Ejércitos B quedara atrapado. Hitler rechazó el consejo airadamente e insistió en llevar a cabo más ataques contra Bastogne, sin darse cuenta de que estaban llegando todavía más refuerzos aliados. La 17.ª División Aerotransportada se disponía a tomar posiciones, aunque un oficial del estado mayor del VIII Cuerpo pensaba que sus paracaidistas todavía tenían «un montón de cosas que aprender».[21] La recién llegada 11.ª División Acorazada carecía también de experiencia, en especial los conductores de sus Sherman. «Sus carros de combate dejaban una estela de árboles arrancados de cuajo y de líneas telefónicas hechas añicos», comentaba cierto informe.[22]

«Un día de Navidad despejado y frío —escribió Patton aquel día en su diario—, un tiempo estupendo para matar alemanes, lo que suena un poco raro teniendo en cuenta el nacimiento de quién estamos celebrando hoy.» Patton había trasladado su cuartel general a la Escuela Industrial de Luxemburgo. Hizo orgullosamente ostentación de su iluminación navideña, colgando bombillas de los cascos alemanes capturados, utilizados a modo de pantallas de lámpara.[23]

Pero la fiesta trajo poca alegría a la población belga de las Ardenas. En un pueblo cerca de Elsenborn, donde los combates habían acabado por fin, la familia Gronsfeld decidió salir del sótano en que había permanecido recluida para celebrar el día de Navidad. La luz era deslumbrante, pues el sol reflejaba la blancura de la nieve mientras estaban sentados a la mesa en la cocina, el padre, la madre y su hija, la pequeña Elfriede. De repente, una bomba alemana explotó en las inmediaciones, y un fragmento entró por la ventana. «Se clavó en el cuello de Elfriede Gronsfeld haciéndole un corte muy profundo. Acudieron en su ayuda unos médicos estadounidenses, pero no pudieron hacer nada. La criatura fue enterrada el 29 de diciembre. Tenía cinco años. "¿Qué se le puede decir a la madre? —se lamentaba uno de sus vecinos en su diario—. La mujer llora y no puede entenderlo."»[24]

Un soldado estadounidense destinado a la cresta de Elsenborn escribió una carta a su esposa ese mismo día. Decía en ella: «Los bombarderos dejan bonitas estelas blancas de vapor, como si fueran de pluma, en el cielo, y los cazas trazan diseños ondulantes en su intento de acabar unos con otros». No había que perder ojo a los Piper Club, encargados de localizar las baterías de artillería, que aparecían en el cielo a menudo de seis en seis o más. Cuando los aviones ponían de pronto la cola de punta y se lanzaban en picado hacia el suelo, «sabíamos que había llegado el momento de ponernos a cubierto». En otra carta decía: «Somos ametrallados una o dos veces al día por nuestros propios aviones».[25]

Aprovechando una vez más los cielos despejados, los cazabombarderos estadounidenses, «como si fueran un enjambre de avispas»,[26] hicieron su aparición también sobre Saint-Vith. «Preferimos caminar, en vez de utilizar el coche e ir por la carretera principal —anotó en su diario un oficial alemán—. Los *Jabos* estadounidenses atacan constantemente todo lo que se mueve por las carreteras... Caminamos campo a través de cercado en cercado.» Pero no tardó en oírse el zumbido mucho más bronco de unos motores de avión. Llegaron formaciones de setenta y seis bombarderos B-26, que procedieron a arrasar lo que quedaba de Saint-Vith. Aquella táctica era llamada cínicamente «sacar la ciudad a la calle», es decir, llenar de escombros la vía pública para que los convoyes de aprovisionamiento alemanes no pudieran pasar por aquel trascendental cruce de carreteras.

El general Bradley, que se había quitado de en medio por la vergüenza de haber perdido el grueso de su XII Grupo de Ejércitos en beneficio de Montgomery, apenas intervino en el avance de los dos Grupos de Ejércitos de Patton. Pero el día de Navidad, por invitación de Montgomery, voló a Saint-Trond, cerca del cuartel general del XXI Grupo de Ejércitos en Zonhoven, acompañado de una escolta de cazas. Estaba decidido a presionar al mariscal para que lanzara inmediatamente una contraofensiva. «Monty esperaba siempre que todos acudieran a él —se quejaría luego Bradley a modo de justificación—. Ike me insistió en que fuera a verlo. No sé por qué demonios tendría que hacerlo.» Aunque el cuartel general de Montgomery tenía un aspecto «muy festivo», con las paredes cubiertas de felicitaciones de Navidad, Bradley afirma que para almorzar le dieron solo una manzana.[27]

La versión que ofrece Bradley de su encuentro rezuma tanto resentimiento que cuesta trabajo tomarla al pie de la letra. Cabe imaginar desde luego que Montgomery mostrara su habitual falta de tacto y que hiciera ostentación de una arrogante autocomplacencia hasta el punto de humillar a Bradley. Insistió machaconamente una vez más en la cuestión del mando único de las fuerzas terrestres, que por supuesto debía serle confiado a él, y repitió la exasperante letanía de siempre, afirmando que todos aquellos reveses habrían podido evitarse solo si se hubiera seguido su estrategia. Pero la acusación que hace Bradley de que «Monty ha desaprovechado el VII Cuerpo» situándolo en el frente, en vez de reservarlo para un contraataque, demuestra una vez más su ignorancia de lo que estaba pasando al noroeste de su cuartel general. A la vuelta, llegó incluso a decir a Patton que «el I Ejército no podrá atacar en tres meses». Cuesta mucho trabajo creer que la cosa llegara a tanto.[28]

Por otra parte, no cabe duda de que en Montgomery influyeron los informes de los servicios de inteligencia que afirmaban que los alemanes pretendían llevar a cabo otro embate hacia el Mosa con refuerzos. Deseaba por consiguiente contenerse hasta que el enemigo hubiera gastado todas sus fuerzas. Pero la orden que envió el día antes al cuartel general de Hodges avisando de que el VII Cuerpo de Collins se preparara para replegarse por el norte incluso hasta Andenne, a orillas del Mosa, fue un error sorprendente que Collins había hecho muy bien en ignorar. Así pues, mientras que Bradley había infravalorado la amenaza alemana entre Dinant y Marche, Montgomery había exagerado su importancia. A diferencia de los altos mandos estadounidenses, el mariscal inglés no creía que el día de Navidad hubiera marcado el momento de máximo esfuerzo de los alemanes.

Bradley estaba convencido de que lo único que hacía Montgomery era aprovechar la situación en su propio beneficio y asustar deliberadamente al SHAEF con sus informes. Posteriormente diría a Hansen: «Estoy seguro de que [fueron] las alarmas de Montgomery las que se reflejaron en París. Nos diéramos cuenta o no, en París estaban sencillamente histéricos».* Y luego añadiría: «Estoy seguro de que la prensa en Estados Unidos sacó toda su información y la sensación de pánico de Versalles».[29] Pensaba que en el XII Grupo de Ejércitos habrían debido tener un departamento de prensa para contrarrestar el efecto de las impresiones equivocadas. Parece que los periódicos británicos disfrutaron de lo lindo contando el desastre, con titulares como: «¿Más meses de guerra?».[30] A la mañana siguiente de su regreso, Bradley contactó con el SHAEF para exigir que el I y el IX Ejércitos fueran puestos otra vez a sus órdenes, y propuso trasladar su puesto de mando avanzado a Namur, cerca de donde estaba la acción en el flanco norte. La guerra dentro del campo aliado estaba llegando a su punto culminante y Montgomery no tenía ni la menor idea de que se disponía a jugar una baza malísima.

---

* Es difícil que el SHAEF se dejara engañar por Montgomery. El general Bedell Smith admitiría más tarde que el tono alarmista de los cables enviados a Washington fue una táctica deliberada. «Sabe usted, aprovechamos la crisis de las Ardenas todo lo que pudimos» para conseguir recursos y reemplazos que, de lo contrario, habrían ido a parar al Pacífico. «Teníamos escasez de hombres, así que nos pusimos a berrear. Pedimos todo lo que pudimos.» Bedell Smith, FCP SC.

19

Martes, 26 de diciembre

El martes 26 de diciembre, Patton se jactó, como es bien sabido, ante Bradley: «Los alemanes han metido la cabeza en la máquina de picar carne y soy yo el que tiene la manivela». Pero aquella bravata no ocultaba el bochorno que seguía sintiendo por el hecho de que el avance hacia Bastogne no le hubiera salido tan bien como había asegurado que le iba a salir. Era dolorosamente consciente de la decepción y la frustración que sentía Eisenhower.[1]

Tras la brillante modificación del despliegue de sus formaciones entre el 19 y el 22 de diciembre, Patton sabía que la forma en que más tarde había manejado la situación no había sido la mejor. Había subestimado la importancia de las condiciones atmosféricas, del terreno y del aguante y resolución de las formaciones del VII Ejército alemán en la defensa del flanco sur del saliente. Los servicios de inteligencia estadounidenses no habían sabido identificar la presencia de la *Führergrenadierbrigade*, otro retoño de la División *Grossdeutschland*. Y la 352.ª División *Volksgrenadier*, basada en la formación que tan graves pérdidas había infligido en la playa Omaha, se desplegó junto a la 5.ª *Fallschirmjäger*. Al mismo tiempo, Patton había sobrestimado la capacidad de sus propias tropas, muchas de ellas reemplazos, especialmente en la debilitada 26.ª División de Infantería, situada en el centro. Su formación favorita, la 4.ª División Acorazada, se vio también perjudicada por el agotamiento de sus carros de combate. Las carreteras estaban tan heladas que sus orugas de metal hicieron que los Sherman derraparan o chocaran unos con otros, y además la configuración del terreno, lleno de bosques y pequeños valles empinados, no era demasiado propicia para los carros de combate.

La impaciencia de Patton había empeorado las cosas al exigir a sus hombres que llevaran a cabo ataques directos, lo que sin duda había dado lugar a muchas bajas. El 24 de diciembre, el general reconocía en su diario: «Ha sido una Nochebuena muy mala. A lo largo de toda nuestra línea hemos sido objeto de violentos contraataques, uno de los cuales ha obligado a la 4.ª División Acorazada a retroceder varios kilómetros con la pérdida de diez carros de combate. Probablemente sea culpa mía, pues había insistido en que se efectuaran ataques noche y día».[2] Sus hombres estaban muy débiles debido a la falta de descanso. Las cosas no mostraban un cariz mucho mejor el 26 de diciembre por la mañana: «Hoy ha sido una jornada bastante dura a pesar de nuestros esfuerzos —escribió—. No hemos podido establecer contacto con los defensores de Bastogne».[3]

Los defensores podían oír los combates que estaban desarrollándose unos kilómetros más al sur, pero como ya les había fallado con anterioridad, no esperaban que las fuerzas de Patton lograran abrirse paso hasta ellos. En cualquier caso, estaban muy ocupados en otras tareas. Otro ataque por el sector noroccidental había permitido al enemigo llegar a Hemroulle. El embate fue repelido por los paracaidistas, ya exhaustos, apoyados por el fuego de los batallones de artillería de campaña, pero la munición de los cañones norteamericanos había quedado reducida literalmente a unos pocos proyectiles. Al menos continuaba el tiempo claro, aunque, eso sí, gélido, de modo que los cazabombarderos podían actuar a modo de artillería volante. En la localidad, seguían causando estragos los incendios provocados por el bombardeo. El Institut Notre Dame era pasto de las llamas. Los ingenieros estadounidenses decidieron crear cortafuegos, y cadenas de refugiados, soldados y monjas intentaron mantener el fuego a raya pasándose cubos de agua unos a otros.[4]

Los cielos despejados permitieron también la llegada de la ayuda médica que con tanta urgencia se necesitaba. Escoltado por cuatro P-47 Thunderbolt, apareció un avión de transporte C-47 remolcando un planeador Waco cargado con cinco cirujanos, cuatro asistentes quirúrgicos, y trescientos kilos de materiales, instrumentos y vendajes. El planeador «se soltó a unos noventa metros de altura» como si fuera a efectuar un aterrizaje perfecto, pero se pasó de largo y fue patinando sobre la nieve helada hacia la primera línea alemana.[5] «El personal médico salió precipitadamente del aparato y volvió corriendo hacia las líneas estadounidenses, mientras los *doughboys* se apresuraban a rescatar el planeador, en cuyo interior estaban los pertrechos médicos.»[6] A continuación llegaron otros planeadores con el combustible que tanta falta hacía, y luego aparecieron nuevas oleadas de aviones de transporte C-47, que lanzaron en paracaídas fardos con 320 toneladas de municiones, raciones de comida e incluso cigarrillos.

Los cirujanos no perdieron el tiempo. Fueron directamente al hospital improvisado en los barracones de los soldados y empezaron a operar a los ciento cincuenta hombres heridos de más gravedad, de los más de setecientos pacientes que necesitaban ser atendidos. Estuvieron operando toda la noche hasta el 27 de diciembre a mediodía, tratando heridas que en algunos casos llevaban ocho días sin recibir atención médica. Como consecuencia, tuvieron que efectuar «muchas amputaciones».[7] Dadas las circunstancias, el hecho de que solo se produjeran tres muertes durante el postoperatorio es una prueba de su calidad fuera de serie.

Durante los combates de artillería en el flanco sur, el general Kokott estaba cada vez más preocupado por la importancia de los cañones que prestaban apoyo a la 4.ª División Acorazada estadounidense. Oyó rumores alarmantes acerca de lo que estaba sucediendo, pero no pudo conseguir detalles de la 5.ª División *Fallschirmjäger*. Sabía que había habido duros combates en torno a Remichampagne, y luego por la tarde se enteró de que una fuerza operativa estadounidense había tomado Hompré. Assenois se veía ahora amenazada, así que Kokott no tuvo más remedio que empezar a trasladar a sus propias fuerzas hacia el sur.

A las 14.00, Patton recibió una llamada del comandante en jefe del III Grupo de Ejércitos que le propuso una empresa arriesgada. En vez de atacar Sibret para ensanchar el saliente, sugería llevar a cabo una carga directa hacia el norte a través de Assenois, en dirección a Bastogne. Patton dio inmediatamente su visto bueno al plan. El teniente coronel Creighton Abrams, al mando del 37.º Batallón Acorazado desde un Sherman Thunderbolt, recibió la orden de ponerse en marcha de inmediato. Abrams pidió al capitán William A. Dwight que subiera por la carretera a la cabeza de una columna de cinco carros Sherman y un semioruga.[8] La artillería bombardeó Assenois y los cazabombarderos arrojaron napalm justo antes de que los Sherman, en formación cerrada, se lanzaran a la carga hacia el pueblo abriendo fuego con todos los cañones que tenían. Los alemanes que estaban diseminados a ambos lados de la carretera corrían el riesgo de herirse unos a otros si respondían a sus disparos. A la salida de Assenois, los *Volksgrenadiere* habían puesto algunas minas Teller en la carretera. Una de ellas voló el semioruga, pero Dwight bajó de un brinco de su carro y arrojó a un lado las demás minas dejando el paso expedito para los que le seguían.[9]

Cuando Kokott se enteró por el oficial al mando de los *Grenadiere* del 39.º Regimiento de que los carros de combate estadounidenses habían entrado en Assenois, supo enseguida que «todo estaba acabado».[10] Ordenó que se bloqueara la carretera, pero, como se temía, era ya demasiado tarde. Con los primeros Sherman abriendo fuego y los otros disparando detrás de ellos a diestro y siniestro, la pequeña columna de Dwight aplastó cualquier resistencia que los alemanes pudieran ofrecer desde los bosques a uno y otro lado de la carretera. A las 16.45, poco después del anochecer, los primeros Sherman del batallón de acorazados de Abrams establecieron contacto con el 326.º Batallón Aerotransportado de Ingenieros que guarnecía aquel sector. Las tropas y los carros de combate del resto de la 4.ª División Acorazada acudieron precipitadamente a asegurar el estrecho pasillo y a proteger el convoy de camiones cargados de provisiones que había viajado a toda velocidad durante la noche. El general Maxwell D. Taylor, al mando de la 101.ª División Aerotransportada, que acababa de volver de Estados Unidos, llegó poco después para relevar al general de brigada McAuliffe. El asedio de Bastogne había terminado, pero muchos temían que la batalla principal todavía estaba por empezar.

La 5.ª División *Fallschirmjäger* había sido vapuleada con contundencia. El *Major* Frank, al mando de un batallón del 13.º Regimiento *Fallschirmjäger* que fue capturado e interrogado ese mismo día, estaba muy orgulloso del modo en que habían combatido sus muchachos. Algunos de ellos tenían solo quince años. «¡Pero qué espíritu! —exclamaría luego en el campo de prisioneros—. Después de ser capturados, cuando me quedé solo, me golpearon y me sacaron fuera, había allí dos de ellos con la cabeza apoyada contra la pared, en calcetines nada más. "Heil Hitler, Herr Major!" [dijeron.] Hace que se le hinche a uno el corazón.»[11]

Lüttwitz se enteró de que la *Führerbegleitbrigade* venía de camino para ayudar a cortar el pasillo, pero ni él ni su estado mayor creyeron que llegara a tiempo para el ataque planeado para la mañana siguiente. Se enteró entonces de que se habían quedado sin combustible. Lüttwitz comentó ácidamente que «la *Führerbegleitbrigade* al mando del *Oberst* Remer siempre ha tenido problemas con la gasolina».[12]

La noticia del avance de la 4.ª División Acorazada se difundió con rapidez y provocó una alegría desbordada en el cuartel general estadounidense. Los corresponsales Martha Gellhorn y Leland Stowe se detuvieron aquella noche en el cuartel general de Bradley para obtener más información, ansiosos por cubrir la noticia del socorro llevado a Bastogne. Lo mismo les ocurría a casi todos los periodistas del continente. La noticia apareció en la portada de casi todos los periódicos del hemisferio occidental.[13] La 101.ª División Aerotransportada se había hecho famosa, pero los artículos periodísticos pasaron por alto el papel trascendental desempeñado por la Agrupación de Combate, de la 10.ª División Acorazada, y por el 705.º Batallón de Cazacarros, así como por los batallones de artillería.

En torno a Celles y Conneux continuaron todo el día las labores de limpieza y despeje del terreno, llegando a producirse algunos enfrentamientos durísimos. Pero como los Panther y los Mark IV se habían quedado sin combustible y sin proyectiles perforadores de blindaje, la lucha fue decididamente desigual. El controlador aéreo avanzado que acompañaba al 3.ᵉʳ Regimiento Real Acorazado avisó a una «parada de taxis» de cazas Typhoon armados con cohetes. El objetivo fue marcado con botes de humo rojo, pero los alemanes dispararon inmediatamente botes de humo de color parecido contra las posiciones estadounidenses al este de Celles. «Por fortuna la RAF no se dejó engañar por esta treta —recordaría el coronel Brown— y lanzó su ataque sobre el objetivo correcto.» La 29.ª Brigada Acorazada, que todavía estaba en la zona, se enteró de que iba a recibir refuerzos de la 6.ª División Aerotransportada.[14]

El *Kampfgruppe* Holtmeyer, camino de Rochefort en un vano intento por ayudar a sus compañeros de Celles y Conneux, había quedado bloqueado en Grande Trussogne, a pocos kilómetros antes de su meta. Recogió a algunos soldados exhaustos que habían logrado escapar por la noche, pertenecientes al batallón de reconocimiento que había sido rebasado en Foy-Notre-Dame. En Grande Trussogne estas tropas sufrieron el ataque de un batallón de infantería de la 2.ª División Acorazada, con apoyo de carros de combate Sherman. Un avión de reconocimiento estadounidense Piper Cub avisó a los Typhoon británicos, cuyos cohetes aniquilaron despiadadamente la columna, matando al *Major* Holtmeyer.

Manteuffel ordenó al *Kampfgruppe* que se retirara a la cabeza de puente conquistada en Rochefort, que defendía la División *Panzer Lehr*. El cuartel general de Lüttwitz transmitió inmediatamente el mensaje por radio. El sustituto de Holtmeyer dio la orden de volar los vehículos que quedaban.[15] Al día siguiente, él y la mayoría de sus hombres regresaron a pie a Rochefort, ocultos entre la nieve que caía. «Por fortuna —escribió el *Oberstleutnant* Rüdiger Weiz—, el enemigo fue lento en su reacción y no atacó la ruta de nuestra retirada de ninguna manera que merezca la pena reseñar.»[16] Pero la artillería estadounidense recuperó el tiempo perdido y bombardeó el puente sobre el río L'Homme en Rochefort, causando numerosas bajas. Aquella noche y la mañana siguiente unos seiscientos hombres lograron reunirse en pequeños grupos con su división.

Entre Celles y Conneux, fueron capturados varios alemanes vestidos con uniformes estadounidenses. No formaban parte del *Kampfgruppe* Skorzeny, pero de todas formas fueron fusilados en el acto. Aquellos desgraciados, víctimas del frío y desfallecidos por el hambre, se habían puesto los uniformes de unos estadounidenses muertos. En su desesperación suplicaron a sus captores que les perdonaran la vida, mostrándoles sus anillos de boda, sacando fotografías de sus hogares, y hablando con angustia de sus mujeres e hijos. La mayoría de los alsacianos y de los luxemburgueses de la 2.ª División Panzer deseaban rendirse a la primera oportunidad que se les presentara, e incluso algunos austríacos habían perdido el entusiasmo por la lucha. Uno de ellos musitó a un habitante de Rochefort:

—*Moi, pas allemand! Autrichien!* —y levantó las manos en alto para demostrar que deseaba rendirse.[17]

Los soldados estadounidenses de Celles, creyendo que los alemanes se ocultaban en la granja de la Cour, justo al lado de la iglesia, la atacaron con lanzallamas. En el caserío no había ningún alemán, solo ganado que fue quemado vivo. Era la segunda vez que aquella granja había sido incendiada durante la guerra. La primera había sido en 1940, durante la anterior carga de los alemanes hacia el Mosa.

En Buissonville, entre Celles y Marche, el personal médico estadounidense estableció su puesto de primeros auxilios en la iglesia. El cura del pueblo y el capellán católico estadounidense se comunicaban en latín a la hora de trabajar juntos. En la misma localidad, fue adoptada una actitud menos cristiana cuando los soldados estadounidenses que tripulaban un semioruga se llevaron a dos prisioneros alemanes al bosque y les pegaron un tiro. Explicaron a los belgas que habían sido testigos de su acción que los habían matado en venganza por la muerte de los prisioneros estadounidenses ejecutados en Malmédy.[18]

Algunos oficiales estadounidenses se entusiasmaron demasiado con la victoria sobre la 2.ª División Panzer. «Se calculaba que los efectivos de la división poco antes de estos cuatro días eran aproximadamente 8.000 hombres y 100 carros de combate —afirmaba un oficial de alta graduación del VII Grupo de Ejércitos—. Por lo que al personal se refiere, fueron capturados 1.050 individuos y se calculaba que habían resultado muertos entre 2.000 y 2.500. El material capturado o destruido incluía 55 carros de combate, 18 piezas de artillería, 8 cañones contracarro, 5 cañones de asalto y 190 vehículos (incluidos 30 vehículos blindados) ... El enfrentamiento entre la 2.ª División Acorazada estadounidense y la 2.ª División Panzer alemana propicia establecer una comparación muy oportuna del poderío aliado y del alemán.» Pero este triunfalismo pasaba bastante por alto el hecho de que la 2.ª División Panzer estaba sin combustible y tenía pocas municiones, y de que sus hombres estaban medio desfallecidos por el hambre.[19]

Después de la batalla, según el barón de Villenfagne, los campos que circundaban Celles «eran un inmenso cementerio de vehículos, destruidos o abandonados, y de equipos medio enterrados en la nieve».[20] Los adolescentes del lugar, obsesionados con la guerra, se dedicaron a explorar los *panzer* incendiados y a examinar los cadáveres carbonizados. Varios se entretuvieron jugando peligrosamente a la guerra. Algunos no dudaban en recoger granadas de mano, que luego arrojaban para que estallaran en los semiorugas abandonados. Un chico de Foy-Notre-Dame perdió la vida jugando con un *Panzerfaust* que estalló.

El revés sufrido a las puertas de Dinant no hizo, al parecer, más que agudizar la saña de los alemanes. Cuando una mujer de Jemelle tuvo el valor de preguntar a un oficial alemán por qué sus hombres casi habían destruido su pueblo, el hombre respondió:

—Queremos hacer a Bélgica lo que han hecho ellos con Aquisgrán.[21]

Al oeste de Hotton, casi todos los intentos llevados a cabo por la 116.ª División Panzer de socorrer a su *Kampfgruppe* que había sido rodeado, fueron aplastados por la potencia de fuego de la artillería estadounidense. Pero por fin un falso ataque lanzado para distraer a los estadounidenses permitió a los supervivientes escapar aferrándose a los vehículos blindados y lanzando granadas a medida que pasaban estrepitosamente en medio de las líneas enemigas.[22]

Durante los combates, la *Führerbegleitbrigade* había recibido órdenes de retirarse y dirigirse a Bastogne para colaborar en los esfuerzos de Kokott por cerrar el pasillo. El *Oberst* Remer protestó dos veces por las bajas que iba a costar aquello, pero en ambas ocasiones sus quejas fueron desoídas. Remer se quejó también de que «el combustible para motores era tan escaso que casi la mitad de los vehículos tenían que ser remolcados», de modo que resulta difícil decir si las sospechas de Lüttwitz estaban o no justificadas.[23]

Al este de Hotton, la 3.ª División Acorazada de Rose hizo frente a los ataques de la 560.ª División *Volksgrenadier*, formada por «cuatro o cinco carros de combate con una compañía de infantería o unos veinte carros de combate con un batallón de infantería».[24] Contaba además con el apoyo de cañones de asalto autopropulsados y de artillería. Pero la llegada de la 75.ª División de Infantería como refuerzo de las fuerzas operativas de Rose hizo que el sector dispusiera de una defensa más potente, aunque sus unidades mal entrenadas sufrieran soberanamente en los contraataques que lanzaron para asegurar la carretera Soy-Hotton. Las gélidas condiciones atmosféricas resultaron particularmente dificultosas para los tripulantes de los Sherman, pues las orugas de metal de los carros de combate eran muy estrechas y tenían poco agarre. Se hicieron con urgencia esfuerzos para añadir extensiones a las orugas y clavos en forma de tachuelas para solucionar el problema.

Lammerding, al mando de la División *Das Reich*, seguía intentando dirigir a su unidad hacia el oeste desde Manhay y Grandménil con objeto de abrir la carretera de Hotton y atacar a la 3.ª División Acorazada por la espalda; pero la 9.ª División Panzer *Hohenstaufen* no había llegado todavía para proteger su flanco derecho. Con trece batallones estadounidenses de artillería en un frente de trece kilómetros hacia el norte, una maniobra semejante resultaba doblemente peligrosa; y la *Das Reich* iba quedándose sin munición y sin combustible a pasos agigantados. Los granjeros de la zona fueron obligados a punta de pistola a trasladarse con sus caballos y sus carretas a los depósitos de munición alemanes de la retaguardia para traerles proyectiles para los carros de combate y la artillería.

El 26 de diciembre por la mañana, el 3.ᵉʳ Regimiento *Panzergrenadier Deutschland*, de la División *Das Reich*, atacó otra vez por el oeste desde Grandménil. Pero la artillería estadounidense, que abrió fuego con proyectiles provistos de espoletas pozit, diezmó sus carros de combate, y luego una fuerza operativa reforzada de la 3.ª División Acorazada asaltó el pueblo. Un oficial al mando de un batallón alemán resultó muerto y otro gravemente herido. El 2.º Batallón quedó atrapado en Grandménil, y el resto del regimiento se vio obligado a emprender la retirada hacia Manhay. Los carros de combate y la artillería estadounidense lo hostigaron todo el tiempo, obligándolo a replegarse.[25]

El general Hodges y el general de división Ridgway, que seguían temiendo erróneamente que se tratara de un ataque hacia el norte en dirección a Lieja, se habían puesto hechos una furia por la pérdida de Manhay. No dejaron la menor duda al general de brigada Hasbrouck, de la maltrecha y agotada 7.ª División Acorazada, de que debía volver a tomar el pueblo a toda costa. El asalto emprendido por esta división el día de Navidad le había supuesto gravísimas pérdidas, en gran medida debido a la gran cantidad de árboles que había abatido con explosivos para bloquear la carretera durante su retirada. Pero gracias a un batallón de refresco del 517.º Regimiento de Infantería Paracaidista que tomó la delantera, las fuerzas de Hasbrouck entraron esa misma noche en Manhay.

Cincuenta heridos del 2.º Batallón del 3.ᵉʳ Regimiento *Panzergrenadier* de las SS no pudieron ser evacuados de Grandménil. Los alemanes afirmaron que cuando mandaron a buscarlos unas ambulancias bien señaladas con el símbolo de la Cruz Roja, los tripulantes de los carros de combate estadounidenses abrieron fuego sobre ellas. El regimiento había intentado mandar a un oficial y a un intérprete provistos de bandera blanca a pedir una tregua, y a un médico con una bandera y un brazalete de sanitario a ver si podían evacuar de Grandménil a los heridos. Pero, siempre según la versión alemana, «el enemigo abrió fuego contra los encargados de parlamentar, de modo que el intento tuvo que ser abandonado».[26] Parece que los alemanes no entendían que, tras la matanza de Malmédy, las SS no tenían muchas probabilidades de que se le concediera ningún tipo de honores de guerra. Así pues, dejando a un sanitario subalterno con los heridos, los pocos integrantes que quedaban del batallón se replegaron junto con el Regimiento *Der Führer* a una línea de defensa cerca de Odeigne, posición que fue bombardeada todo el día por los estadounidenses.

La actividad alemana en torno a la cresta de Elsenborn había cesado casi por completo, de modo que algunas patrullas de la 99.ª División de Infantería se adelantaron con el fin de acabar con diez carros de combate enemigos del 3.ᵉʳ Regimiento *Panzergrenadier* que habían sido abandonados tras quedar atascados en el barro. Con ello se quería impedir la acción de los equipos de recuperación alemanes, que eran incansables y a menudo muy ingeniosos en sus intentos de rescatar y reparar vehículos blindados.

Los estadounidenses enviaron equipos de rescate, en muchos casos formados por individuos que mostraban signos de fatiga de combate y a los que de ese modo se pretendía conceder un pequeño respiro, a reunir las armas y las municiones arrojadas en los primeros momentos del combate. Los mandos estadounidenses estaban horrorizados por la tendencia que tenían sus hombres a desperdiciar el equipo y a esperar que la cornucopia de las fuerzas armadas les diera otro cuando ellos quisieran. «Si el soldado no lo necesita justo en ese momento, se deshace de él —decía un informe—. El encargado de manejar una bazuca no debe llevar un fusil. En su lugar, debe dársele una pistola para su defensa personal. De lo contrario, se deshará de la bazuca y de sus proyectiles porque resultan muy engorrosos y pesados.»[27] Por otra parte, la ropa de invierno era guardada celosamente. En la mayoría de los batallones se decía a los encargados del puesto de primeros auxilios que retiraran los abrigos «árticos» guateados, para que la unidad no perdiera estas valiosísimas prendas contra el frío.

Saint-Vith había sufrido de mala manera el día de Navidad. Los civiles habían permanecido en sus sótanos pensando que lo peor ya debía de haber pasado, pero el 26 de diciembre por la tarde llegaron los aviones «pesados» del Mando de Bombarderos de la RAF. Casi trescientos Lancaster y Halifax lanzaron mil cuatrocientas toneladas de bombas detonantes e incendiarias.

El efecto explosivo creó ondas de choque que pudieron sentirse en localidades situadas a varios kilómetros de distancia, y aterrorizaron a los lugareños que se habían refugiado en los sótanos cuando los edificios se derrumbaron sobre ellos. Según cierta versión, «la gente estaba luchando contra el humo asfixiante y el hollín cuando cayó otra bomba cuya explosión abrió un boquete en la pared del sótano que los obligó de nuevo a contener el aliento. El fósforo ardiente, sin embargo, no tardó mucho en filtrarse hasta allí abajo. Aquella maléfica sustancia emitía vapores venenosos y en las habitaciones más grandes hacía que las colchonetas empezaran a arder. Con ayuda de unos soldados alemanes, los civiles, dominados por el pánico, lograron salir por el agujero a la calle, que había quedado pulverizada».[28]

En el monasterio de Sankt Josef la capilla se vino abajo, y los bloques de piedra y las vigas hicieron trizas el pavimento aplastando a los que estaban debajo. Las bombas incendiarias prendieron fuego a todo lo que pudiera ser mínimamente combustible. Convirtieron el monasterio en una auténtica hoguera, consumiendo a las personas de más edad o incapacitadas que se hallaban en los pisos superiores. «La mayoría de ellas perecieron quemadas vivas. Como si de una especie de lava líquida se tratara, el fósforo silbante se coló en los sótanos que aún seguían en pie. Algunas personas con quemaduras horribles, huesos rotos y la cabeza perdida, fueron sacadas al exterior por las pocas galerías de ventilación que no habían quedado obstruidas. Entre los últimos en salir de aquel infierno estuvieron las monjas del convento, con la cabeza y los hombros envueltos en pesadas mantas.»[29]

«Saint-Vith sigue ardiendo —escribió un oficial alemán que se encontraba a las afueras del pueblo—. El bombardeo en alfombra llegó casi hasta nuestra localidad. Nunca he visto nada parecido en toda mi vida. Todo el campo quedó cubierto por una enorme nube de humo y de fuego.» El oficial regresó a Saint-Vith por la noche: «Todas las calles están ardiendo ... Las reses braman, la munición explota, los neumáticos estallan. Hay un fuerte olor a goma quemada». De vez en cuando seguían detonando las bombas de acción retardada.[30]

En términos puramente militares, la incursión resultó muy efectiva. Saint-Vith había quedado reducida a «un gigantesco montón de escombros».[31] Todas las carreteras quedaron bloqueadas como mínimo durante tres días y algunas durante más de una semana, mientras que los ingenieros alemanes se vieron obligados a crear desvíos alrededor del pueblo. Pero el coste en vidas y sufrimientos para la población civil fue enorme. Nadie sabía exactamente cuánta gente había buscado refugio en Saint-Vith, pero se calcula que murieron doscientas cincuenta personas. Los supervivientes huyeron a las aldeas vecinas, donde recibieron atenciones y comida.

Aquella misma noche y la siguiente, bombarderos medios de la IX Fuerza Aérea de Estados Unidos atacaron La Roche-en-Ardenne. Como la localidad estaba situada a lo largo de un río en un desfiladero muy estrecho, constituía un blanco mucho más fácil que Saint-

Vith y solo se necesitaron ciento cincuenta toneladas de bombas para bloquear la carretera.[32]

«Hoy las cosas han continuado teniendo mejor pinta todo el día», anotó el responsable del diario del I Ejército al término de una reunión entre Montgomery y Hodges. Los interrogatorios de los prisioneros indicaban que los alemanes se enfrentaban a gravísimos problemas de abastecimiento. «Aunque todavía es demasiado pronto para ser optimistas, la imagen esta noche es mucho más de color de rosa que cualquier otro día desde que dio comienzo la contraofensiva.»[33] Bradley, sin embargo, seguía obsesionado con lo que consideraba un despliegue prematuro del VII Grupo de Ejércitos de Collins. Escribió a Hodges quejándose del «conservadurismo paralizante de la táctica seguida allí donde Montgomery ha desaprovechado sus reservas».[34] Patton, fuertemente influenciado por la opinión del mariscal británico que tenía Bradley, escribió en su diario: «Monty es un canijo pesadísimo. La guerra exige asumir riesgos y él no quiere asumirlos».[35]

Al término de una conferencia telefónica con Manteuffel, el general Jodl hizo acopio de todo su valor y fue a hablar con Hitler, que no se había movido del *Adlerhorst* en Ziegenberg.

—*Mein Führer*, debemos hacer frente a los hechos. No podemos forzar el cruce del Mosa.

El *Reichsmarschall* Göring llegó a Ziegenberg esa misma noche y declaró:

—¡La guerra está perdida!

Sugirió que debían solicitar una tregua. Temblando de ira, Hitler le advirtió que no se le ocurriera intentar negociar a espaldas suyas.

—¡Si desobedece usted mis órdenes, haré que lo fusilen!

Hitler no volvió a mencionar Amberes. Sin embargo, no debían ahorrarse esfuerzos en tomar Bastogne. Del mismo modo que se había obsesionado con Stalingrado en septiembre de 1942, cuando se le escapó la victoria en el Cáucaso, la reconquista de Bastogne se convirtió para él en el símbolo sustitutivo de la victoria.[36]

Pero mientras Hitler se negaba a hacer frente a la realidad en público, en algún que otro raro momento llegó a reconocer lo desesperado de su situación. Esa misma noche a última hora, en el búnker de Ziegenberg, habló con su asistente de la Luftwaffe, el *Oberst* Nicolaus von Below, de quitarse la vida. Seguía echando la culpa de los reveses sufridos a la Luftwaffe y a los «traidores» del ejército alemán: «Sé que la guerra está perdida —dijo a Below—. La superioridad del enemigo es demasiado grande. He sido traicionado. Después del 20 de julio ha salido a la superficie todo, cosas que yo había considerado imposibles. Han sido precisamente esos círculos que se han puesto contra mí los que más se han aprovechado del nacionalsocialismo. Los he mimado y condecorado, y ese ha sido todo el agradecimiento que he recibido. Lo mejor que puedo hacer ahora es meterme una bala en la cabeza. Me han faltado luchadores tenaces... ¡No capitularemos, nunca! Puede que nos hundamos, pero nos llevaremos el mundo entero por delante».[37]

20

Preparación de la contraofensiva aliada

Aunque la 4.ª División Acorazada había logrado avanzar hasta entrar en Bastogne, los lanzamientos en paracaídas planeados para el 27 de diciembre siguieron adelante. Esta vez, sin embargo, los alemanes estaban mejor preparados. El aviso enviado por el general McAuliffe de que los aviones debían acercarse por una ruta distinta nunca llegó a su destino. La barrera de fuego de piezas antiaéreas y de ametralladora fue formidable, pero los aviones de transporte C-47 que remolcaban los planeadores siguieron su rumbo. Dieciocho de los cincuenta planeadores fueron abatidos y muchos otros fueron acribillados a balazos. Uno de ellos explotó envuelto en una bola de fuego cuando el impacto directo de un cañón antiaéreo alcanzó las municiones que transportaba. También fueron alcanzados los bidones de gasolina, que empezaron a chorrear, pero milagrosamente ninguno se puso a arder.[1]

En total unos novecientos efectivos —entre aviones de transporte y cazas de escolta— tomaron parte en la operación, y veintitrés fueron abatidos. En tierra, los paracaidistas salieron precipitadamente de sus pozos de tirador para socorrer a los que acababan de saltar y darles un trago de coñac con el que aliviar el dolor de las quemaduras y de los miembros dislocados. El piloto de un C-47 que resultó alcanzado de mala manera logró efectuar un aterrizaje de panza sobre la nieve, aunque chocó con un camión que iba por la carretera y lo hizo volcar, para espanto del conductor que no había visto lo que se le venía encima.[2]

Los cuarenta camiones que habían llegado con provisiones aquella noche regresaron al sur, cargados con los heridos de menor gravedad, algunos prisioneros de guerra alemanes y los pilotos de los planeadores. Junto con las setenta ambulancias en las que iban los ciento
cincuenta heridos más graves, fueron dando tumbos hacia el sur a
través del estrecho pasillo abierto, escoltados por carros ligeros.
Cuando los estadounidenses intentaron ensanchar el hueco, dieron
comienzo intensos combates en el flanco sur de Bastogne, y los alemanes hicieron cuanto pudieron por taparlo.

El 28 de diciembre, el general Bradley escribió un memorándum a
Eisenhower instándole a presionar a Montgomery: «Ahora que el
ataque enemigo en las Ardenas está perdiendo fuelle —decía— conviene lanzar fuertes contraataques mientras sus reservas de pertrechos están vacías y sus tropas cansadas, y antes de que tengan tiempo
de atrincherarse debidamente y de consolidar sus ganancias. El objetivo del contraataque sería atrapar al máximo posible de tropas
enemigas en el saliente y situar nuestras fuerzas en una posición favorable para ulteriores acciones ofensivas ... El contraataque debe
ser lanzado de inmediato. Se han recibido informes que hablan de
que el enemigo está atrincherándose en los flancos de su saliente».*
Bradley se equivocaba al pensar que «ulteriores retrasos permitirán
al enemigo traer más tropas al saliente».[3] Ese mismo día el I Ejército
señalaba que «altos canales del servicio de inteligencia [eufemismo
para designar a Ultra] informan de que las preocupaciones de los
alemanes por el avance soviético en Hungría podrían propiciar el
traslado de tropas del frente de las Ardenas al de los Balcanes».[4]
Y efectivamente, no tardaría en ocurrir todo lo contrario de lo que
temía Bradley, mientras el Ejército Rojo preparaba su gran ofensiva
de invierno.

---

* Conviene señalar que el *Generalmajor* Von Waldenburg, de la 116.ª División Panzer, afirmaría después que el «contraataque [aliado] comenzó demasiado
pronto» y que eso fue lo que salvó a las tropas alemanas «de la aniquilación total».
Generalmajor Siegfried von Waldenburg, 116.ª División Panzer, FMS B-038.

20. Prisioneros americanos capturados por la 1.ª División Panzer de las SS *Leibstandarte Adolf Hitler*.

21. 17 de diciembre. Parte del 26.º Regimiento de Infantería (1.ª División de Infantería) llega justo a tiempo para defender Bütgenbach, al pie de la cresta de Elsenborn.

22. Miembros del mismo regimiento manejando un cañón contracarro en el barro mientras los alemanes se acercan.

23. Refugiados belgas huyendo de Langlir (al sudoeste de Vielsalm) mientras el V Ejército Panzer avanza. La mayoría de ellos quería cruzar el Mosa para escapar de los combates y de las represalias de los alemanes por las actividades de la Resistencia unos meses antes.

24. Mientras los alemanes avanzaban hacia la localidad de Saint-Vith tras rodear a la 106.ª División de Infantería, la población de Schönberg buscó refugio en las cuevas de la zona.

25. Algunos sanitarios americanos convirtieron los esquíes en trineos improvisados para evacuar a los heridos en camilla hasta algún punto en el que pudieran ser cargados en jeeps.

26. Unos soldados americanos se atrincheran precipitadamente a la entrada de un bosque para evitar el estallido de las bombas en las copas de los árboles. En primer plano aparece un compañero suyo ya muerto.

27. Mientras los alemanes avanzan hacia Bastogne y los primeros integrantes de la 101.ª División Aerotransportada llegan a defender la localidad, la población civil emprende la huida en carretas.

28. Una sección de cazacarros M-36 surge entre la niebla cerca de Werbomont cuando acude en apoyo de la 82.ª División Aerotransportada, que fue trasladada a la zona en larguísimos convoyes de camiones.

29. *Volksgrenadiere* capturados en el curso de los combates en torno a las aldeas gemelas de Rocherath-Krinkelt.

30. El general de brigada Robert W. Hasbrouck, al mando de la 7.ª División Acorazada y de la defensa de Saint-Vith, recibiendo la estrella de plata de manos del teniente general Courtney Hodges, del I Ejército.

31. La policía militar estadounidense comprueba las identidades de unos refugiados belgas cerca de Marche-en-Famenne como consecuencia de los temores suscitados por la acción de los comandos disfrazados de Otto Skorzeny.

32. Dinant. Unos refugiados belgas corren a cruzar el Mosa para escapar de los combates y de las represalias de los alemanes.

Aquella noche Bradley pudo al menos distraerse cuando Leland Stowe y Martha Gellhorn, que no habían podido llegar a Bastogne, se presentaron a cenar en el hotel Alfa de Luxemburgo. Dio la sensación de que Bradley estaba «muy entusiasmado con Marty Gellhorn», recordaría Hansen. «Es una rubia rojiza con tipo de modelo de revista, maneras veleidosas y un ingenio brillante y estudiado en el que cada comentario parece medido y astutamente ajustado a la ocasión, aunque sin perder en ningún caso la espontaneidad necesaria para que resulte apropiado.» Hansen añadía que el general Patton, también presente en la cena, «empezó a flirtear cada vez más del modo inimitable que lo caracteriza con Marty».[5]

Mientras Bradley lo importunaba con su impaciencia, Eisenhower estaba más que dispuesto a analizar la situación con Montgomery. Compartía hasta cierto punto la preocupación del mariscal inglés por la posibilidad de que los Aliados no hubieran reunido todavía las fuerzas suficientes para acabar con el saliente alemán. La lentitud del avance de Patton desde el sur no presagiaba nada bueno, más o menos como Montgomery había vaticinado cinco días antes. Pero al mismo tiempo Eisenhower era perfectamente consciente de la arraigada renuencia de Montgomery a actuar hasta que no dispusiera de una fuerza aplastante. La aniquilación de la 2.ª División Panzer le había dado muchos ánimos.

Montgomery, que se había dejado influir en exceso por su impresión de que «los estadounidenses habían recibido el "puñetazo en la nariz" más doloroso»,[6] subestimaba por su parte el daño infligido a los atacantes. Se negaba a creer que el I Ejército se hubiera recuperado lo bastante como para organizar una operación tan ambiciosa. Y desde luego no pensaba que por el sur Patton fuera capaz de hacer lo que él tan belicosamente afirmaba que iba a hacer. Montgomery temía además que los alemanes, una vez rodeados, lucharan todavía con más ahínco a la desesperada e infligieran muchas más bajas a los Aliados. Estaba convencido de que, utilizando la tremenda potencia de su aviación y su artillería, los Aliados podrían causar más daño desde unas posiciones defensivas que lanzándose a una batalla de desgaste.

Bradley escribió al general Hodges sosteniendo que los alemanes habían sufrido un serio revés y que no veía la situación «con unas luces tan oscuras como el mariscal Montgomery». Instaba a Hodges a considerar la posibilidad de acorralar al enemigo «tan pronto como la situación parezca permitirlo».[7] Da la impresión de que Hodges no veía venir ese momento tan deprisa como Bradley. Efectivamente, hasta el día de Navidad por la tarde, Hodges y su jefe del estado mayor habían estado pidiendo refuerzos para defender la línea. Y, según anotó el responsable del diario de su cuartel general, «el general Hodges ha tenido suficientes flancos al descubierto durante las últimas dos semanas».[8]

En neto contraste con él, Patton pretendía avanzar hacia el norte desde Luxemburgo, siguiendo su primitiva idea de aislar el saliente alemán y dejarlo incomunicado con sus bases. Semejante plan fue excluido por el I Ejército porque la red de carreteras por el sureste de la cresta de Elsenborn no habría podido soportar el avance masivo de blindados que habría sido necesario. «Lightning Joe» Collins elaboró por tanto tres planes de ataque y los presentó en el cuartel general del I Ejército el 27 de diciembre. Su preferido era el que preveía que su VIII Cuerpo avanzara desde Malmédy por el sureste hacia Saint-Vith para unirse al III Ejército de Patton y dejar allí incomunicados a los alemanes. Hodges, sin embargo, prefería «el más conservador de los tres planes».[9]

Montgomery insistió también en llevar a cabo una ofensiva incluso más somera, consistente en avanzar simplemente hasta Houffalize. Con la franqueza que lo caracterizaba, Collins dijo a Montgomery:

—Va usted a dejar a los alemanes salir de la bolsa, igual que hizo en Falaise.[10]

Pero por lo que a Montgomery respectaba, aquello no era Normandía en verano. Una gran maniobra de embolsamiento en un terreno semejante y en unas condiciones atmosféricas como aquellas era demasiado ambiciosa. Tenía bastante razón. Habría estado bien para el Ejército Rojo, equipado de pertrechos para hacer una guerra en lo más crudo del invierno. Las anchas orugas de sus carros de combate T-34 podían hacer frente al hielo y a la nieve, pero los Sherman ya habían demostrado cuán vulnerables eran en esas condiciones.

La reunión con Montgomery que Eisenhower tenía previsto celebrar en Bruselas tuvo que ser aplazada hasta el 28 de diciembre porque la Luftwaffe destruyó su tren en un bombardeo aéreo. Justo antes de ponerse en marcha se enteró de que el mariscal contemplaba por fin la posibilidad de llevar a cabo una ofensiva generalizada.

—¡Alabado sea Dios, de quien emanan todas las bendiciones! —exclamó.[11]

Para mayor exasperación suya, el Cuerpo de Contraespionaje seguía obsesionado con su seguridad personal, y debido a la niebla y el hielo la entrevista tuvo que ser trasladada a Hasselt, cerca del cuartel general de Montgomery. «Las carreteras son una sábana de hielo, tras la última tormenta de nieve y hielo de la pasada noche», anotó aquel día el general Simpson, del IX Ejército.[12]

Justo antes de su entrevista con el comandante supremo, Montgomery había convocado una conferencia con los mandos del Ejército del Norte —Hodges, Simpson, Dempsey y el general Harry Crerar, del I Ejército canadiense— que se debía celebrar en Zonhoven el 28 de diciembre a las 09.45. Su jefe de inteligencia, el G-2 del I Ejército y el general de división Strong del SHAEF, hablaron todos acerca de una reanudación del ataque alemán. Propuso por tanto dejar que los alemanes se agotaran primero ellos solos, no solo a sí mismos, sino también sus recursos, estrellándose contra la línea norte mientras los cazabombarderos se ocupaban de su retaguardia. Esperaba además que se produjera «algún tipo de enfrentamiento con el frente británico o con el del IX Ejército, como demostración».[13] En realidad, Hitler había cancelado ya la ofensiva del XV Ejército prevista en el norte.*

Montgomery pensaba trasladar al XXX Grupo de Ejércitos británico para que se hiciera cargo de la defensa desde Hotton hasta Dinant, de modo que el VII Cuerpo de Collins pudiera reagruparse y prepararse para dirigir un contragolpe hacia Houffalize. Durante la fase final de la aniquilación del saliente alemán tenía la intención de

---

* Incluso el XII Grupo de Ejércitos de Bradley creía, al parecer, en una reanudación del ataque hacia el norte en dirección a Lieja con «entre cuatro y cinco divisiones *panzer*», según Hansen. Tres días después Hansen realizaba el siguiente comentario inesperado: «Los estadounidenses somos muy malos en materia de inteligencia; tenemos que depender de los británicos para casi toda la información que recibimos». 2 de enero de 1945, CBHD.

lanzar la Operación Veritable, la ofensiva que había planeado que llevara a cabo el ejército canadiense por la margen derecha del Bajo Rin.

Aquella tarde a las 14.30, Eisenhower y Montgomery se encontraron en la estación de Hasselt. Era la primera vez que se veían desde que había comenzado la batalla, y Montgomery estaba muy irritado porque el comandante supremo no había respondido a sus comunicados diarios en los que resumía el curso seguido por los acontecimientos. Encerrado entre cuatro paredes en Versalles, Eisenhower no se había aventurado a salir a ninguna parte desde la conferencia de Verdún. Y durante la infortunada reunión del día de Navidad, Bradley se había visto obligado a reconocer que no tenía ni idea de cuáles eran los planes de Eisenhower. Montgomery se mostró muy displicente con lo que consideraba inacción total por parte de Eisenhower.

El comandante supremo estuvo de acuerdo con el plan de Montgomery de avanzar hacia Houffalize y no hacia Saint-Vith, como quería Bradley. Pero una vez más el mariscal inglés no pudo contenerse. Dijo que Bradley había echado a perder toda la situación, y que si no se le concedía a él el mando operativo absoluto de todos los ejércitos situados al norte del Mosela, el avance hacia el Rin fracasaría. Para salvar las apariencias se ofreció a prestar servicio a las órdenes de Bradley, pero la oferta no podía ser muy sincera después de lo que había dicho acerca de este.

Montgomery dio por supuestos que su intimidación había surtido efecto y que Eisenhower estaba de acuerdo con todas sus propuestas. En Londres, sin embargo, el mariscal sir Alan Brooke se sintió molesto cuando escuchó el relato de la entrevista que le hizo Montgomery. «¡Me da la impresión de que Monty, con su habitual falta de tacto, ha estado restregando a Ike las consecuencias de no haber escuchado sus consejos! Demasiados "ya te lo decía yo".»[14]

El estado mayor de Eisenhower en el SHAEF, incluidos los oficiales británicos, montaron en cólera cuando se enteraron de lo ocurrido en la entrevista, pero Montgomery estaba a punto de empeorar aún mucho más las cosas. Temiendo que Eisenhower se echara atrás y no cumpliera lo que pensaba que habían acordado, el mariscal británico escribió una carta el 29 de diciembre insistiendo una vez más en que hubiera un solo mando en campaña y repitiendo que los Aliados fracasarían si no se seguían sus consejos. El general de división Freddie de Guingand, su jefe del estado mayor, que ya estaba de vuelta en Bélgica, se la entregó al día siguiente a Eisenhower. Para este la carta de Montgomery fue la gota que colmó el vaso. El mariscal había tenido incluso la temeridad de dictar lo que debía decir la orden del comandante supremo cuando le concediera «la dirección operativa plena, el control y la coordinación» del XII Grupo de Ejércitos de Bradley en el ataque contra el Ruhr.[15]

La llegada de la carta de Montgomery coincidió casualmente con un telegrama del general Marshall desde Washington. Le habían enseñado ciertos artículos aparecidos en la prensa inglesa que afirmaban que Montgomery había salvado a los estadounidenses en las Ardenas y que debía ser nombrado comandante en jefe de todas las fuerzas de tierra. Marshall dejaba muy clara su opinión a Eisenhower: «No hagas concesiones de ningún tipo, sean las que sean, bajo ninguna circunstancia. No solo tienes nuestra confianza más absoluta, sino que en nuestro país habría un resentimiento terrible a raíz de una acción semejante. No estoy dando por supuesto que tengas en mente hacer semejante concesión. Solo deseo que tengas la certeza de cuál es nuestra actitud sobre este particular. Estás haciendo un gran trabajo, así que ve y mándalos al infierno».[16]

Eisenhower respondió a Montgomery en tono razonable, pero dándole al mismo tiempo un ultimátum inequívoco: «En tu última carta me molestaste haciendo pronósticos de "fracaso" si no se llevaban a efecto con todo detalle tus opiniones concretas en lo referente a que se te conceda el mando sobre Bradley. Te aseguro que en lo tocante a este asunto no puedo ir más lejos ... Por mi parte deploraría el desarrollo de una discrepancia de pareceres tan insalvable entre nosotros que tuviéramos que llevarla ante los JJEMC [Jefes del Estado Mayor Conjunto]». No cabía duda de parte de quién se habrían puesto los Jefes del Estado Mayor Conjunto en caso de un enfrentamiento semejante.[17]

Al enterarse de que Eisenhower iba a escribir a Marshall, De Guingand le rogó que esperara; y, aunque estaba gravemente enfermo, voló de inmediato a Zonhoven y explicó a Montgomery que iba de cabeza a estrellarse contra las rocas. Al principio el mariscal se negó a creer que las cosas estuvieran tan mal. En cualquier caso, ¿quién habría podido sustituirlo? El mariscal sir Harold Alexander, fue la respuesta que escuchó. Montgomery se estremeció cuando finalmente se dio cuenta de la realidad. En otra ocasión ya había dicho confiadamente a Eisenhower que «la opinión pública británica no permitiría un cambio».[18] Por lo que le estaba explicando De Guingand, eso ya no contaba. Los estadounidenses estaban ahora definitivamente al mando.

—¿Qué voy a hacer, Freddie? —preguntó Montgomery a todas luces deprimido.[19]

De Guingand sacó del bolsillo de su traje de campaña el borrador de una carta: «Querido Ike —decía—. He visto a Freddie y he comprendido que estás muy agobiado por muchas consideraciones en estos días tan difíciles. Te he dado mi sincera opinión porque sé que a ti te gusta que así se hagan las cosas ... Sea cual sea la decisión que tomes, puedes confiar en mí al cien por cien para ponerla en obra y sé que Brad hará lo mismo. Estoy muy disgustado por si mi carta te ha ofendido y te rogaría que la rompieras. Tu leal subordinado, Monty». El mariscal firmó la carta, que fue codificada y transmitida sin demora por cable. El estimable De Guingand le había salvado una vez más de su insufrible ego a su jefe.[20] A continuación se trasladó al cuartel general del XXI Grupo de Ejércitos en la retaguardia, sito en Bruselas, para hablar con los periodistas. Subrayó que el mando de Montgomery sobre los dos ejércitos estadounidenses era transitorio, y que en interés de la solidaridad de los Aliados debían poner fin al clamor a favor de convertir al mariscal en comandante en jefe de las fuerzas terrestres y a las veladas críticas contra Eisenhower. Los reporteros prometieron consultar con sus editores. De Guingand telefoneó entonces a Bedell Smith en Versalles para asegurarle que el mariscal había dado marcha atrás por completo.

Todo lo que había que acordar era la fecha de la ofensiva en el norte. Eisenhower estaba convencido de que debía ser para el día de Año Nuevo. Montgomery al principio se había mostrado favorable a lanzarla el 4 de enero, pero luego la adelantó veinticuatro horas y propuso el día 3. Pero seguía habiendo un intenso mar de fondo de opinión hostil. Muchos oficiales estadounidenses de alta graduación lamentarían luego que Eisenhower no hubiera aprovechado la ocasión para quitar de en medio al mariscal. Querían una victoria estratégica en las Ardenas, destruyendo por completo a todas las fuerzas alemanas que estuvieran en la zona. Montgomery creía que semejante cosa era un sueño impracticable y pensaba que los estadounidenses querían simplemente borrar de un plumazo el bochorno de haber sido pillados desprevenidos. Él por su parte estaba impaciente por empezar la Operación Veritable con el objeto de despejar el Reichswald de Cléveris antes de cruzar el Rin al norte del Ruhr. Bradley y Patton, en cambio, no tenían la menor intención de esperar hasta el 3 de enero. Planeaban lanzar su contraofensiva desde Bastogne el 31 de diciembre.

En el flanco sur de Bastogne, la 35.ª División de Infantería, que había quedado muy debilitada a raíz de los combates en Lorena, llegó con el cometido de rellenar el hueco existente entre la 4.ª División Acorazada y la 26.ª División de Infantería. La 35.ª debía atacar por el noreste en dirección a Marvie y a la carretera Longvilly-Bastogne, mientras que el resto de la 4.ª División Acorazada ayudaría a despejar los pueblos situados al este de la carretera de Arlon. Los soldados de infantería, con las botas empapadas de agua después de vadear un número interminable de arroyos, sufrieron tantos casos de congelamiento y de pie de trinchera como bajas en acción. «Hacía tanto frío ... que el agua de nuestras cantimploras se congelaba sobre nuestros cuerpos —anotaría en su diario un oficial del 51.º Batallón de Infantería Mecanizada—. Comíamos nieve o la fundíamos para beber o para hacer café.» Su batallón, que había contado con seiscientos efectivos, sufrió 461 bajas tanto en acción como por otros motivos en solo tres semanas.[21]

Al oeste, la Agrupación de Combate A de la 9.ª División Acorazada avanzó por la carretera de Neufchâteau que discurría cerca de Sibret, importante objetivo de los estadounidenses. También empezaron a llegar refuerzos alemanes cuando los combates por Bastogne se intensificaron. El jueves 28 de diciembre la *Führerbegleitbrigade* pasó a encargarse del sector de Sibret por el flanco suroeste. El *Oberst* Remer afirmó que, cuando bajaban del frente del norte, su compañía médica había sido ametrallada durante «un ataque de cazabombarderos que duró 35 minutos, aunque todos los vehículos iban pintados de blanco y llevaban bien visible la cruz roja». Manteuffel pensaba que la formación de Remer iba a marcar la diferencia, y sus carros Panther y Mark IV entraron directamente en acción contra los blindados de la 9.ª División Acorazada, incendiando varios de ellos.[22]

Remer se enfureció y se sintió mortificado cuando se enteró de que había pasado a estar a las órdenes de la 3.ª División *Panzergrenadier*, que había quedado muy mermada. La *Führerbegleitbrigade*, pese a ser en tamaño menos de la mitad de una división estándar, estaba fuertemente armada en unos momentos en los que la 5.ª División *Fallschirmjäger* se había quedado con muy poco apoyo de artillería, y la 26.ª *Volksgrenadier* no disponía ya de proyectiles perforantes de blindados. Remer, que contaba con una batería de cañones antiaéreos de 105 mm, la trasladó a Chenogne para que hiciera frente a los carros de combate de Patton. Sus baterías de 88 mm fueron desplegadas cinco kilómetros más al norte, en los alrededores de Falmierge, donde, según dijeron, abatieron «diez planeadores cargados de mercancías».[23] Pero la *Führerbegleitbrigade* llegó demasiado tarde para salvar la localidad clave de Sibret. Tras un intenso bombardeo de artillería, los estadounidenses obligaron a los alemanes a salir del pueblo aquella misma noche. El piloto de un planeador abatido había sido capturado por los alemanes por allí cerca. Se escondió en una tina llena de patatas cuando los alemanes se retiraron, y de la noche a la mañana se encontró de nuevo libre.

La pérdida de Sibret consternó a Manteuffel tanto como a Lüttwitz, pues ahora sus posibilidades de restablecer el embolsamiento de Bastogne habían quedado muy reducidas. Lüttwitz ordenó a Remer reconquistar Sibret a la mañana siguiente con ayuda de un *Kampfgruppe* de la 3.ª División *Panzergrenadier*. «Si este ataque fracasaba —escribió Lüttwitz— el Grupo de Ejércitos creía que iba a ser necesario emprender la retirada de la primera línea del saliente.»[24] Pero Hitler, negándose una vez más a aceptar la realidad, anunció la creación de un denominado «Grupo de Ejércitos Lüttwitz» con el cometido de aplastar la resistencia de Bastogne. En teoría, estaba formado por la 2.ª División Panzer, la *Panzer Lehr*, la 9.ª División Panzer, la 3.ª y la 15.ª Divisiones *Panzergrenadier*, la 1.ª División Panzer de las

SS *Leibstandarte Adolf Hitler*, la 5.ª División *Fallschirmjäger*, y la *Führerbegleitbrigade*. Pere pese a su denominación típicamente hitleriana, la mayoría de las formaciones citadas no eran prácticamente más que retales.

Durante las primeras horas del viernes 29 de diciembre, la *Führerbegleitbrigade* se concentró en el extremo sur de los bosques de las inmediaciones de Chenogne para emprender el contraataque sobre Sibret. Pero en cuanto las tropas de Remer salieron de los árboles, fueron saludadas por una concentración de fuego masivo procedente de los batallones de artillería de campaña congregados para aplastar aquella intentona por lo demás ya esperada. El fuego de flanco procedente de Villeroux, al este, localidad que los estadounidenses habían tomado después de un combate feroz el 28 de diciembre, causó también muchas bajas. Los bosques del sureste de Chenogne cambiaron varias veces de manos. Uno de los cañones antiaéreos de 105 mm de Remer dejó inutilizados varios carros de combate estadounidenses durante la refriega, pero al final los artilleros encargados de hacerlo maniobrar, pese a defender su pieza como si fueran soldados de infantería combatiendo cuerpo a cuerpo, se vieron superados. Un carro Sherman aplastó el cañón con sus orugas. Aquella misma noche Remer comunicó que la *Führerbegleitbrigade* había quedado demasiado debilitada para intentar otro ataque contra Sibret.[25]

Los bombarderos de la Luftwaffe atacaron Bastogne la noche del viernes 29 de diciembre, justo cuando empezaba a cambiar el tiempo, con la llegada de nevadas y nieblas procedentes de Escandinavia. Pero al menos el pasillo estaba asegurado, de modo que cientos de camiones pudieron llevar grandes cantidades de pertrechos y víveres a los defensores de Bastogne, así como a cuatrocientos reemplazos para la 101.ª División Aerotransportada. El general Taylor fue a visitar a sus tropas a la primera línea del perímetro para felicitarlas. Algunos encontraron irritantes sus modales. «Sus órdenes antes de marcharse —recordaría el comandante Dick Winters, del 506.º Regimiento— fueron: "¡Vigilad esos bosques de ahí delante!". ¿Qué diablos se pensaba que habíamos estado haciendo mientras él estaba en Washington?»[26]

Los paracaidistas quedaron muy abatidos cuando se enteraron de que, pese al trato de héroes que les dispensaba la prensa, no iban a ser reemplazados y de que no iban a llevarlos de vuelta a Mourmelon-le-Grand. Al menos habían recibido su correo y los paquetes de Navidad que les habían mandado de casa. Su contenido lo compartieron con otros miembros de su sección o con la población civil belga. Y por fin tenían suficiente comida, con sus paquetes de raciones preferidas «diez en uno». Algunos paracaidistas lograron también liberar el almacén de bebidas alcohólicas que el cuartel general del VIII Grupo de Ejércitos se había dejado: había sido descubierto cuando el estallido de una bomba lanzada por la Luftwaffe había causado el hundimiento de la pared de un edificio. Pero lo que no cesó fue el frío horroroso ni la rutina de escaramuzas mortíferas y de patrullas nocturnas peligrosísimas. Los mandos seguían exigiendo información acerca de las unidades enemigas que tenían enfrente, así que algún escuadrón improvisado tenía que salir a capturar alguna «boca» para someterla a interrogatorio. (Los oficiales alemanes habían confiscado las libretas de intendencia de sus hombres porque revelaban demasiadas cosas acerca de su unidad.) Pero moverse sigilosamente en plena noche era imposible, pues cualquier paso que se diera hacía ruido cada vez que un pie pisaba la dura costra formada encima de la nieve. Y los capotes blancos que llevaban los soldados, rígidos a consecuencia de la helada, crujían cada vez que hacían el más mínimo movimiento. Los experimentos realizados con los trajes de faena desteñidos para que sirvieran de camuflaje no tuvieron mucho éxito. Los paracaidistas envidiaban las guerreras reversibles de los alemanes provistas de forro blanco, que eran mucho mejores.

Como era ya práctica habitual colocar maniquíes delante de las posiciones defensivas para incitar a las patrullas enemigas a abrir fuego prematuramente, los paracaidistas recurrieron a la estratagema de poner cadáveres congelados de soldados alemanes plantados sobre la nieve. A uno lo llamaban «Oscar», por el nombre del muñeco-mascota de la unidad, que había sido lanzado en paracaídas con ellos. Servía también de indicador para las órdenes de apertura de fuego en caso de ataque por sorpresa.[27] A los paracaidistas les había extrañado mucho ver que la cara de los hombres que morían en aquel frío extremo no tenía la habitual tonalidad grisácea, sino que su color era morado, pues la sangre de los capilares se congelaba rápidamente bajo la piel.

Además de pie de trinchera y congelación, muchos paracaidistas, mugrientos ya y con la barba crecida, sufrían disentería, debido en buena parte a la imposibilidad de lavar debidamente el menaje de campaña. Las gélidas temperaturas, que podían alcanzar los veinte grados bajo cero, hacían en ocasiones que estallaran los tubos refrigeradores de las ametralladoras pesadas. Estas armas podían ser divisadas a mucha distancia por el resplandor del disparo, mientras que sus homólogas alemanas no podían verse a más de cien metros. Los paracaidistas no eran los únicos que preferían utilizar las ametralladoras MG-42 capturadas. Los nuevos reemplazos tuvieron que aprender a no disparar ráfagas demasiado largas que delataran su posición.

A muchos soldados les gustaba discutir cuál era la mejor forma de tirar una granada: como una pelota de béisbol, como se hace en el lanzamiento de peso, o bien por encima del hombro. El lanzamiento tipo pelota de béisbol era rechazado por muchos porque podía causar lesiones en el brazo y en el hombro. Para evitar que los alemanes cogieran la granada y devolvieran el lanzamiento, los soldados experimentados tiraban de la anilla, contaban hasta dos o hasta tres y luego la arrojaban. Las granadas solían llevarse con la palanca enganchada a los ojales de los botones. Los oficiales se desesperaban, pues sabían que cuando los hombres se echaban cuerpo a tierra, podían desprenderse y perderse. Se descubrió también que los reemplazos despistados las sujetaban de su mochila por la anilla, que era una forma muy rápida de hacerse saltar por los aires uno mismo. La funda de una cantimplora de repuesto solía ser el mejor sitio en el que llevarlas.

El 30 de diciembre, el general Patton entró en Bastogne luciendo sus famosas pistolas con cachas de nácar. Felicitó a los oficiales y a los hombres con su voz curiosamente chillona, regaló medallas a diestro y siniestro, se dejó fotografiar en varios sitios, examinó los carros de combate alemanes achicharrados y visitó los principales escenarios de los combates. Uno de ellos fue el Château de Rolley, donde durmió unas cuantas horas antes de continuar su gira. Un oficial de observación de artillería del 327.º de Infantería de Planeadores, que llevaba ya algún tiempo sufriendo el fuego de los carros de combate alemanes en la cresta de una colina, se puso hecho una furia al ver a un grupo de hombres que venían caminando tranquilamente a su encuentro por detrás de donde él estaba. Echando venablos por la boca les dijo que se agacharan inmediatamente y justo entonces comprobó que se trataba de un imperturbable general Patton, que había venido a echar una ojeada. Tras apuntar al objetivo con un cañón, el capitán ordenó a su batallón «¡Fuego según lo previsto!» y disparó contra los *panzer*. Una salva tuvo la suerte de alcanzar directamente la torreta de uno de ellos, provocando el estallido de la munición que llevaba dentro y consiguiendo que el blindado saltara por los aires hecho pedazos.

—¡Vaya! ¡Por Dios que ha sido un buen disparo! —exclamó triunfante Patton. Aquello evidentemente le había alegrado el día.[28]

Aquel día, mientras la *Führerbegleitbrigade* y la 3.ª División *Panzergrenadier* atacaban desde el oeste, un *Kampfgruppe* de la 1.ª División Panzer de las SS, junto con el 14.º Regimiento *Fallschirmjäger* y la 167.ª División *Volksgrenadier*, recién llegada de Hungría, atacó desde el este por los alrededores de Lutrebois. En Villers-la-Bonne-Eau, un batallón de la 35.ª División de Infantería estadounidense fue pillado por sorpresa en medio de la niebla antes del amanecer. Dos compañías fueron borradas del mapa, pero una vez más la artillería de campaña desempeñó un papel crucial salvando la situación.[29] Los cañones de la división y de todo el Grupo de Ejércitos dispararon bombas provistas de la nueva espoleta pozit y los *Volksgrenadiere* fueron «hechos trizas», en palabras de su comándate en jefe.[30]

Cuando los Sherman y los cazacarros de la 4.ª División Acorazada, atraídos por el fragor de la batalla, se unieron a aquel caótico combate, la infantería informó de los avistamientos de carros de combate alemanes que había hecho en los bosques. El 134.º Regimiento de Infantería afirmó que fueron puestos fuera de combate veintisiete carros de combate y los cálculos de otras unidades sumarían un total de más de cincuenta, pero se trataba de una burda exageración.[31] Aun así la *Leibstandarte Adolf Hitler* sufrió graves pérdidas, y echó la culpa de ello a la 5.ª División *Fallschirmjäger*. Según el oficial al mando de esta unidad, el *Generalmajor* Ludwig Heilmann, «las SS hizo correr el rumor de que [mis] paracaidistas estuvieron pasando tranquilamente el tiempo con los estadounidenses en el sótano de una casa de Villers-la-Bonne-Eau y de que llegaron incluso a brindar por la hermandad entre unos y otros».[32] El oficial al mando de la *Leibstandarte Adolf Hitler*, el *SS-Oberführer* Wilhelm Mohnke pretendía hacer un consejo de guerra por cobardía a los oficiales del 14.º Regimiento *Fallschirmjäger* y, al parecer, dijo que «lo que hacía falta era que un oficial superior nacionalsocialista* se tirara al cuello de toda la División *Fallschirmjäger*».

La mutua antipatía que se profesaban las Waffen SS y las demás formaciones de la Wehrmacht alcanzaría cotas nunca vistas. Las formaciones *panzer* de las SS exigían prioridad en todas las rutas, provocando un auténtico caos de tráfico. «Esa situación de las carreteras alcanzó su punto culminante cuando las formaciones SS llegaron al sector de combate de Bastogne —escribió el *Generalmajor* Kokott—. Estas unidades —en cualquier caso indebidamente jactanciosas y arrogantes—, con la total falta de disciplina que las caracterizaba, con su conocida crueldad combinada con una considerable falta de lógica, tuvieron unos efectos decididamente destructivos y en todos los casos se convirtieron en una desventaja para cualquier dirección sistemática de los combates.»[33] Este odio de las SS no existía exclusivamente a nivel de los oficiales superiores. El *Feldwebel* Rösner, integrado en la división de Kokott, contaba cómo las SS «se metía en las casas de la gente de Luxemburgo y lo destruía todo por puro vandalismo».[34] Destruyeron también las imágenes sagradas en la Eifel alemana solo porque la región era católica.

El suceso más alentador para el III Grupo de Ejércitos de Patton fue la llegada de algunos elementos avanzados de la 6.ª División Acorazada, venidos para relevar a la 4.ª División Acorazada, ya totalmente agotada. La formación recién llegada estaba completa y además tenía experiencia, una rara combinación en aquellos momentos. Algunos de sus Sherman llevaban instalado el nuevo cañón de 76 mm —basado en el cañón de 17 libras británico—, que podía por fin enfrentarse a un Mark VI Tiger con garantías. Aunque una agrupación de combate se retrasó en el trayecto al tener que utilizar la misma ruta

---

* El papel del *Nationalsozialisticher Führungsoffizier* u oficial superior nacionalsocialista fue creado por orden de Hitler a imitación de los comisarios políticos soviéticos para velar por la lealtad y la determinación de los oficiales del ejército.

que la 11.ª División Acorazada, el otro se situó en su posición al su-reste del perímetro, cerca de Neffe, listo para emprender el ataque contra Wardin al día siguiente.

No todos los ataques por error contra las tropas estadounidenses vinieron de los cazabombarderos Thunderbolt y Lightning. El 31 de diciembre el III Ejército informó de que «unos bombarderos de la VIII Fuerza Aérea bombardearon desgraciadamente el cuartel general de la 4.ª División Acorazada en la localidad de Wecker, y la parte de la 4.ª División situada en Echternach».[35] Se convocó una reunión urgente con los generales de la fuerza aérea Doolitle y Spaatz para discutir el bombardeo accidental de «nuestras propias fuerzas» y «a la inversa, el fuego abierto contra nuestros propios aviones por nuestras baterías antiaéreas». El «bombardeo accidental» fue silenciado «para no perturbar la confianza de las tropas». La culpa cabía achacarlas a una parte y a otra, pero tras la repetición de varios incidentes muchos soldados estadounidenses volvieron a recurrir al eslogan usado en Normandía: «Si vuela, muere», y a menudo abrieron fuego contra cualquier avión que se acercara, tanto si estaba a su alcance como si no. El ejército se mostraba también abiertamente escéptico respecto a los cálculos a todas luces hinchados que hacía la fuerza aérea del número de *panzer* que había destruido. «Es evidente que las apreciaciones del Cuerpo Aéreo deben de ser exageradas —observaba el XII Grupo de Ejércitos—, de lo contrario los alemanes deberían haberse quedado sin carros de combate, mientras que nuestros cálculos indican que tienen muchísimos.»[36]

La Luftwaffe siguió efectuando bombardeos nocturnos sobre Bastogne. El 1 de enero, los prisioneros de guerra alemanes estaban retirando escombros bajo vigilancia cerca de la plaza Mayor de Bastogne cuando uno de de ellos pisó una bomba «mariposa» lanzada durante la incursión aérea de la noche anterior. El dispositivo estalló alcanzándolo a la altura de la ingle. El hombre cayó al suelo gritando. La escena fue presenciada por unos soldados del 52.º Batallón de Infantería Mecanizada de la 9.ª División Acorazada. Uno de sus oficiales escribiría después: «Podían oírse las carcajadas provenientes de las gargantas de nuestros soldados montados en camiones».[37]

Por el norte, en el frente del I Ejército, Montgomery había trasladado a la 53.ª División galesa y a la 83.ª División de Infantería estadounidense a los alrededores de Marche. La 51.ª División (Highland) pasó a convertirse en una reserva del I Ejército. A medida que iban llegando más unidades del XXX Grupo de Ejércitos de Horrocks, el resto del VII Cuerpo de Collins podía replegarse para volverse a desplegar luego con objeto de lanzar el contraataque el 3 de enero.* La 6.ª División Aerotransportada británica, que se trasladó al este de Celles, intentó atrincherarse en posiciones defensivas, pero el suelo estaba tan helado que las palas de los hombres resultaban inútiles. Recurrieron entonces a otro método: clavaban en el suelo tubos metálicos huecos que luego llenaban de explosivos con los que pudieran abrir hoyos. No tardarían en descubrir que hacer frente a las minas Teller enterradas bajo la nieve era una tarea muy peligrosa.[38]

En los alrededores del área de máximo avance alemán, eran capturados constantemente soldados ateridos y muertos de hambre que habían quedado separados de sus unidades. El hijo de un granjero fue a guardar sus caballos cerca de Ychippe. Cuando regresó, un soldado alemán al que ya había visto acercarse cojeando hasta la casa, llamó a la puerta. Señalando con un dedo a sus pies, dijo:

—*Kaput!*

Había estado durmiendo en un pajar. Se sentó junto a la estufa, entregó su pistola y se quitó las botas. Llegó entonces una patrulla estadounidense e hizo prisionero al alemán antes de que tuviera oportunidad de echar mano a la pistola. Otros soldados alemanes habían estado escondiéndose en las casas y otros edificios de las granjas de los alrededores. Cuando se vieron rodeados, uno de ellos se negó a salir de un pajar. Llevaba uniforme estadounidense y temía que le pegaran un tiro. Finalmente lo convencieron de que saliera cuando

---

* En realidad, Montgomery acababa de mandar a su comandante favorito a casa con permiso médico forzoso. Temía que el juicio de Horrocks se hallara perturbado debido al agotamiento. El teniente general Horrocks había sostenido de repente que se debía permitir a los alemanes cruzar el Mosa para luego derrotarlos en el campo de batalla de Waterloo, al sur de Bruselas. Hamilton, *Monty: The Field Marshal*, pp. 255-256.

los estadounidenses lo amenazaron con quemar el pajar. Lo obligaron a quitarse las prendas del uniforme estadounidense que se había puesto y luego se lo llevaron en un *jeep*. Los lugareños no supieron nunca qué había sido de él.

En varios lugares, como, por ejemplo, en Conjoux, los aldeanos vieron con tristeza cómo los conductores de los carros de combate estadounidenses arrasaban sus pequeños huertos y sus cercados. Su angustia disminuyó un poco cuando vieron acercarse a la infantería estadounidense en columnas que avanzaban en fila india a uno y otro lado de la carretera. La existencia parsimoniosa de los granjeros de la comarca comportaba que no había que despilfarrar las cosas. Los campesinos cogían todo lo que pillaban en los vehículos alemanes abandonados, pues probablemente esa fuera la única compensación que podían esperar a cambio de los daños ocasionados a sus campos, a sus pajares y a sus casas, así como por la pérdida de forraje, caballos y carretas requisados por los alemanes. Una motocicleta provista de oruga constituía un gran premio. Ayudándose de un sifón extraían el combustible que quedaba en los vehículos abandonados y se llevaban cajas de herramientas, raciones de comida en lata, neumáticos y llantas, y arrancaban de ellos casi cualquier cosa que pudiera ser desmontada. Algunos se llevaban incluso granadas con la esperanza de que les resultaran útiles para pescar en verano.[39]

Varios granjeros intentaron quitar las ruedas de los cañones de campaña, esperando aprovecharlas para hacer carretas, pero no tardaron en comprobar que eran demasiado pesadas para que pudiera tirar de ellas un caballo. En un ejercicio de improvisación mucho más afortunado, un granjero experto en mecánica logró construirse su propio tractor exclusivamente a partir de distintas partes de varios vehículos alemanes abandonados. El motor procedía de un semioruga. Una familia arrancó incluso los asientos delanteros de un *Kübelwagen*, el equivalente del *jeep* utilizado por la Wehrmacht, y los utilizó en su salón a modo de sillones durante casi treinta años. En Ychippe, dejaron a un oficial alemán muerto desplomado durante varios días en el asiento delantero de otro *Kübelwagen*. El joven Théophile Solot, de diecisiete años, se sintió fascinado por el hecho de que siguiera creciéndole la barba a pesar de estar muerto.[40]

Las mujeres estaban angustiadísimas por la suerte que pudieran correr sus hijos y sus maridos. Los que habían escapado cruzando el Mosa fueron bastante afortunados, pues los alemanes se dedicaron a hacer redadas y detuvieron a muchos de los hombres y niños que se habían quedado. Los obligaron a retirar la nieve de los caminos y a acarrear toda clase de pertrechos. Muchos carecían de la ropa adecuada para la nieve y el hielo. Mal alimentados, desde luego no lo suficiente como para llevar a cabo trabajos tan duros, estaban además muy mal equipados. Pocos disponían de guantes o incluso de palas. Eran tratados como prisioneros, y por la noche eran encerrados en pajares. En algunos casos, sus guardianes fijaban granadas a las puertas y a las ventanas para que no pudieran escapar. Muchos fueron obligados a trasladarse a pie hasta Alemania para trabajar allí y no fueron liberados hasta las últimas fases de la guerra. Varios murieron a manos de la aviación aliada, pues los pilotos no distinguían entre los grupos de soldados alemanes y de civiles belgas. Todos parecían pequeñas figuritas negras sobre la nieve.

Durante los últimos días de diciembre, el XXX Grupo de Ejércitos británico amplió sus nuevas posiciones entre el Mosa y Hotton. Un oficial de asuntos civiles inglés ofrecía una visión bastante romántica de los alrededores: «Las Ardenas tienen un pronunciado carácter que recuerda al de Ruritania —escribía—, tal como uno se lo imagina leyendo la novela de *El prisionero de Zenda*. Los castillos aportan un efecto añadido, junto con los grandes bosques de abetos, cargados de nieve».[41]

Una vez que los cielos se encapotaron, los vuelos de reconocimiento se hicieron imposibles. Cuando la 53.ª División galesa sustituyó a los estadounidenses en Marche-en-Famenne, los Aliados se vieron en la necesidad de saber cómo estaban efectuando su nuevo despliegue la División *Panzer Lehr* y lo que quedaba de la 2.ª División Panzer tras su retirada de Rochefort. El 61.º Regimiento de Reconocimiento británico, adscrito a la 6.ª División Aerotransportada, y las fuerzas belgas y francesas del SAS, formadas por unos trescientos cincuenta efectivos, fueron enviados a la gran zona boscosa y de pantanos situada al sur de Rochefort para enterarse de lo que estaba pasando.

El escuadrón francés se dirigió a Saint-Hubert, y el 31 de diciembre un escuadrón belga del 5.º Regimiento del SAS localizó a parte de la *Panzer Lehr* en Bure, a diez kilómetros al sur de Rochefort. En sus *jeeps*, armados solo con unas cuantas ametralladoras dobles Vickers, los integrantes de este escuadrón poco pudieron hacer aparte de hostigar a los *Panzergrenadiere*. Tres de sus mejores hombres perdieron la vida a manos de un cañón alemán de 88 mm. Los alemanes resistían desesperadamente en aquella zona porque casi todos los hombres que quedaban de la 2.ª y la 9.ª Divisiones, y de la División *Panzer Lehr* se habían retirado de Rochefort por esa ruta. Como casi todos los habitantes del pueblo se habían refugiado en los sótanos de un colegio religioso, los alemanes se habían apoderado de todas sus sábanas para utilizarlas como camuflaje. Y mientras que los lugareños escondidos bajo tierra no tenían para comer nada más que patatas, los *Panzergrenadiere* mataron todos sus pollos y gallinas y se los zamparon.

La artillería alemana bombardeó entonces Rochefort y la población civil tuvo que permanecer escondida en las cuevas de los alrededores. Durante las pausas, unos pocos se atrevían a salir a buscar algo de comer. Todos se sentían profundamente agradecidos a fray Jacques, «con su gorra y sus grandes guantes negros de goma», que se dedicaba a recoger los cadáveres para darles cristiana sepultura.[42]

Los alemanes siguieron además bombardeando Lieja con sus V-1 el día de fin de año. El sargento de lanceros Walker, del Regimiento Middlesex, veterano del norte de África, de Sicilia y de Normandía, se dirigía a una iglesia de Sur-le-Mont, al sur de la población, para asistir a misa cuando una bomba V-1 pasó volando sobre su cabeza. Al levantar la vista, observó que se daba la vuelta y empezaba a caer en picado. «A unos pocos metros de él estaba de pie un niño belga completamente ajeno al peligro —afirmaba la cita de la medalla que se le concedió—. El sargento de lanceros Walker dio un salto en dirección al pequeño, lo tiró al suelo y lo protegió con su propio cuerpo. La bomba explotó a pocos metros de distancia de donde estaban los dos hiriendo gravemente al sargento de lanceros Walker. El niño resultó ileso.» El Real Cuerpo Médico del Ejército dio por perdido el caso de Walker, pero el heroico sargento sobrevivió porque los estadounidenses lo recogieron y le practicaron una innovadora operación de injerto de tejidos que fue filmada; la película fue enviada a continuación a otros hospitales quirúrgicos de campaña con fines pedagógicos.[43]

Los cuarteles generales de todas las formaciones estadounidenses organizaron sus propias fiestas de fin de año. En el del IX Ejército de Simpson, lo celebraron con copas de *highball* y pavo.[44] En el del I Ejército de Hodges, las cenas eran siempre formales: «Cada noche en su comedor —recordaba uno de sus oficiales— nos vestíamos para cenar: chaqueta, corbata y botas de combate».[45] Hodges solía tomar un *bourbon* y Dubonnet con hielo y unas gotas de bíter, pero aquella noche ordenó que se abriera la caja de champán que Collins le había regalado tras la captura de Cherburgo, para brindar por el año nuevo. A medianoche se produjeron escenas de pánico cuando los soldados empezaron «a disparar indiscriminadamente sus fusiles. Una rápida investigación puso de manifiesto que no se había producido ningún ataque, sino que simplemente se había desatado el entusiasmo entre los hombres».[46]

En el cuartel general del XII Grupo de Ejércitos de Bradley también hubo su fiesta. Según Hansen, Martha Gellhorn «se pasó la mitad de la velada hablando apasionadamente de la guerra de España ... Es la periodista original que cree en la bondad del hombre, después de haber visto mucho de lo peor que hay en él, de haber visto cómo se envilece en los frentes de batalla de todo el mundo».[47] Parece que el ambiente festivo se vio frustrado por el nerviosismo causado por la posibilidad de que se abriera una investigación oficial por el fallo de los servicios de inteligencia y su incapacidad de prever la ofensiva alemana. El general William Donovan, fundador de la Oficina de Servicios Estratégicos (OSS por sus siglas en inglés), acababa de llegar de Washington y comentó que se había «hablado de una investigación del Congreso para determinar por qué hemos sido tan laxos». Bradley estaba también nervioso y a la defensiva por el «riesgo calculado» que había asumido antes del ataque alemán, al dejar solo cuatro divisiones encargadas de defender las Ardenas.

En Berlín, Ursula von Kardorff, autora de un famoso diario, relacionada con los autores de la conjuración de julio, recibió en su casa a unos pocos amigos para celebrar el fin de año: «A medianoche todo estaba en silencio. Allí estábamos con las copas en alto, sin atrevernos apenas a entrechocarlas. En la distancia se oyó el tañido de una sola campana doblando por el año difunto, y escuchamos tiros y unas pesadas botas [en la calle] pisoteando los vidrios rotos [de las ventanas destrozadas]. Era algo fantasmal, como si pasara sobre nosotros una sombra que nos tocara con sus alas oscuras».[48] En las Ardenas, los alemanes, y también los belgas, se preparaban para la contraofensiva alemana y los combates que aún estaban por venir. «Vayan mis oraciones en el umbral de este año nuevo —escribió un joven oficial de los *Volksgrenadiere* cerca de Saint-Vith— por que el *Führer* y nosotros mismos tengamos fuerza para poner fin a esta guerra de forma victoriosa.»[49] Durante las próximas horas, los alemanes volverían a atacar, esta vez lanzando una ofensiva aérea y otra en Alsacia.

21

Sorpresa doble

El día de fin de año a medianoche, la artillería estadounidense de todo el sector de las Ardenas disparó varias salvas para hacer saber a la Wehrmacht que había comenzado el año de su derrota final. Pero también los alemanes mandaron sus propios mensajes de Año Nuevo. Pocos minutos antes de que acabara 1944, el Grupo de Ejércitos del Alto Rin, al mando del *Reichsführer-SS* Heinrich Himmler lanzó una ofensiva llamada Operación Nordwind contra el flanco izquierdo del VI Grupo de Ejércitos del general Devers.

El día después de Navidad, los servicios de inteligencia del VII Ejército habían avisado de que los alemanes podían atacar al norte de Alsacia durante los primeros días de enero. El general Devers había volado a Versalles para entrevistarse con el general Eisenhower. Su relación no había mejorado desde que este rechazara su plan de hacerse con una cabeza de puente al otro lado del Rin. Y como la lucha en las Ardenas estaba a punto de alcanzar su punto culminante, lo único que quería el SHAEF era que las divisiones estadounidenses y francesas situadas más al sur se pusieran a la defensiva. Como la mayor parte del III Ejército de Patton estaba desplegado al lado sur del saliente, las fuerzas de Devers, despojadas de la mayor parte de sus efectivos para reforzar el sector de las Ardenas, se habían visto obligadas a extender su frente a lo largo de más de trescientos kilómetros.

Eisenhower quería reducir la línea en Alsacia mediante una retirada a la cadena montañosa de los Vosgos y probablemente de paso mediante la rendición de Estrasburgo. Tedder le advirtió enérgicamente de que no diera semejante paso. (Irónicamente eran ahora los británicos los que se oponían a ceder territorio.) El plan del comandante supremo daría lugar a un gran enfrentamiento con los franceses, para quienes Estrasburgo tenía un significado muy profundo.

El otro ataque fue mucho más inesperado. El *Reichsmarschall* Herman Göring, picado por las duras críticas de que era objeto su Luftwaffe, había decidido efectuar su propio ataque relámpago. Su plan de asestar un gran golpe por sorpresa contra las fuerzas aéreas aliadas había sido mencionado por primera vez el 6 de noviembre, cuando el *Generalmajor* Christian dijo a Hitler que «el *Reichsmarschall* ha ordenado que todos los nuevos grupos que ahora están en compás de espera sean desplegados en un solo día —un día en el que el tiempo no plantee problemas— todos a la vez, de un solo golpe».[1]

Hitler tenía sus dudas: «Me temo que cuando llegue ese día, los distintos grupos no se coordinen y que no encuentren al enemigo ... La esperanza de diezmar al enemigo con un despliegue masivo no es realista». Se mostraba además muy escéptico con las afirmaciones de la Luftwaffe y con las cifras relativas a la proporción de aviones, y por otra parte le exasperaba el hecho de que sus pilotos hubieran abatido tan pocos aparatos aliados. En una ocasión llegó a exclamar:

—Todavía están produciéndose toneladas [de aviones de la Luftwaffe]. ¡No hacen más que desperdiciar tiempo y materiales!

La Luftwaffe se enfrentaba a muchos problemas, pero también creó uno ella misma. Quedaban pocos pilotos veteranos debido al nocivo sistema de no concederles permisos suficientes de servicio en el frente, y de no utilizarlos para transmitir su experiencia a los novatos. «Ahora todos son pilotos jóvenes sin experiencia alguna —decía el tripulante de un Messerschmitt 109—. Todos los expertos se han ido.»[2] «¿Qué clase de adiestramiento tienen hoy día los recién llegados? —decía otro—. Es lamentable, espantoso.»[3] Llegaban a las unidades operativas después de haber realizado tan solo unas pocas horas de vuelo en solitario, principalmente debido a la escasez de combustible. No es de extrañar que los pilotos de los cazas estadounidenses dijeran que preferían enfrentarse a cuatro pilotos alemanes nuevos que a un solo veterano.

La moral estaba por los suelos. Un oficial capturado detalló el número de excusas que empleaban los pilotos para no volar o no entrar en combate. Entre ellas estaban los «problemas con los motores» o «tren de aterrizaje que no se repliega».[4] Un piloto que despegó, voló un rato y no disparó contra nadie ni contra nada, fue detenido cuando aterrizó. Muchos oficiales superiores «antes solían volar —decía otro piloto veterano—, pero ahora todo eso es agua pasada. No hacen nada. Ya no piensan en morir como héroes, esos días han pasado ya».[5] Reinaba un profundo cinismo en todos los sectores: «En nuestra *Staffel* [escuadrilla] te miraban con cara de asombro si no habías pillado una enfermedad venérea —comunicaba un *Feldwebel*—. Al menos el 70 % tenía gonorrea».[6]

El mayor cinismo estaba reservado a su comandante en jefe, el *Reichsmarschall*: «Parece que ha dirigido la Luftwaffe con los mismos métodos usados por la Reina de Corazones en *Alicia en el país de las Maravillas* —comentaba un oficial de alta graduación del *Oberkommando Luftwaffe*—. Y exactamente con la misma eficacia... Para él la Luftwaffe no era sino un juguete más».[7] Uno de los pocos oficiales superiores que participó en el ataque del día de Año Nuevo recordaba haber preguntado a un superior:

—Bueno, ¿qué está haciendo ahora nuestro *Reichsmarschall*, mi general?

A lo que este respondió:

—En estos momentos el *Reichsmarschall* está traficando con diamantes. No tiene tiempo para nosotros.[8]

Por otra parte, el *General der Flieger* Karl Koller, el jefe del estado mayor, culpaba a Hitler más que a ninguno: «No entendía en absoluto las necesidades de la Luftwaffe, y toda su vida siguió teniendo la perspectiva de un soldado de infantería».[9]

En cualquier caso, Göring pensaba que no tenía más opción que ir a por todas. «Prácticamente se puso a llorar» por el estado en que se hallaba la Luftwaffe, según dijo un *Oberstleutnant*, y comentó que «si no conseguimos el dominio del aire rápidamente, habremos perdido la guerra».[10] La jugada final de Göring, una mera sombra de toda la ofensiva de las Ardenas de Hitler, se llamaría Operación Bodenplatte. Prácticamente todos los cazas en condiciones de volar despegarían para atacar los aeródromos aliados y ametrallar los aviones estacionados en ellos.

Aunque los oficiales de la Luftwaffe tenían conocimiento del plan desde hacía varias semanas, la orden operativa les causó asombro y horror a un tiempo cuando fueron convocados a una sesión informativa el día de fin de año por la tarde. Se prohibió a los pilotos ingerir alcohol de cualquier tipo aquella noche o trasnochar para celebrar el Año Nuevo. Muchos temían la perspectiva del día siguiente y lo que parecía una carga *banzai* a la japonesa, absolutamente suicida. Al personal de vuelo se le concedieron al menos raciones «de despegue», con mantequilla extra, huevos y pan blanco.[11] Les prometieron además que cuando regresaran de la operación recibirían una barra de chocolate, café de verdad y un banquete de «operaciones» en toda regla.

Casi mil aviones alemanes en treinta y ocho aeródromos encendieron los motores poco después del amanecer. El *Oberstleutnant* Johann Kogler, que debía encabezar el *Jagdgeschwader* 6 contra el campo de aviación de Volkel, en Holanda, entró en la cabina de mando de su Focke-Wulf 190. No se hacía muchas ilusiones. El *General der Flieger* Adolf Galland «me había contagiado sus temores; todo era muy desalentador».[12] El superior de Kogler era un inútil, el *General der Flieger* Beppo Schmidt, que como jefe de los servicios de inteligencia de Göring allá por 1940 había llevado a este a equivocarse hasta tal punto que el *Generaloberst* Frank Halder comentó que Göring era «el oficial peor informado de toda la Luftwaffe».[13] Espantado por la pérdida de comandantes de cazas, Schmidt había intentado que permanecieran en tierra. Kogler se opuso en un principio a semejante idea.

—Mi general, si vamos a volar para entretener al enemigo y para que tengan algo contra qué disparar, y si vamos a levantar el vuelo simplemente por hacer algo, solicito que se me permita acompañar [a mis pilotos] todo el rato.[14]

El comandante de una *Staffel* de Focke-Wulf 190, integrada en el *Jagdschwader* 26, pensó que la elección de sus objetivos no podía ser más irónica: «Habíamos estado estacionados en ese aeródromo notros mismos. Tenía que llevar a mi *Staffel* a ametrallar el mismo campo de aviación que habíamos utilizado notros mismos como base».[15]

Mucho más depresiva todavía era la orden de Göring: «Cualquiera que [regrese sin haber] atacado como es debido el aeródromo, o sin haberlo encontrado, deberá despegar inmediatamente de nuevo y atacarlo otra vez».[16] Resultaría una idea desastrosa. Cada escuadrilla debía ir acompañada de un reactor Me 262 cuyo piloto tenía como misión identificar a todo aquel que mostrara falta de determinación en el ataque.

Algunos pilotos parecían al menos encantados con su misión, recordando sus hazañas de los primeros momentos de la guerra. «¡Qué paliza les dimos al principio! —recordaba un piloto encargado de atacar el aeródromo situado en las inmediaciones de Gante—. Sesenta aviones despegaron en cada grupo.» Incluso en aquellos momentos el hombre estaba a todas luces exultante por la impresión de poderío que daba la Operación Bodenplatte. «Bueno, pues en nuestra salida del día 1 [de enero] ... ¡Por Dios! ¡Lo que llegó a haber por los aires! Yo mismo estaba sorprendido. Ni siquiera sabía ya a qué *Geschwader* pertenecía. Los aviones daban vueltas sobrevolando toda la zona. Los civiles tenían la mirada fija en nosotros. Luego sobrevolamos el frente [y] los soldados se levantaron y se pusieron a mirar. Volábamos todos bajo.»[17]

Esta impresión tan optimista escondía otro aspecto del caos. Siguiendo las medidas de seguridad de Hitler antes de que diera comienzo la ofensiva de las Ardenas, Göring se había negado a permitir que las defensas antiaéreas alemanas fueran avisadas con anticipación del lanzamiento de la Operación Bodenplatte. En consecuencia, las baterías antiaéreas supusieron que aquellas formaciones tan grandes que de pronto vieron sobre sus cabezas eran enemigas. Y abrieron fuego. Al parecer dieciséis de sus propios aparatos cayeron víctimas del fuego amigo cuando iban camino de sus objetivos.

Los ataques simultáneos previstos para las 09.20 tenían por objetivo doce campos de aviación británicos en Bélgica y en el sur de Holanda, y cuatro bases estadounidenses en Francia. Pero debido sobre todo a errores de navegación, bombardearon trece bases británicas y solo tres estadounidenses. Los alemanes consiguieron el efecto sorpresa que buscaban, pero no en todos los casos. El *Geschwader* encargado de atacar el aeródromo de Sint-Denijs-Westrem, en Gante, se encontró con una escuadrilla de Spitfire polacos que estaban aterrizando y llevaban escasez de combustible. Pero a su vez fue sorprendido por las otras dos escuadrillas polacas del Ala 131, que ametrallaron a dieciocho de ellos y causaron averías a otros cinco a cambio de la pérdida de un solo Spitfire. Entre los pilotos de Focke-Wulf capturados estuvo el que tanto se había alegrado de ver el gran número de aparatos alemanes que habían despegado.

Los estadounidenses salieron mejor librados que los británicos, pues un grupo de atacantes se perdió por completo y no supo encontrar su objetivo, y una patrulla de P-47 Thunderbolt se lanzó en picado contra la escuadrilla que se dirigía a Metz; no obstante, los alemanes lograron destruir veinte de los cuarenta cazabombarderos que estaban estacionados allí. Las pérdidas más graves de los británicos fueron las que sufrieron en Eindhoven, donde los alemanes tuvieron la suerte de sorprender a la primera escuadrilla de Typhoon justo cuando estaba despegando. Los aparatos destruidos bloquearon la pista de aterrizaje, atrapando a las escuadrillas que venían detrás. «Lleno de frustración, el piloto de un Typhoon pisó a fondo el freno y dio toda la potencia para levantar la cola de su aparato, y así poder ametrallar desde tierra a los atacantes que venían volando bajo.»[18]

También en Evere una escuadrilla de Spitfire fue sorprendida mientras rodaba por la pista de aterrizaje y fue destruida, pero un piloto consiguió irse al aire. Logró ametrallar a uno de aquellos «bandidos», pero fue abatido. Los estadounidenses estaban convencidos de que los aviones de la 2.ª Fuerza Aérea Táctica británica habían sido sorprendidos «cuando estaban estacionados todos juntitos en formación».[19] Fue así solo en Eindhoven, una base de vuelos de reconocimiento fotográfico, donde los Spitfire se hallaban alineados en una vieja pista de aterrizaje de la Luftwaffe porque no había otro sitio donde ponerlos. Las bases estaban de hecho llenas a rebosar porque muchas escuadrillas habían tenido que concentrarse en los aeródromos provistos de pistas duras, en las que la nieve podía ser retirada con más facilidad. La noticia de que el avión personal del mariscal Montgomery había sido destruido en tierra propició un singular clima de malévolo regocijo en algunos círculos estadounidenses. «Pillaron a los británicos con los pantalones bajados —escribió al día si-

guiente el encargado de redactar el diario del I Ejército—, tan de
mala manera que el G-2 [jefe de los servicios de inteligencia] del general Montgomery mandó un par de tirantes como regalo al G-2 de
su Fuerza Aérea Táctica.»[20] En un gesto de enorme generosidad, Eisenhower regaló inmediatamente a Montgomery su propio avión.

En el cuartel general del IX Ejército, los oficiales del estado mayor salieron a contemplar los combates aéreos. «A media mañana se
vieron muchas refriegas en la zona de Maastricht, con las baterías
antiaéreas abriendo fuego a lo loco contra aviones invisibles detrás de
las nubes bajas.»[21] En total los Aliados perdieron 150 aviones de combate, que quedaron completamente destruidos, y otros 111 que resultaron dañados, así como 17 aviones de otros tipos. Las pérdidas de
pilotos fueron afortunadamente escasas, pero más de cien integrantes
del personal de tierra resultaron muertos.

Muchos cazas alemanes fueron abatidos por las baterías antiaéreas,
entre otros el del *Oberstleutnant* Kogler, que fue capturado. Curiosamente, cerca de Bruselas el piloto alemán de un Focke-Wulf que volaba bajo fue derribado por una perdiz «que abrió un gran boquete en el
radiador, de modo que el líquido de refrigeración se salió obligando a
parar el motor».[22] Pero como reconoció el cuartel general del IX Ejército, «los alemanes cometieron un gran error en este ataque por sorpresa, que resultó muy costoso para ellos. Se entretuvieron demasiado.
Disfrutando del placer de acribillar la zona a balazos, se entretuvieron
demasiado y dieron tiempo a que nuestros cazas despegaran de otras
bases más en la retaguardia y los pillaran cuando volvían a casa. Como
consecuencia de todo ello sufrieron gravísimas pérdidas».[23]

Los pilotos que, siguiendo las órdenes de Göring, fueron obligados a reabastecerse de combustible y de munición para volver a atacar, regresaron a la zona para encontrarse con un número apabullante
de escuadrillas aliadas, dispuestas a quitarlos de en medio para siempre. Lo peor de todo fue que las defensas aéreas alemanas seguían
completamente ajenas a todo, incluso después del lanzamiento del
ataque. «Una gran catástrofe se abatió inopinadamente sobre la gran
operación de la Luftwaffe del 1 de enero —anotó el asistente de Hitler Nicolaus von Below—. A su regreso nuestros aparatos se encontraron con el fuego intensísimo y la excelente puntería de nuestras

defensas antiaéreas, que nunca fueron informadas de la operación por motivos de seguridad. Nuestras formaciones sufrieron graves pérdidas que nunca podrán ser justificadas. Aquel fue el último gran esfuerzo de la Luftwaffe.»[24]

Ni siquiera fue una victoria parcial. La Luftwaffe perdió 271 cazas, que resultaron completamente destruidos, y 65 sufrieron graves daños. Las bajas entre los tripulantes fueron espantosas. En total 143 pilotos resultaron muertos o desaparecidos, otros 70 fueron hechos prisioneros y 21 más resultaron heridos. Entre las pérdidas habría que contar a tres *Kommodoren*, cinco *Gruppenkommodoren* o comandantes de ala, y catorce *Staffelkapitäne*, o capitanes de escuadrilla. Su sustitución resultaría muy difícil.

Los alemanes no podían hacer nada contra su destino, así que siguieron trabajando, caminando penosamente entre las ruinas para ir a sus fábricas y sus oficinas, una vez que los bombardeos aliados destruyeron las redes de tranvías y ferrocarriles, viviendo habitualmente sin ventanas y sin electricidad. Aquel día Hitler no hizo mención alguna a la ofensiva de las Ardenas en su discurso de Año Nuevo. Se limitó a divagar y sus oyentes se dieron cuenta de que no tenía nada nuevo que ofrecerles.

Hitler tampoco hizo alusión a la Operación Nordwind. Había concebido la idea de «Nordwind» el 21 de diciembre y dio ese nombre a la empresa el mismo día de Navidad. Aunque la pretensión oficial era destruir al VI Grupo de Ejércitos estadounidense en el norte de Alsacia enlazando con el XIX Ejército que defendía la bolsa de Colmar, sus verdaderas intenciones eran causar el mayor trastorno posible al avance de Patton por las Ardenas y dar la impresión de que Alemania seguía llevando la iniciativa. El 28 de diciembre Hitler había convocado en el *Adlerhorst* a los mandos de las divisiones para dirigirse a ellos personalmente, tal como había hecho antes de comenzar la ofensiva de las Ardenas.

Cuando Devers había regresado a su cuartel general tras entrevistarse con Eisenhower en Versalles el 26 de diciembre, había ordenado estudiar las líneas de repliegue en el norte de Alsacia. Cuando co-

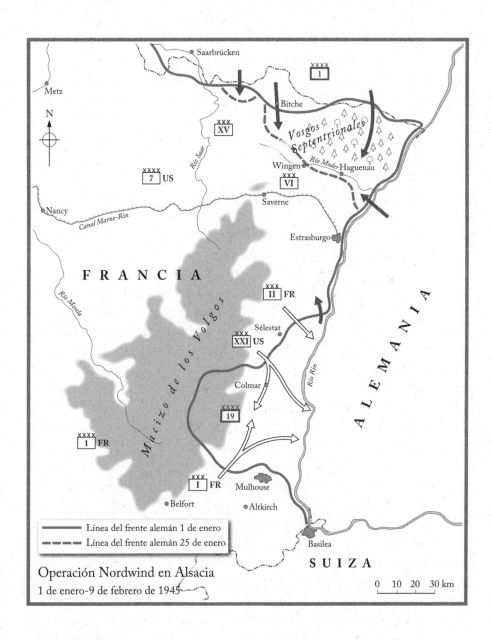

Metz

N

Saarbrücken

XXXX
1

Bitche

XXX
XV

Río Saar

Vosgos Septentrionales

XXXX
7 US

Wingen
XXX
VI

Río Moder Haguenau

Nancy

Canal Marne-Rin

Saverne

Estrasburgo

FRANCIA

Río Mosela

Macizo de los Vosgos

XXX
II FR

Sélestat
XXX
XXI US

Colmar

Río Rin

A L E M A N I A

XXXX
19

XXXX
1 FR

XXX
I FR

Mulhouse

Belfort

Altkirch

Basilea

S U I Z A

——— Línea del frente alemán 1 de enero
----- Línea del frente alemán 25 de enero

Operación Nordwind en Alsacia
1 de enero-9 de febrero de 1945

0 10 20 30 km

menzó el ataque alemán el 1 de enero a uno y otro lado de Bitche, Eisenhower ordenó a Devers dejar tras de sí algunas tropas encargadas de cubrirle las espaldas, y replegarse con el grueso de sus fuerzas a los Vosgos, dejando Estrasburgo indefensa. Aquello fue un golpe muy duro para la moral del VI Grupo de Ejércitos. «Los ánimos han vuelto a alcanzar una cota todavía más baja hoy», decía en su carta un coronel.[25] A través de un altavoz colocado en la otra orilla del Rin, los alemanes advertían a la población de Estrasburgo que estaban de vuelta. Pero la artillería estadounidense, apuntando a ciegas, guiándose solo por el sonido, logró poner fuera de combate el altavoz con una rapidez impresionante.

Como no sería de extrañar, el pánico se generalizó cuando corrió el rumor de que los estadounidenses iban a retirarse. La ciudad tenía unos doscientos mil habitantes y muchos temían las represalias alemanas. Un corresponsal estadounidense desplazado hasta allí calculaba que unas diez mil personas habían huido. «La mayoría se marchó en tren ... mujeres empujando cochecitos de niño, carretas cargadas de muebles hasta los topes.» El número de los que se marcharon por carretera durante los dos días siguientes varía de los dos mil, según los estadounidenses, a los quince mil según las fuentes francesas.[26]

En París, el gobierno provisional francés se había levantado en armas. De Gaulle envió inmediatamente su propia orden al general De Lattre de Tassigny, al mando del I Ejército francés al sur de la ciudad: «Es evidente que el ejército francés no puede prestarse nunca a abandonar Estrasburgo. En la eventualidad de que las fuerzas aliadas se retiraran de sus actuales posiciones hacia el norte del I Ejército francés, le ordeno que asuma la responsabilidad de asegurar la defensa de Estrasburgo».[27] Comunicó luego su postura a Eisenhower y apeló a Churchill y a Roosevelt para que impidieran una retirada aliada. El SHAEF fue avisado de que tendrían que ser evacuadas de la ciudad cien mil personas, y de que otros trescientos mil alsacianos más se arriesgaban a sufrir las represalias de los alemanes.

Al día siguiente el general Alphonse Juin fue a ver a Bedell Smith por orden del general De Gaulle, para decir que a la mañana siguiente el jefe del gobierno provisional iba a venir a Versalles a ver a Eisenhower. Juin y Bedell Smith ya se habían enfrentado anteriormente, pero aquella fue la más tormentosa de todas sus entrevistas. La tensión ya había subido de tono cuando el general De Lattre se había quejado de la falta de pertrechos y de víveres de su I Ejército francés, mientras que los estadounidenses habían puesto en tela de juicio la eficacia de sus ataques contra la bolsa de Colmar. Los franceses habían sufrido muchas bajas entre sus oficiales de menor graduación, y a sus sustitutos les había costado mucho trabajo hacer avanzar a sus hombres.

Juin dijo que el general De Gaulle ordenaría que las tropas francesas dejaran de estar al mando del SHAEF si las fuerzas estadounidenses se retiraban a los Vosgos. Según Bedell Smith, fue extraordinariamente grosero al referirse a la forma en que Eisenhower estaba manejando la guerra: «Juin me dijo cosas por las cuales —contó al comandante supremo después de su entrevista—, de haber sido estadounidense, le habría pegado un puñetazo en la boca».[28]

El 3 de enero por la mañana, antes de la visita del general De Gaulle, Eisenhower estudió la evacuación de Estrasburgo con su estado mayor. Aquella misma tarde, apareció De Gaulle acompañado de Juin. Winston Churchill, que precisamente se encontraba de visita en Francia, apareció también a raíz del mensaje que le envió De Gaulle. Eisenhower informó a los dos jefes de gobierno de la peligrosa posición a la que se enfrentaban. Entonces, en respuesta al ultimátum francés de retirar sus fuerzas del mando del SHAEF, Eisenhower recordó a De Gaulle que «el ejército francés no recibiría municiones, pertrechos ni víveres a menos que obedeciera mis órdenes, y le dije sin rodeos que si el ejército francés hubiera eliminado a tiempo la bolsa de Colmar no habría surgido esta situación». Llegados a aquel punto, De Gaulle se irritó muchísimo.[29]

—Si estuviéramos jugando a la guerra —dijo De Gaulle, que por fin logró controlarse—, estaría de acuerdo con usted. Pero me veo obligado a considerar el asunto desde otro punto de vista. La retirada en Alsacia supondrá la entrega de territorio francés al enemigo. A nivel estratégico no sería más que una maniobra. Pero para Francia sería un desastre nacional, pues Alsacia es sagrada para nosotros. En cualquier caso, los alemanes pretenden que esa provincia les pertenece, y por lo tanto no perderán la ocasión de vengarse del patriotismo que han demostrado sus habitantes.[30]

Con el apoyo tácito de Churchill, De Gaulle logró convencer a Eisenhower. El comandante supremo accedió a llamar por teléfono al general Devers básicamente para decirle que detuviera la retirada. «Esta modificación agradó mucho a De Gaulle —escribió Eisenhower—, y cuando se marchó, estaba de buen humor.»[31] Ya no mostraba la expresión malhumorada que en cierta ocasión Churchill describió diciendo que se parecía a una llama hembra sorprendida en el baño. Cuando se hubo marchado el general francés, Churchill dijo a Eisenhower:

—Creo que hemos hecho lo prudente y lo apropiado.

De Gaulle estaba tan exultante que volvió a dictar un comunicado para su *chef de cabinet*, Gaston Palewski. Antes de hacerlo público, Palewski se lo llevó directamente a Duff Cooper, el embajador británico. Su tono era tan engreído que Cooper advirtió a Palewski que semejante documento difícilmente iba a facilitar las cosas. «Daba a entender —escribió Cooper en su diario— que De Gaulle había convocado una reunión militar a la que el p[rimer] m[inistro] y Eisenhower habían sido autorizados a asistir.»[32] En cualquier caso, Eisenhower justificó su cambio de idea ante el presidente Roosevelt, cuya opinión sobre el líder francés no había mejorado todavía, aduciendo que si el gobierno provisional caía, los ejércitos aliados podrían tener que enfrentarse al caos en su retaguardia.

EL VI Grupo de Ejércitos estadounidense se sintió «muy animado» cuando «fue anulada la orden de retirarse a una línea justo al este del macizo de los Vosgos», escribió el coronel Heffner. Aquello «habría supuesto un golpe terrible para el prestigio estadounidense. No habríamos podido olvidarlo nunca. Ser obligados a replegarnos es una cosa y retroceder sin luchar es otra muy distinta».[33]

Las fuerzas francesas continuaron a las órdenes del SHAEF a raíz del compromiso de Eisenhower, pero los quebraderos de cabeza en el trato con las autoridades francesas persistieron. Posteriormente Eisenhower se quejaría de que los franceses «después de las condiciones meteorológicas ... me han causado más molestias en esta guerra que cualquier otro factor». El SHAEF decidió dejar de pasar «inteligencia de señales al I Ejército francés», pues «no era suficientemente seguro».[34] El 7 de enero, Devers advirtió al general Patch, al mando del VII Ejército en Alsacia, que sus líneas telefónicas podían estar intervenidas. «Ello supondría una seria amenaza a la seguridad de Ultra si se hiciera mención a los servicios de inteligencia de Ultra en un mensaje o en una alusión disimulada a cualquier forma especial de servicios de inteligencia. Unas cuantas alusiones de ese estilo, de ser reunidas y combinadas por el enemigo, podrían resultar peligrosamente reveladoras.»[35]

El ataque del I Ejército alemán por el sur fue más o menos repelido al oeste de Bitche, donde la ofensiva fue encabezada por la 17.ª División *Panzergrenadier* de las SS *Götz von Berlichingen*, la oponente de la 101.ª División Aerotransportada en Carentan, en Normandía. El XV Grupo de Ejércitos contaba con buenas posiciones y tenía el apoyo de la 2.ª División Acorazada de Leclerc, que una vez más puso de manifiesto su valía. (Según el estado mayor del VI Grupo de Ejércitos, Leclerc «simplemente se negó a combatir a las órdenes del general De Lattre», porque este había prestado servicio en el Ejército de Armisticio de Pétain.)[36] Pero desde Bitche hasta el Rin, dos grupos de ejército alemanes, atacando sin bombardeos previos de artillería y en medio de la espesa niebla, lograron infiltrarse detrás de las posiciones estadounidenses en las zonas boscosas. Avanzando hacia el collado de Saverne, las divisiones alemanas obligaron a replegarse al VI Grupo de Ejércitos estadounidense, cuya línea era demasiado extensa, y a desplegarse por los Vosgos Septentrionales y la llanura del Rin.

El VII Ejército del general Patch estaba en una clarísima inferioridad numérica, pero combatió bien, salvo algunas pocas excepciones debidas al pánico en la retaguardia o a la dejadez en la primera línea. Los mandos de la división se irritaban muchísimo cada vez que oían hablar de tropas «sorprendidas, capturadas o rodeadas mientras estaban vivaqueando en una ciudad o en una aldea o tratando de defenderla».[37] Semejantes incidentes se debían casi siempre a la falta de seguridad generalizada o de vigilancia. En Bannstein, en los Vosgos, «una unidad fue pillada completamente por sorpresa. Los hombres estaban durmiendo y los alemanes entraron en la localidad sin encontrar resistencia y capturaron a nuestras tropas, apoderándose de nuestras armas y de un número considerable de vehículos». En otros lugares se produjeron incidentes similares, pero casi todos los hombres fueron liberados cuando las tropas estadounidenses llegaron a rescatarlos.

Las condiciones de los combates se vieron deterioradas mucho más todavía debido a la copiosa nieve y a las sinuosas carreteras heladas de los Vosgos Septentrionales. El 5 de enero, la 6.ª División de Montaña de las SS, traída de Escandinavia, había llegado ya a Wingen-sur-Moder, a escasos veinte kilómetros de Saverne. Eso fue todo lo que pudieron avanzar sus efectivos por el lado oeste, debido a la resistencia que opuso la 45.ª División de Infantería. De momento, las otras tres divisiones de infantería estadounidenses defendieron la línea del río Rocherath. Pero Himmler había obtenido más divisiones, incluida la 10.ª Panzer de las SS *Frundsberg*, y se disponía a lanzar un nuevo ataque.

Puede que el general Eisenhower considerara a los franceses su principal problema, pero también había comentado al general De Gaulle que el mariscal Montgomery no era fácil de manejar. No sospechaba, sin embargo, que estaba a punto de estallar la mayor crisis de las relaciones angloamericanas. El 5 de enero Eisenhower se enteró de que en Estados Unidos la prensa había publicado la noticia de que Montgomery había asumido el mando del IX y del I Ejército estadounidense, pese a que el SHAEF había intentado torpemente mantenerla en secreto. Todos los temores suscitados en el mariscal jefe del Aire Tedder por la campaña lanzada por la prensa inglesa se hicieron realidad. La petición que había hecho el general De Guingand a los corresponsales británicos había sido desoída: sus periódicos volvieron a exigir que Montgomery fuera confirmado como comandante en jefe de las fuerzas terrestres en Europa occidental. A la prensa estadounidense, como era de suponer, no le gustó la idea de que un inglés, y especialmente Montgomery, estuviera al mando de dos ejércitos estadounidenses enteros. No obstante, el SHAEF se vio obligado a hacer público su propio comunicado confirmando la medida. Todos los corresponsales, tanto estadounidenses como británicos, estaban furiosos por el trato torpe y autocomplaciente que habían dispensado a la prensa las autoridades militares de Versalles.

Bradley, inquieto ya por la perspectiva de una investigación del Congreso sobre los motivos de la poca preparación del ejército estadounidense para hacer frente a la ofensiva de las Ardenas, temía además cómo podría ser interpretada en Estados Unidos la noticia de que Montgomery había asumido el mando de dos de sus ejércitos. Y además estaba muy ofendido por el hecho de que en una votación propiciada por la revista *Time* para elegir al Hombre del Año, Patton hubiera sido escogido en segundo lugar, justo detrás de Eisenhower, mientras que a él ni siquiera se le había tenido en consideración en ningún momento. Profundamente inquieto, sospechó enseguida que Montgomery había filtrado la noticia relativa al cambio en el mando de esas unidades y consideró la jugada un deliberado «intento de desacreditar a los estadounidenses».[38] Llamó inmediatamente por teléfono a Eisenhower para expresarle sus quejas, pero este le aseguró que la noticia había surgido en Estados Unidos y que no había sido filtrada por el cuartel general del XXI Grupo de Ejércitos.

Según Hansen, Bradley creía que «el clamor popular en favor de ese nombramiento es evidentemente de inspiración oficial».[39] Seguía convencido de que Winston Churchill conspiraba para que Montgomery fuera nombrado comandante en jefe de todas las fuerzas terrestres. Sin duda seguía creyendo que esa era una posibilidad, pues manifestó a Eisenhower que él «no serviría ni un solo día a las órdenes de Montgomery ... El general Patton me ha dado a entender asimismo que tampoco servirá ni un solo día a las órdenes de Montgomery. Y tengo intención de decírselo a Montgomery».[40] Eisenhower contestó que haría llegar su preocupación a Churchill, pero que ni este ni tampoco Brooke estaban presionándolo para llevar a cabo ese ascenso. Eran perfectamente conscientes del punto de vista estadounidense, y en privado estaban horrorizados por la tormenta que se avecinaba. Churchill escribió al presidente Roosevelt haciendo hincapié en la confianza de los británicos en el liderazgo de Eisenhower y elogiando la valentía de las divisiones estadounidenses en el combate.

Bradley temía que la noticia hiciera que «no se reconozca la eficacia de su autoridad al frente del Grupo de Ejércitos, socave la confianza en su persona de los mandos que están a sus órdenes, y acabe [infiltrándose] en la moral y la confianza de las propias tropas. En segundo lugar, está la imagen asimismo evidente que puede socavar la confianza del pueblo de Estados Unidos en su autoridad [de Bradley] y dar a entender a nuestros compatriotas que en caso de emergencia necesitábamos recurrir al mando de un británico para que nos "sacara las castañas del fuego"».[41]

La campaña británica en pro de que Montgomery fuera nombrado comandante en jefe de todo el frente occidental, escribía Hansen, se basaba que «el avance alemán no se habría producido si Montgomery hubiera estado al mando para impedirlo. La deducción que cabe hacer actualmente de todas las noticias periodísticas es que el ataque alemán salió adelante por la negligencia del oficial estadounidense al mando, esto es, Bradley ... La consecuencia ha sido una catastrófica bacanal de la prensa británica que se ha vuelto loca de contento al tener noticia de la declaración [de Montgomery], y que ha recibido esta como un incremento de la autoridad de Montgomery». Y añadía: «Para referirse a las tropas hablan de "las tropas de Monty", en un galimatías de palabras que pone de manifiesto una devoción al héroe absolutamente servil por parte de la prensa británica ... [Montgomery] es el símbolo del éxito, la imagen exageradamente sobrevalorada y habitualmente distorsionada del esfuerzo británico en nuestro frente».[42]

Azuzado por su entorno, Bradley pensaba que estaba luchando por defender su carrera y su reputación. Acababa de escribir al general Marshall exponiéndole su visión de la situación y justificando su concepto de «riesgo calculado» al dejar el frente de las Ardenas tan mal guarnecido hasta el 16 de diciembre. «Por otra parte —añadía—, tampoco pretendo disculparme por lo sucedido.»[43]

Montgomery telefoneó a Churchill para decirle que tenía previsto conceder una conferencia de prensa con el fin de hacer un enérgico llamamiento en pro de la unidad de los Aliados y del apoyo a Eisenhower. Churchill respondió que pensaba que semejante gesto supondría una ayuda «inestimable».[44] El mariscal Brooke, por su parte, no estaba tan seguro. Conocía demasiado bien la incapacidad de Montgomery para controlar su fanfarronería. Y lo mismo les ocurría a varios otros oficiales de alta graduación del estado mayor de Montgomery.

Monty apareció en la conferencia de prensa luciendo una nueva gorra granate de las tropas aerotransportadas con doble insignia, pues acababa de ser nombrado coronel comandante del regimiento paracaidista. Su jefe de inteligencia, el brillante académico y general de brigada Bill Williams, había leído el borrador de su discurso y temía cómo podría ser recibido, aunque, tal como estaba, el texto era relativamente inocuo. La única parte provocativa era aquella en la que el mariscal decía: «La batalla ha sido interesantísima, creo que posiblemente una de las batallas más interesantes y complicadas en las que me he visto, con cosas muy importantes en juego». El resto del contenido era un homenaje al soldado estadounidense y una declaración de lealtad a Eisenhower, aparte de un llamamiento a la prensa para que mostrara su solidaridad con los Aliados.

Pero entonces, cuando llegó al final de la declaración que había preparado, Montgomery pasó a hablar de manera espontánea. Dio una breve conferencia sobre lo que era su «filosofía militar»: «Si [el enemigo] da un golpe fuerte tengo que estar preparado para él. Eso es terriblemente importante a la hora de entablar una batalla. Lo aprendí en África. Esas cosas las aprende uno a base de dura experiencia. Cuando Rundstedt asestó su golpe con fuerza y partió en dos al ejército estadounidense, era evidente que la zona de combate no estaba debidamente en orden. Por consiguiente, lo primero que hice cuando me mandaron llamar y me dijeron que asumiera el mando fue ocuparme de poner en orden la zona de combate, de ponerla en condiciones». Montgomery exageró además muchísimo la aportación británica a los combates, haciendo casi que pareciera que todo había sido una operación angloamericana.

En Londres, la Oficina del Gobierno comentaría después que «aunque esta declaración, leída en su integridad, fue un hermoso homenaje al ejército estadounidense, su tono en general y cierto engreimiento en la forma de leerla, hicieron indudablemente que muchos oficiales estadounidenses del SHAEF y del XII Grupo de Ejércitos se sintieran profundamente ofendidos».[45]

Muchos periodistas presentes en la conferencia de prensa se pusieron furiosos o se sintieron abochornados, dependiendo de su nacionalidad, pero tanto la prensa británica como la estadounidense se concentraron en los aspectos positivos de lo que se dijo en ella. A la mañana siguiente, sin embargo, una emisora de radio alemana transmitió un programa falso en la misma onda que la BBC con un comentario que pretendía deliberadamente provocar la cólera de los estadounidenses, dando a entender que Montgomery había solucionado el desaguisado organizado por el I Ejército estadounidense: «La batalla de las Ardenas —finalizaba— puede darse por concluida gracias al mariscal Montgomery».[46] Este programa falso fue tomado por auténtico por las tropas y las agencias de prensa estadounidenses. Y posteriormente durante algún tiempo, incluso cuando se puso en claro que había sido un truco de la propaganda nazi, muchos estadounidenses agraviados siguieron creyendo que los británicos solo intentaban magnificar su papel porque su prestigio internacional estaba decayendo a pasos agigantados.

Incluso antes de que se emitiera el falso programa radiofónico nazi, Bradley estaba tan furioso que llamó por teléfono a Eisenhower para quejarse de la declaración de Montgomery, y expresar su temor de que el IX Ejército quedara definitivamente al mando de los británicos: «Devuélvemelo aunque solo sean veinticuatro horas —dijo suplicante a Eisenhower—, por el prestigio de la autoridad estadounidense». Según explicó a Hansen, «quería que me lo devolvieran por motivos de prestigio, porque los británicos se habían aprovechado tanto de él». Bradley siguió hablando sin parar aquel día de la orden de retirada que había dado Montgomery a la 82.ª División Aerotransportada.[47]

Sin avisar a Eisenhower, Bradley convocó el 9 de enero su propia conferencia de prensa. Quería justificar la debilidad de las fuerzas estadounidenses desplegadas en el frente de las Ardenas hasta el 16 de diciembre y defenderse de las acusaciones de que había sido pillado por sorpresa; pero deseaba también hacer hincapié en que el mando de Montgomery sobre las fuerzas estadounidenses era puramente transitorio. Este comentario dio pie al *Daily Mail* a cantar las alabanzas de Montgomery de la manera más provocativa, exigiendo una vez más que fuera nombrado comandante en jefe de todas las fuerzas terrestres. La guerra de la prensa transatlántica se reanudó con nuevos bríos.

Churchill estaba horrorizado. «Me temo que se ha infligido una ofensa terrible a los generales estadounidenses —escribió el 10 de enero a su asistente militar en jefe, el general Ismay— y lo ha hecho no tanto la declaración de Montgomery como la forma en que algunos periódicos nuestros parecen haberle adjudicado a él todo el crédito del triunfo conseguido en la batalla. Personalmente pensé que su discurso fue de lo más desafortunado. Se caracterizó por su tono de autocomplacencia y no tenía en absoluto en cuenta el hecho de que Estados Unidos ha perdido tal vez ochenta mil hombres y nosotros solo dos o tres mil ... Eisenhower me dijo que la furia de sus generales era tal que difícilmente iba a atreverse a ordenar a ninguno de ellos que sirviera a las órdenes de Montgomery.»[48] Eisenhower afirmaría después que todo aquel episodio le causó más disgusto y preocupación que cualquier otro durante toda la guerra.

Mientras los emisarios de Eisenhower, el mariscal jefe de las fuerzas aéreas Tedder y el general Bull, seguían intentando a toda costa llegar a Moscú, Churchill había estado manteniendo correspondencia con Stalin en torno a los planes para la gran ofensiva de invierno del Ejército Rojo. El 6 de enero había escrito al líder soviético asegurándole que la ofensiva alemana en las Ardenas había sido frenada y que los Aliados eran los amos de la situación. Ello no impidió a Stalin (y posteriormente a los historiadores rusos) intentar afirmar que Churchill había estado pidiéndole ayuda. Tal vez habría estado más justificado ver desde esa perspectiva el comunicado de Roosevelt del 23 de diciembre en el que hablaba de una «emergencia», pero a Stalin le gustaba aprovechar cualquier ocasión para hacer a los Aliados occidentales sentirse culpables o en deuda con él. Y volvería a jugar la misma carta en la conferencia de Yalta durante el mes de febrero.

Stalin pretendía hacer creer que la gran ofensiva hacia el oeste desde las cabezas de puente del Vístula del 12 de enero y la lanzada al día siguiente por el norte hacia Prusia Oriental habían sido programadas para el 20 de enero, pero que las había adelantado para ayudar a los Aliados en las Ardenas. El verdadero motivo era que los informes meteorológicos habían avisado de que en las próximas semanas iba a producirse un deshielo, y el Ejército Rojo necesitaba que el terreno estuviera bien duro para sus carros de combate. Todos los temores que abrigaba Guderian acerca de la caída del «castillo de naipes» alemán en Polonia y Silesia resultarían plenamente justificados. La aventura de Hitler en las Ardenas había hecho que el Frente Oriental fuera absolutamente vulnerable.

22

El contraataque

La impaciencia de Patton por iniciar el avance desde Bastogne y sus alrededores no tardó en verse frustrada. Remer declaró que los esfuerzos de la *Führerbegleitbrigade* constituyeron todo «un éxito defensivo el 31 de diciembre y calculaba que habían destruido treinta carros de combate estadounidenses».[1] Aquella noche no hubo nadie que molestara a los alemanes. Esto les permitió formar una nueva línea de defensa, cosa que «a nosotros, guerreros acostumbrados al Frente Oriental como éramos, nos asombró muchísimo». Pero Remer reconocía que la 87.ª División de Infantería estadounidense, carente por completo de experiencia, había peleado bien. «Eran combatientes excelentes y tenían varios comandos que hablaban alemán y que se metieron por detrás de nuestras líneas, donde lograron apuñalar a muchos de nuestros centinelas.» Sin embargo, en las fuentes estadounidenses hay pocos datos que confirmen esas tácticas irregulares. Pero como los carros de combate y los cañones de asalto de Remer se habían quedado con combustible para menos de veinte kilómetros, advirtió «por radio al [cuartel general del] Grupo de Ejércitos que estábamos librando nuestro último combate y que debían mandar ayuda».

En el flanco este, la 6.ª División Acorazada pasó por Bastogne el 1 de enero por la mañana para atacar Bizôry, Neffe y Mageret, donde tantos combates se habían librado durante los primeros días del asedio. La 11.ª División Acorazada, carente también de experiencia, que colaboraba con la 87.ª de Infantería en el flanco suroeste de Bastogne formando parte del VIII Grupo de Ejércitos de Middleton, debía avanzar hacia Mande-Saint-Étienne, pero salió bastante mal parada de un encontronazo con la 3.ª División *Panzergrenadier* y la *Führerbegleitbrigade*.[2] «La 11.ª División Acorazada estaba muy verde y sufrió bajas innecesarias para nada», recordaría Patton.[3] La división quedó trastornada por el susto que le causaron los combates. Se pensó incluso que su comandante en jefe iba a desmoronarse debido al peso de la tensión, y sus oficiales parecían incapaces de controlar a sus hombres. Tras los duros combates para tomar las ruinas de Chenogne el 1 de enero, fueron fusilados cerca de sesenta prisioneros alemanes. «Hubo algunos incidentes desafortunados en el fusilamiento de los prisioneros —escribió Patton en su diario—. Espero que podamos ocultarlos.»[4] El episodio habría resultado efectivamente muy embarazoso después de todas las invectivas lanzadas por los estadounidenses a raíz de la matanza de Malmédy-Baugnez.

El martes 2 de enero amaneció «una mañana enormemente fría»,[5] a pesar del cielo claro y luminoso, pero los meteorólogos avisaron de que venía mal tiempo. Manteuffel instó una vez más a Model a aceptar que Bastogne no iba a poder ser capturada. No tenían más remedio que retirarse, pero Model sabía que Hitler no daría nunca su consentimiento. Lüttwitz también quería replegarse al este del río Ourthe, pues reconocía que los restos de la 2.ª División Panzer y de la *Panzer Lehr* se hallaban peligrosamente desprotegidos en Saint-Hubert y al este de Rochefort. En la *Führerbegleitbrigade*, los batallones habían quedado reducidos a menos de ciento cincuenta hombres y sus mandos eran todos bajas. Remer afirmaba que ni siquiera había combustible suficiente para remolcar los carros de combate dañados y sacarlos de allí. La respuesta del *Adlerhorst* fue la previsible. Hitler insistía en llevar a cabo una nueva intentona el 4 de enero, prometiendo la asistencia de la 12.ª División *Hitlerjugend* y de otra nueva de *Volksgrenadiere*. Justificaba ahora su obstinación alegando que, aunque sus ejércitos no habían logrado llegar al Mosa, habían impedido a Eisenhower lanzar una ofensiva contra el Ruhr.

El I Ejército y el XXX Cuerpo británico comenzaron la ofensiva el 3 de enero, tal como estaba planeado. El VII Grupo de Ejércitos de Collins, con la 2.ª y la 3.ª División Acorazada a la cabeza, atacó entre Hotton y Manhay, teniendo al XVIII Cuerpo Aerotransportado de Ridgway en su flanco este. Pero el avance fue muy lento. Las condiciones atmosféricas habían empeorado, y de nuevo había nieve, hielo y niebla. Los Sherman no paraban de derrapar en las carreteras. Ni un solo cazabombardero pudo prestar apoyo al avance debido a la mala visibilidad. Y las divisiones alemanas, aunque muy mermadas, rechazaban ferozmente los ataques.

Aunque la 116.ª División Panzer se vio obligada a retirarse de Hotton, la artillería alemana, a pesar de estar replegándose, «continuó llevando la destrucción» a la localidad.[6] El teatro, la escuela, la iglesia, la serrería, el café Fanfare Royale, las tiendecitas de la calle Principal, las casas y por último el hotel de la Paix fueron arrasados. El único edificio que quedó incólume en Hotton fue el quiosco de la música, situado en una isla del río Ourthe, aunque tenía el tejado agujereado como consecuencia de los fragmentos de metralla.

El 4 de enero, Manteuffel lanzó un nuevo asalto contra Bastogne, tal como le habían ordenado, pero esta vez sus tropas entraron por el norte y el noreste, encabezadas por la 9.ª División de las SS *Hohenstaufen* y la 12.ª División de las SS *Hitlerjugend* con apoyo de dos divisiones *Volksgrenadier*. En el norte, cerca de Longchamps, el 502.º Regimiento de Infantería Paracaidista, que acababa de participar en un combate excesivamente largo, estaba descansando un poco y aquella circunstancia resultaría una auténtica suerte. Un *Panzergrenadier* de la División de las SS *Hohenstaufen* se perdió en el paisaje nevado. Al ver a un soldado de pie en un pozo de tirador dándole la espalda, supuso que era también alemán, se le acercó y le dio un golpecito en el hombro para preguntarle dónde estaban. El paracaidista, aunque fue pillado de sorpresa, logró dejar al alemán aturdido y fuera de combate de un puñetazo. Durante el interrogatorio, se descubrió que el prisionero alemán era el enlace de una compañía, y que estaba encargado de transmitir todos los detalles del ataque planeado para la mañana siguiente. Dio incluso la posición exacta de la zona de reunión prevista para las 04.00. Como la información parecía demasiado buena para

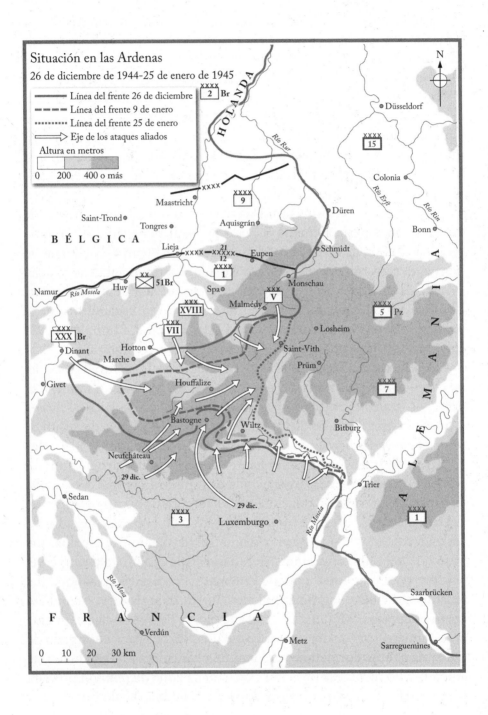

Situación en las Ardenas
26 de diciembre de 1944-25 de enero de 1945

⎯⎯⎯ Línea del frente 26 de diciembre
------- Línea del frente 9 de enero
········· Línea del frente 25 de enero
⇨ Eje de los ataques aliados

Altura en metros

0   200   400 o más

ser verdad, el responsable de interrogatorios de la división pensó que los datos que les había proporcionado debían de ser engañosos, pero luego empezó a darse cuenta de que quizá fueran ciertos. Se pasó la información al cuartel general de la 101.ª División, y todos los batallones de artillería de campaña y todas las secciones de mortero disponibles se pusieron en alerta.

El ataque de la División de las SS *Hohenstaufen* contra el 502.º Regimiento de Infantería Paracaidista fue ferozmente repelido en el norte. Pero la ofensiva contra la bolsa de Bastogne, como ahora se la denominaba, se cebó en el 327.º Regimiento de Infantería de Planeadores en los alrededores de Champs, escenario de los combates del día de Navidad, y fue especialmente violenta en el suroeste. La 6.ª División Acorazada, que sufrió el ataque de la *Hitlerjugend*, estaba a punto de venirse abajo; y cuando un batallón lo hizo, se produjo una retirada general, que supuso la pérdida de Mageret y de Wardin. Las concentraciones masivas de fuego de artillería impidieron el colapso total.

Incluso la 6.ª División Acorazada, a pesar de su experiencia, tenía mucho que aprender. La niebla de guerra en el lado estadounidense se debió en buena parte sencillamente a que los mandos, a todos los niveles, no informaban de su posición con precisión. «Las unidades cometían a menudo errores de varios miles de metros al comunicar el emplazamiento de sus tropas», observaba un oficial del estado mayor del cuartel general de la división. Y desde una perspectiva más general decía que las divisiones estadounidenses eran «demasiado sensibles en sus flancos ... con frecuencia no se mueven a menos que otro proteja sus flancos, cuando en realidad son capaces de proporcionarse la protección necesaria ellas solas».[7] «Si entráis en una población y no veis civiles —aconsejaba otro oficial de la 6.ª División Acorazada—, sed muy cautos. Significa que han ido a esconderse a los sótanos porque esperan que se produzca un combate, pues saben que por los alrededores hay soldados alemanes.»[8]

Muchos soldados cerraban los ojos ante el sufrimiento de los belgas, pues centraban todas sus prioridades en acabar con el enemigo. Los que se preocupaban por ellos quedaban marcados de por vida por los horrores de que eran testigos. Las poblaciones, que eran el objetivo principal de la artillería, quedaban totalmente destrozadas. Las granjas y los pajares eran pasto de las llamas. Las mujeres y los niños, obligados a salir a la intemperie en medio de la nieve por los alemanes, en muchos casos quedaban mutilados o perdían la vida víctimas de las minas o de la artillería de uno y otro bando, o simplemente eran ametrallados por los cazabombarderos porque cualquier figura oscura que se recortara en la nieve a menudo era tomada equivocadamente por un enemigo. Los soldados estadounidenses se encontraban reses heridas bramando de dolor, y los perros hambrientos mordían la carne de las vacas y los caballos heridos antes incluso de que hubieran muerto. Las fuentes y los manantiales estaban envenenados por acción del fósforo blanco. Los estadounidenses hacían cuanto podían por evacuar a los civiles y ponerlos a salvo, pero con mucha frecuencia era imposible rescatarlos en medio de los combates.

Al oeste de Bastogne, la 17.ª División Aerotransportada reemplazó a la 11.ª División Acorazada el 3 de enero. La 11.ª Acorazada solo había avanzado diez kilómetros en cuatro días, y eso a costa de 661 bajas en acción y de la pérdida de cincuenta y cuatro carros de combate.[9] No parece que los paracaidistas recién llegados salieran mejor librados en su primera intervención. «La 17.ª División Aerotransportada, que atacó esta mañana —escribió Patton en su diario el 4 de enero—, recibió un buen puñetazo en la cara e informó de la pérdida del 40% de sus efectivos en algunos batallones. Es como para morirse de risa desde luego.»[10]

La 17.ª Aerotransportada, que combatía en los alrededores de Flamierge y Flamizoulle, en el extremo oeste del perímetro de Bastogne, se enfrentaba a las unidades mucho más experimentadas de la *Führerbegleitbrigade* y de la 3.ª División *Panzergrenadier*. «Tenemos reemplazos que se tiran al suelo en cuanto oyen el primer estallido del fuego enemigo y no disparan ni siquiera para proteger a los demás que están avanzando», se lamentaba un oficial.[11]

Los consejos de los estadounidenses fluían con rapidez: «Los alemanes siguen un patrón fijo. Lanzan una barrera de fuego tras la cual vienen los carros de combate, tras los cuales viene la infantería. No corras; si lo haces, te matarán de seguro. Quédate clavado en tu hoyo y deja que pase la barrera de fuego. Quédate clavado en tu hoyo y deja que pasen los carros de combate; entonces levántate y liquida a la infantería alemana». «No salgas al encuentro de una bandera blanca.

Deja que los alemanes vengan hacia ti. Mantén a los alemanes siempre a tiro.» También los oficiales pensaban que sus hombres tenían que ser adiestrados para saber qué hacer cuando recibieran un tiro en cualquier parte de su cuerpo, de modo que pudieran atenderse solos hasta que llegara un sanitario: «Cada hombre debe atenderse solo hasta que lleguen los sanitarios. *Que nadie* detenga el combate para ayudar a otro». Pero los hombres malheridos que se quedaban en la nieve sin recibir ayuda era muy improbable que sobrevivieran más de media hora.[12]

La 17.ª División Aerotransportada tenía un batallón acorazado al cargo de los cuales estaba un grupo de soldados afroamericanos integrados en ella. «Nuestros hombres tenían mucha confianza en ellos —informó un coronel—. Utilizábamos los carros para proteger a nuestra infantería en su avance. Los blindados salían primero con los *doughboys* montados encima y siguiéndolos en columna. En la última tanda iban unos soldados escogidos, a la cola de la compañía, encargados de liquidar a los alemanes, que iban provistos de capotes de camuflaje en la nieve. Los alemanes, con sus capotes del mismo color que la nieve, dejaban pasar a los carros de combate y al grueso de la infantería, y luego se levantaban para acribillar a nuestros soldados de infantería por la espalda, pero nuestras unidades "de cola" pusieron fin a todo eso.»[13]

Cuando los hombres capturaban una posición, habitualmente descubrían que el suelo estaba helado y tan duro que era imposible atrincherarse en él. La división decidió que era preciso utilizar los cañones de 155 mm para abrir cráteres en el lugar al que les dijeran que apuntaran, esto es, en el pedazo de terreno en concreto que debía ser ocupado, de forma que pudieran abrirse rápidamente pozos de tirador.[14] Al ser tanto lo que tenían que aprender, y más luchando contra unos adversarios tan duros, no es de extrañar que el bautismo de fuego de la 17.ª División Aerotransportada fuera tan cruel. «A la 17.ª le han dado duro —anotó el XII Grupo de Ejércitos— y en su primera acción se echa en falta el ímpetu de sus compañeros de las unidades aerotransportadas.»[15] Pero se dieron también casos de heroísmo notable. El sargento Isidore Jachman, perteneciente a una familia de judíos de Berlín que habían emigrado a Estados Unidos, cogió la bazuca de otro soldado que había resultado muerto y salvó a su compañía poniendo fuera de combate dos carros. Murió a consecuencia de su acción y fue condecorado a título póstumo con la Medalla de Honor del Congreso.[16]

La 87.ª División de Infantería, al oeste, no estaba haciendo muchos más progresos, al haber tenido que enfrentarse a un *Kampfgruppe* de la División *Panzer Lehr*. Hubo muchas quejas de que los soldados tenían el gatillo demasiado fácil y despilfarraban la munición. Un sargento de la 87.ª División contaba cómo había «visto a un fusilero pegar un tiro a un alemán y luego vaciar su pistola y por si fuera poco otro cargador encima de él, aunque era evidente que el primer disparo había hecho lo que tenía que hacer. Un cañón de 57 mm disparó cerca de cuarenta proyectiles contra una casa en la que se sospechaba que había alemanes. Casi casi todos fueron P[erforadores de]B[lindados] y dirigidos contra los pisos superiores. Los alemanes estaban en el sótano y en la planta baja y permanecieron allí hasta que nos lanzamos al ataque».[17]

Pese a los elogios de Remer por sus proezas en acción, la 87.ª División adolecía de todos los defectos habituales en las tropas bisoñas. Los hombres se quedaban paralizados ante el ataque de los morteros en vez de salir corriendo hacia delante para escapar de él. Y cuando un soldado caía herido, varios compañeros se precipitaban hacia él a prestarle ayuda en vez de dejar que lo hicieran los sanitarios que venían detrás. Al no estar acostumbrados sus hombres a la guerra en invierno, la 87.ª y la 17.ª Aerotransportada sufrieron muchas bajas por congelamiento. A los hombres les dijeron que se cogieran un calzado que fuera dos números más grande que el que usaban habitualmente y luego que se pusieran dos pares de calcetines, pero, una vez que habían entrado en acción, ya era demasiado tarde.

Middleton estaba muy abatido por la actuación de las divisiones carentes de experiencia. Patton estaba furioso: su reputación estaba en juego. Estaba incluso más convencido si cabe de que el contraataque habría debido ir dirigido contra la base del saliente, a unos ochenta kilómetros, a lo largo de la frontera alemana. Echaba la culpa de todo a Montgomery, pero también a Bradley, que estaba «nada más que a favor de poner más divisiones a combatir en Bastogne». Estaba tan descorazonado que escribió: «Todavía podemos perder esta guerra ... Los alemanes pasan más frío y están más hambrientos que nosotros, pero pelean mejor. No puedo soportar la estupidez de nuestros novatos».[18] Patton se negaba a reconocer que la falta de una buena red de carreteras en la base del saliente, junto con las características del terreno y el terrible tiempo invernal que frustraba la intervención de la fuerza aérea aliada, significaba que su opción predilecta tal vez habría tenido menos probabilidades todavía de facilitar un triunfo rápido.

El avance de la ofensiva por el norte salió solo un poquito mejor, a pesar incluso del traslado del grueso de las divisiones alemanas al sector de Bastogne. En la región había casi un metro de nieve y las temperaturas habían bajado hasta los veinte grados bajo cero. «Las carreteras estaban heladas y los carros de combate, pese a que se echó en ellas gravilla, derrapaban hacia los lados, destruyendo los tendidos de comunicaciones y ralentizando el tráfico.»[19] Los clavos de metal añadidos por los soldadores a las orugas para que se agarraran mejor al suelo se desgastaban inmediatamente. En medio de la niebla gélida, los aviones Cub encargados de localizar las baterías de artillería solo podían operar durante unas pocas horas al día, y los cazabombarderos se veían obligados a permanecer en tierra. La 2.ª División Acorazada se vio envuelta en una «lucha durísima» con lo que quedaba de la 2.ª División Panzer. «El desafortunado estallido en la copa de un árbol de un proyectil de 88 mm dejó fuera de combate a unos cincuenta o sesenta soldados nuestros de infantería, el número más alto de bajas que se conoce» provocado por un solo disparo.[20] Pero «Trois-Ponts quedó despejada, lo mismo que Rochefort, y por la noche se alcanzó la línea Hierlot-Amcomont-Dairmont-Bergeval», anotaba el I Ejército. La 82.ª División de Infantería hizo quinientos prisioneros.[21]

El mariscal Montgomery, que fue a visitar a Hodges a las 14.00, estaba «muy complacido por los progresos hechos y no paraba de comentar: "¡Buen espectáculo! ¡Buen espectáculo!"».[22] Informó a Hodges de que dos brigadas de la 53.ª División británica iban a atacar con las primeras luces del día a la mañana siguiente en el extremo oeste, con el fin de entrar en contacto con los flancos de la 2.ª División

Acorazada. Pero el contraataque no estaba resultando tan fácil como había supuesto Bradley. Incluso la «2.ª División Acorazada de "Bull-dog" Ernie Harmon está encontrando el mismo tipo de resistencia —escribía Hansen— y le está resultando difícil tomar impulso en este paisaje tan dificultoso con una oposición tan tenaz».[23]

Al sur de Rochefort, parte de la 6.ª División Aerotransportada británica avanzó hacia Bure, donde el SAS belga había efectuado algunos vuelos de reconocimiento cuatro días antes. El 13.er Batallón (Lancashire) del Regimiento Paracaidista se lanzó al ataque a las 13.00 horas. El intenso fuego de mortero de los *Panzergrenadiere* de la División *Panzer Lehr* causó varias bajas, pero la Compañía A entró en el pueblo a pesar del fuego proveniente de seis cañones de asalto y varias armas automáticas. Los *Panzergrenadiere*, apoyados por un carro Mark VI Tiger, lanzaron un contraataque. Los Sherman de la Fife y Forfar Yeomanry acudieron dispuestos a prestar ayuda, pero aquellos blindados tampoco pudieron mantener la dirección en las carreteras heladas. El ataque fue repelido después de oscurecer, pero durante la noche los alemanes volvieron a insistir una y otra vez, mientras que las balas trazadoras prendían fuego a los pajares y las granjas.

Al día siguiente los paracaidistas, en medio de un intenso bombardeo, lograron retener la localidad frente a otros cinco ataques. El único carro Tiger que quedaba permaneció en el centro del pueblo, insensible a los proyectiles contracarro de los PIAT, los homólogos británicos de las bazuca norteamericanas, pero mucho menos eficaces. Junto con la artillería alemana, el Tiger se deshizo de dieciséis Sherman de la Fife y Forfar. Las casas temblaban y las ventanas saltaban hechas añicos cada vez que el monstruo disparaba su armamento principal de 88 mm. Como el Tiger controlaba la calle Mayor con sus ametralladoras, era imposible evacuar a los heridos. El bombardeo era tan intenso que la única forma en que el puesto de primeros auxilios podía mandar más vendajes de campaña a los paracaidistas situados al otro lado de la calle era pegarlos a un cargador de fusil y arrojar el paquete al otro lado de la calzada e ir pasándolo de casa de casa a través de las ventanas rotas. Una compañía del 2.º Batallón del Regimiento Oxfordshire y Buckinghamshire de Infantería Ligera llegó como refuerzo de los paracaidistas tras el enorme número de pérdidas sufridas por estos. Pero aquella misma tarde a última hora otro ataque con apoyo de dos Tiger obligó a los Ox y Bucks a replegarse del sector del pueblo que ocupaban.

El 5 de enero, combatiendo casa por casa con granadas y a la bayoneta, los paracaidistas empezaron a despejar sistemáticamente la localidad. Los belgas, escondidos en los sótanos y temerosos de que lanzaran granadas por las escaleras, gritaban que eran civiles. Muchos aldeanos habían buscado refugio en el colegio religioso, L'Alumnat, donde la situación era espantosa debido a la disentería y porque la gente estaba como loca a consecuencia del incesante bombardeo. Durante el día la División *Panzer Lehr* efectuó más contraataques con apoyo esta vez de cuatro Tiger, pero poco después del anochecer fueron eliminadas las últimas posiciones alemanas. El batallón recibió la orden de pasar a la reserva, tras perder siete oficiales y 182 hombres. El 5.º Batallón del Regimiento Paracaidista ocupó su lugar y el 23.º Regimiento de Húsares sustituyó al de la Fife y Forfar Yeomanry.[24]

Los habitantes del pueblo se habían visto obligados a permanecer en sus oscuros sótanos mientras sobre sus cabezas se desarrollaba la feroz batalla. Yvonne Louviaux, que por entonces tenía catorce años, recordaba que su madre le decía a ella y a sus hermanos que permanecieran agarrados unos a otros, de modo que si los mataban, murieran todos juntos. Al cabo de tres días, sin tener otra cosa que comer más que manzanas, finalmente pudieron salir a la planta baja de la casa. Encontraron el sofá del salón cubierto de sangre de uno de los soldados heridos. La aldea había quedado destruida o seriamente dañada en un 70 %, y la mayor parte de las reses habían muerto. Los postes de la luz y del teléfono habían sido hechos trizas y los cables telefónicos y eléctricos colgaban peligrosamente sobre la nieve ennegrecida. Por todas partes se veían miembros arrancados de cadáveres que habían sido despedazados por efecto de las explosiones en el curso de los combates. Con una simetría bastante siniestra, habían nacido dos niños durante la batalla, mientras que dos lugareños habían resultado muertos. Otros perdieron la vida posteriormente tras pisar alguna de las minas que fueron colocadas en el transcurso de la batalla.[25]

Una familia volvió a su casa y encontró en ella lo que a primera vista parecía un cuerpo humano desnudo colgado del techo de su sala de estar. Tras inspeccionarlo atentamente vieron que era su cerdo abierto en canal, cuya matanza habían empezado los alemanes, pero evidentemente su labor se había visto interrumpida por la llegada de los Aliados. Tuvieron más suerte que la mayoría, que habían perdido todos sus animales, sus jamones y sus conservas, devorado todo por los alemanes hambrientos, mientras que la Wehrmacht se había llevado sus caballos y todo su forraje. Había tan poca comida que un toro descomunal que había logrado sobrevivir fue sacrificado para que el pueblo pudiera alimentarse. Todo el mundo, hasta los niños pequeños, se reunió para contemplar el espectáculo.

En el cuartel general del XII Grupo de Ejércitos seguía reinando un optimismo impaciente, quizá porque el general Bradley no veía la hora en que el I y el III Ejércitos lograran establecer contacto. Ese encuentro habría marcado el momento en que el I Ejército habría vuelto a estar bajo su mando. Pero el encargado de llevar el diario de Hodges anotó el 6 de enero que «este cuartel general consideraba grotesca la sugerencia hecha por el general Siebert, G-2 del XII Grupo de Ejércitos, según el cual debíamos estar alerta para un "colapso alemán inminente"».[26] Incluso Relámpago Joe Collins pensaba que semejante sugerencia era «bastante ridícula». Al día siguiente Bradley llamó a Patton para asegurarle que los alemanes estaban retirando de la bolsa de Bastogne todos sus blindados y sus tropas.* Pero según el estado mayor de Patton los oficiales de inteligencia de todos los cuerpos de ejército y de todas las divisiones «declaran que no hay pruebas de esto y de hecho la 6.ª División Acorazada estaba repeliendo el mayor contraataque lanzado contra ellos durante la presente campaña».[27]

El avance de los británicos proporcionó a los alemanes el pretexto para iniciar su retirada combatiendo de los alrededores de Je-

---

* Esta idea del XII Grupo de Ejércitos debía de basarse en especulaciones, pues el primer indicio de retirada conocido gracias a las interceptaciones de Ultra no apareció hasta última hora del 8 de enero, cuando la 9.ª División Panzer hizo saber que se había replegado a una línea al este de Rochefort y de Marche, mientras que el primer indicio de retirada en los alrededores de la bolsa de Bastogne llegó el 9 de enero.

melle. El sargento G. O. Sanford, del Regimiento Paracaidista, fue capturado en la aldea de On, próxima a Jemelle. Dos *Panzergrenadiere* lo sacaron a un bosque y lo mataron de un tiro. En Forrières, cuando unos alemanes que pretendían rendirse salieron de un bosque con las manos en la cabeza, dos vehículos blindados ingleses situados junto a la estación abrieron fuego contra ellos y los abatieron a tiros. Como observó un lugareño, «indudablemente los duros combates en Bure habían inducido a aquellos ingleses a actuar de ese modo».[28] Los belgas esperaban que los soldados británicos se comportaran mejor que los de otras nacionalidades, y quedaron asombrados de verlos cometer muchas faltas. Una mujer, al ver cómo un paracaidista británico quitaba el reloj de la muñeca a un alemán muerto, comentó:

—Desde luego no parece que tengan la famosa compostura inglesa.[29]

El lunes 8 de enero, en Jemelle, la hermana Alexia Bruyère escribió en su diario: «A las 09.30 vimos marcharse a los alemanes, manteniéndose al resguardo de las paredes de las casas, con las mochilas a la espalda, camino del puente de la estación de ferrocarril. Los últimos llevaban pantalones blancos (está nevando), una sábana como si fuera una chilaba y un trapo a modo de turbante. Habría pensado una que eran árabes de verdad».[30]

Empezaron a regresar los refugiados con las posesiones que les quedaban amontonadas en carretillas. Una familia de Rochefort entró en su casa y, al oír unos ruiditos por detrás de un pesado mueble, supusieron que en su ausencia habría empezado a anidar allí alguna rata o algún ratón de campo. Pero cuando movieron el mueble descubrieron a un soldado alemán hecho un ovillo y temblando de miedo. Les suplicó que no lo entregaran. Era un desertor austríaco. Lo tranquilizaron diciéndole que su unidad se había marchado y que ya podía rendirse a los Aliados.

La noche del 5 al 6 de enero, noventa Lancaster del Mando de Bombarderos de la RAF arrasaron la localidad de Houffalize para bloquear los principales cruces de carreteras utilizados por las columnas de aprovisionamiento y la ruta de huida de las fuerzas alemanas. El lugar permaneció intransitable durante tres días.*

Debido en parte al bombardeo de Houffalize, la 116.ª División Panzer se encontró con que las carreteras estaban cada vez más congestionadas, con colas al principio de por lo menos dos kilómetros por término medio. La mayor parte de los desplazamientos tuvieron que efectuarse a plena luz del día, pero como el cielo estuvo encapotado hasta el 10 de enero, casi no se produjeron ataques de cazabombarderos.

«La resistencia no cesó en ningún momento —escribió un oficial de la 83.ª División de Infantería al este de Manhay— y la brutalidad por la que se habían hecho famosas las tropas de las SS se cebó en nosotros. Una sección de soldados de infantería del 2.º Batallón del 331.º Regimiento se vio atrapado a campo abierto, en un terreno en el que la nieve acumulada llegaba hasta la cintura. En medio de una intensa granizada de balas dirigida contra ellos, lo único que pudieron hacer [aquellos soldados] fue seguir abriéndose camino en la profundidad de la nieve. Algunos perdieron la vida y otros resultaron heridos. Cuando finalmente cesó el fuego, el sargento de la sección levantó la cabeza y vio a dos alemanes que se acercaban. Iban dando patadas a todos los soldados caídos que encontraban, y si alguno exhalaba un gemido, le pegaban un tiro en la cabeza. Tras desvalijar los bolsillos de sus víctimas, los alemanes se marcharon. Cuando oscureció, el sargento fue arrastrándose hacia atrás hasta ponerse en salvo, medio congelado y casi fuera de sí. De los 27 integrantes de la sec-

---

* El general Patton, que lamentablemente era aficionado a escribir versos, garabateó la siguiente rima:

> ¡Oh pueblecito de Houffalize,
> qué tranquilo te vemos ahí!
> Sobre tus empinadas y machacadas calles
> los aeroplanos surcan el cielo.
> Pero en tus oscuras calles no brilla
> ni una maldita luz;
> esperanzas y temores de todos tus años
> han sido mandados al infierno la pasada noche.
> *PP*, p. 632.

ción, él fue el único superviviente. Cuando le dieron la patada, se hizo el muerto.»[31]

Los soldados alemanes continuaban luchando, aunque muchos de ellos deseaban ser hechos prisioneros.

—Todos piensan: «¡Ojalá llegue el momento!» —comentó un soldado alemán llamado Friedl—. Pero entonces llega el oficial y te limitas a cumplir sus órdenes. Eso es lo trágico de la situación.[32]

Como descubrieron los estadounidenses que se encargaban de interrogar a los prisioneros, la moral de los alemanes se veía terriblemente afectada, pues los soldados, medio muertos de hambre, tenían que empujar los vehículos y los cañones en medio de aquel tiempo gélido, con la certeza de que la gran ofensiva había fracasado. Los intentos de los nazis de obligar a sus hombres a realizar más esfuerzos se basaban en las órdenes que habían sido habituales en las divisiones de las Waffen SS desde Normandía: «Cualquiera que sea hecho prisionero sin estar herido, pierde su honor y los suyos no recibirán ayuda alguna».[33]

Los prisioneros de las Waffen SS llamaban la atención por su rareza, ya fuera por su determinación de caer combatiendo, o bien porque eran fusilados en el acto por sus captores. No obstante, un oficial de las SS intentó justificar su presencia entre los cautivos con una lógica muy poco convincente. Dijo al oficial del I Ejército responsable de su interrogatorio:

—No se lleve la impresión de que soy un cobarde porque me he dejado hacer prisionero de guerra. Habría estado encantado de morir como un héroe, pero consideré que era justo compartir las desgracias de mis hombres.[34]

Las divisiones estadounidenses integradas en el III Ejército pensaban que los prisioneros debían ser tratados de manera distinta según las circunstancias. «Cuando a los alemanes les van bien las cosas en un frente —observaba la 6.ª División Acorazada—, los que son capturados suelen ser engreídos y piensan que el hecho de haber sido hechos prisioneros es solo como si les hubieran concedido un desafortunado período de permiso. El tratamiento que debiera dispensarse a esos prisioneros de guerra es no darles de comer, no permitirles fumar, ni concederles nada que se parezca a un trato indulgente hasta que hayan sido interrogados. Por otra parte, los prisioneros hechos cuando los alemanes están sufriendo reveses generalizados a lo largo de la línea del frente están por lo común desanimados y asqueados con las condiciones en que se encuentran sus líneas y con sus propios superiores. Muchos de esos prisioneros se han rendido voluntariamente y están deseosos y muertos de ganas de hablar si se les trata bien. Si se les deja tranquilos, se les permite sentarse y fumar durante el interrogatorio, esos hombres se desahogan, ofreciendo a menudo voluntariamente información por la que nadie les ha preguntado.» Así era tanto en el caso de los oficiales como en el de los soldados rasos.[35]

En el caso de los hombres de las SS capturados, todo dependía de si se consideraban superhombres arios o si habían sido obligados a ingresar en las SS contra su voluntad, como solía ocurrir con los polacos y los alsacianos. Estos últimos podían ser tratados como prisioneros corrientes. «El verdadero "superhombre" requiere un trato severo; es el que ha dispensado él a los demás y el que espera recibir. Ha tenido por costumbre amenazar con la violencia física y llevar a efecto sus amenazas. Por este motivo parece particularmente susceptible a las amenazas de violencia física. No es necesario pegarle una paliza, pero si piensa que más le vale hablar porque de lo contrario..., ¡entonces habla! Por decirlo simple y llanamente, hemos comprobado que el mejor sistema es: para el prisionero humilde y apaleado, "Estómago lleno y vejiga vacía"; para el arrogante y engreído: "Vejiga llena y estómago vacío".» La 35.ª División de Infantería, por su parte, comunicaba que los prisioneros de la 1.ª División Panzer de las SS que había hecho «eran más mansos [que los *Volksgrenadiere*], probablemente porque se esperaban recibir su justo castigo», y se quejaban de que sus «oficiales se habían retirado del peligro a tiempo, y los habían dejado a ellos defendiendo sus posiciones».[36]

Los soldados de la 28.ª División no creían en el doble rasero. Se oponían a permitir que las tropas de la retaguardia dieran a los prisioneros alemanes cigarrillos y caramelos. Sus propios prisioneros eran obligados a marchar a la retaguardia a pie, no montados en camiones, y no les daban más que agua hasta que no habían sido interrogados: «Un trato demasiado benigno de los prisioneros tiene un impacto negativo en nuestros hombres. Por la forma en que los tratamos, nuestros hombres se hacen claramente a la idea de que ser prisionero de guerra no tiene nada de bueno».[37] Otra división era incluso más implacable en sus planteamientos: «Nunca hemos sacado ningún beneficio de tratar bien a los prisioneros ... Estamos aquí para matar alemanes, no para hacerles de niñera».[38] Algunos soldados de la 30.ª División se tomaban la justicia por su mano cuando capturaban a alemanes que llevaban botas de combate estadounidenses, que indudablemente habían quitado a algún soldado muerto. Los obligaban a punta de pistola a quitárselas y a caminar descalzos por las carreteras heladas.[39]

El I Ejército estadounidense comentaba que «los prisioneros empezaban a quejarse de falta comida y muchos contaban historias de largas marchas cargados con equipos pesados debido a la falta de medios de transporte».[40] Tanto en el extremo norte como en el extremo sur del saliente, los interrogatorios de los prisioneros de guerra confirmaban que las tropas alemanas temían las explosiones en altura propiciadas por las nuevas espoletas pozit de las bombas de la artillería estadounidense.[41] «Las consecuencias de estas nuevas bombas sobre los cuerpos y las mentes de los alemanes son muy eficaces», afirmaba un informe del I Ejército acerca de los interrogatorios de los prisioneros de guerra.[42]

En la bolsa de Bastogne, la intensidad de los combates se redujo un poco tras los ataques del 3 y el 4 de enero. La 5.ª División *Fallschirmjäger* estaba ahora integrada en el LVIII Grupo de Ejércitos, al mando del general Krüger. Pero cuando el comandante en jefe de los paracaidistas, el *Generalmajor* Heilmann, se atrevió a sostener que era inútil desperdiciar más vidas humanas en unos ataques condenados al fracaso, Krüger replicó:

—¡Si queremos ganar la guerra, también tendrá que tomar parte en ella la 5.ª División *Fallschirmjäger*![43]

El 6 de enero Heilmann recibió una orden secreta de Himmler que decía: «Si hay cualquier sospecha de que un soldado se ha ausentado de su unidad con la idea de desertar y de que de ese modo ha perjudicado la capacidad de combate de su unidad, un miembro de la familia del soldado (su esposa) será fusilado».[44] Presumiblemente la medida había sido ocasionada por un informe del *Oberführer* Mohnke, al mando De la División *Leibstandarte Adolf Hitler*, dirigido al

SS-Reichsführer. Heilmann fue destituido unos días después. Incluso en la 26.ª División *Volksgrenadier*, que era más de fiar, los hombres empezaron a desertar: «Diez o doce integrantes de lo que quedaba de nuestra compañía se vistieron de paisano y se escondieron», reconocía un *Feldwebel* en su cautiverio.[45]

Como en todos los ejércitos, no era tanto el miedo a la muerte como el miedo a las mutilaciones lo que hacía mella en las mentes de los soldados. Un hospital de campaña o *Feldlazarett* alemán era poco más que una sección de amputaciones. Los médicos estadounidenses quedaron horrorizados al ver la propensión del ejército alemán a amputar miembros sin dudar ni un instante. Un prisionero estadounidense herido, perteneciente al 401.º Regimiento de Infantería de Planeadores, quedó espantado cuando lo llevaron a la sala de operaciones: «Casi vomité —escribió—. Había media docena de mesas rodeadas de médicos con delantales blancos de goma llenos de salpicaduras de sangre. Todas las mesas estaban ocupadas por alemanes heridos o con los miembros congelados. En el suelo había cubos que contenían dedos de los pies, dedos de las manos y otras extremidades. A los hombres tendidos en las mesas les habían puesto anestesia local, pero no dejaban de gritar y de lanzar gemidos mientras los médicos operaban».[46] Cuando se llevaban fuera los cubos o los vaciaban, los perros de la localidad no tardaban en acudir a servirse solos, como señalaron los belgas. Los cadáveres de los que morían por obra del bisturí eran amontonados en la calle, donde acababan congelándose; algunos mostraban una capa de hielo sobre la cara, como si estuvieran dentro de un sarcófago de vidrio. Ni siquiera los que tenían la suerte de ser evacuados a Alemania tenían la menor idea de cuál iba a ser su destino ni qué suerte iban a correr: «Los heridos son enviados allí donde quiera que se dirija el tren hospital —dijo un médico alemán—. En el frente nadie conoce su destino».[47]

Los hospitales de campaña estadounidenses podían constituir también un espectáculo horripilante. Una enfermera veterana destinada al III Ejército describía un pabellón llamado la «Cámara de los Horrores», que exhalaba un olor nauseabundo a «sangre y a sudor y a excrementos humanos». Contaba que durante un turno de noche estuvo atendiendo a dos soldados que «llevaban agonizando todo el día de ayer, y ahora iban a pasarse agonizando toda esta noche ... Uno, un soldado raso de infantería, había perdido las dos piernas y una mano: tenía una herida profunda en el pecho y los intestinos perforados por un fragmento de metralla ... El otro paciente era un cabo de una unidad acorazada. Se le había partido la médula espinal y había quedado paralizado de cintura para abajo. Tenía el vientre abierto, lo mismo que el pecho». Los dos muchachos estaban en coma, y hacían ruido al respirar. «Menos mal que sus madres no pueden verlos morir», comentó la mujer.[48]

Las bajas producidas al margen de los combates también se incrementaron. En noviembre y diciembre las pérdidas debidas al frío ascendieron a veintitrés mil hombres. Casi todos fueron infantes de primera línea y como una división constaba habitualmente de cuatro mil, aquella cifra equivalía al menos a cinco divisiones y media. Los casos neuropsiquiátricos, denominados fatiga de combate, ascendían a casi una cuarta parte de todos los ingresos registrados en los hospitales. El ejército alemán, que se negaba a reconocer esta dolencia, parece que sufrió muchos menos casos.[49]

La fatiga de combate se manifestaba a través de unos síntomas fácilmente reconocibles: «Náusea, llanto, nerviosismo extremo y dolencias gástricas».[50] Algunos altos mandos pensaban que los oficiales dados de baja eran devueltos a sus unidades demasiado pronto, porque a menudo volvían a recaer. Además, el efecto podía ser contagioso: «Cuando un hombre sucumbe, no tardan en seguir su ejemplo otros».[51] Pero el aislamiento era el principal problema. Era imprescindible que los hombres salieran de sus trincheras y se mezclaran con sus compañeros cuando no eran bombardeados. La «fatiga de tanque», en cambio, se debía más bien a «los períodos prolongados de acción continuada en combate». Era distinta de la versión de infantería, aunque los síntomas eran parecidos, con «estómago revuelto, náuseas, disentería, flojera, y hombres llorando, en algunos casos en un estado casi de histeria».[52] La 2.ª División Acorazada todo lo achacaba a la comida poco saludable, a las «largas horas a la intemperie» con un frío extremo y al agotamiento físico. «Las raciones C y K frías materialmente no aumentan la vitalidad y la resistencia, y en algunos casos provocan malestar de estómago.»[53] Los intentos de utilizar sopletes capturados a los alemanes para calentar las latas de comida no resolvieron el problema. Naturalmente los médicos estadounidenses no sabían por entonces lo que los alemanes habían descubierto a raíz de la batalla de Stalingrado. La combinación de tensión nerviosa, agotamiento, frío y malnutrición altera el metabolismo y reduce gravemente la capacidad del cuerpo de absorber calorías y vitaminas.

«Incluso tratándose de tropas recias y experimentadas, un soldado es bueno solo un determinado tiempo —observaba un oficial de la 5.ª División de Infantería, situada en el flanco derecho de Patton—. He visto algunas cosas maravillosas llevadas a cabo por algunos de mis hombres y he visto cómo algunos de ellos acababan sucumbiendo ... Unas tropas cansadas no pueden hacer bien su trabajo. Seguirán adelante, pero les faltará esa cosita. Y cuando te falta esa cosita, empiezas a perder las batallas.»[54]

El 8 de enero, los restos que quedaban de la 2.ª y 9.ª Divisiones Panzer recibieron la orden de retirarse al día siguiente.[55] «Es el frío más grande que he conocido nunca —anotó en su diario un oficial de asuntos civiles británico—. El viento es como un cuchillo en la cara ... Las carreteras están llenas de vehículos averiados en la cuneta, con los conductores ateridos a su lado, esperando que llegue cualquier tipo de ayuda.»[56] Algunos, sin embargo, veían un tanto irónico que las terribles condiciones para la conducción de vehículos redujeran en gran medida el número de accidentes de tráfico y las muertes en carretera, debido a que los conductores se veían obligados a avanzar con mucho cuidado.

El 10 de enero, el *Generalfeldmarschall* Model hizo llegar una instrucción de Hitler enviada desde el *Adlerhorst*: «El *Führer* ha ordenado que los I y II Cuerpos Panzer, junto con la 1.ª, la 2.ª, la 9.ª y la 12.ª Divisiones Panzer de las SS, se reúnan con efecto inmediato detrás del Grupo de Ejércitos B para una reorganización rápida, y que se pongan a disposición del comandante en jefe del Oeste, de forma que dejen de intervenir en los combates».[57] Las formaciones del ejército se enfurecieron una vez más al ver que se les encargaba a ellas defender la línea, mientras que las divisiones de las Waffen SS eran retiradas para que descasaran y fueran equipadas de nuevo.

La tristeza de la derrota en las Ardenas se reflejó en algunos generales alemanes que se encontraban cautivos en Inglaterra. Tras el regocijo que le había causado su superioridad al comienzo de la guerra, ahora, como quien la tenía era el enemigo, parecían considerar semejante ventaja una injusticia. Se efectuó una grabación secreta en la que el *Generalmajor* Hans Bruhn, comandante de división, que había sido capturado por los franceses en Alsacia, decía a sus compañeros:

—Es la ironía más grande de la historia del mundo y al mismo tiempo su capítulo más triste que la flor y nata de nuestros hombres sea aniquilada por la aviación y por los numerosísimos carros de combate de un ejército que no tiene verdaderos soldados y que realmente no quiere luchar.[58]

El jueves 11 de enero se vieron signos inequívocos de que los alemanes estaban replegándose. En la zona Houffalize-Bastogne, el corredor del que disponían tenía solo trece kilómetros de anchura y era objeto de intensos bombardeos de la artillería estadounidense. La 30.ª División de Infantería comunicó al cuartel general del IX Ejército que la mala visibilidad estaba permitiendo a los alemanes escaparse: «Los alemanes están sacando de la zona absolutamente todo su equipo pesado y blindado en una retirada ordenada y sin prisas».[59] Ese mismo día, la BBC anunció que el programa relativo a los comentarios de Montgomery había sido producto de la propaganda alemana. La noticia no contribuyó ni poco ni mucho a ablandar los sentimientos de Bradley hacia su bestia negra.

A la mañana siguiente el XII Grupo de Ejércitos recibió autorización para acumular bombas de gases por si en su desesperación o por orden de Hitler los alemanes recurrían a las armas químicas. La orden se debió a un informe enviado cinco días antes por el SHAEF al jefe de inteligencia del general Marshall en Washington. El general de división Strong y su estado mayor se habían inquietado mucho al leer cinco alusiones al «gas» encontradas en las interceptaciones de Ultra.*

---

* «Somos conscientes de su opinión sobre esta materia, pero una vez más deseamos subrayar que esta ofensiva es una empresa en la que nos jugamos el todo

El viernes 12 de enero fue muy azaroso en otros muchos sentidos. Göring, al que, al parecer, habían perdonado el desastre de la Operación Bodenplatte, fue convocado al *Adlerhorst* para que se presentara ante el *Führer*; Hitler deseaba felicitarle con motivo de su quincuagésimo segundo cumpleaños. Pero la ocasión no era precisamente demasiado halagüeña. La fecha fue mucho más importante por otros motivos. A las 05.00 de la mañana, hora de Moscú, el Primer Frente Ucraniano del mariscal Iván Kónev atacó desde la cabeza de puente de Sandomierz, al oeste del Vístula, después de un bombardeo masivo que, según dijo un oficial de los *Panzergrenadiere*, fue «como si el cielo cayera sobre la tierra».[60] Los ejércitos blindados soviéticos avanzaron con eslóganes pintados en las torretas que decían: «¡Adelante! ¡Entremos en la madriguera fascista!» o «¡Venganza y muerte a los ocupantes alemanes!».[61] Al día siguiente, el Primer Frente Bielorruso del mariscal Geórgy Zhúkov atacó desde el sur de Varsovia, mientras que otros dos frentes asaltaban Prusia Oriental.

El general Guderian no había exagerado, pero sus advertencias, como las de Casandra, habían sido desoídas. El Ejército Rojo había desplegado 6,7 millones de hombres a lo largo de todo el Frente Oriental. Guderian se quedó casi mudo cuando se enteró de que el VI Ejército Panzer de Dietrich, que estaba retirándose de las Ardenas, iba a ser trasladado no al Vístula o a Prusia Oriental, sino a Hungría, para salvar los campos petrolíferos.

En cuanto llegó al cuartel general del XII Grupo de Ejércitos la noticia de la gran ofensiva soviética, Bradley quiso inmediatamente dar la impresión de que su inminente victoria en las Ardenas «había permitido a los rusos atacar con muchos más hombres y con un éxito mucho más espectacular del que, de no ser por eso, habrían podido

---

por el todo y en la que Hitler empleará cualquier arma. Usted siempre ha considerado que Alemania iniciaría la guerra con gases con el fin de obtener un resultado concluyente. Como la lucha le ha ido mal, puede que Hitler crea que ahora ha llegado ese momento. No deberíamos olvidar el caos que se produciría entre la población civil de Europa noroccidental ante el posible despliegue de una cabeza de gas en [los cohetes] V-1 y V-2 ... ¿Haría el favor de volver a examinar la cuestión a la luz de estas otras informaciones y comunicarnos su opinión con urgencia?» Al general de división Clayton Bissell, TNA WO 171/4184.

hacerlo».[62] Tenía razón. No cabe duda de que el esfuerzo y luego la aniquilación de las fuerzas alemanas en las Ardenas, especialmente de sus divisiones Panzer, había debilitado mortalmente a la Wehrmacht y su capacidad de defender el Frente Oriental. Pero, como observó otro general cautivo en Gran Bretaña, «el miedo a Rusia hará que Alemania siga luchando hasta el final».[63]

23

El final de la batalla

Justo cuando comenzaba la última batalla en las Ardenas, los alemanes lanzaron más divisiones para llevar a cabo su Operación Nordwind. El 5 de enero, después de no lograr sus objetivos con el ataque inicial, el Grupo de Ejércitos del Alto Rin de Himmler empezó por fin su ofensiva de apoyo contra el flanco sur del VI Cuerpo estadounidense. El XV Cuerpo de las SS lanzó un ataque a través del Rin al norte de Estrasburgo, y dos días más tarde el XIX Ejército avanzaba hacia el norte desde la bolsa de Colmar por uno y otro lado del canal del Ródano al Rin. Estaba en juego la supervivencia del VI Cuerpo del general Patch.

Devers, que no gozaba de la simpatía de Eisenhower, encomendó la defensa de Estrasburgo al I Ejército francés De Lattre de Tassigny, que tuvo que extender la línea de su frente desde la ciudad hasta el paso de Belfort, esto es, una distancia de ciento veinte kilómetros. Pero la zona de mayor peligro eran los alrededores de Gambsheim, donde el XIV Cuerpo de las SS había establecido una cabeza de puente de dieciséis kilómetros.

El 7 de enero, las 25 y 21 Divisiones *Panzergrenadier* se lanzaron al ataque. Llegaron al bosque de Hagenau, situados a unos treinta kilómetros al norte de Estrasburgo, pero fueron frenadas por la última reserva de Devers, la 14.ª División Acorazada. Más al norte, en los Vosgos Septentrionales, la 45.ª División de Infantería consiguió impedir el paso de la 6.ª División de Montaña de las SS. Uno de los batallones de la 45.ª quedó rodeado y estuvo casi una semana presentando batalla. Solo dos hombres lograron escapar.

Hitler seguía obsesionado con el principio de Federico el Grande de que el que pone toda la carne en el asador gana la guerra. El 16 de enero, el *Führer* lanzó sus últimas reservas, la 7.ª División *Fallschirmjäger* y la 10.ª División Panzer de las SS *Frundsberg*. Su ataque a lo largo del Rin mientras intentaban alcanzar la cabeza de puente de Gambsheim fue funesto para la 12.ª División Acorazada en Herrlisheim. Este episodio se convirtió en el principal tema de discusión durante la reunión informativa celebrada con Eisenhower el 20 de enero: «Juro por Dios que lo que me enfurece —exclamó el comandante supremo— es que cuando son lanzadas dos de sus divisiones, nos sentamos aquí y nos asustamos». El mariscal del Aire sir James Robb escribiría en su diario: «La discusión que tiene lugar a continuación revela un asombro cada vez mayor ante el fracaso de nuestras fuerzas, ya sea de una división o de un cuerpo, a la hora de conseguir resultados reales en comparación con el éxito inmediato de unos ataques alemanes relativamente de menos envergadura».[1]

Ante este avance inesperado del enemigo, Devers se vio obligado a retirarse a una nueva línea a lo largo de los ríos Rothbach, Moder y Zorn. Este repliegue fue llevado a cabo con eficacia, y la nueva posición defensiva resistió. La ofensiva alemana fue apagándose alrededor del 25 de enero, cuando el I Ejército del general De Lattre, ayudado por el XXI Cuerpo de Estados Unidos en el flanco norte, empezó a oprimir la bolsa de Colmar, o lo que los alemanes denominaban «la cabeza de puente Alsacia». La 3.ª División de Infantería estadounidense estaba apoyada por la 28.ª División de Cota, de la que cualquiera habría pensado que ya había sufrido lo suficiente después de lo del bosque de Hürtgen y de verse arrollada al este de Bastogne. En sus enfrentamientos en el nevado bosque de Riedwihr, la 3.ª División de Infantería se vio sometida a contundentes contraataques, y la sorprendente bravura del teniente Audie Murphy le valió una Medalla de Honor del Congreso y una futura carrera como estrella cinematográfica en Hollywood. Una vez más, los alemanes pelearon tan encarnizadamente durante su retirada, a pesar de la superioridad de la aviación y la artillería de los Aliados, que más unidades de las Ardenas fueron enviadas al sur. La bolsa de Colmar no fue destruida totalmente hasta el 9 de febrero.

La 101.ª División Aerotransportada fue una de las formaciones destinadas a acabar con los combates en Alsacia, por lo que sus efectivos sintieron un gran alivio al comprobar que esta vez habían llegado demasiado tarde para participar en las luchas más encarnizadas. Diez días antes, al enterarse de que la 101.ª debía trasladarse a Alsacia, el comandante Dick Winters había hecho la siguiente reflexión: «¡Dios mío! ¿No tienen a nadie más en este ejército para taponar esos agujeros?».[2] Era evidente que la división necesitaba un descanso. Durante sus últimas jornadas en el extremo norte de la bolsa de Bastogne, la Compañía Easy del 506.º de Infantería Paracaidista había sido enviada primero a capturar la localidad de Foy. «Todos los reemplazos que se unieron a la sección cayeron en ese pueblo —contaría un veterano de la compañía— y aún no sé por qué.»[3] El ataque había empezado de manera desastrosa, hasta que el comandante de la compañía fue rápidamente sustituido. Luego, el 14 de enero, cuando la temperatura descendió hasta los veintitrés grados bajo cero, y la cantidad de nieve acumulada era enorme, el 506.º avanzó en campo abierto hacia Noville, donde muchos de sus compañeros había perecido con el Grupo Desobry al comienzo de la batalla.

Una vez conquistado Noville, se les encomendó otro objetivo, la localidad de Rachamps, situada al este de la carretera de Houffalize. El sargento Earl Hale y el soldado Joseph Liebgott acorralaron a seis oficiales de las SS en un granero. Los pusieron uno al lado del otro y les advirtieron de que estaban dispuestos a disparar si intentaban alguna cosa. En el exterior estalló una bomba, hiriendo a Hale que se encontraba junto a la puerta, e inmediatamente un oficial de las SS sacó un cuchillo de su bota y trató de degollar a Hale. Liebgott lo mató de un tiro, y luego abrió fuego contra los otros alemanes y acabó con ellos. Un médico curó y vendó el cuello de Hale. Tuvo suerte, el corte había alcanzado el esófago, pero no la tráquea. Hale fue evacuado en un *jeep* a Bastogne.*

---

* Hale se recuperó, pero con el esófago maltrecho. El médico le entregó una nota sanitaria eximiéndole de llevar corbata. Más tarde, Hale se enfrentaría a un obsesivo general Patton, que le preguntó por qué no iba vestido apropiadamente. El sargento pudo presentar la nota justificativa que, al parecer, dejó a Patton sin palabras.

Al sargento Robert Rader le pareció que un soldado raso alemán, capturado en Rachamps, no paraba de hacer muecas burlonas. Furioso, apuntó hacia él para dispararle, pero otro paracaidista apartó el arma, gritando: «Sarge, ¡no tiene labios ni párpados!». El alemán los había perdido tras sufrir un episodio de congelamiento en el Frente Oriental. Rachamps constituyó la última misión de la Compañía Easy en la batalla de Bastogne. El 17 de enero, la 101.ª fue relevada por la 17.ª Aerotransportada. Montados de nuevo en camiones descapotados, sus hombres partieron para Alsacia.[4]

La férrea resistencia no disminuyó en el saliente cuando el 14 de enero el V Ejército Panzer empezó a replegarse hacia Houffalize, localidad que seguía siendo bombardeada por la aviación aliada. La 2.ª División Panzer y la División *Panzer Lehr* cubrieron la retirada como solían hacer los alemanes, esto es, utilizando carros de combate y cañones de asalto con la infantería para posibilitar el repliegue de sus regimientos de artillería. Cuando los obuses estadounidenses disparaban granadas de fósforo blanco, provocaban una «violenta reacción de la artillería enemiga».[5]

Al igual que en el frente del sur, la artillería bombardeaba pueblos y aldeas, prendiendo fuego a edificaciones y granjas. Con frecuencia la lluvia de proyectiles era tan intensa que los soldados alemanes buscaban cobijo en los sótanos, apartando a los civiles. Los cerdos, los caballos y las vacas, atrapados en establos y graneros en llamas, no tenían escapatoria alguna. En una aldea, once personas murieron por culpa de una bomba que cayó en un establo en el que veinte civiles habían buscado refugio. A veces, los ancianos, las mujeres y los niños no podían soportar aquel estruendo continuo, y trataban de escapar echándose a las calles nevadas o a través de los campos cubiertos de nieve. Confundidos con combatientes, varios fueron abatidos. Si los que caían heridos tenían suerte, las ambulancias o los camiones de los estadounidenses se encargarían de evacuarlos a hospitales de la retaguardia. Sin embargo, poco podía hacerse por los que sufrían de disentería, padecían una pulmonía o contraían la difteria y una infinidad de otras enfermedades graves provocadas por las condiciones de suciedad y frío de las últimas semanas.

Conmovidos por la suerte que corrían los desventurados belgas, los soldados estadounidenses les regalaban raciones de comida, cigarrillos, caramelos y chocolatinas. Solo unos pocos, deshumanizados por la guerra, se dedicaron al pillaje y a agredir sexualmente a las mujeres. Distinguir al compasivo del brutal por su aspecto exterior resultaba imposible. En aquellos momentos de la batalla, los efectivos de las tres naciones parecían unos facinerosos: iban sucios, desaliñados y sin afeitar. La población local que anteriormente había conocido la generosidad de los estadounidenses quedó sorprendida ante la pobreza, en comparación con aquellos, de los soldados británicos, que seguían compartiendo lo poco que tenían. A los belgas no les gustaba mucho el sabor de la carne de vaca en lata y los cigarrillos del ejército inglés, pero eran demasiado educados para decirlo abiertamente.

«Tras haber visitado varios pueblos recientemente liberados de la ofensiva alemana —contaría un oficial británico de asuntos civiles—, resulta reconfortante ver la alegría de la gente y sus manifestaciones de alivio.»[6] Pero en algunos lugares tanto las tropas estadounidenses como las británicas horrorizaron a sus anfitriones cuando comenzaron a destrozar su mobiliario para hacer leña con la madera. Un oficial de la 53.ª División de Gales contaría que para afrontar aquel frío espantoso, «las tropas se han lanzado con excesivo entusiasmo a encender una hoguera tremenda en una vieja chimenea de piedra que, consecuentemente, se recalentó, prendiendo fuego a una parte del techo».[7] Casi todas las casas ocupadas por soldados aliados quedaron hechas un verdadero desastre, sufriendo daños considerables. Al parecer, la 6.ª División Aerotransportada británica fue la unidad que provocó el mayor número de quejas.

El XXX Cuerpo británico persiguió a los alemanes desde La Roche-en-Ardenne, en el flanco sur del VII Cuerpo de Collins. «En la zona de Nisramont, el ala derecha de la 2.ª División Panzer tuvo que dirigirse al oeste —escribiría el *Generalmajor* Lauer—. Durante ese nuevo despliegue, se abrió una brecha por la que un batallón británico logró avanzar llegando hasta Engreux. El ataque británico en la retaguardia de la línea defensiva solo podía ser repelido con un amago de ataque. El puesto de mando de la división tuvo que retirarse de nuevo a Mont.»[8] Como la infantería estadounidense, los británicos se las vieron y se las desearon para avanzar en medio de aquella acumulación de nieve. Sus municiones, completamente mojadas, y sus botas, transformadas en bloques de hielo por el frío, no les fueron precisamente de ayuda. Las botas alemanas, en cambio, destacaban por ser más resistentes a las inclemencias del tiempo. El oficial al mando del 1.er Batallón (Gordon) de la 51.ª División (Highland) encontró a uno de sus sargentos en un bosque en el que este había colgado con cuerdas a la rama de un árbol el cuerpo inerte de un soldado alemán y había encendido una hoguera bajo el cadáver. «Pretendía descongelarlo —escribiría el jefe de la unidad—, para poder quitarle las botas.»[9]

Un *Kampfgruppe* de la 2.ª División Panzer, con ingenieros, infantería, cañones de asalto y carros blindados, estableció una línea defensiva frente a Houffalize. Ocultos por la oscuridad de la noche, sus carros Panther fueron capaces de alcanzar los carros de combate estadounidenses a una distancia de entre cuatrocientos y quinientos metros en cuanto salieron del bosque porque resultaban claramente visibles entre el blanco de la nieve. «Enseguida un carro estadounidense estalló en llamas, dando tanta luz que los demás carros blindados estadounidenses quedaron perfectamente iluminados, convirtiéndose en un objetivo fácil de alcanzar. Después de una serie de disparos que se prolongaron durante quince minutos como mucho, veinticuatro carros de combate estadounidenses fueron pasto de las llamas y otros diez pudieron ser capturados completamente íntegros. Los alemanes perdieron solo dos *panzer* —que quedaron destruidos— de un total de veinticuatro.»[10] Como ocurre con la mayoría de este tipo de relatos que hablan de enfrentamientos, probablemente la descripción peque de optimismo y muestre cierta jactancia, pero no hay la menor duda de que los alemanes propinaron severos varapalos en las fases finales de la batalla.

El 15 de enero, la 30.ª División de Infantería, en su ataque a la localidad de Thirimont, se encontró con que «las casas de ladrillo habían sido convertidas en verdaderos fortines con ametralladoras pesadas y otras armas automáticas».[11] Fueron necesarios dos batallones del 120.º Regimiento de Infantería, un batallón acorazado y un batallón cazacarros, así como «más de once mil proyectiles de 105 mm y de 155 mm», para conquistar ese pueblo. El regimiento sufrió más de cuatrocientas cincuenta bajas a manos de la 3.ª División *Fallschirm-*

jäger. Debido a la abundante nieve y al hielo, «las ambulancias no pudieron ni siquiera acercarse a los heridos», de modo que el batallón médico no tuvo más remedio que tomar prestados de los granjeros varios caballos y trineos para ir en su busca. La mayoría de los alemanes capturados tenía los pies congelados y apenas podía andar.

Patton fue con su *jeep* a visitar las tropas que estaban atacando Houffalize: «En un momento dado —escribiría— nos cruzamos con un servidor de ametralladoras alemán que había sido abatido y que, al parecer, había quedado rápidamente congelado en la misma posición en la que estaba, medio sentado con los brazos extendidos, sosteniendo una cinta de balas. Vi un montón de objetos negros asomando entre la nieve y, al investigar de qué se trataba, me di cuenta de que eran los dedos de los pies de unos hombres muertos». También él quedó sorprendido por la manera en la que el color de la tez de los soldados que se congelaban rápidamente al morir adquiría «una especie de tonalidad burdeos». Patton lamentó no llevar consigo su cámara para fotografiar el fenómeno.[12]

El 15 de enero, Hitler regresó en tren a Berlín, mientras los ejércitos blindados de Zhúkov y Kónev avanzaban rápidamente hacia la línea de los ríos Óder y Neisse. La región industrial de Silesia estaba a punto de ser arrasada. Aparte de una salida para visitar el cuartel general de un ejército en el frente del Óder, no volvería a marchar de la capital nunca más.

El 15 de enero, al caer la noche, las dos agrupaciones de combate de la 2.ª División Acorazada habían avanzado hasta llegar a apenas dos kilómetros de la localidad de Houffalize, pudiendo consolidar su posición en el curso de las horas siguientes. Varias patrullas se encargaron de localizar posiciones enemigas entre las ruinas. Una entró en el pueblo a la 01.00 del 16 de enero, pero no encontró apenas rastro del enemigo. Del mismo modo, se enviaron patrullas al este del río Ourthe, donde los alemanes también habían abandonado sus posiciones. «El contacto con el III Ejército pudo establecerse a las 09.30 de aquel día, lo que hizo efectiva la unión del I y el III Ejércitos en la ofensiva de las Ardenas.»[13]

La ofensiva de las Ardenas estaba a punto de finalizar. Un regimiento británico descubrió que la Wehrmacht se había quedado sin condecoraciones al valor. En su lugar se habían ofrecido fotografías firmadas del *Generalfeldmarschall* Von Rundstedt. Pero un mensaje alemán interceptado, dirigido al cuartel general de un cuerpo, decía lo siguiente: «La División no considera que este tipo de recompensa tenga efecto alguno a la hora de incitar a la infantería al combate».[14]

Como había decidido Eisenhower, en cuanto pudieron darse la mano los hombres del I y el III Ejércitos, el I Ejército de Estados Unidos volvió a estar bajo el control del XII Grupo de Ejércitos de Bradley. Esta circunstancia se hizo oficial el día 17 de enero, a medianoche. «La situación ya se ha restablecido», escribiría Hansen triunfante.[15] Pero Montgomery aún no había acabado. Decidido a retener el control del IX Ejército, ideó un plan para darle prioridad sobre el orgulloso I Ejército.

«A las 10.30 —cuenta el diario del general Simpson el 15 de enero— el mariscal de campo Monty [sic] llegó a nuestra oficina para celebrar una conferencia con el G[eneral] al M[ando] en relación a la toma de un sector más por parte del IX Ejército. El mariscal de campo lanzó una bomba. Pedía al GM que preparara unos planes para el IX Ejército, de cuatro Cuerpos y dieciséis Divisiones, con el fin de avanzar hacia Colonia y el río Rin en cuanto fuera posible ... Esto significaba que el IX llevara la iniciativa en la progresión del Frente Occidental: que realizara el esfuerzo principal, mientras el I Ejército asumía una posición de resistencia en nuestro sur, y, después del avance, protegería el flanco sur del IX ... Al parecer, el XXI Grupo de Ejércitos está considerando bastante seriamente en estos momentos una operación como esta, y someterá nuestro plan al SHAEF para su aprobación.»[16]

Es evidente que se trataba de una estratagema de Montgomery, que quería pasar por encima de Bradley. Pero conseguir que el IX Ejército elaborara primero sus planes era un paso inteligente, sobre todo teniendo en cuenta que Simpson y sus oficiales estaban entusiasmados ante la idea de tener prioridad sobre el I Ejército, que iba a verse obligado a asumir un papel subordinado. «¡Ese "protegería el flanco del IX" sería el golpe más importante y satisfactorio que pudiera propinarse al *Grand Old Armie* [el I Ejército]!» Dice el diario de Simpson: «¡Cómo les gustaría a todos aquí ver eso por escrito!».[17]

Montgomery estaba convencido de que el SHAEF iba a aceptar su plan, un plan que solo había desvelado a Whiteley, el jefe de operaciones adjunto británico. Ignoraba que Eisenhower era de la opinión de que Bradley tenía más posibilidades de éxito si rebasaba al enemigo por el sur porque los alemanes iban a trasladar sus mejores formaciones al norte con la finalidad de proteger el Ruhr. Sobre todo, había una reticencia general entre todos los comandantes estadounidenses, manifestada con gran vehemencia por Bradley el martes, 16 de enero, en una visita a París. Bradley aterrizó en el aeródromo de Villacoublay, y a continuación se trasladó en automóvil a Versalles. Las tensiones de las últimas dos semanas, y sin duda tantas noches sin dormir, habían acabado por extenuarlo, pero la llama de la justa indignación lo mantenía firme. Se hizo ver a Eisenhower que, después del último follón, lloverían las protestas si se permitía a Montgomery dirigir la ofensiva principal con fuerzas estadounidenses a sus órdenes. Era culpa de Montgomery que las rivalidades y las consideraciones políticas dictaran en aquellos momentos la estrategia de los Aliados.

El 18 de enero, decidido a tender puentes, Churchill pronunció un discurso en la Cámara de los Comunes para hacer hincapié en que «las tropas de Estados Unidos han soportado prácticamente todos los combates y han sufrido prácticamente todas las pérdidas ... Debemos ser considerados y no permitir que nuestro orgulloso relato reivindique para el ejército británico una parte inmerecida de lo que es sin duda la mayor batalla estadounidense de la guerra que, en mi opinión, pasará a la historia como una de las más célebres victorias estadounidenses».[18]

Aquella misma tarde, Simpson telefoneó a Montgomery: «Acabo de hablar con Brad. Me ha preguntado si te parece bien reunirte con él en mi despacho [en Maastricht] mañana por la mañana, a las diez y media». «Me encantará. ¿Y dónde está ahora Brad?», dijo Montgomery. «Está con Courtney [Hodges]», replicó Simpson.[19]

A continuación, Simpson telefoneó inmediatamente a Bradley. Bradley dijo que su intención era llegar a Maastricht pronto para poder hablar con Simpson antes de la llegada de Montgomery. El objetivo de la visita era celebrar una conferencia para discutir «planes futuros de los dos grupos». Probablemente esto significara que quería dejar sin argumentos a Montgomery, que se basaba en la premisa de que «el I y el III Ejércitos de Estados Unidos, en su estado actual»[20] iban a ser incapaces de proseguir con la contraofensiva en las Ardenas, cuya finalidad era rebasar la Línea Sigfrido y avanzar hacia Prüm y Bonn. Lo que dijo Bradley a Simpson cambió drásticamente la anterior postura positiva de este último hacia Montgomery y su plan.

«Todos los movimientos futuros del IX —escribiría Simpson— a la luz de la actual política propagandística británica, serán para mayor gloria del propio MC, pues a él le parece justo asumir toda la gloria y apenas permite que se cite el nombre de un comandante del ejército estadounidense. El rencor y un verdadero resentimiento van en aumento por la actitud del MC y de la prensa británica a la hora de presentar logros militares británicos conseguidos con sangre estadounidense, transmitidos en Europa a través de la BBC.»[21]

Bradley podía vengarse por fin de las humillaciones que le había venido infligiendo el mariscal de campo británico desde el día de Navidad. Montgomery era el que se vería apartado en cuanto los ejércitos aliados hubieran cruzado el Rin. Bradley había dicho a comienzos de diciembre que «sus fuerzas [refiriéndose a Monty] se ven actualmente relegadas a desempeñar un papel muy secundario y prácticamente sin relevancia en esta campaña en la que son utilizadas simplemente para proteger el flanco de nuestra apisonadora gigante».[22] Aunque en aquellos momentos eso aún no era así, estaba a punto de serlo ya.

Montgomery no era la única «bestia negra» del XII Grupo de Ejércitos. Las relaciones con el SHAEF habían seguido deteriorándose. Ello se debía en parte a que Bradley no podía perdonar a Eisenhower que hubiera transferido el mando del I Ejército a Montgomery, y en parte a que Bedell Smith no ocultaba su baja estima por el cuartel general de Bradley y Hodges. El 24 de enero, después del almuerzo, Bradley celebró una reunión en su oficina con Hodges, Patton y otros siete generales. Durante la misma, el general de división Whiteley llamó desde el SHAEF para decir que varias divisiones iban a ser retiradas de su próxima ofensiva para crear una reserva estratégica y reforzar a las tropas de Devers en Alsacia.*

Bradley perdió los estribos e hizo el siguiente comentario en voz bien alta para que todos los presentes se enteraran: «La reputación y la buena voluntad de los soldados estadounidenses y el ejército estadounidense y sus comandantes están en juego. Si eso es lo que piensan, entonces, por lo que a mí concierne, pueden coger cualquier maldita división y/o cuerpo del XII Grupo de Ejércitos, hacer con ellos lo que crean oportuno, y aquellos de nosotros a los que ustedes dejen atrás nos quedaremos con el culo sentado hasta que el infierno se hiele. Confío en que no crean que estoy enfadado, pero ¡puñetas!, quiero que les quede bien claro que me siento muy indignado».[23] Entonces los oficiales que había en la sala se pusieron en pie y aplaudieron. Levantando la voz para que todos lo oyeran, Patton exclamó: «Diles que se vayan al infierno y que los tres [Bradley, Patton y Hodges] presentaremos nuestra dimisión. Yo seré el primero».

El 20 de enero, cuando los estadounidenses se acercaban a Saint-Vith, un oficial de artillería alemán escribió en su diario: «El pueblo está en ruinas, pero defenderemos las ruinas». La nieve cubría hasta la cintura, y atacar no iba a ser fácil. Al día siguiente hizo esta anotación: «El fragor de la batalla se oye cada vez más cerca del pueblo ... Envío de vuelta todas mis pertenencias personales. No se sabe lo que puede ocurrir».[24] El domingo, 23 de enero, a la Agrupación de Combate B de la 7.ª División Acorazada se le concedió el honor de reconquistar el pueblo que con tanto arrojo había defendido.

Los cazas y los cazabombarderos del XIX Mando Aéreo Táctico (TAC, por sus siglas en inglés) y los Typhoon de la 2.ª Fuerza Aérea Táctica siguieron atacando a los vehículos alemanes en retirada. El 22 de enero, el XIX TAC informaba de más de mil cien vehículos des-

---

* En el relato de estos hechos, se dijo que la llamada desde el SHAEF fue efectuada por Bedell Smith, pero su biógrafo está seguro de que fue el general de división Whiteley quien la hizo. [Whiteley, y no Bedell Smith, D. K. R. Crosswell, *Beetle: The Life of General Walter Bedell Smith*, Lexington, KY, 2010, p. 853.]

truidos y 536 gravemente dañados.[25] Pero estas cifras no se verían confirmadas por estudios posteriores. «Las tres fuerzas aéreas tácticas se atribuyeron la destrucción de un total de 413 vehículos blindados del enemigo», decía el informe oficial británico. «Una comprobación efectuada posteriormente sobre el terreno ha puesto de manifiesto que esta cifra multiplica al menos por diez la real.»[26] La verdadera aportación de la aviación aliada, afirmaba, había sido «ametrallar y bombardear las rutas de suministro, evitando que pertrechos y provisiones esenciales llegaran al frente». Las fuentes alemanas confirmaron esta conclusión. Las fuerzas aéreas de los Aliados «no desempeñaron un papel táctico decisivo» en los combates en el frente, comentaría más tarde el *Generalmajor* Von Waldenburg. «Su efecto en las zonas de retaguardia fue mayor.»[27]

El 23 de enero, la 7.ª División Acorazada aseguró Saint-Vith. Todos los supervivientes habían huido, y en el pueblo reinaba un silencio sepulcral. El único edificio relevante que quedaba en pie era la Torre Büchel. El 29 de enero se había restablecido más o menos la línea de frente que había el 15 de diciembre: se había tardado un mes y medio. Ese día, Hansen escribiría en su diario: «Hoy el III Ejército ha considerado oficialmente terminada la batalla del saliente, iniciando nuevos ataques contra objetivos alemanes».[28]

Durante aquella última semana de enero, Bradley trasladó su puesto de mando Eagle Tac de Luxemburgo a una capital de provincia, Namur. Patton pasó a verlo para despedirse. «Es un buen oficial —escribiría en su diario— pero no tiene para nada "lo que hay que tener". Lástima.»[29] El gobernador provincial fue obligado a abandonar el magnífico palacio de Namur, donde Bradley se estableció como todo un virrey. Tras visitarlo el 30 de enero, Simpson describiría el lugar como «un palacio enorme, con las paredes revestidas de satén, cortinas de terciopelo, muchísimos retratos al óleo a tamaño natural de la familia real, gruesas alfombras y suelos de mármol pulido. Los dormitorios, utilizados como oficinas, son descomunales: tan grandes como la planta baja de una casa particular de tamaño considerable».[30]

Como residencia privada, Bradley ocupó el castillo de Namur, que hubo que arreglar debido al estado de abandono que presentaba. Para esta empresa se utilizaron prisioneros de guerra alemanes. El estado mayor de Bradley se vio «en la obligación de saquear las casas de los colaboracionistas» en busca de mobiliario.[31] Hasta Hansen reconocería que Eagle Tac empezaba a ser conocido como «Eagle Took» (en un juego de palabras con el verbo *take*, «coger» en inglés). El castillo también tenía chimeneas y suelos de mármol, según Simpson, así como grandes jardines y magníficas vistas sobre el valle del Mosa. Bradley insistió en que le instalaran una máquina de helados.

El domingo, 4 de febrero, Montgomery fue invitado a una reunión y a almorzar. Llegó en su Rolls Royce, en el que ondeaba la bandera británica, escoltado por unos motoristas. Según Hansen, hizo «su entrada, con esa lentitud, esa teatralidad y esa mirada inquisidora que lo caracterizan». Al parecer, fue recibido con mucha frialdad por todos los oficiales estadounidenses. «Su ego, sin embargo, ni se inmutó ante esta circunstancia, y se puso a hablar, a bromear y a gesticular. Se hizo notar sin parar, y durante todo el almuerzo no dejó de hablar levantando la voz.»[32]

En lo que por lo visto fue un desaire deliberado, Bradley simplemente se marchó dejando a Montgomery sentado a la mesa. Fue con Eisenhower a visitar al III Ejército de Patton. En medio de la lluvia, su automóvil los condujo a Bastogne para encontrarse con Patton. Poco después de cruzar el Mosa, «pasaron junto a varios armazones —tiroteados y calcinados— de carros de combate enemigos y también de carros Sherman. Había restos de aparatos C-47 estrellados y todo tipo de impedimenta que había sido abandonada. Patton se encontró con nosotros en el cuartel general de retaguardia del VIII Cuerpo en Bastogne. Se entrevistó con Ike y Bradley en una pequeña dependencia con una estufa de carbón en la que la 101.ª Aerotransportada cobijó a sus efectivos durante el histórico asedio de la ciudad». Luego, los tres generales se hicieron juntos unas fotografías en el centro bombardeado de la ciudad, regresaron a sus vehículos y pusieron rumbo a Houffalize. «Pasaron junto a [numerosos] carros Sherman con disparos de la artillería enemiga claramente visibles en el blindaje.»[33] De allí, continuaron viaje para visitar esta vez al general Hodges, que había trasladado de nuevo su cuartel general a Spa. Fue una vuelta de honor simbólica de la que se excluyó al mariscal de campo británico.

Bélgica se enfrentaba a una crisis, a la que el SHAEF no supo reaccionar con prontitud. La escasez de alimentos desencadenó huelgas en las minas, lo que a su vez provocó cortes en el suministro de carbón durante aquel duro invierno. Las medidas adoptadas por el gobierno para controlar el alza de precios eran burladas con facilidad, y el mercado negro floreció. En el campo, la gente hacía cada vez más trueques, consistentes principalmente en cambiar huevos frescos por latas de comida a los soldados estadounidenses y británicos.

Alrededor de dos mil quinientos civiles habían muerto en Bélgica a raíz de la ofensiva de las Ardenas, y otros quinientos en el Gran Ducado de Luxemburgo. Se cree que aproximadamente un tercio de ellos cayó durante las incursiones aéreas aliadas. Si añadimos a los que perecieron en los bombardeos con armas «V» (llegaron a caer al menos cinco mil cohetes), las bajas civiles ascienden a más de ocho mil, entre muertos y desaparecidos, y 23.584 heridos.[34]

La destrucción había sido masiva. Los edificios, las iglesias, las granjas, las carreteras y las líneas ferroviarias habían sufrido unos daños terribles. Y también las redes de alcantarillado y de conducción de agua, los postes telefónicos y los cables eléctricos del país. Unas ochenta y ocho mil personas se habían quedado sin hogar. En total, once mil casas habían sido destruidas, o resultaban inhabitables. Aquellas familias que regresaban con sus pocas pertenencias amontonadas en una carretilla pudieron comprobar que incluso las casas que no habían sido alcanzadas por las bombas carecían de puertas. Los alemanes y los Aliados las habían arrancado para utilizarlas a modo de techo en las trincheras y protegerse bajo ellas. La ropa de cama también había sido sustraída en un intento por proporcionar un poco de calor o algo con lo que camuflarse. También había mucha escasez de ropa de invierno. Un oficial de asuntos civiles británico observaría que «un número tremendo de mujeres belgas viste abrigos confeccionados con mantas del ejército, así como trajes de esquiar militares que simplemente han sido teñidos de negro o marrón después de despojarlos de todo tipo de bolsillos».[35]

En las provincias belgas de Luxemburgo y Namur, dieciocho iglesias habían quedado destruidas, y otras sesenta y nueve habían sufrido graves daños. En muchos casos, las bombas habían volado cementerios, esparciendo por todas partes los restos de los difuntos. En La Roche, que había sido bombardeada por los dos bandos, ciento catorce civiles habían perdido la vida, y solo cuatro casas de un total de seiscientas treinta y nueve seguían siendo habitables. El pueblo era un montón de cascotes. Hubo que hacer venir excavadoras estadounidenses para abrir vías de acceso a las calles principales. La primavera siguiente, la población local pudo comprobar, para su asombro, cómo las golondrinas que regresaban a sus nidos se desorientaban por completo.[36]

La región de las Ardenas, que dependía casi exclusivamente del sector agrícola, ganadero y forestal, había recibido un golpe mortal. Apenas quedaban gallinas, y alrededor de cincuenta mil animales de granja habían muerto en el curso de los combates o habían sido robados por los alemanes. Los bombardeos también habían llenado de metralla los árboles, reduciendo el valor de la madera y provocando en las serrerías graves problemas que se prolongarían durante mucho tiempo. Solo unos pocos animales muertos durante la batalla pudieron ser utilizados como alimento. La inmensa mayoría tuvo que ser enterrada. Muchos de los animales que sobrevivieron murieron después de beber agua de los cráteres de bomba u otros lugares contaminados por cadáveres en descomposición o fósforo blanco. En el Gran Ducado de Luxemburgo también hubo una grave crisis de alimentos a raíz de los daños provocados por la guerra y porque los alemanes habían asolado el norte del país.

Una de las cosas más difíciles fue cómo solventar el grave problema de las más de cien mil minas enterradas por los dos bandos, así como el de las trampas cazabobos, las bombas sin explotar y los explosivos abandonados por toda la región. Unos cuarenta belgas perdieron la vida en Bastogne y sus alrededores una vez concluidos los combates. En un incidente, diez soldados británicos quedaron mutilados o gravemente heridos después de que uno de sus compañeros pisara una mina. Es evidente que ese campo estaba infestado de minas, lo que lo convirtió en un verdadero «jardín infernal», pues, uno tras otro, esos hombres fueron víctima de él cuando trataban de salvar a los demás.

Los niños fueron evacuados a zonas más seguras cuando llegó el deshielo para evitar que pudieran pisar una mina. Pero un número de ellos se lesionó jugando con municiones, especialmente cuando vaciaban proyectiles cargados para preparar con los casquillos sus propios fuegos de artificio. Las tropas aliadas hicieron lo que pudieron en el breve espacio de tiempo que estuvieron allí antes de dirigirse a su nuevo destino, pero la tarea principal recayó en el ejército belga, así como en voluntarios y los hombres que fueron reclutados más tarde, utilizados como *démineurs*. Las cuadrillas encargadas de las bombas y minas sin explotar tenían que hacerlas estallar sobre el terreno. En aldeas y pueblos, antes de detonarlas, avisaban a la población local para que abriera las ventanas de sus casas, pero algunas de ellas eran tan viejas que no podían ser abiertas.

Las lluvias provocaron un rápido deshielo a finales de enero, lo que dio lugar a que los cadáveres de hombres y animales ocultos bajo la nieve empezaran a descomponerse con suma celeridad. El hedor era horrible, y la amenaza de una epidemia que podía afectar a sus tropas hizo que las autoridades militares estadounidenses enviaran a la región ingenieros del ejército con excavadoras. Mover cadáveres de alemanes era siempre un peligro, pues podían haber sido convertidos en trampas cazabobos, de modo que había que atar sus piernas o manos con una cuerda para sacar a rastras el cuerpo desde cierta distancia y comprobar que no ocultaba una granada. Los soldados aliados muertos eran enterrados en tumbas individuales, en muchas de las cuales depositaba flores la población local. Los cadáveres de los soldados alemanes se arrojaban simplemente a una fosa común como los de las víctimas de una enfermedad epidémica. Algunos cuerpos estaban tan carbonizados por el fósforo que resultaba imposible distinguir su nacionalidad. Ya fueran aliados o alemanes, lo cierto es que la gente esperaba que la muerte no los hubiera torturado con una larga espera.

24

Conclusión

Los funestos cruces de carreteras de Baugnez-Malmédy fueron reconquistados el 13 de enero. A la mañana siguiente, equipos de ingenieros provistos de detectores de minas empezaron a comprobar si los *Panzergrenadiere* de las SS habían colocado trampas explosivas en los cadáveres de los infortunados que habían perdido la vida allí. Luego los equipos del Registro de Tumbas y los médicos comenzaron su trabajo. La tarea resultó sumamente dificultosa, pues todos los cuerpos estaban cubiertos por lo menos de medio metro de nieve y se hallaban completamente congelados.

La mayoría tenía heridas múltiples, con agujeros de bala en la frente, en las sienes o en la nuca, probablemente consecuencia de la acción de los oficiales y los *Panzergrenadiere* que iban de un lado a otro disparando el tiro de gracia. Algunos estaban sin ojos, tal vez devorados por los cuervos. Las cuencas vacías se habían llenado de nieve. Varios cadáveres tenían todavía las manos levantadas a la altura de la cabeza. Los cuerpos fueron trasladados a Malmédy para ser descongelados en un edificio de la compañía del ferrocarril. Hubo que utilizar cuchillos y navajas para abrir los bolsillos donde pudiera quedar algún efecto personal.

Se reunieron pruebas para el juicio por crímenes de guerra, y finalmente el tribunal militar estadounidense de Dachau condenó a setenta y tres ex miembros del *Kampfgruppe* Peiper: cuarenta y tres fueron condenados a muerte, veintidós a cadena perpetua y ocho a penas de cárcel, que iban de diez a veinte años de reclusión. Otros once fueron juzgados por un tribunal belga en Lieja en julio de 1948: diez fueron condenados a penas de entre diez y quince años de trabajos forzados.[1] En el período posterior a los juicios de Núremberg correspondiente al inicio de la guerra fría, todas las condenas a muerte dictadas por el tribunal de Dachau fueron conmutadas, y los presos pudieron irse a casa a mediados de los años cincuenta. Peiper fue el último en salir de la cárcel. Después de pasar recluido once años y medio, se fue a vivir en el anonimato a Traves, en el departamento francés del Alto-Saona. Unos antiguos miembros de la Resistencia francesa lo mataron en dicha localidad el 13 de julio de 1976. Peiper sabía que iban a ir a buscarlo. Poco antes de su muerte, dijo que sus antiguos camaradas lo esperarían en el Walhalla.

Los combates en las Ardenas alcanzaron un grado de brutalidad sin precedentes en el Frente Occidental. El fusilamiento de prisioneros de guerra ha sido siempre una práctica mucho más común que lo que los expertos en historia militar han estado dispuestos a reconocer en el pasado, especialmente cuando escribían de sus compatriotas. El asesinato a sangre fría de prisioneros de guerra perpetrado por el *Kampfgruppe* Peiper en la matanza de Malmédy fue naturalmente espantoso, y la muerte indiscriminada de civiles que llevaron a cabo sus integrantes lo fue más todavía. No es de extrañar que los soldados estadounidenses se vengaran, pero sin duda resulta chocante que varios generales, empezando por Bradley, aprobaran abiertamente el fusilamiento de prisioneros de guerra como represalia. Se han conservado algunos detalles de que eso justamente fue lo que ocurrió en los archivos y en los relatos estadounidenses de la matanza de Chenogne, donde los soldados maltrechos y peor adiestrados de la 11.ª División Acorazada volcaron su cólera en unos sesenta prisioneros de guerra alemanes. Su venganza fue muy distinta a las ejecuciones a sangre fría llevadas a cabo por las Waffen SS en Baugnez-Malmédy, pero deja en muy mal lugar a los oficiales que estaban a su mando.

Hubo algunos incidentes de soldados estadounidenses que mataron a civiles belgas o luxemburgueses o por equivocación o por sospechar que eran quintacolumnistas en una zona en la que la población de lengua alemana seguía abrigando simpatías por el régimen nazi.

Pero en general, los soldados estadounidenses mostraron bastante compasión por los civiles belgas atrapados en medio de los combates, y los servicios médicos estadounidenses hicieron cuanto estuvo en su mano por atender a las bajas sufridas por la población civil. En cambio, las Waffen SS y algunas unidades de la Wehrmacht volcaron su cólera por perder la guerra en personas inocentes. Los peores, por supuesto, fueron los que estaban obsesionados por vengarse de la resistencia belga y de sus actividades durante la retirada alemana a la Línea Sigfrido durante el mes de septiembre. Y desde luego no hay que olvidar las otras matanzas de civiles en Noville y en Bande, sobre todo a manos del *Sondereinheitkommando 8*.

Los historiadores, sin embargo, a menudo han pasado por alto la terrible ironía de la guerra del siglo xx. Tras el baño de sangre que supuso la primera guerra mundial, los altos mandos de los ejércitos de las democracias occidentales fueron objeto de una presión enorme en sus propios países para que redujeran el número de bajas, de modo que recurrieron al uso masivo de bombas y proyectiles de artillería. Resultado de todo ello fue que se produjo un número mucho más elevado de muertes de civiles. En particular el fósforo blanco era un arma terrible que no establecía ninguna distinción.

El 20 de julio de 1945, primer aniversario del día en que se había producido la explosión de la bomba de Stauffenberg en la *Wolfsschanze*, el *Generalfeldmarschall* Keitel y el *Generaloberst* Jodl fueron preguntados por la ofensiva de las Ardenas en el curso de un interrogatorio. Tanto el pomposo Keitel como Jodl, frío y calculador, se mostraron fatalistas en sus respuestas. Sabían que más pronto que tarde ellos también habrían de enfrentarse a un tribunal por crímenes de guerra.

Según contestaron en una declaración conjunta, «la crítica de si habría sido mejor emplear las reservas de las que disponíamos en el este y no en el oeste, la sometemos al juicio de la historia. Decidir si fue o no un "crimen" prolongar la guerra con ese ataque, lo dejamos en manos de los tribunales aliados. Nuestro propio juicio es invariable e independiente de ellos». Pero reconocieron que «el envío a las Ardenas del V y del VI Ejércitos Panzer allanó el camino a la ofensiva rusa lanzada el 12 de enero desde las cabezas de puente del Vístula».[2] Pese a la renuencia de los historiadores rusos a aceptar este hecho, no cabe la menor duda de que el éxito del avance del Ejército Rojo desde el Vístula hasta el Óder se debió en gran parte a la ofensiva de Hitler en las Ardenas.

Resulta imposible determinar cuánto contribuyó al avance alemán el «riesgo calculado» de Bradley consistente en dejar el frente de las Ardenas tan débilmente guarnecido. En cualquier caso, el despliegue de sus fuerzas venía a reflejar la idea que tenían en aquellos momentos los Aliados de que los alemanes eran incapaces de lanzar una ofensiva estratégica. Los errores de planteamiento de los alemanes fueron mucho más graves. No solo Hitler y el OKW, sino la mayor parte de los generales creían que los estadounidenses se retirarían desordenadamente hacia el Mosa y que se defenderían desde allí.[3] No previeron la denodada defensa del flanco norte y el flanco sur, que obstaculizaría de forma tan decisiva sus movimientos y que cortaría de manera tan desastrosa sus líneas de abastecimiento a lo largo de una red de carreteras totalmente inadecuada y con un tiempo espantoso. Además, como ya hemos dicho, Hitler estaba convencido de que Eisenhower no sería capaz de tomar decisiones rápidas debido a las complicaciones de tener que dirigir una guerra en coalición.

«La rapidez con la que los Aliados reaccionaron superó tal vez nuestras expectativas —reconocería Jodl más tarde—. Pero sobre todo fue el ritmo de nuestros propios movimientos el que quedó muy por detrás de nuestras expectativas.»[4] Bradley se había jactado con razón el día de Nochebuena de que «ningún otro ejército del mundo habría podido mover de un sitio a otro sus fuerzas con tanta pericia y tanta rapidez como nosotros».[5] El segundo día de la ofensiva, el I Ejército trasladó sesenta mil hombres a las Ardenas en solo veinticuatro horas. Pese al menosprecio que a todos inspiraba, la COMZ del general Lee logró hacer milagros. Se las arregló además para poner a salvo el 85 % del material de guerra, impidiendo que cayera en manos de los alemanes. Entre el 17 y el 26 de diciembre, 50.000 camiones y 248.000 hombres de las unidades de intendencia quitaron de en medio casi 10.600.000 litros de gasolina de forma que las puntas de lanza *panzer* no pudieran reabastecerse en los centros de distribución de combustible capturados.

Aunque Hitler se negó a hacer frente a la realidad hasta que ya era demasiado tarde, los generales alemanes se dieron cuenta de que la gran ofensiva estaba condenada al fracaso al término de la primera semana.[6] Quizá consiguieran el efecto sorpresa deseado, pero no lograron provocar el colapso de la moral de los estadounidenses que tanta falta les habría hecho. Antes bien, fue la moral de los alemanes la que empezó a resentirse. «Los oficiales y los hombres comenzaron a mostrar cada día más su falta de confianza en el alto mando alemán —escribió el *Generalmajor* Von Gersdorff—. Fue solo la percepción del peligro inmediato que corrían la patria y sus fronteras lo que espoleó a las tropas a redoblar sus esfuerzos frente a un enemigo implacable.»[7]

Bayerlein, de la División *Panzer Lehr*, perdió todas sus esperanzas al ver la obstinación de Hitler y el OKW una vez que quedó patente que las tropas alemanas no iban a poder llegar al Mosa: «Cada día que las tropas esperaban y continuaban defendiendo el saliente suponía unas pérdidas de hombres y de materiales que eran desproporcionadas para el significado operativo que tenía el saliente para los mandos alemanes».[8] Bayerlein sostenía que el mayor error de planificación había consistido en confiar el grueso de las fuerzas al VI Ejército Panzer, cuando era el que forzosamente se habría encontrado con la resistencia más fuerte. La única oportunidad de llegar al Mosa estaba en manos del V Ejército Panzer de Manteuffel, pero aun así la idea de llegar a Amberes era imposible, dado el equilibrio de fuerzas existente en el Frente Occidental. Bayerlein describió la ofensiva de las Ardenas como «las últimas boqueadas de la Wehrmacht, a punto de sucumbir, y del mando supremo antes de su final».

Además de ser indudablemente un triunfo de los estadounidenses, la campaña de las Ardenas supuso una derrota política de los británicos. La desastrosa conferencia de prensa de Monty y el irreflexivo clamor de la prensa inglesa exacerbaron la anglofobia en Estados Unidos y especialmente entre los oficiales de mayor graduación destinados a Europa. Aquella bronca frustró las esperanzas que abrigaba Churchill de que el mariscal Alexander sustituyera al mariscal jefe del Aire Tedder como lugarteniente de Eisenhower. El general Marshall vetó tajantemente ese plan porque habría podido dar a entender que los ingleses habían ganado «un gran punto para hacerse con el control de las fuerzas terrestres».[9] Y como reconoció el propio Churchill, hubo unas consecuencias más graves.[10] Montgomery quedaría marginado, una vez cruzado el Rin, en el avance por Alemania, y todos los consejos británicos serían desoídos. La influencia de Inglaterra en los organismos aliados había llegado a su fin. En realidad, no podemos excluir por completo la posibilidad de que la cólera del presidente Eisenhower ante la perfidia británica durante la crisis de Suez más de once años después viniera condicionada en parte por sus experiencias de enero de 1945.*

Las bajas de los alemanes y de los Aliados durante los combates de las Ardenas desde el 16 de diciembre de 1944 hasta el 29 de enero de 1945 fueron bastante parejas. Las pérdidas alemanas fueron en total alrededor de ochenta mil, entre muertos, heridos y desaparecidos. Los estadounidenses sufrieron 75.482 bajas, de las cuales 8.407 fueron muertos. Los británicos perdieron 1.408 hombres, de los cuales doscientos fueron muertos. La infortunada 106.ª División de Infantería perdió a casi todos sus integrantes, 8.568, pero muchos de ellos fueron hechos prisioneros de guerra. La 101.ª División Aerotransportada sufrió el porcentaje mayor de muertes, con 535 hombres fallecidos en acción.[11]

En las Ardenas, las unidades de primera línea formadas íntegramente por soldados afroamericanos prestaron por primera vez servicio en una cantidad considerable. Pese a los temores y los prejuicios de muchos oficiales estadounidenses de alta graduación, lucharon muy bien,

* El rencor perduraría durante el resto de su vida. Cuando Cornelius Ryan le preguntó por Montgomery unos años después de lo de Suez y por supuesto mucho después de que acabara la guerra, Eisenhower estalló y dijo: «Es un psicópata, no lo olvide. ¡Es tan egocéntrico!... Nunca ha cometido un error en su vida». Montgomery intentaba «asegurarse de que los estadounidenses, y yo en particular, no tuviéramos ningún crédito, como si no tuviéramos nada que ver con esta guerra. Dejé simplemente de comunicarme con él». Cornelius J. Ryan Collection, Ohio University, Box 43, file 7, documento mecanografiado, sin fecha.

como atestiguó la 17.ª División Aerotransportada. En el VIII Grupo de Ejércitos había ni más ni menos que nueve batallones de artillería de campaña integrados por negros, y también estaban integradas por negros cuatro de las siete unidades de artillería que prestaban apoyo a la 106.ª División. Dos de ellas se trasladaron a Bastogne y desempeñaron un importante papel en la defensa del perímetro. El 969.º Batallón de Artillería de Campaña recibió la primera Citación de Unidad Distinguida concedida a una unidad de combate negra durante la segunda guerra mundial. Lucharon también en las Ardenas tres batallones de cazacarros, así como el 761.º Batallón Acorazado, formaciones toda integradas por soldados negros. El capitán John Long, al mando de la Compañía B del 761.º Batallón Acorazado, declaró que luchaba «no ya por Dios y por el país, sino por mí y por mi gente».[12]

Las víctimas no recordadas de la ofensiva de las Ardenas fueron los desgraciados que fueron capturados por el enemigo y condenados a pasar los últimos meses de la guerra en los sórdidos campos de prisioneros o *Stalag* alemanes. Su traslado a Alemania consistió en una serie de larguísimas marchas en medio de un frío atroz, o en interminables viajes en tren, hacinados en furgones de mercancías, bombardeados y ametrallados por la aviación aliada, y perseguidos por la miseria y la debilidad de la disentería.

El sargento John Kline, de la 106.ª División, describió en su diario aquella terrible experiencia. El 20 de diciembre, junto con sus compañeros de cautiverio, fue obligado a marchar todo el día sin comer ni beber. Los prisioneros tuvieron que recurrir a meterse en la boca puñados de nieve. En un pequeño pueblo «los alemanes nos obligaron a quitarnos los chanclos y a dárselos a la población civil». Los soldados estadounidenses cautivos vieron a unos soldados alemanes sentados en unos *jeeps* capturados comiendo lo que supusieron que habría debido ser su cena de Navidad. El 25 de diciembre, cuando los civiles alemanes se pusieron a tirar piedras contra la columna de prisioneros de guerra, Kline escribió: «Sin Navidad, excepto en nuestros corazones». Dos días después llegaron a Coblenza por la tarde, y allí les dieron un plato de sopa y un poco de pan en una cocina portátil. Mientras desfilaban por la calle en grupos de quinientos hombres, un individuo vestido con traje de oficinista salió a la calle y le golpeó en la cabeza con su cartera. El alemán que los vigilaba le dijo que el individuo aquel debía de estar enfadado por los recientes bombardeos sufridos.[13]

Cuando acabaron los combates en mayo de 1945, el corresponsal de guerra australiano Godfrey Blunden se cruzó con un grupo de prisioneros de guerra estadounidenses, jóvenes y medio muertos de hambre, pertenecientes presumiblemente también a la 106.ª División de Infantería. Decía de ellos que tenían unas «costillas de xilófono», las mejillas hundidas, cuellos delgados y «brazos larguiruchos». La alegría de encontrarse a otros anglosajones los hacía parecer «un poco histéricos». «Unos prisioneros estadounidenses con los que me encontré esta mañana me parecieron el caso más lastimoso que he visto nunca —escribió Blunden—. Habían llegado a Europa en diciembre pasado, habían ido inmediatamente al frente y les había tocado aguantar lo peor de la contraofensiva alemana en las Ardenas aquel mismo mes. Después de su captura habían sido trasladados casi continuamente de un sitio a otro y contaban historias de compañeros muertos a palos por sus guardianes alemanes por el simple hecho de salirse de la fila para ir a coger alguna remolacha azucarera de los campos circundantes. Su situación era más lastimosa si cabe porque eran simples niños arrancados de sus bonitas casas y de su bonito país sin saber nada de Europa, no tipos duros como los australianos, ni hombres astutos como los franceses, ni tercos e irreductibles como los ingleses. Simplemente no sabían de qué iba todo aquello.»[14] Pero al menos estaban vivos. A muchos compañeros suyos les había faltado la voluntad de sobrevivir al cautiverio, como al personaje en el que se inspira el Billy Pilgrim de Kurt Vonnegut, que adquirió la «mirada de cinco mil millas». Reducidos a la más absoluta apatía, serían incapaces de moverse y hasta de comer y morirían silenciosamente de hambre.[15]

La sorpresa y la crueldad de la ofensiva de las Ardenas de Hitler trasladaron la horrorosa brutalidad del Frente Oriental al Occidental. Pero, como ocurriría con la invasión japonesa de China en 1937 y la invasión nazi de la Unión Soviética en 1941, el susto de la guerra total no desencadenó el pánico universal ni el colapso total que se esperaba. Antes bien, provocó un volumen decisivo de resistencia desesperada, una obstinada determinación de resistir a toda costa, incluso en pleno asedio. Cuando las formaciones alemanas se lanzaron al asalto, entre gritos y toques de silbato, las compañías aisladas que defendían las localidades clave respondieron contra todo pronóstico a aquel ataque absolutamente desigual. Su sacrificio proporcionó el tiempo necesario para que llegaran refuerzos, y esa fue la trascendental contribución que hicieron a la destrucción del sueño de Hitler. Quizá la mayor equivocación de las autoridades alemanas en la ofensiva de las Ardenas fuera juzgar erróneamente a los soldados de un ejército al que fingían despreciar.

Lieja

Río Mosa

Amay

Huy

Andenne

Namur

Río Ourthe

B É L G I C A

Soy   Gra

Dinant   Celles   Hotton

Marche-en-
Famenne

Río Lesse

Jemelle

La Roche

Rochefort

Givet   d

A   r

Vonêche   Tenneville

Saint-Hubert

Río Mosa

Libramont

Neufchâteau

F R A N C I A

Mézières

Sedán

Río Semois

0   5   10   15   20 km

Orden de batalla, ofensiva de las Ardenas

ALIADOS

XII GRUPO DE EJÉRCITOS
Teniente general Omar N. Bradley

I EJÉRCITO DE ESTADOS UNIDOS
Teniente general Courtney H. Hodges

V GRUPO DE EJÉRCITOS
General de división Leonard T. Gerow
102.º Grupo de Caballería; 38.º y 102.º Escuadrones de Reconocimiento de Caballería (agregados)
613.º Batallón de Cazacarros
186.º, 196.º, 200.º y 955.º Batallones de Artillería de Campaña
187.º Grupo de Artillería de Campaña (751.º y 997.º Batallones de Artillería de Campaña)
190.º Grupo de Artillería de Campaña (62.º, 190.º, 272.º y 268.º Batallones de Artillería de Campaña)
406.º Grupo de Artillería de Campaña (76.º, 941.º, 953.º y 987.º Batallones de Artillería de Campaña)

1.111.º Grupo de Ingenieros de Combate (51.º, 202.º, 291.º y 296.º Batallones de Ingenieros de Combate)

1.121.º Grupo de Ingenieros de Combate (146.º y 254.º Batallones de Ingenieros de Combate)

1.195.º Grupo de Ingenieros de Combate; 254.º Batallón de Ingenieros de Combate

134.º, 387.º, 445.º, 460.º, 461.º, 531.º, 602.º, 639.º y 863.º Batallones de Artillería Antiaérea

1.ª DIVISIÓN DE INFANTERÍA «GRAN UNO ROJO»

General de brigada Clift Andrus

16.º, 18.º y 26.º Regimientos de Infantería

5.º, 7.º, 32.º y 33.º Batallones de Artillería de Campaña

745.º Batallón Acorazado; 634.º y 703.º Batallones de Cazacarros

1.ᵉʳ Batallón de Ingenieros de Combate; 103.º Batallón de Artillería Antiaérea

2.ª DIVISIÓN DE INFANTERÍA «CABEZA DE INDIO»

General de división Walter M. Robertson

9.º, 23.º y 38.º Regimientos de Infantería

12.º, 15.º, 37.º y 38.º Batallones de Artillería de Campaña

741.º Batallón Acorazado; 612.º y 644.º Batallones de Cazacarros

2.º Batallón de Ingenieros de Combate; 462.º Batallón de Artillería Antiaérea

9.ª DIVISIÓN DE INFANTERÍA «VIEJOS DE FIAR»

General de división Louis A. Craig

39.º, 47.º y 60.º Regimientos de Infantería

26.º, 34.º, 60.º y 84.º Batallones de Artillería de Campaña

15.º Batallón de Ingenieros de Combate; 38.º Escuadrón de Reconocimiento de Caballería

746.º Batallón Acorazado; 376.º y 413.º Batallones de Artillería Antiaérea

78.ª DIVISIÓN DE INFANTERÍA «RELÁMPAGO»

General de división Edwin P. Parker Jr.

309.º, 310.º y 311.º Regimientos de Infantería

307.º, 308.º, 309.º y 903.º Batallones de Artillería de Campaña

709.º Batallón Acorazado; 628.º y 893.º Batallones de Cazacarros

303.º Batallón de Ingenieros de Combate; 552.º Batallón de Artillería Antiaérea

Agrupación de Combate R, 5.ª División Acorazada (agregado); 2.º Batallón de Rangers (agregado)

99.ª DIVISIÓN DE INFANTERÍA «TABLERO DE AJEDREZ»

General de división Walter E. Lauer

393.º, 394.º y 395.º Regimientos de Infantería

370.º, 371.º, 372.º y 924.º Batallones de Artillería de Campaña

324.º Batallón de Ingenieros de Combate; 801.º Batallón de Cazacarros

535.º Batallón de Artillería Antiaérea

VII GRUPO DE EJÉRCITOS

General de división Joseph Lawton Collins

4.º Grupo de Caballería, Mecanizado; 29.º Regimiento de Infantería; 740.º Batallón Acorazado

509.º Batallón de Infantería Paracaidista; 298.º Batallón de Ingenieros de Combate

18.º Grupo de Artillería de Campaña (188.º, 666.º y 981.º Batallones de Artillería de Campaña)

142.º Grupo de Artillería de Campaña (195.º y 266.º Batallones de Artillería de Campaña)

188.º Grupo de Artillería de Campaña (172.º, 951.º y 980.º Batallones de Artillería de Campaña)

18.º, 83.º, 87.º, 183.º, 193.º, 957.º y 991.º Batallones de Artillería de Campaña

Dos Batallones de Infantería Ligera franceses

2.ª DIVISIÓN ACORAZADA «EL INFIERNO SOBRE RUEDAS»

General de división Ernest N. Harmon
41.º Regimiento de Infantería Mecanizada; 66.º y 67.º Regimientos Acorazados
14.º, 78.º y 92.º Batallones de Artillería de Campaña Autopropulsada
17.º Batallón Acorazado de Ingenieros; 82.º Batallón Acorazado de Reconocimiento
702.º Batallón de Cazacarros; 195.º Batallón de Artillería Antiaérea
Elementos del 738.º Batallón Acorazado (especial, limpieza de minas) agregados

3.ª DIVISIÓN ACORAZADA «PUNTA DE LANZA»

General de división Maurice Rose
36.º Regimiento de Infantería Mecanizada; 32.º y 33.º Regimientos Acorazados
54.º, 67.º y 391.º Batallones de Artillería de Campaña Autopropulsada
23.º Batallón Acorazado de Ingenieros; 83.º Escuadrón de Reconocimiento
643.º y 703.º Batallones de Cazacarros; 486.º Batallón de Artillería Antiaérea

83.ª DIVISIÓN DE INFANTERÍA «OHIO»

General de división Robert C. Macon
329.º, 330.º y 331.º Regimientos de Infantería
322.º, 323.º, 324.º y 908.º Batallones de Artillería de Campaña
308.º Batallón de Ingenieros de Combate; 453.º Batallón de Artillería Antiaérea
774.º Batallón Acorazado; 772.º Batallón de Cazacarros

84.ª DIVISIÓN DE INFANTERÍA «LEÑADORES»

General de brigada Alexander R. Bolling
333.º, 334.º y 335.º Regimientos de Infantería

325.º, 326.º, 327.º y 909.º Batallones de Artillería de Campaña
309.º Batallón de Ingenieros de Combate
701.º Batallón Acorazado, sustituido por el 771.º Batallón Acorazado el 20 de diciembre
638.º Batallón de Cazacarros; 557.º Batallón de Artillería Antiaérea

XVIII GRUPO DE EJÉRCITOS AEROTRANSPORTADO

General de división Matthew B. Ridgway
14.º Grupo de Caballería, Mecanizado
254.º, 275.º, 400.º y 460.º Batallones de Artillería de Campaña
79.º Grupo de Artillería de Campaña (153.º, 551.º y 552.º Batallones de Artillería de Campaña)
179.º Grupo de Artillería de Campaña (259.º y 965.º Batallones de
Artillería de Campaña)
211.º Grupo de Artillería de Campaña (240.º y 264.º Batallones de
Artillería de Campaña)
401.º Grupo de Artillería de Campaña (187.º y 809.º Batallones de
Artillería de Campaña)

7.ª DIVISIÓN ACORAZADA «EL SÉPTIMO DE LA SUERTE»

General de brigada Robert W. Hasbrouck
MCA, MCB y MCR; 23.º, 38.º y 48.º Batallones de Infantería Mecanizada
17.º, 31.º y 40.º Batallones Acorazados; 87.º Escuadrón de Reconocimiento
434.º, 440.º y 489.º Batallones de Artillería de Campaña Autopropulsada
33.º Batallón Acorazado de Ingenieros; 814.º Batallón de Cazacarros
203.º Batallón de Artillería Antiaérea
820.º Batallón de Cazacarros (25-30 de diciembre)

30.ª DIVISIÓN DE INFANTERÍA «OLD HICKORY»

General de división Leland S. Hobbs
117.º, 119.º y 120.º Regimientos de Infantería

113.º, 118.º, 197.º y 230.º Batallones de Artillería de Campaña

517.º Regimiento de Infantería Paracaidista agregado; 105.º Batallón de Ingenieros de Combate;

743.º Batallón Acorazado; 823.º Batallón de Cazacarros

110.º, 431.º y 448.º Batallones de Artillería Antiaérea

75.ª DIVISIÓN DE INFANTERÍA

General de división Fay B. Prickett

289.º, 290.º y 291.º Regimientos de Infantería

730.º, 897.º, 898.º y 899.º Batallones de Artillería de Campaña

275.º Batallón de Ingenieros de Combate; 440.º Batallón de Artillería Antiaérea

750.º Batallón Acorazado; 629.º y 772.º Batallones de Cazacarros

82.ª DIVISIÓN AEROTRANSPORTADA «ESTADOUNIDENSE»

General de división James M. Gavin

504.º, 505.º, 507.º y 508.º Regimientos de Infantería Paracaidista

325.º Regimiento de Infantería de Planeadores; 307.º Batallón Aerotransportado de Ingenieros

319.º y 320.º Batallones de Artillería de Campaña de Planeadores;

376.º y 456.º Batallones de Artillería de Campaña Paracaidista; 80.º Batallón de Artillería Antiaérea

551.º Batallón de Infantería Paracaidista; 628.º Batallón de Cazacarros (2-11 de enero)

740.º Batallón Acorazado (30 de diciembre-11 de enero)

643.º Batallón de Cazacarros (4-5 de enero)

106.ª DIVISIÓN DE INFANTERÍA «LEONES DORADOS»

General de división Alan W. Jones

422.º, 423.º y 424.º Regimientos de Infantería

589.º, 590.º, 591.º y 592.º Batallones de Artillería de Campaña

81.º Batallón de Ingenieros de Combate; 820.º Batallón de Cazacarros

634.º Batallón de Artillería Antiaérea (8-18 de diciembre)

440.º Batallón de Artillería Antiaérea (8 de diciembre-4 de enero)
563.º Batallón de Artillería Antiaérea (9-18 de diciembre)

101.ª DIVISIÓN AEROTRANSPORTADA «ÁGUILAS CHILLONAS»

General de brigada Anthony C. McAuliffe (general de división
 Maxwell D. Taylor)
501.º, 502.º y 506.º Regimientos de Infantería Paracaidista
327.º Regimiento de Infantería de Planeadores; 1.ᵉʳ Batallón, 401.º Regimiento de Infantería de Planeadores
321.º y 907.º Batallones de Artillería de Campaña de Planeadores
377.º y 463.º Batallones de Artillería de Campaña Paracaidista
326.º Batallón de Ingenieros Paracaidistas; 705.º Batallón de Cazacarros
81.º Batallón de Artillería Antiaérea (Aerotransportada)

III EJÉRCITO DE ESTADOS UNIDOS

Teniente general George S. Patton Jr.
109.º, 115.º, 217.º y 777.º Batallones de Cañones Antiaéreos
456.º, 465.º, 550.º y 565.º Batallones de Artillería Antiaérea
280.º Batallón de Ingenieros de Combate (asignado posteriormente
 al IX Ejército)

III GRUPO DE EJÉRCITOS

General de división John Millikin
6.º Grupo de Caballería, Mecanizado; 179.º, 274.º, 776.º y 777.º Batallones de Artillería de Campaña
193.º Grupo de Artillería de Campaña (177.º, 253.º, 696.º, 776.º y
 949.º Batallones de Artillería de Campaña)
203.º Grupo de Artillería de Campaña (278.º, 742.º, 762.º Batallones de Artillería de Campaña)
1.137.º Grupo de Ingenieros de Combate (145.º, 188.º y 249.º Batallones de Ingenieros de Combate)
183.º y 243.º Batallones de Ingenieros de Combate; 467.º y 468.º Batallones de Artillería Atiaérea.

4.ª DIVISIÓN ACORAZADA

General de división Hugh J. Gaffey
MCA, MCB y MCR; 8.º, 35.º y 37.º Batallones Acorazados
10.º, 51.º y 53.º Batallones de Infantería Mecanizada
22.º, 66.º y 94.º Batallones de Artillería de Campaña Autopropulsada
24.º Batallón Acorazado de Ingenieros; 25.º Escuadrón de Reconocimiento de Caballería
489.º Batallón de Artillería Antiaérea; 704.º Batallón de Cazacarros

6.ª DIVISIÓN ACORAZADA «SUPER SEXTA»

General de división Robert W. Grow
MCA, MCB y MCR; 15.º, 68.º y 69.º Batallones Acorazados
9.º, 44.º y 50.º Batallones de Infantería Mecanizada
128.º, 212.º y 231.º Batallones de Artillería de Campaña Autopropulsada
25.º Batallón Acorazado de Ingenieros; 86.º Escuadrón de Reconocimiento de Caballería;
691.º Batallón de Cazacarros; 777.º Batallón de Artillería Antiaérea

26.ª DIVISIÓN DE INFANTERÍA «YANKEE»

General de división Willard S. Paul
101.º, 104.º y 328.º Regimientos de Infantería
101.º, 102.º, 180.º y 263.º Batallones de Artillería de Campaña
101.º Batallón de Ingenieros de Combate; 735.º Batallón Acorazado
818.º Batallón de Cazacarros; 390.º Batallón de Artillería Antiaérea

35.ª DIVISIÓN DE INFANTERÍA «SANTA FE»

General de división Paul W. Baade
134.º, 137.º y 320.º Regimientos de Infantería
127.º, 161.º, 216.º y 219.º Batallones de Artillería de Campaña
60.º Batallón de Ingenieros de Combate; 654.º Batallón de Cazacarros
448.º Batallón de Artillería Antiaérea

90.ª DIVISIÓN DE INFANTERÍA «HOMBRES DUROS»

General de división James A. Van Fleet

357.º, 358.º y 359.º Regimientos de Infantería

343.º, 344.º, 345.º y 915.º Batallones de Artillería de Campaña;

315.º Batallón de Ingenieros de Combate; 773.º Batallón de Cazacarros

774.º Batallón de Cazacarros (21 de diciembre-6 de enero)

537.º Batallón de Artillería Antiaérea

VIII GRUPO DE EJÉRCITOS

General de división Troy H. Middleton

174.º Grupo de Artillería de Campaña (965.º, 969.º y 700.º Batallones de Artillería de Campaña)

333.º Grupo de Artillería de Campaña (333.º y 771.º Batallones de Artillería de Campaña)

402.º Grupo de Artillería de Campaña (559.º, 561.º y 740.º Batallones de Artillería de Campaña)

422.º Grupo de Artillería de Campaña (81.º y 174.º Batallones de Artillería de Campaña)

687.º Batallón de Artillería de Campaña; 178.º y 249.º Batallones de Ingenieros de Combate

1.102.º Grupo de Ingenieros (341.º Regimiento de Servicios Generales de Ingenieros)

1.107.º Grupo de Ingenieros de Combate (159.º, 168.º y 202.º Batallones de Ingenieros de Combate)

1.128.º Grupo de Ingenieros de Combate (35.º, 44.º y 202.º Batallones de Ingenieros de Combate)

Infantería Ligera francesa (seis batallones de Infantería Ligera de la región de Metz)

467.º, 635.º y 778.º Batallones de Artillería Antiaérea

9.ª DIVISIÓN ACORAZADA «PHANTOM»

General de división John W. Leonard

MCA, MCB y MCR; 27.º, 52.º y 60.º Batallones de Infantería Mecanizada

2.º, 14.º y 19.º Batallones Acorazados; 3.º, 16.º y 73.º Batallones de Artillería de Campaña Autopropulsada
9.º Batallón Acorazado de Ingenieros; 89.º Escuadrón de Caballería
811.º Batallón de Cazacarros; 482.º Batallón de Artillería Antiaérea

II.º DIVISIÓN ACORAZADA «RAYO»

General de brigada Charles S. Kilburn
MCA, MCB y MCR; 21.º, 55.º y 63.º Batallones de Infantería Mecanizada
22.º, 41.º y 42.º Batallones Acorazados
490.º, 491.º y 492.º Batallones de Artillería de Campaña Autopropulsada
56.º Batallón Acorazado de Ingenieros; 602.º Batallón de Cazacarros
41.º Escuadrón de Caballería; 575.º Batallón de Artillería Antiaérea

17.ª DIVISIÓN AEROTRANSPORTADA «GARRAS DORADAS»

General de división William M. Miley
507.º y 513.º Regimientos de Infantería Paracaidista; 193.º y 194.º Regimientos de Infantería de Planeadores
680.º y 681.º Batallones de Artillería de Campaña de Planeadores; 466.º Batallón de Artillería de Campaña Paracaidista
139.º Batallón Aerotransportado de Ingenieros; 155.º Batallón Aerotransportado de Artillería Antiaérea

28.ª DIVISIÓN DE INFANTERÍA «PIEDRA ANGULAR»

General de división Norman D. Cota
109.º, 110.º y 112.º Regimientos de Infantería
107.º, 108.º, 109.º y 229.º Batallones de Artillería de Campaña
103.º Batallón de Ingenieros de Combate; 447.º Batallón de Artillería Antiaérea
707.º Batallón Acorazado; 602.º y 630.º Batallones de Cazacarros

87.ª DIVISIÓN DE INFANTERÍA «BELLOTA DORADA»

General de brigada Frank L. Culin Jr.
345.º, 346.º y 347.º Regimientos de Infantería
334.º, 335.º, 336.º y 912.º Batallones de Artillería de Campaña;
312.º Batallón de Ingenieros de Combate
761.º Batallón Acorazado; 549.º Batallón de Artillería Antiaérea
610.º Batallón de Cazacarros (14-22 de diciembre)
691.º Batallón de Cazacarros (22-24 de diciembre y 8-26 de enero)
704.º Batallón de Cazacarros (17-19 de diciembre)

XII GRUPO DE EJÉRCITOS

General de división Manton S. Eddy
2.º Grupo de Caballería, Mecanizado
161.º, 244.º, 277.º, 334.º, 336.º y 736.º Batallones de Artillería de
Campaña
177.º Grupo de Artillería de Campaña (215.º, 255.º y 775.º Batallones de Artillería de Campaña)
182.º Grupo de Artillería de Campaña (802.º, 945.º y 974.º Batallones de Artillería de Campaña)
183.º Grupo de Artillería de Campaña (695.º y 776.º Batallones de
Artillería de Campaña)
404.º Grupo de Artillería de Campaña (273.º, 512.º y 752.º Batallones de Artillería de Campaña)

4.ª DIVISIÓN DE INFANTERÍA «HIEDRA»

General de división Raymond O. Barton
8.º, 12.º y 22.º Regimientos de Infantería; 20.º, 29.º, 42.º y 44.º Batallones de Artillería de Campaña
4.º Batallón de Ingenieros de Combate; 70.º Batallón Acorazado
802.º y 803.º Batallones de Cazacarros; 377.º Batallón de Artillería
Antiaérea

5.ª DIVISIÓN DE INFANTERÍA «DIAMANTE ROJO»

General de división Stafford L. Irwin

2.º, 10.º y 11.º Regimientos de Infantería; 19.º, 21.º, 46.º y 50.º Batallones de Artillería de Campaña

7.º Batallón de Ingenieros de Combate; 737.º Batallón Acorazado; 449.º Batallón de Artillería Antiaérea

654.º Batallón de Cazacarros (22-25 de diciembre); 803.º Batallón de Cazacarros (desde el 25 de diciembre)

807.º Batallón de Cazacarros (17-21 de diciembre); 818.º Batallón de Cazacarros (13 de julio-20 de diciembre)

10.ª DIVISIÓN ACORAZADA «TIGRE»

General de división William H. H. Morris Jr.

MCA, MCB y MCR; 20.º, 54.º y 61.º Batallones de Infantería Mecanizada

3.º, 11.º y 21.º Batallones Acorazados; 609.º Batallón de Cazacarros

419.º, 420.º y 423.º Batallones de Artillería de Campaña Autopropulsados

55.º Batallón Acorazado de Ingenieros; 90.º Escuadrón de Reconocimiento de Caballería

796.º Batallón de Artillería Antiaérea

80.ª DIVISIÓN DE INFANTERÍA «SIERRA AZUL»

General de división Horace L. McBride

317.º, 318.º y 319.º Regimientos de Infantería

313.º, 314.º, 315.º y 905.º Batallones de Artillería de Campaña; 702.º Batallón Acorazado

305.º Batallón de Ingenieros de Combate; 633.º Batallón de Artillería Antiaérea

610.º Batallón de Cazacarros (23 de noviembre-6 de diciembre y 21 de diciembre-28 de enero)

808.º Batallón de Cazacarros (25 de septiembre-21 de diciembre)

XXX GRUPO DE EJÉRCITOS

Teniente general sir Brian Horrocks

2.º Regimiento de Caballería de la Real Casa; 11.º Regimiento de Húsares

4.º y 5.º Regimientos, Real Artillería Montada; 27.º Regimiento de Antiaéreos Ligeros, Real Artillería

7.º, 64.º y 84.º Regimientos Medios, Real Artillería

6.ª DIVISIÓN AEROTRANSPORTADA

General de división Eric Bols

6.º Regimiento Aerotransportado de Reconocimiento Acorazado, Real Cuerpo Acorazado

249.ª Compañía Aerotransportada de Campaña, Ingenieros Reales; 3.º y 591.º Escuadrones Paracaidistas, Ingenieros Reales; 3.º y 9.º Escuadrones Aerotransportados, Ingenieros Reales; 53.º Regimiento Ligero, Real Artillería; 3.ª y 4.ª Baterías Contracarro Aerotransportadas, Real Artillería

22.ª Compañía Independiente de Paracaidistas

3.ª Brigada Paracaidista

8.º Batallón Paracaidista; 9.º Batallón Paracaidista; 1.er Batallón Paracaidista canadiense

5.ª Brigada Paracaidista

7.º Batallón Paracaidista; 12.º Batallón Paracaidista; 13.º Batallón Paracaidista

6.ª Brigada Aerotransportada

12.º Batallón, Regimiento Devonshire; 2.º Batallón, Infantería Ligera de Oxfordshire y Buckinghamshire; 1.er Batallón, Reales Fusileros del Ulster

51.ª DIVISIÓN DE INFANTERÍA (HIGHLAND)

General de división G. T. G. Rennie

2.º Regimiento Yeomanry de Derbyshire

126.º, 127.º y 128.º Regimientos de Campaña, Real Artillería; 61.º Regimiento Contracarro, Real Artillería; 40.º Regimiento Antiaéreo Ligero, Real Artillería

274.º, 275.º y 276.º Compañías de Campaña, Reales Ingenieros

1.ᵉʳ/7.º Batallón de Ametralladoras, Regimiento de Middlesex

152.ª Brigada de Infantería

2.º Batallón, Seaforth Highlanders; 5.º Batallón, Seaforth Highlanders; 5.º Batallón, Cameron Highlanders de la Reina

153.ª Brigada de Infantería

5.º Batallón, Black Watch; 1.ᵉʳ Batallón, Gordon Highlanders; 5.º/7.º Batallón, Gordon Highlanders

154.ª Brigada de Infantería

1.ᵉʳ Batallón, Black Watch; 7.º Batallón, Black Watch; 7.º Batallón, Argyll y Sutherland Highlanders

53.ª DIVISIÓN DE INFANTERÍA (GALESA)

General de división R. K. Ross

81.º, 83.º y 133.º Regimientos de Campaña, Real Artillería

53.º Regimiento de Reconocimiento, Real Cuerpo Acorazado

71.º Regimiento Contracarro, Real Artillería; 25.º Regimiento Antiaéreo Ligero, Real Artillería

244.ª, 282.ª y 555.ª Compañías de Campaña, Reales Ingenieros

71.ª Brigada de Infantería

1.ᵉʳ Batallón, Infantería Ligera de Oxford y Buckinghamshire; 1.ᵉʳ Batallón, Infantería de Highland; 4.º Batallón, Reales Fusileros Galeses

158.ª Brigada de Infantería

7.º Batallón, Reales Fusileros Galeses; 1/5.º Batallón, Regimiento Galés; 1.ᵉʳ Batallón, Regimiento de East Lancashire

160.ª Brigada de Infantería

2.º Batallón, Regimiento de Monmouthshire; 1/5.º Batallón, Regimiento Galés; 6.º Batallón, Reales Fusileros Galeses

29.ª BRIGADA ACORAZADA

General de brigada C. B. C. Harvey
23.º Regimiento de Húsares; 3.ᵉʳ Regimiento Acorazado; 2.º Regimiento de la Yeomanry de Fife y Forfar
8.º Batallón, Brigada de Fusileros

33.ª BRIGADA ACORAZADA

General de brigada H. B. Scott
144.º Regimiento, Real Cuerpo Acorazado; 1.ᵉʳ Regimiento de la Yeomanry de Northamptonshire; 1.ᵉʳ Regimiento de la Yeomanry de East Riding

34.ª BRIGADA DE CARROS DE COMBATE DEL EJÉRCITO (ATB)

General de brigada W. S. Clarke
9.º Regimiento Real Acorazado; 107.º Regimiento, Real Cuerpo Acorazado; 147.º Regimiento, Real Cuerpo Acorazado

43.ª DIVISIÓN DE INFANTERÍA (WESSEX)

General de división G. Thomas
43.º Regimiento de Reconocimiento, Real Cuerpo Acorazado
94.º, 112.º y 179.º Regimientos de Campaña, Real Artillería
59.º Regimiento Contracarro, Real Artillería; 204.ª, 207.ª, 553.ª y 260.ª Compañías de Campaña, Reales Ingenieros; 110.º Regimiento Antiaéreo Ligero, Real Artillería
129.ª Brigada de Infantería
4.º Batallón, Infantería Ligera de Somerset; 4.º y 5.º Batallones, Regimiento de Wiltshire
130.ª Brigada de Infantería
7.º Batallón, Regimiento de Hampshire, 4.º y 5.º Batallones, Regimiento de Dorsetshire
214.ª Brigada de Infantería
7.º Batallón, Infantería Ligera de Somerset; 1.ᵉʳ Batallón, Regimien-

to de Worcestershire; 5.º Batallón, Infantería Ligera del Duque de Cornualles; 8.º Batallón, Regimiento de Middlesex

50.ª DIVISIÓN DE INFANTERÍA (NORTHUMBRIA)

General de división Douglas Alexander Graham
74.º, 90.º y 124.º Regimientos de Campaña, Real Artillería
102.º Regimiento Contracarro (Húsares de Northumberland), Real Artillería
25.º Regimiento Antiaéreo Ligero, Real Artillería
233.ª, 501.ª y 505.ª Compañías de Campaña, Reales Ingenieros
69.ª Brigada de Infantería
5.º Batallón, Regimiento de East Yorkshire, 6.º y 7.º Batallones, los Howard Verdes
151.ª Brigada de Infantería
6.º, 8.º y 9.º Batallones, Infantería Ligera de Durham
231.ª Brigada de Infantería
1.ᵉʳ Batallón, Regimiento de Hampshire; 1.ᵉʳ Batallón, Regimiento de Dorsetshire
1.ᵉʳ/7.º Batallón, Regimiento de la Reina; 2.º Batallón, Regimiento de Cheshire

WEHRMACHT

GRUPO DE EJÉRCITOS B

Generalfeldmarschall Walter Model

V EJÉRCITO PANZER

General der Panzertruppe Hasso von Manteuffel
19.ª Brigada Antiaérea; 207.º y 600.º Batallones de Ingenieros
653.º Batallón Pesado Panzerjäger; 669.º Batallón Ost (Este)
638.ª, 1.094.ª y 1.095.ª Baterías de Artillería Pesada
25.ª/975.ª Baterías de Artillería de Fortaleza; 1.099.ª, 1.119.ª y 1.121.ª Baterías de Morteros Pesados

XLVII CUERPO PANZER

General der Panzertruppe barón Heinrich von Lüttwitz
766.º Brigada Volkswerfer; 15.ª Brigada Volkswerfer; 182.º Regimiento Antiaéreo

2.ª DIVISIÓN PANZER

Oberst Meinrad von Lauchert
3.ᵉʳ Regimiento Panzer; 2.º y 304.º Regimientos *Panzergrenadier*
74.º Regimiento de Artillería; 2.º Batallón de Reconocimiento
38.º Batallón Contracarro; 38.º Batallón de Ingenieros; 273.º Batallón Antiaéreo

9.ª DIVISIÓN PANZER

Generalmajor barón Harald von Elverfeldt
33.º Regimiento Panzer; 10.º y 11.º Regimientos *Panzergrenadier*
102.º Regimiento de Artillería; 9.º Batallón de Reconocimiento
50.º Batallón Contracarro; 86.º Batallón de Ingenieros; 287.º Batallón Antiaéreo
301.º Batallón Panzer Pesado (agregado)

DIVISIÓN *PANZER LEHR*

Generalleutnant Fritz Bayerlein
130.º Regimiento Panzer; 901.º y 902.º Regimientos *Panzergrenadier*
130.º Regimiento de Artillería; 130.º Batallón de Reconocimiento
130.º Batallón Contracarro; 130.º Batallón de Ingenieros; 311.º Batallón Antiaéreo
559.º Batallón Contracarro (agregado); 243.ª Brigada de Cañones de Asalto (agregada)

26.ª DIVISIÓN *VOLKSGRENADIER*

Generalmajor Heinz Kokott
39.º Regimiento de Fusileros y 77.º y 78.º Regimientos *Volksgrenadier*; 26.º Regimiento de Artillería

26.º Batallón de Reconocimiento; 26.º Batallón Contracarro; 26.º Batallón de Ingenieros

FÜHRERBEGLEITBRIGADE

Oberst Otto Remer

102.º Batallón Panzer; 100.º Regimiento *Panzergrenadier*; 120.º Regimiento de Artillería

120.º Batallón de Reconocimiento; 120.º Batallón Contracarro; 120.º Batallón de Ingenieros

828.º Batallón de Granaderos; 673.º Regimiento Antiaéreo

LXVI GRUPO DE EJÉRCITOS

General der Artillerie Walther Lucht

16.ª Brigada *Volkswerfer* (86.º y 87.º Regimientos Werfer)

244.ª Brigada de Cañones de Asalto; 460.º Batallón Pesado de Artillería

18 DIVISIÓN *VOLKSGRENADIER*

Oberst Günther Hoffman-Schönborn

293.º, 294.º y 295.º Regimientos *Volksgrenadier*; 1.818.º Regimiento de Artillería

1.818.º Batallón Contracarro; 1.818.º Batallón de Ingenieros

62.ª DIVISIÓN *VOLKSGRENADIER*

Oberst Friedrich Kittel

164.º, 193.º y 190.º Regimientos *Volksgrenadier*; 162.º Regimiento de Artillería

162.º Batallón Contracarro; 162.º Batallón de Ingenieros

LVIII CUERPO PANZER

General der Panzertruppe Walter Krüger
401.º *Volksartilleriekorps*; 7.ª Brigada *Volkswerfer* (84.º y 85.º Regimientos Werfer)
1.ᵉʳ Regimiento Antiaéreo

116.ª DIVISIÓN PANZER

Generalmajor Siegfried von Waldenburg
16.º Regimiento Panzer; 60.º y 156.º Regimientos *Panzergrenadier*
146.º Regimiento de Artillería; 146.º Batallón de Reconocimiento; 226.º Batallón Contracarro
675.º Batallón de Ingenieros; 281.º Batallón Antiaéreo

560.ª DIVISIÓN *VOLKSGRENADIER*

Oberst Rudolf Langhauser
1.128.º, 1.129.º y 1.130.º Regimientos *Volksgrenadier*; 1.560.º Regimiento de Artillería
1.560.º Batallón Contracarro; 1.560.º Batallón de Ingenieros

XXXIX CUERPO PANZER

Generalleutnant Karl Decker

167.ª DIVISIÓN *VOLKSGRENADIER*

Generalleutnant Hans-Kurt Höcker
331.º, 339.º y 387.º Regimientos *Volksgrenadier*; 167.º Regimiento de Artillería
167.º Batallón Contracarro; 167.º Batallón de Ingenieros

VI EJÉRCITO PANZER

SS-Oberstgruppenführer Josef Dietrich
506.º Batallón Panzer Pesado; 683.º Batallón Pesado Contracarro

217.º Batallón Panzer de Asalto; 394.º, 667.º y 902.º Batallones de Cañones de Asalto

741.º Batallón Contracarro; 1.098.ª, 1.110.ª y 1.120.ª Baterías de Obuses Pesados

428.ª Batería de Morteros Pesados; 2.ª División Antiaérea (41.º y 43.º Regimientos)

Kampfgruppe Heydte

I CUERPO PANZER DE LAS SS

SS-Gruppenführer Hermann Priess

14.º, 51.º, 53.º y 54.º Regimientos Werfer; 501.º Batallón de Artillería de las SS

388.º *Volksartilleriekorps*; 402.º *Volksartilleriekorps*

1.ª DIVISIÓN PANZER DE LAS SS *LEIBSTANDARTE ADOLF HITLER*

SS-Oberführer Wilhelm Mohnke

1.ᵉʳ Regimiento Panzer de las SS; 1.º y 2.º Regimientos *Panzergrenadier* de las SS

1.ᵉʳ Regimiento de Artillería de las SS; 1.ᵉʳ Batallón de Reconocimiento de las SS; 1.ᵉʳ Batallón Contracarro de las SS

1.ᵉʳ Batallón de Ingenieros de las SS; 1.ᵉʳ Batallón Antiaéreos de las SS; 501.ᵉʳ Batallón Panzer Pesado de las SS (agregado); 84.º Batallón Antiaéreo de la Luftwaffe (agregado)

3.ª DIVISIÓN *FALLSCHIRMJÄGER*

Generalmajor Walther Wadehn

5.º, 8.º y 9.º Regimientos de Infantería Paracaidista; 3.ᵉʳ Regimiento de Artillería;

3.º Batallón de Reconocimiento; 3.ᵉʳ Batallón Contracarro; 3.ᵉʳ Batallón de Ingenieros

12.ª DIVISIÓN PANZER DE LAS SS *HITLERJUGEND*

SS-Standartenführer Hugo Kraas
12.º Regimiento Panzer de las SS; 25.º y 26.º Regimientos *Panzergrenadier* de las SS
12.º Regimiento de Artillería de las SS; 12.º Batallón de Reconocimiento de las SS
12.º Batallón Contracarro de las SS; 12.º Batallón de Ingenieros de las SS; 12.º Batallón Antiaéreo de las SS
560.º Batallón Pesado Contracarro (agregado)

12.ª DIVISIÓN *VOLKSGRENADIER*

Generalmajor Gerhard Engel
27.º Regimienro de Fusileros y 48.º y 89.º Regimientos *Volksgrenadier*; 12.º Batallón de Fusileros
12.º Regimiento de Artillería; 12.º Batallón Contracarro; 12.º Batallón de Ingenieros

277.ª DIVISIÓN *VOLKSGRENADIER*

Oberst Wilhelm Viebig
289.º, 990.º y 991.º Regimientos *Volksgrenadier*; 277.º Regimiento de Artillería
277.º Batallón Contracarro; 277.º Batallón de Ingenieros

150.ª BRIGADA PANZER DE LAS SS

SS-Obersturmbannführer Otto Skorzeny
Dos compañías Panzer; dos compañías *Panzergrenadier*; dos compañías contracarro
Un batallón de morteros pesados (dos baterías); 600.º Batallón Paracaidista de las SS; *Kampfgruppe* 200

II CUERPO PANZER DE LAS SS

SS-Obergruppenführer Willi Bittrich
410.º *Volksartilleriekorps*; 502.º Batallón de Artillería Pesada de las SS

2.ª DIVISIÓN PANZER DE LAS SS *DAS REICH*

SS-Brigadeführer Heinz Lammerding
2.º Regimiento Panzer de las SS; 3.º y 4.º Regimientos *Panzergrenadier* de las SS; 2.º Regimiento de Artillería de las SS; 2.º Batallón de Reconocimiento de las SS; 2.º Batallón de Ingenieros de las SS; 2.º Batallón Antiaéreo de las SS

9.ª DIVISIÓN PANZER DE LAS SS *HOHENSTAUFEN*

SS-Oberführer Sylvester Stadler
9.º Regimiento Panzer de las SS; 19.º y 20.º Regimientos *Panzergrenadier* de las SS
9.º Regimiento de Artillería de las SS; 9.º Batallón de Reconocimiento de las SS; 9.º Batallón Contracarro de las SS
9.º Batallón de Ingenieros de las SS; 9.º Batallón Antiaéreo de las SS; 519.º Batallón Pesado Contracarro (agregado)

LXVII GRUPO DE EJÉRCITOS

Generalleutnant Otto Hitzfeld
17.ª Brigada *Volkswerfer* (88.º y 89.º Regimientos Werfer)
405.º *Volksartilleriekorps*; 1.001.ª Compañía de Cañones de Asalto Pesados

3.ª DIVISIÓN *PANZERGRENADIER*

Generalmajor Walter Denkert
8.º y 29.º Regimientos *Panzergrenadier*; 103.º Batallón Panzer; 3.ᵉʳ Regimiento de Artillería
103.º Batallón de Reconocimiento; 3.ᵉʳ Batallón Contracarro; 3.ᵉʳ Batallón de Ingenieros
3.ᵉʳ Batallón Antiaéreo

246.ª DIVISIÓN *VOLKSGRENADIER*

Oberst Peter Körte

352.º, 404.º y 689.º Regimientos *Volksgrenadier*; 246.º Regimiento de Artillería

246.º Batallón Contracarro; 246.º Batallón de Ingenieros

272.ª DIVISIÓN *VOLKSGRENADIER*

Generalmajor Eugen König

980.º, 981.º y 982.º Regimientos *Volksgrenadier*; 272.º Regimiento de Artillería

272.º Batallón Contracarro; 272.º Batallón de Ingenieros

326.ª DIVISIÓN *VOLKSGRENADIER*

751.º, 752.º y 753.º Regimientos *Volksgrenadier*; 326.º Regimiento de Artillería

326.º Batallón Contracarro; 326.º Batallón de Ingenieros

VII EJÉRCITO

General der Panzertruppe Erich Brandenberger

657.º y 668.º Batallones Contracarro Pesados; 501.º Batallón Contracarro de Fortaleza

47.º Batallón de Ingenieros; 1.092.ª, 1.093.ª, 1.124.ª y 1.125.ª Baterías de Obuses Pesados

660.ª Batería Pesada de Artillería; 1.029.ª, 1.039.ª y 1.122.ª Baterías de Morteros Pesados

999.º Batallón de Castigo; 44.º Batallón de Ametralladoras; 15.º Regimiento Antiaéreo

LIII GRUPO DE EJÉRCITOS

General der Kavallerie Edwin von Rothkirch

9.ª DIVISIÓN *VOLKSGRENADIER*

Oberst Werner Kolb
36.º, 57.º y 116.º Regimientos *Volksgrenadier*; 9.º Regimiento de Artillería
9.º Batallón Anticarro; 9.º Batallón de Ingenieros

15.ª DIVISIÓN *PANZERGRENADIER*

Oberst Hans Joachim Deckert
104.º y 115.º Regimientos *Panzergrenadier*; 115.º Batallón Panzer; 115.º Regimiento de Artillería
115.º Batallón de Reconocimiento; 33.º Batallón Contracarro; 33.º Batallón de Ingenieros
33.º Batallón Antiaéreo

FÜHRERGRENADIERBRIGADE

Oberst Hans-Joachim Kahler
99.º Regimiento *Panzergrenadier*; 101.º Batallón Panzer; 911.ª Brigada de Cañones de Asalto
124.º Batallón Contracarro; 124.º Batallón de Ingenieros; 124.º Batallón Antiaéreo
124.º Regimiento de Artillería

LXXX GRUPO DE EJÉRCITOS

General der Infanterie Franz Beyer
408.º *Volksartilleriekorps*; 8.ª Brigada Volkswerfer; 2.º Regimiento Werfer y Regimiento *Werfer Lehr*

212.ª DIVISIÓN *VOLKSGRENADIER*

Generalmajor Franz Sensfuss
316.º, 320.º y 423.º Regimientos *Volksgrenadier*; 212.º Regimiento de Artillería
212.º Batallón Contracarro; 212.º Batallón de Ingenieros

276.ª DIVISIÓN *VOLKSGRENADIER*

Generalmajor Kurt Möhring (y posteriormente *Oberst* Hugo Demp-wolff)
986.º, 987.º y 988.º Regimientos *Volksgrenadier*; 276.º Regimiento de Artillería;
276.º Batallón Contracarro; 276.º Batallón de Ingenieros

340.ª DIVISIÓN *VOLKSGRENADIER*

Oberst Theodor Tolsdorff
694.º, 695.º y 696.º Regimientos *Volksgrenadier*; 340.º Regimientos de Artillería
340.º Batallón Contracarro; 340.º Batallón de Ingenieros

LXXXV GRUPO DE EJÉRCITOS

General der Infanterie Baptist Kniess
406.º *Volksartilleriekorps*; 18.ª Brigada *Volkswerfer* (21.º y 22.º Regimientos Werfer)

5.ª DIVISIÓN *FALLSCHIRMJÄGER*

Oberst Ludwig Heilmann
13.º, 14.º y 15.º Regimientos *Fallschirmjäger*; 5.º Regimiento de Artillería; 5.º Batallón de Reconocimiento; 5.º Batallón de Ingenieros; 5.º Batallón Antiaéreo; 11.ª Brigada de Cañones de Asalto

352.ª DIVISIÓN *VOLKSGRENADIER*

Oberst Erich-Otto Schmidt

914.º, 915.º y 916.º Regimientos *Volksgrenadier*; 352.º Regimiento de Artillería; 352.º Batallón Contracarro; 352.º Batallón de Ingenieros

79.ª DIVISIÓN *VOLKSGRENADIER*

Oberst Alois Weber

208.º, 212.º y 226.º Regimientos *Volksgrenadier*; 179.º Regimiento de Artillería; 179.º Batallón Contracarro; 179.º Batallón de Ingenieros

Notas

DDE   Lib Dwight D. Eisenhower Library, Abilene, KS.
DRZW   *Das Deutsche Reich und der Zweiten Weltkrieg*, vols. 6-10, Múnich, 2004-2008.
ETHINT   European Theater Historical Interrogations, 1945, OCMH, USAMHI.
FCP   SC Forrest C. Pogue, entrevistas por *The Supreme Command*, USAMHI.
FDRL MR   Franklin Delano Roosevelt Library, Hyde Park, NY, Map Room Documents.
FMS   Foreign Military Studies, USAMHI.
GBP   Godfrey Blunden Papers (colección privada).
HLB   *Hitlers Lagebesprechungen-Die Protokollfragmente seiner militärischen Konferenzen 1942-1945*, Múnich, 1984 (Helmut Heiber y David Glantz (eds.), *Hitler and his Generals: Military Conferences, 1942-1945*, Londres, 2002).
IWM   Documents Collection, Imperial War Museum, Londres.
LHCMA   Liddell Hart Centre of Military Archives, King's College, Londres.
LHC-DP   Liddell Hart Centre-Dempsey Papers.
MFF   MFF Armed Forces Oral Histories, LHCMA.
NARA   National Archives and Records Administration, College Park, MD.
OCMH   Office of the Chief of Military History, USAMHI.
PDDE   *The Papers of Dwight David Eisenhower*, Alfred D. Chandler (ed.), 21 vols., Baltimore, MA, 1970-2001.
PP   *The Patton Papers*, Martin Blumenson (ed.), Nueva York, 1974.
PWS   Papers of William Sylvan, OCMH, USAMHI.
RWHP   Robert W. Hasbrouck Papers, USAMHI.
SHD-DAT   Service Historique de la Défense, Département de l'Armée de Terre, Vincennes.
SOOHP   Senior Officers Oral History Program, US Army War College, USAMHI.
TBJG   *Die Tagebücher von Joseph Goebbels*, Elke Fröhlich (ed.), 29 vols., Múnich, 1992-2005.
TNA   The National Archives, Kew.
USAMHI   The United States Army Military History Institute at US Army Heritage and Education Center, Carlisle, PA.

1. Fiebre de victoria

1. Omar N. Bradley, *A Soldier's Story*, Nueva York, 1964, pp. 389-390; véase también Dwight D. Eisenhower, *Crusade in Europe*, Nueva York, 1948, p. 325.

2. NARA 407/427/24235.

3. Gerow y Leclerc; SHD-DAT 11 P 218; véase también NARA 407/427/24235.

4. BA-MA RH19 IX/7 40, citado en Joachim Ludewig, *Rückzug: The German Retreat from France, 1944*, Lexington, KY, 2012, p. 133.

5. Forrest C. Pogue, *Pogue's War: Diaries of a WWII Combat Historian*, Lexington, KY, 2001, p. 214.

6. Eisenhower, *Crusade in Europe*, p. 326; y Bradley, p. 391.

7. Arthur Tedder, *With Prejudice*, Londres, 1966, p. 586.

8. Para la 28.ª División en París, véase Uzal W. Ent (ed.), *The First Century: A History of the 28th Infantry Division*, Harrisburg, PA, 1979, p. 165.

9. Jean Galtier-Boissière, *Mon journal pendant l'Occupation*, París, 1944, p. 288.

10. 1 de febrero de 1945, CBHD.

11. CMH SC, p. 245.

12. Diario del *Oberstleutnant* Fritz Fullriede, División *Hermann Göring*, 2 de septiembre de 1944, citado en Robert Kershaw, *It Never Snows in September*, Londres, 2008, p. 63.

13. Prisionero de guerra, entrevista, CSDIC, TNA WO 208/3616.

14. Pérdidas alemanas, Rüdiger Overmans, *Deutsche militärische Verluste im Zweiten Weltkrieg*, Múnich, 2000, pp. 238 y 278.

15. Para la retirada de los alemanes en Francia véase: Ludewig, p. 108 y ss.; y David Wingeate Pike, «Oberbefehl West: Armeegruppe G: Les Armées allemandes dans le Midi de la France», *Guerres Mondiales et Conflits Contemporains*, n.ᵒˢ 152, 164, 174 y 181.

16. *Generaloberst* Student, CSDIC, TNA WO 208/4177.

17. *Generaloberst* Halder, CSDIC, TNA WO 208/4366 GRGG 332.

18. Albert Speer, *Inside the Third Reich*, Londres, 1971, p. 525.

19. *HLB*, pp. 466 y 468.

20. CMH SC, p. 249.

21. Diario de Kreipe, 318.44, FMS P-069.

22. Traudl Junge, *Until the Final Hour: Hitler's Last Secretary*, Londres, 2002, p. 146.

23. *Generalmajor* Otto Ernst Remer, *Führer Begleit Brigade*, FMS B-592.

24. Junge, p. 144.

25. Para la moral de la población civil alemana, véase Richard Evans, *The Third Reich at War*, Londres, 2008, pp. 650-653.

26. Chester Wilmot, *The Struggle for Europe*, Londres, 1952, p. 496.

27. *PP*, pp. 533, 537.

28. Brian Horrocks, *Corps Commander*, Londres, 1977, p. 79.

29. Caroline Moorehead, *Martha Gellhorn*, Londres, 2003, p. 269.

30. Interrogatorio del *General der Artillerie* Walter Warlimont, jefe adjunto de la *Wehrmachtführungsstab*, TNA WO 208/3151.

31. VII Cuerpo, NARA RG 498 290/56/2/3, caja 1459.

32. *Ibid.*

33. VII Cuerpo, *ibid.*

34. Maurice Delvenne, 1 de septiembre de 1944, citado en Jean-Michel Delvaux, *La Bataille des Ardennes autour de Rochefort*, 2 vols., Hubaille, 2004-2005, ii, pp. 159-160.

35. *Ibid.*

36. Diario de Fullriede, 13 de septiembre de 1944, citado en Kershaw, *It Never Snows in September*, p. 38.

37. BA-MA RH24-89/10, citado en Ludewig, p. 191.

38. *Obergefreiter* Gogl, Abt. V, *Feldjäger-Regiment* (mot.) 3., OKW Streifendienst, TNA WO 208/3610.

39. BA-MA RW4/vol. 494.

40. NARA RG 498 290/56/2/3, caja 1466.

41. Stephen Roskill, *Churchill and the Admirals*, Londres, 1977, p. 245, citado en Rick Atkinson, *The Guns at Last Light*, Nueva York, 2013, p. 233.

42. Horrocks, *Corps Commander*, p. 81.

43. Pogue, *Pogue's War*, p. 208.

2. Amberes y la frontera alemana

1. *PP*, p. 538.

2. Forrest C. Pogue, *Pogue's War: Diaries of a WWII Combat Historian*, Lexington, KY, 2001, pp. 215-216.

3. Carta de Patton, *PP*, p. 549.

4. LHCMA, Alanbrooke 6 de febrero de 1931; Montgomery a Brooke,

3 de septiembre de 1944; IWM LMD 62/12, diario de Montgomery, 3 de septiembre de 1944; véase John Buckley, *Monty's Men: The British Army and the Liberation of Europe*, Londres, 2013, p. 206.

5. *Uffz.* Alfred Lehmann, 11 de septiembre de 1944, BA-MA RH13/49, p. 5.

6. *PP*, p. 540.

7. Cuartel General del Ejército Aerotransportado Aliado, NARA RG 498 290/56/2/3, Caja 1466.

8. Rick Atkinson, *The Guns at Last Light*, Nueva York, 2013, p. 236.

9. Carta de 21 de septiembre, CMH SC, p. 293.

10. CSDIC, TNA WO 208/4177.

11. CMH SC, 292.

12. Diario de Patton, *PP*, p. 550.

13. Buckley, p. 203.

14. Forrest C. Pogue, *George C. Marshall: Organizer of Victory*, Nueva York, 1973, p. 475, citado en Atkinson, p. 304.

15. *PDDE*, III, 2224.

16. XX Corps, NARA RG 498 290/56/2/3, caja 1465.

17. *Obersturmbannführer* Loenholdt, 17 SS PzGr-Div, CSDIC, TNA WO 208/4140 SRM 1254.

18. Informe del I Ejército al OKW, 1 de octubre de 1944, BA-MA RH13/49, p. 9.

19. *O.Gefr.* Ankenbeil, 22 de septiembre de 1944, BA-MA RH13/49, p. 10.

20. *O.Gefr.* Mart Kriebel, 18 de septiembre de 1944, BA-MA RH13/49, p. 11.

21. *O.Gefr.* Hans Büscher, 20 de septiembre de 1944, BA-MA RH13/49, p. 11.

22. *O.Gefr.* G. Riegler, 21 de septiembre de 1944, BA-MA RH13/49, p. 11.

23. *O.Gefr.* Hans Hoes, 15 de septiembre de 1944, BA-MA RH13/49, p. 12.

24. Diario del *General der Flieger* Kreipe, FMS P-069.

25. 18 de septiembre de 1944, *ibid.*

26. CSDIC, TNA WO 208/4364 GRGG 208.

27. *Hauptmann* Delica, 2.º Batallón, 19.º Regimiento *Fallschirmjäger*, CSDIC, TNA WO 208/4140 SRM 1227.

28. CSDIC, TNA WO 208/4139 SRM 968.

3. La batalla de Aquisgrán

1. PFC Richard Lowe Ballou, 117.º Regimiento de Infantería, 30.ª División de Infantería, MFF-7 C1-97 (3).

2. V Grupo de Ejércitos, NARA RG 498 290/56/2/3, caja 1455.

3. MFF. 7 C1-97 (2).

4. *Ibid.*

5. *Reichsmarschall* Hermann Göring, ETHINT 30.

6. *Generalmajor* barón Rudolf von Gersdorff, ETHINT 53.

7. Gardner Botsford, *A Life of Privilege, Mostly*, Nueva York, 2003, p. 47.

8. CSDIC, TNA WO 208/4140 SRM 1245.

9. CSDIC, TNA WO 208/4139 SRM 983.

10. *Ibid.*

11. CSDIC, TNA WO 208/4139 SRM 1103.

12. CMH SC, 357.

13. TNA WO 208/3654 PWIS H/LDC/ 631.

14. *Ibid.*

15. Carta de 26 de septiembre de 1944 al *Hauptmann* Knapp, NARA RG 498 290/56/5/3, caja 1463.

16. CSDIC, TNA WO 208/4139 SRM 982.

17. NARA RG 498 290/56/2/3, caja 1459.

18. NARA RG 407 270/65/7/2 ML 248.

19. V Grupo de Ejércitos, NARA RG 498 290/56/2/3, caja 1455.

20. CSDIC, TNA WO 208/4139 SRM 982.

21. NARA RG 498 290/56/2/3, caja 1459.

22. *Ibid.*

23. NARA RG 498 290/56/2, caja 1456.

24. VII Grupo de Ejércitos, NARA RG 498 290/56/2/3, caja 1459.

25. Teniente Coronel Shaffer F. Jarrell, VII Grupo de Ejércitos, *ibid.*

26. CSDIC, TNA WO 208/4156.

27. Victor Klemperer, *To the Bitter End: The Diaries of Victor Klemperer, 1942-1945*, Londres, 2000, p. 462.

28. CSDIC, TNA WO 208/4140 SRM 1211.

29. Wilck, CSDIC, TNA WO 208/4364 GRGG 216.

30. *Unterfeldwebel* Kunz, 104.º Regimiento de Infantería, CSDIC, TNA WO 208/4164 SRX 2050.

31. NARA RG 407 270/65/7/2, caja 19105 ML 258.

32. FMS P-069.

33. TNA WO 208/4134 SRA 5610.

34. FMS P-069.

35. *Ibid.*

4. Entrando en el invierno de la guerra

1. CSDIC, TNA WO 208/4164 SRX 2084.

2. Nicholas Stargardt, *Witnesses of War: Children's Lives under the Nazis*, Londres, 2005, p. 262.

3. Citado en Martin Gilbert, *The Second World War*, Londres, 1989, p. 592.

4. NARA RG 407 270/65/7/2, caja 19105 ML 258.

5. 2 de diciembre de 1944, CBHD.

6. CMH SC, p. 342.

7. NARA RG 407 270/65/7/2, caja 19105 ML 258.

8. *Ibid.*

9. TNA WO 171/4184.

10. 24 de noviembre de 1944, NARA RG 407 270/65/7/2, caja 19105 ML 285.

11. Para la corrupción en el Partido Nazi, véase CSDIC, TNA WO 208/4139 SRM 902.

12. NARA RG 407 270/65/7/2, caja 19105 ML 285.

13. *Ibid.*

14. Para lo de Colonia y los llamados «Piratas del Edelweiss», véase CSDIC, TNA WO 208/4164 SRX 2074.

15. Luftwaffe, *Unteroffizier* Bock 3/JG 27, CSDIC, TNA WO 208/4164 SRX 2126.

16. 4 de mayo de 1944, en Victor Klemperer, *To the Bitter End: The Diaries of Victor Klemperer, 1942-1945*, Londres, 2000, p. 383.

17. Missie Vassiltchikov, *The Berlin Diaries, 1940-1945*, Londres, 1987, p. 240.

18. CSDIC, TNA WO 208/3165 SIR 1573.

19. Para los desertores en Berlín, véase CSDIC, TNA WO 208/4135 SRA 5727 13/1/45.

20. TNA WO 171/4184.

21. Para los aproximadamente diez mil hombres ejecutados, véase DRZW, 9/1 (Echternkamp), pp. 48-50.

22. VI Cuerpo, NARA RG 498 290/56/5/3, caja 1463.

23. Para lo del mercado negro en Berlín, véase CSDIC, TNA WO 208/4164 SRX 2074.

24. CSDIC, TNA WO 208/4140 SRM 11 89.

25. TNA WO 311 /54, 32.

26. «Comida principal sin carne» («Hauptgerichte einmal ohne Fleisch»), Branden-burgische Landeshauptarchiv, Pr. Br. Rep. 61A/11.

27. NARA RG 407 270/65/7/2 ML 2279.

28. Louis Simpson, *Selected Prose*, Nueva York, 1989, p. 98.

29. Forrest C. Pogue, *Pogue's War: Diaries of a WWII Combat Historian*, Lexington, KY, 2001, p. 230.

30. NARA 711.51/3-945.

31. Para la anécdota sobre la reacción de una muchacha francesa, véase Antony Beevor y Artemis Cooper, *Paris after the Liberation, 1944-1949*, Londres, 1994, p. 129.

32. Louis Simpson, p. 143.

33. Para lo de los soldados del ejército estadounidense en el mercado negro, véase Allan B. Ecker, «GI Racketeers in the Paris Black Market», en *Yank*, 4 de mayo de 1945.

34. 24 de octubre de 1944, DCD.

35. NARA 851.00/9-745.

36. Carlos Baker, *Ernest Hemingway: A Life Story*, Nueva York, 1969, p. 564.

37. Para la situación política de Bélgica, véase CMH SC, pp. 329-331.

38. V Cuerpo, NARA RG 498 290/56/2/3, caja 1455.

39. Arthur S. Couch, «An American Infantry Soldier in World War II Europe», memorias inéditas, colección privada.

40. NARA RG 498 290/56/2/3, caja 1465.

41. Martha Gellhorn, *Point of No Return*, Nueva York, 1989, p. 30.

42. Ralph Ingersoll, *Top Secret*, Londres, 1946, pp. 185-186.

43. Couch, «An American Infantry Soldier in World War II Europe».

44. NARA RG 498 290/56/2/3, caja 1459.

45. Sargento primero Edward L. Brule, NARA RG 498 290/56/5/2, caja 3.

46. 358.º de Infantería, NARA RG 498 290/56/2/3, caja 1465.

47. V Cuerpo, NARA RG 498 290/56/2/3, caja 1455.

48. V Cuerpo, *ibid.*

49. NARA RG 498 290/56/5/2, caja 3.

50. 358.º de Infantería, 90.ª División, XX Cuerpo, NARA RG 498 290/56/2/3, caja 1465.

51. NARA RG 498 290/56/2/3, caja 1459.

52. Teniente coronel J. E. Kelly, 3.ᵉʳ Batallón, 378.º de Infantería, NARA RG 498 290/56/2/3, caja 1465.

5. El bosque de Hürtgen

1. *Generalleutnant* Hans Schmidt, 275.ª División de Infantería, FMS B-810.

2. General de división Kenneth Strong, 02/14/2 3/25 -Notas de Inteligencia n.º 33, IWM Documents 11 656.

3. *Generalleutnant* Hans Schmidt, 275.ª División de Infantería, FMS B-810.

4. *Ibid.*

5. *Ibid.*

6. *Ibid.*

7. *Ibid.*

8. *Ibid.*

9. *Ibid.*

10. 14 de octubre de 1944, GBP.

11. VII Grupo de Ejércitos, NARA RG 498 290/56/2/3, caja 1459.

12. *Ibid.*

13. Charles B. MacDonald, *The Mighty Endeavour: The American War in Europe*, Nueva York, 1992, p. 385.

14. NARA RG 498 290/56/2/3, caja 1459.

15. 5 de noviembre de 1944, V Corps, NARA RG 498 290/56/2/3, caja 1455.

16. VII Grupo de Ejércitos, NARA RG 498 290/56/2/3, caja 1459.

17. 22.º Regimiento de Infantería, 4.ª División de Infantería, *ibid.*

18. VII Grupo de Ejércitos, *ibid.*

19. *Ibid.*

20. Coronel Edwin M. Burnett, V Grupo de Ejércitos, NARA RG 498 290/56/2/3, caja 1455.

21. Rick Atkinson, *The Guns at Last Light*, Nueva York, 2013, p. 317.

22. Diario del *General der Flieger* Kreipe, FMS P-069, p. 43.

23. V Grupo de Ejércitos, NARA RG 498 290/56/2/3, caja 1455.

24. Edward G. Miller, *A Dark and Bloody Ground: The Hürtgen Forest and the Roer River Dams, 1944-1945*, College Station, TX, 2008, p. 64.

25. *Generalmajor* barón Rudolf von Gersdorff, FMS A-892.

26. Gersdorff, FMS A-891.

27. Coronel Nelson, 112.º Regimiento de Infantería, NARA RG 498 290/56/2/3, caja 1463.

28. 8 de noviembre de 1944, PWS.

29. Ralph Ingersoll, *Top Secret*, Londres, 1946, p. 185.

30. NARA RG 407 270/65/7/2, caja 19105 ML 258.

31. Arthur S. Couch, «An American Infantry Soldier in World War II Europe», memorias inéditas, colección particular.

32. VII Grupo de Ejércitos, NARA RG 498 290/56/2/3, caja 1459.

33. NARA RG 407 270/65/7/2 ML 248.

34. Couch, «An American Infantry Soldier in World War II Europe».

35. *Generalmajor* barón Rudolf von Gersdorff, ETHINT 53.

36. Couch, «An American Infantry Soldier in World War II Europe».

37. *Generalleutnant* Hans Schmidt, FMS B-373.

38. V Grupo de Ejércitos, NARA RG 498 290/56/2/3, caja 1455.

39. NARA RG 498 290/56/2/3, caja 1465.

40. NARA RG 498 290/56/2/3, caja 1464.

41. Citado en John Ellis, *The Sharp End: The Fighting Man in World War II*, Londres, 1990, p. 152.

42. Robert Sterling Rush, *Hell in Hürtgen Forest: The Ordeal and Triumph of an American Infantry Regiment*, Lawrence, KS, 2001, p. 139.

43. 18.º Regimiento de Infantería, 1.ª División, NARA RG 498 290/56/2/3, caja 1459.

44. Couch, «An American Infantry Soldier in World War II Europe».

45. 11 de noviembre de 1944, CBHD.

46. Omar N. Bradley, *A Soldier's Story*, Nueva York, 1964, pp. 430-431.

47. *Generalmajor* Ullersperger, CSDIC, TNA WO 208/4364 GRGG 237.

48. Vaterrodt, CSDIC, TNA WO 208/4177.

49. *Ibid.*

50. *Generalleutnant* Straube, FMS A-891.

51. FMS A-891.

52. Gersdorff, FMS A-892.

53. Ernest Hemingway, *Across the River and into the Trees*, Nueva York, 1950, p. 249.

54. Carlos Baker, Ernest *Hemingway: A Life Story*, Nueva York, 1969, p. 552.

55. J. D. Salinger, «Contributors», *Story*, n.º 25 (noviembre-diciembre de 1944), p. 1.

56. Charles Whiting, *The Battle of Hürtgen Forest*, Stroud, 2007, p. 71.

57. Ingersoll, pp. 184-185.

58. V Grupo de Ejércitos, NARA RG 498 290/56/2/3, caja 1455.

59. Ingersoll, p. 185.

60. Sterling Rush, p. 163.

61. FMS A-891.

62. Sargento David Rothbart, 22.º Regimiento de Infantería, citado en Sterling Rush, p. 178.

63. Citado en Paul Fussell, *The Boys' Crusade*, Nueva York, 2003, p. 91.

64. Capitán H. O. Sweet, 908.º Batallón de Artillería de Campaña norteamericano, agregado al 331.º Regimiento de Infantería, 83.ª División, IWM Documents 3415 95/33/1.

65. Peter Schrijvers, *The Crash of Ruin: American Combat Soldiers in Europe during World War II*, Nueva York, 1998, p. 8.

66. *General Arzt* Schepukat, ETHINT 60.

67. Gersdorff, FMS A-892.

68. «The Ardennes», CSI Battlebook 10-A, mayo de 1984.

6. Los alemanes se preparan

1. Traudl Junge, *Until the Final Hour: Hitler's Last Secretary*, Londres, 2002, p. 147.

2. *Ibid.*

3. *Ibid.*, p. 148.

4. *Generaloberst* Alfred Jodl, ETHINT 50.

5. *Ibid.*

6. CMH *Ardennes*, p. 18.

7. *General der Kavallerie* Siegfried Westphal, ETHINT 79.

8. *Generalmajor* barón Rudolf von Gersdorff, FMS A-892.

9. CMH *Ardennes*, p. 26.

10. CSDIC, TNA WO 208/4178 GRGG 330 (c).

11. *Generaloberst* Alfred Jodl, ETHINT 50.

12. *Oberstleutnant* Guderian, CSDIC, TNA WO 208/3653.

13. *DRZW*, 6, p. 125.

14. Manteuffel, V Ejército Panzer, ETHINT 45.

15. *Generaloberst* Alfred Jodl, ETHINT 50.

16. *General der Artillerie* Walter Warlimont, CSDIC, TNA WO 208/3151.

17. *Generaloberst* Alfred Jodl, ETHINT 51.

18. Jodl, TNA WO 231/30.

19. CSDIC, TNA WO 208/4178 GRGG 330 (c).

20. TNA WO 231/30, p. 4.

21. CSDIC, TNA WO 208/4178 GRGG 330 (c).

22. CSDIC, TNA WO 208/4178 GRGG 322.

23. *Hauptmann* Gaum, 3.er Batallón, *Führerbegleitbrigade*, CSDIC, TNA WO 208/3611.

24. CSDIC, TNA WO 208/4178 GRGG 330 (c).

25. TNA WO 231/30.

26. CSDIC, TNA WO 208/4140 SRM 1140.

27. Manteuffel, V Ejército Panzer, ETHINT 46.

28. Diarios de Goebbels, 1 de diciembre de 1944, *TBJG* II/14, p. 305.

29. *SS-Standartenführer* Lingner, TNA WO 208/4140 SRM 1211.

30. *Generalleutnant* Heim, TNA WO 208/4364 GRGG 220.

31. TNA WO 208/4140 SRM 1210.

32. Warlimont, CSDIC, TNA WO 208/3151.

33. CSDIC, TNA WO 208/4178 GRGG 330 (c).

34. *Ibid.*

35. TNA WO 231/30.

36. *Ibid.*

37. CSDIC, TNA WO 208/4140 SRM 1199.

38. CSDIC, TNA WO 208/5541 SIR 1425.

39. FMS B-823.

40. CSDIC, TNA WO 208/4140 SRM 1187.

41. *Ibid.*

42. *Ibid.*

43. CSDIC, TNA WO 208/3662.

44. Heydte, FMS B-823.

45. *Ibid.*

46. *Ibid.*

47. CSDIC, TNA WO 208/4140 SRM 1167.

48. CSDIC, TNA WO 208/5541 SIR 1425.

49. NARA RG 407 ML 2279.

50. Heydte al teniente Von Trott zu Solz, CSDIC, TNA WO 208/4140 SRM 1182.

51. CSDIC, TNA WO 208/4178 GRGG 301.

52. *SS-Untersturmführer* Schreiber, CSDIC, TNA WO 208/4140 SRM 1259.

53. Unidad Móvil de Interrogatorios de Campaña n.º 1, NARA RG 407 ML 2279.

54. *Ibid.*

55. *Leutnant zur See* Müntz, CSDIC, TNA WO 208/3619.

56. Unidad Móvil de Interrogatorios de Campaña n.º 1, NARA RG 407 ML 2279.

57. *Ibid.*

58. Schreiber, CSDIC, TNA WO 208/4140 SRM 1259.

59. Hans Post, *One Man in his Time*, Sydney, 2002, p. 167.

60. *Leutnant* Günther Schultz, capturado en Lieja el 19 de diciembre de 1944, Unidad Móvil de Interrogatorios de Campaña n.º 1, NARA RG 407 ML 2279.

61. 150.ª Brigada Panzer, «Ofensiva de las Ardenas», *Obersturmbannführer* Otto Skorzeny, ETHINT 12.

62. CSDIC, TNA WO 208/5543 SIR 1673.

63. NARA RG 407 270/65/7/2, caja19124 ML 754.

64. TNA WO 231/30.

65. Nicolaus von Below, *Als Hitlers Adjutant, 1937-1945*, Maguncia, 1980, p. 396.

66. *SS-Oberstgruppenführer* Sepp Dietrich, ETHINT 16.

67. *HLB*, pp. 535-540.

68. *Ibid.*

69. 10.ª División Panzer de las SS *Frundsberg*, FMS P-109f.

70. 116.ª División Panzer, CSDIC, TNA WO 208/3628.

71. 14 de diciembre de 1944, *Obersturmbannführer* Joachim Peiper, ETHINT 10.

72. *Gefreiter* Unruh, CSDIC, TNA WO 208/3611 SIR 1408.

73. *SS-Brigadeführer* Heinz Harmel, 10.ª División Panzer de las SS *Frundsberg*, FMS P-109f.

74. 2.ª División Panzer, FMS P-109e.

7. FALLO DE LOS SERVICIOS DE INTELIGENCIA

1. 6 de diciembre de 1944, CBHD, caja 5.
2. *Ibid.*
3. John S. D. Eisenhower, *The Bitter Woods*, Nueva York, 1970, p. 200.
4. 7 de diciembre de 1944, CBHD.
5. «Notes of Meeting at Maastricht on 7 december of 1944», Sidney H. Negrotto Papers, caja 4, USAMHI.
6. *Ibid.*
7. *PP*, p. 576.
8. James H. O'Neill, antiguo capellán del III Ejército, «The True Story of the Patton Prayer», *Leadership*, n.º 25.
9. Conversación de Eberbach, CSDIC, TNA WO 208/4364 GRGG 220.
10. *Leutnant* Von der Goltz (*St./Gren-Rgt* 1039), CSDIC, TNA WO 208/4139 SRM 1083.
11. CMH SC, p. 363.
12. TNA CAB 106/1107.
13. CMH SC, p. 365.
14. Carta de Strong de fecha 31 de agosto de 1951, citado en *ibid.*
15. CMH SC, p. 370.
16. «Indications of the German Offensive of December 1944», de fecha 28 de diciembre de 1944, "C' a Victor Cavendish-Bentinck, TNA HW 13/45.
17. BAY/XL 152, TNA HW 13/45.
18. «Indications of the German Offensive of December 1944», de fecha 28 de diciembre de 1944, "C' a Victor Cavendish-Bentinck, TNA HW 13/45.
19. *Ibid.*
20. «The Ardennes», CSI Battlebook 10-A, mayo de 1984.
21. Forrest C. Pogue, *Pogue's War: Diaries of a WWII Combat Historian*, Lexington, KY, 2001, p. 250.
22. Para la evacuación de los cantones orientales véase Peter Schrijvers, *The Unknown Dead: Civilians in the Battle of the Bulge*, Lexington, KY, 2005, p. 12.
23. Para las elecciones y los *Rucksackdeutsche*, véase *ibid*, pp. 7-8.
24. Louis Simpson, *Selected Prose*, Nueva York, 1989, p. 117.

25. 8 de diciembre de 1944, CBHD.

26. 13 de diciembre de 1944, PWS.

27. TNA CAB 106/1107.

28. NARA RG 498 UD603, caja 3.

29. 15 de diciembre de 1944, CBHD.

30. Omar N. Bradley, *A Soldier's Story*, Nueva York, 1964, p. 428.

31. John Buckley, *Monty's Men: The British Army and the Liberation of Europe*, Londres, 2013, p. 259.

32. Charles B. MacDonald, *Company Commander*, Nueva York, 2002, p. 78.

33. R. Ernest Dupuy, *St. Vith: Lion in the Way: The 106ᵗʰ Infantry Division in World War II*, Washington, DC, 1949, pp. 15-16.

34. Carta capturada y traducida el 19 de diciembre, cuartel general de la 1.ª División de Infantería, CBMP, caja 2.

8. Sábado, 16 de diciembre

1. V Grupo de Ejércitos, NARA RG 498 290/56/2/3, caja 1455.

2. Peter Schrijvers, *The Unknown Dead: Civilians in the Battle of the Bulge*, Lexington, KY, 2005, p. 14.

3. Manteuffel, V Ejército Panzer, ETHINT 46.

4. «The Ardennes», CSI Battlebook 10-A, mayo de 1984.

5. *Generaloberst* Alfred Jodl, ETHINT 51.

6. Charles P. Roland, 99.ª División de Infantería, CBMP, caja 4.

7. John S. D. Eisenhower, *The Bitter Woods*, Nueva York, 1970, p. 229.

8. Carta del teniente coronel Robert L. Kriz, 394.º Regimiento de Infantería; y carta de Lyle J. Bouck, 19 de enero de 1983, CBMP, caja 4.

9. Eisenhower, *Bitter Woods*, p. 188.

10. *Obersturmbannführer* Joachim Peiper, 1.ᵉʳ Regimiento Panzer de las SS, ETHINT 10.

11. Adolf Schür, Lanzerath, CBMP, caja 6.

12. Peiper, ETHINT 10.

13. Orden de Campaña, Batería C, 371.º Batallón de Artillería de Campaña, 99.ª División de Infantería, Richard H. Byers Papers, caja 1, USAMHI.

14. *Standartenführer* Lingner, 17.ª División de Granaderos Panzer de las SS, CSDIC, TNA WO 208/4140 SRM 1205.

15. «Defense of Höfen», *Infantry School Quarterly*, julio de 1948, CBMP, caja 4.

16. CBMP, caja 4.

17. Harry S. Arnold, Compañía E, 393.º Regimiento de Infantería, 99.ª División de Infantería, CBMP, caja 4.

18. Charles P. Roland, 99.ª División de Infantería, CBMP, caja 4.

19. Sidney Salins, CBMP, caja 4.

20. *General der Artillerie* Kruse, CSDIC, TNA WO 208/4178 GRGG 330 (c).

21. NARA RG 407 270/65/7/2 ML 2280.

22. Matt F. C. Konop, diario, 2.ª División de Infantería, CBMP, caja 2.

23. *Ibid.*

24. NARA RG 498 290/56/2/3, caja 1455.

25. NARA RG 498 290/56/2/3, caja 1463.

26. 28.ª División de Infantería, *ibid.*

27. 112.º Regimiento de Infantería, NARA RG 498 290/56/5/2, caja 3.

28. *Generalmajor* Siegfried von Waldenburg, 116.ª División Panzer, FMS A-873.

29. *Generalmajor* Heinz Kokott, «26th *Volksgrenadier* Division in the Ardennes Offensive», FMS B-040.

30. *Major* Frank, oficial al mando del batallón, III/13.º Regimiento *Fallschirmjäger*, CSDIC, TNA WO 208/4140 SRM 1148, y WO 208/5540 SIR 1375.

31. Heydte, CSDIC, TNA WO 208/5541 SIR 1425.

32. CSDIC, TNA WO 208/3611.

33. «Ardennes Offensive of Seventh Army», FMS A-876.

34. «The Ardennes», CSI Battlebook 10-A, mayo de 1984.

35. *Ibid.*

36. *Ibid.*

37. 16 de diciembre de 1944, CBHD.

38. *Ibid.*

39. Eisenhower, *Bitter Woods*, p. 266.

40. William R. Desobry Papers, USAMHI.

41. *PP*, p. 595.

42. *PP*, p. 596.

43. William H. Simpson Papers, caja 11, USAMHI.

44. CSDIC, TNA WO 208/5541 SIR 1444.

45. *Ibid.*
46. CSDIC, TNA WO 208/3628.
47. CSDIC, TNA WO 208/5541 SIR 1444.
48. TNA WO 171/4184.
49. *Ibid.*
50. Arthur S. Couch, «An American Infantry Soldier in World War II Europe», memorias inéditas, colección particular.
51. Orden a la 2.ª División, comandante William F. Hancock, 1.ᵉʳ Batallón, 9.º Regimiento de Infantería, 2.ª División de Infantería, CBMP, caja 2.
52. Peiper, ETHINT 10.

9. Domingo, 17 de diciembre

1. Matt F. C. Konop, diario, 2.ª División de Infantería, CBMP, caja 2.
2. Charles B. MacDonald, *Company Commander*, Nueva York, 2002, 82-83.
3. *Ibid.*
4. *General der Waffen-SS* H. Priess, I Cuerpo Panzer de las SS, FMS A-877.
5. Peter Schrijvers, *Unknown Dead: Civilians in the Battle of the Bulge*, Lexington, KY, 2005, pp. 35-36.
6. *Ibid*, p. 35.
7. CMH *Ardennes*, p. 261.
8. 254.º Batallón de Ingenieros, V Grupo de Ejércitos, NARA RG 498 290/56/2/3, caja 1455.
9. CBMP, caja 2.
10. *Gefreiter* W.P., 17 de diciembre de 1944, BfZ-SS.
11. 17 de diciembre de 1944, CBHD.
12. Ralph Ingersoll, *Top Secret*, Londres, 1946, p. 194.
13. Diario del I Ejército, citado en D. K. R. Crosswell, Beetle: *The Life of General Walter Bedell Smith*, Lexington, KY, 2010, p. 810.
14. Gaffey Papers, USAMHI.
15. 17 de diciembre de 1944, GBP.
16. *Oberstleutnant* Von der Heydte, ETHINT 75.
17. CMH *Ardennes*, pp. 156-157.
18. John S. D. Eisenhower, *The Bitter Woods*, Nueva York, 1970, p. 280.

19. *General der Panzertruppe* Horst Stumpff, ETHINT 61.
20. NARA RG 407 270/65/7/2 ML 2280.
21. Comandante Donald P. Boyer, 38.º Batallón de Infantería Acorazada, RWHP, caja 1.
22. AAR, 7.º Regimiento de Artillería de Defensa Aérea, RWHP, caja 1.
23. RWHP, caja 1.
24. *Ibid.*
25. 17 de diciembre de 1944, PWS.
26. 18 de diciembre de 1944, CBHD.
27. Schrijvers, *Unknown Dead*, p. 40.
28. *Obersturmbannführer* Joachim Peiper, 1.ᵉʳ Regimiento Panzer de las SS, ETHINT 10.
29. 3.ᵉʳ Batallón, 38.º Regimiento de Infantería, CBMP, caja 2.
30. 1.ᵉʳ Batallón, 9.º Regimiento de Infantería, 2.ª División de Infantería, CBMP, caja 2.
31. *Ibid.*
32. «The Ardennes», CSI Battlebook 10-A, mayo de 1984.
33. 3.ᵉʳ Batallón, 38.º Regimiento de Infantería, CBMP, caja 2.
34. MacDonald, *Company Commander*, pp. 97, 100.
35. 1.ᵉʳ Batallón, 9.º Regimiento de Infantería, 2.ª División de Infantería, CBMP, caja 2.
36. *Ibid.*
37. *General der Infanterie* Baptist Kniess, LXXXV Grupo de Ejércitos, ETHINT 40.
38. 28.ª División de Infantería, NARA RG 498 290/56/2/3, caja 1463.
39. Entrevista a Joseph Maertz, Clervaux, 22 de agosto de 1981, CBMP, caja 6.
40. «The Breakthrough to Bastogne», vol. II, Clervaux, texto mecanografiado, sin fecha, CMH, 8-3.1 AR.
41. Roger Cohen, «The Lost Soldiers of Stalag IX-B», *New York Times Magazine*, 27 de febrero de 2005.
42. Jean Servé, Clervaux, CBMP, caja 6.
43. «The Ardennes», CSI Battlebook 10-A.
44. 17 de diciembre de 1944, PWS.
45. Kniess, ETHINT 40.
46. Lüttwitz, XLVII.º Cuerpo Panzer, ETHINT 41.

47. NARA RG 407 270/65/8/2 ML 130.

48. Louis Simpson, *Selected Prose*, Nueva York, 1989, p. 134.

49. Walter Bedell Smith, *Eisenhower's Six Great Decisions*, Londres, 1956, p. 103.

50. Stanley Weintraub, *Eleven Days in December*, Nueva York, 2006, pp. 54-55.

10. Lunes, 18 de diciembre

1. NARA RG 498, 290/56/5/2, caja 3.

2. NARA RG 498 290/56/2/3, caja 1455.

3. V Cuerpo, NARA RG 498 290/56/2/3, caja 1455.

4. CBMP, caja 2.

5. 1.er Batallón, 9.º de Infantería, 2.ª División de Infantería, CBMP, caja 2.

6. CO, 2nd Bn, 394th Inf, NARA RG 407, E 427-A (270/65/4/7).

7. CBMP, caja 2.

8. V Cuerpo, NARA RG 498 290/56/2/3, caja 1455.

9. *Ibid.*

10. Charles B. MacDonald, *Company Commander*, Nueva York, 2002, p. 103.

11. V Cuerpo, NARA RG 498 290/56/2/3, caja 1455.

12. *Ibid.*

13. 3.er Batallón, 38.ª de Infantería, 2.ª División, CBMP, caja 2.

14. FO, C Battery, 371st FA Bn, 99.ª División de Infantería, Richard Henry Byers, «Battle of the Bulge», texto mecanografiado, 1983.

15. V Cuerpo, NARA RG 498 290/56/2/3, caja 1455.

16. Relato del ataque a Stavelot, Peiper,1.er Regimiento Panzer de las SS, ETHINT 10.

17. CMH *Ardennes*, p. 667.

18. J. Lawton Collins, SOOHP, USAMHI.

19. 18 de diciembre de 1944, PWS.

20. William H. Simpson Papers, caja 11 , USAMHI.

21. 21 de diciembre de 1944, PWS.

22. John S. D. Eisenhower, *The Bitter Woods*, Nueva York, 1970, p. 303.

23. Peiper, ETHINT 10.

24. Louis Simpson, *Selected Prose*, Nueva York, 1989, p. 134.

25. NARA RG 407 270/65/8/2 ML 130.

26. *Generalmajor* Heinz Kokott, 26.ª División *Volksgrenadier*, FMS B-040.

27. *Generalleutnant* Fritz Bayerlein, División *Panzer Lehr*, FMS A-942.

28. Para la defense de Wiltz véase, «The Breakthrough to Bastogne», texto mecanografiado, sin fecha, CMH 8-3.1 AR.

29. Para las tensiones en el XLVII Cuerpo Panzer véase, Kokott, FMS B-040.

30. Bayerlein, FMS A-942.

31. *Ibid.*, FMS A-941.

32. NARA RG 407 270/65/8/2 ML 130.

33. William R. Desobry Papers, USAMHI.

34. RWHP, caja 1.

35. *Hauptmann* Gaum, 3.ᵉʳ Batallón, CSDIC, TNA WO 208/3610.

36. *Generalmajor* Otto Remer, ETHINT 80 y FMS B-592.

37. 18 de diciembre de 1944, GBP.

38. PP, pp. 596-597.

39. Omar N. Bradley, *A Soldier's Story*, Nueva York, 1964, p. 469.

40. *Ibid.*

41. *Ibid.*

II. Skorzeny y Heydte

1. *Leutnant* Günther Schultz, Unidad Móvil de Interrogatorios de Campaña n.º 1, NARA RG 407 ML 2279.

2. 21 de diciembre de 1944, CBHD.

3. 22 de diciembre de 1944, CBHD.

4. 344/1/A TNA WO 171/4184.

5. 21 de diciembre de 1944, PWS.

6. Citado en Danny S. Parker, *Hitler's Ardennes Offensive: The German View of the Battle of the Bulge*, Londres, 1997, p. 172.

7. David Niven, *The Moon's a Balloon*, Londres, 1994, p. 258.

8. Lord Tryon, conversación con el autor, 6 de febrero de 2013.

9. Ernest Unger, conversación con el autor, 13 de diciembre de 2012.

10. TNA WO 171/4184.

11. *Ibid.*

12. 25 de diciembre de 1944, CBHD.

13. NARA RG 407 E 427 (270/65/8-9/6-1) ML 7, caja 24201.

14. General de brigada A. W. Brown, IWM Documents 13781 73/18/1.

15. 25 de diciembre de 1944, CBHD.

16. «Ardennes Offensive», *Obersturmbannführer* Otto Skorzeny, ETHINT 12.

17. *SS-Oberstgruppenführer* Sepp Dietrich, ETHINT 15.

18. Heydte, FMS B-823.

19. *Kampfgruppe* Heydte, CSDIC, TNA WO 208/5541 SIR 1444; y también TNA WO 208/3628, TNA WO 208/3612.

20. NARA RG 498 290/56/2, caja 1456.

21. V Grupo de Ejércitos, NARA RG 498 290/56/2/3, caja 1455.

22. 18 de diciembre de 1944, GBP; y V Grupo de Ejércitos, NARA RG 498 290/56/2/3, caja 1455.

23. NARA RG 498 290/56/2/3, caja 1459.

24. *Ibid.*

12. Martes, 19 de diciembre

1. Peter Schrijvers, *The Unknown Dead: Civilians in the Battle of the Bulge*, Lexington, KY, 2005, pp. 54-56.

2. Peiper, FMS C-004.

3. V Grupo de Ejércitos, NARA RG 498 290/56/2/3, caja 1455.

4. TNA WO 311/54.

5. Conversación con el *Obergefreiter* Pompe, de la 18.ª División *Volksgrenadier*, CSDIC, TNA WO 311/54.

6. NARA RG 407 290/56/5/1-3, caja 7.

7. Operaciones del VI Ejército Panzer, FMS A-924.

8. Kurt Vonnegut, C-Span, Nueva Orleans, 30 de mayo de 1995.

9. NARA RG 407 E 427-A (270/65/4/7).

10. CBMP, caja 4.

11. Kurt Vonnegut, C-Span, Nueva Orleans, 30 de mayo de 1995.

12. Coronel Walter Stanton, jefe del estado mayor adjunto del VIII Grupo de Ejércitos, NARA RG 407 270/65/8/2 ML 299.

13. Diario del *Oberleutnant* Behman, Maurice Delaval Collection, caja 7, USAMHI.

14. RWHP, caja 1.

15. *Ibid.*

16. *Hauptmann* Gaum, 3.ᵉʳ Batallón *Führerbegleitbrigade*, CSDIC, TNA WO 208/3611.

17. Hans Post, *One Man in his Time*, Sydney, 2002, p. 170.

18. Ralph Ingersoll, *Top Secret*, Londres, 1946, p. 162.

19. 20 de diciembre de 1944, CBHD.

20. Charles B. MacDonald, *A Time for Trumpets: The Untold Story of the Battle of the Bulge*, Nueva York, 1984, p. 420; Dwight D. Eisenhower, *Crusade in Europe*, Londres, 1948, p. 371.

21. D. K. R. Crosswell, *Beetle: The Life of General Walter Bedell Smith*, Lexington, KY, 2010, p. 812.

22. *PP*, p. 600.

23. 19 de diciembre de 1944, CBHD.

24. VIII Grupo de Ejércitos, NARA RG 407 270/65/8/2 ML 299.

25. «The Breakthrough to Bastogne», texto mecanografiado, sin fecha, CMH 8-3.1 AR.

26. Teniente Ed Shames, en Tim G. W. Holbert, «Brothers at Bastogne. Easy Company's Toughest Task», *World War II Chronicles*, invierno 2004/05, pp. 22-25.

27. Louis Simpson, *Selected Prose*, Nueva York, 1989, p. 121.

28. NARA RG 407 270/65/8/2 ML 130.

29. *Generalmajor* Heinz Kokott, 26.ª División *Volksgrenadier*, FMS B-040.

30. *Ibid.*

31. *Ibid.*

32. *Generalleutnant* Fritz Bayerlein, FMS A-941.

33. *Ibid.*

34. Kokott, FMS B-040.

35. William R. Desobry Papers, USAMHI, y NARA RG 407 270/65/8/2 ML 130.

36. NARA RG 407 270/65/8/2 ML 130.

37. William R. Desobry Papers, USAMHI.

38. Holbert, «Brothers at Bastogne. Easy Company's Toughest Task», pp. 22-25.

39. Citado en George E. Koskimaki, *The Battered Bastards of Bastogne: The 101st Airborne in the Battle of the Bulge*, Nueva York, 2007, p. 113.

40. CMH *Medical*, pp. 409-414.

41. William R. Desobry Papers, USAMHI.

42. CMH *Medical*, p. 414.

43. Carol Mather, *When the Grass Stops Growing*, Barnsley, 1997, pp. 284-287.

44. *Ibid.*, p. 286.

45. *Ibid.*, p. 287.

46. *Ibid.*

47. Crosswell, p. 814.

48. CMH SC, p. 378.

49. Kenneth Strong, *Intelligence at the Top*, Londres, 1970, p. 226.

50. Coningham, FCP SC.

51. Bedell Smith, FCP SC.

52. Ingersoll, p. 205.

53. Chester B. Hansen Collection, caja 42, S-25, USAMHI.

13. Miércoles, 20 de diciembre

1. Carol Mather, *When the Grass Stops Growing*, Barnsley, 1997, p. 287.

2. Sir Carol Mather docs., IWM, 11/28/1 5.

3. *Ibid.*

4. Dempsey, FCP SC.

5. Citado en Nigel Hamilton, *Monty: Master of the Battlefield 1942-1944*, Londres, 1984, p. 213.

6. Mather, p. 288.

7. Bedell Smith, FCP SC.

8. 21 de diciembre de 1944, PWS.

9. Ralph Ingersoll, *Top Secret*, Londres, 1946, p. 200.

10. «The Ardennes», CSI Battlebook 10-A, mayo de 1984.

11. *Ibid.*

12. Carlos Baker, *Ernest Hemingway: A Life Story*, Nueva York, 1969, p. 558.

13. *Generalmajor* Siegfried von Waldenburg, 116.ª División Panzer, FMS A-873.

14. Teniente Ed Shames, en Tim G. W. Holbert, «Brothers at Bastogne. Easy Company's Toughest Task», *World War II Chronicles*, invierno de 2004/05, pp. 22-25.

15. Citado en Peter Schrijvers, *Those Who Hold Bastogne*, New Haven, CN, 2014, p. 63.

16. Charles B. MacDonald, *A Time for Trumpets: The Untold Story of the Battle of the Bulge*, Nueva York, 1984, pp. 499-500.

17. *Generalmajor* Heinz Kokott, 26.ª División *Volksgrenadier*, FMS B-040.

18. *Ibid.*

19. *Ibid.*

20. *Ibid.*

21. Louis Simpson, *Selected Prose*, Nueva York, 1989, pp. 137-138.

22. Charles B. MacDonald, *The Battle of the Bulge*, Londres, 1984, pp. 448-449.

23. RWHP, caja 1

24. Comandante Donald P. Boyer Jr., S-3, «Narrative Account of Action of 38th Armored Infantry Battalion», sin fecha, RWHP, caja 1.

25. *Generalmajor* Otto Remer, ETHINT 80.

26. Mack Morriss, «The Defense of Stavelot», *Yank*, 9 de febrero de 1945.

27. NARA RG 407 290/56/5/1-3, caja 7.

28. *Ibid.*

29. Operaciones del VI Ejército Panzer, FMS A-924.

30. V Grupo de Ejércitos, NARA RG 498 290/56/2/3, caja 1455.

31. Richard H. Byers, «The Battle of the Bulge», Richard H. Byers Papers, caja 1, USAMHI.

32. 3.ª División *Panzergrenadier*, FMS A-978.

33. Peter Schrijvers, *The Unknown Dead: Civilians in the Battle of the Bulge*, Lexington, KY, 2005, p. 30.

34. MacDonald, *A Time for Trumpets*, p. 406.

35. Arthur S. Couch, «An American Infantry Soldier in World War II Europe», memorias inéditas, colección particular.

36. MacDonald, *A Time for Trumpets*, p. 407.

37. Martin Lindsay, *So Few Got Through*, Barnsley, 2000, p. 161.

38. J. W. Cunningham, IWM Documents 15439 06/126/1.

39. General de brigada A. W. Brown, IWM Documents 13781 73/18/1.

40. TNA WO 231/30.

41. Bedell Smith, FCP SC.

42. *Time*, 1 de enero de 1945.

43. 21 de diciembre de 1944, Hobart Gay Papers, USAMHI.

44. Memorándum, R. H. C. Drummond-Wolff, Liberated Territo-

ries Desk, PWD, 21 de diciembre de 1944, C. D. Jackson Papers, caja 3, DDE Lib.

45. Fritz Hockenjos, *Kriegstagebuch*, BA-MA, MsG2 4038.
46. LHC-DP, n.º 217, II, 5, citado en Ian Kershaw, *The End: Hitler's Germany 1944-1945*, Londres, 2011, p. 156.
47. Antony Beevor, *Berlin: The Downfall 1945*, Londres, 2002, p. 1.
48. CSDIC, TNA WO 208/4364 GRGG 235/6.
49. *Ibid.*
50. *Ibid.*
51. *Ibid.*

14. Jueves, 21 de diciembre

1. Peiper, FMS C-004.
2. Peter Schrijvers, *The Unknown Dead: Civilians in the Battle of the Bulge*, Lexington, KY, 2005, pp. 57-58.
3. NARA RG 407 290/56/5/1-3, caja 7.
4. Mack Morriss, «The Defense of Stavelot», *Yank*, 9 de febrero de 1945.
5. 21 de diciembre de 1944, PWS.
6. 24 de diciembre de 1944, CBHD.
7. 21 de diciembre de 1944, CBHD.
8. 21 de diciembre de 1944, PWS.
9. J. Lawton Collins, SOOHP, caja 1, USAMHI.
10. Jonathan M. Soffer, *General Matthew B. Ridgway*, Westport, CN, 1998, p. 71.
11. Comandante Donald P. Boyer Jr., RWHP, caja 1.
12. *Ibid.*
13. *Ibid.*
14. RWHP, caja 1.
15. Schrijvers, *Unknown Dead*, p. 169.
16. Richard D. Sparks, «A Walk through the Woods», 2003, http://www.ryansdom.com/theryans/sparks/adobe/walk2.pdf.
17. *Generalmajor* Siegfried von Waldenburg, 116.ª División Panzer, FMS A-873.
18. 4.º Regimiento *Panzergrenadier* de las SS *Der Führer*, FMS P-109b.
19. Waldenburg, FMS A-873.

20. NARA RG 407 270/65/8/2 ML 130.

21. *PP*, p. 603.

22. NARA RG 407 270/65/8/2 ML 130.

23. Robert Harwick, «Christmas for Real!», *The Magazine of the Gulf Companies*, noviembre-diciembre de 1945, pp. 70-71.

24. *Ibid*.

25. *Ibid*.

26. *General der Panzertruppe* Heinrich von Lüttwitz, XLVII.º Cuerpo Panzer, FMS A-939.

27. George E. Koskimaki, *The Battered Bastards of Bastogne: The 101st Airborne in the Battle of the Bulge*, Nueva York, 2007, p. 148.

15. Viernes, 22 de diciembre

1. Maurice Delaval Collection, caja 7, USAMHI.

2. Sección I & R, 423.º de Infantería, 106.ª División, Richard D. Sparks, «A Walk through the Woods», 2003, http://www.ryansdom.com/theryans/sparks/adobe/walk2.pdf.

3. Sam Bordelon, *Ibid*.

4. 22 de diciembre de 1944, RWHP, caja 1.

5. Misc'l AG Records, NARA RG 407 E 427 2280, caja 2425.

6. Sparks, «A Walk through the Woods».

7. Misc'l AG Records, NARA RG 407 E 427 2280, caja 2425.

8. Retirada al otro lado del río Salm, *ibid*.

9. Maurice Delaval Collection, caja 7, USAMHI.

10. Para la población civil de Bütgenbach véase, Peter Schrijvers, *The Unknown Dead: Civilians in the Battle of the Bulge*, Lexington, KY, 2005, pp. 26-27.

11. Para la localidad de Stoumont y los soldados de las SS heridos, véase NARA RG 407 290/56/5/1-3, caja 7.

12. *Generalmajor* Heinz Kokott, 26.ª División *Volksgrenadier*, FMS B-040.

13. *Ibid*.

14. Para los dos soldados alemanes en Mande-Saint-Étienne, véase André Meurisse, citado en George E. Koskimaki, *The Battered Bastards of Bastogne: The 101st Airborne in the Battle of the Bulge*, Nueva York, 2007, pp. 221-222.

15. Entrevista a Bedell Smith, FCP SC.

16. J. Lawton Collins, SOOHP, caja 1, USAMHI.

17. John S. D. Eisenhower, *The Bitter Woods*, Nueva York, 1970, p. 453.

18. Para el avance hacia Marche, véase *General der Panzertruppe* Heinrich von Lüttwitz, XLVII Cuerpo Panzer, FMS A-939.

19. Informe del 23.º de Húsares, William H. Simpson Papers, caja 11, USAMHI.

20. Para lo de un terreno elevado al suroeste de Marche, véase *Oberstleutnant* Rüdiger Weiz, 2.ª División Panzer, FMS B-456.

21. Para el cambio de ruta de la 116.ª División Panzer, véase *Generalmajor* Siegfried von Waldenburg, FMS A-873.

22. 22 de diciembre de 1944, CBHD.

23. *Ibid.*

24. Eisenhower, *Bitter Woods*, p. 422.

25. CMH SC, p. 381.

26. Ralph Ingersoll, *Top Secret*, Londres, 1946, pp. 201-204.

16. Sábado, 23 de diciembre

1. CMH *Ardennes*, p. 468.

2. *Ibid.*

3. John S. D. Eisenhower, *The Bitter Woods*, Nueva York, 1970, p. 424.

4. *Generalleutnant* Karl Thoholte, «Army Group B Artillery in the Ardennes», FMS B-311.

5. ETO Historical Division, NARA RG 498 290/57/17/6.

6. Royce L. Thompson, «Air Resupply to Isolated Units, Ardennes Campaign», OCMH, febrero de 1951, texto mecanografiado, CMH 2-3.7 AE P.

7. *General der Waffen SS* H. Priess, I Cuerpo Panzer de las SS, FMS A-877.

8. William H. Simpson Papers, caja 11, USAMHI.

9. Peter Schrijvers, *The Unknown Dead: Civilians in the Battle of the Bulge*, Lexington, KY, 2005, pp. 27-28.

10. *Major* Herbert Büchs, ETHINT 34.

11. *Generalmajor* Heinz Kokott, 26.ª División *Volksgrenadier*, FMS B-040.

12. *Ibid.*

13. *Ibid.*

14. *Ibid.*

15. «Air Resupply to Isolated Units, Ardennes Campaign».

16. Martin Wolfe, *Green Light!*, Philadelphia, PA, 1989, p. 348.

17. George E. Koskimaki, *The Battered Bastards of Bastogne: The 101st Airborne in the Battle of the Bulge*, Nueva York, 2007, p. 257.

18. *Ibid.*

19. CMH *Medical*, p. 420.

20. Kokott, FMS B-040.

21. «From then on», Koskimaki, p. 147.

22. Louis Simpson, *Selected Prose*, Nueva York, 1989, p. 138.

23. *Ibid*, p. 139.

24. NARA RG 498 290/56/2/3, caja 1455.

25. V Cuerpo, *ibid.*

26. 22 de diciembre de 1944, PWS.

27. A. J. Cowdery, Civil Affairs, IWM Documents 17395 10/18/1.

28. Derrick Jones, IWM Documents 4309.

29. Henry Dubois, citado en Jean-Michel Delvaux, *La Bataille des Ardennes autour de Rochefort*, 2 vols., Hubaille, 2004-2005, I, p. 333.

30. Jean-Michel Delvaux, *La Bataille des Ardennes autour de Celles*, Hubaille, 2003, pp. 38-39.

31. *Ibid*, pp. 81-82.

32. CMH *Ardennes*, p. 437.

33. Delvaux, *Rochefort*, I, pp. 238-239 y II, p. 236.

34. 23 de diciembre de 194445, FDRL MR.

17. Domingo, 24 de diciembre

1. 24 de diciembre de 1944, CBHD.

2. *Ibid.*

3. *Ibid.*

4. *Ibid.*

5. «The Intervention of the Third Army: III Corps in the Attack», texto mecanografiado, sin fecha, CMH 8-3.1 AR.

6. VIII Grupo de Ejércitos, III Ejército, NARA RG 498 290/56/2/3, caja 1463.

7. VII Grupo de Ejércitos, NARA RG 498 290/56/2/3, caja 1459.

8. NARA RG 498, 290/56/5/2, caja 3.

9. VIII Grupo de Ejércitos, III Ejército, NARA RG 498 290/56/2/3, caja 1463.

10. *Ibid.*

11. *Ibid.*

12. *Generalmajor* Ludwig Heilmann, 5.ª División *Fallschirmjäger*, FMS B-023.

13. Robert R. Summers *et al.*, «Armor at Bastogne», Armored School, Advanced Course, mayo de 1949, CARL N-2146.71-72.

14. 24 de diciembre de 1944, diario de Robert Calvert Jr., Compañía C, 51.º Batallón de Infantería Acorazada, 4.ª División Acorazada, *American Valor Quarterly*, verano de 2008, p. 22.

15. NARA RG 407 290/56/5/1-3, caja 7.

16. 24 de diciembre de 1944, PWS.

17. 8 de enero de 1945, CBHD.

18. John S. D. Eisenhower, *The Bitter Woods*, Nueva York, 1970, p. 449.

19. Para la costumbre adoptada por los hombres de la 82.ª División Aerotransportada de conservar los montones de cadáveres congelados de los alemanes, véase William A. Carter, texto mecanografiado, 1983, CEOH, caja V, 14, XII, p. 22.

20. CSDIC, TNA WO 208/4140 SRM 1150.

21. *Generalmajor* Siegfried von Waldenburg, 116.ª División Panzer, FMS A-873.

22. VII Cuerpo, NARA RG 498 290/56/2/3, caja 1459.

23. FMS A-873.

24. Para la actuación del 3.er Regimiento Real Acorazado en Sorinnes, véase general de brigada A. W. Brown, IWM Documents 13781 73/18/1.

25. David W. Hogan Jr., *A Command Post at War: First Army Headquarters in Europe, 1943-1945*, Washington, DC, 2000, p. 223.

26. Eisenhower, *Bitter Woods*, p. 466.

27. *Oberstleutnant* Rüdiger Weiz, 2.ª División Panzer, FMS B-456.

28. *Ibid.*

29. Para el *Sondereinheitkommando* 8, véase A. J. Cowdery, Civil Affairs, IWM Documents 17395 10/18/1.

30. TNA WO 171/4184.

31. Para la matanza de Bande y el caso de Léon Praile, véase Jean-

Michel Delvaux, *La Bataille des Ardennes autour de Rochefort*, 2 vols., Hubaille, 2004-2005, I, pp. 17-41.

32. Heinz Guderian, *Panzer Leader*, Nueva York, 1996, pp. 310-311.

33. Para el episodio de Hemingway y Gellhorn, véase Carlos Baker, *Ernest Hemingway: A Life Story*, Nueva York, 1969, pp. 558-559.

34. Para los heridos en Bastogne, véase CMH *Medical*, p. 418.

35. Stanley Weintraub, *Eleven Days in December*, Nueva York, 2006, p. 137.

36. Simone Hesbois, *Rochefort*, I, pp. 328-329.

37. Para la anécdota de Liliane Delhomme en Rochefort, Delvaux, *Rochefort*, II, p. 240.

38. Para el detalle de las raciones C heladas, véase Gerald Astor, *Battling Buzzards: The Odyssey of the 517th Parachute Regimental Combat Team 1943-1945*, Nueva York, 1993, p. 300.

39. PFC Warren Wilson, I Compañía, 2.º Batallón, 395.º Regimiento de Infantería, Weintraub, p. 125.

40. Frederick A. McDonald, *Remembered Light: Glass Fragments from World War II*, San Francisco, 2007, p. 29.

18. Día de Navidad

1. Para el bombardeo de Bastogne, véase Peter Schrijvers, *Those Who Hold Bastogne*, New Haven, CN, 2014, pp. 119-120.

2. *Generalmajor* Heinz Kokott, 26.ª División *Volksgrenadier*, FMS B-040.

3. 502.º Regimiento de Infantería Paracaidista, VIII Grupo de Ejércitos, NARA RG 498 290/56/2/3, caja 1463.

4. PFC Leonard Schwartz, George E. Koskimaki, *The Battered Bastards of Bastogne: The 101st Airborne in the Battle of the Bulge*, Nueva York, 2007, p. 325.

5. 502.º Regimiento de Infantería Paracaidista, VIII Grupo de Ejércitos, NARA RG 498 290/56/2/3, caja 1463.

6. Kokott, FMS B-040.

7. Cabo Jackson, del 502.º Regimiento de Infantería Paracaidista, VIII Grupo de Ejércitos, NARA RG 498 290/56/5/2, caja 3.

8. Kokott, FMS B-040.

9. TNA WO 311 /54.

10. FMS B-040.

11. Para el lanzamiento de materiales necesarios en paracaídas el día de Navidad, véase Royce L. Thompson, «Air Resupply to Isolated Units, Ardennes Campaign», OCMH, febrero de 1951, texto mecanografiado, CMH 2-3.7 AE P.

12. NARA RG 407 270/65/8/2 ML 130.

13. NARA RG 498 290/56/5/2, caja 3.

14. Denyse de Coune, «Souvenirs de guerre: Assenois 1944-1945», p. 125, citado en Peter Schrijvers, *The Unknown Dead: Civilians in the Battle of the Bulge*, Lexington, KY, 2005, p. xiii.

15. *General der Panzertruppe* Heinrich von Lüttwitz, XLVII.º Cuerpo Panzer, FMS A-939.

16. Para Haid, Hubert y Sibret, véase Jean-Michel Delvaux, *La Bataille des Ardennes autour de Rochefort*, 2 vols., Hubaille, 2004-2005, I, p. 341.

17. Para el avance desde Sorinnes, véase general de brigada A. W. Brown, IWM Documents 13781 73/18/1.

18. Para la presencia de vehículos blindados en Celles, véase TNA WO 231/30.

19. Jean-Michel Delvaux, *La Bataille des Ardennes autour de Celles*, Hubaille, 2003, p. 103.

20. *Generalmajor* Siegfried von Waldenburg, 116.ª División Panzer, FMS A-873.

21. VIII Grupo de Ejércitos, NARA RG 498 290/56/2/3, caja 1463.

22. VIII Grupo de Ejércitos, NARA RG 407 270/65/8/2 ML 299.

23. *PP*, p. 606.

24. Schrijvers, *Unknown Dead*, p. 31.

25. Richard Henry Byers, «Battle of the Bulge», texto mecanografiado, 1983.

26. *Leutnant* Martin Opitz, 295.ª División *Volksgrenadier*, NARA RG 407 290/56/5/1-3, caja 7.

27. Chester B. Hansen Collection, caja 42, S-7, USAMHI.

28. *PP*, p. 606.

29. Chester B. Hansen Collection, caja 42, S-7, USAMHI.

30. Stanley Weintraub, *Eleven Days in December*, Nueva York, 2006, p. 79.

19. MARTES, 26 DE DICIEMBRE

1. 26 de diciembre de 1944, CBHD.

2. *PP*, p. 605.

3. *PP*, p. 607.

4. Para los incendios en Bastogne, véase Peter Schrijvers, *Those Who Hold Bastogne*, New Haven, CN, 2014, p. 130.

5. Royce L. Thompson, «Air Resupply to Isolated Units, Ardennes Campaign», OCMH, febrero de 1951, texto mecanografiado, CMH 2-3.7 AE P.

6. 26 de diciembre de 1944, CBHD.

7. CMH *Medical*, p. 422.

8. *American Valor Quarterly*, verano de 2008, p. 19.

9. Para Assenois, véase NARA RG 407 270/65/8/2 ML 130.

10. *Generalmajor* barón Rudolf von Gersdorff y *Generalmajor* Heinz Kokott, ETHINT 44.

11. *Major* Frank, al mando del 3.er Batallón del 13.º Regimiento *Fallschirmjäger*, CSDIC, TNA WO 208/4140 SRM 1148.

12. *General der Panzertruppe* Heinrich von Lüttwitz, XLVII.º Cuerpo *Panzer*, ETHINT 42.

13. Para Martha Gellhorn y Leland Stowe en el cuartel general de Bradley, véase 26 de diciembre de 1944, CBHD.

14. General de brigada A. W. Brown, IWM Documents 13781 73/18/1.

15. Para la orden de retirada enviada al *Kampfgruppe* Holtmeyer, *General der Panzertruppe* Heinrich von Lüttwitz, XLVII.º Cuerpo Panzer, FMS A-939.

16. *Oberstleutnant* Rüdiger Weiz, 2.ª División Panzer, FMS B-456.

17. Jean-Michel Delvaux, *La Bataille des Ardennes autour de Rochefort*, 2 vols., Hubaille, 2004-2005, I, p. 218.

18. Para Buissonville, véase *ibid*, y pp. 304 y 308.

19. Coronel Shaffer F. Jarrell, VII Grupo de Ejércitos, NARA RG 498 290/56/2/3, caja 1459.

20. Jean-Michel Delvaux, *La Bataille des Ardennes autour de Celles*, Hubaille, 2003, p. 94.

21. Diario de la hermana Alexia Bruyère, 26 de diciembre de 1944, citado en Delvaux, *Rochefort*, I, p. 143.

22. Para el *Kampfgruppe* de la 116.ª División Panzer que quedó rodeada, véase *Generalmajor* Siegfried von Waldenburg, FMS A-873.

23. *Generalmajor* Otto Remer, ETHINT 80.

24. MC A de la 3.ª División Acorazada, TNA WO 231/30.

25. Para el 3.ᵉʳ Regimiento *Panzergrenadier* de las SS y Grandménil, véase FMS P-109.

26. Alfred Zerbel, 3.ᵉʳ Regimiento *Panzergrenadier* de las SS *Deutschland*, FMS P-109.

27. NARA RG 498 290/56/2/3, caja 1463.

28. Peter Schrijvers, *The Unknown Dead: Civilians in the Battle of the Bulge*, Lexington, KY, 2005, p. 183.

29. *Ibid.*

30. *Leutnant* Martin Opitz, 295.ª División *Volksgrenadier*, NARA RG 407 290/56/5/1-3, caja 7.

31. *Ibid.*

32. Para la campaña de bombardeos, La Roche, TNA WO 231/30.

33. 26 de diciembre de 1944, PWS.

34. 26 de diciembre de 1944, CBHD.

35. 27 de diciembre de 1944, *PP*, p. 608.

36. Samuel W. Mitcham Jr., *Panzers in Winter*, Mechanicsburg, PA, 2008, pp. 153-154.

37. Nicolaus von Below, *Als Hitlers Adjutant, 1937-1945*, Maguncia, 1980, p. 398.

20. Preparación de la contraofensiva aliada

1. Para los lanzamientos con paracaídas sobre Bastogne del 27 de diciembre, véase Royce L. Thompson, «Air Resupply to Isolated Units, Ardennes Campaign», OCMH, febrero de 1951, texto mecanografiado, CMH 2-3.7 AE P.

2. Para la anécdota del aterrizaje de panza, véase George E. Koskimaki, *The Battered Bastards of Bastogne: The 101st Airborne in the Battle of the Bulge*, Nueva York, 2007, pp. 365-366.

3. XII Grupo de Ejércitos, NARA RG 407 270/65/7/2 ML 209.

4. 28 de diciembre de 1944, PWS.

5. 28 de diciembre de 1944, CBHD.

6. Carta de Montgomery a Mountbatten, 25 de diciembre de 1944, Nigel Hamilton, *Monty: The Field Marshal 1944-1976*, Londres, 1986, p. 238.

7. CMH *Ardennes*, p. 610.

8. 27 de diciembre de 1944, PWS.

9. *Ibid.*

10. J. Lawton Collins, SOOHP, USAMHI.

11. CMH *Ardennes*, p. 612.

12. William H. Simpson Papers, caja 11, USAMHI.

13. Para el plan de Montgomery esbozado en Zonhoven, véase el diario de Crerar, TNA CAB 106/1064.

14. Diario de Alanbrooke, 30 de diciembre de 1944, LHCMA.

15. Citado en Russell F. Weigley, *Eisenhower's Lieutenants*, Bloomington, IN, 1990, pp. 542-543.

16. Citado en Hamilton, *Monty: The Field Marshal*, p. 275.

17. DDE Lib, caja 83.

18. Eisenhower en la reunión del SHAEF de 30 de diciembre de 1944, notas del mariscal jefe del Aire sir James Robb, NARA RG 319 270/19/5-6/7-1, cajas 215-216 2-3.7 CB 8.

19. F. de Guingand, citado en Hamilton, *Monty: The Field Marshal*, p. 279.

20. DDE Lib, caja 83.

21. Diario de Robert Calvert Jr., Compañía C, 51.º Batallón de Infantería Mecanizada, 4.ª División Acorazada, *American Valor Quarterly*, verano de 2008, p. 22.

22. *Generalmajor* Otto Remer, ETHINT 80.

23. *Ibid.*

24. *General der Panzertruppe* Heinrich von Lüttwitz, XLVII.º Cuerpo Panzer, FMS A-939.

25. Para los combates en Chenogne y Sibret, véase Remer, ETHINT 80.

26. Stephen Ambrose, *Band of Brothers*, Nueva York, 2001, p. 194.

27. Koskimaki, p. 393.

28. *Ibid*, p. 391.

29. Para el batallón de la 35.º División, véase MFF-7, C1-107.

30. CMH *Ardennes*, p. 626.

31. Para los combates en los alrededores de Lutrebois, véase III Grupo de Ejércitos, NARA RG 498 290/56/5/2, caja 3.

32. *Generalmajor* Ludwig Heilmann, 5.ª División *Fallschirmjäger*, FMS B-023.

33. *Generalmajor* Heinz Kokott, 26.ª División *Volksgrenadier*, FMS B-040.

34. TNA WO 311/54.

35. Registro diario del III Ejército, 31 de diciembre de 1944, Gaffey Papers, USAMHI.

36. 30 de diciembre de 1944, CBHD.

37. Carta, Eugene A. Watts, S-3, 52.º Batallón de Infantería Mecanizada, 9.ª División Acorazada, 28 de febrero de 1985, CBMP, caja 1.

38. Para la 6.ª División Aerotransportada, véase Edward Horrell, IWM Documents 17408 10/4/1.

39. Para los belgas y el material alemán abandonado, véase Jean-Michel Delvaux, *La Bataille des Ardennes autour de Celles*, Hubaille, 2003, p. 40.

40. Para el oficial alemán muerto, véase *ibid*, p. 36.

41. A. J. Cowdery, Civil Affairs, IWM Documents 17395 10/18/1.

42. Liliane Delhomme, Jean-Michel Delvaux, *La Bataille des Ardennes autour de Rochefort*, 2 vols., Hubaille, 2004-2005, II, p. 241.

43. Sargento de lanceros Walker, carta de su hijo, el mariscal del aire sir David Walker, al autor 27 de abril de 2014.

44. Para el detalle de las copas de *highball* y el pavo, véase William H. Simpson Papers, caja 11 , USAMHI.

45. G. Patrick Murray, 1973, SOOHP.

46. 31 de diciembre de 1944, PWS.

47. 31 de diciembre de 1944, CBHD.

48. Ursula von Kardorff, *Diary of a Nightmare: Berlin 1942-1945*, Londres, 1965, p. 161.

49. *Leutnant* Martin Opitz, 295.ª División *Volksgrenadier*, NARA RG 407 290/56/ 5/1-3, caja 7.

21. Sorpresa doble

1. *HLB*, pp. 514, 517.

2. *Fähnrich* Schmid, TNA WO 208/4134 SRA 5615.

3. *Oberleutnant* Hartigs, 4/JG 26, TNA WO 208/4135 SRA 5767.

4. TNA WO 208/4134 SRA 5515.

5. Hartigs, TNA WO 208/4135 SRA 5764 20/1/45.

6. *Feldwebel* Halbritter, TNA WO 208/4134 SRA 5569.

7. CSDIC, TNA WO 208/4135 SRA 5760 23/1/45.

8. CSDIC, TNA WO 208/4177.

9. CSDIC, TNA WO 208/4292 USAFE/M.72.

10. CSDIC, TNA WO 208/4164 SRX 21091.

11. *Ibid.*

12. *Oberstleutnant* Johann Kogler, CSDIC, TNA WO 208/4177.

13. CSDIC, TNA WO 208/4178.

14. CSDIC, TNA WO 208/4177.

15. *Oberleutnant* Hartigs, FW 190 4/JG 26, CSDIC, TNA WO 208/4164 SRX 2086.

16. *Ibid.*

17. CSDIC, TNA WO 208/4164 SRX 2086.

18. Sebastian Cox, del Air Historical Branch of the Ministry of Defence, *e-mail* al autor, 18 de agosto de 2014. Deseo expresarle mi más sincero agradecimiento por sus correcciones y por las cifras exactas de las pérdidas de aviones por ambas partes.

19. 1 de enero de 1945, PWS.

20. 2 de enero de 1945, PWS.

21. William H. Simpson Papers, caja 11, USAMHI.

22. Sebastian Cox, *e-mail* al autor, 18 de agosto de 2014.

23. William H. Simpson Papers, caja 11, USAMHI.

24. Nicolaus von Below, *Als Hitlers Adjutant, 1937-1945*, Maguncia, 1980, p. 399.

25. Carta enviada al coronel Waine Archer por el coronel Pete T. Heffner Jr., 3 de enero de 1945, NARA RG 498 290/56/5/3, caja 1463.

26. Para el pánico en Estrasburgo, véase NARA RG 331, actas del SHAEF (290/715/2) E-240P, caja 38.

27. De Gaulle, *Mémoires de Guerre: Le salut, 1944-1946*, París, 1959, p. 145.

28. Diario de James Robb, DDE Lib, Papers, Pre-Pres., caja 98.

29. Dwight D. Eisenhower, *Crusade in Europe*, Londres, 1948, p. 396.

30. De Gaulle, *Mémoires de Guerre: Le salut, 1944-1946*, p. 148.

31. Eisenhower, *Crusade in Europe*, p. 396.

32. 4 de enero de 1945, DCD.

33. Carta enviada al coronel Waine Archer por el coronel Pete T. Heffner Jr., 5 de enero de 1945, NARA RG 498 290/56/5/3, caja 1463.

34. *PDDE*, IV, 2491.

35. 3 de enero de 1945, TNA HW 14/119.

36. Thomas E. Griess, 14 de octubre de 1970, York County Heritage Trust, York, PA, caja 94.

37. VI Grupo de Ejércitos, NARA RG 498 290/56/5/3, caja 1463.
38. Chester B. Hansen Collection, caja 42, S-28, USAMHI.
39. 6 de enero de 1945, CBHD.
40. 8 de enero de 1945, CBHD.
41. *Ibid.*
42. 6 de enero de 1945, CBHD.
43. 5 de enero de 1945, CBHD.
44. TNA CAB 106/1107.
45. *Ibid.*
46. *Ibid.*
47. 8 de enero de 1945, CBHD.
48. TNA CAB 106/1107.

22. EL CONTRAATAQUE

1. *Generalmajor* Otto Remer, ETHINT 80.
2. 4 de enero de 1945, *PP*, p. 615.
3. *Ibid.*
4. *Ibid.*
5. CBHD, caja 5.
6. Ed Cunningham, «The Cooks and Clerks», *Yank*, 16 de marzo de 1945.
7. Teniente coronel Glavin, G-3 6.ª División Acorazada, VII Grupo de Ejércitos, NARA RG 498 290/56/2/3, caja 1459.
8. 6.ª División Acorazada, NARA RG 498 290/56/5/2, caja 3.
9. 11.ª División Acorazada, CMH *Ardennes*, p. 647.
10. 4 de enero de 1945, *PP*, p. 615
11. 17.ª División Aerotransportada, NARA RG 498 290/56/5/2, caja 3.
12. *Ibid.*
13. Coronel J. R. Pierce, NARA RG 498 290/56/5/2, caja 3.
14. Para el uso de la artillería para abrir pozos de tirador y trincheras, véase VII Grupo de Ejércitos, NARA RG 498 290/56/2/3, caja 1459.
15. 8 de enero de 1945, CBHD.
16. Sargento Isidore Jachman, Congressional Medal of Honor Library, vol. I, pp. 172-173, Peter Schrijvers, *Those Who Hold Bastogne*, New Haven, CN, 2014, p. 225.
17. VIII Grupo de Ejércitos, NARA RG 498 290/56/2/3, caja 1463.

18. *PP*, p. 615.
19. 3 de enero de 1945, PWS.
20. William H. Simpson Papers, caja 11, USAMHI.
21. 3 de enero de 45, PWS.
22. *Ibid.*
23. 4 de enero de 1945, CBHD.
24. Para los combates para ocupar Bure, véase Diario de guerra, 13.º Batallón del Regimiento Paracaidista, TNA WO 171/1246.
25. Para la anécdota de Yvonne Louviaux, véase Jean-Michel Delvaux, *La Bataille des Ardennes autour de Rochefort*, 2 vols., Hubaille, 2004-2005, II, pp. 123-124.
26. 6 de enero de 1945, PWS.
27. 7 de enero de 1945, Hobart Gay Papers, USAMHI.
28. José Cugnon, citado en Delvaux, *Rochefort*, II, p. 28.
29. *Ibid.*, I, p. 232.
30. Diario de la hermana Alexia Bruyère, citado *ibid.*, p. 143.
31. Capitán H. O. Sweet, IWM, 95/33/1.
32. NARA RG 165, Entry 178, caja 146353.
33. CSDIC, TNA WO 208/4157 SRN 4772 25/3/45.
34. General de división Kenneth Strong 02/14/2 3/25. Intelligence Notes n.º 33, IWM Documents 11656.
35. NARA RG 498 290/56/2/3, caja 1459.
36. MFF-7, C1-107.
37. VIII Grupo de Ejércitos, NARA RG 498 290/56/2/3, caja 1463.
38. NARA RG 498 290/56/2/3, caja 1466.
39. Para los prisioneros alemanes obligados a caminar descalzos, véase Gerald Astor, *A Blood-Dimmed Tide*, Nueva York, 1992, p. 375.
40. TNA WO 231/30.
41. Para las espoletas pozit, véase V Grupo de Ejércitos, NARA RG 498 290/56/2/3, caja 1455.
42. VII Grupo de Ejércitos, NARA RG 498 290/56/2/3, caja 1459.
43. *Generalmajor* Ludwig Heilmann, 5.ª División *Fallschirmjäger*, FMS B-023.
44. CSDIC, TNA WO 208/3616 SIR 1548.
45. *Feldwebel* Rösner, 7.ª Batería, 26.ª División *Volksgrenadier*, TNA WO 311/54.
46. Robert M. Bowen, *Fighting with the Screaming Eagles: With the 101st Airborne from Normandy to Bastogne*, Londres 2001, pp. 204-205.

47. Arzt Assistant Dammann, CSDIC, TNA WO 208/3616 SIR 1573.

48. Ernest O. Hauser, *Saturday Evening Post*, 10 de marzo de 1945.

49. Para las bajas no en acción, CMH *Medical*, pp. 385-386.

50. VII Grupo de Ejércitos, NARA RG 498 290/56/2/3, caja 1459.

51. *Ibid.*

52. *Ibid.*

53. *Ibid.*

54. 5.ª División de Infantería, XX Grupo de Ejércitos, NARA RG 498 290/56/2/3, caja 1465.

55. Para la 2.ª y la 9.ª Divisiones Panzer, véase *General der Panzertruppe* Heinrich von Lüttwitz, XLVII.º Cuerpo Panzer, FMS A-939.

56. 8 de enero de 1945, A. J. Cowdery, Civil Affairs, IWM Documents 17395 10/18/1.

57. *HLB*, p. 597.

58. *Generalmajor* Hans Bruhn, 533.ª División *Volksgrenadier*, CSDIC, TNA WO 208/4364 GRGG 240.

59. 11 de enero de 1945, William H. Simpson Papers, caja 11, USAMHI.

60. Coronel Liebisch, *Art of War Symposium*, US Army War College, Carlisle, PA, 1986, p. 617.

61. *Velikaya Otechestvennaya Voina*, Moscú, 1999, III, p. 26.

62. 15 de enero de 1945, CBHD.

63. *Generalleutnant* Von Heyking, 6.ª División *Fallschirmjäger*, TNA WO 171/4184.

23. La destrucción definitiva del saliente

1. Citado en mariscal del Aire sir James Robb, «Higher Direction of War», texto mecanografiado, 11 de noviembre de 1946, proporcionado por su hija.

2. Stephen Ambrose, *Band of Brothers*, Nueva York, 2001, p. 229.

3. Tim G. W. Holbert, «Brothers at Bastogne. Easy Company's Toughest Task», *World War II Chronicles*, invierno de 2004-2005, pp. 22-25.

4. 2.º Batallón, 506.ª en Rachamps, Ambrose, *Band of Brothers*, pp. 223-224.

5. NARA RG 498 290/56/5/3, caja 1463.

6. 14 de enero de 1945, A. J. Cowdery, Civil Affairs, IWM Documents 17395 10/18/1.

7. A. Fieber, 1.ᵉʳ Batallón, Regimiento Manchester de la 53.ª División (Gales), documentos del IWM 4050 84/50/1.

8. 2.º División Panzer, FMS P-109e.

9. Martin Lindsay, *So Few Got Through*, Barnsley, 2000, p. 160.

10. 2.ª División Panzer, FMS P-109e.

11. MFF-7, C1-100/101.

12. Patton, citado en Gerald Astor, *A Blood-Dimmed Tide*, Nueva York, 1992, p. 366.

13. Armored School, Fort Knox, General Instruction Dept, 16 de abril de 1948, CARL N-18000.127.

14. Citado en H. Essame, *The Battle for Germany*, Londres, 1970, p. 117.

15. 17 de enero de 1945, CBHD.

16. William H. Simpson Papers, caja 11 , USAMHI.

17. *Ibid.*

18. TNA CAB 106/1107.

19. Transcripción de conversación telefónica, William H. Simpson Papers, caja 11, USAMHI.

20. Montgomery a Brooke, 14 de enero de 1945, en Nigel Hamilton, *Monty: The Field Marshal 1944-1976*, Londres, 1986, p. 325.

21. William H. Simpson Papers, caja 11 , USAMHI.

22. 2 de diciembre de 1944, CBHD.

23. 24 de enero de 1945, Hobart Gay Papers, USAMHI.

24. NARA RG 407, E 427 2280, caja 2425.

25. Informes del XIX TAC, CMH SC, 395 n.º 111.

26. Joint Report N.º 1 by Operational Research Section 2nd Tactical Air Force & N.º 2 Operational Research Section, 21st Army Group, TNA WO 231/30.

27. *Generalmajor* Siegfried von Waldenburg, 116.ª División Panzer, FMS B-038.

28. 29 de enero de 1945, CBHD.

29. *PP*, p. 630.

30. William H. Simpson Papers, caja 11, USAMHI.

31. Así como lo de «Eagle Took», 16 de enero de 1945, CBHD.

32. 4 de febrero de 1945, CBHD.

33. *Ibid.*

34. Bajas civiles en Bélgica, CMH SC, p. 332.

35. 25 de enero de 1945, A. J. Cowdery, Civil Affairs, IWM Documents 17395 10/18/1.

36. Daños en La Roche, Peter Schrijvers, *The Unknown Dead: Civilians in the Battle of the Bulge*, Lexington, KY, 2005, p. 325.

24. Conclusión

1. Para el juicio de los integrantes del *Kampfgruppe* Peiper, véase FMS C-004.

2. Interrogatorio del *Generalfeldmarschall* Keitel y del *Generaloberst* Jodl, 20 de julio de 1945, TNA WO 231/30.

3. Para el repliegue al Mosa, véase VII Ejército, FMS A-876.

4. *Generaloberst* Alfred Jodl, FMS A-928.

5. 24 de diciembre de 1944, CBHD.

6. Jodl a Bedell Smith después de la guerra, CMH SC, p. 375 n. 47.

7. *Generalmajor* barón Rudolf von Gersdorff, FMS A-933.

8. *Generalleutnant* Fritz Bayerlein, División *Panzer Lehr*, FMS A-941.

9. Citado en D. K. R. Crosswell, *Beetle: The Life of General Walter Bedell Smith*, Lexington, KY, 2010, p. 837.

10. Churchill a Ismay, 10 de enero de 1945, TNA PREM 3 4 31/2.

11. Para las bajas aliadas en las Ardenas, véase CMH SC, p. 396; y Royce L. Thompson, OCMH, texto mecanografiado, 28 de abril de 1952, CMH 2-3.7 AE P-15.

12. Gerald K. Johnson, «The Black Soldiers in the Ardennes», *Soldiers*, febrero de 1981, pp. 16 y ss.

13. «The Service Diary of German War Prisoner #315136», sargento John Pl. Kline, Compañía M, 3.ᵉʳ Batallón, 423.º Regimiento de Infantería, CBMP, caja 2.

14. 19 de abril de 1945, GBP.

15. Vonnegut en C-Span, Nueva Orleans, 30 de mayo de 1995.

Bibliografía selecta

Ambrose, Stephen, *Band of Brothers*, Nueva York, 2001.

Arend, Guy Franz, *Bastogne et la Bataille des Ardennes*, Bastogne, 1974.

Astor, Gerald, *A Blood-Dimmed Tide*, Nueva York, 1992.

—, *Battling Buzzards: The Odyssey of the 517th Parachute Regimental Combat Team 1943-1945*, Nueva York, 1993.

Atkinson, Rick, *The Guns at Last Light*, Nueva York, 2013. (Hay trad. cast.: *Los cañones del atardecer: la guerra en Europa, 1944-1945*, Barcelona, 2014.)

Baker, Carlos, *Ernest Hemingway: A Life Story*, Nueva York, 1969.

Bauer, Eddy, *L'Offensive des Ardennes*, París, 1983.

Bedell Smith, Walter, *Eisenhower's Six Great Decisions*, Londres, 1956.

Beevor, Antony, *Berlin: The Downfall 1945*, Londres, 2002. (Hay trad. cast.: *Berlín: la caída, 1945*, Barcelona, 2003.)

—, *The Second World War*, Londres, 2012. (Hay trad. cast.: *La segunda guerra mundial*, Barcelona, 2012.)

Beevor, Antony, Artemis Cooper, *Paris after the Liberation, 1944-1949*, Londres, 1994. (Hay trad. cast.: *París después de la liberación*, Barcelona 2012.)

Belchem, David, *All in the Day's March*, Londres, 1978.

Below, Nicolaus von, *Als Hitlers Adjutant, 1937-1945*, Maguncia, 1980.

Bennet, Ralph, *Ultra in the West*, Nueva York, 1980.

Boberach, Heinz (ed.), *Meldungen aus dem Reich: Die geheimen Lageberichte des Sicherheitsdienstes der SS 1938-1945*, 17 vols., Herrsching, 1984.

Botsford, Gardner, *A Life of Privilege, Mostly*, Nueva York, 2003.

Bowen, Robert M., *Fighting with the Screaming Eagles: With the 101st Airborne from Normandy to Bastogne*, Londres, 2001.

Bradley, Omar N., *A Soldier's Story*, Nueva York, 1964.

Buckley, John, *Monty's Men: The British Army and the Liberation of Europe*, Londres, 2013.

Cole, Hugh M., *United States Army in World War II: The European Theater of Operations: The Ardennes: Battle of the Bulge*, Washington, DC, 1988.

Connell, J. Mark, *Ardennes: The Battle of the Bulge*, Londres, 2003.

Couch, Arthur S., «An American Infantry Soldier in World War II Europe», memorias inéditas, colección privada.

Crosswell, D. K. R., *Beetle: The Life of General Walter Bedell Smith*, Lexington, KY, 2010.

D'Este, Carlo, *Eisenhower: Allied Supreme Commander*, Londres, 2002.

De Gaulle, Charles, *Mémoires de Guerre: Le salut, 1944-1946*, París, 1959. (Hay trad. cast.: *Memorias de guerra: la salvación, 1944-1946*, Madrid, 2005.)

Delvaux, Jean-Michel, *La Bataille des Ardennes autour de Celles*, Hubaille, 2003.

—, *La Bataille des Ardennes autour de Rochefort*, 2 vols., Hubaille, 2004-2005.

Domarus, Max (ed.), *Reden und Proklamationen 1932-1945*, Wiesbaden, 1973.

Doubler, Michael D., *Closing with the Enemy: How GIs fought the War in Europe, 1944-1945*, Lawrence KA, 1994.

Dupuy, coronel R. Ernest, *St. Vith: Lion in the Way: The 106th Infantry Division in World War II*, Washington, DC, 1949.

Eisenhower, Dwight D., *Crusade in Europe*, Londres, 1948. (Hay trad. cast.: *Mi guerra en Europa*, Barcelona, 2007.)

Eisenhower, John S. D., *The Bitter Woods*, Nueva York, 1970.

Ellis, John, *The Sharp End: The Fighting Man in World War II*, Londres, 1990.

Elstob, P., *Bastogne: La Bataille des Ardennes*, París, 1968.

Ent, Uzal W. (ed.), *The First Century: A History of the 28th Infantry Division*, Harrisburg, PA, 1979.

Essame, H. *The Battle for Germany*, Londres, 1970.

Evans, Richard, *The Third Reich at War*, Londres, 2008. (Hay trad. cast.: *El Terecer Reich en guerra (1939-1945)*, Barcelona, 2011.)

Ferguson, Niall, *The War of the World*, Londres, 2007. (Hay trad. cast.: *La guerra del mundo*, Barcelona, 2007.)

Forty, George, *The Reich's Last Gamble: The Ardennes Offensive, December 1944*, Londres, 2000.

Friedrich, Jorg, *Der Brand: Deutschland im Bombenkrieg 1940-1945*, Berlín, 2002. (Hay trad. cast.: *El incendio. Alemania bajo el bombardeo*, Barcelona, 2003.)

Fussell, Paul, *The Boys' Crusade*, Nueva York, 2003.

Galtier-Boissière, Jean, *Mon journal pendant l'Occupation*, París, 1944.

Gehlen, Reinhard, *The Gehlen Memoirs*, Londres, 1972.

Gellhorn, Martha, *Point of No Return*, Nueva York, 1989 [novela].

Gilbert, Martin, *The Second World War*, Londres, 1989. (Hay trad. cast.: *La segunda guerra mundial*, Madrid, 2002.)

Guderian, Heinz, *Panzer Leader*, Nueva York, 1996. (Hay trad. cast.: *Recuerdos de un soldado*, Barcelona, 2008.)

Hamilton, Nigel, *Monty: Master of the Battlefield 1942-1944*, Londres, 1984.

—, *Monty: The Field Marshal 1944-1976*, Londres, 1986.

Hastings, Max, *Armageddon: The Battle for Germany 1944-45*, Londres, 2004. (Hay trad. cast.: *La guerra de Churchill*, Barcelona, 2010.)

—, *Finest Years: Churchill as Warlord, 1940-1945*, Londres, 2009.

Heiber, Helmut, y David Glantz, (eds.), *Hitler and his Generals: Military Conferences 1942-1945*, Londres, 2002.

—, *Hitlers Lagebesprechungen: Die Protokollfragmente seiner militärischen Konferenzen 1942-1945*, Múnich, 1984.

Hemingway, Ernest, *Across the River and into the Trees*, Nueva York, 1950 [novela]. (Hay trad. cast.: *Al otro lado del río y entre los árboles*, Barcelona, 2001.)

Henke, Klaus-Dietmar, *Die amerikanische Besetzung Deutschlands*, Múnich, 1995.

Hitchcock, William I., *Liberation: The Bitter Road to Freedom: Europe 1944-1945*, Londres, 2009.

Hogan, David W., Jr., *A Command Post at War: First Army Headquarters in Europe, 1943-1945*, Washington, DC, 2000.

Horrocks, Brian, *Corps Commander*, Londres, 1977.

Hynes, Samuel, *The Soldiers' Tale: Bearing Witness to Modern War*, Londres, 1998.

Ingersoll, Ralph, *Top Secret*, Londres, 1946.

Isaacson, Walter, *Kissinger: A Biography*, Londres, 1992.

Jordan, David, *The Battle of the Bulge: The First 24 Hours*, Londres, 2003.

Jung, Hermann, *Die Ardennen-Offensive 1944/45: Ein Beispiel für die Kriegführung Hitlers*, Gotinga, 1971.

Junge, Traudl, *Until the Final Hour: Hitler's Last Secretary*, Londres, 2002.

Kardorrf, Ursula von, *Diary of a Nightmare: Berlin 1942-1945*, Londres, 1965.

Kershaw, Alex, *The Longest Winter*, Nueva York, 2004.

Kershaw, Ian, *Hitler 1936-1945: Nemesis*, Londres, 2000. (Hay trad. cast.: *Hitler, 1936-1945*, Barcelona, 2005.)

—, *The End: Hitler's Germany 1944-1945*, Londres, 2011. (Hay trad. cast.: *El final: Alemania, 1944-1945*, Barcelona, 2013.)

Kershaw, Robert, *It Never Snows in September*, Londres, 2008.

Klemperer, Victor, *To the Bitter End: The Diaries of Victor Klemperer, 1942-1945*, Londres, 2000. (Hay trad. cast.: *Quiero dar testimonio hasta el final-Diarios, 1942-1945*, Barcelona, 2003.)

Koskimaki, George E., *The Battered Bastards of Bastogne: The 101st Airborne in the Battle of the Bulge*, Nueva York, 2007.

Lacouture, Jean, *De Gaulle: Le politique*, París, 1985.

Lindsay, Martin, *So Few Got Through*, Barnsley, 2000.

Ludewig, Joachim, *Rückzug: The German Retreat from France, 1944*, Lexington, KY, 2012.

MacDonald, Charles B., *A Time for Trumpets: The Untold Story of the Battle of the Bulge*, Nueva York, 1984; *The Battle of the Bulge*, Londres, 1984.

—, *The Mighty Endeavour: The American War in Europe*, Nueva York, 1992.

—, *Company Commander*, Nueva York, 2002.

—, *The Battle of the Huertgen Forest*, Filadelfia, PA, 2003.

McDonald, Frederick A., *Remembered Light: Glass Fragments from World War II*, San Francisco, 2007.

Massu, Jacques, *Sept ans avec Leclerc*, París, 1974.

Mather, Carol, *When the Grass Stops Growing*, Barnsley, 1997.

Merriam, Robert E., *Dark December*, Nueva York, 1947.

—, *The Battle of the Bulge*, Nueva York, 1991.

Meyer, Hubert, *The 12th SS: The History of the Hitler Youth Panzer Division*, vol. II, Mechanicsburg, PA, 2005.

Miller, Edward G., *A Dark and Bloody Ground: The Hürtgen Forest and the Roer River Dams, 1944-1945*, College Station, TX, 2008.

Mitcham, Samuel W., Jr., *Panzers in Winter*, Mechanicsburg, PA, 2008.

Moorehead, Caroline, *Martha Gellhorn*, Londres, 2003.

Mortimer Moore, William, *Free France's Lion: The Life of Philippe Leclerc*, Havertown, PA, 2011.

Neillands, Robin, *The Battle for the Rhine 1944: Arnhem and the Ardennes*, Londres, 2006.

Neitzel, Sönke, y Harald Welzer, *Soldaten: On Fighting, Killing and Dying*, Nueva York, 2012.

Niven, David, *The Moon's a Balloon*, Londres, 1994.

Nobécourt, Jacques, *Le Dernier Coup de Dés de Hitler*, París, 1962.

Overmans, Rüdiger, *Deutsche militärische Verluste im Zweiten Weltkrieg*, Múnich, 2000.

Parker, Danny S., *Hitler's Ardennes Offensive: The German View of the Battle of the Bulge*, Londres, 1997.

Pogue, Forrest C., *The Supreme Command*, Washington, DC, 1954.

—, *George C. Marshall: Organizer of Victory*, Nueva York, 1973.

—, *Pogue's War: Diaries of a WWII Combat Historian*, Lexington, KY, 2001.

Post, Hans, *One Man in his Time*, Sydney, 2002.

Ritchie, Sebastian, *Arnhem: Myth and Reality: Airborne Warfare, Air Power and the Failure of Operation Market Garden*, Londres, 2011.

Roberts, Andrew, *Masters and Commanders*, Londres, 2008.

Roberts, Mary Louise, *Foreign Affairs: Sex, Power, and American G.I.s in France, 1944-1946*, Chicago, 2013.

Schrijvers, Peter, *The Crash of Ruin: American Combat Soldiers in Europe during World War II*, Nueva York, 1998.

—, *The Unknown Dead: Civilians in the Battle of the Bulge*, Lexington, KY, 2005.

—, *Liberators: The Allies and Belgian Society, 1944-1945*, Cambridge, 2009.

—, *Those Who Hold Bastogne*, New Haven, CN, 2014.

Sears, Stephen W., *The Battle of the Bulge*, Nueva York, 2004.

Simpson, Louis, *Selected Prose*, Nueva York, 1989.

Soffer, Jonathan M., *General Matthew B. Ridgway*, Westport, CN, 1998.

Speer, Albert, *Inside the Third Reich*, Londres, 1971.

Spoto, Donald, *Blue Angel: The Life of Marlene Dietrich*, Nueva York, 1992.

Stargardt, Nicholas, *Witnesses of War: Children's Lives under the Nazis*, Londres, 2005.

Sterling Rush, Robert, *Hell in Hürtgen Forest: The Ordeal and Triumph of an American Infantry Regiment*, Lawrence, KS, 2001.

Strawson, John, *The Battle for the Ardennes*, Londres, 1972.

Strong, Kenneth, *Intelligence at the Top*, Londres, 1970.

Tedder, Arthur, *With Prejudice*, Londres, 1966.

Van Creveld, Martin L., *Fighting Power: German and U.S. Army Performance, 1939-1945*, Westprot, CN, 1982.

Vassiltchikov, Missie, *The Berlin Diaries, 1940-1945*, Londres, 1987.

Weigley, Russell F., *Eisenhower's Lieutenants*, Bloomington, IN, 1990.

Weinberg, Gerhard L., *A World at Arms: A Global History of World War II*, Cambridge, 1994.

Weintraub, Stanley, *Eleven Days in December*, Nueva York, 2006.

Welch, David, *Propaganda and the German Cinema 1933-1945*, Oxford, 1983.

Whiting, Charles, *The Battle of the Bulge: Britain's Untold Story*, Stroud, 1999.

—, *The Battle of the Hürtgen Forest*, Stroud, 2007.

—, *'44: In Combat from Normandy to the Ardennes*, Stroud, 2007.

Wijers, Hans J. (ed.), *The Battle of the Bulge: The Losheim Gap, Doorway to the Meuse*, Brummen, 2001.

Wilmot, Chester, *The Struggle for Europe*, Londres, 1952.

Wingeate Pike, David, «Oberbefehl West: Armeegruppe G: Les Armées allemandes dans le Midi de la France», *Guerres Mondiales et Conflits Contemporains*, n.ᵒˢ 152, 164, 174 y 181.

Winton, Harold R., *Corps Commanders of the Bulge: Six American Generals and Victory in the Ardennes*, Lawrence, KA, 2007.

Wolfe, Martin, *Green Light!*, Filadelfia, PA, 1989.

Zimmermann, John, *Pflicht zum Untergang: Die deutsche Kriegführung im Westen des Reiches, 1944/45*, Paderborn, 2009.

Agradecimientos

Habría sido imposible llevar a cabo la investigación que requiere un estudio como este sin la ayuda de amigos y extraños. Ante todo, quiero expresar mi más profundo agradecimiento a Rick Atkinson, que generosamente me pasó todas sus notas y apuntes sobre este período. Su material ha sido una excelente guía, ahorrándome mucho tiempo de búsqueda en los archivos durante las fases iniciales, cuando es fácil desorientarse.

También deseo expresar mi gratitud a otras muchas personas. El conde Hadelin de Liedekerke Beaufort, en cuyas propiedades de los alrededores de Celles fue aplastada la punta de lanza alemana de la 2.ª División Panzer, no solo me invitó a su casa, sino que también me puso en contacto con M. Jean-Michel Delvaux, el historiador especializado en la vida de la población civil de la región de Celles y Rochefort durante la guerra, y cuyo impresionante trabajo me ha resultado de gran ayuda. SAS el duque d'Arenberg, en cuya finca combatió la 116.ª División Panzer, tuvo la amabilidad de permitir que su mayordomo, M. Paul Gobiet, me llevara en automóvil a todos los lugares de interés.

Sebastian Cox, jefe del Departamento de Historia del Aire del Ministerio de Defensa, me proporcionó mucha información sobre el uso de las fuerzas aéreas y fue especialmente de gran ayuda en lo concerniente a los detalles de la Operación Bodenplatte. Ron Schroer, del Australian War Memorial, se puso en contacto con Hans Post, que tuvo la amabilidad de poner a mi disposición sus memorias y diversas grabaciones de entrevistas en las que contaba sus experiencias en las SS durante la campaña. La profesora Tami Davis Biddle del US Army War College, sir Max Hastings, el Dr. Stefan Goebel y James Holland me ayudaron con sus consejos, su material y sus libros.

Entre los que me prestaron su colaboración figura el teniente general sir Barnabas White-Spunner, gracias al cual tuve acceso a la documentación relativa a la Línea Sigfrido del general al mando del ejército de Estados Unidos en Europa (USAREUR, por sus siglas en inglés). También he contraído una gran deuda con Ronald Blunden, mi editor en Francia, que me permitió consultar los papeles de su padre, Godfrey Blunden; con la señora Anne Induni, hija del mariscal del Aire sir James Robb, jefe adjunto del estado mayor (del Aire) en el SHAEF, por prestarme un documento de su progenitor titulado «Higher Direction of War», escrito en Bentley Priory en noviembre de 1946; y con el Dr. Arthur S. Couch, por dejarme leer sus memorias inéditas del invierno de 1944.

Por supuesto, debo expresar también mi más profundo agradecimiento a los encargados de los archivos, especialmente a William Spencer y sus colegas de los National Archives de Kew, por su ayuda y por sus sabios consejos; al Dr. Conrad Crane, al Dr. Richard Sommers y a todo el personal del USAMHI, en Carlisle, Pensilvania; al Dr. Tim Nenninger y a Richard Peuser de la NARA en College Park, Maryland; al personal del Liddell Hart Center for Military Archives en el King's College de Londres, así como al del Imperial War Museum. Harland Evans me ayudó a reunir material en The National Archives, el IWM y el Liddell Hart Center.

Por último, deseo expresar mi eterna gratitud a mi agente y amigo Andrew Nurberg, así como a Robin Straus en Estados Unidos, a Eleo Gordon, mi editora en Penguin, Londres, y a Kathryn Court de Nueva York. Peter James volvió a demostrar que es el corrector de texto ideal, pero, como siempre, quiero destacar el trabajo que, en este sentido, ha llevado a cabo mi esposa Artemis, y por el que le estoy más que agradecido. Este libro está dedicado a nuestro hijo Adam, que obtuvo un sobresaliente en Historia Moderna mientras yo escribía algunos de los capítulos más complejos que aparecen en estas páginas, lo cual me llevó a esforzarme aún más en mi empeño

Lista de ilustraciones

16. Carro de combate Königstiger cargado con soldados de la 3.ª División *Fallschirmjäger*.

17. *Volksgrenadiere* avanzando cargados con cintas de balas de ametralladora y *Panzerfaust*.

18. La primera matanza de prisioneros norteamericanos a manos del *Kampfgruppe* Peiper en Honsfeld.

19. Unos *Panzergrenadiere* de las SS pasan ante un convoy de vehículos americanos en llamas.

20. Prisioneros americanos capturados por la 1.ª División Panzer de las SS *Leibstandarte Adolf Hitler*.

21. El 26.º Regimiento de Infantería llega a defender Bütgenbach, al pie de la cresta de Elsenborn.

22. Miembros del mismo regimiento manejando un cañón contracarro mientras los alemanes se acercan.

23. Refugiados belgas huyendo de Langlir mientras el V Ejército Panzer avanza (IWM 49925).

24. Mientras los alemanes avanzan hacia Saint-Vith, la población de Schönberg busca refugio en cuevas.

25. Algunos sanitarios americanos convirtieron los esquíes en trineos para evacuar a los heridos.

26. Tropas americanas atrincherándose a la entrada de un bosque (IWM 050367).

27. Mientras los alemanes avanzan hacia Bastogne, los habitantes del pueblo huyen en carretas.

28. Sección de cazacarros M-36 cerca de Werbomont.

29. *Volksgrenadiere* capturados en el curso de los combates en torno a Rocherath-Krinkelt.

30. El general de brigada Robert W. Hasbrouck recibiendo la estrella de plata de manos del teniente general Courtney Hodges.

31. La policía militar estadounidense comprueba las identidades de unos refugiados belgas cerca de Marche-en-Famenne.

32. Refugiados belgas corren a cruzar el Mosa en Dinant.

33. Equipo encargado del manejo de una bazuca perteneciente a la 28.ª División de Infantería después de tres días combates en Wiltz.

34. Joven soldado de las SS capturado cerca de Malmédy (IWM EA048337).

35. Civiles asesinados por el *Kampfgruppe* Peiper en Stavelot.
36. Estelas dejadas por los aviones en el cielo de Bastogne.
37. 23 de diciembre: la Fuerza Aérea estadounidense enviada en aviones de transporte para lanzar suministros y pertrechos sobre Bastogne.
38. Americanos heridos en los sótanos de Bastogne.
39. Bastogne: paracaidistas de la 101.ª División Aerotransportada cantan villancicos en Nochebuena.
40. Restos pertenecientes a la 2.ª División Panzer en una granja de Foy-Notre-Dame (IWM B13260).
41. Bastogne. El general Patton con el general de brigada McAuliffe y el teniente coronel Chappuis.
42. Refuerzos americanos avanzando por el escarpado terreno boscoso de las Ardenas.
43. Soldados de una patrulla del XXX Cuerpo de Ejército británico en las Ardenas, vestidos con trajes para la nieve.
44. Soldados del 26.º Regimiento de Infantería avanzan finalmente desde Bütgenbach.
45. La-Roche-en-Ardennes convertida en ruinas.
46. Los investigadores emprenden la tarea de identificación de los soldados americanos asesinados en Baugnez, cerca de Malmédy.
47. Soldado jovencísimo de la Waffen SS capturado por los Aliados.
48. Joachim Peiper juzgado por crímenes de guerra, entre otros por la matanza perpetrada cerca de Malmédy.

Agradecimientos por las ilustraciones

La mayoría de las fotografías procede de los Archivos Nacionales de Estados Unidos. Otras fotografías pertenecen a: 1, 13, 16, AKG Images; 5, Documentation Française; 11, Tank Museum; 12, Bundesarchiv, Koblenz; 6-7, 18, 20, 25-26, 30-32, 34, 36, 38-39, 41, 46-47, US Army (parte de los Archivos Nacionales); 8, 23, 26, 40. Imperial War Museum, Londres; 10, Heinz Seidler, Bonn Bad Godersberg, reproducción tomada de W. Goolrick y O. Tanner, *The Battle of the Bulge*.

Índice de mapas

Unidades militares (símbolos)

Aliados

XXXXX 12AG	XII Grupo de Ejércitos
XXXX 1	I Ejército Estados Unidos
XXX VII	VII Cuerpo Estados Unidos
XXX XXX BR	XXX Cuerpo británico
XX 101	101.ª División Aerotransportada
X B ◯ 10	Agrupación de Combate B de la 10.ª División Acorazada
III 335 ✕ 84	335.º Regimiento de Infantería de la 84.ª División

Alemanes

XXXXX B	Grupo de Ejércitos B
XXXX 5 Pz	V Ejército Panzer
XX 26'	26.ª División *Volksgrenadier*
XX ◯ LEHR	División *Panzer Lehr*
XX 3FSJ	3.ª División *Fallschirmjäger*
III 115 ✕ 15Pzg	115.º Regimiento *Panzergrenadier*, 15.ª División *Panzergrenadier*
II Rcn ◿ 26VG	Batallón de Reconocimiento, 26.ª División *Volksgrenadier*

Índice analítico

Índice

33. Equipo encargado del manejo de una bazuca perteneciente a la 28.ª División de Infantería de Cota después de tres días de combates en Wiltz. Su acción contribuyó a retrasar el avance de los alemanes y concedió a la 101.ª División Aerotransportada tiempo suficiente para establecer un perímetro defensivo en torno a Bastogne.

34. Joven soldado de las SS capturado cerca de Malmédy. Tuvo suerte de que no le pegaran un tiro en el acto tras la matanza cometida en las cercanías de Baugnez.

35. Civiles asesinados por el *Kampfgruppe* Peiper en Stavelot.

36. Estelas dejadas por los aviones en el cielo de Bastogne. El 23 de diciembre, el cielo aclaró de repente para alivio de los Aliados y angustia de los alemanes. La mejoría del tiempo permitió a las fuerzas aéreas aliadas desplegar la arrolladora superioridad de su aviación.

37. La mejoría del tiempo permitió al fin a la Fuerza Aérea estadounidense enviar sus aviones de transporte C-47 Dakota encargados de lanzar suministros y pertrechos sobre Bastogne.

38. Incapaces de evacuar a sus heridos de Bastogne, los mandos americanos se vieron obligados a dejarlos en los sótanos de las casas de la localidad, donde permanecieron tendidos sobre un lecho de paja a la espera de los equipos médicos llegados en planeadores.

39. Paracaidistas de la 101.ª División Aerotransportada cantan villancicos en Nochebuena pocas horas antes de que diera comienzo el ataque final de los alemanes contra el perímetro.

40. Final de la ofensiva alemana hacia el Mosa. Restos pertenecientes al *Kampfgruppe* Böhm, de la 2.ª División Panzer en una granja de Foy-Notre-Dame.

41. El general Patton (*a la derecha*) llega a Bastogne el 30 de diciembre e impone al general de brigada Anthony McAuliffe (*a la izquierda*) y al teniente coronel Steve Chappuis (*en el centro*), al mando del 502.º Regimiento de Infantería Paracaidista, la Cruz al Servicio Distinguido.

42. Refuerzos americanos avanzando por el escarpado terreno boscoso de las Ardenas.

43. Soldados de una patrulla del XXX Cuerpo de Ejército británico en las Ardenas, vestidos con trajes para la nieve fabricados con las sábanas de los propios lugareños.

44. La contraofensiva aliada de enero de 1945. Los soldados del 26.º Regimiento de Infantería de la 1.ª División de Infantería logran avanzar por fin desde la localidad de Bütgenbach, que habían estado defendiendo desde el 17 de diciembre.

45. La-Roche-en-Ardennes sufrió una destrucción tal que cuando llegó la primavera y volvieron las golondrinas dispuestas a reconstruir sus nidos, quedaron totalmente desorientadas.

46. Los investigadores emprenden la tarea de identificación de los soldados americanos asesinados en Baugnez, cerca de Malmédy.

47. Tras la matanza de soldados americanos en las inmediaciones de Malmédy, sus compañeros, alentados por los oficiales de mayor rango, fusilaron a la mayor parte de los integrantes de las Waffen SS que se rindieron. Muchos, sin embargo, habían sido obligados a vestir el uniforme de las SS contra su voluntad, o eran patéticamente jóvenes, como este muchacho.

48. Joachim Peiper durante el juicio al que fue sometido por crímenes de guerra, entre ellos la matanza perpetrada cerca de Malmédy. Aunque le fue conmutada la pena de muerte a la que había sido condenado, posteriormente murió a manos de unos miembros de la Resistencia francesa.